LITERATUR UND LEBEN

NEUE FOLGE · BAND 31

Literatur und Medien in Wissenschaft und Unterricht

Festschrift für
ALBRECHT WEBER
zum 65. Geburtstag

Herausgegeben von
WALTER SEIFERT

in Zusammenarbeit mit

Kunibert Baldauf, Werner Beer, Ernst Josef Krzywon,
Jürgen Schneider und Heide Tarnowski-Seidel

1987
BÖHLAU VERLAG KÖLN WIEN

Gedruckt mit Unterstützung der Universität Augsburg

CIP-Kurztitelaufnahme der Deutschen Bibliothek

Literatur und Medien in Wissenschaft und Unterricht:
Festschr. für Albrecht Weber zum 65. Geburtstag /
hrsg. von Walter Seifert in Zusammenarbeit mit Kunibert Baldauf . . . – Köln; Wien: Böhlau, 1987.

(Literatur und Leben; N.F., Bd. 31)
ISBN 3-412-06086-0

NE: Seifert, Walter [Hrsg.]; Weber, Albrecht: Festschrift; GT

Copyright © 1987 by Böhlau-Verlag GmbH & Cie, Köln
Alle Rechte vorbehalten

Ohne schriftliche Genehmigung des Verlages ist es nicht gestattet, das Werk unter Verwendung mechanischer, elektronischer und anderer Systeme in irgendeiner Weise zu verarbeiten und zu verbreiten. Insbesondere vorbehalten sind die Rechte der Vervielfältigung – auch von Teilen des Werkes – auf photomechanischem oder ähnlichem Wege, der tontechnischen Wiedergabe, des Vortrags, der Funk- und Fernsehsendung, der Speicherung in Datenverarbeitungsanlagen, der Übersetzung und der literarischen oder anderweitigen Bearbeitung.

Satz: Rosemarie Schmidt, Angela von Treuberg,
am Lehrstuhl für Didaktik der Deutschen Sprache und Literatur, Universität Augsburg
Druck u. buchbinderische Verarbeitung: Hans Richarz, Publikations Service, St. Augustin
Printed in Germany
ISBN 3-412-06086-0

INHALT

Vorwort — IX

1. Literaturgeschichte

M ü l l e r - M i c h a e l s, Harro — 1
Literaturgeschichten. Aspekte und Ziele eines literarhistorischen Unterrichts

J a n o t a, Johannes — 11
Dû bist mîn, ich bin dîn. Überlegungen zur Fachdidaktik aus dem Blickwinkel der Fachwissenschaft

G e i ß l e r, Rolf — 19
Eschatologie und Geschichte in Grillparzers 'Jüdin von Toledo'

K o o p m a n n, Helmut — 27
Nullpunkt und Kontinuität des Ich im deutschen Roman der Nachkriegszeit

B u c h h o l t z, Elisabeth — 37
Zum Problem der doppelten Historizität in Christa Wolfs 'Kassandra': Plädoyer für eine Behandlung der Erzählung im Unterricht

2. Sprachanalyse — Interpretation

P o s t, Klaus Dieter — 47
"Das eigentümliche Parfüm des Wortes". Zum Doppelbild des Heliotrop in Theodor Fontanes Roman 'Effi Briest'

B a l d a u f, Kunibert — 55
Die Funktion von Ist- und Tut-Prädikationen in Rilkes Gedicht 'Der Panther'. Zur Analyse poetischen Sprachgebrauchs in der Lyrik

G e p p e r t, Hans Vilmar — 69
Ilse Aichinger: 'Der Querbalken'. Semiotik und Interpretation

3. Regional- und Dialektliteratur

L e h m a n n, Jakob — 79
Literatur der Region und Deutschunterricht

R e i n, Kurt — 87
Konkrete Poesie und moderne Mundartdichtung in ihrer Bedeutung für die Schule

4. Didaktische Gattung — Gattungsdidaktik

Hein, Jürgen 97
Volksstück als didaktisches Drama

Franz, Kurt 105
Greuliche Taten und nützliche Lehren. Die Kalendergeschichte als "didaktische" Gattung

Giehrl, Hans E. 113
Volksmärchen als Literatur

5. Jugendliteratur

Melzer, Helmut 123
Zum Weltbild der Science-Fiction-Jugendliteratur. Zwischen Anti-Utopie und Phantastik

Willerich-Tocha, Margarete 131
Der alte Mensch im Jugendbuch. Inhaltsdidaktische Überlegungen für einen identitätsfördernden Literaturunterricht

Eisenbeiß, Ulrich 141
Didaktische Analyse eines Jugendbuchs: Kurt Lütgens 'Kein Winter für Wölfe'

Bamberger, Richard 149
Die Lesbarkeitsforschung — eine Hilfe in der Anpassung der Textschwierigkeit an die Leseleistung

6. Rezeptionsformen

Kreft, Jürgen 157
Produktion, Reproduktion und Rezeption im Literaturunterricht

Klose, Werner 165
Literarisches Leben in der Schule: Autorenlesung

Beer, Werner 173
Rezeption von Kurzformen der Kinderliteratur durch Formen des Spiels. Erfahrungen und Ergebnisse mit einem Fabelmärchen im 3. Schülerjahrgang

Beck, Oswald 185
Textvergleich — Wege zur Texterschließung

Schrader, Monika 195
Methodische Probleme literarischer Wertung im Unterricht

Schäfer, Rudolf 205
Zum Problem der Vertonung von Gedichten

7. Literaturdidaktische Konzepte

B e i s b a r t , Ortwin 217
Die Gefährdung neuer Einsichten durch die Macht des Gewohnten. Jean Pauls Rektor Fälbel und sein beharrendes Fehlhandeln

G ö t t l e r , Hans 225
Gegen das traurige Unwesen mit Fragenbuch und Kinderbibel als Lesebücher. Fachdidaktische Ansätze bei Jeremias Gotthelf

K r z y w o n , Ernst Josef 233
Wider "die Trivialschule des Verstandes". Eichendorffs literaturdidaktisches Konzept

8. Filmbuch und Literaturverfilmung

D e g e n h a r d t , Inge 241
Das Filmbuch als ökonomisches und kulturelles Buchmarktphänomen

R e n k , Herta-Elisabeth 253
Filme als Texte lesen. Am Beispiel von John Ford's 'Stagecoach'

T a r n o w s k i - S e i d e l , Heide 267
Die Vernichtung einer Spur. Zur Verfilmung der Erzählung 'Der geteilte Himmel' von Christa Wolf

G a s t , Wolfgang 275
Verfilmte Literatur im Fernsehen: Fontanes 'Schach von Wuthenow' als DDR-Fernsehspiel

9. Mediendidaktik

B a u m e r , Franz 285
Didaktische und methodische Überlegungen zum Thema Literatur im Fernsehen aus der Sicht des Praktikers

P a y r h u b e r , Franz-Josef 291
Also, ich gehe sehr gern ins Theater. Anmerkungen zum schulischen Verhältnis von Drama und Theater

S c h n e i d e r , Jürgen 299
Theater- und Filmkritik. Zur Bestimmung und Begründung einer journalistischen Textform als Gegenstand der Vermittlung

K l o t z , Peter 309
"Wie muß es da dem unverständigen Manne zumute gewesen sein?" Ein textlinguistischer Versuch zur Textrezeption

Seifert, Walter   317
    Sportberichterstattung in didaktischer Sicht

10. Hochschuldidaktik

Stocker, Karl   327
    Fachdidaktische Lehrveranstaltungen nicht ohne
    Didaktik

Essen, Erika   339
    Sprachuntersuchung und Textverstehen. Versuche im
    Seminar Linguistik/Didaktik (Fachbereich 08) der
    Universität Marburg

Daniels, Karlheinz   349
    "Für mich selbst ist es verblüffend". Über authentisches Schreiben an der Hochschule

VORWORT

Das Thema 'Literatur und Medien' erstreckt sich auf einen Teilaspekt im übergreifenden Programm der Buchreihe 'Literatur und Leben' des Böhlau-Verlags. Je nach eigenem Forschungsschwerpunkt mehr der generellen oder mehr der spezielleren Darstellungsperspektive verpflichtet, hat ein Arbeitskreis von Fachwissenschaftlern, Fachdidaktikern und einem Praktiker aus den Medien ein Konzept bearbeitet, in dem teilweise die Literatur und die Medien je für sich, teilweise aber die Wechselbeziehungen zwischen ihnen im Zentrum stehen. Das Untersuchungsfeld erstreckt sich von der Literaturgeschichte und Literaturanalyse über die Literaturdidaktik bis zur Medien- und Hochschuldidaktik. Dabei werden im Bereich der Literatur auch die Regional- und Dialektliteratur sowie die Jugendliteratur berücksichtigt. Mehrere Bezüge stiftet der Begriff der Medien, indem er einmal die publizistischen Medien wie Film, Funk und Fernsehen meint und indem er sich zum anderen auf Lehr- und Unterrichtsmedien, wie Literaturgeschichten bezieht. Am konsequentesten spezifiziert wird der Zusammenhang zwischen Literatur und Medien in Untersuchungen zu Filmbuch und Literaturverfilmung sowie zu literarischen und pragmatischen Gattungen, woraus sich spezifische Zugänge zu den Medien sowie Vorschläge für den Literaturunterricht ableiten.

Als Festschrift zum 65. Geburtstag von Albrecht Weber soll dieses Konzept ein Spiegelbild der wissenschaftlichen Tätigkeit und Spannweite des Jubilars darstellen, um sein Arbeitsfeld mit Einzeluntersuchungen abzudecken, in Teilaspekten auszuweiten, zu vertiefen und ihn dadurch zu ehren. Daß er selbst als Wissenschaftler über das für die Festschrift abgesteckte Feld hinausgriff und beispielsweise seine Publikationen zur Literaturgeschichte ('Deutsche Literatur in ihrer Zeit', 'Handbuch zur Literatur in Bayern') um eine 'Weltgeschichte' sowie seine literaturdidaktischen Publikationen um Arbeiten zur Sprachdidaktik, Aufsatzdidaktik und Leistungsmessung ausweitete, mußte bei der Erstellung des Festschriftkonzepts ausgespart werden, um dessen Rahmen nicht zu sprengen.

Daß Beiträge mit literaturwissenschaftlicher Ausrichtung neben solchen mit betonter Einbettung der Literatur in mediale Vermittlungen oder in Unterrichtsprozesse an Schulen stehen, entspricht den Arbeitsschwerpunkten des Jubilars, wie es sich auch an seinem kooperativen Fachdidaktikkonzept und an seiner engen Beziehung zur Fachwissenschaft orientiert. Die Verbindung von Literaturdidaktik und Mediendidaktik greift den von Weber vertretenen weiten Didaktikbegriff auf, wonach Fachdidaktik als Wissenschaft nicht ausschließlich und einseitig auf die Institution Schule bezogen ist, sondern gleichermaßen didaktische Konzeptionen und Prozesse in anderen Bildungsinstitutionen und in den publizistischen Medien berücksichtigt. Einerseits geht es dabei um eine in diesen Institutionen und Medien praktizierte Literaturdidaktik mit ihren Bildungskonzeptionen, Zielsetzungen und spezifischen Vermittlungsverfahren. Andrerseits übernimmt die Literaturdidaktik als Universitätsdisziplin die Aufgabe, die didaktischen Positionen und Vermittlungsprozesse in den Institutionen und Medien zu erforschen, aber auch Konzeptbildungen und Vermittlungsvorschläge für sie zu leisten. Entsprechend dem skizzierten Verständnis der Fachdidaktik als einer Integrationswissenschaft mit verschiedenen Außenbeziehungen zur Fachwissenschaft, zu den Erziehungswissenschaften und zu den Medien soll die Festschrift wissenschaftsspezifische Einzelpositionen zur Geltung bringen und zugleich Beziehungen und Kooperationsmöglichkeiten sichtbar machen, was Aufgaben der gegenseitigen Kritik und Konzeptabgrenzung einschließt.

Mit ihren Beiträgen zu dieser Festschrift übermitteln zahlreiche Kollegen dem Jubilar ihre Grüße und wirken an seiner Ehrung mit, zeigen ihm Freunde ihre Verbundenheit und statten ihm Schüler und Mitstreiter ihren Dank ab.

Mit Trauer gedenken wir unserer hochgeschätzten Kollegin Erika Essen, die kurze Zeit nach den letzten Korrekturen an ihrem Beitrag zu dieser Festschrift im Mai 1986 verstarb.

Großer Dank ist außer allen Beiträgern und Mitarbeitern vor allem der Sekretärin am Lehrstuhl für Didaktik der Deutschen Sprache und Literatur an der Universität Augsburg, Frau Rosemarie Schmidt, abzustatten, denn ohne ihre unermüdliche Arbeit am Composer-Satz, wofür sie ihre Freizeit zur Verfügung gestellt hat, und ohne ihre umsichtigen Problemlösungsideen hätte diese Festschrift kaum herausgebracht werden können. Besonders zu danken ist auch der Universität Augsburg für die finanzielle Unterstützung dieser Veröffentlichung, an der neun Wissenschaftler dieser Universität mitgewirkt haben.

Augsburg, im Oktober 1986   Walter Seifert

LITERATURGESCHICHTEN
Aspekte und Ziele
eines literarhistorischen Unterrichts

von Harro Müller-Michaels

I. Literaturgeschichte in Wissenschaft und Unterricht

> "Leisten wir uns ein Gedankenexperiment. Eine Kraft, nicht näher zu bezeichnen, lösche durch Zauberschlag jede Spur aus, die sich durch Lesen von Prosabüchern in meinem Kopf eingegraben hat.
> Was würde mir fehlen?" (Ch. Wolf 1968)

Es gibt kaum eine Frage, die so unvermittelt in die Bedeutung von Literatur vergangener Epochen für die Gegenwart hineinführt, wie diese Anregung Christa Wolfs. Ich habe sie mehrmals im Schul- und Hochschulunterricht gestellt und darauf als Antwort bekommen, wie wichtig literarische Werke, Figuren der Literatur, die Weise des Umgangs mit Fiktionen für die Entwicklung von Erfahrungen, Einstellungen, Denkvermögen und Phantasiefähigkeit der einzelnen geworden sind. Die Bandbreite der Antworten sollen einige Zitate verdeutlichen:

Es würde uns eine Menge an Erfahrungen fehlen, die wir nicht selbst hätten machen können ... Sicht der Welt aus den Augen und durch die Erfahrungen und Gefühle einer anderen Person. ... Anstoß zum Denken, Nachdenken, Fabulieren.

Alles Wissen wäre nur durch den Blick von meinem kleinen Maulwurfshügel bestimmt.

Verschwörung mit einem anderen Menschen (Autor, Figur).

Der anklagende, entlarvende und aufdeckende Charakter der Literatur würde mir fehlen.

Der Stoff für meine Gespräche, Träume ...

Der Freiraum, mit Gedanken zu experimentieren.

Von dieser kleinen experimentellen Situation zur grundlegenden Einsicht in die Bedeutung von Literatur vergangener Zeiten sowie von Modellen der Zuordnung dieser Werke zu Epochen ist es nur ein kleiner Schritt. Wie das Individuum sich die "Erfahrungssummen" (Weber 1975) aus der Vergangenheit in dem eigenen begrenzten Leben zunutze macht, so versucht die Literaturgeschichte insgesamt, das erfahrene und gestaltete Wissen vergangener Epochen zu bewahren, immer wieder neu zu ordnen, zu deuten, zu bewerten und zur Erweiterung der Horizonte der jeweils neuen Gegenwart zugänglich zu halten.

Hat der literaturgeschichtliche Unterricht in der Universität eher die Aufgabe, die Modellbildungen zu untersuchen, auf ihre Tragfähigkeit und Grenzen zu prüfen, versteckte Quellen und Dokumente, vergessene Literatur aufzuspüren und den immer differenzierteren Epochengliederungen zuzuordnen, so wird die Literaturgeschichte in der Schule mehr auf die dem gemeinsamen Gedächtnis einer Gesellschaft zugängliche, in ihrer Wirkung auf die Jugend erprobte Literatur sowie auf die Erinnerung an Werke verschiedener großräumiger geschichtlicher Abschnitte gerichtet sein. In der Schule rücken das einzelne Werk, sein Ort in der Entstehungsgeschichte sowie seine Wirkung in aktuellen Bildungsprozessen und damit die Relation von Distanz und Nähe ganz in den Vordergrund. Geschichtliche Räume dürfen daher nicht zu eng bemessen und müssen klar definiert sein. Bei zu kleinschrittiger Periodisierung und unklarer Grenzbestimmung gehen sowohl Orientierung wie auch Bezüge zwischen Besonderem und Allgemeinem verloren.

Für die unterschiedliche Akzentuierung von Literaturgeschichte in Hochschule und Schule ist eine Diskussion aufschlußreich, die in Nordrhein-Westfalen im Zusammenhang mit der Einführung einer neuen Lehramtsprüfungsordnung 1981 geführt wurde. Die sehr weiträumig geschnittenen Teilgebiete: Deutsche Literatur von den Anfängen bis 1500, von 1500 bis etwa 1800, von etwa 1800 bis zur Gegenwart lösten unter den Germanisten eine Diskussion u.a. darüber aus, ob man denn das Jahr 1800 als Epochengrenze ansehen könne. Im einzelnen wurde u.a. gefragt:

— Kann man einen Schnitt mitten in das Schaffen der deutschen Klassiker Goethe, Schiller, Kleist, Jean Paul, mitten in die sich entfaltende Romantik legen?

— Läßt sich sozialgeschichtlich eine Epochenschwelle markieren, wenn man schon mit 1789 einen bedeutenden Umbruch in der gesamteuropäischen Geschichte für erwiesen hält?

— Liegt nicht auch der stilgeschichtliche Umbruchspunkt 30 Jahre vor dem Jahr 1800?

Alle Fragen machten deutlich, daß es keine Gründe für eine Epochenabgrenzung um 1800 gibt, und dennoch hat die Mehrheit der zur Beratung versammelten Neugermanisten dieser literaturgeschichtlichen Gliederung zugestimmt — vor allem aus folgenden Gründen:

— Epochen lassen sich nicht durch Jahreszahlen klar voneinander abgrenzen, eine unsinnige Zahl wie 1800 mache das deutlicher als eine Jahreszahl wie 1770.

— Bei großräumigen Epochen ergäben sich Überganszonen von ca. 30 Jahren, die man als "Wendezeiten" (z.B. Voßkamp 1978, S. 187) bezeichnen könne, in denen das Alte noch gilt, das Neue aber schon sichtbar wird. Die Wendezeiten seien bestimmt von Diskontinuität einerseits und Kontinuität andererseits.

— Der Literaturgeschichtsschreibung läge gerade an der Differenziertheit in der Darstellung relativ langer Übergangsperioden, in der die Ungleichzeitigkeit des Gleichzeitigen deutlich werde. Je genauer man die Vorgänge in den Übergangszonen beschreibe, um so näher sei man bei der Rekonstruktion realer historischer Vorgänge; je rigider man hingegen Epochengrenzen fixiere, um so mehr würde man sich von den geschichtlichen Abläufen zugunsten von Geschichtskonstruktionen aus einseitigem Interesse entfernen.

Ist diese Argumentation aus literaturwissenschaftlicher Sicht verständlich, so kann man ihr aus literaturdidaktischer Sicht nicht zustimmen. Im Literaturunterricht geht es doch zuallererst einmal darum, dominante Entwicklungslinien in der Herausbildung neuer literarischer Strömungen mit neuen Themen und neuen Formen kenntlich zu machen, die in der Literaturwissenschaft bei allen Untersuchungen vorausgesetzt werden. Schüler und auch noch Studenten müssen zunächst verstehen, wie vielfältiges, undurchsichtiges historisches Geschehen durch theoretische Zugriffe gegliedert werden kann, welche Gliederungsprinzipien es für eine literaturgeschichtliche Betrachtung gibt, welche Innovationsschübe es in der Geschichte der Literatur gegeben hat, welche Epochenschwellen sich aus solchen radikalen Veränderungen ergeben haben. Erst nachdem man im Unterricht solche Abgrenzungen, die das Gelernte gliedern und damit nutzen helfen, vorgenommen hat, kann man Übergänge verständlich machen. Grenzüberschreitungen sind nur dort möglich, wo es auch Grenzen gibt.

Ich möchte im folgenden einige Prinzipien der Epochenbildung im Literaturunterricht erläutern, indem ich auf einige ausgewählte Literaturgeschichten für die Schule und ihre Behandlung der Literatur der Jahrhundertwende eingehe, dann an einem Beispiel — Rainer Maria Rilkes 'Die Aufzeichnungen des Malte Laurids Brigge' — darstellen, wie dominante neue Entwicklungen sich an exemplarischen Fällen nachweisen lassen, um abschließend noch darauf einzugehen, was literaturgeschichtlicher Unterricht für die Schüler bedeuten soll.

II. Prinzipien der Epochenbildung

Entschieden sozialgeschichtlich (zu den Kriterien vgl. auch Stolpe 1976) orientiert ist eine verbreitete Literaturgeschichte für die Schulen: W. Beutin u.a., 'Deutsche Literaturgeschichte' (1979). Die Autoren bekennen sich im Vorwort zu dem leitenden Prinzip:

"Ausgangspunkt des literarhistorischen Zugriffs auf den Entwicklungsprozeß der Literatur ist die sozialgeschichtliche Begründung der Literaturgeschichte, um die spezifische ästhetische Leistung und die soziale Rolle der Literatur im fortschreitenden historischen Prozeß zu verdeutlichen. Sozialgeschichtliche Begründung meint also nicht eine soziologische Einbettung der Literatur in politische, soziale, ideologische 'Gegebenheiten', sondern die Herleitung literarischer Prozesse aus historischen Faktoren. Gegenstand dieser Literaturgeschichte kann daher nur sein, was sich unmittelbar am ästhetischen Produkt aufzeigen läßt." (S. 10)

Mit der sozialgeschichtlichen Betrachtung zusammen werden Herausbildungen, Veränderungen, Vorlieben in der Gattungswahl betrachtet und damit zugleich ein "Verzicht auf die exklusive Hervorhebung der einzelnen Schriftstellerpersönlichkeiten" (S. 11) begründet. Die konsequente sozialgeschichtliche Fundierung von Epochen führt ganz in die Nähe der Abgrenzung von Abschnitten der Geschichte nach einschneidenden historischen Daten. Die Literatur der Jahrhundertwende wird den dominanten allgemeinen historischen Prozessen untergeordnet; das Kapitel heißt: "Im Zeichen des Imperialismus". Die Einheit der Literatur in den Jahren zwischen 1890 und 1918 wird in folgendem gesehen:

"Mit der Entwicklung der modernen industriellen Produktion in der Form anonymer Kapitalgesellschaften entstand zugleich das Industrieproletariat, das durch seine vielfältigen Organisationsformen wachsenden Einfluß auf das politische und gesellschaftliche Leben zu nehmen sucht. Trotzdem bleibt die Literatur ganz bürgerliche Literatur, selbst dort, wo sie antibürgerliche Züge annimmt. Die für diesen Zeitraum feststellbare 'Ausbürgerung' des künstlerischen Schaffens aus dem offiziellen Kulturbetrieb, der Rekurs des literarischen Autors auf seine Innerlichkeit, die Stilisierung des künstlerischen und dichterischen Schaffensprozesses zu einem gleichsam weihevollen Akt, der gesuchte Widerspruch von 'Kunst und Leben', 'Ich und Welt' — all jene Erscheinungen werden oft damit erklärt, daß sich das Bürgertum seiner ehemaligen, vom Vernunftoptimismus bestimmten Fortschrittsideale im Laufe dieses Jahrhunderts entledigt habe und nun in eine Stagnations- bzw. Dekadenzphase eingetreten sei." (S. 233)

Entsprechend dieser Annahme werden die Abschnitte der geschichtlichen Entwicklung um die Jahrhundertwende unter ihre Beziehung zur industriellen Produktion gestellt: Es beginnt mit der Arbeiterliteratur, dann: Naturalismus, ein großbürgerlicher Freiraum für Kunst und Literatur; Rilkes 'Malte' erscheint unter der Überschrift "Das problematisierte Ich", und es wird in der Darstellung beklagt, daß die industrielle Arbeitswelt in dem Roman nicht vorkomme.

Nun kann man kaum noch darüber streiten, ob eine sozialgeschichtliche Betrachtung sinnvoll ist oder nicht; wohl aber läßt sich kritisieren, daß die speziellen literarischen Entwicklungen so hinter den für dominant erklärten historischen Beschreibungsmustern zurücktreten. Auf diese Weise wird die gesamte literaturtheoretische Diskussion zwischen 1871 und 1890 ausgeblendet. Diesen Fehler vermeidend, orientiert sich die für den jugoslawischen Hochschulunterricht 1970-1972 konzipierte, seit 1981 auch an deutschen Schulen verbreitete Literaturgeschichte vor allem an wichtigen Neuerungen der Stilgeschichte nach 1871: V. Žmegač u.a., 'Geschichte der deutschen Literatur' (1981). Im Vorwort schreiben die Autoren:

"Das Buch wendet sich . . . vor allem an Leser, die an Daten und Wertungen im geschichtlichen Zusammenhang interessiert sind. Allgemeine historische Fakten konnten jedoch im Hinblick auf die notwendige Knappheit der Darstellung nur sehr sparsam berücksichtigt werden. Die Funktionalität gebot, dem spezifisch literarischen Gegenstand überall den Vorrang einzuräumen." (S. 7)

Der spezifische literarische Gegenstand zeigt sich vor allem in den dominanten ästhetischen Stilrichtungen. Im Gegensatz zu früheren Epochen ist die Literatur der Jahrhundertwende nicht durch die Vorherrschaft einer Stilrichtung, sondern, wie Hans Schwerte 1967 festgestellt hat, durch den Antagonismus des szientifisch-gegenständlich orientierten Naturalismus einerseits und den mehr ästhetisch-formal orientierten Symbolismus andererseits charakterisiert. Weniger aber auf den Antagonismus, die Verklammerung, die dialektische Verkehrung der Ansätze geht Žmegač ein, sondern eher auf die Abfolge der wechselnden Stilrichtungen. Kapitel 11-15 lauten: Naturalismus und Anfänge des Ästhetizismus, Im Zeichen des Symbolismus (hier wird auch das Werk Rilkes abgehandelt), Wiener Moderne, Wege des Romans, Expressionismus und verwandte Strömungen.

Nun werden die Abschnitte aber nicht deutlich voneinander abgegrenzt, sondern es wird auch nach Verbindungen gesucht, so z.B. mit Nietzsches ästhetischem Programm in Kap. 11 und 12. Entscheidender aber ist ein Gesichtspunkt, der in Literaturgeschichten für den Unterricht seltener berücksichtigt, gleichwohl aber entscheidend wichtig ist: die Traditionsaneignung. So geht Žmegač ausführlich auf die Vorläufer der Symbolisten ein: die französischen Symbolisten und die deutschen Romantiker. In dieser Form der Geschichtsschreibung entstehen Linien der Kontinuität, die zugleich das Neue vor dem Hintergrund des Alten deutlicher heraustreten lassen.

Ähnlich wie die Literaturgeschichte von Žmegač und Mitarbeitern setzt auch eine andere neuere Literaturgeschichte für die Schulen ein: A. Weber, 'Deutsche Literatur in ihrer Zeit' (1979). Weber sucht aber nach einem Oberbegriff für die gesamte Epoche der Jahrhundertwende: "Literatur der Experimente" (1880-1925). Die Binnengliederung ähnelt der von Viktor Žmegač und orientiert sich an Helmut Kreuzer (1976):

"Für die deutsche Literatur dieser Epoche schlägt Helmut Kreuzer ein Vier-Phasen-Modell als 'für die größten continentaleuropäischen Literaturen verhältnismäßig praktikabel vor mit
1. dominierenden naturalistischen Tendenzen,
2. dominierenden gegennaturalistisch-symbolistischen Tendenzen,
3. einer Wendung zu Stilkunst, Neokonservativismen und Regionalisten,

4. avantgardistischen Durchbrüchen in Kunstrevolutionen.
Die folgende Darstellung variiert Kreuzers Phasen und räumt dabei auch der sogenannten Gebrauchsliteratur ein eigenes Kapitel ein." (Bd. II, S. 40)

Auch damit werden im wesentlichen die stilgeschichtlich dominanten Tendenzen in der Literaturgeschichtsschreibung herausgestellt. Dabei beziehen "Tendenzen" sich nicht auf Fragen der Gattungs- oder Themenwahl, sondern vor allem auf den Aspekt der beabsichtigten Wirkung der einzelnen besprochenen Werke oder Werkkomplexe von Autoren. Zu Rilkes 'Malte' heißt es im Anschluß an die zitierten Untersuchungen von Seifert (1969), es handele sich um einen

"Roman, der als einer der ersten die zersplitterten Lebenseindrücke sprachlich und kompositionell festhielt. Dabei erfuhr sich der Mensch Malte in 'kreatürlicher Gestaltlosigkeit'. ... Malte reflektierte dort die Wirklichkeitsbesessenheit des Dichters." (Bd. II, S. 115)

Als Aufgabe, Tendenz, Funktion der Literatur wird die wirklichkeitsbesessene Wiedergabe der zersplitterten Lebenseindrücke bezeichnet und damit der funktionale Aspekt der Literatur betont. Der besonderen Betrachtung von Absichten und Wirkungen der Literatur entspricht es auch, daß Weber die stilgeschichtlichen Kapitel mit eigenen Abschnitten über "Wirkungen" (z.B. des Naturalismus, Expressionismus) abrundet.

Anders als die bisher angesprochenen Literaturgeschichten verfährt die von Scheuer u.a. herausgegebene 'Deutsche Literaturgeschichte' (1981). Die Abhandlungen in den vier, den einzelnen Epochen gewidmeten Heften gehen weniger enzyklopädisch als vielmehr exemplarisch vor und sind daher für den Unterrichtsgebrauch besonders geeignet, weil weniger Fakten ausgebreitet als vielmehr das Verständnis für wesentliche Erscheinungen der Epochen vermittelt werden. Mit der Besprechung einzelner Autoren bzw. Gattungen ist jeweils ein Gesamtüberblick über die Epochen verbunden. Das Kapitel über die Jahrhundertwende heißt zwar "Literatur im deutschen Kaiserreich", aber es ist weniger an der Sozialgeschichte als an dominanten literarischen Phänomenen interessiert. Nach einer kurzen Einleitung zu Charakteristika der Epoche folgen exemplarische Behandlungen eines Autors: Arno Holz als Naturalist und "Vater der Moderne", eines Genres mit dem Erzählen zwischen 1880 und 1914 und einer Stilrichtung mit dem Frühexpressionismus und Dada. Was an Beispielhaftem gewonnen wird, geht allerdings an Überblickswissen verloren.

Die Kapitel sind zwar auch exemplarisch für Autoren und Stilrichtungen der Jahrhundertwende, leitend dürfte aber die Gattungsorientierung sein. Wird von Arno Holz und Frühexpressionismus vornehmlich die Lyrik behandelt, so ist das Mittelkapitel vor allem dem Roman gewidmet: Der Roman ist es auch, der mit seinen neuen Versuchen realistischen Erzählens mehr als die anderen Gattungen die Einheit der Epoche erkennen läßt. Rilkes 'Malte' wird als Höhepunkt des neuen Erzählens bezeichnet, das den realistischen Stil auflöst, indem es ihn durch neue Formen des Darstellens: Ironie, Kontrastierung, Leitmotivik, Perspektivik des Erzählens erweitert.

Vollständiger in der Auswahl exemplarischer Werke sowie in der Darstellung der Epochen ist die Darstellung von J. Bark u.a., 'Geschichte der deutschen Literatur' (1983). Gegenüber der von Scheuer u.a. hat sie den Vorzug, daß sie induktiv vorgeht, indem sie allgemeine Aussagen über die historischen Abläufe aus der Einzelbetrachtung hervorgehen läßt und nicht den Epochenabriß der exemplarischen Behandlung von Werken und Gattungen voranstellt. Auf diese Weise werden Bezüge zwischen der allgemeinen historischen Entwicklung und dem einzelnen Werk kenntlich. Rilkes 'Malte' rückt in den Zusammenhang der Darstellung über "Krise und Erneuerung des Erzählens" (Bd. IV, S. 65ff.) und behandelt vor allem den Versuch, dem neuen Leben Maltes die adäquate Form zu schaffen.

III. Ein Beispiel aus der Mitte der Epoche:
Rainer Maria Rilkes 'Die Aufzeichnungen des Malte Laurids Brigge'

Literaturgeschichte im Literaturunterricht zu behandeln heißt, einzelne literarische Werke als exemplarisch für die dominanten Tendenzen einer Epoche zu vermitteln. Diese Tendenzen lassen sich als signifikante Ausprägungen auf der Ebene der genannten literaturgeschichtlichen Kriterien beschreiben. Man kann sie sich als ausgeformte Stränge der Entfaltung von Literatur in den verschiedenen Epochen anschaulich vorstellen. Im Schnittpunkt möglichst vieler Stränge liegt das exemplarische Werk. Es ist schon angeklungen, daß ich Rilkes 'Aufzeichnungen' für exemplarisch in mehrfacher Hinsicht für neue Entwicklungen der Epoche der Jahrhundertwende halte, auch für den Unterricht in 'Deutsch als Fremdsprache', weil das Fremdsein im Ausland zentraler Gegenstand der Aufzeichnungen dieses Werkes ist.

Da kommt ein junger dänischer Dichter aus einem alten Adelsgeschlecht, 28jährig, mittellos nach Paris, um das Leben in einer neuen Welt kennenzulernen und Anregungen für seine literarischen Werke zu bekommen. In seinem großbürgerlichen Habitus sucht er nun in der Tat nicht nach Arbeit, lernt also auch die neuen kapitalistischen Produktionsweisen und das neue Industrieproletariat nicht aus unmittelbarer Begegnung kennen. Dennoch wird die schnell gewachsene Großstadt für den jungen Dänen zu einem bedrückenden, angstverursachenden Erfahrungsraum, in dem es menschliche Nähe nicht mehr gibt. Individualität im Leben und im Sterben geht verloren, der einzelne kann sich nur noch als entfremdet gegenüber der Arbeit, dem Leben, der Geschichte, der Identität, den Mitmenschen begreifen. So rechnet Malte sich konsequenterweise zu den "Fortgeworfenen", denen er im Krankenhaus und auf der Straße begegnet. In der Zeichnung von Personen, denen jedes Selbstbewußtsein und jeder menschliche Bezug verlorengegangen ist, reflektiert der Erzähler Malte durchaus auf die sozialgeschichtlichen Zusammenhänge des ersten Jahrzehnts unseres Jahrhunderts.

Als Erzählung Maltes engt der Roman die Perspektive auf die Erlebnisse und Erfahrungen einer einzelnen Person ein. Diese Perspektivverengung charakterisiert das Erzählen um die Jahrhundertwende allgemein: Der auktoriale Erzähler wird durch den personalen oder den Ich-Erzähler abgelöst, der die Allwissenheit zugunsten genauerer Detailschilderungen nahe an Erlebnissen und Erfahrungen der Personen aufgibt. Die Verengung der Perspektive wird durch eine erhebliche Verbreiterung der Dimensionen des Erzählens mehr als wettgemacht: Malte erzählt nicht nur von seinen äußeren Eindrücken, sondern auch von seinem Inneren, von dem er bisher nichts wußte: von Träumen, Visionen, Ängsten, Vorstellungen; er erzählt von seinen Erinnerungen an die Kindheit in Dänemark und schließlich von Mustern menschlicher Existenz aus der fernen Vergangenheit europäischer Geschichte und Mythologie. Das Erzählen in Romanen stößt in neue Dimensionen des Bewußtseins, Unterbewußtseins und Vorbewußtseins vor, das der Gattung des Romans neue Möglichkeiten erschließt.

Thematisch ist immer wieder von Verfall die Rede: Verfall des Adelsgeschlechts, Verfall und Tod der Menschen in der Großstadt, Verfall des Bewußtseins und der Artikulationsfähigkeit einzelner Menschen, so daß auch im zentralen Thema eine Nähe zu Themen, Stoffen, Motiven der Romane der Jahrhundertwende entsteht (vgl. Thomas Manns 'Buddenbrooks', Heinrich Manns 'Der Untertan', aber auch Dramen Hauptmanns oder Wedekinds etc.). Wie in anderen Werken auch läßt aber der Moment des Verfalls Dimensionen des eigentlichen Lebens erkennen: in Rilkes Roman in den Idealgestalten, vor allem Abelone. Sie steht bei Malte für das Ideal der intransitiven Liebe, der auch Malte in seiner Beziehungslosigkeit nacheifert. Autonomie wird neu begründet in einem letzten Akt der Selbstbehauptung, der auf alle Bindungen bewußt verzichtet. Mit der Erfahrung von Verfall, Zerstörung, Entfremdung, Auflösung alter Bindungen und Werte geht ein neues Lebenspathos einher, das im Leben selbst das neue Ideal zu finden hofft. Den Hinweis auf diesen Zentralbegriff der Epoche verdanken wir Wolfdietrich Rasch (1967); der Gedanke ließe sich weiterentwickeln für eine Literaturgeschichte, die nach den Knotenpunkten der epochalen Linien sucht und sich nicht nur in den Grenzbereichen der Epochen verliert.

Ob der Roman stilgeschichtlich damit der Dekadenz zuzurechnen ist, wäre weitgehend eine Frage der Interpretation: Scheitert Malte in Paris oder gibt es für ihn eine Rettung, die etwa in einem entschieden neuen Schreiben liegen könnte? Die Legende vom verlorenen Sohn am Schluß des Buches wäre dann als Beweis einer solchen Rettung zu lesen. In jedem Fall begründet das "neue Sehen" Maltes einen neuen Stil, der die literarische Ästhetik um das Häßliche, das Unvollkommene, das Verworfene bereichert.

Mit der Erweiterung des stilistischen und thematischen Repertoires erweitern sich auch die Funktionen der Literatur. Nicht nur, daß das Schreiben die Ängste überwinden hilft, also ein Stück Seelenarbeit darstellt, es ist mit seiner Verpflichtung zu genauer Beobachtung ein entschiedenes Mittel der Erkenntnis in den wissenschaftlich noch nicht zugänglichen Bereichen der Innenwelt und Vergangenheit des Menschen (vgl. dazu Müller-Michaels 1985).

Das Beispiel hat erkennen lassen: Es gibt Werke, die an Knotenpunkten dominanter Entwicklungslinien der Entfaltung literarischer Kunst liegen und damit einen Einblick in signifikante Strömungen einer Epoche erlauben. Diese neuen Strömungen zu entdecken und zu beschreiben ist eine mühsame Aufgabe, weil sie genau und um das Detail bemüht, dann aber auch hypothetisch-verallgemeinernd, aus entschiedener Perspektive zusammenfassend, also konkret und abstrakt zugleich, sein muß. Aber diese Arbeit muß geleistet werden, wenn Literaturgeschichte und Literaturgeschichtsschreibung auch im Unterricht weiter lehrbar bleiben sollen.

IV. Wozu Literaturgeschichte(n)?

Noch ein Weiteres sollte deutlich geworden sein: Der Umgang mit Literatur vergangener Epochen, die Frage nach deren Verankerung in der Geschichte der Zeit und das Experiment mit den bis in die Gegenwart fortwirkenden Elementen, schützt vor dem Vergessen eindringlicher und notwendiger Erfahrungen. Um es mit A. Weber positiv zu wenden: Literaturgeschichte eröffnet

"Reflexionsspielräume, setzt Reflexionsqualitäten gegenüber naiven Horizonten frei, kritisiert und korrigiert Gegenwart durch Fremdes, Komplementäres" (1975, S. 330).

In der Erläuterung der leitenden Absichten der Literaturgeschichten für die Schule sind unterschiedliche Aspekte einer Begründung von Literaturgeschichte für den Literaturunterricht angesprochen worden. Sie müssen im Gespräch implizit oder auch explizit sichtbar werden, um das Wirkungspotential von Literatur für die Bildung von Jugendlichen wirksam werden zu lassen.

Werke der Literaturgeschichte öffnen einen Erfahrungsraum im Rücken der Jugendlichen, der über anschauliche Bilder den Horizont von Wissen und Einstellungen erheblich erweitert, eigene Erfahrungen vorwegnimmt, in jedem Fall aber die Wahrnehmungsmöglichkeiten vergrößert. Außerdem wird sichtbar, daß die eigenen Anschauungen aus vorangegangenen und in Abgrenzung von alternativen erwachsen sind, sie treten in die Gesellschaft anderer und werden dadurch vor dogmatischer Überschätzung geschützt. Sich erinnern zu können, auch an das, was man selber nicht erlebt hat, bedeutet, sich in Verbindung zu sehen mit den anderen, sich Mit-Menschlichkeit zu bewahren für fremdes und fernes Leben.

Die Ordnung der Literaturgeschichte vermittelt darüber hinaus Orientierungspunkte für den Gang in die Tiefe literarisch gestalteter Erfahrung. Erst wer Grade der Distanz zur eigenen Lebenswelt abschätzen gelernt hat, ist sowohl davor geschützt, die eigene Lebenswelt direkt mit der über den historischen Abstand und die literarische Fiktion doppelt abgetrennten anderen zu verwechseln, als auch davor, Vergangenheit als gleichgeordnete (z.B. Erlebnisse und Schicksale aus dem Dreißigjährigen Krieg und dem Zweiten Weltkrieg) mißzuverstehen. Daß für eine erste Orientierung grobmaschige Ordnungen von der Dauer etwa eines Menschenlebens ausreichen, ist schon eingangs deutlich gemacht worden.

Wie den Ordnungen selbst vorläufige Einsichten zugrunde liegen, wie sie jederzeit revidierbar, grob- oder feinmaschiger zu entwerfen und zu begründen sind, läßt der Blick auf die Konzeptbildung der Literaturgeschichten über wechselnde Aspekte erkennen. Sich vorsichtig in neu begründeten Gliederungen von Epochenabschnitten zu versuchen bedeutet, über den Spaß am Lesen hinaus ansatzweise die Freude an eigenen Entdeckungen zu erfahren.

Die behandelte Literatur der vergangenen Epochen sollte so geartet sein, daß sie auf der einen Seite Mitleiden, Mitdenken, Mitleben nicht ausschließt, auf der anderen Seite Kritik an den Bedingungen und Formen des fremden Lebens ermöglicht, um daraus für das eigene zu lernen. Die kritische Analyse und Wertung wird vielfach die Regel sein, dennoch sollte, gerade bei dem ästhetischen Gegenstand, der unmittelbare Zugang nicht versperrt sein. Es ist im Unterricht doch häufiger so, auch noch die Studenten haben es in ihren Antworten bestätigt, daß erst aus der Identifikation mit einer fremden Figur der kritische Blick auf die eigene Gegenwart möglich wird. So geraten Mit-Leben in der Literatur und Kritik an ihr in ein dialektisches Verhältnis: Wie über die Identifikation mit dem fremden Leben Kritik an der Gegenwart möglich wird, so kann auch die Kritik am Roman, seinen Verhältnissen und Figuren, die Suche nach der eigenen Identiät vorantreiben.

Die Ausführungen über die Bedeutung von Literatur aus der Geschichte wären mißverstanden, hätten sie den Eindruck vermittelt, daß die Arbeit an und mit der Literatur aus der Geschichte alle anderen Aufgaben des Deutschunterrichts bei weitem überragen sollten. Im Deutschunterricht geht es zunächst und vor allem um die Entfaltung von Fähigkeiten und Vermittlung von Wissen für die Gegenwart und Zukunft der Schüler. Immerhin sollte dabei deutlich werden, daß die Erinnerung an Vergangenes für die Bewältigung von Zukunft notwendig ist. Welche Gefahren in einer zu intensiven Versenkung in Geschichte liegen können, hat nicht zuletzt Malte Laurids Brigge anschaulich gemacht, wenn er beschreibt, wie die Lektüre der Geschichten von Demetrius und Karl dem Kühnen sich zu "lebensgroßer Erfahrung" auswuchsen, die das eigene Leben bedroh. Die Beschäftigung mit Literatur aus der Geschichte sollte auf ein Maß beschränkt bleiben, das den Blick in die Zukunft nicht verstellen kann, ihn aber wohl schärft. Und so finden sich in den anfangs zitierten Gedankenexperimenten der Studenten auch kritische Stimmen:

Versinken in Literatur macht unfähig zu leben ...

— oder literarischer ausgedrückt:

Die besten Jahre des Lebens: am Leben vorbeigelesen — verlesenes Leben.

Verzeichnis der besprochenen Literaturgeschichten

Joachim Bark/Dietrich Steinbach/Hildegard Wittenberg (Hrsg.): Geschichte der deutschen Literatur. 6 Bde. Von der Aufklärung bis zur Gegenwart. Stuttgart 1983ff.
Wolfgang Beutin u.a. (Hrsg.): Deutsche Literaturgeschichte. Von den Anfängen bis zur Gegenwart. Stuttgart 1979
Deutsche Literaturgeschichte für die Sekundarstufe II und Studienanfänger. 5 Bde. Hrsg. von H. Scheurer u.a. Düsseldorf 1980/81
Albrecht Weber: Deutsche Literatur in ihrer Zeit. Literaturgeschichte im Überblick. 2 Bde. Freiburg 1978/79
Viktor Žmegač u.a.: Scriptors Geschichte der deutschen Literatur. Von den Anfängen bis zur Gegenwart. Königstein 1981

Literatur

Helmut Kreuzer: Eine Epoche des Übergangs (1870-1918). In: H. Kreuzer (Hrsg.): Jahrhundertende —Jahrhundertwende I. Wiesbaden 1976, S. 1-32
Harro Müller-Michaels: "Daß man erzählte, das muß nach meiner Zeit gewesen sein" — zur Funktion des Erzählens in Rilkes "Aufzeichnungen des Malte Laurids Brigge". In: literatur für leser (1985), H. 1, S. 16-26
Wolfdietrich Rasch: Zur deutschen Literatur seit der Jahrhundertwende. Stuttgart 1967
Hans Schwerte: Deutsche Literatur im wilhelminischen Zeitalter. In: Das wilhelminische Zeitalter. Hrsg. von H.J. Schoeps. Stuttgart 1967, S. 121-145
Walter Seifert: Das epische Werk Rainer Maria Rilkes. Bonn 1969
Heinz Stolpe: Kriterien, nach denen eine literarische Periodisierung zu geschehen hat. In: W. Bahner (Hrsg.): Renaissance, Barock, Aufklärung. Kronberg 1976, S. 54-59
Wilhelm Voßkamp: Gattungen und Epochen in der Literaturgeschichte. In: Funk-Kolleg Literatur Bd. 2. Frankfurt 1978, S. 170-192
Albrecht Weber: Literaturgeschichte und Deutschunterricht. In: Fachdidaktik Deutsch. Hrsg. von B. Sowinski. Köln/Wien 1975, S. 328-335
Christa Wolf: Lesen und Schreiben. Darmstadt und Neuwied 1972, S. 190-195

DU BIST MIN, ICH BIN DIN
Überlegungen zur Fachdidaktik
aus dem Blickwinkel der Fachwissenschaft

von Johannes Janota

Dû bist mîn, ich bin dîn.	Du bist mein, ich bin dein.
des solt dû gewis sîn.	Dessen kannst du gewiß sein.
dû bist beslozzen	Du bist verschlossen
in mînem herzen;	in meinem Herzen;
verlorn ist daz sluzzelîn:	verloren ist das Schlüsselchen:
dû muost ouch immer darinne sîn.	du mußt auf immer drinnen bleiben.[1]

Auf diesem kleinen Textstück ruht eine denkwürdige Hypothek. Die Kenntnis mittelalterlicher deutscher Literatur, die zur Zeit noch auf Schulen (insbesondere Gymnasien) vermittelt wird, scheint auf dieses Minimum — oft reduziert auf die Eingangszeile und bestenfalls auf ungefähre Erinnerungen an die beiden Schlußzeilen — eingeschrumpft zu sein. Daran haben offenkundig auch die einschlägigen Handreichungen nichts geändert, die darauf abzielen, einzelne Ausschnitte aus der mittelalterlichen Literaturtradition als Gegenstand des Deutschunterrichts unter neuen methodologischen Gesichtspunkten zu erschließen. Dies sind jedenfalls meine Erfahrungen, die ich an Universitäten dreier verschiedener Bundesländer sammeln konnte: Bei der Nachfrage, welche mittelalterlichen Autoren, Werktitel, Textpassagen etc. ihnen aus dem Schulunterricht vertraut seien, nahm bei den Germanistikstudenten — soweit überhaupt Nennungen erfolgten — das 'Du bist min'-Zitat mit weitem Abstand den ersten Platz ein und schlug das 'Nibelungenlied' und Walther von der Vogelweide (in beiden Fällen meist ohne konkreten Textbezug) um Längen.

Diese privaten Erfahrungen dürften durch Indizien gestützt werden, die auf eine gewisse Popularität des Textes bei literarisch Interessierten schließen lassen. So wird die eingangs zitierte Anthologie innerhalb einer verbreiteten Taschenbuchreihe ganz selbstverständlich mit 'Du bist min' eröffnet. In einer anderen Taschenbuch-Anthologie mit Texten aus der Manessischen Liederhandschrift vertraute der Verlag offenkundig nicht der Zugkraft der 24 Farbabbildungen (darunter natürlich der "Reproduktionsschlager" Walther von der Vogelweide) allein, denn auf der Rückseite des Buchumschlags ist unser Text abgedruckt[2] — obwohl er mit dieser Handschrift nicht das Geringste zu tun hat. Vor diesem Hintergrund erklärt es sich dann auch, daß die Eingangszeile des mittelhochdeutschen Textes einen Limerick pointenhaft abschließen kann:

> Ein Deutschlehrer mischte in Wien
> dem Schulrat ins Essen Strychnin
> und schickte Madame
> ein Blitztelegramm:
> Du bist mîn, ich bin dîn, er ist hîn.³

Zum hohen Bekanntheitsgrad des 'Du bist min' werden wohl viele Faktoren beitragen: die Schlichtheit der Sprache, die eine Übersetzung scheinbar überflüssig macht,⁴ die prägnante Formelhaftigkeit der Eingangszeile und das anschließende Bild vom Schlüssel des Herzens,⁵ die sprachliche und poetische Strukturierung des Textes,⁶ dessen Resonanz seit der Erstveröffentlichung im Jahre 1827 im krassen Gegensatz zur singulären Aufzeichnung in einer ehemals Tegernseer Handschrift aus der zweiten Hälfte des 12. Jahrhunderts steht. Eine einläßliche Untersuchung zu diesem Phänomen wäre wohl in mancherlei Hinsicht aufschlußreich.

Muß der Altgermanist — so die naheliegende Schlußfolgerung aus den genannten Beobachtungen — nicht froh sein, daß er im akademischen Unterricht wenigstens hier noch an einer in der Schule vermittelten Texterfahrung unmittelbar aufbauen kann? Diese Vorstellung führt in die Irre, denn gerade in den Veranstaltungen zum Minnesang, an die dabei zunächst zu denken wäre, erweist sich die alleinige Kenntnis des 'Du bist min' und die daraus abgeleitete Erwartungshaltung als ein beträchtliches Hindernis, das erst mühsam abgebaut werden muß, um zu einem angemessenen Verständnis der Gattung "Minnesang" zu kommen. Das übliche Verständnis dieses Textes als eines besonders schönen, weil heute noch anrührenden Beispiels individuell-intimer Liebeslyrik steht — wie jeder Kenner weiß — im diametralen Gegensatz zum Minnesang als Gesellschafts-, Standes- und Rollenlyrik. Am 'Du bist min' läßt sich in diesem Zusammenhang also bestenfalls demonstrieren, was Minnesang n i c h t ist. Und da hierfür Grundkenntnisse der Gattungsmerkmale notwendig sind, wird man in der Regel diesen Text als erhellende Kontrastfolie erst dann beiziehen können, wenn die Auflösung einer falschen Erwartungshaltung zumindest in Gang gesetzt ist.

Angesichts solcher Erfahrung frage ich mich mit vielen altgermanistischen Kollegen, warum die Andersartigkeit ("Alterität") älterer Literaturepochen — wie auch Sprachstufen — in der Schule nicht systematisch dazu genutzt wird, um neuere und insbesondere neueste Literatur (wie auch Sprache) in ihrer Besonderheit, also Geschichtlichkeit, differenziert zu erfassen. Diese Sichtweise schließt keinesfalls aus, daß ältere Literaturdenkmäler — wie das beim 'Du bist min' vorzuliegen scheint⁷ — auch persönliche Bedeutung erhalten oder als wichtige Teile des kulturellen Erbes (das von der DDR ja keinesfalls in Erbpacht genommen sein kann) begriffen werden. Und ganz sicher ist es auch wichtig, im Rückgriff auf die Literaturgeschichte vergleichbare Phänomene innerhalb der uns zugänglichen literarischen Überlieferung in den Blick zu rücken: also etwa am 'Du bist min' die Frage nach der Überzeitlichkeit von Liebeslyrik zu thematisieren. Aber ebenso sicher halte ich es für einen schwerwiegenden Verlust, wenn ältere Literaturdenkmäler praktisch nur dazu genutzt werden, eigene Erfahrungen zu bestätigen und gleichsam historisch zu legitimieren. Diese Eingrenzung mag den Unterricht erleichtern, aber diese Erleichterung nimmt eine Beschränkung der literarischen Kompetenz in Kauf: Erst die Gegenüberstellung mit ganz anderen Möglichkeiten und Ausformungen etwa von Liebeslyrik im Verlaufe (nicht nur) der deutschen Literaturgeschichte läßt neben dem Vergleichbaren insbesondere die Spezifik, in der sich dieser Gattungsbereich heute präsentiert, in aller Schärfe erkennen.

Es wäre freilich unbillig, die Erfüllung dieses Postulats allein vom Deutschlehrer und — damit verbunden — vom Fachdidaktiker zu fordern. Gerade der vorliegende Text liefert ein Musterbeispiel dafür, wie von der Fachwissenschaft über viele Generationen hinweg einem einseitigen, ja unangebrachten Textverständnis Vorschub geleistet wurde. Dies beginnt bereits mit dem Faktum, daß K. Lachmann seine kanonisch gewordene Anthologie 'Des Minnesangs Frühling' (1857) mit 'Du bist min' eröffnen ließ, eine Entscheidung, die bis heute (wenn auch modifiziert) beibehalten[8] und — bis hin zu H. Stopps vehementem Vorstoß[9] — immer wieder verteidigt wurde.[10] Diese Verteidigung war von Anfang an notwendig, weil M. Haupt, der K. Lachmanns Minnesangsammlung 6 Jahre nach dessen Tod (1851) zum Druck brachte, in den Anmerkungen Zweifel an der Liedhaftigkeit des Textes anmeldete: "die anmutigen zeilen mögen die von Lachmann ihnen gegönnte stelle behalten, obwohl es nicht sicher ist dass sie ein lied sind".[11] Dieser Zweifel ist bis heute wachgeblieben, und durch J. Kühnels erneutes Plädoyer, 'Du bist min' als Reimprosa aufzufassen,[12] wurde er noch erheblich gemehrt. G. Schweikle hat den Text daher auch nicht in seine Sammlung aufgenommen.[13] Ob man nun, wie J. Kühnel meint, in der lateinischen Briefgruppe, in deren Zusammenhang 'Du bist min' überliefert ist, „exercitationes in der Ars dictaminis"[14] sehen will, oder ob man sie — wie D. Schaller in kämpferischem Widerspruch dazu — "als kostbare Relikte eines spielerisch-erotischen Briefverkehrs in einer 'geschlossenen Gesellschaft' von Lehrern und Schülerinnen eines geistlichen Bildungszentrums"[15] auffassen will, braucht hier nicht weiterverfolgt zu werden.

In unserem Zusammenhang halte ich es vielmehr für bemerkenswert, daß seit Aufnahme des 'Du bist min' in 'Des Minnesangs Frühling' Bedenken gegenüber dem Liedcharakter des Textes und damit auch gegen die Zugehörigkeit zur Minnelyrik bestanden, aber sich der Text bis hin zum Deutschunterricht durchsetzte, während die "gelehrte Anmerkung" mit ihrem Vorbehalt das Wissen lediglich von Minnesangspezialisten blieb.[16] Dieser Sachverhalt läßt sich natürlich nicht nur am vorliegenden Beispiel beobachten, er begegnet bei allen Unterrichtsgegenständen, die den Weg vom Hörsaal und Seminarraum in die Klassenzimmer finden. Die Folge dieser Erfahrung darf freilich nicht Resignation, sondern muß erneutes Überdenken der vorliegenden Problematik sein.

Will man hier Abhilfe schaffen, dann bedeutet dies auf akademischer Ebene, daß Forschungspositionen, sofern sie nicht nachweisbar falsifiziert sind, prinzipiell das gleiche Anrecht auf öffentliches Gehör haben und auch dann ernstzunehmen sind, wenn man eine andere Position vertritt. Gegen diese Binsenweisheit verstieß die frühere Schulenbildung, bei der die tonangebenden Forschungsrichtungen ihre interpretatorische Auffassung als die geltende durchsetzten, auch wenn für abweichende Positionen gute Gründe vorlagen. Die Fachgeschichte der Germanistik liefert dafür Beispiele en masse. Ist dieser Vorgang auf akademischer Ebene mißlich genug, so erweist sich seine Auswirkung auf die Schule als ein Skandalon, weil hier die Betroffenen praktisch wehrlos einer herrschenden Forschungsmeinung ausgeliefert sind. Die Folgen zeigt mit seltener Deutlichkeit die interpretatorische Behandlung des 'Du bist min'.

Die skizzierte Gefahr einer fachbeherrschenden Schulenbildung und deren Auswirkungen wurde allerdings in den letzten 15-20 Jahren durch eine nicht minder bedrohliche Praxis abgelöst, die sich auf den Begriff einer "irenisierenden Wissenschaft" bringen läßt. Hierbei finden zwar alle nur denkbaren Forschungspositionen durch Publikation den Weg zur Öffentlichkeit, aber diese Öffentlichkeit ist nur potentiell gegeben, weil die abweichenden Standpunkte zwar in Fußnoten notiert, aber im Sinne einer einläßlichen Auseinandersetzung oftmals einfach nicht ernstgenommen werden.[17] Auch hier sind die Folgen für die Betroffenen in der Schule mehr als bedenklich, weil sie mit einer Flut von Interpretationsangeboten überschwemmt werden, über deren Stellenwert wegen der fehlenden Forschungskritik schwer etwas auszumachen ist. Welchem Lehrer ist da zu verdenken, wenn er angesichts dieses embarras de richesse beim "Alten" bleibt, dem Namen eines ihm bekannten Interpreten oder aber — aus Gründen einer scheinbaren Aktualität — einfach dem letzten bibliographisch ermittelbaren und greifbaren Titel vertraut?

Mit diesem Hinweis soll nicht den giftigen Polemiken alten Stils, über die man heute zum Gutteil nurmehr den Kopf schütteln kann, das Wort geredet werden, wohl aber der ernsthaften Auseinandersetzung mit den vorliegenden Forschungen durch die Forscher selbst. Sie sind ja aufgrund ihrer Kompetenz am ehesten in der Lage, dem Interessierten Orientierungshilfe zu leisten, die allerdings — das liegt in der Natur der Sache — in den wenigsten Fällen zu einem eindeutigen sic et non führen wird.

Daß auch hier zwischen Ideal und Wirklichkeit eine tiefe Kluft liegt, kann keinen verwundern, der die Usancen des Fachs kennt; wobei aus Gründen der Fairneß daran zu erinnern ist, daß die Universitätsgermanistik sich — heute weniger denn je — in den Aufgaben der Lehramtsausbildung erschöpft. An dieser Stelle könnte sich eine Chance für die Fachdidaktik eröffnen, unter Wahrung des eigenen Selbstverständnisses in einen engeren und fruchtbaren Kontakt mit den Fachwissenschaften zu treten.

Angesichts ihrer Mittlerstellung zwischen Universitäts- und Schulfach wäre es für die Fachdidaktik m.E. eine wichtige und für alle Seiten förderliche Aufgabe, wenn sie in all den Fällen, in denen sie in der Schule (und künftig wohl auch in anderen Berufsbereichen) auf einhellige Interpretationsmeinungen stößt, bei den Fachwissenschaften kritisch nachfragt, ob es damit tatsächlich seine Richtigkeit hat. Die bislang in den Schulen offenkundig gängige Interpretation des 'Du bist min' hätte auf diese Weise eine Differenzierung erfahren, die nach meinem Dafürhalten sowohl dem Deutschunterricht wie dem Universitätsfach zugute gekommen wäre. Zum andern sähe ich einen allseitigen Gewinn darin, wenn die Fachdidaktik angesichts der Vielfalt vorliegender Forschungsmeinungen zu einem Gegenstand, die im Spektrum der Wissenschaft durchaus ihre Berechtigung haben mögen, vor dem Hintergrund bestimmter Berufsfelder bei den Fachwissenschaften auf eine kritische Auseinandersetzung mit den Forschungspositionen insistierte. Der Fachdidaktiker wäre dann der zweifelhaften Aufgabe positionsübergreifender Zusammenfassungen entledigt, die ihn in den Augen des Fachwissenschaftlers oft mit dem Anspruch eines "Überwissenschaftlers" erscheinen läßt. (Dies schließt selbstredend nicht aus, daß sich der Fachdidaktiker überall dort, wo er fachwissenschaftlich kompetent ist, dieser Aufgabe selbst stellen mag.)

Vor diesem Hintergrund könnte die Fachdidaktik andererseits in der Schule verstärkt darauf dringen, die einhellige Interpretation durch eine facettenreiche Texterschließung zu ersetzen, bei der — gestützt auf die Forschung — sehr wohl unterschiedliche Deutungen ihr Recht erhalten. Dies bedeutet keinesfalls einen Freischein für den willkürlichen Umgang mit einem poetischen Text, auch kein unentwegtes Problematisieren von Deutungsansätzen und gleichfalls keine Umwandlung des Deutschunterrichts in eine Seminarveranstaltung, sondern ein Ernstnehmen der Polyvalenz, mit der ein poetischer Text aufwartet und der damit naturgemäß die Rezipienten unterschiedlich affizieren wird. Der Vergleich der verschiedenen Leseerfahrungen, ihr korrigierender und differenzierender Rückbezug auf den Text und die Fundierung dieser Erfahrungen durch die fachliche Kompetenz des Lehrers dürften dabei alleweil gewinnbringender sein, als das Zusteuern auf eine "richtige" Interpretation. Bereits die Eingangsformel unseres Textes mit ihren unterschiedlichen Verständnismöglichkeiten, die über einen rein possessiven Bezug hinaus Momente der Relation, der Zugehörigkeit, der Zusammengehörigkeit und im besonderen Fall sogar der Identität signalisieren können,[18] untermauert eine solche Sichtweise. Dieses Bedeutungsspektrum ließe sich darüber hinaus mutatis mutandis als ein Angebot verstehen, das Selbstverständnis von Fachdidaktik und Fachwissenschaft und ihr Verhältnis zueinander differenzierter zu bestimmen, als dies bislang nicht selten der Fall ist.

Das 'Du bist min' war das einzige Textbeispiel, das mir bislang auf breiterer Basis in meinem Fachgebiet unmittelbare Rückmeldungen darüber gab, welches Wissen und Vorverständnis von mittelalterlicher deutscher Literatur Germanistikstudenten von der Schule mitbringen; daher nahmen die anskizzierten Überlegungen von diesem Text ihren Ausgang. Den bedrückenden Befund, der sich mit entsprechenden Erfahrungen zahlreicher Kollegen deckt, will ich nicht voreilig generalisieren.[19] Wenn sich aber die Textkenntnisse aus dem Bereich der mittelalterlichen deutschen Literatur tatsächlich weitgehend auf die wenigen Zeilen des 'Du bist min' reduziert haben sollten, ein Sachverhalt, den ich — wie schon begründet[20] — für untragbar halte, dann erscheint eine sachgerechte Erschließung des Textes als besonders dringlich.

Sie könnte insbesondere vor dem Hintergrund der konträren Standpunkte von J. Kühnel und D. Schaller und dem eigenen Vorwissen über neuzeitliche und moderne Liebeslyrik der Frage nach dem Unterschieden von individueller Erlebnis- und Bekenntnislyrik, von poetisch stilisiertem Text als gesellschaftlich-literarischem Spiel (vgl. dazu auch den Minnesang) und als Stilübung nachgehen. Es ließen sich das Phänomen der Reimprosa und ihre Gebrauchsmöglichkeiten wie ihr Verhältnis zum gereimten Gedicht besprechen. Auch die Zweisprachigkeit der Überlieferung könnte in einem weitergesteckten Zusammenhang ein lohnendes Thema sein.[21] Die Entfaltung nur eines dieser knappen Hinweise stellte das 'Du bist min' jedenfalls in einen angemesseneren Kontext, als es die herkömmliche Praxis zu tun vermag, die diese Zeilen unbefragt als Beispiel für den Minnesang vorstellt.

Der Jubilar, dem diese Festschrift gewidmet ist, hat sich stets um eine breitere Berücksichtigung der mittelalterlichen Literatur und Sprache im Deutschunterricht bemüht. Dafür schuldet ihm die Mittelaltergermanistik Dank. Er verpflichtet sie aber auch, bei der Bewältigung dieser Aufgabe über die spezifischen Forschungsinteressen hinaus mitzuhelfen.

Anmerkungen

1) Minnesang. Mittelhochdeutsche Texte mit Übertragungen und Anmerkungen. Hrsg., übersetzt und mit einem Anhang versehen von Helmut Brackert. Frankfurt a.M. 1983 (Fischer Taschenbuch 6485), S. 8f.
2) Minnesinger. In Bildern der Manessischen Liederhandschrift mit Erläuterungen hrsg. von Walter Koschorreck. Frankfurt a.M. 1974. 5/1983 (insel taschenbuch 88). Das Bändchen hatte bereits ein Jahr nach der Drucklegung das 28. Tausend erreicht. — Mit einer Variation der Formel werben Umschlagvorderseite und Titel der Sammlung: Der Mönch von Salzburg. ich bin du und du bist ich. Lieder des Mittelalters. Hrsg. von Franz V. Spechtler u.a. München 1980. Die Variante ist hier wohl der 'Erlösung' (einer geistlichen Dichtung des 14. Jhs.) entnommen; vgl. Friedrich Ohly: Du bist mein, ich bin dein. Du in mir, ich in dir. Ich du, du ich. In: Kritische Bewahrung. Festschrift Werner Schröder. Berlin 1974, S. 371-415 (Hierzu S. 412f.)
3) Die Zeit, 28/1972, S. 45; zitiert nach Jürgen Kühnel (Hrsg.): Dû bist mîn. ih bin dîn. Die lateinischen Liebes- (und Freundschafts-)Briefe des clm 19411. Abbildungen, Text und Übersetzung. Göppingen 1977 (Litterae 52), S. 2.
Eine Montage des mittelhochdeutschen Textes mit einer Definition der Ehe, die einem Lexikon entnommen ist, weist für das Jahr 1978 nach Hugo Stopp: Du bist min. Zum sprachlichen Aufbau eines poetischen Textes. In: Sprachwissenschaft 6 (1981), S. 125-141 (Hierzu S. 127, Anm. 9)
4) R. Schützeichel zeigt allerdings, daß die Eingangszeile entgegen dem herkömmlichen Verständnis "nicht von unflektierten prädikativen Nominativen Singular des pronomen possessivum getragen ist, daß es sich vielmehr um Formen des Genetivs Singular des Personalpronomens der ersten und zweiten Person handelt"; damit ist eine sprachliche Möglichkeit verwirklicht, um "die untrennbare Zusammengehörigkeit oder gar Identität der (sich liebenden) Personen auszudrücken". Vgl. Rudolf Schützeichel: Genitiv und Possessiv. Zum Tegernseer 'Du bist mîn'. In: Sprachwissenschaft 4 (1979), S. 109-120 (hierzu S. 117 und 119); in verbesserter Fassung unter dem Titel wiederabgedruckt: 'Du bist mîn'. Genitiv und Possessiv. In: Rudolf Schützeichel. Textgebundenheit. Tübingen 1981, S. 131-142 (Hierzu S. 139 und 141)
5) Vgl. die breiten Nachweise bei F. Ohly: Du bist mein (Anm. 2); ergänzend Gerhard Eis: Ich bin dîn, du bist mîn in der 'Tweeden Rose'. In: Korrespondenzblatt des Vereins für niederdeutsche Sprachforschung 66 (1959), S. 33f. Wiederabdruck bei Gerhard Eis: Kleine Schriften zur altdeutschen weltlichen Dichtung. Amsterdam 1979 (Amsterdamer Publikationen zur Sprache und Literatur 38), S. 314f. Für das Nachwirken der Eingangszeile bis ins beginnende 19. Jh. vgl. Heinz Rölleke: "Dû bist mîn, ich bin dîn". Ein mittelhochdeutscher Vers in den 'Kinder- und Hausmärchen' der Brüder Grimm? In: Fabula 23 (1982), S. 269-275
6) Vgl. den an Roman Jakobson orientierten Versuch von H. Stopp: Du bist min (Anm. 3)
7) Vgl. den Hinweis bei H. Stopp: Du bist min (Anm. 3), S. 126 (zu Anm. 7)
8) Des Minnesangs Frühling. Unter Benutzung der Ausgaben von Karl Lachmann und Moriz Haupt, Friedrich Vogt und Carl von Kraus bearbeitet von Hugo Moser und Helmut Tervooren. I. Texte. 37., revidierte Aufl. Stuttgart 1982. In dieser Neuausgabe sind mit wenig einleuchtenden Gründen 5 Strophen "Weisheits- und Zeitlyrik" und danach 2 Einzelstrophen aus den Carmina Burana dem 'Du bist min' (Nr. VIII) vorangestellt.

1. Literaturgeschichte

9) H. Stopp: Du bist min (Anm. 3); diese Analyse weist allerdings nur auf mögliche poetische Strukturen hin, sie sagt aber nichts über die Zugehörigkeit des Textes zum Minnesang und auch nichts über den Liedcharakter der überlieferten Zeilen aus, der sich anhand des metrischen Systems von Andreas Heusler (vgl. S. 131-134) nicht nachweisen läßt.
10) Vgl. dazu und zu den Einsprüchen die Nachweise bei J. Kühnel: Dû bist mîn (Anm. 3), S. 27-33, und die Literaturnachweise auf S. 37-39
11) Des Minnesangs Frühling. Hrsg. von Karl Lachmann und Moriz Haupt. Leipzig 1857, S. 221. M. Haupt druckte zudem (S. 221-224) die lateinischen Briefe ab, in deren Kontext die mittelhochdeutschen Zeilen stehen, um so den Zusammenhang mit der faktischen Überlieferung zu dokumentieren.
12) J. Kühnel: Dû bist mîn (Anm. 3), bes. S. 31-33
13) Günther Schweikle (Hrsg.): Die mittelhochdeutsche Minnelyrik I: Die frühe Minnelyrik. Texte und Übertragungen. Einführung und Kommentar. Darmstadt 1977; der Text wird aber in der Einführung S. 60f. als "ein vollständiges Beispiel volkstümlicher Liebeslyrik" mitgeteilt.
14) J. Kühnel: Dû bist mîn (Anm. 3), S. 33
15) Dieter Schaller: Zur Textkritik und Beurteilung der sogenannten Tegernseer Liebesbriefe. In: ZfdPh 101 (1982), S. 104-121 (Hierzu S. 104)
16) Immerhin wies H. de Boor in seiner weitverbreiteten Literaturgeschichte auf das Problem der gattungsmäßigen Zuordnung im Zusammenhang mit den Liebesgrüßen hin; vgl. Helmut de Boor: Die höfische Literatur. Vorbereitung, Blüte, Ausklang. 1170-1250. München 10/1979 (Geschichte der deutschen Literatur von den Anfängen bis zur Gegenwart 2), S. 225f.
17) Dieser Gefahr versucht das Modell der "Doppelinterpretationen" entgegenzusteuern, oft jedoch erfolglos, weil die unterschiedlichen Deutungsansätze unverbunden nebeneinander stehen bleiben.
18) Vgl. dazu vor allem die Ausführungen von R. Schützeichel: 'Du bist min' (Anm. 4)
19) Vgl. hierzu auch Jürgen Haist: Schulische Rezeption mittelalterlicher Dichtung in der Bundesrepublik und der DDR. Unter Berücksichtigung gesellschaftshistorischer Aspekte. Frankfurt a.M. 1985 (Europäische Hochschulschriften XI/245). In welchem Umfange Lehrpläne und Unterrichtspraxis übereinstimmen, bedürfte einer genaueren Analyse; vgl. Uwe Meves: Die Rezeption der älteren deutschen Literatur in den gymnasialen Lehrplänen der 70er Jahre in der Bundesrepublik Deutschland. In: Mittelalter-Rezeption II. Hrsg. von Jürgen Kühnel (u.a.). Göppingen 1982 (Göppinger Arbeiten zur Germanistik 358), S. 115-134; Wolfgang Kersken: Literatur des Mittelalters im Deutschunterricht der Sekundarstufe II. In: Ebd., S. 97-114; Franz Viktor Spechtler: Deutsche Sprache und Literatur des Mittelalters im Lehrplan der österreichischen Gymnasien. In: Ebd., S. 135-141; weiterhin die Bestandsaufnahme von Uwe Meves: Die ältere deutsche Literatur im Lesebuch der 70er Jahre. Zum Wandel des Literaturkanons für die Jahrgangsstufen 5-10. In: Literatur in Wissenschaft und Unterricht 14 (1981), S. 36-62 und 116-132
20) Also nicht nur im Blick auf die ratlosen Lehrer, die sich hilfesuchend an die Altgermanisten wandten, als die Mittelalter-"Welle" die Liedermacher erfaßte und die Filmemacher auf den Artus-Stoff stießen.
21) Vgl. etwa H. Brackert: Minnesang (Anm. 1), S. 280: "Die Schreibende schiebt am Ende des Briefes das gelehrte Latein beiseite und greift, ihre Gefühle unmittelbar auszudrücken, zum vertrauten muttersprachlichen Ausdruck." Dabei ist (nicht nur für heute) zu erwägen, etwa wenn ein Liebesbrief in fremdsprachliche Wendungen oder gar Zitate übergeht (z.B. mit der Anleihe an die Beatles: if you let me take your heart I will prove to you we will never be apart if I'm part of you).

ESCHATOLOGIE UND GESCHICHTE IN GRILLPARZERS 'JÜDIN VON TOLEDO'

von Rolf Geißler

Grillparzer ist noch nicht einmal mehr ein Ärgernis. Er ist einfach tot. Als letzter Klassiker respektiert, aber nicht gelesen oder aufgeführt, als "konservativer Habsburgapologet" in den Literaturgeschichten eingesargt, fehlt ihm scheinbar jede Aktualität. Er selbst hat von seinem Anachronismus gewußt und stand als klarsichtiger politischer Kopf und profunder Denker quer zu seiner Zeit:

Will unsre Zeit mich bestreiten,
Ich laß es ruhig geschehn,
Ich komme aus anderen Zeiten
Und hoffe, in andre zu gehn. (1859)

Aber führt chronologischer Fortschritt schon in "andere Zeiten"? Sieht man auf die Wirkungslosigkeit Grillparzers, so hängen wir doch offenbar noch immer in Verstrickungen des 19. Jahrhunderts und haben dessen Folgen zu tragen. Eine Auseinandersetzung mit Grillparzer wird dann zu einer Aufarbeitung von Geschichte, und dies eben nicht, weil Grillparzer etwa in besonderem Maße historische Stoffe für seine Dramen wählte, sondern weil er gerade in seinem Anderssein den Grundbedingungen seiner geschichtlichen Zeit nachfragte und nachdachte. Und wenn diese Bedingungen bis heute wirksam sind, ja wenn sie wohl den wahren Grund für unser unseliges 20. Jahrhundert abgeben, dann wäre eine Beschäftigung mit Grillparzer von großer Dringlichkeit und Zeitnähe.

Grillparzer konnte seine Zeit so hellsichtig analysieren, weil er sich von den Bedingungen seiner Zeit freigedacht hatte, weil er nicht Sklave des Zeitgeistes war, sondern ihm bis hin zum Publikationsverzicht (1838) widerstand. Er hat sich selbst in einem Epigramm von 1853 als einen "Dichter der letzten Dinge" bezeichnet. Und so ist anzunehmen, daß seine Fähigkeit zur Zeiterhellung mit dieser Frage nach den letzten Dingen, mit dieser eschatologischen Ausrichtung seines Werkes zusammenhängt.

Geschichte wird also erst von diesem Eschaton — eben von "anderen Zeiten" her — kritisch verstehbar, ohne daß allerdings die Zuwendung zu den letzten Dingen den Menschen aus seiner grundsätzlichen Geschichtsbedingtheit selbst schon befreien könnte. Aber Geschichte ist für Grillparzer nur kritisch von einem Standpunkt außerhalb ihrer zu denken. Was ist die eschatologische Frage? Nicht einfach die nach einem Jenseits der Welten und Zeiten, sondern eben eine Frage nach uns, nach dem Menschen. Woher kommen wir? Wohin gehen wir? Was sich zusammenfassen läßt zur Frage: Wer sind wir? Diese Frage führt zwar aus den geschichtlichen Konkretionen heraus, aber nicht nur zu einem Wissen, über das man theoretisch verfügen kann, vielmehr muß die Antwort als Einsicht im konkreten Raum der Geschichte gelebt werden. Wie das geschichtliche Menschsein nur im Lichte des Eschaton kritisiert werden kann, so können umgekehrt die Fragen nach den "letzten Dingen" nur vom Boden konkreter Geschichte aus gestellt werden. Beides gehört zusammen. Das eine ohne das andere macht blind. Und es bezeichnet gerade die völlige Verfallenheit in die transzendenzlose Immanenz, die das 19. Jahrhundert bestimmt und die einen "Dichter der letzten Dinge" anachronistisch macht.

Gerade weil Grillparzer die eschatologische Frage stellt, ist er im politischen Urteil realistischer als die angeblichen Realpolitiker seines Zeitalters von Rochau über Bismarck bis zu denen unseres Jahrhunderts. Er stellt sie als Dramatiker, d. h., er stellt sie dar, er theoretisiert nicht, sondern er führt vor, zeigt Konsequenzen, läßt handeln und scheitern. Er agiert nicht wie ein Politiker nach und unter den Bedingungen seiner Zeit, sondern er bringt diese selbst auf die Bühne, entfaltet ihre Möglichkeiten und macht so einsichtig, was die Zeit konstituiert. Mimesis des öffentlichen Handelns zum Zwecke der Erkenntnis — Aristoteles auch hier! Dabei bleibt das Theater jene barocke Institution des Scheins, die in der Beleuchtung der verschiedenen Verhaltensweisen zugleich auch immer deren Vergänglichkeit, Endlichkeit und Geschichtlichkeit einsichtig macht. Die Helligkeit der Erkenntnis gründet in der Vergänglichkeit. Der Schein des Theaters ist doppeldeutig.

Die irdisch-vergängliche Welt, die Geschichte also, die Grillparzer in der 'Jüdin von Toledo' darstellt, ist nun nicht jene Geschichte des spanischen Königs Alfons VIII. aus dem 12. Jahrhundert, die — eingebettet in die christlichen Maurenkriege — eine Liebesverzauberung zum Vorwurf hat, noch ist es gar ein Stück zur Judenproblematik, sondern das Sujet dient ganz der Erhellung gerade jener Grundbedingungen der eigenen Zeit und menschlichen Verhaltensweisen, die im 19. Jahrhundert für Grillparzer so kritikwürdig waren.

Grillparzer ist ein Meister des ersten Aktes, der Exposition. Was er hier am Anfang der 'Jüdin von Toledo' versammelt, ist nicht weniger als ein Querschnitt aller möglichen Argumentations- und Handlungsstrukturen, wie sie sich in der modernen, pluralen Welt eben vor allem des 19. Jahrhunderts zeigen. Er stellt die Grundtypen sozialer und politischer Handlungsmodelle auf den Prüfstand seiner dramatischen Erkenntnis, analysiert sie im Verlauf der Handlung und — das sei hier schon vorweg gesagt — verwirft sie am Ende alle. Gemeinsamer Nenner dieser modernen Handlungsstruktur ist die menschliche Subjektivität, ist jene geschichtliche Erscheinung, daß der neuzeitliche Mensch Erkenntnis und Handeln allein auf sich zu gründen versucht. Weder ist ihm mythische Einsicht wie in der Antike noch Gottes Vorsicht und Ordnung vorgegeben und Bezugsrahmen seiner Entscheidung. Menschliche Subjektivität ist die Grundbedingung der neuzeitlichen immanenten Geschichtlichkeit, und es ist ihre Entfaltung, die Grillparzer unter einer eschatologischen Fragestellung aufzeigt und problematisiert.

Dort, wo der Mensch Subjekt des Handelns und Erkennens ist, wo er sich als alleiniger Bezugspunkt, als Basis und Zugrundeliegendes für alle Aktivitäten begreift, ist die individuelle Willkür, die sehr oft mit Subjektivismus identifiziert wird, nur eine Spielart. Als gesellschaftliches und erkennendes Wesen, das der Mensch vor allem ist, zeigt sich sein Subjektivismus auch gerade in dem, wodurch er als Zugrundeliegendes bestimmt wird, durch das also, was auf diese Basis, die wie das grammatische Subjekt nur formale Bezugsgröße ist, bezogen wird. Im Erkenntnisakt sind das z. B. die Objekte der Erkenntnis, die das Subjekt bestimmen, und die um so objektiver erkannt werden, je subjektiver, d. h., je formaler die menschliche Vernunft nur als Bezugs- und Registrierungssystem funktioniert. Diese Art von Subjektivität entpersönlicht und entindividualisiert gerade den Menschen. Und so läßt sich die moderne Subjektivität als von außen bestimmt verstehen, deren Selbstbestimmung erst durch einen Akt der Anerkennung dieses Bestimmtseins hergestellt wird, so wie Kant im Pflichtbegriff die Gesetze, die ihn bestimmen sollen, sich selbst erst als verbindlich setzt. Subjektivität verlangt nach dieser Art Autonomie. Wenn dem aber so ist, dann bleibt die Frage, was denn der Mensch von sich selbst her sei, bestehen. Gerade die in der Subjektivität enthaltene "Fremdbestimmung" wirft diese Frage nach dem Eigenen des Menschseins, nach seinem Selbst, verschärft auf. Grillparzer stellt diese Frage auch in der 'Jüdin von Toledo', er stellt sie unter eschatologischer Perspektive, so daß er sich nicht mit der geschichtlichen Antwort begnügt, der Mensch sei eben mit dem Begriff der Subjektivität zureichend gefaßt. Im ersten Akt zeigt er die Spielarten der Subjektivität, und er zeigt sie als ein Bestimmtwerden von außen. Nur Rahel und der König fallen aus diesem Modell heraus, womit vorgezeichnet ist, daß nur zwischen ihnen die Frage nach dem Selbst des Menschen einer Lösung zugeführt werden kann.

Gehen wir die Personen durch in der Reihe wachsender Freiheit ihres Bestimmtwerdens durch Selbstbestimmung, dann steht sicher Isaak am Anfang. Er ist der Egoist in einem vulgären Sinne, immer auf den materiellen Gewinn bedacht, subjektiv sprunghaft in seinem Verhalten, aber gerade immer wieder vom jeweils sich ändernden Vorteil bestimmt. Er verdinglicht und funktionalisiert alles und findet daher auch im Geld den für alles adäquaten Ausdruck. Dramatische Qualität bekommt diese vordergründige Figur allein durch den strukturellen Gebrauch, den Grillparzer von ihr macht, seine stereotype Handlungsweise setzt nur durch den Platz seiner Erscheinung im Drama deutbare Akzente.

Von subtilerer Erscheinung ist schon Garceran, der Freund und Ziehbruder des Königs, wechselnd in seinen Stellungen, auch und gerade er — und daher von den jeweiligen Situationen bestimmt—, aber diese zweckrational analysierend und nicht das Risiko, wenn auch die Verantwortung scheuend. Er ist es, dessen Vorbild den König negativ beeinflußt, der aber seinerseits im "Fehlverhalten" des Königs seinen eigenen "Leichtsinn" erkennt, sich auf die Seite der Staatserhalter schlägt und doch am Schluß wieder mit Alfonso vereint ist. In ihm zeigt sich der instrumentell technische Vernunftgebrauch, der die gegebene Situation zu analysieren und sein Verhalten zu planen versteht, der sich aber in aller Situationsbestimmtheit einen Rest von Abenteuer bewahrt.

Da ist Manrique, Garcerans Vater und Prinzenerzieher, von anderer und verläßlicherer Statur. Aber gerade die Verläßlichkeit resultiert nicht aus seinem Selbst, sondern daraus, daß er sich verbindlich den allgemeinen Staatsnotwendigkeiten unterstellt und allgemeine Verantwortung auf sich nimmt. Er handelt nicht nach eigenen Interessen, sondern nach dem politischen Wohl, und das verlangt in der kriegerischen Auseinandersetzung mit den Mauren, in die der Staat verwickelt ist, Führung und Handlungsfähigkeit. In ihm bekommt die Subjektivität ihre politisch reifste Ausprägung. Jeder absolutistischen "Willkür" (V. 1154) abhold, möchte er Recht und Gesetz in der Politik zum Sieg verhelfen. Er führt keine Adelsmeute gegen den König, sondern fühlt sich als Bewahrer der Sitte. Sein politisches Ideal ist aus dem Kontext von Grillparzers Erfahrung demokratisch zu nennen, wenn er den Fürsten mit dem Gesetz (V. 1244) vereinigen, wenn er also in der Sprache des 19. Jahrhunderts absolutistische Willkür unter das allgemeine Gesetz (Konstitution) bringen will. Hier zeigt sich eine sich an die kantische Sittlichkeit anlehnende Subjektivität, die sich so sehr nur als das Zugrundeliegende für die Staatsnotwendigkeiten begreift, daß sie ohne Eigenwillen, ja in der Abwägung zwischen Staatswohl und Individualrecht zu ähnlichen Lösungen kommt wie die Dramatiker der Frühaufklärung oder der tragédie classique. Denn bei aller Rechtlichkeit begeht Manrique doch ein Verbrechen und wird schuldig. "Not war uns Gebot" (V. 1772), dieser Ausspruch rechtfertigt nicht, sondern macht nur auf die eschatologische Problematik der Schuld aufmerksam. Es gibt unter diesen "letzten" Gesichtspunkten keine Abwägung des Vorrangs, und kein Allgemeinwohl kann die verbrecherische Opferung eines einzelnen rechtfertigen. Die Subjektivität, die sich ganz dem Allgemeinen ausliefert, verstrickt sich im Konkreten.

Die Königin vertritt das Allgemeine ihres Königtums auf andere Art. Auch sie ist Anwältin von "Brauch und Schick" (V. 252) und Sitte und Norm, auch sie läßt sich von diesen Größen ganz bestimmen und ist gerade darin völlig subjektiv, wenn anders etwas zugrundeliegt dadurch, daß es von dem bestimmt ist, was auf ihm liegt. Aber zugleich weiß sie, daß diese Norm und Etikette nicht entlastende Größen, Wahrheiten etwa, sind, sondern gesellschaftliche Regeln, die personal vollzogen und gefüllt werden müssen. So durchschaut sie im zweiten Akt die Situation, aber diese wird nicht relevant, da sie vermeidet, sie sozusagen beweishaft selbst zu sehen. Sie verläßt den Kiosk, um dem König nicht in verfänglicher Situation zu begegnen. Nur die offenkundige Wahrheit hat Konsequenzen. Hier hat die Subjektivität der Königin selbstbestimmenden Charakter. Bei ihr liegt die Entscheidung, was wahr sein soll und was nicht, und die Unterwerfung unter die Normen der königlichen Verhaltensweisen ist nicht von der "kantischen" Härte wie bei Manrique, sondern läßt Spiel und Manipulationsmöglichkeiten und damit dem Subjekt einen Rest an personalem Selbst. Und so bricht bei der Königin die Problematik des Selbstseins schon hervor, die sich zwischen Rahel und dem König erst voll entfalten wird. Denn hinter ihrer normativen Entscheidung für den Tod Rahels steckt eben auch ein wenig Rachsucht, steckt die persönliche Schmach, die Erniedrigung im Ehebruch und die Entlegalisierung ihres Sohnes. Ist er das Produkt nicht einer ewigen Verbindung — wie die katholische Eheauffassung intendiert —, sondern einer temporären, dann ist er eben nur ein Bastard mit allen dynastischen Folgen. Daß die Königin unter ihrer strengen Normbedingung solche menschlichen — wenn auch gewiß unsympathischen — Gedanken hegt, entschuldigt sie in den Augen des Königs auch dann, als er weiß, daß sie am Tode Rahels mit- oder hauptschuldig ist: "Sie tat es für ihr Kind. Ihr ist verziehen." (V. 1878)

Ein Rest von personalem Selbstsein also gegenüber der Fremdbestimmung der subjektivistisch Denkenden und Handelnden ermöglicht ein Verzeihen. Was aber ist mit einem Menschen, der ganz er selbst ist, der sich nicht von außen bestimmen läßt, sondern sich von innen bestimmt. Rahel ist dieser Mensch, ein volles Selbstsein, wie es scheint. Alle anderen sind gespalten, und in diesem Spalt entsteht ihre Schuld. Isaaks Betrug an den Bittstellern, Garcerans sittliche Verfehlung, Manriques Mord zugunsten des Staatswohls, der Königin normhaft verbrämte Rache und dynastische Erhaltungsabsicht zeigen die Gebrochenheit ihrer Existenz. Rahel ist aus einem Guß, ist mit sich identisch, lebt nur aus sich heraus. Da sie sich nicht von den Dingen oder von Absichten besitzen läßt, zwar den klaren Wunsch hat, den König kennenzulernen und auf sich aufmerksam zu machen, aber mit den Realisierungsmöglichkeiten des Wunsches spielt, überhaupt alles ins Spielerische auflöst, wirkt sie kindlich-triebhaft und in einem strengeren Sinne wirklich nur aus sich selbst heraus lebend. Ihre Subjektivität verobjektiviert nicht die Welt zum Zwecke einer Situationsanalyse — wie bei Garceran etwa —, sondern schafft sich die Umstände durch Entfunktionalisierung von deren Bedingungen. Das ist so, wenn sie im Gartenhaus das Maskenspiel mit den Fastnachtskostümen betreibt und später, wo sie die Rüstung (III. Akt) umfunktioniert. Wie sie mit den Dingen spielt, so lebt sie auch vom Schein der Dinge, vom Königinnenspiel, vom Bild des Königs. Ihr Antrieb ist eher mit dem zu vergleichen, was Goethe das "Dämonische" nennt. So in sich bestimmt kann sie sich auch als nie geliebt fühlen und sieht ihre mögliche Liebeserfüllung erst im "Wahnsinn" einer Gegenliebe, zu der der König nicht fähig ist. Auf der anderen Seite verobjektiviert sie nicht die Menschen, mit denen sie umgeht, wie alle vorherigen Personen das mit ihren "Partnern" tun. Sie verfestigt den König nicht zu einem Objekt, sondern löst ihn gerade aus den festen Bindungen, die ihn halten. Gleichnis dafür ist der Vorgang, daß sie sein Bild aus dem Rahmen löst.

Welcher Rahmen bedingt König Alfonso? Worin besteht sein Anderssein? Er ist zunächst dadurch anders, daß er eine zweimalige Wesensveränderung im Stücke durchmacht. Zunächst tritt er auf als ein vom Ganzen, vom Volke getragener Herrscher, als einer, der nicht aus sich, sondern aus seinen geschichtlichen Aufgaben her lebt, also als jemand, der nicht Subjekt seines Tuns und Denkens ist, sondern im Auftrag handelt. Eltern- und heimatlos aufgewachsen, ist er der Sohn des Volkes, der auf dieser Basis ruht und nicht die Basis seines Denkens und Handelns selbst darstellt. Wie wenig subjektiv, und d. h., die Umwelt nach seinen Interessen verobjektivierend, er ist, zeigt sich an seiner Einstellung zu den Juden. Bei aller persönlichen Distanz vermag er sie als altes Volk zu würdigen und weiß: "Was sie verunziert, es ist unser Werk." (V. 486). Er vermag also, weil er das Ganze denkt, die Phänomene selbst zu denken, ohne sie einer subjektiven Perspektive zu unterwerfen. Dieses ganzheitliche Denken, das den Gegebenheiten nach-denkt, ohne sie auf sich selbst zu beziehen oder sich gar gegenständlich entgegenzustellen, wird nun gebrochen in der Erfahrung, daß die Königin im zweiten Akt den Unterschied macht zwischen Anschein und Tatbestand, daß nicht das, was wirklich ist, zählt, sondern das, was sichtbar ist. Diese Beurteilung des königlichen Besuchs im Gartenhaus bei Rahel unterliegt dem Deutungsraster der Norm, ist also nicht mehr unbefangene Realität, sondern vom königlichen Subjektsein bestimmt. Wenn das aber so ist, wenn Herrschaft abhängt vom Anschein, der sich im Ehrenkodex manifestiert, wenn nicht Harmlosigkeit mehr verständlich gemacht werden kann, "Dann fort mit dir, du Buhlen um die Gunst! / Bestimmen wir uns selber unsre Pfade." (V. 699 f.).

Hier geschieht nichts Geringeres, als daß der nicht aus seiner Subjektivität heraus denkende und handelnde König nun seinerseits eine subjektivistische Position einnimmt, weil offenbar die Welt nicht anders zu leben ist. Trug ihn am Anfang das Ganze mit aller Offenheit und Milde, zu der er fähig war, so wird sein Tun nun von ihm selbst bestimmt, auf ihn selbst als Basis seines Handelns bezogen: "Bestimmen wir uns selber unsre Pfade." Dieser Vorgang der subjektivistischen Selbstbestimmung korrespondiert mit der Entrahmung seines Bildes, wie sie Rahel vornimmt. Von nun an wird er orientierungslos. Er weiß zwar, was bzw. wen er will, nämlich Rahel, aber er verliert den Blick fürs Ganze und wird in der Tat angesichts der Kriegsgefahr kaum noch als König tragbar.

Es gehört zu den besten Einfällen Grillparzers, wie er mit diesem Lösen des Bildes aus dem Rahmen und dem letztlichen Tausch durch Rahels eigenes Bild, das in den Besitz des Königs gerät, spielt. Hatte der König früher Identität, so ist er jetzt, wie auch die anderen Handlungs- und Denksubjekte des Dramas, plötzlich gespalten und von etwas außer sich bestimmt, eben vom Bilde Rahels. Und indem er das Bild Rahels sich selbst zu eigen macht, taucht das Thema ihrer Entführung und eines gemeinsamen Lebens auf dem Lustschloß von Retiro auf.

Mit dieser Subjektivierung geht zweierlei einher: Einmal die Objektivierung Rahels — zum Lustobjekt, wie wir heute sagen würden, das er beim kleinsten Anlaß wieder aufgeben kann wie eben eine Sache. Und so ist es nicht verwunderlich, daß er, von Garceran an seine Regentenpflichten erinnert, ohne großes Zögern und innerliche Probleme Rahel wieder verläßt. Zum anderen übernimmt er im dritten Akt sein Königsein, ganz im Sinne der Königin im zweiten Akt, als eine von der Norm vorgegebene Rolle. So schickt er Garceran etwa voraus, um die Spuren der Ständeversammlung gegen ihn zu beseitigen, damit nicht sei, was nicht sichtbar ist (V. 1081).

Was hat ihn zu dieser Subjektivität geführt? Der König, der aus dem Ganzen lebte, begegnet in Rahel einem Menschen, der nur aus sich selbst zu leben scheint, und er erfährt an sich den Mangel von Selbstsein. Verstärkt wird dieses Selbstseinwollen durch die Attraktivität der Geschlechtlichkeit, denn der König hat mit der ihm angetrauten Frau "wie die Kinder" (V. 1379) gelebt, und durch den ersten Akt zieht sich wie ein Leitmotiv sein fehlender Bezug zu Frauen. Es ist diese Frage nach Individualität und Selbstsein, die seine bisherige Existenz erschüttert und die Lösung aus dem bisherigen Bezugsrahmen möglich macht. Aber die Problematik des Selbstseins und der Subjektivität entscheidet sich nicht in der Idylle von Retiro, sondern erst dort, wo der König diese seine Erweiterung wieder in das Ganze seines Lebensstils einbringen will, nach seiner reuigen Rückkehr an den Hof, bei der Wiederaufnahme seiner Regentenpflichten.

Er möchte nämlich nicht nur zurückfinden zur Ganzheit seiner frühen Tage, sondern versucht, geläutert und erweitert, offen für neue Realität (V. 1396 ff.) und in einem neuen Verhältnis zu seiner Frau gerade die Erfahrung seines Selbstseins und seiner Individualität mit einzubringen. Sein Weg gleicht dem einer Spirale. Er findet seinen sichtbaren Ausdruck im Handschlag mit seiner Frau, in dem sich Gefühl und Verstand der gegenseitigen Beziehung zu neuer Einheit verbinden sollen. "Gutmachen heißts" (V. 1329), mit dieser Devise versucht er die neue Ganzheit zu gewinnen, und der leere Thron gibt ihm Kraft und Richtung für seine neuerliche Änderung. Die Subjektivität, der er verfallen war, gilt es zu überwinden zugunsten eines neuen Maßes, das Selbstsein, und das heißt auch individuelle menschliche Realitätsbeziehung mit einschließt. Wie ist das möglich? Als Christ lebt er von der Realität der Reue. Deren Konsequenz ist die Buße, die Umkehr, die im christlichen Verständnis ermöglicht wird nicht kraft eigenen subjektiven Wollens, sondern allein aus der Gnade Gottes. Trug ihn am Anfang des Dramas das Ganze des Volks, so versucht er nun, seine neue, nicht subjektivistische Existenz auf Gott zu gründen.

Aber der Versuch scheitert. Äußeres Zeichen dafür ist erstens, daß er noch immer das Bild Rahels bei sich / in sich trägt, das Bild des Selbstseins, über dessen Möglichkeit von der dramatischen Handlung her noch nicht befunden ist, und zweitens, daß die Königin sich von ihm entfernt. Im Verschwinden des ganzen Hofstaats nach Retiro ahnt er den Mordplan an Rahel und fällt in die Subjektivität seines Handelns zurück, nun in der Form der Rache. Der fünfte Akt muß die Lösung bringen. Er sieht zunächst eine Verkehrung der Fronten. Der Mord an Rahel ist geschehen, Manrique und die Königin bekennen sich schuldig, legen die Waffen nieder und hoffen auf des Königs politisches, und d.h. hier kriegerisches, Handeln gegen die Mauren. Der König aber, zu neuer Subjektivität angestachelt, erwägt den politischen Umsturz an der Spitze des Volks, "Der Arbeit Kinder und der harten Mühn" (V. 1640), um die Herren, die nur an sich denken, wenn sie dem Ganzen zu dienen vorgeben, jene "Zwitter" also, wie er sie nennt, zu stürzen. Und je mehr er über alles nachdenkt, desto tiefere Wurzeln schlägt Rahels Bild in seiner Brust. Erst jetzt liebt er sie. Aber liebt er sie wirklich, liebt er wirklich Rahel? Er liebt in ihr das Leben, das Selbstsein. Sie war für ihn wie eine Oase in der Wüste, nur bei ihr hat er Lebendigkeit gespürt. Und im Grunde liebt er nur sein eigenes erwachtes Selbstsein im Bilde Rahels, und er bedarf des Bildes, um daraus die Kraft zu seiner — wie er meint, notwendigen — subjektiven Verhärtung zu finden:

> Ich will sie sehen, zerstört, versehrt, mißhandelt,
> Versenken mich im Greuel ihres Anblicks,
> Vergleichen jedes Blutmal ihres Leibes
> Mit ihrem Abbild hier auf meiner Brust
> Und lernen Unmensch sein genüber gleichen. (V. 1732ff.)

Was befähigt Rahel, dies alles für den König zu sein, so daß er sich selbst Schuld gibt an ihrem Tode? Wer oder was ist Rahel? Wir hatten am Anfang gezeigt, wie alle Figuren von außen bestimmt waren, wie ihr Bestimmtwerden zum Wesen ihrer Subjektivität gehört, d.h., wie ihnen ein eigenes Sein, ein Selbstsein gerade dadurch fehlte, daß sie sich selbst als Basis und Bezugspunkt aller Aktivitäten setzten. Rahel ist so nicht fremdbestimmt, sie hat ein Selbst, und wenn ihr Handeln auch in Lust und Laune, im Wunsch und Spiel verzerrt zu sein schien, so zeigt sie doch etwas von der Wahrheit des Selbstseins, nämlich dessen Identität. Heterogen in den Eigenschaften, ist sie doch immer ganz sie selbst in all ihrem Tun gewesen, während alle anderen "nur Schatten" (V. 1677) sind. "Die Welt ist nur ein Widerhall" (V. 1685f.).

Aber der König kommt erneut als Verwandelter von der Leiche Rahels zurück. Er trägt nicht mehr ihr Bild, wie die Königin gleich bemerkt, und bietet sich selbst als Opfer an. Sein politisch-revolutionärer Aktivismus ist dahin. Was hat er erfahren? Lapidar äußert er: "Sie war nicht schön" (V. 1848).

> Ein böser Zug um Wange, Kinn und Mund,
> Ein lauernd Etwas in dem Feuerblick
> Vergiftete, entstellte ihre Schönheit. (V. 1849ff.)

Und anstatt zu Rache, zu subjektivistischem Handeln, angestachelt zu werden, holt ihn sein Rahmen wieder ein: Weib, Kind und Volk, und er kann Rahels Bild, dieses Stimulans des Selbstsein, zurückwerfen in "die Gruft" (V. 1860). Was ist geschehen? Wie oft bei Grillparzer liegen die entscheidenden Momente im Nichtsichtbaren, im Nichtgesprochenen. War mit der geschichtlichen Denk- und Handlungsweise der Subjektivität die Frage nach dem Selbstsein überhaupt erst mit dieser Intensität zu stellen, so erfährt sie offenbar unter eschatologischem Blickwinkel eine unerwartete Antwort: Selbstsein gibt es nicht. Schönheit als Harmonie heterogener Momente allein durch das ungebrochene Ausleben aller Bestimmungen, Schönheit sozusagen als Frucht der Selbstverwirklichung ist ein Traum, ein Bild, ein Wunschbild. Das Bild, das der König seit dem zweiten Akt von Rahel bei sich trägt, ist eben das Bild Rahels, das er sich von ihr macht, ist sie nicht selbst, sondern die Projektion der Unerfülltheit des Königs. Im Akt der Preisgabe legt er sein Bild von ihr ab und gibt damit das auf, was auch ihn zur Subjektivität bestimmte. Er war ebenso ein ''Widerhall'', wie alle anderen Personen des Dramas auch, nur Widerhall der eigenen Wünsche, ein Narziß. Der Tod Rahels reißt ihn aus dieser Selbstbezüglichkeit und gibt ihm eine neue Realitätseinsicht, und die heißt: Schuld.

So ist die eschatologische Einsicht in die subjektive, selbstbestimmte menschliche Geschichtlichkeit die Erkenntnis von einer grundsätzlichen Schuldverstrickung. Geschichtlich leben heißt, schuldig werden, heißt, angewiesen sein auf Vergebung. Die Abgabe der Macht an den unschuldigen Sohn, der Krieg gegen die Mauren als eine Art Gottesgericht, all das ist Staffage. Entscheidend ist der Verzicht auf das richtende Urteil, weil Urteil in solcher Art dem schuldigen Menschen nicht ansteht.

Und wenn Esther, diese Stimme des Autors oder diese Reduktion des griechischen Chores, diese klar Sehende und Denkende, die für praktisches Eingreifen zu feige, aber für das zu Deutende immer unerschrocken ist, am Schluß Anstoß an dieser Flucht aus diesen politisch-juristischen Konsequenzen nimmt und den König mit dem Bild Rahels als Opfer verflucht, so ist es eben auch Esther, die angesichts ihres unverwandelten Vaters die allgemeine eschatologische Einsicht in die geschichtliche Existenz des Menschen formuliert:

> Dann seid Ihr schuldig auch, und ich — und sie.
> Wir stehn gleich jenen in der Sünder Reihe:
> Verzeihn wir denn, damit uns Gott verzeihe. (V. 1946 ff.)

NULLPUNKT UND KONTINUITÄT DES ICH IM DEUTSCHEN ROMAN DER NACHKRIEGSZEIT

von Helmut Koopmann

Die Feststellung, daß es um 1945 einen Nullpunkt in der deutschen Literatur gegeben habe, ist in gewisser Hinsicht ebenso richtig wie deren Gegenteil: daß diese Annahme nichts als eine Fiktion sei. Denn selbst die zaghaften Anfänge einer neuen Literatur in amerikanischen Kriegsgefangenenlagern kamen nicht ohne Vorbilder aus: Da fanden Faulkner und Dos Passos ihre Fortsetzer.[1] Dennoch gab es einen Nullpunkt, der dann sichtbar wird, wenn man bedenkt, daß andere Namen sich doch wohl eher angeboten hätten. Dos Passos und Faulkner: nichts könnte deutlicher als das markieren, in welchem Ausmaß eine andere Tradition verlorengegangen war. Eine tiefe Zäsur gibt es durchaus; eben dann, wenn man die Nachkriegsliteratur an den großen Namen der vorangegangenen Ära mißt. Denn bei allen Schwierigkeiten, die Existenz oder Nichtexistenz eines Nullpunktes auszumachen, steht von vornherein jedenfalls fest, daß von den großen Namen der Vorkriegszeit (Thomas Mann, Heinrich Mann, Hermann Broch, Robert Musil, Alfred Döblin) nur wenige Wege in die Literatur der Nachkriegszeit geführt haben und in die der Gegenwart so gut wie keine mehr. Wenn etwas für die Literatur um 1945 und danach charakteristisch ist, dann ist es dieser außerordentliche Kontinuitätsverlust und das fast völlige Abreißen von Traditionen; die deutsche Literatur hatte dergleichen bislang nicht gehabt. Ein Thema wie "Wirkungen Hermann Brochs auf die deutsche Nachkriegsliteratur" wäre ein ziemlich unbrauchbares Thema und von vornherein zum Scheitern verurteilt — es sei denn, ein spitzfindiger Geist käme auf die Idee, dieses Nichtvorhandensein einer Tradition, diesen unglaublichen Überlieferungsschwund als bewußte Absage der Nachkriegsliteratur an die literarische Väterwelt und damit quasi als Ausdruck einer negativen Abhängigkeit zu interpretieren. Aber gegen was sollte sich die nun überall sichtbare Andersartigkeit richten? Gegen die "bürgerliche" Vorkriegsliteratur? Wollte man die Schriftsteller der vorangegangenen Jahrzehnte überhaupt noch als bürgerlich bezeichnen, so hätte man zugleich zu bedenken, daß die literarische Existenz gerade der Großen von der Abkehr vom Bürgertum geprägt war — bis hin zu Thomas Mann, der ja schon vor dem Ersten Weltkrieg die Erscheinungsformen der bürgerlichen Welt, ihre Unglaubwürdigkeit und verlorengegangene Substanz mehrfach kritisiert hat; Heinrich Mann hat das nicht weniger deutlich getan. Geblieben waren gewisse bürgerliche Werte, die aber derart spiritualisiert oder auch ethisiert worden waren, daß ihnen schließlich eine allenfalls literarische Existenz zukam. Sie begegnen uns häufiger bezeichnenderweise erst wieder dort, wo sie gegen den Faschismus als eine Art geistigen Bollwerks erneut aufgerichtet werden sollten, in der Exilliteratur: zu spät, wie wir wissen, und zu wirkungslos.

Die These also, daß die deutsche Nachkriegsliteratur sich aus dem bewußten Gegensatz zur bürgerlichen Schriftstellerkultur begreifen lasse, ist gelegentlich zwar geäußert worden, aber sie ist aus mancherlei Gründen nicht haltbar. Was nach der ersten Welle der Kriegsliteratur und der ersten Auseinandersetzung mit dem, was vorangegangen war, in den 50er Jahren ans Licht trat, war eine Literatur, die sich zwar auf den ersten Blick hin als das genaue Gegenteil dessen präsentierte, was Autoren wie Thomas Mann verwirklicht hatten. Aber der Anschein der negativen Abhängigkeit ist trügerisch. Gemeinsam war allenfalls, daß sich auch die neue Literatur in den sechziger Jahren direkt oder indirekt mit dem beschäftigte, was schon Thomas Manns 'Doktor Faustus', Heinrich Manns 'Henri IV', Brechts 'Cäsar'-Roman, Brochs 'Verzauberung' beherrscht hatte. Aber charakteristischer als die thematische Übereinstimmung ist die deskriptive Differenz. Günter Grass' 'Blechtrommel' behandelt ebenso wie Thomas Manns 'Doktor Faustus' den Einbruch des Faschismus in die reichlich ungesicherte, vielfach sogar schon dafür wohlvorbereitete Sphäre der Deutschen: Aber im Lebensbericht Leverkühns wird sehr viel mehr mobilisiert als bei Grass, nämlich nichts Geringeres als die Seelengeschichte der deutschen Bürgerlichkeit; die den Deutschen seit Jahrhunderten eingeborene Neigung zum Irrationalismus, die im 20. Jahrhundert plötzlich wieder ausgebrochene Kinderkreuzzugsmentalität, die in eine wildgewordene National-Romantik ausartete, wird dort sichtbar, und das alles endet nicht nur in einer mentalen Katastrophe, sondern in einem furiosen Weltuntergang, in Irrsinn und Selbstzerstörung von apokalyptischen Ausmaßen, auch wenn der Zusammenbruch sich nur in einer Pfeifferinger Bauernstube ereignet. Kein Wort dergleichen bei Günter Grass; stattdessen der überraschend neutrale, kühle und fast unberührte Bericht über den Aufmarsch des wohlorganisierten Verführertums in der Welt der kleinen Leute und deren Wohnküchenkultur — sofern man dem Schauplatz dieses Einbruchs überhaupt den Rang einer kulturellen Lokalität zuerkennen will. Aber dort kommt der Nationalsozialismus auf, und mit der Seele des Bürgers, der eher ein Kleinbürger war, hat das nichts zu tun, sondern mehr mit Äußerlichkeiten: Es war anfangs ein willkommener Zeitvertreib, dem sehr wenig dämonischen Neuen nachzugehen, bedurfte auch kaum mehr als eines Anstoßes zum Übergang vom Nichtstun zum Mitlaufen; und in der Sphäre eben dieser Trabantenmentalität ereignet sich der Nationalsozialismus bei Grass: Die Kleinbürger folgen den neuen Predigern, die die sonntägliche Langeweile so erfolgreich vertreiben können, nur zu bereitwillig. Und: Thomas Mann sah sich selbst verstrickt in die Geschichte, die er erzählte. Grass gibt als Chronist des Kleinbürgertums mit keinem Wort zu erkennen, ob die Geschichte ihn selbst betraf. Kleinbürger gibt es nicht im späteren Werk Thomas Manns; Heinrich Manns Kleinbürger agieren literarhistorisch gesehen nur auf der Bühne der zwanziger Jahre; Brochs Kleinbürger leben eher zwischen 1903 und 1918 (in den beiden letzten Romanen der Schlafwandlertrilogie) als in der 'Verzauberung'. Schon sehr bald wird in den 'Schlafwandlern' und erst recht in der 'Verzauberung' eine mythische Dimension sichtbar, die von vornherein alle vordergründige Bürgerlichkeit und Kleinbürgerlichkeit ohnehin zur Zweitrangigkeit, wenn nicht zur Bedeutungslosigkeit herabwürdigt.

Das alles sind weitgehend negative Bestimmungen. Sie ließen sich noch erweitern: Natürlich hat sich auch der Darstellungsstil gewandelt. Mit dem enigmatischen, anspielungsreichen, durchstrukturierten Erzählen ist es vorbei, selbst mit der wissenschaftlichen Genauigkeit und historischen Stimmigkeit; Grass gibt nur gelegentlich seinen Lesern zu verstehen, daß er sehr wohl einige europäische Schelmenromane gelesen und deren Tektonik durchschaut hat. Das soll nicht heißen, daß es nicht auch eine Bedeutungsgeschichte eigener Art hinter der dargestellten Realität gäbe: Niemand wird annehmen, daß der Blechtrommler tatsächlich in eben dem infantilen Status verharrt sei, den Grass uns als Realität suggerieren will; keiner wird zugestehen wollen, daß die musikalisch bewirkten Glaszerstörungen ohne weiteres physikalisch einleuchtender Natur seien. So ist das, was beschrieben wird, in gewisser Hinsicht irreal bis zum Unglaubwürdigen; doch ob es auch bedeutungsvoll ist oder nicht einfach Erscheinungsbild einer abstrusen, dennoch aber im Roman als unzweifelhaft wirklich ausgegebenen Realität, darüber sagt uns der Autor nichts und der Roman selbst nicht mehr. Eine zwergenhafte Existenz gibt es, um den Vergleich zwischen alter und neuer Erzählwelt noch einmal anzustellen, auch bei Thomas Mann, im 'Erwählten' und seinem siebzehnjährigen Inseldasein. Aber die Ähnlichkeiten dieser beiden pygmäenhaften Existenzen sind tatsächlich nur zufällig. Abgesehen davon, daß das zwergenhafte Dasein des Erwählten sich vor allem von einem simplen Übersetzungsfehler her erklärt — Thomas Mann nahm "kleine" in Hartmanns Text allzu wörtlich, indem er es mit "klein" und nicht, wie es richtiger gewesen wäre, mit "mager, schmal, dünn" übersetzte[2] —: Die insulare Existenz des Gregorius ist nicht nur, auch wenn Thomas Mann etwas Entscheidendes mißverstand, legendär überliefert, von dieser Überlieferung her gerechtfertigt und in keiner Nacherzählung (und eine solche will Thomas Manns Bericht ja sein) zu verändern oder zu umgehen, sondern scheint darüber hinaus eine der vielen literarisierten Spuren einer tiefgründigen Exilerfahrung zu sein, die im Werk alles andere als folgenlos blieb, auch wenn wir über diesen literarischen Niederschlag und derartige Auswirkungen des Exils auf das Schreiben noch gar nicht sehr viel wissen. Aber so wie Felix Krull eben nicht nur der späte Nachfolger des Schelmen ist, sondern mindestens ebensosehr eine nur leicht verschlüsselte Idealisierung einer Exilerfahrung fast aller Emigranten und auch der Thomas Manns — die Grenzen der Länder, die Rollenzwänge, die Ortswechsel spielend hinter sich bringend, ist er überall zu Hause und in vielen Sprachen daheim —, so ließe sich auch jene klägliche Existenz des zur Einsamkeit verbannten Gregorius als Ausdruck einer literarisch verschlüsselten Exilerfahrung deuten, Gegenstück zur beflügelten Existenz des glücklichen Krull, die Nachtseite dieser Exilerfahrung beschreibend, freilich mit der Hoffnung und der legendär ja absolut verbürgten Sicherheit der späteren Erhebung und Erlösung, wie es der eigentlich auf nichts gründete Glaube so manches Exilanten gewesen sein mochte. Der Lebensweg Nietzsches schließlich als Figuration einer desaströsen Nationalerfahrung, der Zusammenbruch dessen, was früher einmal deutsche Ingenuität gewesen sein mochte, im Bild des Untergangs einer musikalischen Existenz im 'Doktor Faustus' beschrieben: man hat zu Recht vom symbolischen oder auch allegorischen Erzählen gesprochen[3], zumal Thomas Mann ja selbst darauf bestanden hat. Dem Blechtrommler wird man derart allegorisch kaum beikommen können, und wenn Walsers Einhorn auch eine vielleicht allzu bequem zu durchschauende Anspielung ist, so sind derartige Verdeutlichungsversuche doch alles andere als erzählerisch integrierte Symbole im traditionellen Sinne, das heißt im Sinne jenes Erzählens, das um 1945 so abrupt geendet hat.

Wollte man also den Nullpunkt von der Erzähltechnik, von der in die Literatur übersetzten Wirklichkeitsinterpretation her zu bestimmen versuchen, so wäre er als Bruch zwischen altem und neuem Erzählen relativ leicht zu erklären — wobei die Vorstellung vom Nullpunkt freilich insofern Fiktion ist, als es sich um eine chronologisch relativ breite Bruchzone handelt, mit ungenauen Übergängen und Überlappungen und einem imaginären Zentrum etwa um 1947. Dieser "Nullpunkt", das Ende des alten und der zaghafte Beginn des neuen Erzählens, bedeutet also vor allen Dingen Traditionsverlust: Er beendet die Ära des anspielungsreichen Schreibens, in dem die Realität mehr oder weniger stark in Gleichnisse übersetzt und damit literarisiert worden war. Was immer auch danach kam, war anders. Thomas Mann hat das Seinige dazu beigetragen, diesen unglaublichen Traditionsbruch so deutlich als möglich zu markieren, wenn er zum 'Erwählten' bemerkte, daß er damals das Gefühl gehabt habe, die letzten großen Romane geschrieben zu haben; nach ihm käme nicht mehr sehr viel. Und er hat das Ende der Literatur mit ihm, nach ihm geradezu als Ende einer abendländischen Entwicklung gesehen und den Nullpunkt als Schlußpunkt verstanden, als er schrieb:

"Ich habe wenig dagegen, ein Spätgekommener und Letzter, ein Abschließender zu sein und glaube nicht, daß nach mir diese Geschichte und die Josephsgeschichten noch einmal werden erzählt werden. Als ich ganz jung war, ließ ich den kleinen Hanno Buddenbrook unter die Genealogie seiner Familie einen langen Strich ziehen, und als er dafür gescholten wurde, ließ ich ihn stammeln: 'Ich dachte — ich dachte — es käme nichts mehr.' Mir ist, als käme nichts mehr. Oft will mir unsere Gegenwartsliteratur, das Höchste und Feinste davon, als ein Abschiednehmen, ein rasches Erinnern, Noch-einmal-Heraufrufen und Rekapitulieren des abendländischen Mythos erscheinen, — bevor die Nacht sinkt, eine lange Nacht vielleicht und ein tiefes Vergessen"[4].

Ein Kritiker Thomas Manns wie Oswald Spengler hatte Jahrzehnte zuvor das Gleiche schon als boshafte Anmerkung formuliert, wenn er sarkastisch meinte: "Augenscheinlich ist es eine Forderung des westeuropäischen Selbstgefühls, mit der eignen Erscheinung eine Art Abschluß zu statuieren"[5]. "Ein Roman sollte die S u m m e des Daseins einer E p o c h e ausschöpfen" — aber auch das hatte Spengler geschrieben[6], und Thomas Manns Romane, vor allem sein 'Doktor Faustus', schienen eben das getan zu haben, zumindest dem eigenen Selbstverständnis nach; und damit war, in gewisser Weise tatsächlich unleugbar, der alte Roman ans Ende gekommen, der Nullpunkt also ein ebenso grandioses wie bitteres Menetekel, für Thomas Mann sogar der Beginn des Vergessenwerdens.

Nun entspricht dieser Absage an die Zukunft eine, auch wenn nur stillschweigend formulierte, ebensolche an die Vergangenheit auf seiten der neuen Literatur nach 1945. Die Kafka-Spuren bei Walser reichen nicht sehr tief, Grass hat Döblin als seinen Lehrer nicht nur spät entdeckt, sondern auch einseitig: Wer wollte etwa Nachwirkungen der mystischen Philosophie Döblins, wie wir sie aus 'Unser Dasein' kennen, vor dem 'Butt' in den Romanen finden? Wo es derartige Rückerinnerungen gibt, sind sie im übrigen nicht traditionsbewahrend gedacht: Die Lehrmeister sind zwar aus der Vergangenheit, aber die Berufung auf sie soll keinen geschichtlichen Zusammenhang sichtbar machen oder gar garantieren. So sind die letztlich vagen Allusionen ihrerseits eher Zeugnisse einer eben doch irreparabel abgerissenen Tradition, als daß sie diese als dennoch untergründig vorhandene verdeutlichen könnten. Selbst Brecht hat keine sonderlich große Wirkung gehabt.

Dennoch hat es nicht im absoluten Sinne einen Nullpunkt gegeben, selbst dort nicht, wo er von der Nachkriegsgeneration selbst so augenscheinlich schon dadurch gesetzt schien, daß sie es so auffällig an rückwärtigen Bindungen fehlen ließ. Denn in gewisser Hinsicht ist das Jahr 1945, jener zeitgeschichtliche Nullpunkt, literarisch auch wieder gar nicht existent. War jenes Jahr (oder waren die Jahre um 1945) für die klassisch-moderne Literatur das Ende, das beginnende Nichts, die dunkle Nacht einer untergehenden Literatur einleitend (Thomas Mann hat das ja drastisch genug so formuliert), so war eben dieses Jahr 1945 andernorts nur ein chronometrischer Einschnitt unter anderen, an sich bei aller Auffälligkeit dennoch nicht sonderlich bemerkenswert, voll radikaler Veränderungen und trotzdem kein Nullpunkt, sondern allenfalls ein transitorisches Ereignis in den Romanen selbst: Denn in den erfundenen Lebensläufen, die mit denen der Schreibenden gelegentlich sogar teilweise identisch sind, wird nur zu oft über das Jahr 1945 forterzählt, bruchlos, ohne großen Aufhebens, fast ungehemmt. Schon in der 'Blechtrommel' von Grass wird derart über das Jahr 1945 hinweggeschrieben: Der Held des Romans durchlebt das Kriegsende und die Anfänge einer neuen, mehr oder weniger ebenfalls wieder kleinbürgerlichen Welt ohne eigentliche innere Zäsur. Es ist eines der auffälligsten Phänomene der Nachkriegsliteratur, daß den Romanfiguren nicht sehr viel auffällt, daß es zwar unter äußerlich anderen Vorzeichen, innerlich aber ohne sonderliche Erschütterung weitergeht. Dem vollkommenen Wandel in politischem, wirtschaftlichem, weltanschaulichem Sinn entspricht nichts, wo durch das Jahr 1945 kontinuierlich hindurcherzählt wird, also nichts Vergleichbares in der Nachkriegsliteratur selbst. So ergibt sich der überraschende Tatbestand, daß die neue Literatur der damals jungen Schriftsteller (Grass, Walser, Johnson etwa) den Bruch um 1945 eigentlich gar nicht registrierte, mit dem Kriegsende keine ans Ende gekommene oder neu begonnene Welt sah, sondern nur das sich fortsetzende Leben einzelner Individuen beschrieb: ein aufregendes literarisches Ereignis, gerade weil sich in der Literatur, in den Romanen niemand darüber aufregte — eine paradoxe Gegenläufigkeit von Literatur und Zeitgeschehen, die ihresgleichen in Deutschland sucht. Romanhaft lebte man reichlich ungebrochen weiter, mochte man anderswo das Jahr 1945 in Wirklichkeit auch als unglaublichen Bruch empfinden.

Das Durchlaufen der Zeit ohne bemerkenswerte innere Brüche, der im Roman weithin ungebrochene Geschichtsstrom, innerhalb dessen das Jahr 1945 zwar auffällig ist, aber markante Veränderungen in den Romanhelden kaum erkennen läßt, ist dabei fast überall autobiographisch motiviert, oder vielmehr: Der hohe Anteil des Selbsterlebten in der literarischen Produktion der frühen sechziger Jahre und im Roman insbesondere erklärt wenigstens teilweise eine erzählerische Kontinuität, der in Wirklichkeit wenig entsprach. Darüber hinaus war es der Realismus, das innerlich fast bewegungslose Nacherzählen einer oberflächenhaft erlebten Welt, das dieses Hinweggleiten über das Jahr 1945 erlaubte und begünstigte — wobei die starke autobiographische Orientierung dieses Darüberhinwegerzählen außerordentlich erleichterte. Nun ist zwar auch das vorangegangene Erzählen der Generation Thomas Manns autobiographisch motiviert und getragen gewesen. Thomas Mann hat einmal in Verteidigung seiner ihm von den Kritikern immer wieder vorgehaltenen Egozentrik in den zwanziger Jahren, also in der Zeit seiner republikanischen Aktivitäten und seines öffentlichkeitsbezogenen Schreibens, den Satz formuliert:

"Man gibt das Persönlichste und ist überrascht, das Nationale getroffen zu haben. Man gibt das Nationalste — und siehe, man hat das Allgemeine und Menschliche getroffen — mit viel mehr Sicherheit getroffen, als wenn man sich den Internationalismus programmatisch vorgesetzt hätte".[7]

Diesen Anspruch hat nach dem Krieg niemand gehabt, und es wurden auch keine Essays geschrieben, die dem glichen, was Thomas Mann in seiner Aufsatz-Sammlung mit dem programmatischen Titel 'Forderung des Tages' zusammengebracht hatte — ganz abgesehen davon, daß das Persönliche bei Thomas Mann ja in eine transpersonale Symbolik übersetzt war, die auf eine intellektuelle Transsubstantiation der Erfahrungen hinauslief. Die Frage, warum sich die Wirklichkeit nach dem Krieg nicht mehr in symbolischer Konzentration darstellen ließ, läßt sich wohl stellen, aber kaum beantworten. Vielleicht dürfte jedoch eine Erklärung darin liegen, daß jede symbolische, also in gewisser Weise "übersetzte" Darstellung zugleich einen Wirklichkeitsverlust und damit eine Wahrheitsminderung zu implizieren schien, ohne daß deren Gewinn, nämlich die Deutungsmöglichkeit der Realität, jenen Verlust aufgewogen hätte.

Autobiographisch gefüllt sind auch die Nachkriegsromane; daß diese persönlichen Erfahrungen in eine fiktive Welt übertragen erscheinen, mindert nicht ihre Bedeutung. Aber das Mißtrauen gegenüber jeder Explikation und jeglichem Verallgemeinerungsanspruch läßt generelle Aussagen nicht aufkommen. Es ist der Verismus der Nachkriegsromane, der ihrer Deutungsfähigkeit relativ enge Grenzen setzt. Sie sperren sich gegen Übertragungen, Doppelbödigkeiten. Die Kleinbürgerszenerie der 'Blechtrommel' ist philosophisch-metaphysischen Betrachtungen unzugänglich: Dort regiert die Wirklichkeit des Alltags, und nur sie. Aber Johnson huldigt dem Verismus ebenso, noch bis in den vierten Band seiner 'Jahrestage' hinein. Die Rolle der epischen Phantasie beschränkt sich dabei auf die Rekonstruktion des wirklich Gewesenen; allenfalls kommt noch die Evokation früherer Erlebnisse hinzu. Einbildungskraft als Anamnesis, Fiktion als reproduzierte Erinnerung: auch darin wird das tiefe Mißtrauen gegen das bloß Erdichtete deutlich, gegen alles, was nicht irgendwo verbürgt ist. Und der beste Garant war lange Jahre, so scheint es, eben nichts anderes als die eigene Autobiographie oder deren literarische Umsetzung in Fremdbiographien hinein. Und im eigenen Leben gab es, verständlicherweise, nicht jene tieferen Brüche und Zusammenbrüche, nicht jene Totalkapitulationen und Damaskuserlebnisse, von denen spätere Gesamtdarstellungen jener Jahre um 1945 oft so treuherzig berichteten. Die Wirklichkeit war simpler, gradliniger, bruchloser.

Autobiographismus und Verismus verbanden sich also in der deutschen Nachkriegsliteratur: Was erlebt ist, ist wahr. Das gilt für das autobiographische Substrat, ebenso aber auch für die Realität fiktiver Romanfiguren. Der Vorwurf eines phantasielosen Oberflächenrealismus, der gerade Johnson gegenüber wiederholt erhoben worden ist, geht angesichts einer bewußt so gewollten Orientierung natürlich ins Leere. Wichtiger aber ist, daß der Wirklichkeitsfanatismus dieser Generation von Erzählern (und hier ist allenfalls etwas vom Einfluß des frühen Döblin zu spüren) auch dem Jahr 1945 keine spektakuläre Bedeutung zubilligen konnte, keine reuevolle Umkehr, keine existentiellen Erweckungserlebnisse. Der Verismus ließ nicht zu, daß es einen Nullpunkt gab; denn im Leben gab es ihn auch nicht, und so erklärt sich vor allem dieses Darüberhinwegerzählen über das Jahr 1945, das geradezu auf ein Leugnen dieses Wendepunktes hinauslief. Gewiß gab es mit diesem Jahr und in den folgenden Jahren jenen spektakulären Kontinuitätsverlust und Traditionsbruch: Wer wollte leugnen, daß Döblin, von seiner von Grass so spät zugestandenen Wirkung auf ihn abgesehen, nach 1945 zu den Vergessenen gehörte, daß Heinrich Manns kryptische Altersromane, diese konstruktivistischen Gebilde einer nach außen hin beinahe schon desorganisiert erscheinenden Phantasie nie in Deutschland heimisch geworden sind? Nichts ist vielleicht für den Abbruch nach 1945, den so kaltblütig literarisch aufgekündigten, nicht mehr vorhandenen Generationsvertrag bezeichnender als die Tatsache, daß das Werk Heinrich Manns in Deutschland nur teilweise nach dem Kriege wieder veröffentlicht worden ist. Aber die romanhaften Existenzen bei Grass, Johnson, Walser lassen von jenem Abreißen einer Kontinuität nichts erkennen, wenig auch nur von Ereignissen jenseits der beschriebenen Biographien. Umso stärker ist die Ich-Kontinuität im Roman selbst: Dort gibt es keinen Nullpunkt, allenfalls graduelle Veränderungen im Selbstverständnis und Sozialverhalten; die Substanz selbst hat sich nicht verwandelt, und nirgendwo ist das relativ Ungebrochene des Ich unauffälliger und selbstverständlicher als in diesen erzählten Lebensläufen, die eben nicht 1945 oder 1949 beginnen, sondern irgendwann vorher, und die auch nicht irgendwann später enden oder deren Bericht abbricht: Der Nullpunkt existiert als eine Veränderung unter vielen, und wenn er auch häufig mit Ortswechseln und natürlich veränderten Lebensumständen verbunden ist, so ist er doch nicht sonderlich signifikant. Das 'Tagebuch einer Schnecke' reicht zurück in die Zeit vor 1945, ist Beleg für eine erzählte Kontinuität, so wie es Dutzende von Erzählungen oder Romanen sind: von Wolfgang Koeppens 'Treibhaus' bis zu seinem 'Tod in Rom', von 'Örtlich betäubt' bis zu den 'Jahrestagen'. So schlägt die Nachkriegsliteratur der Theorie vom Nullpunkt in gewisser Weise ein Schnippchen, indem sie sie de facto leugnet, ja unausgesprochen als künstlich arrangiert zu erkennen gibt. Gäbe es in diesem Bereich der erzählten Wirklichkeit, der durchlaufenden Romanbiographien tatsächlich einen Nullpunkt, er wäre, fast mit Sicherheit, nicht mit dem Jahr 1945 oder den Jahren danach identisch. Es gibt ein Vorher und Nachher: aber eben in einer Kontinuität, von der ein Romanschreiber wie Thomas Mann in seinen Bemerkungen zu seinem 'Erwählten' nichts wahrhaben wollte, als er den endgültigen Bruch und Abbruch nach 1945 konstatierte.

Das bundesrepublikanische Schreiben vor allem der sechziger, aber auch der siebziger Jahre ist alles andere als vergangenheitslos. So ist etwa Lenz' 'Deutschstunde' in diesem Sinne eine Suche nach der eigenen Vorgeschichte, die jenseits des Jahres 1945 lag. Lenz hat sich in diese eigene Vorgeschichte hineingeschrieben, damit aber zugleich in die nationale Vorgeschichte, wobei die Erforschung der Nationalgeschichte wiederum bezeichnenderweise an die der eigenen Biographie unablöslich gekoppelt ist. Dabei ist auffällig, daß die Tendenz zum Rückwärtserzählen, also über das Jahr 1945 hinaus, mit wachsendem Abstand zunimmt. Gab es indirekt einen gewissen Nullpunkt in den frühen 60er Jahren insofern, als damals Romane ohne diese Aufhellung der Vorgeschichte geschrieben wurden (Johnsons 'Drittes Buch über Achim', Walsers 'Einhorn'), so ist der pure Gegenwartsbezug, das Leben und Schreiben aus Aktualitäten heraus doch zunehmend regressiv geworden: Johnson etwa orientiert sich in seinen 'Jahrestagen' bis in seine eigene Frühzeit hinein: Kindheitsberichte, Kindheitsanalysen sind in die

Zeitbeschreibungen von 1968 eingesprengt, aber nicht additiv, sondern so integriert, daß die Geschichte der Gegenwart nicht mehr denkbar erscheint und auch nicht mehr deutbar wird ohne die Geschichte der Vergangenheit — und deutlicher könnte die Notwendigkeit der Vorgeschichte gar nicht demonstriert sein. Nun dient diese zwar auch dazu, die Geschichte und damit auch die Gegenwartsgeschichte zu deuten: Johnsons offenbare Absicht ist es, Geschichtsparallelen zwischen 1934 und 1967, Mecklenburg und New York, Vietnam und Hitler-Deutschland aufzuspüren. Aber das alles zeigt auf der anderen Seite, in welchem Ausmaß doch eine, wenn auch eigenwillige, Form der Geschichtskontinuität dargestellt wird, Kontinuität als Wiederholung, die Geschichte als Doppelbewegung. Wenn es in dieser beschriebenen Geschichte einen Nullpunkt gibt, dann ist er mit sehr viel mehr Recht 1933 anzusetzen, nicht 1945.

Zu den Auffälligkeiten an diesem wachsenden Vergangenheitsinteresse gehört nicht nur, daß es mit wachsender zeitlicher Distanz zunimmt, sondern auch, daß dieses Vergangenheitsinteresse alle Wandlungen der bundesrepublikanischen Literatur überstanden hat. Daß es in den sechziger Jahren, also in der Zeit einer vorwiegend sozial engagierten Literatur, als Interesse an einer gesellschaftlich zu verurteilenden Haltung, als Analyse der Vergangenheit mit Hilfe massenpsychologischer, schichtenspezifischer, gruppendynamischer Vorstellungen und Fragestellungen aufkam, ist verständlich. Es war die Kleinbürgermentalität, die beschrieben und bloßgelegt wurde, die Anfälligkeit einer bestimmten klassentypischen Denk- und Handlungsweise für die damals neuen Propheten und ihre Voraussagen, die in den sechziger Jahren immer wieder auftauchen. Aber auffälligerweise haben mit den danach zunehmenden Privatisierungstendenzen in der Literatur der siebziger Jahre diese Vergangenheitsbefragungen nicht aufgehört. Nicht immer schreiben sich die Erzähler über das Jahr 1945 hinaus in die Vorgeschichte hinein, stellen auf diese Weise Zeitverbindungen her, leugnen damit indirekt und doch deutlich genug jenen numinosen Nullpunkt, der unter diesem Aspekt eher wie ein inzwischen schon historisch zu bewertender Versuch einer Vergangenheitsbeschreibung oder sogar Vergangenheitsbewältigung eigener Art erscheint und der nichts "an sich" fixiert, sondern seinerseits Ausdruck und zugleich Kritik einer bestimmten historischen Nachkriegssituation ist, in der die Annahme eines solchen Nullpunktes sich anbot — sei es aus Gründen einer zu gewinnenden Distanz, um sich von eben dieser Vergangenheit durch diese Setzung eines Nullpunktes zu befreien, sei es aus Gründen eines damals überstark in die Augen springenden scheinbaren Neubeginns. Wenn viele Romane der sechziger und siebziger Jahre den Nullpunkt in den erzählten Biographien leugnen, dann ist das wohl auch Kritik an einer Haltung der unmittelbaren Nachkriegssituation, die den Neuanfang überbetonte, ganz im Sinne jener Feststellung Brechts: "Wir haben allzu früh der unmittelbaren Vergangenheit den Rücken gekehrt, begierig, uns der Zukunft zuzuwenden. Die Zukunft wird aber abhängen von der Erledigung der Vergangenheit." So ist verständlich, daß die Literatur schon der sechziger Jahre alles tat, um diesen Nullpunkt dort, wo er erzählerisch hätte auftauchen müssen, zu leugnen, ihn zu überschreiten tief in die Vergangenheit hinein, ihn also so unglaubwürdig wie möglich darzustellen. Diese Tendenz hält bis heute an. Nun sind es allerdings nicht mehr soziographisch zu beschreibende Gruppen, sondern Einzelschicksale, deren Spuren etwa in Härtlings

'Felix Guttmann' zurückverfolgt werden, und im Zuge einer von der Mitte der 70er Jahre an neu aufflammenden Generationsproblematik, einer wieder neu geführten Auseinandersetzung mit der jetzt schon toten Vätergeneration wird noch einmal nach rückwärts über das Jahr 1945 hinweg erzählt. Dieses Aufrollen der Vorgeschichte findet sich auffällig häufig: in Christa Wolfs 'Kindheitsmuster' ebenso wie in den Vätergeschichten der letzten Jahre, also in Peter Härtlings 'Nachgetragene Liebe' von 1980, der Geschichte einer enttäuschenden Vaterbeziehung, einer Vaterentfremdung und schließlich eines Vaterverlustes, nicht ohne Grund für die eigenen Kinder geschrieben. Eine Vatergeschichte, d.h. die Geschichte einer Vaterbeziehung ist auch Christoph Meckels 'Suchbild' von 1980: Suchbild nach dem Vater, damit auch nach einer sozialen Primärbeziehung, deren Fehlen zur eigenen Identitätsproblematik geführt hat. Das ist natürlich ein altes Thema in der Nachkriegsliteratur. Frisch hat es wiederholt durchgespielt — aber hier taucht es eben wieder auf als Geschichte einer schuldlosen und gleichermaßen unglücklichen Kindheit, die in der Zeit der Väter, jenseits von 1945, handelt. So hat sich der Weg zurück, über den angeblichen Nullpunkt hinaus, gleichsam personalisiert, entsprechend der zunehmend problematischer gewordenen Beziehung des Einzelnen zur Gesellschaft, die sich in den Jahren nach 1975 überall verstärkt abzeichnet. Und selbst ein Buch, das den Weg einer Gruppe junger Leute in das Rauschgift und in den Terrorismus darstellt, Bernward Vespers 'Die Reise', geht diesen Weg zurück über das Jahr 1945 hinaus, in Richtung auf den Vater und dessen unglaubwürdige Existenz. Wenn es einen Nullpunkt in dieser Literatur geben würde (es gibt ihn erzählerisch nicht, aber alle Erzählungen berichten ja von Wandlungen, die letztlich zu der unklaren eigenen Gegenwart geführt haben), dann ist dieser Nullpunkt anzusetzen in den späten 30er Jahren, als jedermann bewußt wurde oder hätte bewußt werden können, daß sich die Welt in Deutschland so völlig verändert hatte; und nur einem korrupten, nicht mehr integren Selbstverständnis hätte es gelingen können, diesen Bruch damals, also in den dreißiger Jahren, nicht als Bruch, sondern als harmlos-zwangsläufige Kontinuität zu erleben und zu beschreiben. Umgekehrt: Wer den Bruch erst um 1945 erlebt hätte, der hätte sich damit selbst schuldig gesprochen. Die Nachkriegsliteratur hat vor allem beschrieben, wie die Verführer kamen, und nicht so sehr, wie sie gingen. Ob die Aufkündigung des literarischen Generationsvertrages auch eine Anklage gegen jene enthielt, die damals in den dreißiger Jahren lebten und schrieben, mag dahingestellt sein. Aber manches spricht dafür.

Daß es sich bei alledem, bei diesen späten literarischen Rückwärtsorientierungen, nicht um ein innerdeutsches Phänomen handelt, sondern um eines des deutschen Sprachraums und des Schreibens in deutscher Sprache überhaupt, läßt sich an literarischen Nachbarschaften wenigstens andeutungsweise studieren. Max Frisch hat eine literarische Selbstdarstellung im Sinne Montaignes in seinem Buch 'Montauk' gegeben und damit auch über seine eigene Zeit vor jenem ominösen Nullpunkt berichtet. Auch dort sind die Lebensentscheidungen vorher zu treffen gewesen, in den dreißiger Jahren — ein Hinweis, daß in den erzählerischen Kontinuitäten, in den Ichbeschreibungen eben in dieser Zeit der Wechsel, also auch der Nullpunkt anzusetzen ist. Frischs Buch mag ein etwas undeutliches Beispiel sein; aber wenigstens schattenhaft bestätigt es dadurch, was innerhalb der literarischen Grenzen der Bundesrepublik offenkundig ist. Mit umso größerer Schärfe hat Thomas Bernhard, aus und über Österreich schreibend, diesen Bruch um 1945, diesen angeblichen Nullpunkt aus seinem Selbstverständnis und in seiner inzwischen auf mehrere Romane angewachsenen Jugendgeschichte geleugnet, als er, des heimatlichen Salzburgs aufs bitterste und erbarmungsloseste gedenkend und dieses kritisierend, den österreichischen Katholizismus der Nachkriegszeit als eine direkte Fortsetzung der Naziära anprangerte: Deutlicher ist der Nullpunkt literarisch nirgendwo schärfer und kompromißloser geleugnet worden.

Nach alledem läßt sich von einem erzählerischen Nullpunkt um 1945 nicht mehr so ohne weiteres sprechen, auch wenn es äußerlich gesehen das Ende einer alten und den Beginn der neuen Literatur gab. Wichtiger als die Existenz eines tatsächlichen Nullpunktes oder des dafür genommenen Bruches ist das Bewußtsein und das Wissen um die wirklichen Anfänge.

Die Frage, ob der Nullpunkt der deutschen Literatur 1943 in amerikanischen Kriegsgefangenenlagern anzusetzen ist, in denen zum ersten Mal wieder neu geschrieben wurde, um 1945, als wieder geschrieben werden konnte, oder um 1948/49, als tatsächlich wieder geschrieben wurde, ist letztlich unerheblich. Diese Jahre sind von den erzählten Figuren mit einer Kontinuität durchlaufen worden, die die Theorie vom Nullpunkt als späte Fiktion entlarvt. Umso drastischer rückt er, als ihr absoluter Beginn einer verhängnisvollen Zeit, in den dreißiger Jahren ins Bewußtsein der Romanfiguren. In ihnen haben die Autoren den eigentlichen Wendepunkt markiert, der nicht die Wende zum Guten, sondern zum absolut Bösen einleitete und der im schwärzesten Sinne ein Nullpunkt auch insofern war, als mit ihm alle moralische Integrität endete und in der Tat etwas begann, das dann später in der Nachkriegsliteratur von Autoren beschrieben wurde, die diesen Nullpunkt selbst nicht bewußt miterlebt hatten, die das Wissen darum aber in ihren Romanen und Erzählungen erhalten wollten. Davon leben weite Teile der deutschen Nachkriegsliteratur, bis in die Gegenwart hinein.

Anmerkungen

1) Dazu bes. Volker Wehdeking: Der Nullpunkt. Über die Konstituierung der deutschen Nachkriegsliteratur (1945-1948) in den amerikanischen Kriegsgefangenenlagern. Stuttgart 1971. Zu den weiteren Vorbildern zählten Ernest Hemingway ebenso wie John Steinbeck, James Joyce, David Herbert Lawrence u.a. Die angelsächsischen Autoren wurden spätestens 1947 ausführlich in Deutschland vorgestellt; so in der Zeitschrift 'Story. Erzähler des Auslandes', hrsg. v. Heinz Maria Ledig, und in der 'Literarischen Revue'. Wie breit der amerikanische Einfluß 1948 wurde, zeigt sich in dieser Zeitschrift (Jg.3, 1948, Heft 9). Vgl. dazu auch: "Als der Krieg zu Ende war". Literarisch-politische Publizistik 1945-1950. Eine Ausstellung des Deutschen Literaturarchivs im Schiller-Nationalmuseum Marbach a.M., Sonderausstellungen des Schiller-Nationalmuseums, Katalog Nr. 23, hrsg. v. Bernhard Zeller, Stuttgart 1973. Dos Passos war bereits 1945 in 'Die amerikanische Rundschau' vertreten.
2) So Hugo Kuhn in seinem Nachwort zu Hartmanns 'Gregorius'. (Hartmann von Aue: Gregorius. der gute sünder. mittelhochdeutscher text (...) nachwort von Hugo Kuhn: "der gute sünder — der erwählte". Ebenhausen b. München 1959, S. 268f.
3) So etwa Gunter Reiss: 'Allegorisierung' und moderne Erzählkunst. Eine Studie zum Werk Thomas Manns. München 1970
4) Thomas Mann: Altes und Neues. Frankfurt a.M. 1953, S. 246. Thomas Mann hat sich wiederholt ähnlich geäußert; vgl. die Briefe an Eberhard Hilscher vom 3.11. 1951 u. an Hermann J. Weigand vom 5.11.1951, in: Dichter über ihre Dichtungen: Thomas Mann. Teil III: 1944-1955. Hrsg. v. Hans Wysling unter Mitwirkung von Marianne Fischer, Frankfurt a.M. 1981, S. 408 bzw. 411
5) Oswald Spengler: Der Untergang des Abendlandes, I. München 1923, S. 26
6) Spengler: Briefe 1913-1936. In Zusammenarbeit mit Manfred Schröter hrsg. v. Anton M. Koktanek. München 1963, S. 34
7) Thomas Mann: Altes und Neues, S. 281f.

ZUM PROBLEM DER DOPPELTEN HISTORIZITÄT IN CHRISTA WOLFS 'KASSANDRA': PLÄDOYER FÜR EINE BEHANDLUNG DER ERZÄHLUNG IM UNTERRICHT

von Elisabeth Buchholtz

I. Zur didaktischen Relevanz des Themas

Als Christa Wolfs Erzählung 'Kassandra' 1983 in der Bundesrepublik erschien, wurde sie von den meisten einflußreichen Kritikern, wie zum Beispiel F. J. Raddatz in der 'Zeit', als Schlüsselerzählung, als "Parabel"[1] auf unsere Zeit des atomaren Wettrüstens und der daraus resultierenden Kriegsbedrohung bezeichnet und in ihr einer der wesentlichen Beiträge zur Literatur der 80er Jahre gesehen. Auch wenn man den Kritikern nicht in allen Punkten beipflichten möchte, so ist die Erzählung doch dazu prädestiniert, die ausgefahrenen Wege des Literaturkanons zu verlassen und ein wirklich aktuelles Beispiel für die Literatur der Moderne im Deutschunterricht heranzuziehen. Mag dies an sich schon motivierend wirken, so eröffnet die Thematik eine Fülle von Möglichkeiten, den Literaturunterricht innovativ und anregend zu gestalten.

Sieht man einmal vom lesemäßig gut zu bewältigenden Umfang von etwa 150 Seiten ab, so ist es die Auseinandersetzung Christa Wolfs mit dem antiken Mythos um den Trojanischen Krieg, die es ermöglichen kann, der in Schülerkreisen meist nicht eben beliebten Klassik neues Interesse entgegenzubringen. Daß eine moderne Autorin von Rang den trojanischen Sagenkreis zum Gegenstand ihres Schreibens macht, ihm bestürzend aktuelle Bezüge abgewinnt, vermag manchen Schüler zu der Einsicht zu bringen, daß es lohnend sein kann, sich mit antiker Mythologie und Literatur zu befassen. Es ließen sich von der 'Kassandra' sehr gut Verbindungslinien zu Goethes 'Iphigenie' ziehen, die in direktem inhaltlichem Bezug zum 'Kassandra'-Stoff steht. Dabei sollten die Schüler zur kritischen Reflexion der Antikenrezeption durch die deutsche Klassik angeregt werden. Gelingt es dem Unterrichtenden in diesem Zusammenhang, den Schülern den Sinn für die Zeitgebundenheit von Literaturrezeption allgemein zu schärfen, wäre ein wesentliches Unterrichtsziel erreicht. Außerdem bietet sich gerade bei diesem Stoff ein fächerübergreifendes, projektorientiertes Vorgehen an, man denke nur an die Alten Sprachen, Geschichte und vor allem den Kunstunterricht. Ein recht häufiges Motiv antiker Vasen ist die überlieferte Vergewaltigung der Priesterin Kassandra durch den Griechenhelden Klein Aias, an das sich direkt anknüpfen ließe.

Aufschlußreich dürfte es ebenfalls sein, die Genese der Erzählung zu verfolgen, was durch Christa Wolfs Frankfurter Poetik-Vorlesungen zu den 'Voraussetzungen einer Erzählung: Kassandra'[2] ermöglicht wird, die man im Unterricht zumindest auszugsweise heranziehen sollte.

Ausschlaggebend für die Wahl der Erzählung als Unterrichtsgegenstand ist aber die Tatsache, daß sie die Auseinandersetzung mit brisanten Themen bietet, die neben den Erwachsenen auch viele Jugendliche bewegen. Zu nennen wären etwa die Überlegungen zu Gefahren und Grenzen einseitig ausgerichteten wissenschaftlich-technischen Denkens, die Reflexion über die historische wie auch gegenwärtige und zukünftige Rolle der Frau, die damit zusammenhängende Frage nach Entstehung und Auswirkung patriarchalischer Gesellschaftsstrukturen. Nicht zuletzt befaßt sich die Erzählung über weite Strecken mit Ursachen und sowohl psychologischen als auch materiellen Folgen des Krieges. Bei der Diskussion der teilweise durchaus "diskussionswürdigen" Inhalte der Erzählung, etwa was die Rolle der Frau oder die Figur des Anchises anbelangt, sollte das kritische Urteilsvermögen der Schüler geschult und ihre Bereitschaft, sich eine eigene Meinung zu bilden, ermutigt werden.

Schließlich ergibt sich die Gelegenheit, sich mit Christa Wolfs Erzählung der Literatur der DDR zuzuwenden, deren mangelnde Rezeption durch den Deutschunterricht in der Bundesrepublik immer noch zu beklagen ist.[3]

II. Doppelte Historizität: Die Umwertung des antiken Mythos in 'Kassandra'

Befaßt man sich mit Christa Wolfs Prosastück über den Trojanischen Krieg, gilt es sich ständig vor Augen zu halten, daß sich dessen eigentliche Bedeutung erst vor der Folie des antiken Mythos, wie er sich in verschiedenen Sagenüberlieferungen ausprägt, und im Vergleich mit seiner Literarisierung in der antiken Literatur, etwa bei Homer oder Euripides oder Aischylos, erschließt. Christa Wolf selbst nennt als Ausgangspunkt ihrer Beschäftigung mit der Kassandra-Figur die Eingangsszene des 'Agamemnon'-Dramas von Aischylos, des 1. Teils der 'Orestie', als Kassandra nach dem Fall Trojas als Teil der Beute von Agamemnon nach Griechenland gebracht wird und vor den Toren der Atriden-Burg in Mykenae sein und ihr baldiges Ende voraussagt.

In ihrer Behandlung des Stoffs setzt sie nun ganz neue Akzente. Handelt es sich in Homers Epos um gleichwertig große, in vielen Zügen ritterliche Helden auf Seiten der Trojaner und der Griechen, so erscheinen die Griechen in Christa Wolfs Erzählung durchweg negativ. Achill wird nie anders als "Achill das Vieh"[4] tituliert, der Begriff des Heldentums erhält ausschließlich negative Konnotationen. "Gegen eine Zeit, die Helden braucht, richten wir nichts aus." (S. 156). Die Erzählung, die die Geschehnisse aus der subjektiven Sicht Kassandras, einer Troerin, wiedergibt, zeichnet in den Griechen nicht die Träger einer hohen, eventuell sogar überlegenen Kultur- und Zivilisationsstufe, sondern brutale, skrupellose Machtmenschen, die Recht und Sitte mit Füßen treten.

Erscheinen die Griechen ausnahmslos in negativem Licht, neben dem sadistischen Monster Achill der brutale, impotente Agamemnon und der nüchterne, dickleibige Menelaos mit Stirnglatze, so wird auch auf trojanischer Seite Heldendemontage betrieben. Hektor wird gegen seine eigentliche Neigung zum "Ersten Helden" (S. 103) aufgebaut. Paris erscheint als geltungssüchtiger junger Mann, der durch seine Schwäche und Eitelkeit das Unheil des Krieges über seine Vaterstadt hinaufbeschwört, und an König Priamos demonstriert die Erzählerin, wie er im Verlauf des Krieges immer mehr an menschlicher Substanz verliert.

Parallel zur Abwertung der männlichen Helden ist in der modernen Erzählung eine Aufwertung der Frauen festzustellen. Hekabe, die trojanische Königin, erscheint als starke Persönlichkeit, die sich als wesentlich weitsichtiger und realistischer als ihr Gemahl erweist und die Gefahr des Krieges und seiner Auswirkungen weit kritischer sieht. Auch Klytaimnestra bringt die Erzählerin mehr Verständnis entgegen als zum Beispiel der Dramatiker Aischylos. Außerdem führt Christa Wolf eine Reihe von Frauengestalten ein, die eine von den Männern weitgehend unabhängige Eigenständigkeit zeigen. Eine ganz wesentliche Akzentverschiebung gegenüber den antiken Gestaltungen des Stoffs bedeutet es auch, wenn Christa Wolf Kassandra, eine Frau, in den Mittelpunkt des Geschehens stellt und nicht einen Griechen- oder Troerhelden.

Fragt man nach der Funktion dieser Umwertungen, so wird offensichtlich, daß es Christa Wolf darauf ankommt, mit Hilfe des historischen Stoffs aktuelle Probleme zu behandeln — die Reflexion über die Ursache von Kriegen, die patriarchalische Gesellschaft, den Feminismus, das Verhältnis von Individuum und Gesellschaft — und deren historische Wurzeln aufzuzeigen.

1. 'Kassandra' als ein Stück Antikriegsliteratur

Sehr fern liegt der modernen Autorin die Vorstellung eines Krieges, in dem nach genau festgelegten, ritterlichen Regeln gekämpft wird, in dem die Gegner einander menschlich behandeln, wie dies in der 'Ilias' der Fall ist, auch wenn einzelne überschießende Rachereaktionen im antiken Epos ebenfalls brutales Verhalten nach sich ziehen. Man denke nur an die berühmte Szene, in der Hektors Leichnam um die Festung Troja geschleift wird. Beginnt die 'Ilias' bereits mitten im Kampfgeschehen und konzentriert sich dann auf die Schilderung des wechselnden Kriegsglücks beider Parteien, so widmet Christa Wolf der Darstellung der Kriegsursachen und der langsamen Entwicklung der Konflikte, die dann zum Krieg führen, sehr viel mehr Aufmerksamkeit. Da in ihrer Erzählung der eigentliche kriegsauslösende Faktor vollständig nichtig ist — die Figur der Schönen Helena ist in ihrer Version eine bloße Attrappe —, geht es ihr eigentlich darum, den inneren Ursachen für die Kriegsbereitschaft, aus der dann ein tatsächlicher bewaffneter Konflikt entsteht, nachzuspüren. Als Grundfrage kristallisiert sich für sie heraus: "Wann Krieg beginnt, das kann man wissen, aber wann beginnt der Vorkrieg ..." (S. 76). Sie zeigt, wie die Herrschenden durch die Aussicht auf das Gewinnen des Krieges korrumpiert werden, wie sie alle Warnungen vor dem möglichen Untergang Trojas in den Wind schlagen. Der Krieg wird zielstrebig propagandistisch vorbereitet durch solche "Manager der Macht" wie der skrupellosen Eumelos, eine von Christa Wolf neu konzipierte Figur. Er nützt die Kriegsvorbereitungen und den Kriegszustand selbst aus, um ein perfektes Überwachungs- und Sicherungssystem zu schaffen, durch das sich ein Netz von Mißtrauen über das Leben in Troja legt. Die menschlichen Beziehungen geraten in dieser Atmosphäre in Gefahr zu zerbrechen, Kassandra wird als potentielle Staatsfeindin wegen "Feindbegünstigung" von ihrem eigenen Vater inhaftiert.

Hand in Hand mit dem Ausbau der staatlichen Überwachung geht eine euphemistische Sprachregelung, so redet man beispielsweise nicht vom Krieg, sondern nur vom "Überfall" (S. 82). Die Religion wird von den Herrschenden in den Dienst genommen, entsprechend systemkonform ist das Verhalten fast aller Priester, die die erwarteten Orakelsprüche produzieren. Im Verlauf des Krieges werden die Trojaner ihren verhaßten Feinden immer ähnlicher, der Krieg hat sie innerlich zerstört. Die offenbar von der Autorin intendierten Parallelen zur heutigen Situation liegen auf der Hand. Der Rüstungswettlauf zwischen den beiden Machtblöcken fördert ein eindimensionales Denken und beschwört die Gefahr eines Krieges herauf. Einzelne mit abweichender Haltung müssen damit rechnen, diffamiert zu werden. "Seher nannte man sie damals — Spinner heute."[5]

2. Der Entwurf einer utopischen Gegenwelt

Aus der Erkenntnis heraus, daß die von patriarchalischen Machtstrukturen geprägte Welt Trojas ihre innere tödliche Erstarrung nicht zu überwinden vermag, daß die Machtstrukturen im Gegenteil im Verlauf des Krieges noch stärker hierarchisiert werden, schließt sich Kassandra zunehmend enger einer Gruppe von Frauen an, die vor den Toren der Stadt, also als Minderheit am Rande der trojanischen Gesellschaft, ein weitgehendes Eigenleben führt. Gemeinsam ist diesen Frauen der — staatlich verbotene — Rückgriff auf den Kybele-Kult, jener Großen Göttermutter, der vor dem Aufkommen der patriarchalisch geordneten griechischen Götterwelt mit Zeus an der Spitze im kleinasiatischen Raum gehuldigt wurde und die als Erscheinungsform früherer matriarchalischer Gesellschaften gilt.

Diese Frauengesellschaft stattet die Erzählerin mit stark utopischen Zügen aus. Unter den Frauen herrscht eine angstfreie Atmosphäre, sie lassen einander gelten, haben untereinander keine Hierarchie errichtet, so daß der Königstochter Kassandra in dieser Umgebung kein besonderer Vorrang aufgrund ihrer sozialen Stellung eingeräumt wird. Sie konkurrieren nicht miteinander, sondern: "Jede gab der andern von ihrem ganz besonderen Wissen ab." (S. 150). Die Frauen leben unter sehr bescheidenen materiellen Bedingungen, existieren von ihrer eigenen Hände Arbeit. Ständige Bereitschaft zu lernen und damit verbunden die Chance, sich fortzuentwickeln, materielle Bedürfnislosigkeit, Kooperation statt Konkurrenz, die Bedeutung von Tanz, Gefühl und Körpersprache, Charakteristika dieser trojanischen Gegenwelt ließen sich mühelos übertragen auf manches heute diskutierte alternative Konzept zur sinnvollen Lebensgestaltung.

Treten bei der Schilderung dieser utopischen Gemeinschaft, die in der antiken Vorlage keine Entsprechung findet, die Bezüge zur Jetzt-Zeit sehr deutlich zutage, so wird diese Parallele noch verstärkt, wenn man sich vor Augen hält, daß sich die Erzählerin in der Gestalt der Penthesilea, die die Männer pauschal negiert und bekämpft, mit der radikalen Linie des Feminismus auseinandersetzt. Daß die totale Ablehnung "der Männer" in eine Sackgasse führt, wird an Penthesilea demonstriert, sie steht nicht eigentlich auf der Seite des Lebens, sondern des Todes. Christa Wolf plädiert vielmehr für ein verständnisvolles Miteinander der Geschlechter, idealisiert in der Liebesbeziehung Kassandra — Aineas. Aineas und sein Vater Anchises, der bezeichnenderweise engen Kontakt zu den Frauen in den Höhlen am Skamandros hat, verkörpern die positiven männlichen Figuren, wenn auch Anchises teilweise in etwas klischeehafter Weise ökologischen Auffassungen entspricht. "Nie ließ er einen Baum fällen, ohne sich vorher ausführlich mit ihm zu besprechen, nie ohne ihm vorher mit einem Samen oder Reis ... sein Weiterleben zuzusichern." (S. 106) Beide distanzieren sich von der herrschenden Ideologie, aus diesem Grund ist für Aineas und seinen Vater Flucht eine Alternative zum Untergang.

3. Die Figur der Kassandra: von "Übereinstimmungssucht" zur Ich-Autonomie

In der Gestalt der Priesterin und Seherin Kassandra, deren Prophezeiungen niemand Glauben schenkt, behandelt Christa Wolf ein Problem, das sich wie ein roter Faden durch ihr Werk zieht: das Verhältnis zwischen Individuum und Gesellschaft, zwischen gesellschaftlichen Anforderungen und dem Freiraum zur Selbstverwirklichung. Von den weiblichen Hauptgestalten ihres erzählerischen Werks, von Christa T. über Nelly aus 'Kindheitsmuster' und Karoline von Günderode zieht sich eine Verbindungslinie zu Kassandra. Daß es bei der Konzeption der Figur vorrangig um den Konflikt zwischen weiblicher Autonomie und Anpassung geht, konstatiert Christa Wolf selbst in ihren Frankfurter Poetik-Vorlesungen: "Annahme: In Kassandra ist eine der ersten Frauengestalten überliefert, deren Schicksal vorformt, was dann, dreitausend Jahre lang, den Frauen geschehen soll: daß sie zum Objekt gemacht werden."[6]

Beschäftigt man sich mit den antiken Gestaltungen des Kassandra-Stoffes, von denen hier als wichtigste 'Die Troerinnen' des Euripides und das bereits erwähnte 'Agamemnon'-Drama des Aischylos genannt seien, und vergleicht diese mit Christa Wolfs Bearbeitung, sind — wie nicht anders zu erwarten — ebenfalls erhebliche Unterschiede festzustellen, abgesehen davon, daß sie in beiden Dramen lediglich eine Nebenrolle spielt.

Die Eingangsszene des 'Agamemnon' eignet sich zum unmittelbaren Vergleich besonders, da Christa Wolf die gleiche Szene als Ausgangspunkt ihrer Erzählung gewählt hat. Im Drama des Aischylos ist die dem Leser aus unzähligen literarischen Werken vertraute "klassische" Konstellation zwischen zwei Frauen gegeben: Rivalität und unbarmherzige Rachegefühle beherrschen ihre Beziehung, wobei Kassandra selbst vor Verbalinjurien wie "scheußliche Hündin", "Drache", "Skylla"[7] nicht zurückschreckt. Die in die Sklaverei verschleppte trojanische Prinzessin gedenkt wehmütig ihrer verlorenen Heimat, beklagt ihr Los und das des Agamemnon und hofft darauf, daß ihr Tod später gerächt werde. Klytaimnestra erfüllt unerbittlich ihren Mordplan und bekennt sich später öffentlich und ohne Reue dazu. Merklich verändert sind die Positionen in der modernen Erzählung. Christa Wolf geht von der gleichen Szene aus. "Hier war es. Da stand sie. Diese steinernen Löwen, jetzt kopflos, haben sie angeblickt." (S. 5) Nach der knappen Situierung des Schauplatzes erfolgt ein Sprung, der Beginn der eigentlichen Erzählung, mit dem Wechsel der Erzählperspektive von der dritten zur ersten Person. "Mit der Erzählung geh ich in den Tod." (S. 5) Im Vergleich zur antiken Vorlage fehlt der Rachegedanke beinahe vollständig, distanziert sich Kassandra vollkommen von Agamemnon und empfindet fast schwesterliches Verständnis für Klytaimnestra, die aus ihrer Sicht gar nicht anders handeln kann als sie es dann tatsächlich tut; aus einem Gefühl weiblicher Solidarität heraus wird die Schuld ausschließlich bei Agamemnon gesucht.

Getreu Christa Wolfs Zielsetzung, bei der Kassandra-Figur die "Rückführung aus dem Mythos in die (gedachten) sozialen und historischen Koordinaten"[8] vorzunehmen, entfaltet sich allmählich im Verlauf des inneren Monologs der Kassandra das soziologische und kulturelle Umfeld, in dem sie lebt, werden die psychologischen Dimensionen ihrer Person ausgelotet. Als Lieblingstochter König Priamos' wohlbehütet aufgewachsen, später als Priesterin eine wichtige soziale Funktion erfüllend, entspricht Kassandra zuerst durchaus den Erwartungen, die man an sie stellt. Erst in einem schmerzlich langwierigen Erkenntnis- und Entwicklungsprozeß, der parallel zur Entstehung und Ausweitung des Trojanischen Krieges verläuft, erkennt sie, daß sie nicht länger mit der herrschenden Ideologie, die ausschließlich in Machtkategorien denkt, übereinstimmen kann. Die ihr verliehene Sehergabe zwingt sie dazu, im Wahnsinn die Wahrheit zu sehen und sie auch zu äußern, auch wenn ihre Umwelt darauf mit Repressalien antwortet. Durch ihre Annäherung an die bereits erwähnte Frauenminderheit, die in ihrem Zusammenleben noch Züge der früher existierenden matriarchalischen Gesellschaftsformen bewahrt hat, gelangt Kassandra zu stärkerer Distanzierung von den Normen und Werten, die charakteristisch für die trojanische Gesellschaft sind. Sie durchschaut, daß der Krieg die sittlichen und moralischen Grundlagen der trojanischen Gesellschaft unterminiert und zerstört. Doch erst als es ihr gelingt, wirklich autonom zu handeln und dem Ansinnen ihres Vaters, sich an einem heimtückischen Komplott zu beteiligen, um den Erzfeind Achill aus dem Weg zu räumen, ein dreifaches "Nein" entgegenzusetzen, hat sie wirklich zu ihrer eigenen Identität gefunden.

III. Der Impetus des Schreibens bei Christa Wolf: das Konzept der "subjektiven Authentizität"

Fragt man sich nach den Gründen, die eine Schriftstellerin wie Christa Wolf dazu bewegen, sich in der beschriebenen Art dem antiken Stoff zu nähern, stößt man sehr rasch auf das für ihr dichterisches Selbstverständnis zentrale Konzept der "subjektiven Authentizität". Sie selbst hat es in einem Gespräch mit dem DDR-Germanisten Hans Kaufmann folgendermaßen definiert:

"Nützlicher scheint es mir, das Schreiben nicht von seinen Endprodukten her zu sehen, sondern als einen Vorgang, der das Leben unaufhörlich begleitet, es mit bestimmt, zu deuten sucht; als Möglichkeit, intensiver in der Welt zu sein, als Steigerung und Konzentration von Denken, Sprechen, Handeln ... Die Suche nach einer Methode, dieser Realität schreibend gerecht zu werden, möchte ich vorläufig subjektive Authentizität nennen — und ich kann nur hoffen, deutlich gemacht zu haben, daß sie die Existenz der objektiven Realität nicht nur nicht bestreitet, sondern gerade eine Bemühung darstellt, sich mit ihr produktiv auseinanderzusetzen."[9]

Bei einer politisch so bewußten Schriftstellerin gilt der Satz: "Schreiben heißt immer auch einen politischen Standort beziehen"[10] doppelt. In ihrem Werk reflektiert Christa Wolf wichtige gesellschaftspolitische Fragen, wie zum Beispiel die der deutschen Teilung in 'Der geteilte Himmel', die nach den Selbstverwirklichungsmöglichkeiten des Individuums in einer sozialistischen Gesellschaft in 'Nachdenken über Christa T.' und die nach dem Verhältnis der Deutschen auch und gerade in der DDR zu ihrer NS-Vergangenheit in 'Kindheitsmuster'. Ab Ende der 70er Jahre beschäftigt sie sich verstärkt mit der Frauenbewegung, was seinen Niederschlag findet in der Erzählprosa 'Kein Ort. Nirgends', in der sie ein fiktives Treffen zwischen Heinrich von Kleist und der Romantikerin Karoline von Günderode schildert, sowie im Herausgeben der Schriften der Karoline von Günderode und in zahlreichen Arbeiten zu den deutschen Romantikerinnen, im Vorwort zu Maxie Wanders Frauenprotokollen 'Guten Morgen, du Schöne' und auch in der Erzählung 'Kassandra'.

'Kassandra' wird in mehrfacher Hinsicht zur "Schlüsselerzählung"[11]. Zum einen veranschaulicht der in den Frankfurter Poetik-Vorlesungen beschriebene Entstehungsprozeß den abstrakten Begriff der "subjektiven Authentizität" auf exemplarische Weise. Subjektive Betroffenheit durch die Lektüre des 'Agamemnon'-Dramas, die Eindrücke der Griechenlandreise führen zu einer immer stärkeren Beschäftigung mit der Figur und den soziokulturellen Determinanten der Epoche, in der sie lebt, zum Beispiel der allmählichen Überlagerung matriarchalischer Denk- und Gesellschaftsstrukturen durch patriarchalische. Die Auseinandersetzung mit dem Stoff wird tatsächlich zu einem "Vorgang, der das Leben unaufhörlich begleitet." Eine "Schlüsselerzählung" ist 'Kassandra' zum andern auch in dem Sinn, daß durch die produktive Arbeit an dem Stoff sich für Christa Wolf selbst ihre Weltsicht entscheidend verändert. "Mit der Erweiterung des Blick-Winkels, der Neueinstellung der Tiefenschärfe hat mein Seh-Raster, durch den ich unsere Zeit, uns alle, dich, mich selber wahrnehme, sich entschieden verändert ..."[12]

Es wurde bereits darauf hingewiesen, daß Christa Wolf aktuelle Probleme in der Darstellung des antiken Stoffs behandelt. Daß die genannten Umwertungen des Mythos, daß Christa Wolfs Art der Geschichtsbeschreibung nicht in allen Punkten unproblematisch ist, kann hier nur am Rande vermerkt werden. Die Frage, ob der Entwurf einer utopischen weiblichen Gegenwelt wirklich tragfähig ist, bedürfte beispielsweise einer eingehenderen Betrachtung. An ihren Tagebucheintragungen aus den Poetik-Vorlesungen, die die Genese der Erzählung widerspiegeln und kommentieren, wird die enge Verzahnung von "Biographie und Zeitgenossenschaft"[13], die ihr Werk entscheidend prägt, sichtbar. "Die Rede kommt auf die Weltlage: Der Krieg zwischen Irak und Iran, der wie das meiste heute, Irrsinnszüge hat. (Inwiefern eigentlich? Wieso sind nicht alle Kriege, einschließlich des trojanischen, Irrsinn.)"[14] In ihrer kritischen Einschätzung der modernen Industriegesellschaft, die, vorwiegend hierarchisch strukturiert, die Männer deformiert durch die ausschließliche Beschäftigung mit den "3 großen W's Wirtschaft, Wissenschaft, Weltpolitik"[15], setzt sie zunehmend ihre Hoffnung auf alternative Lebensentwürfe durch die Frauen. Insofern ist die Gestalt der Kassandra charakteristisch. "So sind die Eigenschaften, die Christa Wolfs Frauengestalten kennzeichnen, Bestandteil eines utopischen Menschenentwurfs: Sensibilität und Mut, Aufrichtigkeit, Beständigkeit und moralisches Gewissen, vor allem aber: Liebesfähigkeit."[16] Ihrem Schreiben liegt ein tief moralischer Anspruch zugrunde, denn letztlich geht es ihr darum, "... die Welt einer menschenwürdigen Moral, und nicht die Moral der Menschen einer noch wenig menschenwürdigen Welt anzupassen."[17]

IV. Vorschläge zur Behandlung der Erzählung im Unterricht

Konkrete Vorschläge zur unterrichtlichen Behandlung der Erzählung können in diesem Rahmen nur ganz knapp skizziert werden. Wesentlich scheint, daß mit der Interpretation von 'Kassandra" die Gelegenheit gegeben ist, das Werk nicht isoliert zu betrachten, sondern in vielfältige Kontexte einzubetten, um durch die Herstellung von Querbezügen den Unterricht übersichtlicher zu strukturieren. Dies läßt sich in diesem Fall am sinnvollsten auf der gymnasialen Oberstufe, speziell der Kollegstufe, durchführen, da einiges Vorwissen vorausgesetzt werden muß, um daran anknüpfen zu können.

Im folgenden seien einige mögliche Unterrichtseinheiten genannt. Vorausgesetzt wird jeweils die Behandlung der Erzählung nach inhaltlichen, sprachlichen, strukturellen Gesichtspunkten, nachdem Hintergrundinformation zur antiken Mythologie bereitgestellt wurde. Die folgenden Vorschläge markieren jeweils unterschiedliche Schwerpunktsetzungen.

1. Stoff- und Motivgeschichte

a, Die Gestaltungen der Kassandra-Figur im antiken Drama im Vergleich zur modernen Erzählung anhand ausgewählter Kernstellen aus Euripides: 'Die Troerinnen', Aischylos: 'Agamemnon' und Christa Wolf: 'Kassandra'.
— Möglichkeiten des Einbezugs dramengeschichtlicher und theaterkundlicher Aspekte (Bauformen des antiken Dramas, Bühnenformen des antiken Theaters)

b, Die Darstellung des Trojanischen Krieges anhand von Kernstellen aus Homer: 'Ilias', Jean Giraudoux: 'Der Trojanische Krieg findet nicht statt' und Christa Wolf: 'Kassandra'.
— vergleichende Analyse des Heldenbegriffs, die Konzeption des Krieges im Vergleich

c, Der Krieg als literarisches Motiv in erzählender Prosa (Kernstellen aus Grimmelshausen: 'Simplicius Simplicissimus', G. Grass: 'Die Blechtrommel' und Christa Wolf: 'Kassandra')
— Möglichkeiten des fächerübergreifenden Vorgehens: Kooperation mit dem Geschichtsunterricht (30jähriger Krieg / 2. Weltkrieg) und dem Kunstunterricht (das Kriegsmotiv in der darstellenden Kunst)

2. Rezeptionsgeschichte und Wirkungsästhetik

Die Rezeption der Antike in der deutschen Klassik im Vergleich zu 'Kassandra':
— literatur- und kunsttheoretische Positionen der Weimarer Klassik
— die Gestalt von Goethes Iphigenie im Vergleich zu Kassandra, die Konzeption der Kassandra in Schillers 'Kassandra'-Gedicht und in Christa Wolfs Erzählung
— Gelegenheit zu fächerübergreifendem Vorgehen: Kooperation mit dem Kunstunterricht: die Kunst der griechischen Antike (Architektur, Plastik, Vasen)

3. Tendenzen und Strömungen der modernen Literatur

Die sog. "Frauenliteratur" in der Bundesrepublik und der DDR anhand ausgewählter Beispiele
— Darstellung der unterschiedlichen soziokulturellen Bedingungen in der Bundesrepublik und der DDR
— theoretische Texte zur historischen und zeitgenössischen Frauenbewegung
— vergleichende Analyse exemplarischer Beispiele, z. B. G. Tetzner: 'Karen W.' — Ingeborg Bachmann: 'Malina'
— Fragen der Zuordnung von 'Kassandra' zur Frauenliteratur

4. Literaturtheorie

Zum Selbstverständnis moderner Autoren
— theoretische Texte zur Funktion der Literatur, Vergleich verschiedener theoretischer Texte
— Auswertung von Interviews, Werkstattgesprächen, Tagebucheintragungen ausgewählter Autoren zur Intention ihres Schreibens, z. B. Christa Wolf, G. Grass, P. Handke

5. Werk

Weibliche Hauptgestalten in Christa Wolfs Werk im Vergleich
— allgemeine Entwicklungstendenzen ihres Werks
— Stellenwert ihres Schreibens
— Analyse literarischer und theoretischer Texte

Anmerkungen

1) Vgl.: F.J. Raddatz: Das Gedächtnis — eine andere Form des Sehens. Christa Wolfs Erzählung 'Kassandra' und ein Band mit Überlegungen zur Poetik. In: Die Zeit, 13/25.3.1983, Literaturbeilage S. 1
2) Christa Wolf: Voraussetzungen einer Erzählung: Kassandra. Frankfurter Poetik-Vorlesungen. Darmstadt: Luchterhand 1983, SL 456
3) Vgl. Karl Schuster: Christa Wolf: Nachdenken über Christa T. Rezeptionsprobleme mit einem DDR—Roman. In: Jakob Lehmann (Hrsg.): Deutsche Romane von Grimmelshausen bis Walser. Bd. 2: Von A. Seghers bis M. Walser. Königstein/Ts.: Scriptor 1982, S. 469-487, S. 469
4) Vgl. Christa Wolf: Kassandra. Erzählung. Darmstadt: Luchterhand 3/1983, S. 84, 85, 91
5) F.J. Raddatz, S. 1
6) Voraussetzungen einer Erzählung, S. 86
7) Aischylos: Sämtliche Tragödien. München: dtv 1977, S. 147
8) Voraussetzungen einer Erzählung, S. 111
9) Christa Wolf: Lesen und Schreiben. Neue Sammlung. Darmstadt: Luchterhand 6/1985, SL 295, S. 74f.
10) Alexander Stephan: Christa Wolf. München: Beck 2/1979, S. 7
11) Voraussetzungen einer Erzählung, S. 119
12) Voraussetzungen einer Erzählung, S. 131
13) A. Stephan, S. 7
14) Voraussetzungen einer Erzählung, S. 93
15) Vgl. Dagmar Ploetz: Vom Vorteil, eine Frau zu sein. Frauenbild und Menschenentwurf in Christa Wolfs Prosa. In: Klaus Sauer (Hrsg.): Christa Wolfs Materialienbuch. Darmstadt: Luchterhand 2/1980, SL 265, S. 97-111, S. 102
16) D. Ploetz, S. 103
17) zit. nach A. Stephan, S. 22

Literatur

Aischylos: Sämtliche Tragödien. München: dtv 1977
Wolf, Christa: Kassandra. Erzählung. Darmstadt: Luchterhand 3/1983
— Voraussetzungen einer Erzählung: Kassandra. Frankfurter Poetik-Vorlesungen. Darmstadt: Luchterhand 3/1983, SL 456
— Lesen und Schreiben. Neue Sammlung. Darmstadt: Luchterhand 6/1985, SL 295

Blumensath, Christel/Blumensath, Heinz: Einführung in die DDR-Literatur. Mit Unterrichtsvorschlägen für die Sekundarstufen I und II. Stuttgart 2/1983
Emmerich, Wolfgang: Kleine Literaturgeschichte der DDR. Darmstadt: Luchterhand 1981, SL 326
Hammerschmidt, Volker/Oettel, Andreas/Bock, Hans Michael: Christa Wolf. In: Heinz Ludwig Arnold (Hrsg.): Kritisches Lexikon zur deutschsprachigen Gegenwartsliteratur. München: edition text + kritik 1978

Lehmann, Jakob (Hrsg.): Deutsche Romane von Grimmelshausen bis Walser. Bd. 2: Von A. Seghers bis M. Walser. Königstein/Ts.: Scriptor 1982

Praxis Deutsch, H. 62, November 1983: DDR-Literatur

Raddatz, Fritz J.: Das Gedächtnis — eine andere Form des Sehens. Christa Wolfs Erzählung 'Kassandra' und ein Band mit Überlegungen zur Poetik. In: Die Zeit, 13/25.3.1983, Literaturbeilage

Salisch, Marion von: Zwischen Selbstaufgabe und Selbstverwirklichung. Zum Problem der Persönlichkeitsstruktur im Werk Christa Wolfs. Stuttgart: Klett 1975

Sauer, Klaus (Hrsg.): Christa Wolf Materialienbuch. Darmstadt: Luchterhand 2/1980, SL 265

Scharfschwerdt, Jürgen: Literatur und Literaturwissenschaft in der DDR. Sprache und Literatur, Bd. 16. Stuttgart: Kohlhammer 1982

Stephan, Alexander: Christa Wolf. München: Beck 2/1979

Stocker, Karl (Hrsg.): Literatur der Moderne im Deutschunterricht. Königstein/Ts.: Scriptor 1982

text + kritik, H. 46, München 1975: Christa Wolf

Walwei-Wiegelmann, Hedwig (Hrsg.): Neuere DDR-Literatur. Texte und Materialien für den Deutschunterricht. Paderborn: Schöningh 2/1975

"DAS EIGENTÜMLICHE PARFÜM DES WORTES"
Zum Doppelbild des Heliotrop in Theodor Fontanes Roman 'Effi Briest'

von Klaus Dieter Post

Seitdem Theodor Fontane im Jahre 1895 mit seinem Roman 'Effi Briest' an die Öffentlichkeit trat, ist das Interesse der Literaturwissenschaft an diesem Werk niemals erlahmt. Die Kommentare zu 'Effi Briest' füllen inzwischen Bände, wobei es besonders die zeitgenössische Kritik ist, die in einem breiten Spektrum von Abhandlungen alle nur denkbaren Aspekte dieses Romans erschöpfend darzulegen bemüht ist. Die zentrale Frage nach "Schicksalsroman" oder "Gesellschaftsroman" beherrschte von Anfang an die Diskussion und ist auch heute noch der gemeinsame Hauptnenner aller Kommentare. Hier ist inzwischen gesichertes Terrain entstanden, und es wäre müßig, so ausführlichen und feinsinnigen Arbeiten wie denen von Demetz, Mittenzwei und Müller-Seidel weitere Erörterungen der strapazierten Thematik an die Seite zu stellen.[1] Dennoch fand bei aller Vielseitigkeit der vorgetragenen Forschungspositionen das für Fontane so bezeichnende Interesse am Detail auf seiten der Exegeten wenig Berücksichtigung. Zwar weist jedermann auf die zentrale Symbolik in 'Effi Briest' hin, spricht von der Relevanz des Schaukelmotivs für Effi und von der Bedeutung des Spuks für die Handlungszusammenhänge des Romans, doch wurde die spezifische Einzelheit, sei sie nun rein sprachlicher oder handlungsmäßiger Bedeutung, nicht mit der für Fontane angemessenen Akribie ins Auge gefaßt. Allein neuere Arbeiten von Riechel und Brinkmann lassen etwas erahnen von der Bedeutung der Worte und Requisiten für das Verständnis der Fontaneschen Romane.[2] Zweifellos steckt bei Fontane die Kunst im Detail. Und das gilt, wie wir noch sehen werden, für 'Effi Briest' in ganz besonderem Maße.

Fontane hat in höchst artistischer Weise die Fabel, die er präsentieren will, mit einem verweisenden Zeichensystem versehen, welches die Geschichte Effis in verschlüsselter Form modifiziert und erweitert. Sicherlich nicht, und das hat die Forschung deutlich gemacht,[3] im Sinne einer Öffnung der Geschichte ins Erhabene oder Metaphysische. Fontanes Zeichensprache ist keine Symbolsprache im Sinne Hegels. Ihre Funktion ist vielmehr eine charakterisierende und strukturelle. Sie übersetzt die beschriebene Wirklichkeit in einen Kontext aufeinander bezogener Details, welche die Geschichte in der Geschichte sichtbar machen.

Nun ist aber die Geschichte der 'Effi Briest' so vieldeutig wie die Protagonistin selbst. Deutungsversuche, die in ihr nur eine "Daseinsform vor aller sozialen Ordnung und Einordnung" erkennen wollen, zielen an der Problematik dieses Romans vorbei.[4] Fontane hat seiner Effi vielmehr eine charakteristische Doppelrolle zugeteilt, in der ihr beides zukommt: gesellschaftliche Unbefangenheit und zugleich gesellschaftsgebundenes Rollenspiel. Wie Fouqués Undine hat sie ihre Naturhaftigkeit hinübergenommen in den naturfernen Bereich gesellschaftlicher Normen. Sie will die Liebe, sie will aber zugleich Glanz und Ehre. Daß das eine mit dem anderen nicht zur Deckung zu bringen ist, daran wird Effi letztlich zugrunde gehen.

Doch zurück zum Ausgangspunkt. Wenn der Effi-Gestalt, im beschriebenen Sinne, eine in sich widersprüchliche Natur eigen ist, so liegt der Verdacht nahe, daß Fontane auch in den Spiegelungen der Bild- und Zeichensprache die Eindeutigkeit der Darstellung zugunsten einer Mehrdeutigkeit aufgehoben hat. Daß dem so ist, daß die Bilder und Zeichen des Romans oft in vielfältiger Verschränkung, in meisterhafter Synchronie die doppelte Perspektive in der psychischen Konstitution der Protagonistin zur Darstellung bringen, auf diesen Umstand werden sich unsere weiteren Ausführungen konzentrieren.

Fontane war darauf bedacht, seiner Effi-Gestalt im weitläufigen Raum der Geschehnisse einen ganz privaten und intimen Ort zuzuteilen, an dem, vergleichbar mit dem See des alten Stechlin, die Person in den Handlungsraum übersetzt erscheint. Auf der Parkseite des Briestschen Herrenhauses zu Hohencremmen fällt dem Leser gleich zu Anfang des Romans ein eigentümliches Rondell in den Blick. Daran ist zunächst nichts Auffälliges. Fontane hat seine Vorliebe für Gärten und Parks vielerorts dokumentiert. Die Tatsache aber, daß Effi an diesem Ort ihre letzte Ruhe finden wird, rückt diesen Gartenflecken für den Romanzusammenhang in ein ganz besonderes Licht. Zudem taucht es an den für Effi entscheidenden Situationen des Romans leitmotivisch immer wieder auf. So zum Beispiel im großen Gespräch zwischen Mutter und Tochter vor der Verehelichung Effis mit dem Baron Innstetten. In allen Phasen des Gesprächs lenkt Fontane den Blick des Lesers immer wieder aufs Rondell, als ob der Ort eine besondere Bedeutung hätte angesichts der Pläne, welche die ehrgeizige Mutter auf Kosten (zum Teil aber auch mit Zustimmung) der Tochter zu realisieren trachtet. Später, bei Effis erstem Besuch im Elternhaus, tritt das Rondell wieder ins Blickfeld. Zwar findet das neuerliche Gespräch zwischen Mutter und Tochter diesmal im Hause statt, doch weiß der Erzähler immer wieder davon zu berichten, daß ihr Blick durch's Fenster auf das Rondell fiel. Wo es um das Wohl und Wehe Effis geht, so scheint es, darf dieser Flecken im Garten nicht ausgespart bleiben. So auch an einer anderen prägnanten Stelle des Romans. Nach der Kopenhagenreise und den Eindrücken am Herthasee ist Effi wieder für einige Tage im Elternhaus. Allein am Fenster fällt ihr Blick auf das mondhelle Rondell. Und dieser Eindruck löst in ihr die Frage nach der Schuld ihres Daseins aus. In einem inneren Monolog gipfelt gleichsam die Handlung um Effi, wobei Fontane zu erkennen gibt, inwieweit die innere Entwicklung der Protagonistin in fast naturmagischer Weise gebunden ist an jenes leitmotivische Terrain auf der Gartenseite des Briestschen Hauses.

Die direkte Identifizierung von Ort und Person geschieht schließlich beim letzten Aufenthalt im Hause der Eltern. Effi, vom Arzt gedrängt, das väterliche Haus zu einem Kuraufenthalt an der Riviera vorübergehend zu verlassen, weist die Ihren unmißverständlich darauf hin: "... hier ist meine Stelle". Und im weiterführenden Satz macht sie deutlich, wo genau diese ihre Stelle zu finden ist. "Der Heliotrop unten auf dem Rondell, um die Sonnenuhr herum, ist mir lieber als Mentone."[5] Es ist nach dieser Gleichsetzung von Ort und Person nur stimmig, wenn nach Effis Tod Fontane auch das Rondell auf ganz spezifische Weise sich wandeln läßt:

2. Sprachanalyse — Interpretation 49

"Auf dem Rondell hatte sich eine kleine Veränderung vollzogen, die Sonnenuhr war fort, und an der Stelle, wo sie gestanden hatte, lag seit gestern eine weiße Marmorplatte, darauf stand nichts als 'Effi Briest' und darunter ein Kreuz. Das war Effis letzte Bitte gewesen: 'Ich möchte auf meinem Stein meinen alten Namen wieder haben; ich habe dem andern keine Ehre gemacht.' Und es war ihr versprochen worden. Ja, gestern war die Marmorplatte gekommen und aufgelegt worden, und angesichts der Stelle saßen nun wieder Briest und Frau und sahen darauf hin und auf den Heliotrop, den man geschont und der den Stein jetzt einrahmte." (294f.)

Der Ort hat durch diesen Akt den Namen Effis erhalten, mit der Grabstelle fallen Ort und Person, Bild und Wesen gleichsam in eins.

Dennoch: Das Rondell steht nicht allein als poetisches Zeichen für die Verbundenheit Effis mit ihrem Vaterhaus. Diese Deutung wäre zu einseitig. Fontanes Betonung des Details bliebe hier unbeachtet. Es ist notwendig, auf die prägnanten Einzelheiten dieses Gartenfleckens einzugehen, um von daher auch die Einzelheiten von Effis Geschichte abbildhaft verschlüsselt wiederzufinden. Faßt man alle Erwähnungen des Rondells zusammen und versucht, die Akzente zu verstehen, die Fontane gesetzt hat, so wird man nicht um die Feststellung herumkommen, daß es nur e i n Bild ist, welches dem Rondell sein eigentümliches Gepräge gibt: das Bild einer Blume. Es ist der Heliotrop, auf den der Blick des Lesers, geleitet durch Fontanes Fingerzeig, immer wieder fällt. Dieser Blume wird am Ende, bei der Umgestaltung des Platzes, Schonung zuteil, und sie erhält den Vorzug,das Grab Effis zu schmücken und zu bezeichnen. Doch schon ganz zu Anfang, kurz vor dem Weggang Effis aus dem Hause ihrer Eltern, wird dem Heliotrop durch die Worte Effis eine Bedeutung zugesprochen, die dieser Blume für den gesamten Romanverlauf ihr Gepräge gibt:

"Eine Woche später saßen Mutter und Tochter wieder am alten Fleck, auch wieder mit ihrer Arbeit beschäftigt. Es war ein wunderschöner Tag; der in einem zierlichen Beet um die Sonnenuhr herumstehende Heliotrop blühte noch, und die leichte Brise, die ging, trug den Duft davon zu ihnen herüber. 'Ach wie wohl ich mich fühle', sagte Effi, 'so wohl und so glücklich; ich kann mir den Himmel nicht schöner denken. Und am Ende, wer weiß, ob sie im Himmel so wundervollen Heliotrop haben.' " (29)

Zwischen dieser Erwähnung und dem wiederum im Zeichen des Heliotrop stehenden Schlußtableau findet diese Blume stets neue Erwähnung. Wir wollen die Einzelheiten hier nicht aufzählen, da die bedeutsamen Erwähnungen zu Anfang und zu Ende des Romans diesem Fontaneschen Requisit bereits genügend Gewicht verleihen. Fontane, der nicht allein durch seine Apotheker-Ausbildung ein intimer Kenner der Pflanzenwelt war, hat an anderer Stelle sein Interesse am Heliotrop bekundet und darauf hingewiesen, daß es "das eigentümliche Parfüm des Wortes"[6] war, welches sein Interesse an dieser Blume erregte. Zum Teil rührt dieses Interesse sicherlich vom fremden Klang des Wortes her, zumal in Fontanes Dichtung stets die Tendenz erkennbar ist, das Bekannte und Heimische durch die (oft namentliche) Erwähnung des Exotisch-Fremden auf eigentümliche Weise zu ergänzen.

Zunächst verbindet sich mit dem Bild des Heliotrop, wie die neuere Forschung überzeugend zum Ausdruck gebracht hat, Fontanes "optimistische Anthropologie", seine Überzeugung von "einer natürlichen Gutheit des Menschen". In diesem Sinne sei er "seit der Antike das Sinnbild für das Streben des Menschen zu Gott gewesen"[7] Der Bezug zu Effi liegt auf der Hand, besonders dann, wenn man in der Protagonistin das von der Gesellschaft sich abwendende, sich zum Licht hinwendende Naturkind sieht.

Im Bilde des Heliotrop (und damit auch in der Gestalt der Effi) verbirgt sich jedoch mehr als Fontanes Überzeugung einer "natürlichen Gutheit des Menschen". Damit ist im Grunde nur der sinnfällige Teil, die äußere Kontur des eigentümlichen Blumenbildes zum Ausdruck gebracht. Es fehlt der notwendige Komplementäraspekt, die den Roman bestimmende Einsicht, daß eine "optimistische Anthropologie" angesichts der beschriebenen gesellschaftlichen Verhältnisse zum Scheitern verurteilt ist. Fontane hat diese entscheidende Einsicht wiederum mit dem Bilde des Heliotrop verbunden.

In der Forschung ist diese erweiternde Dimension bisher nicht zur Kenntnis genommen worden. Lediglich in den Anmerkungen zu 'Effi Briest', wie sie in der Werkausgabe des Hanser-Verlags zu finden sind, klingt etwas an von der möglichen Spannweite des Heliotrop-Bildes. Und zwar ist dort die Rede davon, daß "der Heliotrop eine eigenartige helldunkle Stimmung" bei Fontane verbildlicht, ähnlich wie die Immortellen "Bilder eines duftlosen, wehmütig kargen Todes" sind. (759) Die Frage bleibt (sieht man einmal ab von dem Umstand, daß der Heliotrop letztlich auf Effis Grab wachsen wird), woher, auf den Zusammenhang des Romans gesehen, diesem Blumenbild ein solch "helldunkler" Beiklang zuwächst.

Es ist unwahrscheinlich, daß Fontane, der immer wieder sein Interesse an dieser Pflanze bekundet hat, nicht die gängigen Enzyklopädien konsultiert hätte, um "das eigentümliche Parfüm des Wortes" wenigstens aus botanischer Sicht deuten zu können. Spätestens da muß es (was dem naturwissenschaftlich geschulten Apotheker höchstwahrscheinlich schon früher bekannt war) Fontane aufgefallen sein, daß dieses Wort ein Doppelbild aus sich entläßt, das einer Blume und das eines Steins, nämlich des orientalischen, grünrot gefleckten Jaspis, der gemeinhin Blutjaspis oder auch Blutstein genannt wird. Zweierlei charakterisiert diesen Stein. Zunächst die Tatsache, daß ihm in der Heilkunde die Kraft zugeschrieben wurde, Blutfluß zum Stehen zu bringen (wie hätte der Apotheker Fontane davon nicht Kunde haben sollen!). Darüber hinaus dann die in gleicher Weise für unseren Zusammenhang bedeutende Perspektive, daß der Heliotrop, wohl seiner spezifischen Farbenkombination wegen, im Mittelalter Bildhauern als Material zur Darstellung von Märtyrergestalten diente. Ob Märtyrerstein oder Blutstein, der Sprung von diesem Bedeutungsfeld zur Effi-Gestalt wäre nicht sehr groß, wenn es gelänge, nicht bei der bloßen Vermutung stehenzubleiben, sondern vom Romanzusammenhang her deutlich zu machen, daß die Steinmetaphorik der bereits aufgezeigten Blumenmetaphorik beigeordnet ist.

Der Text bestätigt durchaus unsere Vermutung. Dem zentralen Blumenbild entspricht im Roman das nicht weniger zentrale Bild der Steine. Nicht irgendwelche Steine sind es, sondern eben "Blutsteine", Monumente einer grausamen Vorzeit, die auf den ersten Blick gar nicht einzufügen sind in die Ehegeschichte Effi Briests. Auf der Reise der Innstettens an die Ostsee, mithin im Wendepunkt des Romans, treten sie zum ersten Male in Erscheinung:

"... ein Mann von mittleren Jahren trat alsbald an unsere Reisenden heran. Er sah so wichtig und feierlich aus, als ob er wenigstens ein Adjunkt bei dem alten Herthadienst gewesen wäre. Der von hohen Bäumen umstandene See lag ganz in der Nähe, Binsen säumten ihn ein, und auf der stillen, schwarzen Wasserfläche schwammen zahlreiche Mummeln.

'Es sieht wirklich nach so was aus', sagte Effi, 'nach Herthadienst.'

'Ja, gnädige Frau ... Dessen sind auch noch die Steine Zeugen.'

'Welche Steine?'

'Die Opfersteine.'

Und während sich das Gespräch in dieser Weise fortsetzte, traten alle drei vom See her

an eine senkrechte, abgestochene Kies- und Lehmwand heran, an die sich etliche glatt polierte Steine lehnten, alle mit einer flachen Höhlung und etlichen nach unten laufenden Rinnen.
'Und was bezwecken die?'
'Daß es besser abliefe, gnädige Frau.' "

Und als Nachtrag zu dieser makabren Szene bemerkt Innstetten anschließend zu Effi:

" 'Du kannst den Herthasee nicht vergessen und noch weniger die Steine.' Sie nickte. 'Es ist so, wie du sagst. Und ich muß dir bekennen, ich habe nichts in meinem Leben gesehen, was mich so traurig gestimmt hätte.' " (211)

Am Ende des Romans, wenn Crampas' Blut längst geflossen ist und Effi im Hause ihrer Eltern sich innerlich schon auf ihr Ende vorbereitet, wird im Gespräch mit Jahnke noch einmal die Erinnerung an die Blutsteine vom Herthasee beschworen.

" 'Und denken Sie sich, Jahnke, dicht an dem See standen zwei große Opfersteine, blank und noch die Rinnen drin, in denen vordem das Blut ablief. Ich habe von der Zeit an einen Widerwillen gegen die Wenden.'
'Ach, gnädige Frau verzeihen. Aber das waren ja keine Wenden. Das mit den Opfersteinen und mit dem Herthasee, das war ja schon wieder viel, viel früher, ganz vor Christum natum; reine Germanen, von denen wir alle abstammen ...' " (280).

Diese Zeilen lassen keinen Zweifel daran, daß das Bild der Blutsteine Effi bis an ihr Lebensende verfolgt, ja, daß ihr Leben und ihr Lebensende in einem unausgesprochenen Zusammenhang stehen zu jenen grauenvollen Monumenten am Herthasee. Jahnkes Rede, die erst die Steine berührt, dann die Germanen und schließlich in einer seltsam betonten Wendung das "Wir" mit ins Spiel bringt, ist Fontanes unmißverständlicher Fingerzeig dafür, daß von den Steinen zum "Wir" eine durchlaufende Verbindung erkennbar ist, daß die Bilder der Vorzeit hineinragen in die historische Situation eines Jahnke und einer Effi Briest.[10]

Mögen die Blutsteine am Herthasee auch nur der Phantasie Fontanes entspringen, jene anderen Blutsteine, die Fontane durch den Mund von Crampas indirekt erwähnt, sind durchaus bezeugt. Der spanische Conquistador Cortéz mußte zusehen, wie auf ihnen seine Landsleute von den Azteken hingeschlachtet wurden. Heinrich Heine hat in seiner 'Vitzliputzli'-Romanze über dieses Blutbad, über die rituelle Opferung der Spanier auf den Blutsteinen der Azteken berichtet, und Fontane weiß diese Heinesche Reminiszenz im Vorfeld von Verführung und Ehebruch der Geschichte anzubringen.

" 'Vitzliputzli ist nämlich ein mexikanischer Gott, und als die Mexikaner zwanzig oder dreißig Spanier gefangen genommen hatten, mußten diese zwanzig oder dreißig dem Vitzliputzli geopfert werden. Das war nicht anders, Landessitte, Kultus, und ging auch alles im Handumdrehen, Bauch auf, Herz raus ...' " (138).

Hier haben wir eine bedeutsame Variation des zentralen Bildes der Blutsteine, auch wenn sie selbst nicht erwähnt werden. Doch wenn von Opfersteinen die Rede ist, so stellt sich zunächst einmal die Assoziation "Azteken/ Vitzliputzli" ein und nicht etwa der Gedanke an die Germanen im Ostseeraum. Insofern ergänzt Fontane mit dem Vitzliputzli-Motiv in bedeutsamer Weise den Bildkreis der bedrohlichen Steine. Vitzliputzli bleibt keine Episode in der Geschichte Effi Briests. Er wird, gebunden an das Bild der Steine, zur Verkörperung jener den Roman bestimmenden Kraft, die Innstetten später im Gespräch mit Wüllersdorf als "Gesellschaftsetwas" apostrophiert.

In direkterer Weise als im Vitzliputzli-Motiv wird gleich im ersten Kapitel auf die Steine gewiesen. Und zwar in einem Kontext, der keinen Zweifel daran läßt, daß hier das zentrale Anliegen des Romans in einer ersten Variation erscheint. Die Szene ergibt sich ganz beiläufig aus dem Spiel der Kinder. Doch was Fontane hier, wiederum in Verbindung mit Steinen, ins Bild setzt, ist die Vorwegnahme von Effis Geschichte. Banaler Anlaß ist der Plan der Kinder, die Überreste des gemeinsamen Stachelbeeressens im Teich zu versenken:

" 'Herta, du mußt nun die Tüte machen und einen Stein hineintun, daß alles besser versinken kann. Und dann wollen wir in einem langen Trauerzug aufbrechen und die Tüte auf offener See begraben.'
Wilke schmunzelte: Is doch ein Daus, unser Fräulein, so etwa gingen seine Gedanken. Effi aber, während sie die Tüte mitten auf die rasch zusammengeraffte Tischdecke legte, sagte: 'Nun fassen wir alle vier an, jeder an einem Zipfel und singen was Trauriges.'
'Ja, das sagst du wohl, Effi. Aber was sollen wir denn singen?'
'Irgendwas; es ist ganz gleich, es muß nur einen Reim auf 'u' haben: 'u' ist immer Trauervokal. Also singen wir: Flut, Flut, Mach alles wieder gut ...'
Und während Effi diese Litanei feierlich anstimmte, setzten sich alle vier auf den Steg hin in Bewegung, stiegen in das dort angekettete Boot und ließen von diesem aus die mit einem Kiesel beschwerte Tüte langsam in den Teich niedergleiten.
'Herta, nun ist deine Schuld versenkt', sagte Effi, 'wobei mir übrigens einfällt, so vom Boot aus sollen früher auch arme unglückliche Frauen versenkt worden sein, natürlich wegen Untreue.'
'Aber doch nicht hier'.
'Nein, nicht hier', lachte Effi, 'hier kommt so was nicht vor. Aber in Konstantinopel' ..." (14f.)

Oder in Kessin, möchte man hinzufügen, um die Nähe zu betonen, die dieses Spiel für die sich um Effi entwickelnden Ereignisse gewinnen wird. Bezeichnend ist der Umkreis von Untreue und Schuld der Frauen, dazu die "Entsühnung" durch einen gewaltsamen Tod, welcher, wie im Bilde der Monumente am Herthasee, durch Steine und Wasser bezeichnet ist. Hier läßt Fontane sein Leitthema zum ersten Male anklingen, und zwar so, daß zwischen Anfang und Ende, zwischen harmlosem Kinderspiel und der unbarmherzigen, gesellschaftlichen Wirklichkeit, an welcher Effi zerbrechen wird, ein unmittelbarer Zusammenhang hergestellt wird.

Fontane bleibt auch im weiteren Verlauf des Romans der im spezifischen Bilde und der Bildverschränkung sich ausdrückenden Thematik treu. Auf der Rückfahrt von Uvagla, in jener Szene also, in der sich alles entscheiden wird, hat Effi ein Gespräch mit Sidonie von Grasenabb, in dem letztere Effis Gefährdung und die Ursache für diese Gefährdung in bezeichnenden Worten zum Ausdruck bringt:

" 'Sie sollten sich nicht so sehr nach links beugen, meine gnädige Frau. Fährt der Schlitten auf einen Stein, so fliegen Sie hinaus, Ihr Schlitten hat ohnehin kein Schutzleder und, wie ich sehe, auch nicht einmal einen Haken dazu.' 'Ich kann die Schutzleder nicht leiden; sie haben so was Prosaisches. Und dann, wenn ich hinausflöge, mir wär es recht, am liebsten gleich in die Brandung.' " (157)

Auch hier erscheinen also, das zentrale Bild variierend, wiederum die Steine als jene die Gefährdung bezeichnende Kraft, — ergänzt, wie bereits im ersten Kapitel, durch das Bild des Wassers. Und es wird noch ein weiteres aus diesem Gespräch deutlich, nämlich daß Effi nicht gewillt ist, ihr Leben auch über diese Schlittenpartie hinaus durch Haken und Schutzleder zu sichern. In dieser Weise, das machen ihre Worte deutlich, erhalten die Bilder der Gefährdung (hier in der Variation der Steine) einen untergründigen Reiz für Effi. Sie sind also nicht nur Zeichen einer äußerlichen, bedrohlichen Wirklichkeit; sie sind gleichzeitig Anhaltspunkte dafür, daß die Gefährdung in Effi selbst angelegt ist.

Furcht und gleichzeitig Faszination löst auch ein weiterer Stein aus, der dem Leser des öftern ins Blickfeld gerät. In Kessin bemerkt Effi einen eingegitterten Grabplatz außerhalb des Friedhofes, auf dem ein "weißer Stein in der Nachmittagssonne blinkte und blitzte". (114) Es ist der Grabstein des mysteriösen Chinesen, dessen Geschichte sie anzieht und ihr gleichermaßen Angst einflößt: " 'Ja, schauerlich, und ich möchte wohl mehr davon wissen. Aber doch lieber nicht, ich habe dann immer gleich Visionen und Träume ...' " (46). Immer wieder tritt an markanten Stellen dieser "blitzende" Grabstein in Erscheinung. Zum letzten Male nach Effis entscheidendem Gespräch mit Crampas, wo der Stein ihr gleichsam als Warnung ins Auge fällt: "Gleich danach passierten sie den Hohlweg zwischen dem Kirchhof und der eingegitterten Stelle, und Effi sah nach dem Stein und der Tanne, wo der Chinese lag." (133) Geht man vom Ende des Romans aus, von dem bedeutungsvollen Umstand, daß Fontane Effis Grabstein zum letzten markanten Bild seiner Geschichte macht, so ergeben sich die Verbindungslinien von selbst. Die Geschichte des Chinesen und sein für Effi unheimliches Fortleben in Kessin, beides markiert durch den Stein, kann nicht getrennt gesehen werden von der inneren und äußeren Entwicklung der Titelfigur.

Wir erwähnten es bereits: Der Stein auf Effis Grab ist die letzte und wohl gewichtigste Variation der Steinmetapher in der zuvor beschriebenen Bildkette. Die Vorstellung der Blutsteine ist darin zu Ende geführt und aufgehoben. Zuvor schmückte eine Sonnenuhr das Heliotrop-Rondell. Auch darin lag wie im Heliotrop beides: der Bezug auf Naturhaftigkeit und Lichtsymbolik und der Hinweis auf jenen von der Zeit bestimmten Bereich von "Glanz und Ehre", in dem die natürliche Gutheit des Menschen sich in ihr zerstörerisches Gegenbild verkehrt. Der marmorne Grabstein hat die Sonnenuhr verdrängt, doch weist er immer noch zurück auf Effis Lebenszeit, die gleichermaßen unter dem Blumenbild wie unter dem Zeichen des Blutopfers stand. In diesem Sinne ist das Heliotrop-Rondell zum bildhaften Integrationspunkt von Effis Lebensgeschichte geworden. Von hier aus ergaben sich uns die verschlüsselten Hinweise auf die widerspruchsvollen Seiten ihres Wesens, auf ihre elfenhafte Bindung an einen lichten und harmonischen Bereich der Natur und zugleich auf ihre schuldhaften Verstrickungen, ihre latente Selbstgefährdung und ihre Bedrohung durch die unmenschlich starren Strukturen der (historisch und geographisch genau fixierten) menschlichen Gesellschaft.

Das Rondell im Garten der Briests, die Blutsteine vom Herthasee mit allen beschriebenen Variationen sind folglich nicht beliebige Requisiten des Romans. Sie erzählen vielmehr das unumgängliche Geschick der Effi Briest in einer Gesellschaftsstruktur, in der Prinzipien und Grundsätze jeden direkten Zugang zum Leben verbauen. Mithin gelingt Fontane zweierlei mit seinem zentralen Bild: Er skizziert die Möglichkeit des Daseins aus der Unbefangenheit und deutet gleichzeitig auf die tödliche Befangenheit des Menschen, wobei diese tödliche Kraft nicht allein von außen hereinbricht, sondern in der Protagonistin als Gegenbild und Konsequenz zu allem Unschuldigen und Lichtvollen mit angelegt ist.

Es gibt eine Stelle im Romanwerk Theodor Fontanes, die das Bild von der Unschuld, Verstrickung und Entsühnung einer jungen Frau noch einmal im Bilde der "Blutsteine" vorführt. Gemeint ist das Märchen der Prinzessin von Siam, das uns im 'Stechlin' erzählt wird. Auch hier geht es um einen Akt gesellschaftlicher Gewalt und den Wunsch des Opfers, in den Stand der

Unschuld zurückfallen zu können:

"... zu diesem Behufe wurde sie bald danach in eine Tempelhalle geführt, drin zwei mächtige Wannen standen, eine von rotem Porphyr und eine von weißem Marmor, und zwischen diesen Wannen, auf einer Treppe, stand die Prinzessin selbst. Und nun wurden drei weiße Büffel in die Tempelhalle gebracht, und der Hohepriester trennte mit einem Schnitt jedem der drei das Haupt vom Rumpf und ließ das Blut in die danebenstehende Porphyrwanne fließen. Und jetzt war das Bad bereitet, und die Prinzessin, nachdem siamesische Jungfrauen sie entkleidet hatten, stieg in das Büffelblut hinab, und der Hohepriester nahm ein heiliges Gefäß und schöpfte damit und goß es aus über die Prinzessin ... Direkt aus der Porphyrwanne stieg die Prinzessin in die Marmorwanne, drin alle Wohlgerüche Arabiens ihre Heimstätte hatten, und alle Priester traten mit ihren Schöpfkellen aufs neue heran, und in Kaskaden ergoß es sich über die Prinzessin, und man sah ordentlich, wie die Schwermut von ihr abfiel und wie all das wieder aufglühte, was ihr der räuberische Nachbarfürst genommen..." 9

Die Blutsteine des Herthasees, hier tauchen sie wieder auf, als Sinnbilder von Schuld, Gewalt und Opferung. Doch ihre Kraft ist gebrochen. Der Porphyr beherrscht nicht mehr das Geschehen. Das blutige Opfergefäß ist überwunden im Akt der Reinigung und Läuterung: dargestellt im Bilde des Marmors und der "Wohlgerüche Arabiens". Wir befinden uns, das sei nicht vergessen, im Phantasieraum des Märchens. Hier ist ein solches "Purgatorium" möglich und glaubwürdig. Die Geschichte Effis aber kann nicht ins Wunderbare ausweichen. Die Opfersteine bleiben dort unerbittliche, letzte Wirklichkeit. Dennoch ist eine trostvolle Verbindung zur Geschichte der siamesischen Prinzessin nicht zu übersehen. Fontane beschließt seine Lebensbeschreibung der Effi mit einem letzten Blick auf ihre marmorne Grabplatte, eingerahmt vom duftenden Heliotrop. Ein Schlußtableau, das im Sinne der zitierten Passage des orientalischen Märchens die Elemente der Geschichte noch einmal aufnimmt und zugleich überwindet.

Anmerkungen

1) Siehe hierzu: Peter Demetz: Formen des Realismus: Theodor Fontane. München 1969; Ingrid Mittenzwei: Die Sprache als Thema, Untersuchungen zu Fontanes Gesellschaftsromanen. Bad Homburg/Berlin/Zürich 1970; Walter Müller-Seidel: Theodor Fontane — Soziale Romankunst in Deutschland. Stuttgart 1975
2) Donals C. Riechel: Effi Briest and the calendar of fate. In: Germanic Review, May 1973, S. 189-211; Richard Brinkmann: Der angehaltene Moment, Requisiten-Genre-Tableau bei Fontane. In: DVjs 53 (1979), Heft 3, S. 429-462
3) Josef Thanner: Symbol and function of the symbol in Theodor Fontane's 'Effi Briest'. In: Monatshefte 57 (1965), S. 187-192
4) Conrad Wandrey: Theodor Fontane. München 1919, S. 276
5) Zitiert wird aus: Theodor Fontane, Werke, Schriften und Briefe, Abteilung I, Band 4, hrsg. von Walter Keitel und Helmuth Nürnberger, Carl Hanser Verlag, München 1973, S. 283. Im folgenden wird nach dieser Ausgabe zitiert und nur noch auf die Seitenzahlen verwiesen.
6) Zitiert nach Peter-Klaus Schuster: Theodor Fontane 'Effi Briest', ein Leben nach christlichen Bildern. Tübingen 1978, S. 111
7) Peter-Klaus Schuster, 1978, S. 110-125
8) Fontane ist an anderer Stelle noch einmal eingegangen auf die Blutsteine vom Herthasee und hat sie dabei detailliert beschrieben. Siehe dazu die Fontanesche Notiz über die Opfersteine, die zu einem Konvolut von Aufzeichnungen über die Insel Rügen gehört und bei einem Aufenthalt daselbst im September 1884 gemacht wurde. Zuerst veröffentlicht in: Theodor Fontane: Romane und Erzählungen in acht Bänden, hrsg. von Peter Goldammer, Gotthard Erler, Anita Golz udn Jürgen Jahn, Berlin/Weimar 1969, Band 7, S. 575
9) Theodor Fontane, 1973, Abt. I, Bd. 5, S. 198ff.

DIE FUNKTION VON IST– UND TUT– PRÄDIKATIONEN IN RILKES GEDICHT 'DER PANTHER'
Zur Analyse poetischen Sprachgebrauchs in der Lyrik

von Kunibert Baldauf

I. Zielsetzung, Grundlagen, Gliederung der Arbeit

Das Gedicht 'Der Panther. Im Jardin des Plantes, Paris' von Rainer Maria Rilke, das wohl zu den schönsten deutschen Gedichten zählt, ist zurecht immer wieder Gegenstand von Literaturstunden in der Schule. Jede unterrichtliche Behandlung ist nur möglich auf der Basis der Analyse des Gegenstandes, d.h. in unserem Falle der Analyse des Textes.[1] Im Hinblick darauf versteht sich der folgende Beitrag zur Festschrift Albrecht Weber als literaturdidaktische Sachanalyse zum Gedicht 'Der Panther', die allerdings nicht vollständig ist. Sie zielt hauptsächlich auf einen Aspekt der sprachlichen Gestaltung, und zwar auf die Verwendung von Ist- und Tut-Prädikationen.

Dieser Analysegesichtspunkt ist meines Wissens bisher, obgleich 'Der Panther' als das klassische Dinggedicht gilt, nicht behandelt worden, wie auch sonst die Fachliteratur die sprachlichen Mittel — wenn überhaupt — nur unsystematisch und mehr oder weniger zufällig beschreibt. Ein Dinggedicht ist ja eine Art Gegenstandsbeschreibung, für die in erster Linie der Satztyp "Ist-Prädikation" (Seinsbestimmung) adäquat erscheint, da im wesentlichen beschrieben wird, w i e etwas ist, w a s etwas ist und w o etwas ist. Das Begriffspendant dazu bildet "Tut-Prädikation" (Geschehens-/Verhaltensbestimmung). Mit diesen primär satzsemantischen Begriffen sind die beiden Möglichkeiten angesprochen, "eine sprachlich zu bewältigende Situation (Sach- oder Lebenslage) . . . zu bestimmen" — unabhängig von ihrem tatsächlichen Charakter —, und zwar "als etwas, das 'da/so ist' (bzw. nicht ist/war/sein soll u.ä.)", oder als etwas, das " 'geschieht' (bzw. nicht geschieht/geschehen ist/geschehen soll u.ä.)." "Die elementare Alternative der 'Ist-' oder 'Tut-Prädikation' mit ihren sprachüblichen Varianten bietet also dem Sprecher die strukturelle Möglichkeit dieser oder jener 'typischen Interpretationsrichtung'."[2]

Wir wollen untersuchen, wie der Dichter im Gedicht 'Der Panther' von diesen Möglichkeiten Gebrauch macht und damit auch zeigen, wie Kategorien der funktionalen Grammatik der Analyse poetischer Sprachverwendung dienstbar gemacht werden können. Die funktionale Grammatik ist als Analyseinstrument beim Erschließen von Texten unentbehrlich, da sie die Ausdrucksmöglichkeiten der Sprache ("langue") beschreibt, aus denen für einen Text ("parole") bestimmte ausgewählt worden sind. Man muß das "Inventar" sprachlicher Elemente und ihre Funktion (Semantik/Pragmatik) kennen, um feststellen zu können, wozu sie in einem Text eingesetzt sind, d.h. welche Funktion sie als Stilelemente, als "fakultative Elemente der Rede"[3], im konkreten Kontext haben. Ein in dieser Weise objektivierendes Verfahren der Textanalyse ist insofern didaktisch bedeutungsvoll, als es das Texterschließen lehr- und lernbar macht — im Gegensatz zu "schönen" intuitiven Erkenntnissen.

Da man die Funktion einzelner Stilelemente nicht erläutern kann, ohne das Textganze im Auge zu haben, muß "das Erfassen des Redeganzen"[4], auch im Sinne eines logischen Aufbaus der literaturdidaktischen Sachanalyse, an den Anfang gestellt werden (Abschnitt II). Dies entspricht auch der Abfolge der "methodischen Grundstufen"[4] der Stiluntersuchung an einem Text. Was beim Erfassen des Redeganzen untersucht wird, sind makrostilistische[5] Merkmale eines Textes. Sie charakterisieren ihn als ganzes, nämlich seine "Makrostruktur" als "logisch-semantische Präsentation eines außersprachlichen Sachverhalts"[6]. Es geht dabei im wesentlichen um Redegegenstand und Redeintention.[7] Eine Auflistung makrostilistischer Kategorien, mit denen man auch das Redeganze unseres Gedichttextes charakterisieren kann, findet sich unter der Überschrift zu Abschnitt II.

Im Sinne der notwendigen Verknüpfung inner- und außerliterarischer Methoden der Literaturwissenschaft wollen wir bereits in Abschnitt III kurz auf Entstehungsbedingungen des Gedichtes zu sprechen kommen, um so das Erfassen des Redeganzen zu vertiefen und andererseits noch besser gerüstet zu sein für die Darlegung der Funktion der Stilelemente. Im Abschnitt III kommt also der "Text als Produkt"[8] ins Blickfeld.

Daran schließt sich der Hauptteil der Untersuchung, "das Erfassen der Stilelemente"[9] (Abschnitt IV). Wir beschränken uns dabei auf einen Teil der grammatischen Stilelemente, der wesentliche Stilzüge[10] des Textes erkennen lassen soll: Es geht, wie schon erwähnt, um die Untersuchung der Prädikationen, d.h. des jeweiligen "Prädikatsverbandes"[11], im Hinblick auf das außersprachlich Gemeinte (= Referenz).[12] Dabei sollen die Semantik[13] und die Form der Satzglieder mit berücksichtigt werden, um einerseits die Prädikationen näher zu bestimmen und andererseits mit den Ist-Prädikationen funktional konkurrierende Konstruktionen zu erfassen. Damit wollen wir über die verbalen Ist-Prädikationen hinaus das "grammatisch-semantische Feld"[14] der Ist-Prädikation mit einbeziehen. Die gesamte Analyse folgt einem Grundprinzip der Stiluntersuchung: Stilelemente und Stilzüge dürfen nicht nur formal festgestellt werden, sondern müssen auch bezüglich ihrer Funktion im Textganzen beschrieben werden, die in ihrem Beitrag zur Textkonstitution und damit zur Textaussage bzw. Textwirkung besteht. Somit soll diese Textanalyse dem Zweck dienen, die Absicht des Autors nachvollziehbar zu erhellen. Es soll deutlich werden, "welche Aspekte und Nuancierungen bei der (sprachlichen)[15] Verarbeitung der Wirklichkeit im Denken, Fühlen und Wollen seitens des Autors zum Ausdruck kommen und welche Wirkung damit beim Leser (Hörer) erreicht wird."[16] Da es sich bei dem zu untersuchenden Text um ein Gedicht handelt, kann die Untersuchung auch einen Beitrag leisten zur Sensibilisierung auf den hohen Grad sprachlicher Formiertheit[17], auf den poetischen bzw. ästhetischen Sprachgebrauch, der sich in diesem Sprachkunstwerk zeigt. Dieses Ziel sollte auch im Literaturunterricht elementaren Stellenwert haben. Es muß allerdings gesagt werden, daß weitere grammatische sowie lexische und phonetische Stilelemente, die wesentlich zur Ästhetizität des Textes beitragen, in dieser Textanalyse nur fallweise gestreift werden.

Das Gedicht legt auch mehr oder weniger subjektive Deutungen nahe, die über die Ermittlung der Absicht des Autors im Rahmen einer Stiluntersuchung hinausgehen. Sie sollen im fünften und letzten Abschnitt aus der Sekundärliteratur kurz referiert und zur Diskussion gestellt werden.

II. Makrostilistische Beschreibung des Gedichts
   bzw. Erfassung des Redeganzen
   - Inhalt (Gegenstand der Darstellung einschließlich seiner Bewertung[18])
   - formale ("architektonische"[19]) und inhaltliche ("kompositorische"[19]) Gliederung
   - Absicht des Autors ("wesentlicher Ideengehalt des Textes"[19])
   - Darstellungsart
   - Darstellungsperspektive
   - dichterische Textgattung (poetische Form)

> Der Panther
>
> Im Jardin des Plantes, Paris
>
> Sein Blick ist vom Vorübergehn der Stäbe
> so müd geworden, daß er nichts mehr hält.
> Ihm ist, als ob es tausend Stäbe gäbe
> und hinter tausend Stäben keine Welt.
>
> Der weiche Gang geschmeidig starker Schritte,
> Der sich im allerkleinsten Kreise dreht,
> ist wie ein Tanz von Kraft um eine Mitte,
> in der betäubt ein großer Wille steht.
>
> Nur manchmal schiebt der Vorhang der Pupille
> sich lautlos auf —. Dann geht ein Bild hinein,
> geht durch der Glieder angespannte Stille —
> und hört im Herzen auf zu sein.

In dem Gedicht ist ein Panther beschrieben, der in einem Käfig gefangengehalten wird. Die Beschreibung konzentriert sich auf zwei Aspekte des Redegegenstands: auf das äußere Verhalten des Tieres und seinen inneren Zustand als Folgen der Gefangenschaft. Diese beiden inhaltlichen Bereiche werden offensichtlich in dem psychologischen Zusammenhang gesehen, der zwischen sichtbarem Symptom und unsichtbarer "seelischer" Lage besteht, um die es dem Autor intentional geht. Dabei ist die Beschreibung des Inneren notwendig auf humanpsychologische Vorstellungen und Begriffe angewiesen, was eine gewisse Wertung des dargestellten Sachverhalts impliziert.
Die Beschreibung geht in jeder Strophe den Weg von außen nach innen, das menschlich gesehene Tier wird auch in diesem Sinne "e i n fühlend" beschrieben. In der ersten Strophe ist, ausgehend vom "Blick" des Panthers, der in seinem Käfig andauernd an den Stäben vorbeigeht, sein Daseinsgefühl dargestellt. In der zweiten Strophe kommt die kreisende, aber dennoch katzenartige Bewegung als Symptom seines "betäubten Willens" ins Blickfeld des Dichters. In der dritten Strophe wird beschrieben, wie das stillstehende Tier die Augen langsam öffnet und — so läßt sich der weitere, nur mittelbar dargestellte äußere Vorgang erschließen — "irgend etwas ins Auge faßt und dann wieder gleichgültig davon abläßt"[20]. Der unmittelbar beschriebene innere Vorgang besteht darin, daß eine optische Wahrnehmung sozusagen über die Nervenbahnen läuft, aber nicht ins Bewußtsein aufgenommen, "apperzipiert" werden kann.
In dreifacher Variation ist somit vom inneren Zustand des gefangenen Tieres die Rede. In dem, was über ihn gesagt wird, liegt die primäre Absicht des Autors bzw., textlinguistisch betrachtet, das Thema des Textes: Der

gefangene Panther hat sein Wesen, die Identität als Panther bzw. seine Personalität infolge der Gefangenschaft verloren. Das ließe sich mit einer abgewandelten dichterischen Wendung auch so formulieren: Dem Panther ist "seine" Welt und damit er selbst abhanden gekommen.[21] Objektverlust führte zu Subjektverlust.

Was die Darstellungsart betrifft, ist dieses Gedicht eine Beschreibung. Darunter versteht man die informative Darstellung von Gegenständen und Zuständen, was eine "relative Distanzhaltung des Verfassers zum Sachverhalt" voraussetzt. Es handelt sich nicht um die Wiedergabe von Eindrücken eines lyrischen Ichs, der Text ist also keine Schilderung.[22] Ein lyrisches Ich kommt weder vor, noch ist sein Erleben Gegenstand des Gedichts. Dieses poetisch angewandte Prinzip der ausschließlich objektbezogenen Darstellungsperspektive hat Rilke einmal so formuliert: "Wenn ich dazu gelangen könnte, diesen Baum so auszudrücken, daß ich nur noch ihn sprechen ließe und ich selbst ganz ausgeschaltet wäre, dann hätte ich das erreicht, was ich will."[23] Die dargelegten makrostilistischen Merkmale des Gedichttextes (Darstellungsart bzw. Darstellungsgegenstand und Darstellungsperspektive) weisen ihn klar als "Dinggedicht"[24] aus. Dieser Begriff ist gerade auf das Gedicht 'Der Panther' nebst anderen Gedichten aus dem Zyklus 'Neue Gedichte' immer wieder angewendet worden. Er wird aber in der Sekundärliteratur oft gleichzeitig wieder in Frage gestellt bzw. relativiert wegen der "seelischen Dimension", die dieser beschreibende Text mit einschließt.[25] Sie hat aber nur insofern etwas Subjektives an sich, als Seelisches aus äußeren Gegebenheiten erschlossen werden muß. Das tiefe Erfassen der "Seele des Panthers" macht wohl die besondere dichterische Leistung in diesem Gedicht aus, läuft aber prinzipiell dem makrostilistisch gefaßten Begriff "Dinggedicht" nicht zuwider, da das Seelische als Aspekt des beschriebenen "Dinges" erscheint. Natürlich "verrät (das Dinggedicht Rilkes damit auch) ein Ich, das auf das Ding reagiert und es interpretiert".[26] Die angesprochene seelische Dimension ist darüber hinaus im Zusammenhang mit Rilkes Dingbegriff zu sehen, der in den 'Neuen Gedichten' zum Ausdruck kommt. Davon soll im nächsten Abschnitt die Rede sein.

III. Zum Kontext der Entstehungsbedingungen des Gedichts
("Zur hermeneutischen Reflexion des Textes"[27])

'Der Panther' ist das früheste Gedicht aus dem Zyklus 'Neue Gedichte', der 1907 erschienen ist. Das Gedicht ist möglicherweise schon am 5./6. November 1902 in Paris entstanden.[28] Damit beginnt eine neue Periode in Rilkes dichterischem Schaffen, in der er sich von der romantischen Seelen- und Stimmungsmalerei abwendet und der dinglichen Außenwelt, dem genauen Beschreiben zuwendet. Von großer Bedeutung ist in diesem Zusammenhang die Begegnung mit dem Bildhauer Rodin, der Rilke, wie dieser öfter betont, s e h e n gelehrt hat und ihm zum Vorbild wurde als ein Künstler, der gegen Subjektivität in der Kunst eingestellt war. "Im Umgang mit Rodin und Werken Cézannes und van Goghs entwickelte er ein Programm des 'sachlichen Sagens' und ein Ethos des Arbeitens vor der Natur, dem wir die sogenannten Dinggedichte verdanken."[29] Aufschlußreich ist in diesem Zusammenhang und speziell im Hinblick auf das Gedicht 'Der Panther' folgende Briefstelle:

"..., ebenso wie, vom Jahre 1902 ab, Paris — das unvergleichliche — zur Basis für mein Gestaltenwollen geworden ist. Unter dem großen Einfluß Rodins, ..., durch die Verpflichtung, bis auf Weiteres, wie ein Maler oder Bildhauer, v o r der Natur zu arbeiten, unerbittlich begreifend und nachbildend. Das erste Ergebnis dieser strengen guten Schulung war das Gedicht Der Panther — im Jardin des Plantes in Paris —, dem man diese Herkunft ansehen mag."[30]

Wir erfahren hier mittelbar, daß Rilke einen gefangenen Panther im Jardin des Plantes in Paris genau beobachtete. Außerdem wird klar, daß für ihn Wortkunst und bildende Kunst ein gemeinsames Anliegen haben. Bezeichnenderweise wurde er zum Gedicht 'Der Panther' auch angeregt durch eine kleine antike Tigerplastik im Besitze Rodins, die er in einem Brief vom 27.9.1902 mit Anklängen an das Gedicht beschreibt.[31] "Es ist also hier exakt ablesbar, wie die Anregung eines Kunstdinges an einem Naturding geprüft und vertieft wurde..."[32] Im übrigen hat ein erheblicher Teil der 'Neuen Gedichte' plastische Kunstwerke zum Gegenstand, deren besondere Ausdruckskraft ja in der äußeren Form, in der gestalteten "Oberfläche" liegt. Sie entsprechen ganz besonders Rilkes Dingbegriff, der den 'Neuen Gedichten' zugrunde liegt. Rilke schreibt schon in einem Brief vom 27.5.1899: "Alle Dinge sind ja dazu da, damit sie uns Bilder werden in irgendeinem Sinn."[33] Und in einem Vortrag über Rodin aus dem Jahre 1905 sagt er:

"... ist nicht alles Oberfläche was wir kennen? Können wir Inneres anders wahrnehmen als dadurch daß es Oberfläche wird? ... Und was wir Geist und Seele und Liebe nennen —: ist das nicht alles nur eine leise Veränderung auf der kleinen Oberfläche eines nahen Gesichtes? Und muß wer uns das geben will, sich nicht an das Greifbare halten, an das, was seinen Mitteln entspricht: an die Form, die er fassen und nachfühlen kann?"[34]

Die Oberfläche also offenbart das Wesen der Dinge. Sie sind für Rilke erschaubares Äquivalent von etwas Unsichtbarem, objektives Korrelat von Seelisch-Geistigem, das sich auch in der Dichtung nur als dinghaft gestalten läßt, d.h. b i l d h a f t in doppeltem Sinn.[35]

Auf der Grundlage dieser künstlerischen "Weltanschauung" ist für Rilke die Dingdichtung zum dichterischen Erkenntnisinstrument bzw. Ausdrucksmittel einer Schaffensperiode geworden. Entsprechend kann S. Schlenstedt über das Gedicht 'Tanagra' schreiben: "Die Figur wird gedeutet als Vergegenständlichung einer bestimmten geistig-seelischen Haltung, ..., sie ist Denkmal einer individuellen Emotionalität, Material gewordene Innerlichkeit."[36] Die Beschreibung eines (künstlerisch gestalteten) menschlichen/tierischen Wesens als Vergegenständlichung von Geistig-Seelischem ist ein Grundzug der 'Neuen Gedichte', der auch das Gedicht 'Der Panther' prägt.[37] Insofern kann man solche Gedichte als "ontologische Interpretationen"[38] ansehen.

IV. Das Erfassen der Stilelemente und der Stilzüge im Hinblick auf Ist- und Tut-Prädikationen und deren Satzglieder

Erste Strophe:
"Sein Blick ist ... /so müd geworden, daß er nichts mehr hält." — Die erste Prädikation des Gedichtes ist eine "dynamische Ist-Prädikation"[39], allerdings im Perfekt, so daß der dynamische Aspekt großteils verlorengeht. Das Perfekt dient hier, entsprechend seiner grammatischen Funktion, dazu, die vergangene Genese des gegenwärtigen Zustands darzustellen: 'Der Blick des Panthers ist müde'. Das ist das zuerst beschriebene äußere Symptom seines inneren Zustands, der im zweiten Teil der Strophe bildhaft beschrieben wird. Bemerkenswert ist in diesem Kontext das Adjektiv "müd", das bereits auf innere Befindlichkeit verweist. Als betontes Sinnwort der Ist-

Prädikation wird es inhaltlich durch einen Gradsatz[40] näher erläutert, der wiederum eine Ist-Prädikation darstellt, weil das Verb "halten" infolge des Subjekts "Blick" zum "Gelegenheitszustandsverb" geworden ist.[41] Diese zweite qualifizierende Ist-Prädikation besagt wohl, daß der Panther nichts mehr mit den Augen fixieren kann, was gerade für eine Raubkatze einen "existentiellen" Mangel bedeutet. Die Beschreibung des "Blicks" mit einem Ist-Prädikationen-Gefüge eröffnet den Gedichttext; dieser Anfang, speziell das Thema-Satzglied "Sein Blick" sind außertextlich und innertextlich mehrfach motiviert:

1. Der Blick ist auch in der menschlichen Begegnung wohl das erste, worauf sich unsere Aufmerksamkeit richtet.
2. Der Blick hat besonders markanten Symptomcharakter im Hinblick auf den Charakter und die momentane seelische Verfaßtheit eines Menschen. Die Augen gelten ja als das Tor zur Seele. Deshalb zeigt sich für Rilke auch das Wesen der Tiere im Blick.[42]
3. Mit den ersten zwei Gedichtzeilen wird der "erschließende" Beschreibungsweg vom Äußeren zum Inneren eingeschlagen, der den inhaltlichen Aufbau jeder Strophe kennzeichnet.
4. Der erwähnte Beschreibungsweg ermöglicht es auch, "Sein Blick" als Themasatzglied und Subjekt des ersten Satzes zu verwenden, nicht die Bezeichnung des zu beschreibenden Lebewesens, was charakteristisch ist für das ganze Gedicht: vgl. "Gang" und "Vorhang der Pupille" in der zweiten und dritten Strophe. Bezeichnungen für "isolierte Körperfunktionen"[43] bilden die Subjekte in der Funktion von Zustands- und Vorgangsträgern. Niemals erscheint 'Panther/er' als Subjekt in der Rolle des Agens. Das ist bedeutungsvoll im Hinblick auf die Absicht des Autors, wie sie bereits in Abschnitt II dargelegt wurde: Der Panther kann nicht mehr im Subjekt des Satzes bzw. als Agens aufscheinen, weil er sein Ich verloren hat, "das dynamische, steuernde und wertende Organisationsprinzip, das Erlebnisse und Handlungen des Individuums bestimmt."[44]
5. Das Thema "optische Wahrnehmung" wird in der Schlußstrophe wieder aufgenommen und vertieft.

In der ersten Zeile wird auf die Ursache für den "müden Blick" mit einem kausalen Adverbiale ("vom Vorübergehn der Stäbe") angegeben, in dem ein Verbalabstraktum steht. Dieses Satzglied kann auf folgende Weise in einen Kausalsatz umgeformt werden: 'weil die Stäbe (an ihm) vorübergehen'. Eine solche Darstellung kann sich nur aus der Sicht des gefangenen Panthers ergeben haben. Sie belegt die Empathie des Beschreibenden, die das ganze Gedicht trägt. Das gefangene Tier empfindet seine monotone Bewegung nicht mehr als aktive Bewegung, es ist seines Tuns nicht mehr bewußt. In seinem Empfinden ist die statische Umwelt gewissermaßen aktiv geworden, das Subjekt-Objekt-Verhältnis bezüglich Panther und Umwelt, das gerade bei diesem Tier besonders bedeutsam ist, hat sich als Folge der Gefangenschaft verkehrt. So gesehen ist in dem kausalen Adverbiale in sich wiederum eine Ursache-Folge-Beziehung dargestellt. Mit dieser knappen Substantivgruppe (im Gegensatz zum Gliedsatz) wird auch zugleich die äußere und die innere Situation des Panthers sprachlich gefaßt, womit die beiden Darstellungsbereiche des Gedichtes sozusagen in nuce angesprochen sind. Die Konstruktion hat somit sehr starken kontextuellen Bezug und ist gleichzeitig inhaltlich komplex bei äußerster Kürze im Ausdruck.

Mit den beiden Ist-Prädikationen der nächsten zwei Zeilen wird nun die Bewußtseinslage beschrieben, die dem in den ersten zwei Zeilen schon mit Blick nach innen dargestellten äußeren Symptom entspricht. Dabei stimmt weiterhin die "Interpretationsrichtung" der Ist-Prädikationen mit dem außersprachlich Gemeinten überein, so wie in einer üblichen Gegenstandsbeschreibung. Beachtung verdienen aber die sprachliche Gestaltung und die

Verknüpfung der beiden Ist-Prädikationen: "Ihm ist . . . " — Diese Form der Ist-Prädikation dient der Qualifizierung des Gesamtbefindens einer Person (vgl. 'Ihm ist schlecht'). Die Fügung läßt also eine Aussage von text-thematischem Rang erwarten: Es geht um das Befinden des in der Überschrift genannten gefangenen Panthers. Hier wird auch der "Beschreibungsgegenstand" des Textes das einzige Mal mit dem Personalpronomen direkt bezeichnet. Es steht aber im Dativ, bildet also nicht das Subjekt des Satzes. Semantisch-funktionell bezeichnet dieses Satzglied den Zustandsträger in der Ist-Prädikation. Meist verkörpern Subjekte diesen semantischen Kasus, aber durch den Objektsdativ kommt der Patiens-Aspekt deutlicher zum Ausdruck, der Panther wird sozusagen als "Leidender" bewußt. Sein Zustand, der normalsprachlich mit einem prädikativen Adjektiv sehr einfach bezeichnet würde, wird im dichterischen Text mit einem irrealen Vergleichssatz bildhaft veranschaulicht: ". . . , als ob es tausend Stäbe gäbe/und hinter tausend Stäben keine Welt." — Dieser Gliedsatz in der Funktion eines Prädikativums enthält zwei Ist-Prädikationen vom Typ der Existenzaussage[45] (vgl. 'Es gibt einen Gott'). Abgesehen von einer gewissen Monumentalität, die der Existenzaussage wohl zu eigen ist, ist die sprachliche Gestaltung des Satzes besonders markant bzw. poetisch (Wortwiederholung, Vokalgleichklang, Schlagreim, Satzlänge/Satzmelodie, Enjambement). Sie mag auch ein indirekter Hinweis auf die zentrale inhaltliche Stellung dieser Zeilen im Gedicht sein. Das hier poetisch Dargestellte ließe sich psychologisch ("prosaisch") so erläutern: Der Panther hat Wahnvorstellungen von unzähligen Käfigstäben, erzeugt durch den monotonen optischen Reiz. Somit hat er auch den Realitätsbezug verloren: Es gibt für ihn "keine Welt" mehr. Dies wiederum bedeutet Verlust der Personalität.

Das hier zum ersten Mal eindrucksvoll ausgeführte Thema wird in den zwei weiteren Strophen mit dem gleichen Beschreibungsverfahren (von außen nach innen) sozusagen "durchgeführt".

Zweite Strophe:

Als nächstes Symptom für die innere Verfassung kommt die Bewegung des gefangenen Tieres ins Blickfeld: "Der . . . Gang . . . ist wie ein Tanz . . . " — Dabei wird in auffälliger poetischer Dialektik die qualifizierende Ist-Prädikation verwendet, sprachlich ermöglicht (und zugleich in gewisser Weise verstärkt) durch die Substantivierung "Gang". Es wird also der Satztyp der Gegenstandsbeschreibung weiterhin eingesetzt, obwohl Bewegung gemeint ist. Fassen wir zunächst die Substantivierung ins Auge: "Substantive ermöglichen die gegenständliche sprachliche Darstellung aller Dinge, Prozesse, Beziehungen, Eigenschaften der Realität."[46] Durch das Substantiv wird hier das Gehen des Panthers als von seinem Willen losgelöster "gegenständlicher Vorgang" sprachlich gefaßt, zumal die Substantivierung es erlaubt, den Agens nicht zu nennen. Das bedeutet, die Bewegung hat sich verselbständigt, der Agens, das steuernde Ich, ist ausgeschaltet. Somit wird über die sprachliche Form schon ausgedrückt, was in der letzten Zeile direkt gesagt wird: Der "Wille" des Panthers ist "betäubt".

Die Substantivierung ermöglicht es im weiteren, die Bewegung als "gegenständliches" äußeres Symptom ebenso mittels Ist-Prädikation zu beschreiben wie den inneren Zustand (s. vierte Verszeile). Die Fortsetzung des sprachlichen Verfahrens der Gegenstandsbeschreibung in der zweiten Strophe, in der es um die Bewegung des Tieres geht, mag also ihren mittelbaren Grund darin haben, daß der Text letztlich nicht auf äußeres V e r h a l t e n , sondern auf innere B e f i n d l i c h k e i t zielt. Er soll im Sinne des Rilke'schen Dinggedichts nicht Aktionales, sondern Gegenständlich-Zuständliches darstellen.

Rilkes Verhältnis zur plastischen Kunst, das wesentlich seinen Dingbegriff geprägt hat, kann noch eine weitere Erklärung für das angesprochene sprachliche Phänomen liefern: Die notwendig gegenständliche Darstellung der Bildhauerkunst ist in unserem Gedicht übertragen auf die Sprachkunst. In der Sicht des Dichters, in seinem sprachlichen Zugriff wird der g e h e n d e Panther zu einer im Sinne des Textthemas ausdrucksvollen Plastik.[47] Eine Anregung zu unserem Gedicht bildete ja Rodins Tigerplastik, über die Rilke in einem Brief vom 27.9.1902, ca. einen Monat vor der Niederschrift des Gedichtes, schreibt:

> "Und an diesem kleinen Gipsabguß hab ich gesehen, was er (Rodin) meint, was die Antike ist und was ihn mit ihr verbindet. Da, bei diesem Tier ist dieselbe belebte Empfindung im Modellierten, dieses kleine Ding (es ist nicht höher, als meine Hand breit ist, und nicht länger als sie) hat hunderttausend Stellen wie eine ganz große Sache, hunderttausend Stellen, die alle lebendig, bewegt und verschieden sind. Und das im Gips! Dabei der Ausdruck des schleichenden Schreitens bis zum Höchsten gesteigert, das gewaltige Niederschlagen der breiten Tatzen und zugleich diese Vorsicht, in die alle Kraft eingehüllt ist, dieses Lautlose . . ."[48]

Nebst starken inhaltlichen Anklängen an unser Gedicht sind sprachlich die Verbalsubstantive "Schreiten" und "Niederschlagen" besonders bemerkenswert. Damit wird die Form des statischen Kunstgegenstands, der aber Bewegung ausdrückt (vgl. "der Ausdruck des schleichenden Schreitens . . ."), mit einem entsprechenden sprachlichen Mittel beschrieben. Der Dichter, der die "Dinge" tief erfassen will, geschult durch die eingehende Betrachtung plastischer Kunst, interpretiert auch das seiner selbst entfremdete lebende Tier wie eine Plastik.

Die Substantivierungen in unserem Gedicht ermöglichen es auch, "nichtverbale" und verbale Prädikationen in Form von Attributen, die in Gegenstandsbeschreibungen wichtige Informationsträger sind, einzufügen: "Der weiche Gang geschmeidig starker Schritte,/der sich im allerkleinsten Kreise dreht,/ist wie ein Tanz von Kraft um eine Mitte,/in der betäubt ein großer Wille steht." — Von dieser Möglichkeit macht der Dichter also reichlich Gebrauch. Es kommen vor: adjektivisches Attribut, Genitivattribut, Präpositionalattribut, Attributsatz. Die adjektivischen und substantivischen Attribute stellen dabei in komprimierter verbloser Form die drei Typen von Ist-Prädikationen dar: Qualifizierungen, Klassifizierungen und lokative Befindlichkeitsaussagen.[49] Beide substantivischen Glieder der Ist-Prädikation in der zweiten Strophe sind sehr komplexe Bestimmungsgruppen, wodurch der Text zusätzlich den Charakter einer genau differenzierenden Gegenstandsbeschreibung erhält. Stilistisch bedeutsam ist auch, daß sich mehrfache antithetische Beziehungen zwischen den Attributen ergeben, die eindrucksvoll den Wesensverlust des Tieres verdeutlichen.

Innerhalb der zweiten Strophe fällt in diesem Zusammenhang und speziell im Hinblick auf unseren Analysegesichtspunkt der attributive Relativsatz in der zweiten Zeile auf: Er stellt die einzige Tut-Prädikation der Strophe dar. Fällt sie aus dem Rahmen? Widerlegt sie das über die Ist-Prädikation in dieser Strophe Gesagte? Erwartungsgemäß nicht, denn diese Tut-Prädikation fügt sich in mehrfacher Weise in die Strophe ein und steigert ihre Wirkung:

1. Durch das reflexiv gebrauchte Verb wird keine Tätigkeit, sondern ein willensunabhängiger Vorgang bezeichnet, ein Aspekt, der schon durch die Substantivierung

"Gang" zum Ausdruck gekommen ist.
2. Die mit der Prädikation dargestellte Bewegung wird durch den besonders starken Elativ im Adverbiale wieder zurückgenommen.
3. Die Tut-Prädikation, in der mittels des generellen Präsens ein "Dauervorgang" dargestellt wird, steht in einem Attributsatz. Attribute bezeichnen Zustände, Eigenschaften. Die Tut-Prädikation ist also via Syntax zur Ist-Prädikation geworden und fügt sich somit mit ihrer feinen semantischen Dialektik in den Gegenstandsbeschreibungs-Kontext ein.

Die vierte Verszeile, ebenfalls ein attributiver Relativsatz, bezieht sich als einzige dieser Strophe mit den Wörtern "betäubt" und "Wille" direkt auf Seelisches; das Grundthema des Gedichtes klingt zum zweiten Mal in einer Art antithetischen Formulierung (betäubt — groß) an, was ja für die ganze Strophe kennzeichnend ist. Das sprachliche Verfahren der genau differenzierenden Gegenstandsbeschreibung wird mit Ist-Prädikationen ("betäubt", "steht") und einem Attribut ("großer") — wobei der ganze Satz schon die Funktion eines Attributes hat — konsequent fortgesetzt. Wir erfahren — als Schlußfolgerung aus der vorausgegangenen Symptombeschreibung —, daß ein wesentlicher innerer Bereich der "Tierperson", nämlich der "Wille", ausgeschaltet ist.

Dritte Strophe:
Der Beginn der dritten Strophe "Nur manchmal" und die folgende Tut-Prädikation ". . . schiebt der Vorhang der Pupille sich lautlos auf —." — bilden einen markanten Einschnitt im Text: "Nur" steht hier als adversative Verknüpfung, setzt also die letzte Strophe dem bisherigen Text inhaltlich entgegen. "Manchmal" hat eine ähnliche Funktion, da es das im folgenden dargestellte Geschehen vom monotonen Ablauf, wie er in den beiden vorausgegangenen Strophen beschrieben worden ist, absetzt. Auch die Tut-Prädikation, die zwar einen Vorgang, keine vom Willen abhängige Tätigkeit bezeichnet, steht im Gegensatz zu den bisherigen Ist-Prädikationen, das bedeutet zum Gegenstandsbeschreibungs-Kontext. Durch die genannten sprachlichen Mittel entsteht insgesamt starke Spannung im Text. Sie wecken neue Aufmerksamkeit, der überraschte Hörer/Leser fragt sich unwillkürlich: G e s c h i e h t nun etwas Neues, das für den Panther hoffen läßt?[50] Diese Wirkung wird verstärkt durch die verbale Klammer in dem eineinhalb Verszeilen langen Satz und die folgende lange Pause. Was nun aber auf diese Weise sprachlich dargestellt wird, ist die "lautlose" Bewegung eines ganz kleinen Körperteils, des Augenlids, im Gegensatz zum kraftvollen "Tanz" des Tieres, wie er in der zweiten Strophe mit gegensätzlichen sprachlichen Mitteln beschrieben ist. Außerdem ist bereits in dieser Prädikation impliziert, was in Zeile drei mit "der Glieder angespannte Stille" gesagt wird, nämlich daß das Tier in Ruhe ist. Die gegensätzlichen Beziehungen zwischen Semantik und Referenz der Prädikationen in der zweiten und dritten Strophe und die darauf beruhende Gegensätzlichkeit der Prädikationen selbst ergeben denjenigen poetischen Stilzug, in dem, ohne daß er dem Hörer/Leser in der Weise bewußt wird, vermutlich ein erheblicher Teil der Wirkung dieses Dinggedichts verborgen liegt.

Die oben erwähnte Spannung steigert sich im langen Schlußsatz bis zum Gedankenstrich, der nach dem Wort "Stille" eine durch Enjambement sich ergebende Zäsur, also eine "Frist voller Sprechspannung und Einwirkungswillen"[51], markiert: "Dann geht ein Bild hinein,/geht durch der Glieder angespannte Stille —". An die spannungsweckende erste Tut-Prädikation der Strophe, mit der ein äußerer Vorgang beschrieben wird, schließen sich noch zwei weitere Tut-Prädikationen an, die bereits innere Vorgänge meinen. Ein zusätzlicher Spannungseffekt wird dabei durch die Wiederholung von "geht" erzielt, weil dadurch die objektiv kurze Zeitspanne, in der der Panther etwas fixiert, als lang erscheint, was psychologisch erklärbar ist. Nach dem mit diesen Stilmitteln am Ende der dritten Verszeile erzielten Höhepunkt hoffnungsvoller Spannung wird in der letzten, verkürzten Verszeile bzw. im dritten Teil des kontrahierten Schlußsatzes die Spannung gelöst, indem die Hoffnung zerstört wird: " . . . —/und hört im Herzen auf zu sein." Das Gedicht endet mit einer Desillusion. Gleichzeitig ist in der letzten Strophe der Beschreibungsweg von außen nach innen durch die Darstellung, wie eine Wahrnehmung des Panthers vergeblich bis zum Innersten — mit dem emotional gefärbten Wort "Herz" bezeichnet — vordringt, sozusagen schmerzlich thematisiert. Der am Ende der Beschreibung dargestellte Sachverhalt, mit dem so gesehen auch die Textkonstitution thematisiert wird, ermöglicht es dem Dichter, zum Abschluß des Gedichts das Textthema in einer neuen Variante auszudrücken und in der "Eindrucksstelle des Textes" das zu nennen, worum es ihm im ganzen Gedicht ging: das "Herz" des Panthers. Dieser Schlußpunkt ist also im Sinne der wiederkehrenden Textstruktur und von der Textintention her motiviert.

Die Prädikation, die in dieser letzten Verszeile steckt, hat einen eigentümlichen, die Prädikationen des Gedichts überhöhenden Charakter: Einerseits bezeichnet sie im Anschluß an die vorausgehenden Tut-Prädikationen einen Vorgang, der im "Zuende-Gehen von Sein" besteht. Andererseits ist sie eine negierte Ist-Prädikation ('Das Bild ist nicht mehr'), weshalb sie sich auch in die Reihe der Ist-Prädikationen des Gedichtes einfügt. Es handelt sich also um eine negierte dynamische Ist-Prädikation vom Typ der Existenzaussage, durch die ein mit Spannung erwarteter "Seelen-Befund" dargestellt wird und das Gedicht seinen beziehungsreichen Abschluß findet. Sie besagt primär, daß der Panther einen optischen Wahrnehmungsinhalt nicht mehr apperzipieren kann, oder anders ausgedrückt, die Welt nicht mehr erfahren kann. Damit ist indirekt auch die Textthema-Variante der Schlußstrophe ausgedrückt, die sich in Analogie zur verwendeten Prädikation so formulieren ließe: 'Das "Herz" des Panthers existiert nicht mehr'. Diese negierte Ist-Prädikation steht wiederum in engster Beziehung zum Textthema, das wir deshalb zum Abschluß ebenfalls in einer negierten Ist-Prädikation formulieren wollen, um so die beherrschende Oberflächenstruktur des Gedichttextes, wie sie sich in den Ist-Prädikationen zeigt, mit seiner Tiefenstruktur[52] sinnfällig in Beziehung zu setzen: 'Dieser gefangene Panther i s t kein Panther mehr'.

V. Zu den Deutungen des Gedichtes als Sinnbild

In der Sekundärliteratur finden sich zahlreiche mehr oder weniger subjektive Deutungen des Gedichtes 'Der Panther' als Sinnbild, die über die Darlegung der Textstruktur und der primären Textintention, wie wir sie in dieser Arbeit versucht haben, hinausgehen. Prinzipiell haben solche Deutungen im Sinne einer subjektiven Aneignung des Textes ihre Berechtigung. Im Hinblick auf eine "kritische" Literaturwissenschaft und auf eine Literaturdidaktik, die darüber hinaus eine objektivierende Analyse von Texten anstrebt, sollte man in zweierlei Hinsicht besonders vorsichtig sein:
1. Alle Deutungen müssen in ihren wesentlichen Aspekten auf den "objek-

tiven" Analysebefund projizierbar und gegebenenfalls auch mit allen außertextlichen (entstehungsgeschichtlichen) Informationen vereinbar sein.[53]
2. Der Lehrer darf nicht "dem Laster der einzig richtigen Interpretation" verfallen.

Es seien hier nur einige Deutungen aus der Sekundärliteratur exemplarisch referiert und zur Diskussion gestellt. Im wesentlichen sind drei Deutungsrichtungen erkennbar, eine vierte wird nur postuliert:
a) Die im Gedicht dargestellte Situation des Panthers wird auf die der Tiere im Zoo, meist aber ausschließlich auf menschliche Situationen bezogen. Die Aussageverallgemeinerung auf einen begrenzten menschlichen Bereich ist wohl der häufigste Deutungstyp. Bei W. Leppmann finden sich beide Arten von Verallgemeinerungen:

"So schildert Rilkes Gedicht nicht nur einen Panther, sondern das gefährdete und gefangene Tier schlechthin und somit auch eine Phase in der Geschichte des Zoologischen Gartens, ja in der Beziehung des Menschen zum Tier."[54]

Thema des Gedichtes sei auch "die für das Los vieler Gefangener stellvertretende Qual eines gefangenen Tieres".[55] Demgegenüber schreibt B.L. Bradley:

"So wird der Panther, der zwar Eindrücke entgegennehmen, aber nicht erinnernd bewahren kann, zum Sinnbild eines Menschen, der 'Welt' nicht zu verinnerlichen vermag und der infolge der daraus resultierenden Bezugslosigkeit zu keinem Wirklichkeitserleben gelangt."[56]

b) Eine gesellschaftskritische Deutung auf marxistischer Grundlage findet sich bei K.D. Hähnel.[57] Für ihn ist der Panther ein Sinnbild menschlicher Entfremdung, wie sie die kapitalistische Gesellschaft prägt.
c) Eine dritte Deutungsweise bezieht das Gedicht auf den Dichter. Ausgehend von der These, daß fast jedem der 'Neuen Gedichte' "eine persönliche Botschaft, ein subjektives Erlebnis des Dichters, eine Forderung an den Leser"[58] zugrundeliege, wird für B. Blume der Panther zum Sinnbild für die Einsamkeit des Dichters Rilke[59], zum "Sinnbild der im Gefängnis ihrer Isoliertheit sich verzehrenden Seele des Dichters selbst".[60]

Im Rilke-Kommentar wird noch eine vierte Deutungsweise gefordert, die das Gedicht auf die Entstehungszeit bezieht, zumal in den Deutungen der kulturhistorische und geistesgeschichtliche Kontext vernachlässigt worden sei. Zu diesem Bereich der Entstehungsbedingungen wird auch ein entsprechender Hinweis gegeben: "Der Verlust oder die Bedrohung des natürlichen Lebensraumes ist ein bedeutendes Thema um die Jahrhundertwende."[61]

Die Bewertung der hier nur exemplarisch angeführten Deutungen, die besonders literaturdidaktisch nötig und auch möglich ist, möchte ich dem Leser überlassen.

Anmerkungen

1) Vgl. Albrecht Weber: Literaturdidaktische Analyse. Grundzüge und Gesichtspunkte, in: Albrecht Weber/Walter Seifert (Hrsg.): Literaturdidaktische Analysen. Modelle zur Unterrichtsvorbereitung. Freiburg i.Br. 1980 (Herderbücherei 9081), S. 11-28, speziell S. 12
2) Johannes Erben: Deutsche Grammatik. Ein Abriß. München 12/1980, S. 259. Zu den Ist-Prädikationen s. auch den Aufsatz vom selben Autor: Johannes Erben: Über "Kopula"-verben und "verdeckte" (kopulalose) Ist-Prädikationen, zugleich ein Beitrag zur Theorie der Valenz und ihrer Geschichte. In: Hugo Moser/Heinz Rupp/Hugo Steger (Hrsg.): Deutsche Sprache: Geschichte und Gegenwart. Festschrift für Friedrich Maurer zum 80. Geburtstag. Bern/München 1978, S. 75-92
3) Zum Begriff "Stilelement" s. Georg Michel u.a.: Einführung in die Methodik der Stiluntersuchung. Ein Lehr- und Übungsbuch für Studierende. Berlin 2/1972, S. 35ff., Definition S. 41
4) Michel u.a. 1972, S. 73ff.
5) Vgl. Siegfried Krahl/Josef Kurz: Kleines Wörterbuch der Stilkunde. Leipzig 6/1984, S. 73
6) Willy Sanders: Linguistische Stilistik. Göttingen 1977, S. 18
7) Vgl. Sanders 1977, S. 17
8) Weber 1980, S. 14
9) Michel u.a. 1972, S. 73 und S. 79ff.
10) Zur Definition des Begriffes "Stilzug", wie er hier verstanden wird, s. Michel u.a. 1972, S. 93
11) Duden: Grammatik der deutschen Gegenwartssprache. Mannheim/Wien/Zürich 4/1984, S. 604 und 607ff.
12) Bei G. Michel kommt dieser Aspekt der grammatischen Stilelemente unter dem Begriff "Satztypen" ins Blickfeld. (S. 79 und S. 85)
13) Nach Karl-Ernst Sommerfeldt/Günter Starke/Dieter Nerius u.a.: Einführung in die Grammatik und Orthographie der deutschen Gegenwartssprache. Leipzig 2/1983, S. 28 und S. 30 ist die Semantik der Satzglieder "semantisch-denotativ" und "semantisch-funktionell" zu beschreiben.
14) Zu diesem Begriff s. Sommerfeldt/Starke/Nerius u.a. 1983, S. 21f.
15) Eingefügt vom Verfasser
16) Michel u.a. 1972, S. 99
17) Vgl. Weber 1980, S. 13
18) Michel u.a. 1972, S. 74f.
19) Michel u.a. 1972, S. 77, 78 und 75
20) Brigitte L. Bradley: R.M. Rilkes Neue Gedichte. Ihr zyklisches Gefüge. Bern/München 1967, S. 74
21) Nach dem Gedicht von Friedrich Rückert 'Ich bin der Welt abhanden gekommen'
22) Vgl. Wolfgang Fleischer/Georg Michel: Stilistik der deutschen Gegenwartssprache. Leipzig 2/1977, S. 275-278
23) Zit. nach Wolfgang Rohner: Zu einem Gedicht Rainer Maria Rilkes. In: Trivium 4 (1946), S. 166-170, speziell S. 170. Die Quellenangabe zum Zitat fehlt dort leider.
24) Der Begriff "Dinggedicht" stammt von Kurt Oppert, der ihn im Aufsatz: Das Dinggedicht. Eine Kunstform bei Mörike, Meyer und Rilke. In: Deutsche Vierteljahrsschrift 4 (1926), S. 747-783 darlegte. Das Dinggedicht ist nach ihm "unpersönliche, episch objektive Beschreibung eines Seienden" (S. 747, zit. nach Bradley 1967, S. 9).
25) Vgl. dazu und zu Rilkes Dingbegriff die zusammenfassende Darstellung von Bradley 1967, S.9-12. Eine gewisse Unklarheit der referierten Erörterungen des Begriffs "Dinggedicht" ergibt sich dadurch, daß die Autoren makrostilistische Merkmale (Textkomponenten) nicht klar begrifflich fassen und somit auch zu keiner klaren Einordnung der Gedichttexte gelangen. Auch Otto H. Olziens Buch: Rainer Maria Rilke. Wirklichkeit und Sprache. Stuttgart 1984 (= Stuttgarter Arbeiten zur Germanistik, hrsg. von Ulrich Müller/Franz Hundsnurscher/Cornelius Sommer, Bd. 143) bringt im Kapitel "Das Ding-Gedicht im Rahmen der Neuen Gedichte" keine Klärung des Begriffs.

2. Sprachanalyse — Interpretation

26) Übersetzung des Verfassers aus: Elizabeth Boa: Asking the thing for the form in Rilke's Neue Gedichte, in: German Life and Letters 27 (1973/74), S. 285-294, Zitat S. 285: "No lyrical 'I' appears in any of the poems (Das Rosen-Innere, Lied vom Meer, Papageien-Park), but the form everywhere betrays a subject reacting to and interpreting the thing."
27) Weber 1980, S. 14
28) Nach August Stahl: Rilke-Kommentar zum lyrischen Werk. München 1978,S.187
29) Stahl 1978, S. 18
30) Rainer Maria Rilke: Briefe aus Muzot 1921 bis 1926, hrsg. von Ruth Sieber-Rilke und Carl Sieber. Leipzig 1935, Brief vom 17.3.1926, S. 370f.
31) Die Briefstelle wird in Abschnitt 4 zitiert.
32) Hans Berendt: Rainer Maria Rilkes Neue Gedichte. Versuch einer Deutung. Bonn 1957, S. 113
33) Zit. nach Käte Hamburger: Rilke. Eine Einführung. Stuttgart 1976, S. 20
34) Zit. nach Käte Hamburger 1976, S. 27. Zeichensetzung so bei Hamburger. Die Quellenangabe zum Zitat fehlt leider.
35) Vgl. Bradley 1967, S. 12
36) Silvia Schlenstedt: Arbeiten als leben ohne zu sterben. Vergegenständlichung in Rilkes 'Neuen Gedichten'. In: Weimarer Beiträge 21 (1975),H.12,S.69-83,Zitat S. 71
37) Hamburger (1976, S. 39f.) weist darauf hin, daß Bildgedichte und Personengedichte ohne externe Nachweise nicht unterschieden werden können und erläutert dies anhand der Gedichte "Die Schwestern" und „Der Balkon".
38) Olzien 1984, (s. Anm. 25), S. 75
39) Erben 1978 (s. Anm. 3), S. 84
40) Erben 1980 (s. Anm. 3), S. 208, Anm. 819 und S. 209
41) Vgl. Kunibert Baldauf: "Den Giebel der Vorhalle k r ö n t die Apotheose des Titelheiligen, den seine Tugenden r a h m e n ". Ist-Prädikationen und Tut-Prädikationen in Gebäudebeschreibungen. In: Erwin Koller/Hans Moser (Hrsg.): Studien zur deutschen Grammatik. Johannes Erben zum 60. Geburtstag. Innsbruck 1985 (= Innsbrucker Beiträge zur Kulturwissenschaft, Germ.Reihe Bd.25),S.38f.u.S.47
42) Nach Wolfgang Müller: Rainer Maria Rilkes 'Neue Gedichte'. Vielfältigkeit eines Gedichttypus. Meisenheim am Glan 1971, S. 196
43) Jörg Hienger/Rudolf Knauf (Hrsg.): Deutsche Gedichte von Andreas Gryphius bis Ingeborg Bachmann. Eine Anthologie mit Interpretationen.Göttingen 1969,S.150
44) James Drever/Werner D. Fröhlich: dtv-Wörterbuch zur Psychologie. München 5/1971 (= dtv Nr. 3031), S. 140
45) Erben 1978, S. 81
46) Sommerfeldt/Starke/Nerius u.a. 1983 (s. Anm. 13), S. 94
47) Darauf ist auch in der Sekundärliteratur des öfteren "intuitiv behauptend" hingewiesen worden, so z.B. bei Karl-Heinz Fingerhut: Das Kreatürliche im Werke Rainer Maria Rilkes. Untersuchungen zur Figur des Tieres. Bonn 1970, S. 165
48) Rainer Maria Rilke: Briefe aus den Jahren 1902 bis 1906, hrsg. von Ruth Sieber-Rilke und Carl Sieber. Leipzig 1929, S. 46
49) Vgl. Baldauf 1985, S. 23
50) Die genannten Spannungsmomente werden rein inhaltlich bei Alfred Apitz: Der fruchtbare Augenblick im Gedicht Rainer Maria Rilkes. Saarbrücken 1971, S. 105 ähnlich erläutert.
51) O.v. Essen: Allgemeine und angewandte Phonetik. Berlin 3/1962, S. 178f., zit. nach Michel u.a. 1972, S. 19
52) Nach Willy Sanders 1977 (s. Anm. 6), S. 18
53) Gedächtniszitat aus einem Zeitungsartikel von Hans Magnus Enzensberger
54) Wolfgang Leppmann: Des Schrecklichen Ende. In: Marcel Reich-Ranicki (Hrsg.): Frankfurter Anthologie, 5. Bd.: Gedichte und Interpretationen, Frankfurt a.M. 1980, S. 151-154, Zitat S. 153
55) Leppmann 1980, S. 154
56) Bradley 1967 (s. Anm. 20), S. 75

57) Klaus-Dieter Hähnel: Rainer Maria Rilkes 'Der Panther'. In: Weimarer Beiträge 28 (1982), H. 6, S. 25-33
58) Bernhard Blume: Ding und Ich in den 'Neuen Gedichten'. In: Bernhard Blume: Existenz und Dichtung. Essays und Aufsätze, hrsg. von Egon Schwarz, Frankfurt a.M. 1980, S. 87-94 (zuerst in: Modern Language Notes, 57, (1952), H. 4, S. 217-224), Zitat S. 91
59) S. Blume 1980, S. 91ff., wo auch Briefstellen als Belege für diese Deutung referiert werden.
60) Bernhard Blume: Das Motiv des Fallens bei Rilke. In: Modern Language Notes 60 (1945), S. 295-302, Zitat S. 296 (zit. nach Bradley 1967, S. 184)
61) August Stahl 1978 (s. Anm. 28), S. 187

ILSE AICHINGER: 'DER QUERBALKEN'
Semiotik und Interpretation

von Hans Vilmar Geppert

Daß die dreistellige Zeichentheorie, wie sie, freilich in einer langen Tradition[1], v.a. von C.S. Peirce angeregt wurde, daß diese Semiotik heute immer deutlicher dominiert[2], ist gerade auch für die Literaturwissenschaft und Literaturgeschichte bedenkenswert. Denn diese Theorie ist den Fragestellungen und Denkweisen der Hermeneutik und Interpretation tief kompatibel. Das hat nicht zuletzt ihre Rezeption in Deutschland beispielhaft gezeigt.[3] Und so scheint diese Zeichentheorie mir vorzüglich geeignet, gerade schwer verständliche Texte einer reflektierten Interpretation zugänglich zu machen. Es sind im wesentlichen fünf Einsichten einer interpretierenden Literatursemiotik, die hier fruchtbar werden können. Und Ilse Aichingers Erzählung 'Der Querbalken' (1963)[4] zeigt auf fast verblüffend klare Weise ihre Berechtigung.

I.

Das "Unvollständigkeits"- und Kreativitätstheorem der Semiotik[5] ist die erste dieser Einsichten: Daß Realität nur über Zeichen zugänglich ist, daß dieser Zusammenhang niemals vollständig erklärt und verstanden werden kann, daß also jeder Zeichengebrauch prinzipiell etwas Neues, bisher noch Unerkanntes zu eröffnen vermag, ja, daß er die Möglichkeit vernünftiger, kommuner Zustimmung in seinem Funktionieren voraussetzt. Nichts kann ein Zeichen sein, ohne daß die verwirklichte Wahrheit im Universum der Zeichen zumindest möglich wäre.

Wie fruchtbar ein so formulierter Ansatz zum Verständnis schwieriger Texte ist, macht schon der erste Satz des 'Querbalken' sichtbar. Die Sache selbst, das 'dynamische Objekt' ("really efficient but not immediately present")[6] ist im Anspruch praktischen Umgangs mit dieser Realität zweifellos gesetzt, aber was es ist und wie man damit umgehen kann, das soll offenkundig eine Frage sprachlich-zeichenhafter Verständigung werden:

"Ich wollte mich auf einem Querbalken niederlassen. Ich wollte wissen, was ein Querbalken ist, aber niemand sagt es mir."

Es geht nicht um die Unmöglichkeit des Wissens[7], um ein Auseinanderfallen von Wort und Sache[8], sondern um die Suspension ihres verfestigten automatisierten Zusammenhangs:[9] Die These von der Priorität der Konnotation, besser, der unendlichen Semiose, vor der Denotation, d.h. vor einer definierten Bedeutung in einem festgehaltenen Kontext[10], diese These ist lediglich eine Umformulierung jener von der 'Unvollständigkeit' bzw. 'Kreativität' aller Semiose, von der wir eben ausgegangen waren. Wie sehr sie für das Verständnis des 'Querbalkens' leitend sein kann, geht schon aus der Logik der Geschichte hervor, die hier beginnt. Sie hat verblüffend deutlich die Struktur einer replikativen Iteration.[11] Es handelt sich um eine radikale, geradezu existentielle "nur-wenn"-Abhängigkeit. Der Satz: 'nur wenn ich den Querbalken suche, werde ich ihn finden, und nur wenn ich ihn finde, werde ich überleben', der zusammen mit dem Satz: 'ich werde ihn suchen ohne ihn zu nennen' fast ein Résumé dieser Geschichte bildet, dieser Satz läßt sich logisch völlig stringent so umformen, daß erst das Eintreten der Folge auf die 'Wahrheit' der Voraussetzung zu schließen erlaubt: ' ich werde mich erst dann "niederlassen" können, wenn ich den Querbalken habe, ich werde ihn erst dann haben, wenn ich weiß, was er ist, ich werde erst dann wissen, was er ist, wenn es mir jemand sagen kann, diese Auskunft wird mich erst dann zufriedenstellen, wenn sie mit der von jemand anderem übereinstimmt, usf. Und da das so ist, werde ich immer weiterfragen.' Anders gesagt, wenn erst die geklärte Vieldeutigkeit des Querbalkens, also seine Konnotation, wenn erst sie eindeutige, denotierende Aussagen möglich macht, dann ist in der Tat die "Frage" nach ihm der "Held der Geschichte".[12]

II.

"Einer sagte mir, er hätte gehört, es sei ein Schiffsbestandteil, aber woher weiß er das, wo zieht er seine Erkundigungen ein? Ein anderer erklärte mir, es sei eine alte Synagogenform, jetzt schon lange nicht mehr in Gebrauch. Sie rühre von den Ebenen her und sei mit ihnen gegangen. Ein Dritter erwiderte, nachdem er eine Weile nachgedacht hatte, er sähe da gewisse Verbindungen zu den Flußauen. Erwäge ich diese Antworten (es sind nur drei von vielen, ich habe viele Leute gefragt und es hat mir kaum einer die Auskunft verweigert), so beginnen sie aneinander anzuklingen, aber nur leicht. Gewisse Gemeinsamkeiten leuchten auf, lassen sich aber bei längerer Erwägung, z.B. bei Verschiebung der Reihenfolge, nicht halten. Und das bei einem Gegenstand, der dem Halt dienen sollte, vielleicht der Rettung."

Nur der Text als ganzer, das Gesamt aller hier feststellbaren Konnotationen, kann bzw. könnte "die Frage der Benennung" (der Denotation) des Querbalkens beantworten; und das scheint von geradezu lebensentscheidender Dringlichkeit zu sein. Entsprechend radikal macht Ilse Aichingers Text noch in einem weiteren Sinne den Rückgang an den Nullpunkt sprachlicher bzw. zeichenhafter Möglichkeiten erforderlich. Sie setzt offenkundig die Einsicht voraus, daß konventionalisierte ('arbitrarische') Bedeutungsassoziationen (konnotative wie denotative) immer in Wechselwirkung stehen mit solchen (entwerfender) Similarität und solchen hinweisender (nexale Zuordnungen herstellender) Kontiguität[13], anders gesagt, daß jedes Zeichen in der (nach C.S. Peirce) vollständigen Trichotomie von Icon, Index und (logisch verstandenem) Symbol funktioniert.[14]

Für das Verständnis des Aichinger-Textes ist diese Einsicht schlechterdings zentral. Wie fruchtbar sie hier ist, das ergibt sich sofort, wenn man bedenkt, daß ähnliche Zeichen mindestens ein Merkmal gemeinsam haben müssen und daß weiterhin aufgrund unseres sprachlichen Wissens wie unseres Wissens von der Realität wir von einzelnen Merkmalen auf mögliche einzelne Gegenstände, Kontexte, Geschichten, aber auch auf Klassen, typisierte Zusammenhänge und Systeme von solchen Einheiten schließen können. Und von da führt der umgekehrte Weg der Konnotation zu einer neuerlichen Vielzahl von Bedeutungen zurück.

Dieses Zusammenspiel singulärer und typisierter Similaritäten und Kontiguitäten, in dem ein pluraler, immer neu sich konstituierender Text entsteht, ist ganz offenkundig eine Ilse Aichinger angemessene Art des Lesens. Das Spiel - es wird sich noch zeigen, daß es für sich selbst ein Sinnträger ist -

reicht sehr weit und beginnt immer von neuem. Wir versuchen im folgenden, Teile dieses Textes in diesem Sinne einmal anders zu ordnen und neu zu lesen:

Gehen wir aus von dem m.E. zentralen Satz: "Den Vogelherzen auf der Spur bleiben, den Angstbeflissenen". Das Fliegen der Vögel findet sich als Merkmal auch in der Wendung "schwing aus meine Frage", aber auch als "Herz" ("Vogelherz") war "die Frage" bezeichnet worden. Sich "ein Herz" fassen und "der Mut zu fragen" sind teilweise äquivalent, und als Gegensätze sind sie es auch zu den "Angstbeflissenen". Aber Vögel singen auch, und ebenso könnte die Frage "Gesang" oder "Lied werden": Das führt auf das Selbstbewußtsein z.B. einer Dichterin zurück. Dichter, v.a. solche der Romantik und des Symbolismus (Coleridge, Baudelaire, W.B. Yeats), haben sich oft mit Vögeln verglichen, v.a. mit Seevögeln. Schweben und fliegen sollte ihre Phantasie usw. So ergibt sich leicht der Similaritätsentwurf von Vögeln, die sich ermüdet auf einem "Querbalken" als "Schiffsbestandteil" (...) niederlassen", wie das Ich am Anfang der Erzählung. Und wie viele Vögel regelmäßig 'ziehen', so kann auch die Frage ein "Zeugnis oder ein Zug" sein. "Zeugnis" ablegen kann nur, wer den "Mut" oder das "Herz" dazu besitzt. Damit hätten wir wieder an das oben Gesagte angeknüpft. Auch der Vorstellungs-Entwurf eines 'Vogelzugs' eröffnet weitere Similaritäten. An vielen Stellen gleicht die Frage, gleicht das Leben der Fragenden ohnehin einer Reise, etwa wenn von "Satteln", "Grasen", "Feuer" und "Lager (...) machen" die Rede ist. Das Reisen aber ist eine Weise, Raum in Zeit zu überführen, und ebenso sind dies etwa Vorstellungen wie die von 'herrühren' und 'gegangen sein', das Betrachten von "Mauerresten" oder das Bild einer Person, die "einen sonntäglich leeren Platz kreuzt". Und so entsteht allmählich eine Gesamtvorstellung von Zeit und Geschichte, der das Ich der Erzählung, gerade auch als Dichterin (die romantisch-symbolistische Tradition), sich zugehörig weiß.

Aber dieses Spiel der Ähnlichkeiten und Zuordnungen liefe noch immer leer ohne zumindest zwei weitere, bedeutungstragende Hinweise. Den einen liefert das von der 'ausschwingenden Frage' gesuchte "Windspiel". Wer es weiß, kann gar nicht anders, als an den berühmten, geheimnisvollen 'ärmlichen Windhund' im ersten Gesang von Dantes 'Inferno' zu denken[15], in dessen Gestalt sich der künftige Retter Italiens verbirgt. Dann ist auch der zweite Hinweis nicht mehr banal, nämlich der, daß Ilse Aichinger Jüdin ist: 'Angst wie ein Jud' haben nach einer bösen, aber bekannten Redewendung die "Angstbeflissenen". Ihnen "auf der Spur", gleicht die Frage allerdings einer Reise oder einem Vogelzug, äquivalent etwa der Figur, daß die Kinder Israel ins gelobte Land oder ganz allgemein durch die Geschichte ziehen. Und wie die Geschichte der Juden ein "Zeugnis" ist für die Taten Gottes mit ihnen, Heilsgeschichte, so ist auch die Frage ('Heil' ist "gesund") ein "Zug zum Gesunden". Alles das nun führt in der Tat ganz von selbst auf den Querbalken zurück. Eine "alte Synagogenform" soll er sein, die der Geschichte überantwortet ist: "sie rühre von den Ebenen her und sei mit ihnen gegangen". Auch die Lebensreise als Seereise — "Schiffsbestandteil" ist der Querbalken auch —, auch diese Figur ist ein altes Bild individueller und kollektiver Heilsgeschichte.[16] Dantes "Windspiel" ist eine messianische Gestalt. Auch Kirchen haben ihr "Schiff" und dessen "Bestandteil", einen "Gegenstand, der dem Halt dienen sollte, vielleicht der Rettung". Kurz, die Bedeutung, besser e i n e wichtige Denotation des Querbalkens ist als

'Code' bzw. 'type' so präzise 'abwesend'[17], wie sie aus einem unvollständigen Zeichenexemplar, der 'Message', dem 'token' rekonstruiert werden kann — zu einem (arbitrarischen, vorweg interpretierten) 'signe' (de Saussure) bzw. 'symbol' (Peirce): Der Querbalken erfordert als Korrelat den Längsbalken, und beide bilden — bildeten, denn nur der Irrealis ist hier erlaubt — ein Kreuz.

III.

Daß dieses Spiel des Entwerfens von Ähnlichkeiten bzw. Gemeinsamkeiten und des Zuordnens von Zusammenhängen hier funktioniert, heißt nichts anderes, als daß es zu prädizieren vermag. Es entstehen, wie das Beispiel deutlich zeigt, interpretierende Sätze. Und das kann man daran überprüfen, daß diese Zuordnungen der Negation fähig sind. Genau wie der Anfang der Erzählung eine replikative Logik erkennen ließ, so setzt sich dies darin fort, daß negative Antworten (also Folgerungen) die Voraussetzung, also die Frage, irrelevant erscheinen lassen, daß sie die Richtigkeit, ja "Genauigkeit" des Zusammenhanges, also des Gesamtverhaltens, aber bestätigen: "Was brachte ihn (den Fremden) auf Synagogen oder Flußauen, Schiffsbestandteile? Er könnte es mir vielleicht sagen, aber genauer wäre es, er sagte es mir nicht. Und noch genauer, ich fragte ihn nicht danach."

Derselbe Gedanke kann auch so ausgedrückt werden, daß die 'Willkür', die die Frage nach dem Querbalken schafft, gefährlich aber unvermeidlich ist: "Willkür (...) die ich fürchte; ich entkomme ihr doch nicht." Ertragen kann man sie nur, solange sie "Abzweigungen", Alternativen, offene Möglichkeiten zuläßt. Was dagegen unvereinbar ist mit dieser Logik des Fragens, das sind "geradliniges" Verhalten, eine feste "Reihenfolge", sich reproduzierende Typen und Systeme usw. Sie führen zu "Gram" und — besonders eindrücklich — auf "vernichtende Gedanken". Reihen von Folgerungen nun entstehen, das stimmt mit dem bisher Gesehenen überein, wo hinreichende Voraussetzungen gegeben sind: "Standpunkte", feste Überzeugungen, sicheres Wissen. In einem solchen Kontext scheint sich ja auch jener "Fremde" zu befinden, an dem sich das Problem von "Willkür" und "Reihenfolge" entzündet hatte:

> "Was ist das? Eine Kreuzung schwarzer und goldener Linien in der Nähe der Schlachthöfe? (...) Wo war er gerade in diesem Augenblick, wo hielt er sich auf? In einem sanften oder verzweifelten Gelände, gemäß oder ungemäß, Kriegsspielen zugeneigt oder nicht?"

Das ist eine ganz andere Sprache als die bisher gehörte. 'Gemäß § 7' - 'wo waren Sie in diesem Augenblick?', so spricht ein Richter; im "Gelände" bewegen sich Militärs — an anderer Stelle ist mehrmals von "Taktikern" die Rede, die ja in der Tat auch "Kriegsspielen (...) zugeneigt" sein können. Und beiden Wirklichkeitsbereichen kann jene 'geradlinige Logik' zugesprochen werden, gegen die sich das Ich — wir wollen es im folgenden 'die Fragende' nennen —, gegen die sich die Fragende in diesem Text immer gewehrt hatte.

Dieser Gegensatz nun wird auch sonst ausgearbeitet, und zwar auf doppelte Weise: Der Text zeigt die Negation sinnfähiger Zuordnungen, und er bricht zugleich deren Logik auf. Die Lese-Syntax, die man anwenden muß, ist, verblüffend einfach und klar, die, daß man 'Reihenfolgen umstellt'. Aus der Reihe "Kreuzung" — "Schlachthöfe" — "Kriegsspiel" — "Marsfelder" kann man z.B. durch Umstellung von Bestandteilen die Vorstellungen bilden: "Kreuze" im "Krieg", "Höfe" mit "Kreuzen" auf der einen und "Schlacht-Felder" auf der anderen Seite, so daß sich konsequent die gegensätzliche Vorstellung von 'Friedhöfen' ergibt. Und da andererseits auch die erwartbare Kombination "Spielfelder" möglich ist, kann man aus alledem im klaren Kontrast zu "Kriegsspiele" die ganz neue, aber von allem bisher Gesehenen nahegelegte Vorstellung von "Friedensspielen" bilden. Man sieht, wie das Spiel von Similarität und Kontiguität auch Gegensätze und Negationen herauszuarbeiten vermag. Daß es sich dabei selbst als "Friedensspiel" reflektiert, werden wir später untersuchen. Vor allem aber führt auch dies auf die Frage nach dem Querbalken zurück. Auch wenn man 'Kreuzchen' im "Gelände" macht, etwa um Artillerieziele zu markieren, bedient man sich seiner. Von der Justiz — ein paralleler Strang von Assoziationen — zu den "Staatsgefängnissen", in deren "Höfen (...) die Galgen stehen", führt ein recht gerader Weg. Genauso wie diese zu den "Schlachthöfen" in mindestens partieller Äquivalenzrelation stehen. Und wie das "Kreuz", so hat auch der "Galgen" seinen "Querbalken".

Nun macht der Text freilich auch klar, daß man dieses Spiel nicht schon für den gesuchten Sinn halten darf. Es bleiben z.B. die Negationen, und es bleibt die Warnung vor "Standpunkten" und die Warnung vor überhaupt allem, was wir "für endgültig erklären" können. Aber versuchen wir zunächst, weitere Querverbindungen im bisher gefundenen Netz von Sinnmöglichkeiten herzustellen: Deutlich ist z.B. der Gegensatz von "Gefängnis" und "Angst" (lat. 'angustia': 'Enge') zur 'Freiheit' des Fliegens, Reisens und Spielens im ganzen Text. "Gärten, die täglich blühen", erinnern in dem ganzen heilsgeschichtlich-mythischen Zusammenhang von "Windspiel" (s. Dante), "Lebens"- und Geschichtsreise, "Rettung" und "Kreuz", sie erinnern in diesem Kontext etwa an den Mythos vom goldenen Zeitalter und seinen ewigen Frühling, der in einer seiner Varianten auch zu den "tiefer gelegenen Gärten" des versunkenen Atlantis führt bzw. zu den "Flußauen" des im Zweistromland gelegenen Garten Eden, beides Bereiche, die "Zug" und Reise der Geschichte verlassen haben. Und von ihrem allegorischen "Schiff (...) zu den Auen ist es" zumindest in Gedanken "nicht weit".

Dann wird vielleicht auch die ein wenig surrealistisch anmutende Passage lesbar, in der die "Dame mit dem weißen Filzhund" auftritt, alt und wieder zum Kind geworden, mit ihrem Stofftier. Es ist recht naheliegend, daß sie von der Frage nach dem Querbalken auf das "Pflaumenpflücken in alten Städten" kommt, als erinnere sie sich ihrer verlorenen Kindheit. Und etwas Ähnliches scheinen die "grünen Hähne" zu bedeuten, wie sie "in Altersheimen" zu finden sind und "aus den alten weißen Regalen (. . .) stammen". 'Kindheit' und 'goldenes Zeitalter', von denen man wünscht, es solle wiederkehren, das sind spätestens seit der Romantik verwandte Motive.

Man sieht aber in alledem auch, was schon in dem Vorsatz zur Sprache kommt: "den Vogelherzen auf der Spur bleiben, den Angstbeflissenen", von dem wir ausgegangen waren, man sieht, wie unlösbar der Traum vom 'goldenen Zeitalter' und die Einsicht in die gegenwärtigen "Ängste" und "Gefängnisse" zusammengehören, wie direkt die heilsgeschichtliche Frage das Bewußtsein bedingt, daß der Versuch, etwas "für endgültig zu erklären", daß eine positiv setzende Antwort schon ein Betrug wäre. So wird auch auf alles Ausmalen verzichtet. Nicht nur bedient sich die Dichterin zum Aussprechen ihrer Hoffnungsfragmente traditioneller Bilder und Figuren — auch die Dreizahl gehört hierher. Man denke etwa an das Märchenraster: 'Ein Bauer hatte drei Söhne, zwei waren groß und fleißig, der dritte, der kleinste, lag immer hinter dem Ofen; aber er wird es sein, der die Prinzessin befreien wird'. So ist der Satz durchaus plausibel, daß es "Familien mit fünf oder sechs Kindern" gibt, "die oft mir gegenüber behauptet haben, das vierte wär's", nämlich das märchenhaft-heilsbringende 'dritte'. Und diesem Benennungs- und, bei aller reichen Bildhaftigkeit, Bildnisverbot unterliegen offenkundig auch die Farben: "Grün", "weiß", "schwarz" und "golden", "gelb", das scheint alles gefährlich. Nur "grau", die Mischung aller Farben, die Negation ihrer distinktiven Merkmale und zugleich das Offenhalten aller ihrer Möglichkeiten, nur diese Farbe kann die Fragende am Ende noch ertragen.

IV.

Wenn es aber um ein so fundamentales, gerade auch ästhetisch konstitutives Zeichen wie die Farbe geht, dann stehen auch die Möglichkeiten von Kunst überhaupt in Frage. Deren zeichentheoretische Definition als solche kann hier nicht entwickelt werden. Aber jenes Theorem, daß die meta-Funktion des Zeichens, sein Verweis auf sich selbst, zu den primären Folgen ästhetischer Zeichenfunktion, genauso zu den Funktionen jeder Semiose gehört[18], dieser zentrale Satz aller Zeichentheorie ist hier offenkundig so notwendig wie fruchtbar. Und zwar auf dreifache Weise: Das Kunstwerk und die künstlerische Arbeit, so intensiv sie mitreflektiert werden, sie sind zunächst einmal kein gültiges Verhaltensmuster per se, keine Lösung: "meine Frage (...) soll kein Lied werden", und "ich will mir nicht meine Stimme mit Kreide weichmachen lassen" wie der Wolf im Märchen. Genauso wie es nicht angeht, bei Farben, Bildern, Vorstellungen und Gemälden haltzumachen, genauso bilden Ton, Rhythmus, Melodie usw. keinen Freiraum oder Gegenentwurf zur Realität, und genausowenig darf man sich der Eigengesetzlichkeit bestimmter literarischer Formen anvertrauen oder gar deren evtl. mögliche Wirklichkeitsflucht. Gleichwohl hat z.B. das Märchen hier einen hohen Stellenwert: Das hat sich oben an der 'Dreizahl der Kinder' gezeigt. Es wird aber auch direkt ausgesprochen, wenn eine noch genauer zu betrachtende Gestalt aufgefordert wird: "Erzähl' (...) Märchen!" Das ist durchaus schlüssig. Kunst ist, wie eine richtig gestellte Frage, nicht Vorwegnahme der Antwort, sondern deren Medium. Medium der Kommunikation und insbesondere der Antizipation. Alles hier Erzählte ist ein nicht festgelegter, offenhaltender, die jeweilige Gegenwart nicht aufhebender, aber doch durch-fragender Verweis auf Zukunft: "Gesänge oder die Beschwörung von Gesängen?" — das erste darf nicht genügen, das zweite weist als Medium über sich hinaus.

Vieles scheint weiterhin auf die ganz materielle Situation des Schreibens zu deuten: die schrägen Wände eines Arbeitszimmers unterm Dach, wo die Frage nach dem Querbalken vielleicht erstmals entstand ("Wie kam ich zu ihr? War es die Schräge, das Holz?"), der Blick aus dem Fenster, das melancholische Sehnsuchts- und Fluchtsignal, ein Blick, den nur die 'Taktiker' als solchen genießen können, usw. Daß hier das Selbstverständnis von Dichtung reflektiert wird, das macht auch die literarische Tradition deutlich, die vielfältig gerade im Zeichen des Querbalkens präsent ist: das mittelalterlich-barocke Motiv vom Schiff der Rede beispielsweise, dem er als 'Bestandteil' dient, die Seevögel als romantisches und symbolistisches Sinnbild souveräner dichterischer Freiheit der Imagination, die doch eben diesen "Halt", ja diese "Rettung" braucht. Auch die Figur der Reise, die hier so zentral ist, ist eine uralte Figur des Erzählens: Durch und durch ist der 'Querbalken' ein meta-poetischer bzw. poetologischer Text, er reflektiert in dichterischer Form Möglichkeiten des Dichtens.

Aber dies sind Möglichkeiten des Dichtens als Möglichkeiten des Sichverhaltens allgemein, des Aushaltens und Ausarbeitens von Realität. Daß Dichtung in diesem Sinne als Medium begriffen wird, das zeigt sich auch daran, daß der Querbalken nicht nur die dichterischen, sondern, noch radikaler, die wirklichkeitsbildenden Möglichkeiten von Zeichen überhaupt reflektiert: "Kennzeichen" und "Merkzeichen". So kommt ja auch eine weitere Antwort auf die Frage 'Was ist ein Querbalken' zustande. Man denke nur ganz einfach an den Aufbau von Schriftzügen, an ein Abzählsystem mittels Strichen beispielsweise oder an ein "t" oder an die Zeichen der ersten und zweiten Grundrechenart. Was immer ein Querbalken sein mag, er ist immer auch und nur — ein Zeichen.

Aber er ist zugleich, und auch das scheint mir zur meta-Sprache dieses Textes zu gehören, das gibt ihr offenkundig erst ihren Sinn, der Querbalken ist gerade als Kreuz ein Zeichen aller Zeichen. Man wird an die quasi transzendentale Frage philosophischer Semiotik erinnert, d.h. an die Frage nach der Bedingung der Möglichkeit von Wahrheit im Sinne praktischer Vernunftwirklichkeit mittels Zeichen, eine Frage, wie sie gerade für C.S. Peirce zentral war.[19] Die analoge Frage in diesem Text, wenn ich so sagen darf, nimmt freilich keinen philosophischen, sondern einen unmittelbaren, individuelleren und zugleich menschlicheren Verlauf. Unübersehbar ist ja der existentielle Ernst dieser Erzählung. Deutlich steht sie in der Tradition von Ilse Aichingers Roman 'Die größere Hoffnung' (1948) und seiner verzweifelten, jüdisch-christlichen Heilsgewißheit.[20] Aber zugleich ist diese Erzählung ganz unpathetisch, abstrakt, logisch und anschaulich spielerisch zugleich, im Grunde noch radikaler als der Roman: Man kann in Wahrheit, d.h. wenn man auf Wirklichkeit treffen will, nicht einen Strich tun, nicht ein einziges "schraffiertes Feld" oder ein "Gittermuster" entwerfen, man kann von den einfachsten Dingen nicht reden[21], und schon gar nicht kann man überleben in einer von Gleichgültigkeit, Geschwätz, Krieg und Unterdrückung beherrschten Realität, auf alles das führt der Querbalken, wenn nicht — dieses immer erneuerte 'nur wenn' als 'wenn nicht' ist, wie oben gesehen, der Motor der durchgehaltenen Frage — wenn nicht der Sinn aller dieser Dinge gefunden werden kann: "Halt", "Rettung", "Hoffnung der Welt".

V.

Aber solch ein Sinn läßt sich nicht demonstrieren oder beweisen. Man kann von ihm, genauer, von der Suche und Frage nach ihm, nur erzählen. Das führt uns auf die letzte, zur Interpretation dieser Erzählung fruchtbare Einsicht der Literatursemiotik. Auch was die zeichenhafte Genese des Erzählens betrifft, gehen Ilse Aichingers Texte an den Nullpunkt von Sprache und Literatur zurück und von ihm aus. Sie setzen offenkundig die, wie immer formulierte Einsicht voraus, daß der narrative Diskurs[22], die Verkettung von Sachverhalten, aus sprachlichen Einheiten eigene, narrative Funktionen, sozusagen Erzählzeichen bildet. Diese sind hier z.B. kleiner als Sätze, vielleicht sogar kleiner als Wörter, und sie sind schwierig zu erkennen, während die Sprache des Textes selbst ja überhaupt keine Schwierigkeiten macht. Man sieht, wie konsequent und radikal hier erzählt wird. Die erzählte Geschichte ist Funktion des erzählenden Diskurses (nicht umgekehrt, nach der fürchterlichen Devise: es gibt irgend etwas und irgendwer erzählt davon). Sie ist ein in sprachlich-narrativer Arbeit entworfener Zusammenhang fiktiver Welt, und sie kann in dem Maße zusammenhängend vorgestellt und begriffen werden, in dem sie unter einem sich durchsetzenden Sinnprinzip steht. Die Form dieses Sichdurchsetzens aber, an dem Erzähl- wie Lesefunktionen beteiligt sind, heißt Veränderung: Entwicklung und Veränderung von Begriffen, Vorurteilen, Gesetzmäßigkeiten, Weltmodellen, kurz von Konzepten mittels Geschichten.

Auf den Plural kommt es dabei an, gerade bei Ilse Aichinger. Es geht schon aus dem bisher Gesagten hervor, daß eine Erzählung von der Art des 'Querbalken' vielerlei Geschichten enthält. Deren Konstruktion ist erheblich vom jeweiligen Leser abhängig. Das widerspricht aber nicht dem Theorieanspruch der Literatur- und Erzählsemiotik. Es scheint mir durchaus für die Dignität der hier vorgestellten Theorie zu sprechen, daß, je weiter sie sich klärt, sie umso konsequenter ihre Ergebnisse begrenzen muß.

Nur so kann das Ich "Kichern", "Schweigen" und "Zorn" ihrer weiteren Begegnungen aushalten, Widersprüche, ja "Demütigungen" stärken sie ("allmählich beginne ich stolz auf meine Frage zu werden"), eine nur ästhetische Existenz kann sie nicht mehr zufriedenstellen. So wird sie, insbesondere da sie sich bewußt in sozusagen fremdes Gebiet begibt ("Marsfelder"), so wird sie dem "Rebellen" ähnlich, dem sie begegnet.[23] "Dort ist wenig Auswahl": das klingt nach Zwang, Ideologie, "Staatsgefängnis". Wie kann man dem sinnvoll anders begegnen als rebellisch? Daher wird hier "die Frage leicht". Und zum ersten Mal scheint es zwischen ihr und der Antwort so etwas wie eine Verständigung zu geben. Denn der krumme Finger des Rebellen weist auf Geschichtliches, "Mauern, Steine", Ruinen, aber er weist auch zurück auf sich selbst. All dies ist auch der Fragenden wichtig, und so begreift sie ihn vollständig: "Er höhlt mich aus und gibt mir recht und beides, diese Kunst beherrschen nur die Elenden". Ja er scheint in Äquivalenzrelation zum 'ärmlichen Windspiel' und zum verachteten 'Dritten' des Märchens ein Heils- und Hoffnungsträger zu sein. Vor allem aber bereitet sich so die zweite Konzeptionswende dieser Erzählung vor. Man könnte es die Selbstaufgabe der Fragenden nennen. Wie der Rebell sie "aushöhlt" und ihr "recht gibt" und wie er ihre eigene Geschichte in größere Abläufe einordnet, so fragt sie später: "Was ist ein Querbalken? Nicht, was ist er mir, sondern, was ist er?" Das Objektive, Allgemeine entscheidet.[24] Vor allem aber wird so auch ganz betont jetzt jemand anderes wichtig und exemplarisch für sie. Gerade zu dem belanglosen Konditorssohn, einem Irgendwer und Jedermann, zu ihm bekennt sich die Fragende. Er hatte früher die Mitarbeit verweigert. Jetzt aber wird seine eigene Geschichte beim näheren Zusehen der Fragenden eigentümlich verwandt: ein jüdischer, anti-soldatischer Märchenerzähler und dem "armen Helden" ganz zurecht in Gedanken nahe.

Aber mit diesem Absehen von sich selbst ist nicht nur die Geschichte der Fragenden zu Ende, sie betrachtet sie im folgenden gleichsam von außen. Ab dem Satz "Das tanzt schon und bleicht vor meinen Augen" wird alles räumlich, statisch-diffus, augenblicklich. Die Fragende tritt nun sogar heraus aus den immer noch bergenden, einen Sinn vorformulierenden Geschichten selbst; sie ist nur noch ihrem Sinnziel als solchem verpflichtet und endgültig konfrontiert mit einer Realität, die apokalyptische Züge hat: "Bankrotteure", "Sterbende", "Staatsgefängnisse", "Galgen". Der Schluß ist dann von äußerster Radikalität. Auch das heilsgeschichtliche Denken als solches verwandelt sich in Frage: Es geht überhaupt nicht mehr um "Geschenk", 'gratia', Taten Gottes mit den Menschen, sondern nur noch um die "Frage". Und wie die Kunst und die Geschichte -- "Nicht woher stammt er?" --, so müssen schließlich auch die Sprache und ihre Zeichensysteme gegenüber dem Anspruch der Sinnfrage, der Frage nach dem Querbalken zurückbleiben. Nur seine Realität, nicht Zeichen oder Namen können genügen:

"Nicht: Kennzeichen, Merkzeichen. Die kenne ich gut genug. Sondern: Was ist er? Denn ich will ihn nicht mehr nennen."

Anmerkungen

1) Vgl. z.B. die Zusammenstellung bei Umberto Eco: Zeichen. Einführung in einen Begriff und seine Geschichte. Frankfurt 1977, S. 27ff.
2) Vgl. z.B. Klaus Oehler: Zeichen und Realität. Akten des 3. Semiotischen Kolloquiums der Deutschen Gesellschaft für Semiotik e.V., 3 Bde., München 1984
3) Vgl. grundlegend Karl-Otto Apel: Der Denkweg von C.S. Peirce. Frankfurt a.M. 1975. Zur Literaturwissenschaft und literarischen Hermeneutik vgl. z.B. Kaspar H. Spinner: Zeichen, Text, Sinn. Zur Semiotik des literarischen Verstehens. Göttingen 1977. Eine konzise Einführung in die Semiotik von C.S. Peirce gibt Klaus Oehler: Idee und Grundriß der Peirceschen Semiotik. In: Zeitschrift für Semiotik 1 (1979), S. 9-22
4) In: Ilse Aichinger: Meine Sprache und Ich. Frankfurt: Fischer Taschenbuch Verlag 1978 (Nr. 2081), S. 161-165
5) Max Bense: Über "tiefste" semiotische Fundierungen. In: Semiosis 33 (1984), S. 8: das "semiotische (...) Unvollständigkeitstheorem". Zur zentralen Bedeutung kreativer Zeichen, so v.a. der ästhetischen Zeichenfunktion, vgl. ders.: Die Unwahrscheinlichkeit des Ästhetischen und die semiotische Konzeption der Kunst. Baden-Baden 1979, v.a. S. 107ff.
6) Charles Sanders Peirce: Collected Papers. Bd. 8, hrsg. von A. W. Burks, Cambridge/Mass. 1958, 8.343. Eine detaillierte, kommentierte Einführung in diese Begriffe gibt der erste Teil von Elisabeth Walther: Allgemeine Zeichenlehre. Stuttgart 2/1979
7) Die von den ersten Interpreten immer neu variierte These, "bei Ilse Aichinger gibt es nichts zu deuten" (Wolfgang Hildesheimer, in: Merkur 17, 1963, S. 1181), ihre "Chiffren" sprächen "nicht mehr die kognitive Ebene des Fassungsvermögens beim Leser an" (Paul Kruntorad: Prosa der sechziger Jahre, in: Protokolle 1966, S. 50), ja, es handle sich um eine "sinnlose Fragestellung" in einem "sinnleeren Raum" (James Knowlton und Reinhold Treml bei Helmut Himmel,Hrsg.: Ilse Aichingers Prosastück 'Der Querbalken'. Vier Interpretationsversuche, in: Sprachkunst 5, 1974, S. 281 u. 300), diese These ist inzwischen sicher überholt.
8) Die Erkenntnis, "daß Wort und Ding nicht übereinstimmen können" (Antja Friedrichs: Untersuchungen zur Prosa Ilse Aichingers. Münster 1970, S. 149), die Unfähigkeit der Sprache, die Wirklichkeit wiederzugeben (...), weil sie keine unmittelbare Beziehung zur Wirklichkeit haben kann (J. Knowlton, Anm. 7, S. 281) — solche Aussagen lassen sich fast beliebig vermehren — diese Einsicht ist am Anfang einer Interpretation sicher notwendig. Sie gehört zum Begriff von 'Wort' bzw. 'Sprache'. Aber dem Text als ganzem wird sie nicht gerecht.
9) Es geht zuerst darum, den Querbalken "allem verfälschenden Benennen zu entreißen". So zu Recht Helga-Malleen Gerresheim (Ilse Aichinger, in: Benno v. Wiese, Hrsg.: Deutsche Dichter der Gegenwart. Berlin 1977, S. 492).
10) Vgl. zu den Begriffen 'Denotation' und 'Konnotation' Jürgen Link: Literaturwissenschaftliche Grundbegriffe. München 2/1979, S. 41ff. Sehr klar schreibt Roland Barthes: "Die Denotation ist nicht die erste aller Sinngehalte, aber sie tut so, als wäre sie es. Mit dieser Illusion ist sie die l e t z t e unter den Konnotationen (diejenige, die die Lektüre gleichzeitig zu begründen und abzuschließen scheint)." S/Z. Frankfurt (1976), S. 14. Genau diesen Schein

zerstört Ilse Aichinger; nur ihre Interpreten halten ihn für die Norm.
11) Eine Reihe von "nur-wenn-Sätzen". Vgl. z.B. Albert Menne: Einführung in die Logik. München 2/1966, S. 37 u. 54/55. Ausgeschlossen ist demnach einzig der Satz: 'ich kann den Querbalken finden ohne ihn zu suchen'.
12) W. Hildesheimer, Anm. 7, S. 1180
13) Dies ist ein Grundgedanke der Linguistik und Poetik Roman Jakobsons, der ihn mit Peirce verbindet. Vgl. z.B. R. Jakobson: Zeichen und System der Sprache. In: Ders.: Form und Sinn. Hrsg. von E. Coseriu, München 1974, S. 7ff.
14) Vgl. z.B. jetzt C.S. Peirce: Phänomen und Logik der Zeichen. Frankfurt 1983, S. 64ff.
15) Vers 102-105
16) Besonders reich belegt ist dieses Bild in der Barockliteratur. Vgl. z.B. Catharina Regina von Greiffenberg 'Auff meinen bestürmbten Lebenslauff' (1662) oder Andreas Gryphius 'Am IV. Sonntag nach dem Fest der Weisen. Matth. 8' (1639)
17) Vgl. Umberto Eco: Einführung in die Semiotik. München 1974, S. 359ff.
18) Vgl. Max Bense: Zeichen und Design. Semiotische Ästhetik. Baden-Baden 1971, S. 72: "daß der 'ästhetische Zustand' (...) auch als 'Bedeutung von Bedeutungen', als 'Super-Interpretant' von 'Interpretanten' im Schema der Apperzeption, die stets als Schema der Interpretation fungiert, generierbar ist."
19) Vgl. Anm. 2 u. 3
20) Der Roman beginnt mit einer geträumten, rettenden Seefahrt, er handelt immer wieder von 'Friedensspielen' und schließt mit einer Vision des 'Springens' und 'Fliegens' — trotz allem. Auch zu anderen Texten Ilse Aichingers gibt es deutliche Verbindungen, so zum Lasttier der hoffenden Phantasie in 'Mein grüner Esel', zum Flügel-Fächer der Imagination (eine Gleichung Mallarmès) in 'Eliza Eliza', zur 'Rede unter dem Galgen', usw. Vgl. zu dieser Kontinuität auch J.C. Alldridge: Ilse Aichinger. London 1969: her "novel contains the germ of nearly all her subsequent work" (S. 10).
21) "Wenn die Transzendenz unsicher geworden ist, breitet sich Willkür auch auf Definitionen der Alltagsgegenstände aus, sei es auch nur bezüglich gewöhnlicher Objekte, für die der Querbalken als Chiffre steht" (Dagmar Lorenz: Biographie und Chiffre. Entwicklungsmöglichkeiten in der österreichischen Prosa nach 1945. University of Michigan, Ph.D., 1974, S. 301). Nur handelt es sich nicht um "Transzendenzverlust", sondern im Gegenteil um die Suche nach deren radikaler, ungewußter und ungenauer Realität, was das Annehmen von 'Willkür' gerade voraussetzt. Die spätere Monographie von D.C.G. Lorenz (Ilse Aichinger. Frankfurt 1981) reproduziert dagegen die bekannte Sinnlosigkeits-These: "Das Wort stellt sich als eine Leerstelle heraus, die, ohne Kontext, von einem jeden mit beliebigem Inhalt gefüllt wird. (...) Dem Frager, der keine definitive Antwort erhält, bleibt die Freiheit vorbehalten, sich den für ihn am passendsten erweisenden Bedeutungsbereich auszuwählen" (S. 144). Auch Carine Kleibers These: "Der Querbalken ist das Fazit eines gescheiterten Versuchs, die Sprache zu rehabilitieren" (Ilse Aichinger. Leben und Werk. Bern 1984, S. 139) scheint mir zu verkennen, daß der Weg an die Grenze von Sprache hier deren Erinnerungs-, Assoziations-, Kritik-, Kreativitäts-, ja Spielpotential gerade voraussetzt.
22) Vgl. Karlheinz Stierle: Geschehen, Geschichte, Text der Geschichte. In: K.S.: Text als Handlung. München 1974, S. 49-55
23) Die Frage ist "Kennzeichen dessen, der sich nicht mehr abfindet" (Wolfgang Hildesheimer. Frankfurter Vorlesungn. In: W.H.: Interpretationen. Frankfurt 1969, S. 104).
24) Eine solche Entwicklung vom Privaten zum Allgemeinen und Objektiven betonen besonders Werner Eggers (in: Dietrich Weber, Hrsg.: Deutsche Literatur seit 1945. Suttgart 1970, S. 252ff., v.a. S. 258) und Hans Wolfschütz (in: Alan Best/Hans Wolfschütz, Hrsg.: Modern Austrian Writing. London 1980, S. 156ff., v.a. S. 174f.).

LITERATUR DER REGION
UND DEUTSCHUNTERRICHT

von Jakob Lehmann

I. Franken als literarische Landschaft

"Bayern als literarische Landschaft — Raum für Entstehung, Überlieferung und Wirkung von Literatur ... bietet dem forschenden Betrachter eine Fülle von Autoren mit Werken verschiedenster Gattungen, Stoffe und Formen. Von den frühmittelalterlichen Anfängen bis in die späte Neuzeit hinein sind Zeugnisse lebendiger Sprachkraft greifbar teils in mündlicher, teils in schriftlicher Überlieferung, aus volkstümlicher, bäuerlich-handwerklicher wie aus höfischer, geistlicher, städtisch-bürgerlicher Lebenswelt, Werke für pragmatischen Gebrauch wie in ästhetischer Vollendung."[1]
Diese Sätze von Helga Unger in der Einführung zu ihrer vielbeachteten Ausstellung der Münchner Staatsbibliothek von 1975 "Zwölf Jahrhunderte Literatur in Bayern" könnten auch auf Franken geschrieben sein. Dafür ein paar Beispiele!

Im 11. Jahrhundert verfaßt der Bamberger Domherr Ezzo eine von Bischof Gunther anläßlich seiner Wallfahrt zum Heiligen Grab bestellte "Cantilena de miraculis", das 'Ezzolied', das mitten in der machtpolitischen Auseinandersetzung zwischen Papst und Kaiser die Heilsgewißheit der alten "Herrenreligiosität"[2] wahrend, eine einsame Gipfelhöhe adeliger deutscher Sprachkunst erreicht. Hugo Kuhn nannte es "den Anfang der eigentlich deutschen Literatur"[3] und meinte, es "mußte geradezu im Bamberg Bischof Gunthers ... beheimatet sein".[4]
Mit Otto von Botenlauben, Walther von der Vogelweide, Konrad von Würzburg, Wirnt von Grafenberg, dem Ritter aus Windsbach und Wolfram von Eschenbach leistet Franken einen bedeutsamen Beitrag zum Minnesang und zur höfischen Epik des 12./13. Jahrhunderts. Hugo von Trimberg, Rektor an St. Gangolf in Bamberg, hat diese Galerie ritterlicher Dichter in seinen Versen "von hôher tihter lobe" vorgeführt und mit den übrigen 24 000 Versen seines enzyklopädischen Gedichts 'Der Renner' (um 1300) eine nachhaltig wirkende didaktische Dichtung in mittelhochdeutscher Sprache geschaffen.
Fürstbischof Georg III. Schenk von Limpurg (1505-1522) begründete an seinem Bamberger Hof mit einem Zirkel von Künstlern, Dichtern und Gelehrten einen Humanistenkreis, der die von dem Bamberger Domherrn Albrecht von Eyb mit seinem 'Tractatus de speciositate puellulae Barbarae' (1452) als frühestes Zeugnis des Humanismus begonnene Tradition fortsetzte und enge Verbindung zu dem Nürnberger Kreis um Pirkheimer hielt. Aus dem 15./16. Jahrhundert sind Ulrich Boners Fabelsammlung 'Der Edelstein', die '36zeilige Bibel' und 'Der Ackermann aus Böhmen' ebenso herausragende Zeugnisse der frühen Bamberger Druckkunst wie Johann von Schwarzenbergs 'Bambergische Halsgerichtsordnung' als wichtige Zäsur in der Auseinandersetzung zwischen germanisch-deutschem und römischem Strafrecht.[5] — Konrad Celtis, aus Wipfeld bei Schweinfurt gebürtig, wird 1487 zum Dichter gekrönt, Martin Luther verfaßt 1530 auf der Veste Coburg seinen berühmten 'Sendbrief vom Dolmetschen'

und findet unter den Bamberger und Nürnberger Humanisten immer mehr Anhänger, so z.B. Hans Sachs. "Oh Jahrhundert, oh Wissenschaft ...", die Begeisterung Huttens, der auch zum Bamberger Humanistenkreis zählt, ist verständlich.

Nürnberg und — in einigem Abstand — Bayreuth werden zu Mittelpunkten des Literaturbarock und Rokoko. Harsdörffer gründet 1644 den Pegnesischen Hirten- und Blumenorden. Sein 'Poetischer Trichter' stellt die Dichtkunst als lehrbar hin, Catharina Regina von Greiffenberg beherrscht sie meisterhaft in sinnlich-zarten Reimen von köstlicher Musikalität. Johann Peter Uz aus Ansbach möchte inmitten der Anakreon-Fehde als "der keuscheste aller Dichter" gelten, und der sogenannte Ansbacher Kreis wartet mit fünf Vertretern auf, die als "literarische Einzelgänger"[6] betrachtet werden müssen: Markgraf Johann Friedrich, Karl von Knebel, von Seckendorf, Graf von Soden, Friedrich Wilhelm von Meyern.

Im Dienste der Aufklärung stehen fränkische Zeitschriften, die bedeutendste erscheint im Kloster Banz; aber auch die Markgräfin Wilhelmine von Bayreuth, Schwester Friedrichs des Großen, fördert das geistige und künstlerische Leben in der Enge ihrer fränkischen Residenz und steht in Korrespondenz mit dem großen Aufklärer Voltaire.[7]

Zwischen Klassik und Romantik wird Jean Paul "Licht und Zierde des Jahrhunderts", während Ludwig Tieck und Wilhelm Wackenroder mit ihren Reisen durch das fränkische Land von Erlangen aus einen Strom von Besuchern Frankens nach sich ziehen; es wird zur "Wiege der Romantik".[8]

Friedrich Rückert schlägt die Brücke zum 19. Jahrhundert und regt viele Schriftsteller zu seiner Nachfolge in der Pflege orientalischer Lyrik an. Max Dauthendey ist darunter und Anton Schnack, Julius Maria Becker, Ludwig Derleth und Georg Friedrich Daumer. Platen darf als Zeitgenosse nicht vergessen werden.

Die lange Reihe der Vertreter des 20. Jahrhunderts kann mit Namen wie Jakob Wassermann, Leonhard Frank, Karl Bröger, Friedrich Hagen, Hermann Kesten und Ernst Penzoldt auch nicht annähernd repräsentativ umschrieben werden. Aber um Quantität geht es auch nicht, sondern lediglich um ein paar herausragende Beispiele für die thematische und formale Vielseitigkeit und die überregionale Bedeutung dieser fränkischen Beiträge zur deutschen (und europäischen) Literatur, die z.T. wenig bekannt sind. Dabei markieren sie häufig entscheidende literarische Wendepunkte oder Zeiten des Übergangs und sind damit voll lebendiger Auseinandersetzung, die in den Werken bis heute nachklingt.

Da erhebt sich die Frage: Hat die Schule zur Erfüllung ihres Auftrags, zu einem sachgemäßen und selbständigen Umgang mit Literatur zu erziehen, diese in ihrem unmittelbaren Umkreis sprudelnden Quellen bislang hinreichend zur Motivation, zur Veranschaulichung und als stets aktuelle Anregung zur Selbstbeschäftigung genützt? Hat sie — wie schon Helga Unger forderte — mit ihrer Betrachtung literarischen Lebens hier, also in Franken, angesetzt, und zwar ohne in die Extreme der "Isolierung einer scheinbar stammesmäßig autonomen Literatur" oder der "totalen Auflösung der vielschichtigen Zusammenhänge in ein bloßes Kräftespiel heterogener Einflüsse"[9] zu verfallen?

Um Position, Anliegen, Ziele und Wege einer regionalen Betrachtung im Literaturunterricht soll es im Folgenden gehen.

II. Regionale Literaturbetrachtung im Unterricht

Vorweg muß ein mögliches Mißverständnis ausgeräumt werden, wenn wir von Literatur der Region sprechen. Keinesfalls ist eine Literaturbetrachtung gemeint, wie sie Josef Nadler vorgeführt hat. Anknüpfend an Hippolyte Taines positivistisch gefärbte Milieu-Theorie, kam er zu einer radikalen "Verneinung des individualistischen Standpunkts und damit jeder künstlerisch ausgerichteten Literaturforschung".[10] Er ersetzte Persönlichkeit durch den Stamm und leitete aus der historischen Bindung an die Landschaft den Volkscharakter ab. Damit waren der Spekulation Tür und Tor geöffnet, und die irrationale Wendung führte direkt in die völkische Literaturbetrachtung, die Taines Leitbegriffe: "race, temps, milieu" durch die NS-Schlagworte "Blut und Boden" ablöste.

Auch zum modisch gewordenen Begriff des Regionalismus hin bedarf es einer Abgrenzung. Region wird unter dem Kennzeichen Zusammengehörigkeit und Homogenität gesehen, fußend meist auf einer historischen Landschaft mit einheitlicher Denkweise, genormtem Verhalten und gemeinsamen Erlebnissen und Schicksalen seiner Bewohner. Geschichtliche Landschaften leben im Bewußtsein der Bevölkerung und in kulturellen Gemeinsamkeiten fort. "Regionales Bewußtsein entwickelt sich" nach Karl Möckl[11] "aus der Wechselwirkung mentaler Vorstellungen und realer Verhältnisse in einer Region". Karl Bosl spricht vom "Menschen in seinem Lande".[12]

Den Ursachen dieser Modeerscheinung des Regionalismus, der sich vor allem auch politisch äußert, braucht hier nicht nachgegangen zu werden. Die Veränderungen des Zweiten Weltkriegs, das Verblassen des alten Glanzes der Nationalstaaten und die Überspitzung der Zentralstaatlichkeit führten zur Besinnung auf "ältere und tiefere Bindungen" (W. Ballon)[13] geographischer, wirtschaftlicher, ethnischer und historischer Art und zur Opposition gegen eine globale Kommunikation, gegen anonyme Großstrukturen mittels Technik und Bürokratie und gegen die Herrschaft der Verbände und Interessengruppen. Die Forderung nach menschlichen Freiräumen zur Identifikation und Selbstbestimmung, zur Entwicklung und Pflege von Personalität zielt auf den kleinen, überschaubaren Raum als Basis des eigenen Wirkens nach sicheren Maßstäben. Dieser Raum wird nicht mehr bloß geographisch verstanden, sondern (nach Kant) als "die subjektive Bedingung der Sinnlichkeit, unter der allein uns äußere Anschauung möglich ist".[14]

Nimmt man hinzu, daß sich von hier aus neue Zugänge zu dem umstrittenen und vieldeutigen Wort und Wert Heimat öffnen, als "konkreter Raum, dem der Mensch zugeordnet ist, in dem er seine Zuständigkeit hat" (Ina-Maria Greverus)[15], so ergeben sich mancherlei Bezugspunkte zu unserer Verwendung des Begriffes Region, so z.B. wenn Literatur gesehen wird als "Widerspiegelung der eine 'Haltung' bestimmenden und durch sie bestimmten Perspektive des Menschen auf seine Umwelt und zugleich Repräsentation eines kulturellen Stils, der die Bedürfnisse formulieren und auch überlagernd verdrängen kann."[16]

Der Regionalismus in der zeitgenössischen Literatur, der regionale Themen, Motive und Stoffe (aus dem Kreis von Heimat, Land, Natur usw.) gestaltet und damit eine Art Komplementärfunktion gegen die Übergriffe der modernen Industriewelt anstrebt, wäre hier anzuschließen, zumal er Bestrebungen der früheren Heimatliteratur aufgreift. Norbert Mecklenburg[17] hat ihn mit folgenden Kennzeichen charakterisiert: Unmittelbarkeit (erreicht vor allem durch Anknüpfen an Mündlichkeit und Dialekt), Einfachheit (als Überschaubarkeit und Ursprünglichkeit), Ästhetik des Besonderen (in dem das Allgemeine gesucht wird), Heimat als Ort und Spielraum möglicher humaner Praxis, Auszug in die Fremde und Rückkehr (Heimat auch als "nicht mehr" und "noch nicht"), geschlossene und offene Provinz (mit den Polen Heimatstadt — Metropole und erzählerisches Transzendieren von Provinz), Ersatz der Sentimentalisierung von Natur und Land durch ökologische Balance — und bei allem: selbstkritischer Skeptizismus (Blick für die Rangfolge gesellschaftlicher Fragen, unter denen die regionalistischen nicht als vorrangig gelten). Unser Begriff reicht darüber hinaus.

Uns geht es weder um die Entdeckung einer Nadlers Stamm- und Volksseele ersetzenden Stadt- und Regionalseele und den ihr möglicherweise innewohnenden literarischen Kräften und Besonderheiten noch um den politischen Anspruch eines erweiterten Umweltschutzes im Sinne der "Alternativkultur" mit "grünlich schimmernden Seifenblasen" (Hans-Ulrich Wehler)[18]; auch nicht um die Hochstilisierung obskurer Provinzgrößen auf begrenztem Raum unter Preisgabe literarischer Perspektiven und Wertskalen, die längst Gemeingut sind.

Literatur der Region, immer gesehen auch unter dem Aspekt ihrer Verwendung im Literaturunterricht, meint in der Region entstandene, auf sie bezogene und von Schriftstellern dieser regionalen Herkunft stammende Literatur mit Wirkung über die Region hinaus. Damit knüpfen wir an eine Perspektive an, die schon 1813 Wilhelm Wackernagel in seiner Baseler Antrittsvorlesung 'Die Verdienste der Schweizer um die deutsche Literatur' angesprochen hat. Mag der Anspruch dieser Untersuchung auch viel weiter gehen, so legitimiert sie doch das Bestreben, eine Vermittlung bekannter wie weniger bekannter Autoren aus der unmittelbaren Anschauung des gemeinsamen Raumes und damit die Einsicht in Fakten von weniger erforschten Nebenschauplätzen anzustreben. Gerade in der neu entdeckten unmittelbaren Umgebung können das Entstehen und Werden, die Wurzeln und die weitere Entwicklung, kurz das dynamische Element im Literarischen studiert werden, was bei der Beschränkung auf die Statik der in Literaturgeschichten zu Abstraktionen und Etiketten gefrorenen Ergebnisse weniger möglich ist. Grillparzers Satz: "Man kann die Berühmten nicht verstehen, wenn man die Obskuren nicht durchgefühlt hat", sollte uns ebenso zu denken geben wie die Feststellung Wilhelm Raabes: "Die großen Deutschen kommen alle aus Nippenburg und Bumsdorf".

Dazu treten weitere Gesichtspunkte, die gerade von den schulischen Ansprüchen her eine regionale Literaturbetrachtung rechtfertigen, ja als Ergänzung notwendig machen. Die Klage, daß in unserer Zeit trotz nicht abreißender Medienberieselung dem jugendlichen Leser die konkrete Anschauung abgeht und damit das verbreitete Defizit an historischem Verstehen und an präzisen Informationen über Lebensformen vergangener Zeiten nicht abgebaut, sondern eher noch verstärkt wird, verlangt didaktische Gegenmaßnahmen. Hier könnte der regionale Ansatz eine Hilfe sein, an in der Region gleichsam stehengebliebenen Denkmälern und Zeugnissen ablesbar zu machen und zu vergegenwärtigen, was in naher oder ferner

Vergangenheit und in einer kaum mehr imaginierbaren Welt sich begeben hat. Gegen den beklagenswerten Geschichtsschwund und Vergangenheitsverlust etwas zu unternehmen, um Geschichthaftes in seiner Bedeutung für den Menschen wieder greifbar zu machen, sollte eine der vornehmsten Aufgaben des Deutschunterrichts als des zentralen Unterrichtsfaches werden. Gerade der Literaturunterricht muß dazu beitragen, indem er jede Möglichkeit nützt, Erinnern und Vergessen, Hoffen und Tradieren zu thematisieren und die Reflexion über Texte mit der historischen Reflexion zu verbinden.[19] Dazu aber könnten literarische Stätten der nächsten Umgebung mit beitragen, indem sie statt zu globalen Urteilen zum Studium genauer Details einladen, nicht nur den Verstand, sondern die Phantasie anregen und dadurch Innovationsfreude wecken. Im Dienste einer Geschichte von unten, gleichsam am "Tatort Literatur", wären sie imstande, Wirklichkeitsnähe und Anschaulichkeit zu vermitteln und damit das Interesse für Geschichtlichkeit immer wieder anzuregen. Hier am überschaubaren Feld literarischen Geschehens dürfte aber auch das Verständnis für bestimmte Handlungszwänge (auch im Künstlerischen), für begrenzte Entscheidungsspielräume und für versäumte Möglichkeiten wachsen und der Blick für die Realität sowie die vielfachen Verflechtungen des Autors und seines Werkes mit seiner Zeit und Gesellschaft sich schärfen.

III. Grenzen einer regionalen Literaturbetrachtung

Freilich dürfen auch die Grenzen einer regionalen Literaturbetrachtung nicht übersehen werden. Kleine und enge Verhältnisse sind keineswegs an sich schon menschlicher als große und weite. Das Schlagwort "small is beautiful" verrät eine wachsende Idolatrie, die zu einem nicht weniger bedenklichen Eskapismus verführen kann, als es bisherige waren; sie haben bekanntlich alle ihre Ziele verfehlt. — Eine andere Gefahr, die es zu erkennen gilt, liegt in der Vermarktung des Regionalen durch die Kulturindustrie. —
Es gibt auch keine Autonomie der regionalen Literatur, und sie ist nicht über die Zeiten hinweg von gleichbleibendem Wert und Rang. Es finden sich Schwerpunkte da und dort und Gelungenes neben Mißlungenem, Hochwertiges neben Minderwertigem. Immer aber ist die Verhaftung im Kontext der deutschen, der europäischen oder gar Weltliteratur zu beachten, der Anschluß nach dorthin oder provinzielle Abkoppelung. Das modische Pathos der Miniatur und die Monumentalisierung des Kleinen verraten nicht selten Mangel an Welt; gemütliche Stilleben sind für unsere Arbeit ebenso unbrauchbare Lernansätze wie eine emotionsgeladene Idealisierung und bizarre Verabsolutierung. Gegen eine (nicht erstmalige) Überbewertung der Ethnologie (wie z.B. gegenwärtig in den Einseitigkeiten der Alternativen), aber auch eine Überschätzung der auf Nachempfinden sich beschränkenden Erfahrung hilft nur die immer wieder anzustrebende Einbettung in ein Gesamtbild. Auch das alte Spannungsverhältnis zwischen dem Dichter und der von ihm erfahrenen, bewohnten Wirklichkeit ist zu beachten. Gerade an der regionalen Literatur wäre der "Wesensunterschied" zu studieren, der nach Thomas Mann "die Welt der Realität von derjenigen der Kunst auf immer scheidet", weil dem Dichter "das Stoffliche ... gar nichts, die Seele, die Beseelung alles bedeutet".

Schließlich hilft eine solche Betrachtung auch bei der Erfüllung unseres Auftrages, zu einem erfahrungsoffenen Lesen zu erziehen. Es meint die individuell-subjektive, sinnlich vollziehbare und auf eigene Erfahrungen aufbauende Form des Lesens, zu dem gerade die Sensibilisierung für die "Schätze vor der Haustüre" und die Auseinandersetzung mit ihnen einen effektiven Beitrag leisten kann. Indem der Schüler befähigt wird, die "Motivation der Muse" im Entstehungsprozeß eines literarischen Werkes zu lokalisieren und die Adaption einer Stadt oder Landschaft, die etwas auslöst, von etwas erlöst, eine neue Optik gewährt oder den Blick zur Vision steigert, zu berücksichtigen, verschafft er sich bessere Voraussetzungen für das Verstehen von Literatur als durch das Lernen abfragbarer Etiketten. Indem er entdeckt, wie häufig der Zufall am Werk ist oder wo der genius loci vernehmbar wird, sich tradiert und verstummt, gewinnt er ein ganz anderes Verhältnis zu dem, was wir literarisches Leben nennen, als aus den standardisierten Faktenreihen vieler Sprachbücher zu der abstrakt bleibenden Einteilung in Produktion, Distribution, Rezeption.

Am Ende einer solchen regional motivierten und illustrierend erhellenden Beschäftigung könnten für den Schüler Lust und Freude stehen, die zu erwecken der schulischen Lektüre so selten gelingt. Diese dürften dann auch nicht weiter die Lesebuch-Autoren fürs Leben vergällen, zumindest jene nicht, auf deren Spuren der Schüler gewandert, vor deren Haus oder Schreibtisch er gestanden oder denen er als Zeitgenosse persönlich begegnet ist. Neben den bislang überstrapazierten rational-intellektuellen Kräften würden nämlich auch die emotional-affektiven für den Lernprozeß fruchtbar gemacht.

IV. Unterrichtliche Verwirklichung

Mit dem zuletzt Gesagten haben wir bereits Möglichkeiten der schulischen Umsetzung angesprochen. Ihr öffnet sich ein weites Betätigungsfeld, das den Bedürfnissen vieler Altersstufen und aller Schulgattungen nach der Sinnlichkeit des Nahen und Vertrauten, nach Standortbezogenheit und Lebensnähe Angebote zu machen hat. Dabei dürfte auch vielen Lernzielforderungen Genüge getan werden, und zwar an Lerngegenständen, die von den Schülern selber erst mit zu entdecken, und auf Lernwegen, die im Zusammenhang mit den Gegenständen und ihrer adäquaten Bewältigung ebenfalls gemeinsam zu erkunden, zu erproben und zu reflektieren wären. Sechs Bereiche, freilich ohne starre Grenzziehung und stets einladend zu Übergängen, ließen sich dazu ausgliedern:

1. Eine Betrachtung mit Schwerpunkt auf einem Autor oder mehreren, aus der Vergangenheit oder Gegenwart, würde im Sinn von H. Roths "originaler Begegnung" als Unterrichtsprinzip die menschliche Seite des Unterrichtsgegenstands auftun, im Autor den Menschen und Autor und Werk als Einheit erkennen lassen.[20] Dazu gehört auch die persönliche Begegnung mit lebenden Schriftstellern in Lesungen, Vorträgen, Interviews, Signierstunden u.a. Auch das literarische Porträt aus der Hand des (meist jüngeren) Kollegen wäre bedenkenswert, etwa das von Uz in Wassermanns 'Sturreganz'; das von Wirnt von Grafenberg in 'Der Welt Lohn' von Konrad von Würzburg; das Süßkinds von Trimberg (des einzigen jüdischen Minnesängers aus Franken) im gleichnamigen Roman von Friedrich Torberg.

2. Der Anteil einer Region (auch Stadt usw.) am Entstehen, Ertrag und Nachwirken literarischer Epochen könnte herausgearbeitet werden. Ein Beispiel wäre Franken und die frühe Romantik.

3. Einen anderen Akzent könnte die schulische Arbeit an literarischen Formen und Gattungen setzen. Hierbei käme es auf Zusammentragen und Auswerten regionaler Märchen, Sagen, Legenden, Anekdoten, Schwänke, Schelmengeschichten, Ortsneckereien und sonstiger humoristischer Formen an, Sprichwörter, Bauern- und Wetterregeln, Kalender- und Dorfgeschichten, Volks- und Berufs-, aber auch Kirchen- und Wallfahrtslieder kämen hinzu. Das Unterrichtsprogramm (besser: -projekt) ließe sich ausdehnen auf Volksschauspiele, Schulspiele, Predigten, Inschriften (auf Gräbern, Denkmälern, Ex voto-Gaben usw.). Aber auch regionale Geschichten, Erzählungen und Romane könnten berücksichtigt werden. Bambergs bedeutende Kalendertradition z.B. könnte hierzu ebenso interessante Beispiele liefern wie seine frühen Angebote zu deutschen Volksgesängen für den Gottesdienst (etwa im ersten deutschen Diözesan-Gesangbuch von 1576 oder dem Gesangbuch des Kaplans Johann Degen aus dem Jahre 1628).

4. Literarische Motive und Stoffe wären ein weiterer Zugang für Entdeckungsgänge ins regionale Schrifttum. Marienlyrik, religiöse Lyrik, Naturlyrik wären hier zu nennen, aber auch die Motive Heimat, Liebe, Freundschaft, Beruf, Soziales und Politisches. Dazu gehörten lokale Motive, wie etwa der Kunigunden- und Heinrichskult in Bamberg, der Türklopfer an einem Haus in der Eisgrube zu Bamberg in der Form eines Frauenkopfes als Apfelweib-Motiv für E.T.A. Hoffmanns Märchen 'Der goldene Topf', Gärtner- und Häckertum der "Zwiebeltreter" und ehemaligen Weinbauern, wobei Dialektdichtung besonders stark vertreten sein könnte.

5. Dem ausgeprägten Sinn unserer Jugend für das Pragmatische käme die Betrachtung literarischer Orte und Landschaften entgegen. Orte also, an denen Schriftsteller geboren wurden, gewirkt und gelebt haben, gestorben und begraben sind, die sie besucht und beschrieben oder zu Schauplätzen in ihren Werken gemacht haben. Dabei könnte das Umschaffen von wirklich Erfahrenem in eine poetische Welt studiert werden. Beispiele: E.T.A. Hoffmanns späte Novelle 'Meister Johannes Wacht' wartet mit Bamberger Plätzen, Bräuchen und Gestalten auf. Selbst einem so modernen Roman wie 'Herzgewächse oder Fall Adams' von 1982 hat sein hier lebender Autor Hans Wollschläger Bamberg als Schauplatz zugewiesen — eine kleine Hilfe vielleicht, den Zugang zu einem schwierigen zeitgenössischen Roman auch unseren Schülern zu erleichtern.[21] Weitere Beispiele sind leicht auszumachen.[22]

6. Mit einer Fülle von Details gerade vom Regionalen her bietet sich die Erarbeitung des literarischen Lebens einer Zeit durch Schüler an. Verlage und Buchhandlungen zählen dazu, aber auch Zeitungen und Zeitschriften und ihre literarischen Beilagen. Literarische Gesellschaften (E.T.A. Hoffmann-Gesellschaft in Bamberg, Friedrich-Rückert-Gesellschaft in Schweinfurt, Jean-Paul-Gesellschaft in Bayreuth) und ihre periodisch erscheinenden Blätter wären ebenso Objekt wie Instrumente der literarischen Erhebungen durch Schüler; Museen (Karl-May- und E.T.A. Hoffmann-Museum in Bamberg, Jean-Paul-Museum in Bayreuth) müßten einbezogen werden wie Bibliotheken, Ausstellungen und Preisverleihungen. Auch das örtliche Theater gehört dazu, gegebenenfalls mit Freilichtaufführungen im Sommer (Calderon-Tradition seit dem frühen 19. Jahrhundert in Bamberg!). Untersuchungen von Studenten der Universität Bamberg zum "Bamberger Dichterkreis", der in der Zeit des sogenannten Dritten Reiches Autoren wie Barthel, Brandenburg, Brehm, Deml, Franck, Gmelin, Kaergel, Steguweit, Zerkaulen u.a. zu jährlichen Treffen hier zusammenführte, haben erst in jüngster Zeit viel Staub aufgewirbelt, weil man bis heute nichts wissen will von der gebotenen "Trauerarbeit" im Aufarbeiten der jüngsten Vergangenheit. Gerade hier wäre einiges nachzuholen.

Als Motto hat Goethe seinen 'Noten und Abhandlungen zu besserem Verständnis des West-östlichen Divans' die Verse vorangestellt:

> Wer das Dichten will verstehen,
> Muß ins Land der Dichtung gehen;
> Wer den Dichter will verstehen,
> Muß in Dichters Lande gehen.

Sie brauchen Ihnen, lieber Herr Weber, keine Aufforderung mehr zu sein, aber vielleicht eine von fränkischen Glückwünschen zu Ihrem Geburtstag begleitete schöne Bestätigung eines nicht unwichtigen Teilbereiches Ihrer Arbeit.

Anmerkungen

1) H. Unger: Zwölf Jahrhunderte Literatur in Bayern. Katalog zur Ausstellung der Bayerischen Staatsbibliothek März bis Mai 1975. München 1975, S. 9
2) K. Bertau: Deutsche Literatur im europäischen Mittelalter. Bd. I: 800-1197. München 1972, S. 137ff.
3) Zit. nach E.E. Ploss: Bamberg und die deutsche Literatur des 11. u. 12. Jahrhunderts. In: Jahrbuch f. fränk. Landesforschung. Hrsg. von Inst. f. Fränk. Landesforschung a.d. Universität Erlangen. Kallmünz 1959, S. 33
4) H. Kuhn: Dichtung und Welt im Mittelalter. Stuttgart 2/1969, S. 119. — Vgl. auch J. Lehmann: Wagnis des Unzeitgemäßen. Bambergs literarische Bedeutung. Jahresgabe 1977 der Fränk. Bibliophilengesellschaft Bamberg; u. J. Lehmann: Bamberg und die Literatur. Bamberg 1985
5) Dazu J. Lehmann: Fränkische Humanisten. Colloquium Historicum Wirsbergense. Bamberg 1980
6) H. Diterich: Der Ansbacher Kreis. In: W. Buhl (Hrsg.): Fränkische Klassiker. Nürnberg 1971, S. 378
7) Dazu J. Lehmann: Literatur und Geistesleben. In: E. Roth (Hrsg.): Oberfranken in der Neuzeit bis zum Ende des Alten Reiches. Oberfrankenstiftung Bayreuth 1984, S. 279-375
8) Dazu J. Lehmann: Franken — Wiege der Romantik. E.T.A. Hoffmann-Gesellschaft. Bamberg 1976; und J. Lehmann: E.T.A. Hoffmann in Franken. In: Geschichte am Obermain. Jahrbuch 11/1977 des Colloquium Historicum Wirsbergense, S. 155-189
9) H. Unger 1975, S. 9
10) W. Muschg: Die Zerstörung der deutschen Literatur. München o.J., S. 189
11) K. Möckl: Der Regionalismus und seine geschichtlichen Grundlagen. In: F. Esterbauer (Hrsg.): Regionalismus. Phänomen, Planungsmittel, Herausforderung für Europa. Eine Einführung. München 1978, S. 18
12) Zit. nach ebd., S. 19
13) Ebd., S. 5
14) Zit. nach ebd., S. 33
15) J.-M. Greverus: Der territoriale Mensch. Ein literaturanthropologischer Versuch zum Heimatphänomen. Frankfurt a.M. 1972, S. 28
16) Ebd., S. 382
17) N. Mecklenburg: Regionalismus und Literatur. Kritische Fragmente. In: Basis. Jahrbuch für deutsche Gegenwartsliteratur. Hrsg. von R. Grimm und J. Hermand. Bd. 9. Frankfurt a.M. 1979, S. 9-23
18) H.-U. Wehler: Geschichte - von unten gesehen. Wie bei der Suche nach dem Authentischen Engagement mit Methodik verwechselt wird. In: Die Zeit 19/3.5. 1985, S. 64
19) Vgl. dazu die gewichtigen Forderungen in: D. Wuttke: Von der Geschichtlichkeit der Literatur. Fragmente einer bildungspolitischen Bestandsaufnahme. Bamberg 1984
20) Vgl dazu: N. Vorsmann: Die Literatur der Region. Anmerkungen aus der Sicht der Allgemeinen Didaktik. In: A. Lenhard (Hrsg.): Literatur einer Region. Paderborn 1981, S. 187-195
21) Vgl. dazu D. Wuttke 1984, S. 13ff.
22) Etwa Hausser, P.: Jean Paul und Bayreuth. Bayreuth 1969. — Vgl. vor allem: Oberhauser, F. und G. (Hrsg.): Literarischer Führer durch die Bundesrepublik Deutschland. Frankfurt a. M. 1974

KONKRETE POESIE UND MODERNE MUNDARTDICHTUNG
in ihrer Bedeutung für die Schule
von Kurt Rein

I. Der Anreger: Konkrete Poesie

Die "konkrete" — wie trotz gelegentlich damit konkurrierender anderer Termini[1] heute allgemein für diese in den frühen 50er Jahren aufkommende betont moderne Lyrik gesagt wird — Poesie dürfte ihren durch zahlreiche Manifeste und Programme begleiteten Siegeszug durch die deutschsprachige Nachkriegsliteratur abgeschlossen haben; das gilt auch ungeachtet der Tatsache, daß einige Autoren wie etwa Ernst Jandl, Friederike Mayröcker noch immer Gedichte in dieser Art publizieren. Das war bereits das Urteil der 70er Jahre, das nicht nur von besonders scharfen Einzelkritikern, sondern auch umfassenderen Bestandsaufnahmen — wie etwa den beiden dem Thema 'Konkrete Poesie' gewidmeten Sonderheften von 'Text und Kritik'[2] stammte; ja man trifft sogar schon die Behauptung, daß diese damals in den Publikationen noch allgemein vorherrschende Art zu dichten — nicht zuletzt wegen Mangels an dem gerade besonders energisch geforderten sozialen Engagement — bereits "tot"[3] sei; etwas milder spricht H. Hartung von einem "Altern der experimentellen Poesie".[4]

An dieser Gesamteinschätzung hat sich kaum etwas geändert seit jener frühen Zeit, als man zuerst begann, die vorliegenden "akustischen" und "visuellen" Produkte aus fast zwei Jahrzehnten zu vergleichen mit den in den recht zahlreichen theoretischen Äußerungen E. Gomringers und seiner brasilianischen (Pignatari) bzw. angloamerikanischen (Finlay und Williams) Freunde gemachten Innovationsansprüchen. Noch am glimpflichsten verfährt dabei M. Walser mit seinen Dichterkollegen "von Heißenbüttel bis Handke": Er charakterisiert ihre Dichtung knapp und treffend als

"eine artistische Methode der Reduktion des Ausdrucks auf Sprachfertigkeit, auf Montage und Collage und Bloßlegung von Sprachstrukturen. Mehr oder weniger bloßgelegt werden die in den Sprachformen verdinglichten Meinungen. Oft genug werden die Sprachfertigteile einfach als Spiel und Reizmaterial verwendet. Entscheidend für den Verlauf dieser Bloßlegung-Prozesse ist die Empfindlichkeit des einzelnen Autors oder auch sein Überdruß; historische und streng gesellschaftliche Bedingungen werden nicht enthüllt".[5]

Sein Vorwurf ist deshalb der des "Desengagements", was am gleichen Ort z.B. v. d. Auwera als "inhaltliche Ablehnung der Inhalte traditioneller Dichtung ohne zu einer positiven Formulierung der Inhalte konkreter Poesie vorzustoßen" umschreibt.[6]

Ein anderer sprachimmanent und literaturhistorisch fundierter Einwand geht gegen den Originalitätsanspruch dieser angeblich so neuen "Antipoesie". Wagenknecht[7] verweist demgegenüber auf die manieristischen, bis zum Barock, ja zur Antike zurückgehenden sog. "Permutations-Gedichte". Renate Bayer behauptet unter Hinweis auf die unmittelbarer vorausgehenden französischen Symbolisten oder die von Gomringer selbst als Namenspaten für das neue Schlagwort "konkret" angeführten Dadaisten und Futuristen sogar, daß

> "konkrete Poesie zu einem großen Teil — entgegen dem theoretischen Anspruch — auf ein traditionelles Sprach- und Dichtungsverständnis rekurriert, so daß ihre Wirkung im Grunde genommen nur mit Hilfe der Tradition erzielt werden kann, daß sie also, pointiert ausgedrückt, parasitär wäre."[8]

Kaum weniger kraß ist die Zurückweisung, wenn Gomringer seine bekannte l' art pour l' art Ausgangsposition, wonach die "allzumenschlichen, sozialen und erotischen Probleme" nicht in seine 'Konstellationen', sondern "vielleicht in die Fachliteratur gehörten"[9], modifiziert mit der Behauptung, konkrete Poesie gebe "der Dichtung eine organische Funktion in der Gesellschaft"[10]; zumal er seinen gesellschaftsbewußten Kritikern nur die allerdings eindrucksvollen Erfolge der konkreten Schreibart in der Sprache der Werbung unter dem Titel 'Poesie als Mittel der Umweltgestaltung' (1969)[11] zum Beleg anbot; hier lautet das Verdikt bei v.d. Auwera "maßlose Übertreibung" und "totale Fehleinschätzung".[12]

Trotz dieser herben Kritik, ja Ablehnung hatte die konkrete Art zu dichten einen kaum zu überschätzenden Einfluß auf zahlreiche Vertreter moderner Dichtung, nicht zuletzt auf die Entstehung und Entfaltung der modernen Mundartpoesie.

Schon aus Raumgründen kann die wenig glanzvolle spätere Geschichte der hochdeutschen "konkreten Poesie" der bewegten 70er Jahre hier nicht weiter verfolgt werden, und es muß auf die angeführte Literatur verwiesen werden; lediglich eine linguistisch und durch die Nennung des "Dialekts" in unserem Zusammenhang besonders relevante Äußerung Gomringers sei abschließend vermerkt: Als Antwort auf die Kritik, insbes. an der fehlenden sozialen Relevanz gab Gomringer 1969 einige seiner frühen radikalen konkretistischen Positionen auf; so wandelte er z.B. die Behauptung, "konkrete Poesie könne einen Beitrag leisten zur universalen Gemeinschaftssprache", um und sah später in ihr, kaum weniger anspruchsvoll,

> "das ästhetische Kapitel in der Entwicklung einer universalen Gemeinschaftssprache — nicht eine Neuauflage von Volapük oder Esperanto, sondern eine bewußt auf visueller und auditiver Kommunikation beruhende Sprache ... Die sich schließlich ergebende Sprache konnte von den verschiedensten Seiten her gespeist werden, nicht zuletzt auch von Elementen der Mundarten, denen sich konkrete Dichter instinktiv und bewußt zuwendeten".[13]

Zu dieser — relativ spät publizierten — Einsicht paßt die Tatsache, daß sich bereits unter Gomringers ersten Gedichten auch solche in Mundart finden, so enge Beziehungen zwischen konkreter Poesie und moderner Mundartdichtung bezeugend.

II. Wiener Vorspiel: lautgedichte in wiener dialekt

Moderne Mundartdichtung ist gegenüber der skizzierten konkreten Poesie ungleich jünger, insbesondere im fachwissenschaftlich-literaturkritischen Ansehen; sie ist eigentlich im letzten Dezennium, erst seitdem sie nachweist, daß sie mehr als nur eine "Welle" ist, dabei, vergleichbare Publizitätsstufen in der Fachwissenschaft wie in der literarischen Öffentlichkeit zu erklimmen — wie sie der konkreten Poesie gleich von Anfang an gerne eingeräumt worden waren; ausgesprochen "konkrete Mundartpoesie" gar ist unter der inzwi-

schen großen Vielfalt der modernen Mundartdichtung noch seltener anzutreffen. Dabei war "konkrete Poesie" schon an der Wiege der modernen deutschsprachigen Mundartdichtung — ob sie nun wie nach allgemeiner Auffassung im Wien der frühen 50er Jahre oder nach D. Fringelis[14] Meinung eigentlich in Bern stand — gut und in wichtiger Position vertreten.
Einen Beleg für die erstere Ansicht finden wir in G. Rühms inzwischen historischer Dokumentation 'Die Wiener Gruppe. Achleitner, Artmann, Bayer, Rühm, Wiener' (1967)[15]; aber Rühm als der Theoretiker der Gruppe hatte bereits 1956 in der Zeitschrift 'Alpha' seine theoretischen Überlegungen zu der neuen Dichtungsrichtung ausführlicher dargelegt. Danach waren die genannten Autoren — sämtlich Wiener und Dialektsprecher — auf der Suche nach neuen künstlerischen Ausdrucksformen insbesondere für Lyrik auch auf die Neuansätze und Experimente gestoßen, wie sie damals von der "konkreten Poesie" in Anlehnung an Theorien der konkreten/konstruktionistischen Malerei entwickelt und schon von verschiedenen Autoren auf Deutsch, zuerst von Gomringer ab 1953 u.a. in sog. 'Konstellationen', vorgelegt worden waren. Die eigentliche Leistung der "Wiener" war es, daß sie die besondere Eignung gerade des Dialekts "als einen bestimmten manipulierbaren Ausdrucksbereich" (Rühm)[16] erkannt und in ihren zahlreichen Dialektgedichten geschickt und durch eine verfremdende (= radikal phonetische) Schreibung noch forciert für diese ihre neuen Absichten eingesetzt hatten. Damit war es auch für moderne Autoren möglich, ja interessant geworden, Dialekt zu verwenden, und der neuen Dialektdichtung war ein neuer Ansatz eröffnet.
Das wohl bekannteste Gruppenmitglied, H.C. Artmann, der mit seinem programmatischen Gedicht 'nur kann schmoez ned' die scharfe inhaltliche Trennung von der bisherigen idyllisch-gemüthaften Dialektdichtung ausformulierte, blieb allerdings in seinen einfachen, z. T. sogar noch reimenden Mundartgedichten — sieht man von der schockieren(sollen)den Orthographie einmal ab — eher konventionell und verwendete in surrealistischer Manier vor allem die barocke Bilderwelt bis hin zum Wiener-Skurrilen — alles nur in seine "schwoazze Dintn" tauchend.
Dieser seiner Sonderposition innerhalb der Wiener wie auch zwischen den Dialektrichtungen war sich Artmann auch von Anfang an bewußt. In einem Gespräch mit dem Verfasser anläßlich der Vorstellung seines Romanfragments 'tök ph'rong süleng', illustriert mit Grafiken von Wiener Surrealisten in der Schwabinger Galerie R.P. Hartmann am 13.7.67, erklärte Artmann in einem längeren Zwiegespräch über "seine Art zu schreiben" u.a.:

1. Auf die Standardfrage: "Warum im Dialekt?": Die Verwendung des Dialekts sei für ihn "keine Notwendigkeit" — wie ja "viele andere hochdeutsche Texte" bewiesen —, sondern auf der Suche nach Neuem in seiner Ausdruckskraft (wieder)entdeckt worden: das ideale "Spielmaterial" — von dem die bisherige Dialektdichtung keine Ahnung gehabt habe! , insbes. für Reime, Lautmalerei etc.
2. Auf die Frage: "Warum s o geschrieben?": Die radikalphonetische Schreibung sei, außer in dem Streben nach der für "Laut"gedichte nötigen möglichst großen Lauttreue, auch zur Abgrenzung gegen die bisherige — nicht nur Wiener — Dialektdichtung notwendig; sowie "auch schon, um a bisserl aufzufallen".
3. Hinsichtlich der Einordnung in zeitgenössische literarische Schulen ließ H.C. Artmann noch am ehesten — unter Hinweis auf die von ihm bejahten Vorläufer wie den Malerpoeten P.v. Gütersloh — eine Einreihung in den "Wiener Surrealismus" gelten und sah sich offenbar weniger primär als Dialektdichter oder gar -erneuerer.

Ohne diese auch aus ähnlichen späteren Stellungnahmen des Dichters noch zu erhärtenden Äußerungen überbewerten zu wollen, seien sie doch als in unserem Zusammenhang relevant hier zum ersten Mal publiziert, nicht zuletzt als Belege für die Spannweite der meist so homogen gesehenen und zitierten Wiener Gruppe. So ging G. Rühm bereits deutlich einen Schritt weiter ins konkret-mundartpoetische Neuland: Seine und insbes. Achleitners 'lautgedicht im wiener dialektidiom' (in dem zusammen mit Artmann 1959 unter dem lautspielerischen Titel 'rosn hosn baa' herausgegebenen 2. Hauptwerk der neuen Dialektdichtung) sind eindeutig als die (ersten) "konkreten Mundartgedichte" anzusprechen.

In dem folgenden Jahrzehnt kam es dann nicht nur zu einer Öffnung eines, insbes. des jüngeren Teils der deutschsprachigen Mundartdichter gegenüber diesen radikal neuen "Experimenten" vor allem auf formalem Gebiet; auch die weitere Entwicklung der "konkreten Poesie" zeigt in ihrem frühen Entwicklungsstadium deutlich starke — und zwar konstituierende — Einflüsse des Dialekts bzw. der nahestehenden Umgangssprache, die sich vor allem auf die formale Seite, später aber auch auf den Inhalt erstrecken.

So setzte sich — gewissermaßen als eine Art Altersmilde — unter dem durch die realistische Ausrichtung positiven Einfluß der Mundart(dichtung) im formalen Bereich auch der hochdeutschen konkreten Lyrik das spielerische Element immer stärker durch, fast die Parodie bis zur gelegentlichen Plattheit (so z.B. bei Harig, Jandl, Mayröcker, Schäuffelen); wo dies nicht der Fall ist, führt die konsequente Weiterführung des formalstrukturalistischen Prinzips der Konkretisten dann zur bewußten Destruktion der Sprache (bei Wiener) oder gar der Person (mit dem Selbstmord K. Bayers).

Dabei hatte sich gerade auch bei der heterogenen, trotz ihrer kurzen Gemeinsamkeit der 50er Jahre recht produktiven Wiener Gruppe ein möglicher Kompromiß bereits etwa in Richtung von Artmanns erfolgreicher Art zu schreiben aufgezeigt; jedenfalls ist es dieser Blutauffrischung durch den Dialekt letztlich zu verdanken, wenn die konkrete Methode vom folgenden Jahrzehnt nicht total in die bei Uwe Bremer und Franz Mon etwa sich abzeichnende überhohe Abstraktion und — zumindest teilweise — Unverständlichkeit geraten ist und eine — zumindest publizistische — Nachblüte in Ernst Jandl und Friederike Mayröcker bis heute aufweisen kann; ganz zu schweigen von ihrer besonderen konstituierenden Funktion in der neueren Mundartliteratur.

III. Berner Zwischenspiel: "modern mundart"

Doch findet sich diese "positive Aufladung" der konkreten Poesie mit neuen Inhalten bzw. der Mundartdichtung mit konkretistischen Formtendenzen in jener Frühzeit, wie schon Dieter Fringeli (1970, 72) hinweist, nicht nur in Wien. Das Pendel der Anregungen in der Entwicklung der modernen Mundartpoesie schwingt wieder zurück in die Heimat Eugen Gomringers, in die nicht nur gegenüber den Kriegsschäden und -spätfolgen sondern auch mundartlich intaktere Schweiz. Hier ist es, wo die das Neue konstituierende Amalgamierung von modernen "mundartlichen und hochsprachlichen Neuansätzen in Formen und Themen", die in Wien nur genialisch anklingt, in größerer Breite dann auch konsequent weitergetrieben wird. Namentlich sind es Ernst Eggimann und Kurt Marti, die mit ihrer stärkeren Durchmischung von abstrakt(er)em Inhalt und bewußt gestaltetem dialektalem Sprachmaterial auch die publikumsfreundlicheren inhaltlichen wie formalspielerischen Komponenten dieser neuen Richtung zum Tragen bringen; von der späteren Entwicklung her betrachtet, lassen sich bei beiden bereits Ansätze zu der (super)realistischen oder "dokumentarischen" Ausrichtung der modernen Dialektdichtung feststellen — Merkmale, die in dieser Phase dann vorherrschend werden.

Aber es dauerte noch über ein Jahrzehnt, bis nach den genialisch neuen Anfängen im Wien der 50er Jahre diese grundlegenden Neuerungen sich auch in anderen deutschen Mundarten durchsetzten.

Daß es (wieder) Schweizer waren, die diese neuen Anregungen aufgriffen und im Alemannischen weiterentwickelten, ist natürlich kein Zufall. Gomringer selbst hatte nur einige frühe Konstellationen im Dialekt gebracht, dann aber auf Hochdeutsch weitergeschrieben — soweit man die kurzen Wörter eindeutig den Sprachebenen zuordnen kann.

Wichtiger und weiterführender waren aber dann die Gedichte von Marti und Eggimann, die ihre Alltags- und, worauf Marti Wert legt: Umgangssprache in ihre Darstellungen des Alltäglichen in Inhalt und Form bewußt mit einbezogen. Und diese "Umgangssprache" ist nun mal in Bern oder Zürich der jeweilige Ortsdialekt oder eine nahestehende dialektale Sprachvariante — linguistisch gesprochen: eine Mischung aus dialektnaher Lautung und Morphologie mit z.T. sehr modernem Wortschatz, die sich aber beide recht deutlich vom Standarddeutschen unterscheiden. Die in diesem Unterschied zum hochdeutschen Standard liegenden neuen Reize und Möglichkeiten wurden in dem sog. 'Berner (Mundart)Chanson' von Mani Matter sehr geschickt gerade auch in ihrer dem Dialekt innnewohnenden starken Musikalität vorgeführt.

Der zukunftsweisende Schritt der Schweizer war, daß — bei aller spielerischen Herausstellung und systematischen Nutzung der formalen Seite des Wortes — dieser Formaspekt nicht mehr wie bei Gomringer und einigen der Wiener Verfertiger von "Lautgedichten" weiter vorangetrieben und verabsolutiert wurde; vielmehr wird auch die inhaltlich-semantische Komponente bewußt — und zwar nicht nur als "ungesteuerte Assoziationshilfe", wie etwa bei Bremer, Wiener und Gomringer — in die Sprachgestaltung (wieder) einbezogen und so ein gewisser Ausgleich im Sprachkunstwerk ermöglicht. Dadurch wurde der späteren "mundartpolitischen" Richtung zu dieser (in Gestalt der radikalphonetischen Schreibung z.T. sogar zweischneidigen) modernen Formausstattung auch noch das für ein kräftiges Gedeihen unerläßliche Startkapital an neuen Themen und Inhalten geschenkt, das sich dann als so fruchtbar erweisen sollte.

Es ist das nicht hoch genug zu veranschlagende Verdienst der beiden Obengenannten, zu denen aus dem alemannischen Dialektraum etwa noch unter den älteren Ernst Burren sowie — allerdings später und mit z.T anderer Zusatzmotivierung — die Elsässer, wie Andree Weckmann hinzufügen wären, daß sie dieses junge Pflänzchen "moderne Dialektdichtung" über die Wiener Monokultur mit ihrer — abgesehen von dem Glücksfall Artmann — recht kurzen Blüte hinübergerettet haben.

IV. Der Durchbruch der "neuen (dokumentarischen) Mundartdichtung"

Dennoch blieb die großflächige Verbreitung dieser neuen Mundartpoesie lange mit Person und Werk H.C. Artmanns verbunden, der immer wieder in den Entwicklungsgeschichten der jungen deutschen Mundartpoeten auftaucht. Der Ottakringer war insofern ein Glücksfall, als er — obgleich durch seinen mehrjährigen Schweizaufenthalt Gomringers konkretischem Einfluß wohl am ehesten und direktesten ausgesetzt — doch so viel dichterische Potenz hatte, daß er die durch die Konkretisten eröffneten formalen Innovationen zwar selbst in Lautgedichten geschickt nutzte, sich aber ihnen nie so völlig unterwarf wie etwa Achleitner oder Rühm. Die neue Mundartliteratur verdankt dem Wiener außer der sehr persönlichen Vorliebe für Skurrilität, ja Absurdität in der Sprache — wie in den darin sich spiegelnden Lebensverhältnissen eines Teils der Mundartsprecher — aber auch bereits den Zugewinn zumindest einiger moderner Inhalte; so z.B. das uralte Thema der intimen Beziehungen zwischen zwei Menschen, das im hochdeutschen Liebesgedicht kaum mehr sagbar, bei Artmann, Kusz u.a. — wenn auch nicht allein durch die Mundart — jedoch noch unverbraucht und originell klingt.

Dennoch bedurfte es offenbar noch eines weiteren Schubs in dieser Richtung, bis die moderne Mundartdichtung thematisch und formal stark genug war, um zu einem anziehenden Vorbild für junge Dichter zu werden.

Diese inhaltliche und thematische Erweiterung ist aus dem selbstverständlichen Mundartgebrauch in der Schweizer Diglossiesituation zwanglos zu erklären. Damit leisteten die Schweizer bereits die Überwindung des Konkretismus in der frühen Wiener Mundartlyrik, die Hoffmann/Berlinger[17] in ihrer detaillierten Geschichte der Modernen Dialektliteratur/Lyrik erst der 3. Entwicklungsstufe der von ihnen so genannten "dokumentarischen" Dialektlyrik der 70er Jahre zusprechen wollen. Nur diese habe verhindern können, daß die "Praxis der Dialektkonstellation" und des konstruktivistischen Dialektbewußtseins zur Schablone, zur handwerklichen Übung ausartete und das neue Dialektgedicht in der Formstarre erstickte.[18]

Ohne Zweifel hat diese in der Schweiz zuerst aufgetretene Tendenz "zur Realität" in der bundesdeutschen — und da namentlich der fränkischen — Mundartdichtung erst ihre breiteste Entfaltung gefunden und dadurch viel zur Popularisierung der jungen Mundartdichtung beigetragen.

Deren Entwicklung von Artmannschen Anregungen zu der etwas vereinfachend "dokumentarisch" genannten Haltung ist am deutlichsten an Biographie und Werk von F. Kusz zu verfolgen, der seinen Weg zum modernen Mundartdichter vor allem unter dem Einfluß der Sprachbarrierendiskussion der frühen 70er Jahre gefunden hatte.[19] Die fränkischen Autoren (F. Kusz, G. Krischker, L. Kleinlein oder E. Wagner) entnehmen ihre bekannte Sprechweise aus den sog. Sprachhülsen und sonstigen z.T. recht bildkräftigen Wendungen samt der innewohnenden kurzsichtigen (un)politischen Haltung als weitgehend fertiges (Sprach)material, und sie sehen — ähnlich den Verfassern sog. "Originalton-Hörspiele" — ihre dichterische Aufgabe lediglich in geschickter Montage und verfremdender Arrangierung dieser in gleicher oder sehr ähnlicher Form im Alltag häufig vorfindlichen mundartlich-restringierten Sprachelemente.

Diese werden dann — in den modernen "Mundartstücken" noch mehr als in der Lyrik — in all ihrer Unlogik der Lächerlichkeit preisgegeben, wobei es weniger um Humor auf Kosten der mundartlich-restringiert Sprechenden, sondern um soziale Aufklärung, ja politische Agitation geht. Dabei zeigen sich allerdings bald die unübersehbaren Gefahren des Dokumentarstils: einmal daß man sehr unkünstlerisch bei der oft allzu trivialen Darbietung des keineswegs immer originellen "Originaltons" stehenbleibt oder aber daß durch zu starke Verdichtung und Häufung auch die angestrebte Abbildung der Realität verfehlt wird. Aber auch in Hinsicht auf die intendierte Bloßstellung der in solchen "Sprüchen" oder Sprachhülsen oft enthaltenen fragwürdigen Ideologie besteht bei unkommentiert dokumentarischer Darbietung die Gefahr des unkritischen "Beifalls von der falschen Seite" derer, die sich mit diesen der Lächerlichkeit preiszugebenden Gedanken durchaus identifizieren.

Letztendlich kann es auch künstlerisch auf Dauer nicht sehr befriedigend sein, "sich in einer ständigen Kritik des falschen Bewußtseins zu erschöpfen", wie St. Radlmaier[20] diesen gefährlichen Zug in der modernen Mundartdichtung treffend formuliert hat. Es zeigt sich auch hier, daß es jeweils der stärkeren und dabei ausgewogenen Dichterpersönlichkeit bedarf, um sich solchem Innovationssog mit entsprechender dichterischer Potenz entgegenzustellen und diese neuen Möglichkeiten für den persönlichen Stil nutzbringend anzuwenden.

Wie Artmann, der konkrete Mundart – sog. Lautgedichte – schrieb, aber dann zu seinem leider nicht lange produktiven Ausgleich zwischen moderner Form und realistischem Inhalt im Mundartgedicht fand, ist es unter den in der bundesdeutschen Mundartszene führenden Franken vor allem F. Kusz, dessen dichterische Potenz die "konkreten" und die "dokumentarischen" Anregungen in seinen Personalstil einarbeiten und so die überzeugendsten Beispiele einer modernen (moderat dokumentarischen) Mundartdichtung auch auf lyrischem Gebiet vorlegen konnte.

V. Moderne Mundartpoesie unter didaktischem Aspekt

Die Behandlung moderner Mundartdichtung in der Schule sollte eigentlich keiner besonderen Rechtfertigung bedürfen. Für die Beschäftigung mit der oben beschriebenen Art konkreter Poesie (wie sie etwa vom bayerischen CuLP für die 11. Gymnasialklasse unter 2.6 als Schwerpunkt angeregt wird) lassen sich gewissermaßen additiv alle die zahlreichen Argumente ins Feld führen, die schon für die erstaunlich frühe Aufnahme der konkreten Poesie in die Lesebücher der 70er Jahre bereits genannt wurden, vermehrt um die Gründe, die für eine Beschäftigung mit dem Dialekt sprechen.

Eine ausführliche und durch die Doppelkompetenz als Didaktiker wie als moderner Mundartdichter (Lothar Kleinlein) gut fundierte kritische Sichtung lieferte H. Stroszek (1975).[21] Er will nicht nur die dichterischen Produkte der Konkretisten an ihren eigenen Programmen und Theorien messen, sondern stellt sich für eine zureichende "Klärung des Phänomens konkrete Poesie" das Ziel, die "Zusammenhänge herzustellen, d.h. zu rekonstruieren, die die Programmatik konkreter Poesie erklärbar werden lassen, andererseits aber auch die Realisate einem Verständnis zugänglich (zu) machen, das weder in bloßer Anmutung noch in formalen bzw. strukturalen Beschreibungen sich erschöpft".[22] Er gibt eine knappe, aber umfassende didaktische Begründung für jede schulische Behandlung von konkreter Poesie, die weit über die recht eigenwilligen Rechtfertigungen der Herausgeber von eilfertigen Lesebüchern zur konkreten Dichtung[23] hinausgeht.

Die Liste solcher Gründe für die Beschäftigung mit konkreter Poesie in der Schule umfaßt stichwortartig:[24]

a) Sensibilisierung für Literatur scheint erreichbar zu sein durch konkrete Poesie als "authentische" Literatur ... als zeitgemäße Dichtung.
b) Sie fordert spielerisch-erkundenden Umgang und setzt Kreativität frei.[25]
c) Sie fördert kritisches Bewußtsein, indem sie "Sprache als Sprache zeigt bzw. zur Sprache bringt".[26]
d) Kraft des progressiven Tenors erscheint sie über jeden Verdacht ideologischer Inanspruchnahme erhaben.

An weiter herbeigeholten Argumenten finden wir etwa noch:

e) Nachweis ihrer "organischen Funktion in Gesellschaft" nach E. Gomringers Behauptung wäre dadurch zu erbringen, daß sie sich "ihre neuen Leser auf der Schule erzieht".[27]
f) Gomringer hat 1960 bereits eine Selbstempfehlung ausgesprochen, die jede Didaktikerkritik verstummen macht, mit der Feststellung, daß "ihre (der konkreten Poesie gegenüber) kritische Einstellung zu allen sprachlichen Vorgängen, aber auch ihre Bereitschaft zum Spiel, zur Infragestellung der 'Werte' sie zu einer praktischen, nützlichen Denkdisziplin hat werden lassen".[28]

Wenn wir versuchen, diese Argumente für eine schulische Behandlung der konkreten Poesie auf die Beschäftigung mit der unter konkretem Einfluß stehenden modernen Dialektpoesie zu übertragen, so finden wir, daß sie nicht nur im wesentlichen ihre Geltung behalten, sondern zusätzliche Bestätigung gerade durch die Dialektdichtung erfahren: So sind die unter (a) angeführten Momente der Authentizität und Zeitgemäßheit der konkreten Dichtweise heute über die jüngeren in Mundart oder ihr nahestehender Umgangssprache (wie z.B. Jandl) geschriebenen neueren Gedichte noch weit eher aktualisierbar. Das kann für die inzwischen "klassischen" frühen 'Konstellationen' E. Gomringers oder die 'Variationen' und 'Tafeln' C. Bremers (wie 'fischer hell von lampen') oder F. Mons 'Artikulationen' heute wohl kaum mehr mit derselben Berechtigung behauptet werden.

Noch stärker kommt m.E. das Kreativitätsmoment (b) in der modernen Mundartdichtung zur Entfaltung: Dialekt war an sich schon in der bisherigen Dialektdichtung weithin mit dem Odium von Humor und Leichtigkeit behaftet, ja belastet; und auch die moderne Mundartpoesie hat das Spielerische und Experimentierfreudige beibehalten. Da dieses aber eine wichtige Voraussetzung für die Entfaltung von Kreativität ist, kann ein Mundartgedicht (den Mundartkompetenten) eher zur eigenen Produktion anregen als ein schon durch die "Endgültigkeit formaler Sprache" abweisendes hochdeutsches Vorbild. Dazu kommt als ein weiterer, nur der Mundart eigener Vorteil: Die von den Literaten als zusätzlicher ästhetischer Reiz geschätzte "Verfremdung" der geschriebenen Mundart wirkt andererseits auch als ein Aufheben der gerade für Jugendliche und Unterschichtangehörige bisweilen sehr realen Schreibbarriere in der hochdeutschen Schriftsprache, die dann bei den eigenen Produktionsversuchen nicht zum Tragen und somit eventuellen eigenen Dichtversuchen zugute kommt.

Das Moment der Sprachreflexion (c) kommt bei Einbezug der Dialektliteratur keineswegs zu kurz, sondern erhält vielmehr noch manchen zusätzlichen Anreiz: Die lautlichen wie insbes. die lexikalischen Abweichungen vom Hochdeutschen geben genügend Anlaß zu gestaffelt-systematischer Behandlung der (deutschen) Sprache je nach Alters- bzw. Klassenstufe: als unterschiedlich bewertete, aber letztlich gleichwertige Variantenfülle des heutigen Deutsch oder als konventionelles Sprach- wie Lautzeichen-System (aus Subsystemen) oder als historisch erklärbare und veränderbare Elemente des Kommunikationsmittels "Sprache".[29]

Damit kommt man zwangsläufig in die Nähe des unter d) angedeuteten soziologischen und ideologiekritischen Argumentationszuges. Gerade die diesbezügliche Offenheit der konkreten Poesie wurde ihr ja in den darin sehr bewußten 70ern als Fehler und Leere angekreidet. Ohne diesen Fehler durch den kaum geringeren, in der Mundartdichtung nur soziolinguistische Dokumente zu sehen, auszutauschen, geben doch diese zeitgenössischen Vertreter lyrischer sowie dramatischer Dichtung heute reichlich Gelegenheit zu einer distanzierten Behandlung sprachsoziologischer Fragen nicht nur auf den höheren Alters- bzw. Klassenstufen.

Anstatt weiterer Ergänzung dieser in ihrer positiven Überzeugungskraft kaum zu widerlegenden Argumente für die Behandlung moderner Mundartpoesie sowie detaillierter Hinweise zur methodischen Umsetzung dieser als geeignet erkannten Beispiele mag hier ein Verweis auf die zwar noch bescheidene, aber gut zugängliche Literatur dazu genügen.[30] Leider erlaubt es der Platz nicht, den beschriebenen Weg der modernen Mundartpoesie aus der Konkreten Poesie über die Wiener und Berner Zwischenstufen bis zu der heutigen bundesdeutschen, vorzüglich durch die genannten Franken vertretenen modernen Mundartdichtung auch durch einige repräsentative Beispiele im Anhang zu belegen. Obgleich das der mehrfach zum Ausdruck gebrachten didaktischen Konzeption nicht gerade förderlich ist, muß dies dem Leser, insbes. dem lehrenden Kollegen darunter, mit großem Bedauern selbst überlassen werden; neben den bereits erwähnten und gerade für das Bairische unschwer zu ergänzenden Publikationen mit Mundartdichtung stehen auch für die konkreten "Anfangskapitel" leicht zugängliche Anthologien aus der Feder E. Gomringers zur Verfügung.[31]

Anmerkungen

1) So z.B. (zu allgemeinen Charakterisierungen) "experimentell" oder "manieristisch" oder (nur als Teilmengenbegriff) "visuell", "engagierend" bzw. "konzeptionell".
2) Konkrete Poesie I. Text und Kritik. Zs. für Literatur, H. 25 (Januar 1970) und Konkrete Poesie II. Text und Kritik, H. 30 (April 1971)
3) Dies legt E. Juergens in einem Interview mit dem Altmeister E. Gomringer "Wie konkret kann Konkrete Poesie sich engagieren?" diesem in: Konkrete Poesie II. Text und Kritik 1971, S. 43, in den Mund, mit der fragenden Feststellung: "Kann die Konkrete Poesie 'an sich' bestehen, ohne Manifeste, ohne Theorien, die sie plausibel machen? Darf man sie damit nicht für tot erklären?" (S. 46)
4) Experimentelle Literatur und Konkrete Poesie, Göttingen 1975, S. 97
5) In Kursbuch 25 (1970), S. 19-41, zit. S. 20
6) Theorie und Praxis Konkreter Poesie in: Text und Kritik II, S. 33-42, zit. S. 36
7) Chr. Wagenknecht: Proteus und Permutation. Spielarten einer poetischen Spielart. In: Text und Kritik, H. 39 (1971), S. 1-10
8) Innovation oder traditioneller Rekurs? Beobachtungen zum wirkungspoetischen Aspekt der Konkreten Poesie. In: Text und Kritik, H. 31, S. 23-32, zit. S. 32; vgl. von ders. den didaktisch wertvollen Beitrag: Poesie als Mittel zum Zweck? Zur kommunikativen Funktion poetischer Stilmittel in Konkreter Poesie und Texten der Anzeigenwerbung. In: Wolfrum, E. (Hrsg.): Kommunikation. Aspekte zum Deutschunterricht. München 1975
9) E. Gomringer: Vom Vers zur Konstellation (1954), S. 282

10) In dem in Anm. 3 genannten Gespräch mit E. Juergens, S. 44
11) Referat, publiz. als "Vorspann 5. Eine Schriftenreihe zur Einführung in die Dichtung der Gegenwart". Itzehoe 1969
12) Text und Kritik, H. 30 (1971), S. 41
13) In dem unter Anm. 11 genannten Referat, gedruckt zum Vorspann 5, Itzehoe 1969, S. 16
14) D. Fringeli: Dialog im Dialekt. Wien 1976, S. 72
15) G. Rühm (Hrsg.): Die Wiener Gruppe. Achleitner, Artmann, Bayer, Rühm, Wiener. Hamburg 1967. Nachdruck 1985
16) Ebd., S. 16
17) F. Hoffmann/G. Berlinger: Die neue deutsche Mundartdichtung, dargestellt am Beispiel der Lyrik. Hildesheim 1978, S. 36-49
18) Ebd., S. 18
19) Von ihm selbst dargelegt in: Frankenland, Sonderheft 1976: Fränkische Literatur der Gegenwart, S. 11
20) St. Radlmaier: Beschaulichkeit und Engagement. Die zeitgenössische Dialektlyrik in Franken. Bamberg 1981, bes. S. 83ff.
21) H. Stroszek (= Lothar Kleinlein): Avantgardistische Programmschriften und Spätrezeption. Eine Demonstration am Beispiel von Konkreter Poesie auf der Schule. In: Wirkendes Wort 25 (1978), S. 211-230
22) Ebd., S. 218f.
23) S. Schmidt (Hrsg.): Konkrete Dichtung. Texte und Theorien. München 1972
24) Ebd., S. 220f.
25) Unter Berufung auf L. Arnold: Das Lesebuch der 70er Jahre. Köln 1973
26) F. Mon: Texte über Texte (1970), S. 13f.
27) Unter Bezug auf R. Wagenknecht in: Text und Kritik, H. 30 (1971), S. 9
28) So die Zusammenfassung von Stroszeck (vgl. Anm. 21), S. 221
29) Vgl. dazu sowie zu dem ganzen Abschnitt das in anderem Zusammenhang bereits von mir zu diesem Thema Gesagte. K. Rein: Dialekt in der Schule. In: Deutsch 2, hrsg. von J. Lehmann/K. Stocker, München 1981 (Handbuch der Fachdidaktik für fachdidaktisches Studium in der Lehrerbildung), S. 55-74
30) Z.B. S. Ekrund/H. Thomßen: Konkrete Poesie — experimentelle Poesie. In: Balhorn/Conrady/Tymister/Wallrabenstein: Sprachunterricht 2-4. München/Wien 1981. — M. Hahn: Operativer Umgang mit Literatur. Donauwörth 1981. — O. Schober: Dialekt im Unterricht. In: Praxis Deutsch 27 (1978), S. 12-21. — H. Böhm: Worte kann man drehen. In:Praxis Deutsch 17(1976), S. 19-21. — Ferner I. Koss in: Blätter für den Deutschlehrer 16 (1972), S. 92ff. und B. Sowinski in: Wirkendes Wort 17 (1967), S. 341ff.
31) E. Gomringer (Hrsg.): Konkrete Poesie. Deutschsprachige Autoren. Stuttgart 1972, und E. Gomringer: konstellationen, ideogramme. Stundenbuch. Stuttgart 1977

VOLKSSTÜCK ALS DIDAKTISCHES DRAMA

von Jürgen Hein

Die unterschiedlichen, wenn nicht sich sogar widersprechenden Wirkungsintentionen und die tatsächlichen Wirkungen des Volksstücks, zwischen Ernst und Komik einerseits und pädagogischer Absicht und bloßer Unterhaltung andererseits, haben diese spezifisch theatralische Form des Dramas zu einem Problem gattungspoetologischer Reflexion werden lassen. Betrachten die einen das Volksstück nur als eine "Rezeptionsform" der Komödie und unterschlagen damit seine ernsten Formen, wollen die anderen in ihm eine Residualkategorie für allerlei dramatische Formen sehen, die niedere Ansprüche befriedigen, während wieder andere ihm gar kein Eigenleben zuerkennen. So überrascht es nicht, daß in der Neubearbeitung des 'Reallexikons der deutschen Literaturgeschichte' kein Artikel zum Volksstück zu finden ist, wohl aber zu "Volksschauspiel", unter das es manchmal subsumiert wird, und zu "Posse", deren dramaturgischer Möglichkeiten es sich häufig bedient.[1] Einige historische Belege zum Begriffsgebrauch werden zeigen, daß es das Didaktische ist, welches zum Problem seiner eigenen Konstitution und seiner Bewertung durch die Literaturwissenschaft wurde.[2]

Von der Tatsache ausgehend, daß Dramen als Volksstücke bezeichnet oder rezipiert wurden, ehe sich der Begriff in der Theaterpoetik etablierte, gibt es mehrere Möglichkeiten, seine Verwendung theoretisch in ein System zu bringen. Zum einen müßte seine "Leerstelle" in den traditionellen Poetiken aufgespürt werden, z.B. der Platz des Volksstücks zwischen Trauerspiel und Lustspiel. Zweitens ist eine Bestimmung im Blick auf die Definition von "Volk" sinnvoll, wobei Volksstück vielleicht als Pendant zum "Bürgerlichen Trauerspiel" oder "Rührstück" erscheint. Dabei wird entscheidend sein, aus welcher Perspektive "Volk" zum Bestimmungselement wird (von 'oben nach unten': Volksbildung und Gemeinschaftserlebnis oder von 'unten nach oben': Kritik und soziale Abgrenzung). Eine dritte Möglichkeit besteht in der Untersuchung von Dramenpraxis und zeitgenössischer Kritik in ihrem Wechselspiel, sozusagen in der Analyse eines pragmatischen Volksstück-Verständnisses.

Einer der frühesten Belege findet sich in den 'Anmerkungen über das Theater' (1774) von J.M.R. Lenz im Zusammenhang mit Komödien Shakespeares, so wie später Theodor Fontane Shakespeare und Schiller "echte Volksdichter" nennt. Wir kommen darauf noch zurück. Der früheste Beleg definitorischer Art findet sich meines Wissens in J.Fr. Schützes 'Satyrisch-ästhetisches Hand- und Taschen-Wörterbuch für Schauspieler und Theaterfreunde beides Geschlechts' (Hamburg 1800):

> Volksstücke, in welchen Begebenheiten und Sitten des Volks für das Volk geschildert werden, sind in Deutschland selten. (. . .) Unsre meisten Theaterdichter schreiben aber für die höhern Stände, und nehmen die Materialien aus deren Sphäre. Selbst ihre ländliche Natur ist selten gemeine Natur genug, um allgemein faßlich und verständlich zu sein, und eigentlich vom Volke gefaßt werden zu können. Witzige Improvisationen unter unsern Schauspielern werden daher wohl thun, wenn sie durch ihr Spiel, durch gemeinere, d.i. leicht verständliche und amüsante Zusätze und Plattitüden, die sogenannten Familiengemälde dem Volke genießbarer zu machen. — Volksstücke sind jetzt eigentlich Spectakelstücke, wo das Volk gern hineingeht. (S. 175f.)

Hier ist schon die ganze Spannweite des Volksstücks mit allen didaktischen Kategorien, ästhetischen und funktionalen Kriterien sowie Problemen der sozialen Abgrenzung und des Abgleitens in die reine Unterhaltung formuliert. Auch die Funktion des Volkstheaters als Neben- oder Gegentheater klingt schon an, wobei berücksichtigt werden muß, daß die etablierten Theater die progressiven Tendenzen wie die Stilexperimente des "gemeinen" Volkstheaters wie auch seine Unterhaltungselemente aufgesogen haben. Auch dies ist eine Art Didaktisierung; das Theater formiert sich als "des sittlichen Bürgers Abendschule"[3], in dem, wie schon Goethe wußte, die volkstümlichen Theaterelemente eine große Bedeutung für die Entwicklung einer nationalen Theaterkultur erhalten.

In den maßgeblichen ästhetischen Handbüchern und Theater-Lexika der folgenden Zeit findet sich der Begriff "Volksstück" nicht mehr, wohl aber "Volksschauspiel" und "Volkstheater" mit seinen verschiedenen Genres (z.B. Posse, Vaudeville, Zauberspiel). So heißt es bei Ignaz Jeitteles, 'Ästhetisches Lexikon' (Wien 1839):

> Volksschauspiel. Jedes allgemeine zum Schauen für die große Masse berechnete Spectakel. — (Poetik). Ein dramatisches Product mit äußerem Glanz, sowohl für das Volk, als aus dem Volke, nämlich nach einem Stoffe aus dem eigenthümlichen Gebiete der Volkssage oder vaterländischen Historie. (. . .)
> Volkstheater. In dessen Ressort gehören, oft als Nebentheater in großen Städten zur Unterhaltung der mindern Klasse bestimmt, Possen, Zauber- und Spectakelstücke, auch Travestien, hauptsächlich in drastischen Freskogemälden, im Volksdialekte Sitten und Gebräuche der untern Stände schildernd. (. . .) (Bd. 2, S. 424)

Im 'Theater-Lexikon. Theoretisch-practisches Handbuch für Vorstände, Mitglieder und Freunde des deutschen Theaters' (Leipzig 1841) von Ph.J. Düringer und H. Barthels finden sich ähnliche Formulierungen, z.T. in wörtlicher Übereinstimmung. In der Definition von "Volkstheater" wird auf das Problem der Volksbildung hingewiesen:

> Es kann über dergleichen Theater von Seiten der Behörden nicht ängstlich genug gewacht werden, in dem, wie auf der einen Seite nichts mehr geeignet ist, ein Volk zu bilden, als das Theater, auf der anderen die niederen Stände nichts mehr und nichts leichter verderben kann als sittenlose sogen. Volkstheater. (Sp. 1119)

In der 'Wissenschaftlich-literarischen Encyklopädie der Aesthetik' (Wien 1843) von Wilhelm Hebenstreit wird nur schlicht gesagt, das Volkstheater sei "zur Unterhaltung des Volks" bestimmt, in volkreichen Städten trüge es "nicht wenig zur Erheiterung der daran theilnehmenden höheren Stände bei", im übrigen seien aber "die ästhetischen Anforderungen nur sehr untergeordneter Art" (S. 858).

Erst das 'Allgemeine Theater-Lexikon oder Encyklopädie alles Wissenswerthen für Bühnenkünstler, Dilettanten und Theaterfreunde' von K. Herloßsohn, H. Marggraff u.a. (Altenburg und Leipzig 1846) hat wieder den Begriff "Volksstück", beklagt aber das Fehlen dieser das Volk "veredelnden" Gattung und die "Gemeinheit" der "Volkstheater":

4. Didaktische Gattung — Gattungsdidaktik

> V o l k s s t ü c k e nennt man gewöhnlich die mit vielem Aufwande an Personal, Statisten, Decorationen usw. ausgerüsteten Productionen, die die Massen anziehen; eigentlich aber sind V. solche, die aus dem Volke herausgewachsen, Sitten und Charakter, Thaten und Erfolge, Wünsche und Bedürfnisse derselben verkörpern; eine Gattung von Stücken, die nicht allein das Volk angezogen, sondern auch erhoben und veredelt hat, die wir aber in Deutschland nicht haben, weil uns bei unsrer unheilvollen Zersplitterung jedes Volksthümliche fehlt, die Censur aber die Geschichte zum Theil unzugänglich macht und unsere Wünsche und Bedürfnisse nicht zum Anspruch kommen läßt. Aus diesem Grunde haben wir auch keine
> V o l k s t h e a t e r , hier im Sinne des 'Nationaltheaters' (s.d.) angenommen. (. . .) die Theater des 2. und 3. Ranges in großen Städten, die Zauberpossen, Spectakelstücke und Lokalsachen geben und dadurch die Menge locken, sind bösartige Auswüchse des Volkslebens (. . .), Pflanzschulen der Gemeinheit, Unsittlichkeit und Gesinnungslosigkeit, deren Untergang man nur mit Jubel begrüßen könnte. (. . .)
> (Bd. 7, S. 174)

Wir sehen, wie sich die Optik verändert hat und Forderungen an das Volksstück als Bildungsinstrument erhoben werden; diese einseitige Didaktisierung geht auf Kosten des lokalen und regionalen und wohl auch des komischen oder satirischen Elements. Die zeitgenössische Wiener Kritik forderte vom Volksstück "eine wahrscheinliche, aus dem Leben gegriffene Handlung, Personen und Zustände des Volkslebens, erzieherische Tendenz, 'gesunde' Komik".[4] Auch wenn der zeitgenössische Streit um das "echte" Volksstück und die Normkraft der Begriffe nicht überbewertet werden soll, wird besonders im unterschiedlichen Umgang der Autoren mit solchen Forderungen deutlich, wie sich wenigstens zwei Spielarten der Gattung, eine komisch-unterhaltende und eine ernst-belehrende, ausbilden, wie man an den Stücken Johann Nestroys und Friedrich Kaisers gut zeigen kann. Schon in den vierziger Jahren des 19. Jahrhunderts beginnt, wofür sich aus der zeitgenössischen Kritik Belege anführen lassen[5], der Auseinanderfall von Volksstück als "Produktion des Volkstheaters" und als literarische Gattung mit bestimmten Intentionen und Ambitionen. Bei den Intentionen ist eine Differenzierung in aufklärerisch-kritische und bildend-erziehende sowie derb-komische und rührend-lustspielhafte Volksstücke — mit jeweils unterschiedlicher Verteilung ernster und komischer Elemente — zu beobachten, wobei insgesamt ein mehrdimensionales Verständnis von Volksstück vorliegt, das im Verlauf des 19. Jahrhunderts immer mehr zugunsten der belehrenden Tendenz eingeengt wurde. Zugleich ist dies der Auseinanderfall von Lokalposse und Volksstück, der zur Abwertung und zum Verlust der kritisch-komischen Komponente führte, die Ludwig Anzengruber noch zu retten versuchte, dann aber erst wieder im 20. Jahrhundert von Ludwig Thoma, Ödön von Horváth, Carl Zuckmayer und Bertolt Brecht erneuert wurde.

Solche "Literarisierung" von Volksstück und Volkstheater geschah noch von einer anderen Seite, indem Stücke des Literaturtheaters auf die Vorstadtbühnen gebracht wurden. Kleists 'Käthchen von Heilbronn' und Grillparzers 'Die Ahnfrau' erlebten ihre Uraufführung im Vorstadttheater, und Theodor Fontane hielt es 1858 für "sehr wohl möglich, daß Shakespeare noch mehr auf die Vorstadtbühnen als auf die Königlichen Theater gehört":[6]

> Man spricht immer von einem "Volkstheater" und bildet sich ein, ein solches geschaffen zu haben, wenn man allerhand trivialen Unflat, scheußliche französische Marquis und edle Droschkenkutscher auf die Bühne bringt. (. . .) Der echte Volksdichter ist zugleich ein Lehrer des Volks, und seine beste Kunst ist die, daß er lehrt ohne die Miene des Lehrers, daß er zu spielen und leicht zu unterhalten scheint, wo er

bildet und die Samenkörner guter Gedanken und guter Taten streut. (. . .) Shakespeare ist ein Volksdichter, ein Dichter für alle Schichten des Volks. Verlieren wir das nicht aus dem Auge, und sorgen wir dafür, daß unsere Hamlet nicht nur ihre Monologe deklamieren, sondern im fünften Akt mit dem französischen Rapier auch fechten können.

Fontane hebt, den Niedergang des Volkstheaters wie viele Zeitgenossen beklagend, das didaktische Element hervor, zugleich aber auch "Spiel" und "Unterhaltung", sinnlich schaubare "Aktionen", die die Sinnenlust des Publikums befriedigen und zugleich der didaktischen Absicht dienen.

Die sich um die Jahrhundertwende neu etablierenden "Volksbühnen" und die ihre Spielpläne an Volksstücken orientierenden Stadttheater werden der dialektischen Einheit von Unterhaltung und Belehrung, Bereitstellen von Vorbildern und gleichzeitiger Kritik nicht gerecht, indem sie die Wirkungseinheit der im fruchtbaren Widerspruch liegenden Momente zugunsten trivial-komischer bzw. sentimental-ernster Wirkung auflösen.[7] Beispielhaft für das Problem der Orientierungssuche ist der Brief des Duisburger Theaterdirektors Heinrich Gottinger an Peter Rosegger (6. April 1900) und dessen Antwort (9. April 1900).[8] Gottinger, der selbst eine Beschreibung des Volksstücks gibt ("... ein Stück Volk — ein Stück aus dem Volk — ein Stück für das Volk — oder gar nur ein Stück von lauter Volksfiguren dargestellt") und einige Namen nennt (Anzengruber, L'Arronge, Rosegger, Morre, Ganghofer, Nestroy), fragt Rosegger, wo das Volksstück "ende", da sich Drama, Schauspiel, Posse, nicht aber der Schwank, unter das Volksstück einreihen ließen. Die erste Antwort gibt er sich selbst; das Volksstück ende dort, "wo die Zote anfängt und die Gemeinheit sich breit macht — aber auch dort (. . .), wo die Innerlichkeit und das Herz fehlt". Roseggers Antwort spiegelt den um die Jahrhundertwende erreichten Stand der Diskussion um das Volksstück wider:

'Heimgarten' Graz, 9. April 1900.

Verehrter Herr und Freund!

Sagen Sie mir, was ein Volk ist und ich sage Ihnen, was ein Volksstück ist. Es gibt ein Landvolk, ein Stadtvolk, ein gebildetes, ein ungebildetes, ein deutsches Volk usw. Also ist auch das Wort Volksstück keine einheitliche Bezeichnung. Vielleicht könnte man das ein Volksstück nennen, was dem größten Teil einer Bevölkerung, ihrem Verständnisse, Kunstgeschmack und ihrer sittlichen Anschauung am meisten entspricht. (Sie haben in Ihrer Definition das ja auch angedeutet.) Vor Allem meine ich, müsse ein Volksstück national sein, nicht im politischen Sinn, sondern so, daß es aus demselben Boden, demselben Geiste und demselben Volke entspringt, wofür es berechnet ist. Ich kann mich augenblicklich an kein französisches, englisches, italienisches Stück erinnern, das bei uns 'Volksstück' geworden wäre. Shakespeare's Dramen sind es nicht, Schiller's 'Räuber' und 'Tell' sind es. Die Mundart ist da auch nicht maßgebend; es wäre sogar zu wünschen, daß auch das Volksstück in schlichtem, kernigem Hochdeutsch geschrieben wäre, nur anklingend an die Sprechweise jener Menschenklassen, von denen das Stück handelt.

Unter dem Worte 'Volksstück' wurde vielfach das verstanden, was man Lokalstück nennen könnte; erst große Volksdichter haben die Gattung erweitert auf die ganze Nation. Und weil wir die Bezeichnung 'Volksstück' schon einmal haben, so möchte ich darunter jedes Stück (auch Oper) verstanden wissen, das auch für die große Masse des Volkes, welches ein Theater überhaupt besucht, verständlich und wirksam ist. Es soll aber nicht spintisieren wie Ibsen, nicht moralisieren wie dieser und jener, es soll wahres Leben darstellen, wirkliche Menschen mit ihren Leidenschaften, Lastern und Vorzügen, aber es muß verklärt sein von dem Himmelsglanze 'poetischer Gerechtigkeit'. Wo das Gute zu Schanden wird und der niederträchtige Kerl triumphiert, das ist kein Volksstück, das wird dem Volke nie an's Herz wachsen. Jedes Stück, das auf den geistesgesunden, gemütswarmen Menschen (ob er nun gebildet oder ungebildet sei) erheiternd oder erhebend wirken kann, dürfen wir am Ende als Volksstück

bezeichnen. In enge Grenzen läßt sich weder das Volksstück noch das Volk bannen. Es gebe wohl sicher noch andere Merkmale des Volksstückes, aber da muß man einen Literarhistoriker oder gar einen Theaterkritiker um sein Votum bitten — solche Herren würden die Sache schon gelehrter und spitzfindiger darstellen, als ich es in diesem flüchtigen Schreibebrief zu tun im Stande war.
Herzliche Grüße von Haus zu Haus.

Peter Rosegger.

In die Klagen um den Verlust des alten Volksstücks, "geschrieben für das besondere Verständnis und den besonderen, unverwöhnten Geschmack einer deutlich unterscheidbaren Menschenklasse"[9], mischte sich die Einsicht, daß die soziale Entwicklung zu einem Wandel des Volks zur "Masse" geführt hat, der wenig später das Kino als "modernes Volkstheater" angeboten wird.[10] Freilich schwindet damit der Bildungsauftrag völlig. Hans von Gumppenberg charakterisiert auf dem Hintergrund dieser Entwicklung die Möglichkeiten eines "heutigen" Volksstücks: als "nationales Drama", das aber am fehlenden "Gesamtgeiste des Staates" scheitere, als "antikapitalistisch-tendenziöses Armeleutestück", als "Amüsiervolksstück für die 'bessere Gesellschaft'", als "rein literarisches Volksstück", und letztlich gebe es noch das "Entschuldigungsvolksstück", das hinter dem Etikett "Volksstück" mangelnde künstlerische Qualität kaschiert. Alle diese Formen verfehlten die Forderung, "aus der Seele des Volkes heraus einem volkstümlichen Publikum ein Kunstwerk zu bieten"; das "echte und eigentümliche Volksstück" sei heute nur noch "ein Märchen aus alter Zeit". Pessimistisch resümiert Gumppenberg: "Wie die Dinge heute liegen, kann ein ehrlicher und ernsthafter Freund der Kunst und Kultur dem 'Volksstück' nur baldigsten und radikalen Untergang wünschen."[11]

Welche Konsequenzen sind aus dem Überblick über Inhaltswandel, Begriffsverengung und Programmatik des Volksstücks für die terminologische Klärung zu ziehen? Es ist notwendig, über den diffusen Gebrauch eines bloßen Orientierungsbegriffs hinaus, gattungstheoretische Überlegungen zunächst nur für einen bestimmten Zeitabschnitt der Geltung von Normen anzustellen.[12] Auch das 'Ideal' eines Volksstücks ist nicht zeitlos, sondern die Vorstellungen sind zeitgebunden und von wandelnden politischen und ästhetischen Faktoren bestimmt. Dennoch kann man ein Raster bestimmter Konstanten aufstellen, die Intentionen, Struktur, "Paradigmawechsel", Wirkungsbedingungen und gesellschaftliche Funktion von Volksstück beschreiben helfen.[13]

Eine konstitutive Konstante ist die didaktische Zeigestruktur, und zwar nicht nur im lehrhaft-bildenden Volksstück, sondern auch in seinen komischen Spielarten. Selbst das Fehlen der didaktischen Dimension in den rein unterhaltenden Stücken verweist noch auf den Zusammenhang. Das Didaktische des Volksstücks zeigt sich sowohl in seinen Inhalten und Weltbildern wie in seinen besonderen dramaturgischen Möglichkeiten, seine Absichten beim Publikum zu erreichen. Das Volksstück ist einerseits Theater des Alltäglichen, andererseits aber Fiktion mit deutlicher Akzentuierung des Spielcharakters, der Illusion von Realität, sei diese aus komisch-satirischer oder moralisch-überhöhender Perspektive dargestellt. Das Volksstück zeigt 'einfache Geschichten', aber mit Sinnsetzungen, die über die unmittelbare Realität hinausweisen. Gerade die fiktionale Akzentsetzung in der Verarbeitung der Realität entscheidet darüber, ob nachahmenswerte Vorbilder, zu verurteilende Verhaltensweisen oder zur Reflexion anregende Gegenbilder gezeigt werden. Insofern ist die didaktische Zeigestruktur dem Volksstück als publikumbezogenen Drama immanent, sei sie nun satirisch-verneinend oder ethisch-bejahend. Dieser Struktur sind alle anderen Wirkungsmittel untergeordnet, und sie ist es auch, die die Trennungslinien der herkömmlichen Rhetorik überwindet. So wird der Dialekt literaturfähig und der "kleine Mann" zur Volksfigur, die sogar "Fallhöhe" besitzen kann. Mit einigem Recht kann man die Mischung von "Tönen" und "Stilen" als Gattungsspezifikum des Volksstücks bezeichnen, und zwar im Blick auf die soziale Hierarchie des Personals (hoch — niedrig), auf die Sprechstile (erhaben — gemein, Vers — Prosa, "natürliche" Sprache), auf die Gattungen (Schauspiel, Komödie, Musikdrama), auf das Verhältnis zur Realität (Wunschwelt — 'nichtige' Alltagswelt), auf die Dramaturgie (Identifikation — Provokation) und auf die "Schluß"-Typen, von denen das "Happy end" mit gleichzeitiger Ironisierung (wie bei Nestroy) nur eine Möglichkeit darstellt. Die Mischung dieser Elemente geschieht immer in didaktischer Absicht.

Trotz des inhaltlichen und begrifflichen Wandels, ja sogar der 'Umkehrung' der Gattung, kann man von einer Kontinuität des Volksstücks sprechen und ist eine Geschichtsschreibung der Gattung — wenn auch z.T. regional differenzierend — möglich. Kontinuität ist niemals eindimensional, sondern wird durch die literarische Entwicklung als einem Prozeß mit Normsetzungen, Brüchen, Innovationen vielschichtig gebildet. Insofern ist es auch legitim, Verstöße gegen eine Norm als zur Gattungskontinuität gehörend zu betrachten.[14] Ebenso muß es möglich sein, Dramen, die eine andere Gattungsbezeichnung tragen, auf ihre Volksstückhaftigkeit zu untersuchen, die ja zum Teil auch intendiert ist (wie bei Brecht).[15] In der Frühzeit war der Begriff, wie wir gesehen haben, noch nicht eingebürgert, dann stand er, zwar kongruent, aber dennoch in Konkurrenz zu anderen Formen (z.B. Lokalposse) oder wurde für das sittlich-bildende Drama allein in Anspruch genommen, schließlich dehnbar und durch "die flachen Reproduktionen gängiger Schwankmuster kompromittiert" (Hinck), dann zaghaft wieder eingeführt und belebt. Die Tauglichkeit des Volksstücks, das irgendwie ein Kind pädagogischer Strömungen der Epoche der Aufklärung ist, erweist sich auch als umgedrehtes, umfunktioniertes dramatisches Modell im "kritischen Volksstück". Das hat mit seiner ihm immanenten Didaktik zu tun. Die didaktische Fundierung der Dramaturgie, ihre Engführung und auch ihr Verlust, ist eine Mitgift des 19. Jahrhunderts. Teils für zu leicht befunden, teils weil zu sehr mit Tendenz befrachtet oder zu Zwecken der Volkstumsideologie mißbraucht, hat diese — vielleicht typisch deutsche — Gattung noch nicht die ihrer Poetik gerecht werdende Behandlung durch die Literaturwissenschaft erfahren. Und dies hängt mit den Schwierigkeiten zusammen, die die Literaturwissenschaft mit dem Didaktischen hat.

4. Didaktische Gattung – Gattungsdidaktik 103

Anmerkungen

1) Vgl. Dietz-Rüdiger Moser: Volksschauspiel. In: Reallexikon (...), Bd. 4, 1984, S. 772-786, dagegen die Berücksichtigung von 'Volksstück' in: Siegfried Kube: Schauspiel. In: Deutsche Volksdichtung. Eine Einführung. Leipzig 1979. Allgemein sei verwiesen auf: Jürgen Hein: Formen des Volkstheaters im 19. und 20. Jahrhundert. In: Walter Hinck (Hrsg.): Handbuch des deutschen Dramas. Düsseldorf 1980, S. 489-505
2) Vgl. Gerd Müller: Drei Thesen zu Begriff und Problem des Volksstücks. In: Akten des 6. Internationalen Germanisten-Kongresses Basel 1980. Teil 3. Bern/Frankfurt a.M./Las Vegas 1980, S. 252-258
3) Vgl. Hilde Haider-Pregler: Des sittlichen Bürgers Abendschule. Bildungsanspruch und Bildungsauftrag des Berufstheaters im 18. Jahrhundert. Wien/München 1980
4) Vgl. Otto Rommel in: Johann Nestroy. Sämtliche Werke. Bd. 15. Wien 1930, S. 244; W.E. Yates: The idea of 'Volksstück' in: Nestroy's Vienna. In: German Life and Letters 38 (1985), S. 462-473
5) Vgl. vor allem den zeitgenössischen Streit um "Vaudeville" oder "Posse mit Gesang" auf dem Hintergrund der Vorlagenbearbeitung auf dem Wiener Volkstheater, dazu zwei Beispiele der Theaterkritik:
Franz Dingelstedt: Eine diabolische Theaterkritik. In: Wiener Zeitschrift 1842, Nr. 226-228, S. 1804-1807, 1814f., 1820-1822;
M.G. Saphir: Didaskalien. Vaudeville – Posse – Bäuerle – Nestroy: dessen neues Stück 'Nur Ruhe!'. In: Der Humorist 1843, Nr. 231, S. 929-932.
6) Theodor Fontane: Schriften zur Literatur. Hrsg. von Hans-Heinrich Reuter. Berlin 1960, S. 143-145
7) Vgl. die programmatischen Schriften, z.B.: O.C. Flüggen: Das Moderne Volkstheater dessen Leitung, Repertoire und die Presse. Mit besonderer Berücksichtigung des Volkstheaters am Gärtnerplatz in München. Skizze. München 1879; Adolph L'Arronge: Deutsches Theater und Deutsche Schauspielkunst. Berlin 1896; Anton Bettelheim: Volkstheater und Localbühne. Berlin 1887; ders.: Die Zukunft unseres Volkstheaters. Berlin 1892. – Die Belege lassen sich vermehren!
8) Zitiert in: Hartmut Redottée: Das Duisburger Stadttheater von der Jahrhundertwende bis zum Jahre 1921. In: Duisburger Forschungen 7 (1963), S. 280-282
9) Hans von Gumppenberg: Volksstücke. In: Literarisches Echo 8 (1905/06), S. 264-267
10) Vgl. Emil Perlemann: Der Kino als modernes Volkstheater. Eine Entgegnung auf unberechtigte Angriffe. Berlin 1912
11) Gumppenberg (Anm. 9), S. 226 und 267
12) Solche 'Zeitabschnitte' wären etwa 1835-50 (Nestroys Vorlagenbearbeitung), 1870-1900 (u.a. Anzengruber zwischen Normerfüllung und 'Innovation'), die Erneuerung des Volksstücks in den zwanziger Jahren, das Volksstück in der DDR oder auch die Stellung von Franz Xaver Kroetz innerhalb des Volksstücks der Gegenwart, jeweils mit Blick auf 'Vorläufer' und programmatische Formulierungen
13) Bausteine eines solchen Rasters wären etwa: Sozial- und epochengeschichtliche Aspekte; Orientierungsfunktion der Stückbezeichnung (Volksschauspiel, Lokalposse, Volksstück...); 'Autorpoetik' und 'Produktbezeichnung' der Theaterpraxis; Erwartungen und Forderungen der Kritik; 'Norm' und Normabweichung; Inhalt, Themen, Lebensformen... (Vorstellungen von 'Volk') und Zeitbindung; Personal (Volksfigur, Räsoneur, 'Held', 'Familie', Rollen, Tätigkeiten...); Sprache; Dramaturgie und Theatertechnik (Mischung der Wirkungsmittel, Zauber, Musik, Tanz...); Konflikte und 'Lösungen'; Kommunikationsstruktur und 'Botschaft' (Aufklärung, Kritik, Utopie, Kompensation, Reduktion auf das 'Moralische') ; Differenzierung des 'Wirklichkeitsbezugs'. – Vgl. jetzt auch die Beiträge in: Volk – Volksstück – Volkstheater im deutschen Sprachraum. Jb.f. Int. Germanistik, Reihe A, Bd. 15, 1986.
14) Dies gegen Yates (Anm. 4), S. 470f., der die historische Kontinuität anders sieht und Gegensätze zwischen damaliger und heutiger Begriffsverwendung konstatiert. Er leugnet den Zusammenhang zwischen satirischem und moralischem Volksstück.
15) Walter Hinck: 'Mutter Courage und ihre Kinder': Ein kritisches Volksstück. In: Brechts Dramen. Neue Interpretationen. Hrsg. von Walter Hinderer. Stuttgart 1984, S. 176

GREULICHE TATEN
UND NÜTZLICHE LEHREN
Die Kalendergeschichte als "didaktische" Gattung

von Kurt Franz

Zweifellos sind Texte, die man der Gattung Kalendergeschichte zuordnet, in hohem Maße lehrhaft. Sie bereiten den Leser auf bestimmte Lebenslagen vor, helfen ihm aus Notsituationen und stehen als warnendes Exempel vor seinen Augen. Zweifellos auch gehören "Kalendergeschichten" seit knapp 200 Jahren mit zum festen schulischen Literaturkanon, und zwar in weit größerem Umfang, als es die Präsenz des Terminus in Stoff- und Lehrplänen, in Lesebüchern und Schulanthologien glauben machen könnte. Somit rechtfertigt sich die Verwendung des Adjektivs "didaktisch" als Beschreibungskategorie im doppelten Sinn, nämlich stiltypologisch und rezeptionsästhetisch. Die Gattungsbezeichnung "Kalendergeschichte" selbst wirft freilich einen ganzen Katalog von Fragen auf, und es bleibt offen, ob sich überhaupt in sinnvoller und berechtigter Weise Texte mit weitgehend gleichen Merkmalen als entsprechender Typus zusammenfassen lassen, denn die Komponente "didaktisch" allein reicht dafür nicht aus. Um den heutigen Diskussionsstand zu verstehen, muß man in die Entwicklungs- und Rezeptionsgeschichte der "Gattung" und ihres ursprünglichen Mediums, des Kalenders, zurückgreifen.

Vor mir liegen die letzten Ausgaben des Straubinger Kalenders, der in erstaunlicher Kontinuität 1985 schon im 389. Jahrgang erschien und damit, wie im Untertitel hervorgehoben, der älteste Heimatkalender Deutschlands ist. Zum Vergleich blättere ich in den Kalenderjahrgängen 1808–1819 des 'Rheinländischen Hausfreunds', die mit wenigen Ausnahmen Johann Peter Hebel redigiert hat. Natürlich handelt es sich um eine Faksimile-Ausgabe[1], Originale sind trotz der damals relativ hohen Auflagen — bis zu 40.000 Stück — heute eine bibliophile Seltenheit und deshalb fast unerschwingliches Sammelobjekt. So erzielten vor einigen Jahren ein paar dieser Hefte auf einer Auktion in München mit DM 35.000,-- den höchsten Preis für eine Erstausgabe neuerer deutscher Literatur.

Trotz eines Zeitunterschieds von 170 Jahren ist die Parallelität ganz erstaunlich: Nach dem Kalendarium, das den katholischen, evangelischen und jüdischen Jahresablauf, Sonnen- und Mondfinsternisse u.ä.m. berücksichtigt, folgt ein großer Textteil mit Bildern, deren Anzahl 1985 allerdings durch eingestreute Anzeigen und Werbeseiten stark angeschwollen ist. Die vornehmlich ländliche Bevölkerung erfährt im Sinne der Volksaufklärungsbestrebungen des 18. Jahrhunderts hier wie dort etwas über Markttermine, wird zur Lösung von Rätseln angeregt, mit Sprüchen und Sprichwörtern normativ zum richtigen Lebenswandel angeleitet und vor allem durch zahlreiche Geschichtchen belehrend unterhalten und unterhaltsam belehrt. Ist es dort Hebels 'Husar in Neiße', so ist es hier 'Das Klopfen' von Hanns Haller, der sich auch an den "verehrten Leser" wendet. Mit der Maxime der Kalendermacher, der Kalender solle "ein Spiegel der Welt" (Hebel)[2], "ein Spiegel des Lebens" (Gotthelf)[3] sein, wird die stoffliche und formale Vielfalt begründet. In ihr leben ältere Gattungstraditionen fort[4], die noch weit vor Grimmelshausen, den bekanntesten Kalendermann des 17. Jahrhunderts, zurückreichen, und in ihr liegen so auch die Ursprünge des Gattungspluralismus und der heutigen Gattungsproblematik "Kalendergeschichte".

Der Terminus der Gattung, deren Genese man bis auf Oswald von Wolkenstein zurückführen möchte, ist also relativ jung. Selbst unser Hauptvertreter J.P. Hebel spricht undifferenziert von Aufsätzen, Erzählungen, Geschichten, Anekdoten. Natürlich hat gerade er mit seinen theoretischen Überlegungen, seiner praktischen Arbeit (rund 300 Kalenderbeiträge) und seiner Rezeptionsgeschichte der Literaturwissenschaft die härtesten Nüsse zum Knacken vorgelegt. Bevor er die alleinige Redaktion des 'Badischen Landkalenders' übernahm, hat er 1806 in zwei Gutachten[5], heutigen Planern und Herausgebern von populären Zeitschriften vergleichbar, fast unglaublich modern anmutende Forderungen gestellt und gestalterische Vorschläge unterbreitet: größerer Umfang im ganzen, aber Übersichtlichkeit und Abwechslung im einzelnen, besseres Papier, Hervorhebungen durch rote Textstellen, schönere und größere Lettern, gerade für Kinder und ältere Leute, anregende und erläuternde Illustrationen, früheres Erscheinen des Kalenders, angemessener Preis, neuer ansprechender Name und anderes mehr. Besonders aufschlußreich sind dabei seine inhaltlichen Vorstellungen, die von einem tiefen Einblick in den Publikumsgeschmack der Zeit zeugen und die er alle selbst literarisch verwirklicht hat. Der Leser verlangt nach politischen Begebenheiten des vorigen Jahres ('Das Bombardement von Kopenhagen'), Mord- und Diebsgeschichten ('Wie eine greuliche Geschichte durch einen gemeinen Metzgerhund ist an das Tageslicht gebracht worden', 'Die drei Diebe'), Schatzgräber- und Gespensterspuk ('Merkwürdige Gespenstergeschichte', 'Tod vor Schrecken'), Feuersbrünsten ('Unglück der Stadt Leiden', 'Brennende Menschen', 'Große Feuersbrünste'), Naturerscheinungen ('Mancherlei Regen', 'Der Mensch in Hitze und Kälte'), edlen Handlungen ('Das fremde Kind', 'Einer Edelfrau schlaflose Nacht') und witzigen Einfällen ('Der vorsichtige Träumer', 'Mißverstand').

Hebel hat sich überhaupt öfter zum Leseinteresse geäußert; so leitet er die Ankündigung zweier Bücher im 'Rheinländischen Hausfreund' für das Jahr 1813 mit der verallgemeinernden Feststellung ein: "Der geneigte Leser liest fürs Leben gern Geschichten von Räuberbanden, grausamen Mordtaten und blutigen Hinrichtungen, wenn ein halbes Dutzend auf einmal abgetan werden."[6] Mit all den genannten inhaltlich-stofflichen Kriterien ließe sich Hebels dichterisches Prosawerk hinreichend rubrizieren. Im ersten Gutachten präzisiert er aber noch seine schriftstellerische Absicht, die nichts anderes als die Frage nach dem Realitätsanspruch von Dichtung und die alte Dichotomie des "docere" und "delectare" aufgreift:

"Auch der Bauer mag gerne wissen, was außer seiner Gemarkung vorgeht, und will, wenn er unterhalten und affiziert werden soll, etwas haben, von dem er glauben kann, es sei wahr. Mit erdichteten Anekdoten und Späßen ist ihm so wenig gedient als mit ernsten Belehrungen, und wenn wir doch, wie billig, edlere Zwecke mit der Kalenderlektüre erreichen wollen, welches Vehikel wäre zu den mannigfaltigsten Belehrungen geeigneter als Geschichte?"[7]

Hier erweist sich Hebel als typischer Theologe und Aufklärer, der offiziell in seinen theoretischen Ausführungen den Aspekt des reinen Genußlesens hintanstellen muß, während er diese Absicht in seinem erzählerischen Werk löblicherweise weit weniger konsequent verfolgt und verwirklicht hat. Mit dem "studio placendi" hat er als Pädagoge im modernen Sinn seine Lehren maskiert und zum Wohlgefallen des Publikums immer versucht, seinen stofflichen Vorlagen "ein nettes und lustiges Röcklein" umzuhängen, wie er in der Vorrede zum 'Schatzkästlein des rheinischen Hausfreundes' (1811) betont. Gerade die Kunst, Belehrung im Gewande der Unterhaltung zu bieten und die Lehre möglichst zu verstecken, hat man an Hebel oft gelobt, obwohl man diesen Maßstab bestimmt nur partiell auf sein Kalenderschaffen anwenden kann. Entsprechende Texte werden dann, je nach Zeitgeschmack, wertend selektiert.[8] Die "Latenz der Moral", wie ich das Phänomen einmal nennen möchte, ist also, auch verglichen mit anderer Literatur, nur sehr relativ zu sehen, doch trug sie entscheidend dazu bei, Hebels Geschichten zum oft kopierten, aber unerreichten literarischen Vorbild, zum vielbenutzten und bis heute bewährten pädagogischen Medium in Schule und Haus, bei jung und alt, für Gebildete und weniger Gebildete werden zu lassen. Nur daraus ist wohl Hebels Schaffen wie überhaupt eine wesentliche Komponente der Gattung "Kalendergeschichte" zu verstehen. Wieweit die Anwendung dieses Stilmittels bei Hebel in pädagogisch-didaktischer Intention oder in der notwendigen Rücksichtnahme auf politische Zensur gründet, dürfte nur im Einzelfall zu entscheiden oder zu vermuten sein.

Mit der konservierenden Zusammenfassung fast aller Kalenderbeiträge der Jahrgänge 1808—1811 und einiger früherer Texte in einer eigenen Buchausgabe, dem 'Schatzkästlein des rheinischen Hausfreundes' von 1811, wurde ein ganz entscheidender Schritt vollzogen, wenngleich die vielbeschworene "Literarisierung" der Kalendergeschichte in diesem Zusammenhang leicht mißverstanden werden kann. Denn literarisiert, im Sinne von aufgewertet, wurden nicht die einzelnen Geschichten; die wenigen Veränderungen waren oft mehr formal-technischer Art: Bezüge auf jetzt fehlende Bilder wurden getilgt, Querverweise auf andere Texte, Leseranreden und mundartliche Härten wurden reduziert. Literarisierung konkretisiert sich viel mehr im Verbreitungsgrad, in der Tradierung und Wirkung dieser Anthologie und damit auch der Einzelgeschichten. Paradoxerweise erfährt jetzt mit der Lösung des literarischen Gegenstandes aus dem originären Medium der Gattungsbegriff "Kalendergeschichte" seine notwendige Begründung und Verbreitung. Hebels 'Schatzkästlein' liegt bis heute in zahlreichen Gesamt- und noch weit mehr Auswahlausgaben vor, es wurde zur unerschöpflichen Quelle für Anthologisten und Lesebuchautoren.[9] Viele bekannte Autoren wie Jeremias Gotthelf, Berthold Auerbach, Oskar Maria Graf, Bertolt Brecht u.a. sowie das Heer der poetae minores verleugnen nicht ihr großes Vorbild, ganz gleich ob in ihrem Kalenderschaffen oder in der literarischen Gestaltung der "Gattung" an sich.[10]

Wie sehr sich die Kalendergeschichte vom Medium Kalender absondern kann, verdeutlicht sehr aufschlußreich die kleine Geschichte 'Der Kalender', die anonym in einem Lesebuch für Mütter ('Frohe Fahrt durchs ganze Jahr', München 1947) abgedruckt ist: Eine Bauersfrau kauft einen Kalender vom vorigen Jahr, weil er noch wie neu aussieht und obendrein billiger ist; eine Praxis, die inzwischen, freilich in einem anderen Kontext, beim Erwerb teurer Kunstkalender gang und gäbe ist.

Eine Entwicklungslinie, die in der bisherigen Diskussion völlig ignoriert wurde, ist — neben der offensichtlichen Kontinuität traditioneller Massen-,

Heimat- und Arbeiterkalender — das "Absinken" der Gattung Kalendergeschichte zur Kinderliteratur. Vergleichbar anderen Gattungen, wie Märchen oder Fabel, ist sie auf dem Weg über die Schule, häufig in bearbeiteter Form, zur verbreiteten Kinder- und Jugendlektüre, aber auch zur Massenware geworden, wie zahlreiche Titel des 19. Jahrhunderts bezeugen. Man denke an Karl Stöbers 'Kalendergeschichten für alles Volk und alle Zeit' (1847) oder an Franz Hoffmanns 'Kalender-Geschichten'(1852)! Natürlich setzt auch bald Kritik an derlei Literaturproduktion ein. So moniert F. Schaubach, daß die Kalender zuviel Unterhaltung, dem seichten Geschmack des Volkes angepaßt, enthielten, nicht zuletzt "Anekdoten in der Weise der älteren Kalendergeschichten und des Hebelschen Schatzkästleins"; heraus komme dabei ein "italienischer Salat von Stoff".[11]

Bis in die Gegenwart existiert die Gattungsbezeichnung nicht nur bei der Publizierung alter Geschichten und im literaturwissenschaftlichen Diskurs, sondern vermehrt auch im unmittelbaren Verwendungszusammenhang: 1983 hieß eine unterhaltsame Fernsehserie im Vorabendprogramm der ARD 'Kalendergeschichten'; 1977 edierte Barbara Bartos-Höppner das voluminöse Jugendbuch 'Kalendergeschichten unserer Zeit. Ein Hausbuch zum Jahreslauf', in dem sie auch über ihre Entwicklung zur "Kalenderfrau" berichtet; für 1986 liegt der Kinderkalender 'Erwin Moser's Kalendergeschichten' vor. Die Reihe ließe sich beliebig fortsetzen.[12] Andererseits ist es bis heute wohlbekannter Usus, ältere Geschichten wieder in ihr ursprüngliches Medium zu übernehmen. Auf der Rückseite des März-Blattes im Parabel-Kalender 1985 sind 'Zwei Kalendergeschichten von Johann Peter Hebel' ('Eine sonderbare Wirtszeche', 'Drei Wünsche') abgedruckt.

Daß eine solch inflationäre Entwicklung einer klaren Gattungsbeschreibung weder im präskriptiven noch im deskriptiven Sinn förderlich sein konnte, leuchtet ein. Sie mußte sogar zu einem stark indifferent geprägten Gattungsbewußtsein führen, obwohl sich literaturwissenschaftliches Bemühen, wie so oft, ohnehin überwiegend auf die "adelige", sprich literarästhetische, Linie der Kalendergeschichte beschränkt. Hebel kannte dieses spezifische Problem noch nicht, doch hat er, wie schon angedeutet, natürlich unbewußt den Grund dafür gelegt. Mit der Übernahme einzelner Geschichten in einen neuen Kontext, z.B. in das Kapitel eines Lesebuches oder eines anderen Sammelwerkes, sind immer auch neue Ein- und Zuordnungen gattungsmäßiger Art verbunden. Zu welchem Gattungspluralismus die Vereinzelung, Neueinordnung und Diskussion der Hebelschen Kalendergeschichten geführt hat, soll die nebenstehende Graphik an Beispielen verdeutlichen, wie sie terminologisch bisher tatsächlich auftreten — nur der modernem journalistischen Sprachgebrauch entlehnte Terminus "Human-interest-story", der den Darstellungstyp genau trifft, ist vom Verfasser aktualisierend eingefügt.

Diese Hebelsche "Gattungsuhr" soll vor allem das Bild der Diffusion vermitteln. Entsprechend vereint sie sehr verschiedenartige Kriterien, strukturale, intentionale und rein stofflich-motivliche. Ebenso wenig kann sie Anspruch auf Vollständigkeit erheben, denn Texte von Hebel laufen auch unter Kürzestgeschichten (Apophthegmata), Beschreibungen, Berichten, Kriegs-, Lehrzeit-, Kindergeschichten u.a.m. Hinzu tritt ein weiterer Aspekt, der graphisch der Übersichtlichkeit halber noch gar nicht einbezogen ist: Ein und dieselbe Geschichte erscheint unter den verschie-

4. Didaktische Gattung – Gattungsdidaktik   109

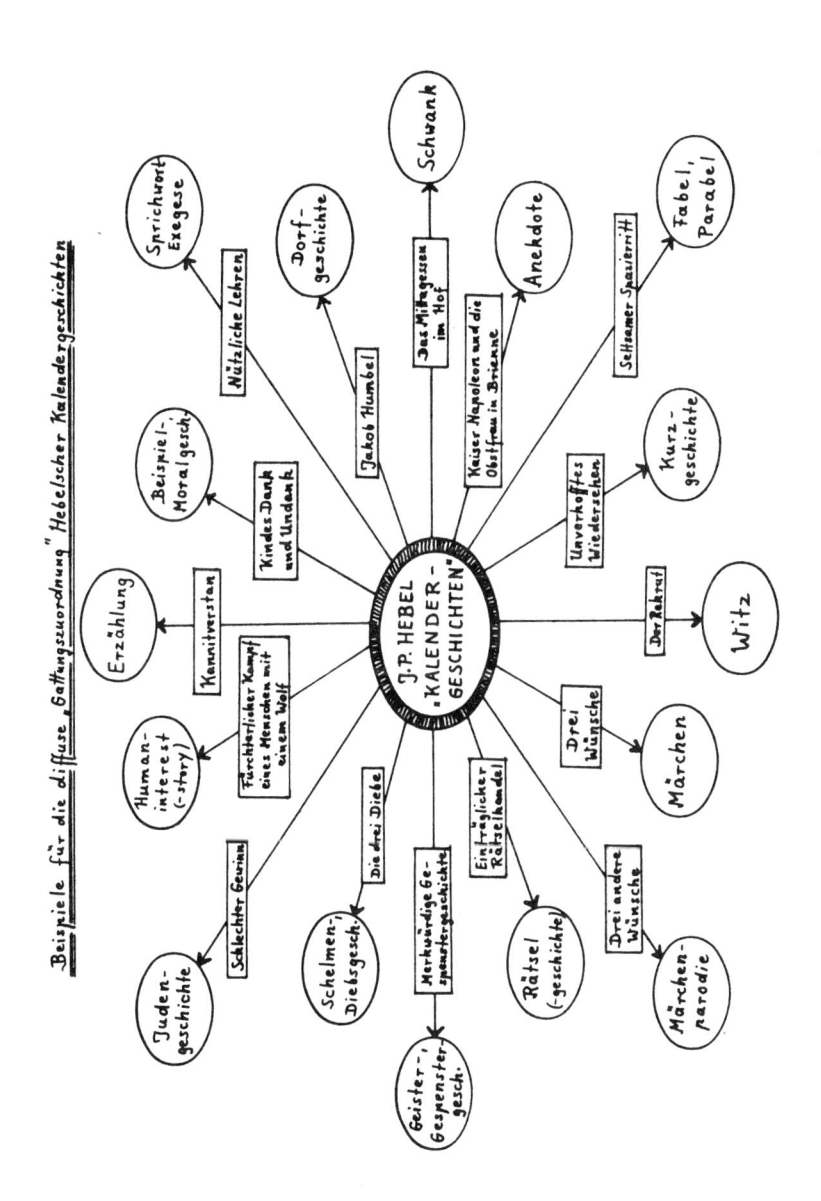

Beispiele für die diffuse "Gattungszuordnung "Hebelscher Kalendergeschichten"

J.P. HEBEL "KALENDERGESCHICHTEN"

- Schwank — Das Miträgessen im Hof
- Dorfgeschichte — Jakob Humbel
- Sprichwort-Exegese — Nützliche Lehren
- Anekdote — Kaiser Napoleon und die Obstfrau in Brienne
- Fabel, Parabel — Seltsamer Spazierritt
- Kurzgeschichte — Unverhofftes Wiedersehen
- Witz — Der Rahtel
- Märchen — Drei Wünsche
- Märchenparodie — Drei andere Wünsche
- Rätsel(-geschichte) — Einträglicher Rätselhandel
- Geister-, Gespenstergesch. — Merkwürdige Gespenstergeschichte
- Schelmen-, Diebsgesch. — Die drei Diebe
- Judengeschichte — Schlechter Gewinn
- Humaninterest(-story) — Fürchterlicher Kampf eines Menschen mit einem Wolf
- Erzählung — Kannitverstan
- Beispiel-, Moralgesch. — Kindes Dank und Undank

densten Gattungsbezeichnungen; so wird der 'Seltsame Spazierritt' als Schwank, Fabel, Anekdote, Groteske, Satire, Parabel, Kurzgeschichte, Moral-, Schelmen-, Tier-, Kindergeschichte, einfach als Erzählung oder schließlich als Kalendergeschichte oder Kalenderschwank deklariert. Abgrenzungsversuche im einzelnen wurden sporadisch unternommen[13], doch wird die Sache erheblich komplizierter, wenn gerade literarische Autoritäten, anstatt sich poetologischer Norm zu fügen, noch größere Verwirrung stiften, indem sie "Gattungsgesetze" negieren oder geradezu pervertieren. Oskar Maria Graf rät in einem Brief vom 4. Oktober 1963 Günter Grass, er solle "Kurzgeschichten" schreiben, um darin Hebel u.a. zu übertreffen.[14] Und gerade Bertolt Brecht hat in der Nachfolge Hebels einen eigenständigen Typus von "Kalendergeschichten" geschaffen.[15] Selbst auf Geschichten, bei denen nach dem Vorbild Goethes die Gattungsbezeichnung zum Titel erhoben wurde, ist kein Verlaß. Trotzdem werden auch sie gerne als gattungspoetologisches Indiz ins Feld geführt.

Die Sorglosigkeit beim Umgang mit dem Terminus hat Max Frisch im Zusammenhang mit seiner im Tagebuch 1946-1949 veröffentlichten 'Kalendergeschichte' erläutert:

Der Text, den ich als Kalendergeschichte bezeichnet habe . . . , ist sicher nicht exemplarisch für die gleichnamige Gattung; warum ich diese Gattungsbezeichnung damals gewählt habe, ist mir selbst etwas rätselhaft. Eigentlich ist es doch eine kleine Novelle. Möglicherweise habe ich die Bezeichnung 'Kalendergeschichte' gewählt im Sinne eines Understatements, aber warum eigentlich?[16]

Viel weniger kompliziert erscheint da die obligatorisch komprimierte Gattungsbeschreibung in einem der neuesten Literaturlexika: "Kalendergeschichte, kurze volkstüml., meist realitätsbezogene Erzählung, oft unterhaltend und stets didaktisch orientiert; sie vereinigt mit wechselnder Gewichtung Elemente aus Anekdote, Schwank, Legende, Sage, Tatsachenbericht und Satire."[17]

Zweifellos sind die genannten Kennzeichen nicht falsch; trotzdem wird eine eindeutige Zuordnung in praxi immer schwerfallen. Die Kalendergeschichte wird gerne als sekundäre Gattung eingestuft, was heißen soll, daß sie im Gegensatz zu primären Gattungen wie Märchen, Fabel, Schwank, Anekdote u.a., die sich relativ leichter abgrenzen lassen, von verschiedenen anderen Gattungen vertreten werden kann, sobald diese nur deren Platz, etwa im Medium Kalender, und deren Funktion übernehmen. Hier handelt es sich also um den umstrittenen Aspekt der Austauschbarkeit und Ersetzbarkeit, was den Gattungsanspruch der Kalendergeschichte natürlich entscheidend modifiziert. Von einer Auslegung, welche die Kalendergeschichte nicht als eigenständige Gattung mit spezifischen dominanten Textmerkmalen gelten läßt, ist man allerdings im allgemeinen abgekommen, da die Bindung an das Publikationsorgan Kalender real gar nicht mehr bestehen muß und diese auch nicht mehr als konstituierend angesehen wird.

Versucht man eine Synopse von Aussagen der wichtigsten Theoretiker, dann kommt man zu einer Häufung von Kriterien, die wiederum nur eine erstaunliche Formenvielfalt mit enger Verwandtschaft zu anderen Gattungen und fließenden Übergängen als ein Hauptkennzeichen der Kalendergeschichte manifestiert. Neben subdominante Merkmale (epische Kurzform, meist Prosa, z.T. seit Hebel und vor allem Brecht auch als Gedicht usw.), die ebenso für andere Gattungen konstituierend sind, treten einige, die man eher als dominant sehen kann und die den spezifischen Charakter der Kalendergeschichte präziser beschreiben. Ausgegangen wurde ohnehin von der mehr oder weniger vordergründigen didaktischen Intention: Wissensvermittlung, Lehre, ja gesellschaftliche Normeinübung in motivierender und unterhaltsamer Form. Hervorgehoben wird weiter der dialogische Charakter. Partner sind dabei der Kalendermann, der Hausfreund, als Personifizierung des Kalenders, und der "geneigte Leser"; deshalb die kommentierende und komplimentierende Einschaltung des Erzählers und die häufigen Anreden an den Leser.

Nach Jan Knopf hat die Kalendergeschichte die Tendenz zur Historiographie, also zur Geschichtsschreibung, und zwar als "Geschichte des kleinen Mannes", im Gegensatz zum traditionellen Anekdotentyp, der bekannte Personen in den Mittelpunkt stellt. Thesen in Richtung Zeitbezug, der schon mit dem Bestimmungswort "Kalender-" im Kompositum unabdingbar vorgegeben ist, wird man weitgehend folgen können, doch muß man vor Einführung des Terminus "Geschichten zur Geschichte" für "Kalendergeschichte" eher warnen, solange nicht klare Trennlinien gezogen sind. Zu stark greift man damit in Geschichtsschreibung, Geschichtswissenschaft und -didaktik über, in Bereiche, die in der bisherigen Gattungsdiskussion noch kaum eine Rolle spielten. Die Irritation nimmt zu, wenn man an die narrative Gestaltung von geschichtlichen Ereignissen und Quellen denkt, speziell an die im Unterricht eingesetzte "Geschichtserzählung", deren Hauptvertreter jahrzehntelang Alois Cl. Scheiblhuber war. "Geschichten zur Geschichte" sind natürlich auch historiographisch und systematisch gestaltete Sagen- und Anekdotenanthologien wie Franz Hohlers 'Geschichte in Geschichten' (München 1976). Der unterschiedliche Grad der Literarizität dürfte kein Unterscheidungskriterium abgeben; auch Hebel hat weniger kunstvolle historiographische Texte geschrieben, wie überhaupt die Kalendergeschichte mit ihrem vielbeschworenen volkstümlichen Charakter und trotz ihrer "Steigerung ins Einfache" (Heidegger)[18] fast immer ein eher subliterarisches Dasein geführt hat.

Hebels und später Brechts Kalendergeschichten wurden verständlicherweise bis in die Gegenwart nie unter historiographischen Intentionen für die Schule fruchtbar gemacht.[19] Im Gegenteil, entsprechende Geschichten Hebels waren für derartige Zwecke geradezu verpönt, sie waren zu wenig vaterländisch und völkisch gestimmt und tauchen deshalb selbst nicht in geschichtlichen Kapiteln von Lesebüchern, geschweige denn im Geschichtsunterricht selbst auf. Man braucht gar nicht allein an das tabuisierte Extrembeispiel 'Andreas Hofer' zu denken!

Um der Wechselbeziehung "Geschichten und Geschichte" — so das Arbeitsthema eines literaturwissenschaftlichen Kolloquiums 1970 — auf die Spur zu kommen und um terminologische und gattungspoetologische Abgrenzungen vornehmen zu können, sollte man die Anregung Karlheinz Stierles aufgreifen, "das Wort 'Geschichte' in derselben Weise auf die Vielfältigkeit des mit ihm Gefaßten zu untersuchen, wie Wittgenstein das mit dem Wort 'Spiel' getan hat".[20] Mit Stierles Erweiterung der zweigliedrigen Textkonstitutionsrelation von "histoire" und "discours" zur dreigliedrigen von "Geschehen, Geschichte, Text der Geschichte"[21] werden Kategorien der Beschreibung gewonnen, welche die Funktionen der narrativen und historiographisch orientierten Gattung Kalendergeschichte verdeutlichen könnten. Eine klare Abgrenzung zu verwandten Gattungen wie

Anekdote oder speziell "Geschichtserzählung" im dargestellten Sinn ermöglicht sie allerdings auch noch nicht, vielmehr offenbart sie die Notwendigkeit, innerhalb der Relationsebenen — in diesem Fall "Text der Geschichte" — wiederum zu differenzieren. Will man nicht nur in der weniger verbindlichen Kollektivform von "Kalendergeschichten" sprechen, sondern "Kalendergeschichte" als eigenständige Gattung begreifen, wird man sich weiterhin damit behelfen müssen, ihre Konstituierung in einer möglichst gezielten Bündelung bestimmter dominanter, noch mehr aber subdominanter Textmerkmale zu suchen und zu begründen, wobei auch der historische Stand jeweils mit beachtet werden müßte.

Anmerkungen

1) Mit einem Kommentarband, hrsg. von Ludwig Rohner, Wiesbaden 1981
2) Vgl. Kurt Franz: Didaktischer "Spazierritt" oder "seltsamer" Deutschunterricht. In: Literatur — Sprache — Unterricht. Bamberg 1984, S. 179
3) Brief v. 27.10.1840, in: Sämtl.Werke, Erg.-Bd.5, Zürich 1949, S. 89
4) Zu bestimmten Vorformen s. Th. Verweyen: Apophthegma und Scherzrede. Bad Homburg 1970; zum Gesamtüberblick L. Rohner: Kalendergeschichte und Kalender. Wiesbaden 1978
5) Abgedr. u.a. in: Johann Peter Hebels Werke, hrsg. von W. Altwegg, 2 Bde., 2. durchges. Auflage, Zürich 1958; hier Bd. 1, S. 429-441
6) Werke, Bd. 2 (Anm. 5), S. 356f.; interessant ist die Ähnlichkeit der Äußerungen schon bei Chr. Fr. D. Schubart 1776 (vgl. W. Theiß: Kalendergeschichten, Stuttgart 1977/1983, S. 355).
7) Werke, Bd. 1, S. 433; gerade in der letzten rhetorischen Frage könnte man eine authentische Begründung für J. Knopfs Gattungskriterium "historiographisch" sehen (dazu s.u.).
8) Dgl. bei Ruth J. Kilchenmann: Lebensweisheit der Kalendergeschichte. In: Almanach 3 für Literatur und Theologie, Wuppertal 1969, S. 127-137
9) Zur Rezeptionsgeschichte Hebels vgl. Kurt Franz: J.P. Hebel: Kannitverstan — Ein Mißverständnis und seine Folgen. München/Wien 1985
10) Umfassenden Einblick vermitteln L. Rohner 1978; W. Theiß 1977/1983; Jan Knopf: Die deutsche Kalendergeschichte. Frankfurt a.M. 1983
11) Zur Charakteristik der heutigen Volksliteratur. Hamburg 1863, S. 44
12) Auch im Erzähl- und Sachbuch 'Jahr und Tag' von Anne Faber (Stuttgart 1981) wird im Klappentext der Begriff als Gattungsbezeichnung für Sage, Legende und Sachtexte verwendet.
13) Vgl. etwa H. Pongs: Die Anekdote als Kunstform zwischen Kalendergeschichte und Kurzgeschichte. In: DU 1 (1957), S. 5-20; J. Hein: Deutsche Anekdoten. Stuttgart 1976/1979; J. Knopf 1983 (s. Anm. 10); Leonie Marx: Die deutsche Kurzgeschichte. Stuttgart 1985; "Kalenderschwank" Hebels bei Leander Petzoldt, Deutsche Schwänke. Stuttgart 1979, S. 397
14) Süddt. Zeitung 53/1984, S. 106
15) Dazu J. Knopf: Geschichten zur Geschichte. Kritische Tradition des "Volkstümlichen" in den Kalendergeschichten Hebels und Brechts. Stuttgart 1973
16) L. Rohner 1978, S. 453
17) Metzler Literatur Lexikon. Stuttgart 1984, S. 220
18) Maria Lypp: Einfachheit als Kategorie der Kinderliteratur. Frankfurt a.M. 1984, definiert "Einfachheit" nicht im Sinne von "minderwertig", sondern mehr als relativ zu begreifenden Komplexitätsgrad.
19) Als eine der wenigen Ausnahmen vgl. J. Knopf: Historische Differenzen. Thematisierung von Geschichte in Kalendergeschichten Hebels und Brechts. In: Praxis Deutsch 39/1980, S. 50-53; vgl. hier auch den Basisartikel 'Literatur und Geschichte' von H. Rischbieter, S. 8-16; sowie W. Freund/W. Freund-Spork: Weltgeschichte aus der Froschperspektive. Ein Versuch über die Anekdote in Theorie und Praxis. In: Literatur für Leser 2 (1979), S. 116-127
20) Geschichte als Exemplum — Exemplum als Geschichte. Zur Pragmatik und Poetik narrativer Texte. In: Geschichte — Ereignis und Erzählung, hrsg. von R. Kosellek W.-D. Stempel. München 1973, S. 347-375, hier S. 351; S. Quandt/H. Süssmuth (Hrsg.): Historisches Erzählen. Formen und Funktionen. Göttingen 1982
21) So der Titel eines Aufsatzes in: Text als Handlung. München 1975, S. 49-55

VOLKSMÄRCHEN ALS LITERATUR

von Hans E. Giehrl

Gut zwei Jahrzehnte, bevor die Wirren der Französischen Revolution den 'Contes des Fees' und ihrer Leserschaft ein tödliches Ende bereiten, beginnt in Deutschland eine literarische Entwicklung, die mehr als ein halbes Jahrhundert anhält und in deren Verlauf Deutschland zum Kernland europäischer Märchendichtung und Märchensammlung wird. Erst im Zuge dieser Entwicklung wird — wie später noch näher zu zeigen ist — eine literarische Gattung geschaffen, die den Begriff "Märchen" eigenartig ausfüllt und gegenüber anderen Gattungen der Literatur weitgehend abgrenzbar macht.

Christoph Martin Wieland und Johann Karl August Musäus stehen am Anfang dieses Prozesses in Deutschland. Wielands Streben war ganz wesentlich vom Wunsch getragen, der deutschen Literatur jene Leichtigkeit, Grazie und Souveränität zu geben, die er an der französischen bewunderte und die er unter anderem auch in den 'Contes des Fees' fand. Die elegantere Form, der leichte, anmutige Stil, die geistvolle, gelegentlich leicht frivole Darstellungsweise zogen Wieland an, während er für die Inhalte der französischen Feenmärchen weit weniger Interesse zeigte, ja eine gewisse Distanziertheit erkennen ließ. Er wollte sie weder nachahmen, noch gar einfache Volkserzählungen hochstilisieren. Seine oft zitierte Äußerung: "Ammenmärchen im Ammenton erzählt, mögen sich durch mündliche Überlieferung fortpflanzen; aber gedruckt müssen sie nicht werden" (Vorrede zu Dschinistan 1786/89) zeigt sehr deutlich, daß Wieland mit einfachen Erzählstoffen des Volkes nichts im Sinn hatte. Gut erzählte Märchen sollten seiner Meinung nach Vergnügen bereiten, aber auch die "Liebe zum Wahren" fördern, also belehrend, ja erziehend wirken. Märchen nach Wielands Geschmack waren dazu da, "gewisse Wahrheiten, die sich nicht gern ohne Schleier zeigen, in die Gesellschaft ein(zu)führen". Wieland offenbart sich mit dieser Auffassung ganz als Kind seiner aufgeklärten Zeit, deren Wort- und Wahrheitsglaube sich auch ähnlich in der dazumal überaus beliebten Fabeldichtung äußert. Magnus Gottfried Lichtwer drückt z. B. in seinem Fabelgedicht 'Die beraubte Fabel' (1748) fast den gleichen Gedanken aus, wenn er die Fabel als die wohlbekleidete Wahrheit darstellt, deren Hüllen unverzichtbar sind, da die unverhüllte, also nackte Wahrheit den Menschen unerträglich ist.

In seinem Roman 'Don Sylvio von Rosalva' (1764) — und besonders in der darin enthaltenen Erzählung vom Prinzen Biribrinker — verwendet Wieland die Elemente der französischen Feenmärchen, um sie geistvoll zu parodieren. Ähnlich wie Miguel Cervantes im 'Don Quichotte' die Ritterromane ad absurdum führt, versucht Wieland hier die Feenerzählungen auf witzig-groteske Art zu relativieren. Mit einer Fülle überzeichneter Gestalten, Geschehnisse und Schauplätze macht er das traditionelle Feenmärchen fragwürdig und mit ihm den Geschmack und die Lebenshaltung der Leser dieser Geschichten. Bizarr-frivol enttabuisiert er Verhaltensmuster, Einstellungen und Gewohnheiten und stellt bedenkenlos ihre erstarrte Hohlheit bloß.

Vom Märchenverständnis Wielands führt weder inhaltlich noch formal eine direkte Verbindung zu den KHM der Brüder Grimm, wohl aber zu manchen sog. Kunstmärchen der Romantiker. Wenigstens stofflich steht Johann Karl August Musäus den Grimms näher, greift er doch, anders als Wieland, auf deutsche Erzählstoffe zurück und nimmt auch die mündliche Tradition auf, wie er in seinem Vorbericht an den fiktiven Küster David Runkel ausdrücklich betont. Statt "des empfindsamen Gewinsels" soll das lesende Publikum "die 'Spiele der Phantasie', welche man Märchen nennt, zur Unterhaltung des Geistes" gebrauchen, und dem "Genius Verstand" soll die wohlgenährte Nymphe Phantasie zur Seite treten. "Im neuangebauten Felde der unterhaltenden Lektüre" will Musäus "ein eigenes Stückchen Acker eingeräumt haben, um unter den verschiedenen Gattungen von Märchen das Volksmärchen, auf dessen Kultur bisher noch kein deutscher Scribent verfallen war, zu bearbeiten."

Was versteht nun aber Musäus unter Volksmärchen? Im gleichen Vorbericht seines Buches 'Volksmärchen der Deutschen' (1782) versucht er, sie näher zu bestimmen:

> "Volksmärchen sind keine Volksromane oder Erzählungen solcher Begebenheiten, die sich nach dem gemeinen Weltlaufe wirklich haben zutragen können... Ihre Gestalt ist mannigfaltig, je nachdem Zeiten, Sitten, Denkungsart, hauptsächlich Theogonie und Geisterlehre jedes Volkes auf die Phantasie gewirkt hat... Reichtum an Erfindung, Üppigkeit und Überladung an seltsamen Verzierungen zeichnen die morgenländischen Stoffe und Erzählungen aus; Flüchtigkeit in der Bearbeitung, Leichtigkeit und Flachheit in der Anlage, die französischen Feereien und Manufakturwaren; Anordnung und Übereinstimmung und handfeste Komposition die Gerätschaft der Deutschen und ihrer Dichtungen".

"Volksmärchen sind ... keine Kindermärchen", fährt Musäus etwas später fort und betont, daß er "den Ton der Erzählung, soviel möglich nach Beschaffenheit der Sache und dem Ohr der Zuhörer, d. h. einer gemischten Gesellschaft aus groß und klein, zu bequemen bemüht gewesen" sei. Am Ende seiner Vorrede stellt Musäus schließlich fest:

> "Übrigens ist keines dieser Märchen von eigener oder ausländischer Erfindung, sondern soviel ich weiß, sind sie insgesamt einheimische Produkte, die sich seit mancher Generation, bereits von Urvätern auf Enkel und Nachkommen durch mündliche Tradition fortgepflanzt haben. Im wesentlichen ist daran nichts verändert... Doch hat sich der Verfasser erlaubt, das Vage dieser Erzählungen zu lokalisieren und sie in Zeiten und Örter zu versetzen, die sich zu ihrem Inhalt zu passen schienen."

Wie der Bildhauer den Stein, so möchte Musäus die rohe Masse der volkstümlichen Erzählstoffe kunstvoll behauen, um sie als Kunstgebilde dann dem Leser zum Vergnügen werden zu lassen.

Musäus hat alles andere als Volksmärchen in der Art geschaffen, wie sie uns durch die KHM vertraut sind. Nicht daß er neben märchenhaften Erzählstoffen auch Sagen, Legenden oder Anekdoten verarbeitet hat — das haben die Brüder Grimm teilweise auch —, vielmehr geht es ihm um umfangreiche Ausgestaltungen volkstümlicher Erzählstoffe zum Zwecke der Unterhaltung, aber auch zur Überwindung der empfindsamen Modelektüre seiner Zeit. Spott, Satire und Ironie sind seine Mittel, mit denen er das "empfindsame Gewinsel" zurückdrängen möchte, indem er eine abenteuerliche Märchenwelt dagegensetzt. Seine Geschichten waren, wie Paul-Wolfgang Wührl richtig feststellt, "marktgerecht ausgeschmückte Nachdichtungen volkstümlicher Geschichten, die er an allen möglichen Quellen aufstöberte, waren witzig und geistreich erzählte Kunstmärchen, Gesellschaftssatiren und Rokoko-Idyllen nach dem Geschmack des 18. Jahrhunderts." (Wührl 1984, S. 55). Wenn Musäus das Vage und Unbestimmte von Ort und Zeit des Volksmär-

4. Didaktische Gattung — Gattungsdidaktik

chens eliminiert, die Erzählstoffe wie das Rohmaterial eines Steinbruchs behandelt, um frei und zielbewußt damit zu hantieren, bleibt außer der stofflichen Anlehnung keine Beziehung mehr zum Volksmärchen erhalten. J. K. A. Musäus gebraucht — wie viele seiner Zeitgenossen — den Begriff Märchen auf sehr ungenierliche Weise. In dem vorhin zitierten Vorbericht zu den 'Volksmärchen der Deutschen' steht der Satz, daß "die Sprache der Phantasie, welche man Märchen nennt, zur Unterhaltung des Geistes" dienen und das hochlöbliche Publikum amüsieren soll. Eine bestimmte Gattung ist damit aber nicht beschrieben, und es gab auch keine klare Vorstellung von einer Gattung Märchen. Auch wenn man seit dem 18. Jahrhundert von Feen-, Zauber-, Geister-, Volks-, Ammen- und Kindermärchen redete, mit der Bezeichnung Märchen war nur etwas Vages gemeint, das auf Phantastisches, Wunderbares, Unglaubwürdiges hinwies.

Auch zu Beginn der Romantik kann noch keineswegs von einem klaren Gattungsbegriff "Märchen" gesprochen werden. Weder Tieck noch Novalis, weder Wackenroder noch Brentano und Arnim verstehen unter Märchen das gleiche. Allerdings bilden sich allmählich immer größere Übereinstimmungen heraus, die sich nicht zuletzt auch aus den Auseinandersetzungen über Natur- und Kunstpoesie, über Volks- und Dichtermärchen ergeben. Eine gewisse Klärung der Vorstellungen bewirkten auch die Meinungsverschiedenheiten, die im Verlauf romantischer Sammeltätigkeiten und vor allem im Vorfeld der Grimmschen Märchensammlung zwischen den Brüdern Jakob und Wilhelm und ihren Freunden Brentano und Arnim ausgetragen wurden. Insbesondere Jakob Grimm tat sich dabei als Anwalt der Volkspoesie hervor, die er mit jugendlich-ideologischem Eifer pries. Für ihn war sie ein aus sich selbst gemachtes Produkt, das dem Gemüt des ganzen Volkes entstammte. Volkslied und Volksmärchen, ebenso wie Mythen und Sagen, sah er als Schöpfungen aus geheimnisvollen Tiefen der Volksseele, an denen nichts geändert werden dürfe und für die jede Anpassung an Sprache und Gedankenwelt der Gegenwart ein Übel sei und eine wertlose Verfälschung bewirke. Weder Brentano noch Arnim konnten mit einem solchen Rigorismus einverstanden sein, auch wenn sie in vielen Grundanschauungen den Brüdern Grimm durchaus nahe standen. Anders als Wieland sahen Arnim und Brentano sehr wohl den Wert der alten Volksliteratur, und anders als Musäus war sie ihnen auch weit mehr als bloße Stoffquelle; einer so engen und puristischen Einstellung, wie sie Jakob Grimm gegenüber dem Volksmärchen vertrat, konnten sie aber nicht folgen, stand sie doch ihrer poetischen Gestaltungskraft und -lust rundweg entgegen.

Achim von Arnim hat Gedanken über das Märchen in einem Briefwechsel mit Jakob Grimm dargelegt und dabei seine Vorstellungen über Wesen und Form recht deutlich geäußert. Er weist dabei Jakobs scharfe Kritik an den Märchen Brentanos zurück und verteidigt dessen Recht, alte Stoffe neu zu gestalten. Arnim sieht die Bedeutung der mündlich tradierten Volksmärchen vor allem darin, "Erfindsamkeit" anzuregen, die Stoffe neu und zeitgerecht zu erzählen. Gegen Jakob Grimms Forderung einer endgültigen Fixierung der alten Erzählstoffe spricht er sich mit allem Nachdruck aus. "Fixierte Märchen würden endlich der Tod der gesamten Märchenwelt sein", schreibt er an einer Stelle und fügt hinzu: "Poesie ist weder jung noch alt und hat überhaupt keine Geschichte." (Steig 1904, S. 223 und 225). Für Arnim besteht so der Wert des Alten vornehmlich darin, daß es Neues anregt und keineswegs in seiner bloßen Bewahrung. Auch in Jakob und Wilhelm

Grimms Märchensammlung sieht er keine reine gelehrte Sammelarbeit, sondern sehr wohl dichterisches, gestaltendes Tun, für ihn sind also auch die KHM zeitgenössische, d.h. moderne Literatur.

"Ich möchte Dich nicht verwunde(r)n mit einer Behauptung und doch kann ich sie nicht vermeiden: Ich glaube es Euch nimmermehr, selbst wenn ihr es glaubt, daß die Kindermärchen von Euch so aufgeschrieben sind, wie Ihr sie empfangen habt, der bildende fortschaffende Trieb ist im Menschen gegen alle Vorsätze siegend und schlechterdings unaustilgbar" (a.a.O. S. 248).

Achim von Arnim hat hier ganz deutlich gesehen und ausgesprochen, wie sehr in den KHM nicht einfach mündlich Tradiertes festgeschrieben wurde, daß die Grimms vieles auch neugestalteten, ja daß die Brüder mit ihrem Werk eine ganz neue Art Literatur geschaffen haben, die 1930 André Jolles in seinem Buch 'Einfache Formen' schlicht und treffend als die "Gattung Grimm" bezeichnete (a.a.O. S. 219). Diese "Gattung Grimm" setzt bis zum heutigen Tag Maßstäbe für die geschriebene Märchenliteratur in aller Welt und prägt auch die wissenschaftlichen Bemühungen um die Gattung Volksmärchen immer noch nachhaltig mit.

Wie ist es nun zu dieser "Gattung Grimm" gekommen und welche Merkmale zeichnen sie charakterisierend aus? Als 1806/07 Jakob und Wilhelm Grimm begannen, Beiträge zur Sammlung 'Des Knaben Wunderhorn' aufzuspüren, suchten sie nicht allein nach alten Liedern und Gedichten, sondern, Arnims und Brentanos Wunsch gemäß, auch nach alten mündlich überlieferten Sagen und Märchen. Eine klare Vorstellung von der Beschaffenheit dieser Texte bestand aber nirgendwo, so daß sich Arnim und Brentano genötigt sahen, in Zeitschriften und im Anhang zum dritten Band des 'Wunderhorn' Beispiele zu geben, um die Sammler auf die richtige Fährte zu führen. Unter diesen Beispielen war auch als folgenreichstes Vorbild das Märchen 'Von dem Machandelboom", das 1808 in der Juli-Nummer der 'Zeitung für Einsiedler' veröffentlicht wurde. Zusammen mit dem zweiten von Ph. O. Runge stammenden plattdeutschen Märchen 'Von dem Fischer un syner Fru' wurde dieses Märchen zum Leitbild für die spätere Märchengestaltung, zum "Urmeter" der KHM, wie Heinz Rölleke es treffend ausdrückte. (Rölleke 1985, S. 52)

Beispiele also und nicht Definitionen standen am Anfang der Sammelarbeit volkstümlicher Erzählstoffe, bei der es den Sammlern zunächst wenig um theoretische Festlegungen, wohl aber um die Rettung eines vielfältigen Erbes ging, dessen Bestand man gefährdet glaubte. In ihrem Aufruf zum Sammeln der Volksliteratur von 1811 umrissen die Brüder Grimm ihre Vorstellungen von Volkspoesie und welche Art von Beiträgen sie wünschten. Da heißt es u.a.:

"... Wir gehen aus, alle mündliche Sage des gesamten deutschen Vaterlandes zu sammeln. ... Wir sammeln also alle und jede Traditionen und Sagen des gemeinen Mannes, mögen sie traurigen oder lustigen, lehrenden oder fröhlichen Inhalt haben, auch aus welcher Zeit sie seien, mögen sie in schlichter Prosa herumgehen, oder in bindende Reime gefaßt sein, ... mögen sie mit unserer Büchergeschichte übereinstimmen oder ihr ... straks zuwiderlaufen und gar in einem anderen Sinn sich als ungereinigt darstellen ... Wenn wir also hiermit ganz besonders die Märchen der Ammen und Kinder, die Abendgespräche und Spinnstubengeschichten gemeint haben, so wissen wir zweierlei recht wohl, daß es verachtete Namen und bisher unbeachtete Sachen sind, die noch in jedem einfach gebliebenen Menschengemüth von Jugend bis zum Tod gehaftet haben ... Dieses alles nun wünschen wir höchst getreu, buchstabengetreu aufgezeichnet, mit allem sogenannten Unsinn, welcher leicht zu finden, immer aber noch leichter zu lösen ist, als die künstliche Wiederherstellung, die man statt seiner versuchen wollte ... Sowohl in Rücksicht der Treue, als der trefflichen Auffassung wüßten wir kein besseres Beispiel zu nennen, als die von dem seligen Runge in der Einsiedlerzeitung gelieferte Erzählung

vom Wacholderbaum, plattdeutsch, welche wir unbedingt zum Muster aufstellen und woran man sehen möge, was in unserem Feld zu erwarten ist." (Rölleke 1985, S. 65).
In diesen Sätzen offenbart sich ein fundamentaler Widerspruch, der sich dann auch theoretisch und faktisch durch die KHM zieht: die Forderung nach volkstümlicher Treue, Einfachheit und Kunstlosigkeit und zugleich die Mustersetzung Rungescher Erzählvirtuosität, die mit all ihrem künstlerischen Raffinement das blanke Gegenteil darstellt. Die Spannung zwischen schlichter Wiedergabe des Vorgefundenen und der bewußten Ausgestaltung nach künstlerischen Gesichtspunkten hin zu einer erzählerischen Geschlossenheit und Wirkung hat auch die gemeinsame Arbeit der Brüder Grimm an ihrem Märchenwerk beeinflußt und letztlich dazu geführt, daß Jakob sich mehr und mehr davon zurückzog und Wilhelm die Ausgestaltung in Richtung auf eine geschlossene Gesamtformung übernahm.
In der Vorrede von 1812 schreiben die Brüder Grimm:
"Wir haben uns bemüht, diese Märchen so rein als möglich war aufzufassen ... Kein Umstand ist hinzugedichtet oder verschönert und abgeändert worden, denn wir hätten uns gescheut, in sich selbst so reiche Sagen mit ihrer eigenen Analogie oder Reminiszenz zu vergrößern, sie sind unerfindlich" (F. Panzer, KHM-Urfassung, S. 61).
Hier wird deutlich eine Befangenheit sichtbar, die sich bis zur Selbsttäuschung steigert, wenn Wilhelm in einem Brief vom 12.7.1812 schreibt:
"Mein Bruder und ich sind eben im Begriff, eine Sammlung von Volks- und Kindermärchen drucken zu lassen ... Unsere einzige Quelle dabei ist die mündliche Überlieferung gewesen ..." (Gerstner, S. 59).
In der Vorrede zur zweiten Auflage von 1819 wird die bewußte, absichtsvolle Gestaltung der KHM viel deutlicher artikuliert. Der Wunsch, ein poetisches "Erziehungsbuch" zu erstellen, führt die Brüder Grimm dazu, "eine nichts Unrechtes im Rückhalt bergende Erzählung" zu schaffen und dabei "jeden für das Kindesalter nicht passenden Ausdruck ... sorgfältig" zu löschen. "Daher", heißt es etwas später, "ist der erste Band fast ganz umgearbeitet, das Unvollständige ergänzt, manches einfacher und reiner erzählt, und nicht viel Stück werden sich finden, die nicht in besserer Gestalt erscheinen."
Der hier erwähnte Gestaltungsprozeß der KHM hat sich durch alle Auflagen mehr oder weniger ausgeprägt fortgesetzt und letzten Endes zu jenem volkstümlichen und doch kunstvollen Stil geführt, der die Grimmschen Märchen zu einer eigenständigen Literaturgattung werden ließ, die vorbildlich weiterwirkte. Der Abstand zur mündlichen Tradition wurde aber von Auflage zu Auflage größer, zumal schriftliche und mündliche Quellen in einer Weise amalgamiert wurden, daß sie zu einem fast fugenlosen Ganzen verschmolzen, in dem der Ursprung der Teile nicht mehr erkennbar ist. Max Lüthi, Wilhelm Schoof, Heinz Rölleke u.a. haben an verschiedenen Märchen gezeigt, wie intensiv die Brüder Grimm, insbesondere Wilhelm, die Märchen zwischen 1810 und 1856 überarbeiteten und ihnen ihren eigenen, unverwechselbaren Stil aufprägten. Von Ph. O. Runge haben sie, wie Lüthi nachweist, eine ganze Reihe prägnanter Stilzüge übernommen: "die Vorliebe für aneinandergereihte Hauptsätze, für 'und' und 'da', für Steigerungen durch Wortwiederholung ('weent un weent') oder durch die Wendung 'so recht', für Lautspiele ... ebenso Anschaulichkeit und Humor". Auch der formelhafte Anfang und Schluß, die szenische Anschaulichkeit durch Personalreduktion auf meist nur zwei gleichzeitig handelnde Personen, die Typenhaftigkeit der Figuren, die Verwendung der wörtlichen Rede und die Neigung zur situativen Komik sind schon bei Runge vorgegeben und von den Grimms

ebenso musterhaft übernommen worden wie die Selbstverständlichkeit des Wunderbaren und die epische Funktion einer dreigliedrigen Erzählstruktur. Gewiß hat auch Runge volkstümliche Erzähltradition aufgegriffen und beachtet; er hat sie aber mit hohem künstlerischen Gestaltungssinn verfeinert und vervollkommnet und damit vorbildhaft werden lassen.

Die poetische Stilisierung der KHM zeigt sich auch bei der konsequenten Ersetzung mundartlicher Ausdrücke in den hochdeutsch erzählten Märchen (z. B. Fetsche = Frosch), bei der Vermeidung von Fremdwörtern (Prinz = Königssohn), in der immer stärker versuchten Detailschilderung z. B. von Örtlichkeiten, Festen und Vorgängen, bei der Anwendung von bestimmten Zahlen, Redensarten und Sprichwörtern, und nicht zuletzt auch zeigen die bewußt verwendeten Beiwörter, Lautmalereien und Gegensatzpaare, wie kunstvoll die Gestaltung der Märchen vorgenommen wurde. Wilhelm Grimm hatte dabei besonders auch kindliche Leser im Auge, so daß er sorgfältig darauf achtete, alles Derbe und Obszöne auszumerzen.

Aus dem Konflikt zwischen Jakob und Wilhelm über die Darstellungsweise der Märchen ging letztlich Wilhelm als Sieger hervor; auf Kosten der von Jakob gewünschten Treue der Überlieferung räumte Wilhelm dem künstlerischen Gestaltungsprinzip den Vorrang ein und schuf so den klassischen Märchenstil, die "Gattung Grimm", die ihren Siegeszug durch die ganze Welt antrat. Man hat oft bedauert, daß für die wissenschaftliche Volkskunde durch Wilhelms Bearbeitung ein Verlust eingetreten sei, da die "Unmittelbarkeit und Urwüchsigkeit" (Schoof) der Märchen verloren gegangen sei. Dem kann man nur begrenzt zustimmen, zumal die jüngsten Forschungen eine stark veränderte Quellenlage bekunden, die die behauptete Unmittelbarkeit und Urwüchsigkeit ohnehin in Frage stellt. Die stilbildende Kraft und der ungeheure Erfolg der KHM lassen Wilhelms Vorgehen gerechtfertigt erscheinen. Es kann nicht geleugnet werden, daß durch ihn "viele Märchen inhaltlich gewonnen haben und im Aufbau der Handlung und der Darstellungsweise klarer und lebendiger geworden sind. Wilhelm Grimm hat bei der ihm eigenen Gabe, den rechten kindlichen und volkstümlichen Ton zu treffen, einen eigenen Märchenstil geschaffen, und diese Stilform hat die Grimmschen Märchen literaturfähig gemacht ..." (W. Schoof 1959, S. 179 f.)

An einem konkreten Beispiel soll nun Eigenart und Ausmaß der Märchengestaltung durch Wilhelm Grimm gezeigt und gleichzeitig dargelegt werden, wie sehr die Unterscheidung von Kunst- und Volksmärchen im Hinblick auf die Grimmschen Kinder- und Hausmärchen problematisch wird. Die 3. Auflage der KHM von 1837 enthält unter der Nr. 161 ein neues Märchen, das den Titel 'Schneeweißchen und Rosenrot' trägt. In den Anmerkungen teilt Wilhelm Grimm mit, daß er ein Märchen von Caroline Stahl als Quelle benutzt, es aber auf seine Weise erzählt habe. Von der baltischen Erzieherin Caroline Stahl erschien in Nürnberg 1818 ein Buch mit dem Titel 'Erzählungen, Fabeln und Märchen für Kinder', in dem auch das Märchen 'Der undankbare Zwerg' enthalten ist, das W. Grimm als Vorbild diente. Da die Stahlsche Sammlung bis vor kurzem als verschollen galt, — W. Scherf gibt sie noch 1982 in seinem 'Lexikon der Zaubermärchen' als in deutschen Bibliotheken nicht greifbar an — war bisher ein Vergleich mit der Grimmschen Fassung nicht möglich. Die Quellenforschungen zur Kinderliteratur des 18. und 19. Jhd. brachten u.a. auch den Stahlschen Text wieder zum Vorschein. Hans Heino Ewers hat Beispiele daraus in seiner Textsammlung zur 'Kinder- und Jugendliteratur der Romantik' 1984 veröffentlicht. Der nun mögliche

4. Didaktische Gattung — Gattungsdidaktik   119

Vergleich des Stahlschen Textes mit dem Grimmschen Märchen ist äußerst aufschlußreich für eine Analyse der Märchengestaltung durch Wilhelm Grimm. Caroline Stahl erzählt ihr Märchen folgendermaßen:

Der undankbare Zwerg

Ein paar sehr arme Leute hatten viele, viele Kinder, welche sie nur mit Mühe ernähren konnten. Einst gingen einige dieser Kinder in den Wald, um Reisig zu suchen. Eines der Mädchen, mit Namen Schneeweißchen, verlor sich zufällig von den anderen und fand mit Erstaunen einen häßlichen Zwerg, der kaum eine Elle lang seyn mochte, in der größten Noth. Er hatte einen Baum, welcher gefällt, spalten wollen und auch wirklich eine tiefe Spalte hineingehauen, in welche er einen Pflock gethan. Dieser Pflock war, ich weiß nicht wie, wieder heraus gekommen, und indem sich die Spalte schnell schloß, hatte sie ein ziemliches Stück von seinem unermeßlich langen Barte erwischt, und eingeklemmt, so daß der Zwerg gefangen da stand. Er rief das Kind um Hilfe an, und Schneeweißchen war auch gleich bereit ihm zu helfen; aber sie mochte es anfangen wie sie wollte, der Bart war nicht heraus zu bringen. Da erbot sich Schneeweißchen schnell nach Hause zu laufen und ihren Vater zu rufen; das verbot ihr aber der Zwerg, und befahl ihr eine Scheere zu holen, um den Bart abzuschneiden; sie gehorchte und lief fort. Bald kam sie wieder und befreite ihn durch das Abschneiden des gefangenen Stückes vom Barte! Hierauf zog der Zwerg einen großen Sack mit Geld unter dem Baum hervor, und ob es wohl schicklich gewesen, daß er seiner Befreierin höflich gedankt und ihr von seinem vielen Gelde auch reichlich mitgetheilt hätte, so that er doch weder das eine noch das andere, sondern schlich, murrend über seinen Unfall, wieder fort. Nicht lange nachher ging Schneeweißchen mit ihrer Schwester Rosenrothe an den Fluß, um zu angeln und zu krebsen. Siehe da war der Zwerg wieder, und diesesmahl hatte sich der Faden der Angelruthe in seinem Bart ganz verwickelt. Ein Fisch hatte unten angebissen und zog so mit der Angel das quäckende Zwerglein in das Wasser hinein. Die Mädchen ergriffen das Männchen, um es fest zu halten, aber es war unmöglich Schnur und Bart von einander zu wirren, und der große Fisch, viel größer als der Angler, zog immer fort. Da sprach Schneeweißchen zu ihrer Schwester, sie sollte stehen bleiben und den Zwerg fest halten, indes wolle sie nach Hause laufen und eine Scheere holen. Wie der Blitz lief sie hin und her und zerschnitt Angelruthe, wobei aber auch ein Teil des Bartes verloren ging. Darüber murrte das Zwerglein sehr, ergriff einen Sack mit den schönsten Perlen und machte sich, wie das erstemal, undankbar und unhöflich davon. Die Kinder aber angelten und krebsten und dachten nicht mehr an das grobe Männlein. Da geschah es abermals, daß die Kinder weggeschickt wurden, um etwas aus der Stadt zu holen. Als die Mädchen über das Feld gingen, erblickten sie einen Adler, welcher das bekannte Zwerglein anpackte und mit sich fortnehmen wollte. Die beiden, Rosenrothe und Schneeweißchen, warfen den Vogel mit Steinen, und da das nichts half, faßten sie das Männchen an und zerrten sich mit dem Adler herum, und keins wollte die Beute lassen. Da schrie der böse Zwerg so jämmerlich, daß der Adler erschrack und ihn im Stich ließ. Diesesmal hatte er einen Sack mit Edelsteinen bei sich, und er ging mit dem erstemal davon, ohne Sang und Klang. Wiederum nach einiger Zeit fanden die beiden Kinder den Zwerg unter den Tatzen eines Bären, der im Begriff stand ihn zu kämmen. Sie schrieen laut auf vor Schrecken, und der Bär stutzte und sah nach ihnen hin. Da bat das Zwerglein: "Ach lieber, gnädiger Herr Bär, friß mich nicht! Ich will dir auch meine Säcke mit Gold, Perlen und Edelsteinen geben. Sieh! die beiden Kinder da, sind jung und fett und zart, an ihnen wirst du einen besseren Bissen finden, als an mir; nimm und friß sie." Die Mädchen waren starr vor Schrecken über den undankbaren Bösewicht, der Bär aber kehrte sich an sein Gerede nicht, sondern fraß ihn brummend mit Haut und Haar, und ging seiner Wege. Die Mädchen fanden nun die Säcke mit Perlen, Gold und Edelsteinen, welche sie mühsam genug, denn sie waren schwer, den Eltern hinschleppten. Da waren sie nun mit einem male so reich, wie die reichsten Fürsten, und kauften sich schöne Schlösser und Landgüter, und Schneeweißchen und Rosenrothe, so wie ihre Geschwister, konnten nun recht viel lernen, und bekamen schöne Kleider und Sachen. Das garstige Zwerglein aber bedauerte Niemand, denn es hatte sein Schicksal gar zu wohl verdient.

Beim Stahlschen Text handelt es sich um eine schlichte, teilweise sogar etwas unbeholfene Erzählung. Die einfache, lineare Handlung berichtet ohne Umschweife vom vierfachen Zusammentreffen der Kinder mit dem undank-

baren Zwerg, von dessen bösem Ende und vom Schatzfund der Kinder, der aus den armen Leuten reiche Schloß- und Gutsbesitzer werden läßt, die ihre Kinder bestens ausstatten und gut erziehen lassen können. Das wunderbare Glück am Ende ist vor allem ein Verdienst des klugen und schicklichen Verhaltens der Kinder, das kontrastiv dem unhöflichen, unschicklichen und undankbaren Benehmen des kleinen Bösewichts gegenübergestellt ist. Die pädagogische Grundhaltung der Erzählerin ist ebenso unübersehbar wie die Moral, daß gute Taten Lohn bringen.

Was macht nun Wilhelm Grimm aus dieser Vorlage? Zunächst erzählt er das Märchen sehr viel ausführlicher und erfindet ganze Episoden neu hinzu. Grimms 'Schneeweißchen und Rosenrot' ist vom Umfang rund dreieinhalb mal länger als das Stahlsche Märchen und von Grund auf verändert. Aus der kurzen, zweizeiligen Einleitung Caroline Stahls: "Ein paar sehr arme Leute hatten viele, viele Kinder, welche sie nur mit Mühe ernähren konnten", wird eine 120 Zeilen umfassende Vorgeschichte von eigenem Gewicht. Ohne auf eine erkennbare Quelle zurückzugehen, zeichnet Wilhelm Grimm eine Biedermeier-Idylle reinster Art. Schauen wir uns den ersten Satz an:

"Eine arme Witwe, die lebte einsam in einem Hüttchen, und vor dem Hüttchen war ein Garten, darin standen zwei Rosenbäumchen, davon trug das eine weiße, das andere rote Rosen; und sie hatte zwei Kinder, die glichen den beiden Rosenbäumchen, und das eine hieß Schneeweißchen und das andere Rosenrot".

In dieser häuslichen Idylle leben die beiden ganz idealtypisch gezeichneten Mädchen, "so fromm und gut, so arbeitsam und unverdrossen, als je zwei Kinder auf der Welt gewesen sind." Freilich versäumt es Wilhelm Grimm nicht, sie auch ein wenig zu unterscheiden, indem er Schneeweißchen als das stillere, sanftere, häuslichere und lesefreudigere, Rosenrot aber als das lebhaftere, naturnähere, nach außen gewandtere Kind darstellt.

Die häusliche Idylle setzt sich unvermindert auch im Wald fort, wo die Tiere den Mädchen aus den Händen fressen und ein Schutzengel sie begleitet, um sie vor Gefahren und Abgründen zu bewahren. Einen Höhepunkt erreicht diese betuliche romantische Idyllik schließlich in der Schilderung des reinlichen Hüttchens, mit dem Blumensträußchen am Bett, dem glänzend geputzten Geschirr, der vorlesenden Mutter, den spinnenden Mädchen und den freundlichen Tieren Lamm und Täubchen daneben. Dieses traute Zusammensein wird dann jäh gestört, als ein Bär in die Hütte Einlaß begehrt. Der erste Schreck der Bewohner wird sofort durch die Anrede des Bären beseitigt, der mit der vertrauten Wendung "Fürchtet euch nicht" zu sprechen beginnt und seine Sorgen den guten Leuten mitteilt. Die Furcht verfliegt, und der Bär wird zum Spielgefährten der übermütigen Kinder, bis er nach langen Wintermonaten zum Frühjahr die Hütte verläßt. Die Verse des Bären, die aus einem Volkslied stammen,

"Schneeweißchen, Rosenrot,
schlägst dir den Freier tot"

und das unter dem Fell schimmernde Gold lassen hier schon das Motiv vom Tierbräutigam erkennen, das schließlich der Schluß bestätigen wird.

Bis hierher hat Wilhelm Grimm die Handlung wohl frei erfunden, freilich mit der erkennbaren Absicht, die sprechenden Namen der Mädchen anschaulich zu machen und den Bären als den späteren Tierbräutigam, der in der Stahlschen Geschichte nicht vorkommt, sinnvoll einzuführen und sein Verhältnis zum bösen Zwerg zu erläutern. Manches wirkt wie eine kausale und psychologische Fundierung.

Der folgende Ablauf des Märchens stimmt dann weithin mit der Vorlage

4. Didaktische Gattung – Gattungsdidaktik

überein. Allerdings finden wir auch hier eine Reihe kleinerer Veränderungen, die als freie Zutaten Wilhelm Grimms anzusehen sind. Sie bewirken, neben den stilistischen Umarbeitungen, daß auch dieser Teil des Märchens etwa doppelt so umfangreich ist wie die entsprechende Stahlsche Erzählung. Ein Beispiel kann das verdeutlichen:

Bei Caroline Stahl beginnt die dritte Begegnung der Mädchen mit dem undankbaren Zwerg folgendermaßen: Da geschah es abermals, daß die Kinder weggeschickt wurden, um etwas aus der Stadt zu holen. Als die Mädchen über das Feld gingen, erblickten sie einen Adler, welcher das bekannte Zwerglein anpackte und mit sich fortnehmen wollte.	In den KHM lautet die gleiche Stelle: "Es trug sich zu, daß bald hernach die Mutter nach der Stadt schickte, Zwirn, Nadeln, Schnüre und Bänder einzukaufen. Der Weg führte sie über eine Heide, auf der hier und da mächtige Felsenstücke zerstreut lagen. Da sahen sie einen großen Vogel in der Luft schweben, der langsam über ihnen kreiste, sich immer tiefer herabsenkte und endlich nicht weit bei einem Felsen niederstieß. Gleich darauf hörten sie einen durchdringenden, jämmerlichen Schrei. Sie liefen herzu und sahen mit Schrecken, daß der Adler ihren alten Bekannten, den Zwerg, gepackt hatte und ihn forttragen wollte."

Der Vergleich der beiden Darstellungen zeigt, um wie viel anschaulicher, konkreter, lebendiger, ja spannender Wilhelm Grimm sein Märchen erzählt. Die Dinge werden beim Namen genannt, der Satzbau sorgfältig als Ausdrucksmittel benutzt und die Worte im Dienste sinnlicher Vorstellbarkeit und erzählerischer Dynamik verwendet. Das zeigt sich ganz besonders auch bei der Verwendung der direkten Rede und dialogischer Gestaltungsmittel. Während Caroline Stahl fast durchweg die indirekte Rede benutzt und nur ein einziges Mal zur direkten Rede greift, als der Zwerg den Bären mit den Worten "Ach, lieber, gnädiger Herr Bär, friß mich nicht! ..." um sein Leben anfleht, gebraucht Wilhelm Grimm das lebendige Wechselgespräch als häufiges Stilmittel und erzielt damit eine weit intensivere Wirkung auf den Leser. Auch die Verwendung von Schimpfwörtern verlebendigt die Grimmsche Erzählung ungemein. Während es bei Caroline Stahl wiederholt nur heißt, daß das Zwerglein sich murrend und unhöflich davonmacht, nennt Grimms Zwerg die Mädchen alberne glatte Milchgesichter, wahnsinnige Schafsköpfe, ungehobeltes Volk, Lorche, täppisches Gesindel, Maulaffen und gottlose Mädchen. Man denkt bei solchen Schimpfkanonaden fast an Basiles drastische Wortkaskaden, wenn freilich Wilhelm Grimm, der kindlichen Leser eingedenk, keinerlei unflätige oder allzu derbe Ausdrücke verwendet.

Diese Vergleiche zwischen Caroline Stahl und Wilhelm Grimm zeigen bei aller Kürze, wie bewußt und kunstvoll, wie eigenständig und phantasiereich Wilhelm Grimm viele seiner Märchen ausgestaltet hat. Elemente alter Erzähltradition wurden von ihm souverän mit eigenen Gestaltungswünschen verbunden und ein neues, eigenartiges Gebilde daraus geformt, eben die "Gattung Grimm". Ihre Etikettierung als "Volksmärchen" war freilich eine Fiktion, der die Brüder guten Glaubens selbst erlagen. Friedemar Apel hat wohl recht, wenn er schreibt:

"Eine Erzählform, die ihr eigentliches Leben in jenen Zeiten hatte, als das wunderbare und die Magie im Bewußtsein der Zuhörer noch unbezweifelte Realität hatten; eine Erzählform, die sich mit der Veränderung des Bewußtseins immer auch selber veränderte, wurde bei den Brüdern Grimm festgeschrieben und als gestalteter Text einer Welt konfrontiert, die den Glauben an Wunder weitgehend verloren hatte... Was den

Brüdern Grimm als unverfälschte Natur erschien, wurde in dieser Fixierung zum künstlichen Produkt einer der Wirklichkeit entgegengesetzten Phantasie: Fiktion nicht nur vom Darstellungsinhalt, sondern auch von der Darstellungsweise her. Denn der angebliche Volkston enthüllt sich bei näherem Hinsehen als kalkuliertes Stilmittel, die erzählerische Darbietung als Konstrukt, das sich literarischen Darstellungsweisen nur scheinbar entgegensetzt, während tatsächlich der Unterschied zwischen den sogenannten Volksmärchen und dem literarischen, dem Kunstmärchen, geringer ist, als die Brüder Grimm wohl meinten." (F. Apel, in: Das Kabinett der Feen, München 1984, S. 5 f.)

Jakob und Wilhelm Grimm haben durch die Gestaltung der KHM einen Märchenstil geprägt, der nun für fast zwei Jahrhunderte die Vorstellung von der Gattung Volksmärchen bestimmt hat. Ihre zeitlose und räumlich ungebundene Darstellungsweise ließ ihre Märchen generationenlang als etwas fast naturhaft Unveränderbares erscheinen; erst in jüngster Vergangenheit entstand in größerem Umfang ein gewisses Gefühl des Ungenügens, ein Verlangen nach neuen Fassungen für diese wunderbaren alten Geschichten. Aber alle Parodien von Joachim Ringelnatz bis Iring Fetscher und alle Versuche, die Märchen neu zu erzählen, von Erich Kästner bis Janosch, haben nicht im entferntesten die Qualität und den Erfolg der Grimmschen Märchen erreichen können. Auch wenn die Brüder Grimm einer Fiktion vom volksnahen Märchenerzählen erlegen sind, haben sie doch mit ihrer genialnaiven Erzählkunst eine Literatur geschaffen, die auch bei einer veränderten Betrachtungsweise ihrer Herkunft und ihrer Eigenart nicht den Wert verliert und ihren Zauber wohl auch noch in künftigen Zeiten behalten wird.

Literatur

Apel, Friedemar/Müller, Norbert (Hrsg.): Das Kabinett der Feen. Französische Märchen des 17. und 18. Jahrhunderts. München 1984
Bolte, Johannes/Polivka, Georg: Anmerkungen zu den Kinder- und Hausmärchen der Brüder Grimm, 5 Bde. Hildesheim 2/1963
Ewers, Hans-Heino (Hrsg.): Kinder- und Jugendliteratur der Romantik. Eine Textsammlung. Stuttgart 1984
Brüder Grimm: Kinder- und Hausmärchen. 3 Bde. hrsg. von Heinz Rölleke. Stuttgart 1980
— Die Kinder- und Hausmärchen der Brüder Grimm. Vollständige Ausgabe in der Urfassung, hrsg. von F. Panzer. Wiesbaden o.J.
Jolles, Andre: Einfache Formen. Darmstadt 2/1958
Henning, Dieter/Lauer, Bernhard (Hrsg.): Die Brüder Grimm. Dokument ihres Lebens und Wirkens. Kassel 1985
Karlinger, Felix: Grundzüge einer Geschichte des Märchens im deutschen Sprachraum. Darmstadt 1983
Klotz, Volker: Das europäische Kunstmärchen. Stuttgart 1985
Lüthi, Max: Märchen. Stuttgart 7/1979
— Das europäische Volksmärchen. Form und Wesen. Bern 7/1981
Musäus, Johann Karl August: Volksmärchen der Deutschen. Frankfurt a.M. 1965
Rölleke, Heinz: Die Märchen der Brüder Grimm. München 1985
Scherf, Walter: Lexikon der Zaubermärchen. Stuttgart 1982
Schoof, Wilhelm: Zur Entstehungsgeschichte der Grimmschen Märchen. Hamburg 1959
Seitz, Gabriele: Die Brüder Grimm. Leben — Werk — Zeit. München 1984
Steig, Reinhold: Achim von Arnim und Jakob und Wilhelm Grimm. Stuttgart 1904
Wege der Märchenforschung, hrsg. von Felix Karlinger. Darmstadt 1973
Wührl, Paul-Wolfgang: Das deutsche Kunstmärchen. Heidelberg 1984

ZUM WELTBILD DER SCIENCE-FICTION-JUGENDLITERATUR
Zwischen Anti-Utopie und Phantastik

von Helmut Melzer

I. Science Fiction als Jugendliteratur

Science Fiction (heute meist verkürzt mit SF bezeichnet) ist ein thematischer Bereich der Jugendliteratur, der seit Beginn der siebziger Jahre bei Verlegern, Lesern und Kritikern steigendes Interesse findet. Eine Reihe renommierter Jugendbuchverlage hat schon seit längerem SF-Reihen in ihrem Jugendbuchangebot, so der Herder Verlag mit seiner Mark-Brandis-Reihe, der Verlag Ensslin & Laiblin mit 'Ensslin Nova SF' oder der Boje Verlag mit seiner Weltraum-Reihe.[1] Stellt man zudem in Rechnung, daß SF — wie andere Textsorten der Unterhaltungsliteratur — dem Heranwachsenden auch in dem Buchangebot für Erwachsene, z.B. den Taschenbuchreihen des Heyne und des Goldmann Verlages, zugänglich ist und ihm in einer Vielzahl anderer Vermittlungsformen, wie Comics ('Captain Future'), Fotoroman ('Star Trek' = 'Raumschiff Enterprise'), Heftroman ('Perry Rhodan'), Film und Fernsehen ('E.T.', 'Krieg der Sterne') und Rocksong ('Völlig losgelöst'), begegnet, so gewinnt man einen Eindruck von der "medialen" Relevanz der SF-Stoffe.

Allerdings sollte die Breitenwirkung der SF-Literatur nicht überschätzt werden. Ergebnisse der Buchmarktforschung machen deutlich, daß der Leserkreis, der sich hauptsächlich der SF-Literatur zuwendet, weniger als 10 % des Leserpublikums ausmacht und daß vielleicht 20-30 % der Leser ein gelegentliches Interesse an SF-Büchern haben.[2] Kellner stellte in einer Umfrage unter Teilnehmern des "Perry Rhodan-Weltcon(gresses) 80" in Mannheim fest, daß SF vor allem Jugendliteratur ist. Die befragten engagierten SF-Leser ("Fandom") hatten teilweise die Beschäftigung mit SF-Literatur schon im elften, spätestens aber im 14. Lebensjahr aufgenommen. Unter ihnen fand Kellner ausgesprochene Vielleser von SF-Heft- und Buchromanen mit einem hohen Heft- und Buchbesitz dieses Genres, die sowohl Serien wie 'Perry Rhodan', 'Atlan' und 'Terra Astra' als auch Spitzenleistungen der SF-Literatur, z.B. der Autoren Isaac Asimov, Stanislaw Lem und Robert H. Heinlein, lasen.[3]

Mit anderen — vornehmlich der Unterhaltung dienenden — Lesestoffen teilt die SF-Literatur — besonders was die Heftroman- und die Taschenbuchproduktion betrifft — auch die überwiegend negative Bewertung durch die Literaturkritik. "Gut 90 Prozent dessen, was in den westlichen Ländern als S.F. angepriesen wird, gehört in den Bereich des Trivialen." — stellte Biesterfeld in seinem Beitrag 'Science Fiction' im 'Lexikon für Kinder- und Jugendliteratur' fest.[4] Die Typologie, die Heidtmann 1983 für SF-Kinder- und Jugendbücher entwarf[5], macht gleichfalls das Übergewicht anspruchsloser Texte deutlich. In der Beschreibung von fünf Typen wird jedoch schon ein breiteres Spektrum an Realisierungsmöglichkeiten der SF-Jugendliteratur erkennbar, die als gelungen angesehen werden können.

— Abenteuer mit SF-Dekor: Hierzu zählen alle jene Bücher, in denen SF-Merkmale nur zur "futuristisch-technischen Verbrämung konventioneller Abenteuer und Kriminalgeschichten benutzt werden."
— Utopisch-phantastische Abenteuer: Wenn auch in dieser Spielart Bücher vertreten sind, die lediglich einige gängige literarische Versatzstücke für jugendliche Leser arrangieren, so betont Heidtmann doch, daß immer mehr utopisch-phantastische Abenteuergeschichten nicht ausschließlich die äußere Aktion betonen und sich häufig eine Annäherung an die phantastische Literatur ergibt.
— SF-Gedankenspiele: SF-Autoren entwerfen Zukunftsbilder, die keine Wahrscheinlichkeit der Realisierung haben, vielmehr nach dem Motto des "Was wäre, wenn?" gestaltet sind.
— Parabelhafte SF: In diesem Typ wird eine SF-Geschichte zur verschlüsselten und verfremdeten Auseinandersetzung mit Gegenwartsfragen und -problemen benutzt, eine Möglichkeit, die im Kinder- und Jugendbuch bisher keine nennenswerte Tradition hat.
— Extrapolierende SF: Dabei knüpfen Autoren an reale Entwicklungen der Gegenwart an und verlängern sie in denkbarer Weise in die Zukunft. In diesem Bereich dominieren die negativen Utopien (Warnutopien), während positive Utopien in der gesamten SF-Literatur des 20. Jahrhunderts wenig Raum einnehmen und in der Jugendliteratur fast vollständig fehlen.

Es ist bezeichnend, aber keineswegs verwunderlich, daß gerade die anspruchsvollsten Varianten des Genres (parabelhafte und extrapolierende SF) außerordentlich wenig durch Kinder- und Jugendbücher besetzt sind, während die von abenteuerlichen Zügen geprägten Typen des SF-Jugendbuches sehr stark vertreten sind. Gerade in der Wiederbelebung der positiven Utopie aber sieht Heidtmann die wünschenswerte Zukunft der SF im Bereich der Kinder- und Jugendliteratur.[6]

Wie stark solche anspruchsvollen Wertmaßstäbe auch von anderen Autoren an die SF-Jugendliteratur herangetragen werden, zeigt sich etwa in den Definitionsmerkmalen der Gattung, die Gutsch im Anschluß an die Poetik der SF von Darko Suvin bestimmt. Gute SF wäre danach gekennzeichnet durch Innovation im Problem- wie im Problemlösungsbereich, durch affektive und kognitive Eindringlichkeit und durch Angebundenheit an das tatsächliche Interesse der Menschheit.[7] Angesichts dieser Ansprüche überrascht es nicht, daß die tatsächlich angebotene bzw. gelesene SF diesen Standards fast durchweg nicht entspricht und dem Verdikt der Trivialität verfällt.

Haas hat in einem neueren Beitrag zur 'Science Fiction als Jugendliteratur' deutlich andere Wertakzente gesetzt. Nach Haas leitet sich die Faszination von SF "nicht allein, nicht einmal primär aus der Vorwegnahme von zukünftigen Möglichkeiten der technischen, politischen und sozialen Welt, sondern in mindestens gleichem Maße aus der Verbindung von kühner rationaler Spekulation und phantastisch-märchenhaftem Wunder" ab. Als dritte Komponente neben Zukunftsdenken und magischem Denken tritt bei Haas das Merkmal der Kritik hinzu; "die Darstellung dessen, was sein soll, oder dessen, vor dem man sich zu fürchten hat, schließt immer auch Kritik ein an dem, was ist."[8] Besonders bemerkenswert an dem definitorischen Rahmen, den Haas absteckt, ist, daß er dem Phantastisch-Märchenhaften — vergleichbar mit dem Abenteuerlichen im Sinne eines Aufbruchs des Helden und des Lesers in eine unvertraute, fremdartige Welt[9] — eine wesentliche Funktion in dieser für jugendliche Leser gedachten Lektüre zuerkennt. "Und das Wunderbare, Magische im Entwurf einer fremden, fernen, bunten Welt, in der das Unmögliche sich für die Länge eines Textes zum Möglichen fügt, so, wie für die Länge eines Märchens alle Dinge sich fügen, wie der gute Ausgang es braucht — diese Qualität gehört unabdingbar und generell zum Wesen der SF."[10]

Auf dem Hintergrund dieser Merkmalsbeschreibungen sollen im folgenden zwei SF-Jugendbücher in ihrem Charakter untersucht werden, um daran einige grundsätzliche Bemerkungen zur Wertung und unterrichtlichen Behandlung anzuschließen.

II. Anti-Utopie und utopisch-phantastisches Abenteuer am Beispiel zweier SF-Jugendbücher

Das erste SF-Jugendbuch, 'Die Wächter', stammt von dem englischen Schriftsteller Christopher Samuel Youd; es erschien 1975 in deutscher Übersetzung im Georg Bitter Verlag und liegt seit 1978 in der Reihe der Ravensburger Taschenbücher (Bd. 441) vor. Der 1922 geborene Verfasser, der seine Werke unter dem Pseudonym John Christopher veröffentlicht, schrieb bereits in den 50er Jahren eine Reihe von SF-Büchern für Erwachsene, die meist dem Typus des Katastrophenromans entsprechen, z.B. 'The Death of Grass', 1956; dt. 'Das Tal des Lebens', 1959. Ende der 60er Jahre begann er mit dem Schreiben von SF-Jugendbüchern; sein erstes hatte den Titel 'The White Mountains', 1967; dt. 'Dreibeinige Monster auf Erdkurs', 1971. Für die englische Fassung des Jugendbuchs 'Die Wächter' erhielt der Autor 1970 den Guardian-Preis für das beste Kinderbuch; die deutsche Übersetzung wurde 1976 mit dem Deutschen Jugendbuchpreis ausgezeichnet. Derzeit findet sich von John Christopher eine Vielzahl von SF-Jugendbüchern auf dem Markt, z.B. 'Die Lotushöhlen', 'Der Fürst von morgen', 'Hinter dem brennenden Land'.

In 'Die Wächter' wird in zehn Kapiteln die Geschichte des im Jahre 2038 geborenen, ungefähr zwölfjährigen Robin Randall erzählt, der in der Konurba Groß-London, einer gewaltigen Städtezusammenballung in England, aufwächst. Rob unterscheidet sich von den anderen Konurbanern darin, daß er nach dem Vorbild seiner verstorbenen Mutter Bücher liest, während sich die Bevölkerung der überfüllten Städte meist an gefährlichen Wettrennen ("Terraflüge") und auch an Gladiatorenkämpfen ergötzt. Durch einen Freund seines Vaters erfährt er, daß sein Vater bei seiner Arbeit als Elektriker einen Unfall gehabt haben soll, wobei die Umstände — dies wird Rob erst später klar — darauf hindeuten, daß sein Vater eines unnatürlichen Todes gestorben ist und wahrscheinlich als Regimegegner liquidiert wurde.

Rob kommt als Waise in ein Internat, wo er durch seine Fragen im Unterricht unangenehm auffällt, von dem aufsichtsführenden "Zuchtmeister" schikaniert und von älteren Mitschülern brutal gequält wird. Aus Briefen seiner Mutter erkennt er, daß diese aus dem "Landkreis" stammte, der in England jenseits der Konurbas existierte. Er entschließt sich zur Flucht in den Landkreis, obwohl den Konurbanern eine Verachtung gegenüber Landkreisbewohnern anerzogen wurde und es das Gerücht gab, beide Welten seien durch einen unüberwindlichen elektrischen Zaun getrennt. Nach abenteuerlicher Flucht kann er den Zaun überwinden und versteckt sich im Landkreis mit Hilfe des gleichaltrigen Mike Gifford in einem alten Flak-Unterstand aus dem Zweiten Weltkrieg. Mikes Eltern leben als Landadelige in einem Haus mit vielen Bediensteten. Sie nehmen Rob schließlich in ihr Haus auf und geben ihn gegenüber anderen als einen Verwandten aus. Rob lernt Reiten und andere im Landkreis gepflegte Sportarten und paßt sich den Umgangsformen und Sitten im Landkreis immer mehr an. Er besucht mit Mike ein College, in dem die Kinder der Landadeligen zu strikter Disziplin und autoritärer Haltung erzogen werden. Rob erfährt, daß es eine revolutionäre Bewegung auch unter den Landbewohnern gibt, die sich gegen das Herrschaftssystem in beiden Lebensbereichen richtet. Während Rob zunächst die Idee einer Revolution als hirnverbrannt betrachtet, nimmt Mike am Aufstand der Revolutionäre teil, der jedoch blutig niedergeschlagen wird. Rob wird zum Verhör in das Haus des Gouverneurs gebracht, wo er erfährt, daß man seine wahre Identität seit langem kennt. Gleichzeitig weiht ihn der Gouverneur in das Herrschaftssystem ein, wonach die Geheimorganisation der Wächter hinter den Kulissen alle gesellschaftlichen Vorgänge steuert, gefährliche

Bürger in den Konurbas liquidiert und oppositionelle Landadelige durch eine Gehirnoperation ihres Freiheitswillens beraubt. Rob erklärt sich zunächst einverstanden, in den Kreis der Wächter einzutreten. Die Aussicht jedoch, daß auch sein Freund Mike — wie schon früher dessen Vater — einer Gehirnoperation unterzogen werden soll, läßt ihn den wahren Charakter des verbrecherischen Herrschaftssystems begreifen. Er beschließt, in die Konurba zurückzukehren und dort für die Revolution tätig zu sein.

In dem Jugendbuch 'Die Wächter' ist der Typus des anti-utopischen SF-Romans realisiert, den Suerbaum/Broich/Borgmeier in seinen wesentlichen Merkmalen beschrieben haben.[11] In den meisten Romanen dieses Typs gibt es eine zukünftige Superstadt bzw. einen Superstaat, der in wissenschaftlich-technischer Hinsicht durch Fortschritte, in politisch-sozialer Hinsicht aber durch strenge Überwachung der Bewohner und durch Unfreiheit gekennzeichnet ist. Die Konurbas sind in diesem Sinne Superstädte, in denen der Ideologie nach als oberste gesellschaftliche Ziele "das Glück und das Wohlbefinden der Menschheit" (25)[12] verwirklicht werden sollen, in denen jedoch die Beherrschten gleichgeschaltet sind und im Sinne der Herrschenden manipuliert werden. Rohe und gefährliche Wettkämpfe, gelegentliche Unruhen und ein in Gang gehaltener Krieg in China dienen dazu, daß die Menschen Gewalt und Aggression systemerhaltend abreagieren. Selbst die Revolution im Landkreis war nach Auskunft des Gouverneurs eine von den Wächtern kontrollierte Maßnahme, um die revolutionären Kräfte zu liquidieren oder ihre Opposition durch Gehirnoperation auszuschalten. Wie häufig in SF-Romanen dieses Typs[13] steht der Welt der Konurbas im Landkreis eine Welt gegenüber, die durch einen technischen Regreß charakterisiert ist. Im Landkreis ist ein adlig-feudales Landleben früherer Jahrhunderte konserviert, mit Kutsche und Pferd als Fortbewegungsmittel, mit Fuchsjagden, Bogenschießen und musischer Geselligkeit. (92f.) Die beiden Welten sind zwar räumlich durch einen Zaun voneinander getrennt, aber als wirksameres Mittel der Trennung dient eher die durch Erziehung erreichte Verachtung der jeweils anderen Welt und ihrer Bewohner.

Ein weiteres charakteristisches Merkmal der anti-utopischen SF-Literatur ist der Gegensatz zwischen der konformistischen Mehrheit und der nonkonformistischen Minderheit: "Die Protagonisten verkörpern durchweg den Wert der Individualität im Gegensatz zur Kollektivität, die Freiheit im Gegensatz zur Gleichheit, die Geschichtlichkeit im Gegensatz zur Weltveränderung."[14] Auch diese Gestaltungszüge sind im Jugendbuch ausgeprägt vorhanden. Rob liest Bücher aus einer schon fernen Vergangenheit (8) in einer Zeit, da Freizeittätigkeiten wie das Lesen nahezu ausgestorben sind; er interessiert sich für die eigene familiäre Vergangenheit. Die Briefe seiner Mutter, durch die er auf den Landkreis aufmerksam wird, sind ihm ein „Bindeglied zur Vergangenheit" (28). Rob löst sich aus dem gefühlsbestimmten Zusammenhalt der Konurbaner, die "gesellige Herdentiere" (29) genannt werden.

Die Interpretation zeigt sehr deutlich, daß 'Die Wächter' alle wesentlichen Gestaltungsmerkmale einer Anti-Utopie aufweisen, so daß dieses SF-Jugendbuch auch von diesem Formtypus her verstanden und gewertet werden muß.

Das zweite herangezogene SF-Jugendbuch, 'Verschwörung auf Gilgam', ist im Franz Schneider Verlag erschienen (1984) und stammt von dem 1956 geborenen deutschen SF-Autor Andreas Brandhorst, von dem bereits eine Reihe weiterer SF-Bücher erschienen ist, z. B. 'Die Unterirdischen', 'Welt der Psionen', 'Die Kristallwelt'.

5. Jugendliteratur 127

In Brandhorsts Jugendbuch 'Verschwörung auf Gilgam' wird in 15 Kapiteln ohne Überschriften ein planetarisches "Ferienabenteuer" der 14jährigen Mona Tamiani erzählt. Mona verläßt mit der achtjährigen Angela das Raumschiff Perseus in einer Rettungskapsel, nachdem sich auf dem Raumschiff eine Explosion ereignet hat. Sie landen auf Gilgam, einem Planeten, der eine noch nicht identifizierte Ökostrahlung aufweist, in der Menschen nur eine bestimmte Zeit überleben können. Auf dem Planeten befindet sich an einem strahlungsfreien Ort eine Forschungsstation, in der Wissenschaftler von der Erde bisher erfolglos Kontakt mit den Intelligenzen auf Gilgam herzustellen versuchten. Unter den Forschern befinden sich auch die Eltern Monas und ihres Bruders Poul, der seit der Havarie des Raumschiffs auf dem Planeten verschollen ist. Von der Forschungsstation steigen Rettungskommandos zum beschädigten Raumschiff auf, wobei deutlich wird, daß dieses absichtlich von Verschwörern in ihre Gewalt gebracht werden sollte. Die Verschwörer hatten die Wissenschaftler in der Forschungsstation dosiert der Ökostrahlung Gilgams ausgesetzt, um Veränderungen ihrer Erbmasse herbeizuführen. Mona und Poul entwickelten aufgrund eines genetischen Zufalls genügend Psi-Fähigkeiten, um die Kräfte der Sphäre auf Gilgam zu steuern. Mit ihrer und ihres Bruders Hilfe wollen die Verschwörer eine große Rebellion gegen die Erde durchführen. Sie übernehmen die Macht in der Forschungsstation und setzen nun alles daran, um Mona und ihren Bruder Poul zu finden. Mona ihrerseits muß ihren Bruder Poul befreien, der sich in der Gewalt monströser Insektenwesen befindet. Dabei helfen ihr die Pflanzenwesen auf Gilgam, deren Sprache sie aufgrund ihrer Psi-Fähigkeiten versteht. Sie reitet auf einem Vielläufer und fliegt auf dem Rücken eines Wolkendrachens mit ihrem Pflanzenfreund Drish zu dem Versteck der Insektenwesen, verfolgt von den Stratosphärengleitern des Hauptverschwörers York Frannard, der gleichfalls Psi-Fähigkeiten besitzt. Um Mona zu finden, setzt er rücksichtslos das Leben der ihn begleitenden Menschen aufs Spiel und foltert auch Pflanzenwesen. Mit Schockimpulsen aus ihrer Laserpistole kann Mona inzwischen die Insektenwesen abwehren und Poul befreien. Durch geistige Konzentration vermag sich die kleine Gruppe vorübergehend unsichtbar zu machen und kann auf dem Rücken des Wolkendrachens fliehen. Da auf Gilgam Tiere, Pflanzen und Intelligenzen eine große geistige Einheit bilden und Mona daran teilnimmt, wird sie von einer Gedankenstimme auf einen Schatz in einer Höhle verwiesen, den die Weisen seit Äonen hüten. Durch ihn soll Monas Geisteskraft voll entfaltet werden. Der Schatz erweist sich als ein Prisma, ein lebendes Geschöpf mit einem Körper aus reiner Energie, die auch die Ökostrahlung auf Gilgam hervorruft. Durch die Begegnung wird Mona gleichsam Teil des Prismas und begreift nun alle Zusammenhänge. Die Existenz des Prismas muß aber allen anderen Menschen unbekannt bleiben, so daß Mona den Kampf gegen die Verschwörer selbst führen muß. Deren Anführer kann Mona schließlich durch rücksichtsloses Vorgehen in seine Gewalt bringen, worauf er versucht, sie für seine Zwecke einzusetzen. Aber ihr Pflanzenfreund Drish dringt in die Forschungsstation ein und setzt mit seinen Laufwurzeln die Bewacher Monas außer Gefecht. Aufgrund ihrer entfalteten Psi-Fähigkeiten gelingt es dann Mona, alle Verschwörer auszuschalten.

Die Inhaltszusammenfassung macht deutlich, daß in diesem Jugendbuch der Typus der utopisch-phantastischen Abenteuergeschichte[15] realisiert ist, in der einerseits literarische Versatzstücke von Weltraum-Abenteuern arrangiert werden, andererseits eine phantastische Wunschwelt aufgebaut wird, die teilweise auf bekannte Motive, z.B. aus Endes 'Unendlicher Geschichte' zurückgreift. Die Handlung wird in ihrem äußeren Ablauf im wesentlichen durch das Abenteuerschema geprägt: Explosion in einem Raumschiff — Rettung der Hauptfigur aus Raumschiff und Rettungskapsel in letzter Sekunde — Verfolgung der Heldin durch die Verschwörer, die die Weltherrschaft anstreben — Kampf mit Laserpistolen und Psi-Fähigkeiten gegen monströse Insektenwesen — Auseinandersetzung mit dem bedenkenlosen Kopf der Verschwörung und Sieg über die Verschwörer. Diese Erzählzüge gehören zum Motivinventar der "space opera", wie man diese schematisch erzählten Weltraum-Abenteuer auch bezeichnet. Mit dieser Abenteuerhandlung verbindet sich jedoch eine mehr psychologisch bestimmte phantastische Handlungsschicht, die erzähltechnisch geschickt mit der Abenteuerhandlung verbunden wird: Mona gewinnt Pflanzlinge, einen Vielläufer und einen Wolkendrachen zu Freunden — erlangt durch ihre Psi-Fähigkeiten Erkenntnisse über die mythische Lebenswelt von Gilgam, in der Pflanzen- und Tierwesen in einer Kommunikationseinheit verbunden sind — nimmt Teil an der Lebenseinheit Gilgams und verwendet diese Fähigkeiten zur Rettung dieser Lebenswelt und der durch Verschwörer bedrohten Menschen. Eine Interpretation dieses SF-Jugendbuches ergibt damit, daß die triviale Abenteuerstruktur in diesem Text wohl bestimmend ist, in diese Struktur aber phantastisch-mythische Erzählzüge integriert sind, die über die triviale Gestaltung hinausweisen.

III. Zur Wertung und unterrichtlichen Behandlung beider Jugendbücher

In einer 1978 publizierten Kritik an den Begründungen der Jury zur Verleihung des Deutschen Jugendbuchpreises 1976 für das Jugendbuch 'Die Wächter' hat Binder besonders drei Punkte[16] hervorgehoben, die gegen dieses Jugendbuch eingewendet werden können:

— Ein Nachdenken über die Verstädterung und Vermassung der Menschen, wie sie im Text für die Konurbas dargestellt wird, kann bei jugendlichen Lesern allenfalls dazu führen, daß sie die kritische Bewertung der Massen mit zeitgenössischen Aktionen, wie Demonstrationen, assoziieren, die einen politischen Bewegrund haben, und von daher zu einer Ablehnung dieser Formen politischer Auseinandersetzung kommen.
— Die Revolutionäre werden in Beschreibung und Bewertung eindeutig negativ dargestellt, so daß auch der ideelle Inhalt der Revolution abgewertet wird.
— Der Schluß des Romans ist durch seine für den Helden hoffnungslose Perspektive verfehlt, weil sich das Verhalten des Helden "gesellschaftsbezogenen Nachdenkens enthält und statt dessen einem Gefühl folgt, das durch trivial rezipierte Abenteuerliteratur beeinflußt ist."

Auch Promies hat in einem Beitrag zur SF-Jugendliteratur das vorliegende Jugendbuch als "apolitisches Lehrstück" eingestuft: 'Wäre Christopher wirklich um eine politische Lehre besorgt gewesen, Rob hätte die Chance, in den eigentlichen Machtapparat Einblick und damit Kompetenz zu erlangen, um der gewünschten Veränderung willen nützen müssen, um so zugleich von Konurba (Mike) und Landkreis (Rob) aus die gesellschaftliche und politische Veränderung zu bewerkstelligen und eines schönen künftigen Tages zu bewirken."[17] Die Intention, die diesem "geschichtslosen" Roman innewohnt, besteht nach Binder jedoch darin, dem jungen Leser zu suggerieren, "daß er in einer glücklichen Welt lebe, weil es dort die im Roman gezeigte Unmenschlichkeit nicht gibt, und daß folglich in der Rezeptionsgegenwart kritisches Nachdenken und Handeln viel weniger gerechtfertigt seien als in der futurologischen Handlung".[18] Sowenig zwingend diese vermutete Wirkung des Textes ist, so zeigt sich in diesen grundsätzlichen Einwänden der beiden Autoren, daß diesen ein bestimmtes Idealbild dessen zugrundeliegt, was SF-Jugendliteratur sein soll und für ihre jugendlichen Leser leisten muß. Diese hätte danach wohl entweder ein positives zukünftiges Gesellschaftsbild zu liefern, an dem die Gegenwart mit ihren vielen Unzulänglichkeiten für den Leser kritisierbar wird. Oder sie hätte — in Form der negativen Utopie — Gesellschaftszustände darzustellen, die negative Tendenzen der Gegenwart futuristisch "vergrößern", um den Leser in den Widerstand gegen diese Tendenzen einzuüben. Es ist aber die Frage, ob dies nicht die Verengung der SF-Jugendliteratur auf mehr oder minder deutliche gesellschaftskritische Texte bedeuten würde. Andererseits ist zweifelhaft, ob die mit dieser Intention erzählten "Lehrstücke" von den 12 bis 16jährigen Lesern angenommen würden. Schon bei Christophers 'Die Wächter' wurde die Frage, ob durch den Text das Rezeptionsniveau jugendlicher Leser nicht bereits verfehlt wird, unterschiedlich beantwortet. Während Biesterfeld dieses Jugendbuch offenbar mit vielen Aspekten sowohl in einer 7. als auch in einer 9. Klasse behandeln konnte,[19] teilt Promies im Anhang seines Aufsatzes mit, eine mit Lehrern und Studenten in Schulen und Jugendbüchereien durchgeführte Erkundung habe ergeben, "daß Jugendliche die komplizierte Handlung gar nicht verstanden und die politischen Implikationen über ihre Begriffe gehend empfanden."[20] Wie allerdings ein Jugendbuchtext, der noch stärker auf eine politische Analyse und eine Aufklärung des Lesers ausgerichtet ist, eher den Bedürfnissen und Verständnismöglichkeiten des jungen Lesers entsprechen soll, ist schwer einsehbar.[21]

Bei der didaktischen Bewertung der Texte wäre wohl stärker die Perspektive des jugendlichen Rezipienten zu berücksichtigen. Wenn man Lesemotive junger Leser im Auge hat, so erwarten diese in einem SF-Jugendbuch wahrscheinlich in erster Linie eine spannend erzählte, in zeitliche und räumliche Fernen greifende Handlung, die sie in eine technisch veränderte oder eine märchenhaft-phantastische Welt mit neuen Erlebnis- und Erkenntnismöglichkeiten führt. Sie erwarten, um es abgekürzt zu sagen, eine Abenteuergeschichte im Sinne des Überschreitens enger — in ihrer Wirklichkeit fortwährend erfahrener — Grenzen und der Begegnung mit dem Nicht-Vorhersehbaren und dem durch Phantasie Verfremdeten. Daß diese phantastische oder verfremdete Welt immer auch ein mehr oder weniger deutliches Schlaglicht auf die eigene Gegenwart und Realität des Lesers wirft, daß Vergleiche möglich werden mit Bedingungen und Formen des gesellschaftlichen Zusammenlebens der Gegenwart, dies sind wohl Zusammenhänge, die dem jungen Leser bei seiner primären Lektüre kaum aufgehen werden. Dieser Gesichtspunkt könnte aber bei der unterrichtlichen Behandlung dieser Texte ins Spiel gebracht werden, ohne die Besprechung und Bewertung des Textes auf den ideologiekritischen Aspekt zu verengen.

Die auf die Eigentätigkeit der Schüler gerichteten Verfahren einer produktionsorientierten Didaktik[22] bieten hier zweifellos günstige Ansatzpunkte, daß sich die Schüler einerseits mit bestimmten Personen und Handlungsabläufen identifizieren und andererseits auch Distanz zu dem Dargestellten entwickeln können. Allerdings sollten dabei der Text selbst und seine Intentionen nicht zugedeckt werden durch eine Vielzahl von mehr oder weniger beliebigen Spiel- und Schreibtätigkeiten der Schüler; dieser Gefahr ist m.E. die gewiß anregende Unterrichtssequenz von Erne/Haas[23] zu Christophers 'Die Wächter' nicht ganz entgangen.

Eine kritische Betrachtungsweise könnte in der Sekundarstufe I z.B. an Brandhorsts 'Verschwörung auf Gilgam' so ansetzen, daß die Schüler von ihrer Kenntnis von Abenteuerstoffen und -motiven her feststellen, welche Erzählzüge in diesem Roman von anderen Büchern und Filmen her hinreichend bekannt, welche Erzählzüge dagegen relativ neu und originell sind. Daraus könnte sich auch die weiterführende Aufgabe ergeben, den Roman in Form eines Exposés in der einen oder der anderen Weise umzuschreiben. Für Christophers 'Die Wächter' bietet sich an, für den Roman einen anderen Schluß oder eine Fortsetzung zu finden, die der Möglichkeit einer Veränderung der Verhältnisse eher entspricht. Auf diese Weise könnten die Schüler im Duktus des Textes oder auch gegen den Text zu eigenen produktiven (Schreib-)Erfahrungen mit der Textsorte SF kommen. Als didaktische Grundlage für den Umgang mit dieser Literatur wäre aber kaum eine "Poetik" der SF-Jugendliteratur geeignet, die diese Texte mit hohen gesellschaftskritischen Forderungen und Erwartungen befrachtet. Das Ergebnis eines so gestalteten Literaturunterrichts könnte der in anderem Zusammenhang schon befürchtete "kritische Nichtleser" von Literatur sein.

Anmerkungen

1) Vgl. Haas, Gerhard: Science Fiction als Jugendliteratur. In: Haas, G. (Hrsg.): Kinder- und Jugendliteratur. Ein Handbuch. Stuttgart 3/1984, S. 327f.
2) Heidtmann, Horst: Neue Science Fiction für Kinder und Jugendliche oder: Die Suche nach der literarischen Utopie. In: Informationen Jugendliteratur und Medien 5 (1983), 34.Jg.N.F., S. 103
3) Kellner, Rolf: Science Fiction-Leser. Umfrageergebnisse über das Fandom. Tübingen 1983, S. 24ff.
4) Biesterfeld, Wolfgang: Science-Fiction. In: Doderer, K. (Hrsg.): Lexikon der Kinder- und Jugendliteratur. Bd. 3. Weinheim/Basel 1979, S. 364
5) Heidtmann 1983, S. 98ff.
6) Ebd., S. 101
7) Gutsch, Jürgen: Science Fiction als Kinder- und Jugendliteratur. In: Blätter für den Deutschlehrer 25 (1981), S. 73
8) Haas 1984, S. 324f.
9) Vgl. Baumgärtner, Alfred Clemens: Das Abenteuer und die Jugendliteratur. In: Sub tua platano. Festgabe für Alexander Beinlich. Vechta 1982, S. 218f.
10) Haas 1984, S. 325
11) Suerbaum, Ulrich/Broich, Ulrich/Borgmeier, Raimund: Science Fiction. Theorie und Geschichte, Themen und Typen, Form und Weltbild. Stuttgart 1981, S. 85ff.
12) Die in Klammern stehenden Seitenangaben beziehen sich auf den Text des Jugend-Taschenbuches Bd. 441, Ravensburg
13) Suerbaum/Broich/Borgmeier 1981, S. 88
14) Ebd., S. 89
15) Heidtmann 1983, S. 99
16) Binder, Alwin: "Gut, solide und schwungvoll erzählt." In: Diskussion Deutsch 9 (1978), H. 43, S. 426-433
17) Promies, Wolfgang: Science Fiction oder: Die Zukunft gehört der Jugend auf dem Papier. In: Informationen Jugendliteratur und Medien 3 (1978), 32. Jg. N.F., S. 37; vgl. Binder 1978, S. 434
18) Binder 1978, S. 434
19) Biesterfeld, Wolfgang: John Christopher 'Die Wächter'. In: Graf v. Nayhauss, H.-Ch. (Hrsg.): Das Taschenbuch im Unterricht. Analysen, Modelle, Praxisberichte am Beispiel ausgewählter Ravensburger Taschenbücher. Ravensburg 1982, S. 72ff.
20) Promies 1978, S. 41
21) Vgl. auch Selge, Martin: Im Schatten der Wächter. John Christophers 'Die Wächter', der deutsche Jugendbuchpreis und Alwin Binders kritische Bemerkungen dazu. In: Diskussion Deutsch 10 (1979), H. 45, S. 99ff.
22) Waldmann, Günter: Grundzüge von Theorie und Praxis eines produktionsorientierten Literaturunterrichts. In: Hopster, N. (Hrsg.): Handbuch "Deutsch" für Schule und Hochschule. Sekundarstufe I. Paderborn 1984, S. 98-141
23) Erne, Hans-Peter/Haas, Gerhard: Schüler wählen Phantastik. Handlungsorientierte Lektüre am Beispiel von J. Christophers 'Die Wächter'. In: Praxis Deutsch 54 (1982), S. 43ff.

DER ALTE MENSCH IM JUGENDBUCH
Inhaltsdidaktische Überlegungen für einen
identitätsfördernden Literaturunterricht

von Margarete Willerich-Tocha

Vehemente Diskussionen um die "heile Welt" im Kinderbuch wurden über Jahre geführt. Als eines ihrer Ergebnisse schien solche Literatur vermittelnswert, in die die gemeinsame, konfliktreiche Wirklichkeit von Erwachsenen und Kindern ungeschönt eingegangen war. Die in diesem Umfeld ab Ende der sechziger Jahre entstandenen Versuche realistischen Erzählens für Kinder haben ihre innovative Kraft inzwischen verloren. Gleichzeitig sind Polarisierungen, z.B. die zwischen Befürwortern phantastischer und denen realistischer Literatur, sowie die oft apologetischen Abgrenzungsversuche zwischen inhalts- und literarästhetisch orientierter Literaturdidaktik in vielem gegenstandslos geworden. Mit dazu beigetragen haben rezeptionsorientierte Fragestellungen, die adressatenbezogene Überlegungen versachlicht und den spezifischen Verstehensprozessen von Kindern und Jugendlichen beim Umgang mit Literatur mehr Beachtung geschenkt haben. Die zentrale literaturdidaktische Frage der Textauswahl muß dabei jeweils neu oder anders gestellt und gelöst werden. In der folgenden Auseinandersetzung mit recht bekannten Beispielen realistischer Kinderliteratur geht es also nicht um ein unangemessenes und anachronistisches Plädoyer für oder gegen diesen Kinderbuchtyp, sondern darum, spezifische Funktionen der Texte zu untersuchen, um didaktische Entscheidungen zu erleichtern.

Bemerkenswert in der neueren realistischen Kinderliteratur ist die Zeichnung der Erwachsenen, die Differenz der Generationen: Es dominieren nicht mehr Eltern, die lediglich den Aktionsradius des kindlichen Helden abstecken, bzw. liebenswert komische oder kränklich gottergebene alte Menschen, sondern Erwachsene, die eigenes Profil gewinnen. Und hier nun begegnet der junge Leser Problemen vielerlei Art: dem Scheitern von Ehen und seinen Folgen nicht nur für die Kinder, sondern auch für die Eltern;[1] psychischer Labilität des Vaters bis zur Lebensunfähigkeit;[2] unaufhebbarer Isolation und Einsamkeit eines alten Menschen.[3] Es ist keineswegs nur die Negativ-Seite des Erwachsenenlebens, die vorgestellt wird. Doch unter dem Ziel, Erwachsenenwelt angemessen zu spiegeln, muß notwendig auf viele Glättungen verzichtet werden, kann der Erwachsene nicht mehr ebenso hilfreiches wie farbloses Gegenüber des Kindes sein, sondern gerät seinerseits eventuell zur hilfsbedürftigen Gestalt. Die didaktischen Implikationen dieses Problems sollen an einem inhaltlich eingegrenzten Bereich verfolgt werden: dem Zusammenleben von Alter und Jugend. Dieser Bereich hat den Vorzug, daß er das Erwachsenen-Thema zunächst von zuviel Konflikthaltigkeit befreit: Es sind nicht mehr Ausnahmesituationen, die aufgezeigt werden, sondern es ist ernstgenommene Normalität, zu der die Spannweite der Lebensalter gehört. Zudem liegen für diesen Themenbereich mehrere exponierte, nämlich mit dem Deutschen Jugendbuchpreis ausgezeichnete Bücher vor: 'Oma' von Peter Härtling (1975, Jugendbuchpreis 1976), 'Servus Opa, sagte ich leise' von Elfie

Donnelly (1977, Jugendbuchpreis 1978), 'Erzähl mir von Oma' von Guus Kuijer (1981, Jugendbuchpreis 1982).[4] Dies ist ein Indiz für ein Interesse, das die Thematik über einen relativ langen Zeitraum hinweg gefunden hat. Diese Texte und Härtlings zweiter Kinderroman zum Thema Alter, 'Alter John'[5], sind Bezugspunkt der folgenden inhaltsdidaktischen Reflexionen.

Die Rezeptionsbedingungen haben sich seit Härtlings 'Oma' wesentlich verändert. War es z.B. ein Motiv für die Auszeichnung von 'Servus Opa', daß Donnelly mit dieser Geschichte entscheidend dazu beigetragen hatte, die Themen Alter, Krankheit, Tod aus der Tabuzone der Kinderliteratur zu holen, so konnte dies Anfang der achtziger Jahre kein Anliegen mehr sein. Inzwischen war eine Fülle von Büchern vorhanden, die das Thema aufgriffen,[6] darunter extreme und diskussionswürdige Modelle wie das 1976 in deutscher Übersetzung erschienene Buch 'Das weiße Band in deinem Haar' von Šrámková, in dem eine Jugendliche in einem Altenheim aufwächst; ein Text, von dem sich eine Brücke schlagen läßt zum jüngst erschienenen nicht minder extremen Modell 'Eine Hand zum Anfassen' von Renate Welsh (1985), das vom Aufenthalt einer Jugendlichen bei ihrer Großmutter in einer Sterbeklinik in England handelt.

I. Textfunktionen

1. Erfahrung der Beziehungsvielfalt zwischen Generationen

Wenn Großeltern in Kinderbüchern eine wichtige Rolle spielen, dann vielfach so, daß sie gegenüber der mittleren Generation der Eltern eindeutige Vorzüge erhalten. Sie haben und nehmen sich Zeit, sind verfügbar und gleichen dadurch Betreuungs- und Fürsorgedefizite von Seiten der Eltern aus. Sie bilden mit den Kindern Koalitionen gegen die Eltern, oder zumindest gilt ihre Solidarität oft mehr den Enkeln als den eigenen Kindern. Diese Funktion verbindet Texte für Leseanfänger, etwa Paul Maars 'Die Eisenbahn-Oma' (1981), mit den weit komplexeren für kompetentere Leser und ermöglicht auch jenem Leser, der zur Rollenübernahme noch nicht fähig ist, einen Zugang. Realer Bezugsrahmen, in dem solch eine Brücke zwischen Alt und Jung entsteht, ist eine leistungs- und erfolgsorientierte Gesellschaft, in der Alte und Kinder gleichermaßen zu Randgruppen werden, ein Faktum, das Jugendbuchautoren für ihre Geschichten nutzen.

Härtlings 'Oma' ist im genannten Rahmen die konsequenteste Konkretisierung dieses Grundmodells. Die Großmutter muß Kalles Eltern ersetzen, was über eine bloße Kompensation der Elternrolle weit hinausgeht. Das verlangt auch den von Härtling gewählten Schluß: Kalle verliert seine Großmutter nicht, die Alternative, die Härtling aufgrund seiner Erfahrungen beim Vorlesen für Kinder bewußt vermieden hat[7]; und bemerkenswert ist, daß auch Leser im Alter der dargestellten Großmutter den Erzählschluß mit Erleichterung zur Kenntnis nahmen[8]. Der Blick in die "Ungeborgenheit der Zukunft"[9] wird Kindern wohl zugemutet, doch gegenüber dieser mehr kognitiven Textwirkung steuern seine affektiven Funktionen gegen Verlust- und Trennungsängste an. Die Veränderung der Titelbilder ist in diesem Rahmen interessant:

Signalisierte das Bild der Erstausgabe von 1975 Verlust und Trennung – Kalle blickt den Betrachter ernst und fragend an, im Hintergrund sieht man das Hochzeitsbild

5. Jugendliteratur

der Großeltern —, stellte die 1979 erschienene Taschenbuchausgabe mit dem Titelbild der fußballspielenden Oma deren Jugendlichkeit und Aktivität zur Schau, so betont die Sonderausgabe von 1983 mit dem Motiv der ineinander ruhenden Hände eines Erwachsenen und eines Kindes die Potenz des Textes, Geborgenheit zu vermitteln.

Das Erzählte wird damit einem veränderten Erwartungshorizont angepaßt, in dem sich auch pädagogische Leitvorstellungen gewandelt haben. Statt dem Ideal des konfliktbereiten, kritikfähigen und emanzipierten Kindes gilt inzwischen seiner sozialen Bedürftigkeit eine neue Aufmerksamkeit.

Der allmähliche, erst beginnende Prozeß der Lösung aus der Fürsorgeabhängigkeit, den Härtlings 'Oma' beschreibt, verweist auf die lebenswichtige Funktion, die der Großmutter hier zukommt.[10] In diesem Kontext entsteht ein besonderes Verhältnis zur mittleren Generation. Während Alter John und Michis Großvater (Donnelly) mit ihren Enkeln gegen deren Eltern handeln oder sich gegen sie äußern können, während sie die Sympathie ihrer Enkel durch Streit mit ihren Kindern durchaus vertiefen können, ist für Kalle die Bindung an die toten Eltern unantastbar. Die nach wie vor kritische und negative Haltung der Großmutter gegenüber ihrer Schwiegertochter führt zu den entscheidenden Krisen Kalles in seiner Beziehung zur Großmutter — "Richtig streitet Kalle eigentlich nur um seine Mutter" (72) —, eine subtile Psychologie, die hier auch dem nur identifizierend lesenden Kind vermittelbar ist, das wie Kalle noch umfassender Fürsorge bedarf. Modelle hingegen, die wie 'Alter John', 'Servus Opa' und 'Erzähl mir von Oma' von einer bestehenden Eltern-Kind-Beziehung ausgehen, gewinnen die Möglichkeit der kritischen oder komischen Zeichnung der Eltern, ermöglicht doch die Beziehung zu den Großeltern die risikolose Erprobung von Distanz zu den Eltern:

So ist es für Maslief (Kuijer) zusammen mit Opa, aber ohne Mutter, "viel gemütlicher" (13), Michi (Donnelly) würde am liebsten mit Opa ganz allein wohnen (15), und der wütende und schreiende Vater gerät gegenüber Alter John immer wieder als schwache oder lächerliche Figur (13, 61, 70). Verwiesen sei hier auf das Jugendbuch, dessen Titel dieses Thema bereits programmatisch aufnimmt; 'Andere Kinder wohnen auch bei ihren Eltern' von Franz Maar (1976).

Ziel ist weniger die Infragestellung von Erwachsenenautorität, wie es Merkmal vieler Texte Anfang der 70er Jahre war. Vielmehr wird Großmüttern und -vätern ein hohes Maß an Autorität zuerkannt; dadurch werden optimistische Modelle verstärkt, in denen Kinder Solidarität und Geborgenheit erfahren und — das ist das Bemerkenswerte der vorliegenden Erzählungen— den alten Menschen ihrerseits dies als Erfahrung vermitteln können:

Maslief teilt Traurigkeit und Ratlosigkeit ihres Großvaters (Kuijer 20), Kalle bedeutet für Oma ein "richtiges zweites Leben" (Härtling 103), seine Selbständigkeit wird während der Krankheit der Großmutter erfolgreich erprobt, und sein Verhältnis zu ihr bekommt eine neue Qualität (103); Jakob erfährt seine Verantwortung in der schwierigen Pflege von Alter John (Härtling 100), Michi stützt den Großvater und wird „unheimlich stolz", "vielleicht weil der Opa wissen soll: Auf den Michi kann ich mich verlassen". (Donnelly 46)

Ergeben fürsorgebedürftige Eltern in Kinderbüchern einen hochproblematischen, junge Leser oft überfordernden unlösbaren Grundkonflikt, so ist die hier vorgeführte Koalition der "Schwachen", in der die "Starken", nämlich die Eltern, unverzichtbar bleiben, günstiges Feld für soziales Lernen.

2. Entwurf einer Altersrolle

In allen vier Texten wird trotz der kinderbuchadäquaten Typisierung von Personen eine differenzierte Altersrolle entworfen. Weder das Alter leugnende Jugendlichkeit noch mitleidheischende Hilfsbedürftigkeit werden vorgeführt, sondern der Versuch, altersspezifische Überlegenheit und Bedrohtheit in Spannung zu bringen und darin der Person Konturen zu geben. Am geschlossensten und auch am unproblematischsten ist hier wohl Härtlings Erna Bittel ('Oma'), die sich der ungewöhnlichen Aufgabe stellt, noch ein Kind alleinverantwortlich zu betreuen, die in ihrer couragierten und derb-humorvollen Direktheit für Abwechslung und Überraschung sorgt, die aber nie unangemessen idealisiert wird. Sie hat Ängste, die Kalle nicht versteht, um die er aber weiß. Ihre Sonderrolle als alter Mensch verdankt sie Kalle, und zwar sehr bewußt[11]. Dies ist ein wichtiger inhaltlicher Aspekt zur Erschließung des Problembereichs für Kinder, kommt er doch dem zur Rollenübernahme noch nicht fähigen Leser entgegen, der sein eigenes Leben mit dem Kalles und des alten Menschen vergleichen kann; entsprechend bestätigt er das Kind in seinem Wert. So formuliert auch Kuijers Großvater: "Wenn Maslief nicht da wäre, dann wäre ich gerade so gerne tot." (29)

Bei allen Spannungen im Umfeld der Elternkritik in 'Servus Opa' und 'Alter John' gerät angesichts von Hilfsbedürftigkeit und Hilflosigkeit des alten Menschen die Familie nicht in eine Krise, sondern bewährt sich. Auch dies ist ein wichtiger Aspekt in einer leserangemessenen Problementfaltung, die beiden Gruppen gerecht wird: dem im moralischen Urteil noch heteronomen Grundschulkind[12] wie auch dem rigoros undialektisch urteilenden Schüler zu Beginn der Sekundarstufe[13], der noch stabile Grundorientierungen braucht, soll das dargestellte Modell nicht eine - im besten Fall wirkungslose - Überforderung bedeuten. Das Eigenleben, das die erwachsenen Figuren erhalten, bleibt jedoch eine Grundschwierigkeit der Rezeption. "Was Kind und Erwachsener nicht gemeinsam haben, ist Erwachsensein."[14] Kinder im in Frage kommenden Alter — ca. acht bis zwölf Jahre — entwickeln erst allmählich die Fähigkeit zur Rollendistanz und -übernahme, die Fähigkeit zur psychologischen Vertiefung von Handlungsprozessen und Verhaltensweisen. Alle drei Autoren bieten hier Hilfen, fördern Verstehenskompetenz.

Ein wichtiges Mittel dabei ist eine Darstellung, die dem kindlichen Humor entspricht, die Lesefreude auch angesichts von keineswegs spaßigen Themen ermöglicht. Am wenigsten überzeugt dabei die ins Clowneske gehende Zeichnung von Alter John in dessen Aussehen und Sprachgebrauch:

Vor allem Beschreibungen von Alter Johns Körpergröße ergeben dieses clowneske Bild. Alter John hüpft etwa "wie ein Storch kurz vor dem Abflug" (41), er steht vor seiner Tochter "wie ein Baum im Sturm" (48), wird "zur bedrohlichsten Bohnenstange" (59) und wird schließlich nach einem Schlaganfall von seinem Schwiegersohn als "ausgemergelter Rabatzmann" (100) bezeichnet.

Aus dem Sog dieser Typisierung kann sich die Geschichte allerdings mehr und mehr befreien. Und zuletzt lassen die so konnotierten Beschreibungen Alter Johns Verfall anschaulich werden und bewahren gleichzeitig vor Sentimentalität.

Gegen Gefühle der Trauer und Resignation wird im Kapitel 'Alter John stirbt' ein Handlungsmodell familiärer Solidarität entworfen, das die Szene

5. Jugendliteratur

entlastet, ohne sie unangemessen harmlos erscheinen zu lassen. Auch bei Kuijer erhält der Erwachsene bzw. der alte Mensch Individualität, indem ihm die Rolle des unangepaßten Sonderlings zugewiesen wird. Doch nicht wie bei Alter John, der eher von seiner Umwelt Anpassung fordert, wird Selbstbehauptung gestaltet, sondern das Scheitern eines Menschen in der Anpassung an Erwartungen der Umwelt wird verfolgt. Doch gibt es keine schablonisierten Schuldzuweisungen; denn das retrospektive Erzählen erhellt nicht nur den Charakter der Großmutter, sondern zeigt auch die Probleme, die sie ihrer Familie bereitete. Solch "exotische" Zeichnungen des alten Menschen sind sicher in Gefahr, der leserbezogenen Eindeutigkeit oder auch der Komik willen zu übertreiben, was in 'Alter John' bisweilen geschieht. Sie leisten es aber besser als weniger trennscharfe Zeichnungen, an die Perspektive des Kindes, für das die Erwachsenenwelt immer die fremde und ferne Welt ist, anzuknüpfen und seinen Blick auf die Eigenwelt des anderen zu richten, diese damit vertrauter zu machen. Verglichen mit Alter John oder Kuijers Oma bieten Erna Bittel ('Oma') oder der Großvater Nidetzky (Donnelly) dem Leser weniger Überraschungen. Die Grundkonstellation bleibt jedoch erhalten. Auch Oma wirkt auf Kalle befremdend ("Was an Oma anders ist") und Donnellys Opa hat in seinem Zimmer "wie in einer Altwarenhandlung" (10) eine für den Enkel anziehende und geheimnisvolle Sonderwelt zu bieten.

Die Erschließung des Themas Alter bedeutet auch, Kinder mit Endlichkeit und Vergänglichkeit zu konfrontieren. Dies geschieht in allen vier Büchern:

Erfährt Kalle (Härtling) die Bedrohtheit des Lebens durch Wahrnehmung des Alters der Großmutter, so weiß Michi (Donnelly) um die unheilbare Erkrankung des Großvaters und erlebt dessen Tod; Alter Johns Enkel sehen in aller Härte dessen Verfall, Maslief (Kuijer) kommt anläßlich der Beerdigung ihrer Großmutter zu ihrem Großvater und erfährt: „Alt sein ist bestimmt schlimm. Weil man dann so allein ist wie Opa. Und weil man bald sterben muß. Oder krank wird. Oder steif. Wie kommt es, daß Opa das nicht schlimm findet?" (99)

Für den Leser belastender sind jene Modelle, in denen der Enkel den Tod des alten Menschen erlebt. Härtling etwa läßt mit seinem Schluß den Leser allein und fordert ihn gleichzeitig heraus:

"Jakob streunte herum. War mal draußen, mal drinnen. Im Vorbeigehen fiel sein Blick auf die leere rechte Sofaecke. Er machte die Augen zu und sah plötzlich Alter John dort sitzen. Er machte die Augen auf. Er war nicht mehr da. Jetzt wußte er, daß Alter John nie mehr da sein würde." (106)

Donnelly mildert diesen Einschnitt durch den Brief des Großvaters und den dadurch bewirkten Gefühlsumschwung des Enkels:

"Und plötzlich ist die ganze Traurigkeit weg. Die Traurigkeit darüber, daß der Opa tot ist. Er ist nämlich nicht richtig tot — solange nicht, wie jemand an ihn denkt." (111)

Gerade in dem emotional dichten Text Donnellys wirkt dies banal, kennzeichnet die gewollte Abstinenz der Verfasserin von transzendenten Orientierungen, ohne daß sie aber ein tragfähiges immanentes Modell entwickeln kann, tragfähig z.B. dadurch, daß Haltung und Handeln der Erwachsenen zur nachvollziehbaren Herausforderung kindlichen Denkens und Fühlens gerät. Dies gelingt wiederum Kuijer. Der wenig überzeugende Imperativ Michis an seine Mutter "Hör auf zu weinen... Dazu besteht nämlich gar kein Grund, merk dir das!" (Donnelly 111) wird hier gestaltet: Erinnerung als Prozeß des Kennenlernens, in dem ein Toter für einen Lebenden neue

Wirklichkeit erhält — das findet statt und muß nicht herbeigeredet werden. Es ist ein ehrlicher Prozeß der Annäherung, insofern er Trauer bewirkt und die Entfernung zwischen Lebenden und Toten unaufhebbar bleibt. Erfahrbar wird dies in Masliefs oft wiederholtem "Schade, daß Oma tot ist" (107, vgl. 100, 103), womit sie der Tatsache, daß ihre Mutter nicht trauern kann — Ausgangspunkt und Motiv ihrer Nachfrage nach der Großmutter — einen Entwurf entgegensetzt, in dem vergangenes Leben unwiederbringliche Individualität erhält.

Ist es für ältere Jugendliche sicher eine akzeptable, oft die einzige Lösung, ihnen die Ratlosigkeit der Erwachsenen angesichts dieses Themas zu vermitteln und damit dessen existentieller Relevanz gerecht zu werden, so ist es sicher angemessen, daß die vorliegenden Erzählungen für Kinder im Umfeld und Vorfeld der Pubertät dominierend Bindungs- und Fürsorgemodelle entwickeln, die vielleicht beides vermögen: den kindlichen Leser zu wappnen gegen eine "Unfähigkeit zu trauern" (Mitscherlich) und eine "Unfähigkeit zu trauen"[15], der heutige Kinder in besonderer Weise ausgeliefert sind. In diesem Zusammenhang sind Worte von Peter Hacks bedenkenswert:

"Ich denke, daß man Kinder mit den Schrecknissen des Lebens nicht zu eindringlich bekanntmachen sollte, bevor man sie nicht mit dem festen Entschluß versehen hat, diese Schrecknisse zu überwinden — mittels Vernunft, Humor, Poesie, Tatkraft und, wie ich sogar fürchte, Moral."[16]

Zu den Schrecknissen des Lebens gehört für viele Menschen der Tod. Phantastische Modelle und bildhaft-mythisches Sprechen[17] erweisen sich hier in ihrem Trostangebot für Erfahrungen des Beziehungsverlustes und Liebesentzugs überlegen.[18] Im Rahmen realistischen Erzählens gilt es zumindest, Phantasie und Probehandeln nicht zu behindern. Dies geschieht nicht bei einem Verzicht auf Deutungsangebote des Todes wie bei Härtling, auch nicht in der erinnernden Nachfrage nach einem Menschen wie bei Kuijer, eher in dem die Realitäten verzeichnenden schnellen Vertrösten bei Donnelly, die eine Beerdigungsszene allenfalls mit Vampir-Phantasien ausstattet (vgl. 87f.).

3. Entwicklung eines Zeitkonzepts

Über die Gestaltung der Altersrolle entsteht ein Zeitkonzept: Die Großeltern sind jeweils auch — oder ganz und gar wie bei Kuijer — Erzähler, das heißt Vermittler von Vergangenem. Die Qualität, in der Vergangenheit in die Gegenwart hineinwirkt, unterscheidet die Generationen. "Das ist der Unterschied zwischen Kalle und Oma" ('Oma', 29), auch der Unterschied zwischen allen anderen Generationenpaaren. In der Leserlenkung leisten die Texte Unterschiedliches. Für den Ich-Erzähler Donnellys sind die "Michel-Nidetzky-Geschichten" des Großvaters beides, Vermittlung von zeitlich fernen Ereignissen, deren Aktualisierung und Aneignung einerseits, emotionaler Halt in der "Erzählgemeinschaft" mit dem Großvater andererseits. So fehlt Michi nach dem Tod des Großvaters eine Geschichte, die seine Verlassenheit zu gestalten und damit zu bewältigen vermöchte (108). Hier werden am stärksten die affektiven Qualitäten des Erzählens vermittelt, dies in Konsequenz der Perspektive des kindlichen Ich-Erzählers. In Kalle wird der Adressat vorgestellt, dessen historische Kompetenz noch nicht entwickelt ist, der gegenüber Omas privater und überindividueller Geschichte allenfalls punktuelles Interesse aufbringt, der aber nicht verstehen kann, "daß Oma andauernd von früher erzählt" (29). Am Schluß des Kapitels "Wenn Oma erzählt" heißt es deshalb: "So kamen Kalle und Oma eigentlich nie wirklich miteinander zurecht, weil es der Oma lieber war, von ihrer Zeit zu reden, die der Kalle nicht kannte (...)." (33f.) Doch nicht nur durch die Inhalte dessen, was Oma erzählt, sondern vor allem durch seine Erzählstruktur ist der Text für Leser, die weiter als Kalle entwickelt sind, Herausforderung, die Figur der Oma zu konkretisieren, sowohl aufgrund ihrer Zeichnung in der auktorialen, Kalle angenäherten Perspektive als auch aufgrund der Selbstdarstellung in den inneren Monologen, mit denen jedes Kapitel schließt. Dadurch gibt 'Oma' in unterschiedlichen Verstehenshorizonten Sinn, kann die Entwicklung des Kindes "vom anekdotischen zum historischen Geschichtsverständnis"[19] begleiten; sicher auch ein Grund, warum dieses Kinderbuch sowohl im Grundschulalter als auch zu Beginn der Sekundarstufe als Lektüre geeignet ist und von Kindern dieser Altersgruppen mit Interesse gelesen wird.

In 'Alter John' sind die Enkel älter als Kalle, Jakob ist zehn, Laura zwölf Jahre alt. Das ändert ihre Perspektive auf Alter John, ihr Interesse an ihm ist von vornherein auch auf seine Vergangenheit bezogen (vgl. 21ff., 94) und zeigt damit sowohl Bedürfnis wie Fähigkeit, die horizontale Gegenwartsperspektive zu verlassen. In diesem Kontext erweisen sich Ältere als lebendige Vergangenheit. Am konsequentesten wird dies in Kuijers 'Erzähl mir von Oma' entfaltet, eben weil im Erzählen des Großvaters, in der dialogischen Grundsituation die entscheidenden Handlungsimpulse gegeben werden, das Erzählen selbst zur Haupthandlung wird. Masliefs engagiertes Interesse an ihrer Großmutter, die Betroffenheit des Großvaters über das glücklose Leben seiner Frau und ihren kurz zurückliegenden Tod lassen in Frage, Nachfrage, Erzählen und Spurensuche die Individualität der Großmutter aufscheinen; die Widersprüche ihres Lebens, eines Frauenlebens, werden der Enkelin erfahrbar: "Ein Forschungsreisender, der immer zu Hause bleiben muß!" (47) Als Kinderbuch ist 'Erzähl mir von Oma' ein Glücksfall. Es vermag Lesern, die selbst noch einem naiven Gegenwartshorizont verhaftet sind, Herausforderungen und Hilfen zur Entwicklung geschichtlicher und psychologischer Kompetenz zu geben. Die Funktion des Textes ist eine primär kognitive. In den Dialogen findet sich eine Fülle von Sätzen zum Nachdenken, nicht zum Nachsprechen. In der dem Text unmittelbar folgenden Hörspielfassung[20] bleibt das Geschehen deshalb dürftig, inhaltsleer, die Figuren gewinnen kaum Konturen. Auch dies ist ein Hinweis auf die Funktion des Textes für ein nicht evasorisches, sondern vor allem kognitives Lesen[21].

II. Didaktische Relevanz

Die aufgezeigten Textfunktionen, in denen sich die vier Kinderbücher vergleichen lassen, bestätigen eine Wirkung von Literatur, die Peter Härtling anspricht: Lesen als "Zeit-Gewinn"[22]. Gewonnen wird hier, angepaßt an den Erfahrungshorizont des Kindes, sehr konkret die Zeit des anderen, des Älteren, zu der es aufgrund eigener Erfahrung keinen Zugang gäbe. Das nun gelingt Texten unterschiedlichster Thematik.

Für eine Zuwendung zum Themenkomplex Alter im Rahmen von Kinderliteratur gibt es spezifische Gründe: Das Thema ist von existentiellem Gewicht, aber es liegt Kindern und Jugendlichen fern; dies nicht nur aufgrund ihrer eigenen Entwicklung und Perspektive, sondern auch aufgrund einer veränderten Umwelt, in der nicht (mehr) ein selbstverständliches Wissen über Alter, Altwerden und Sterben vorhanden ist, das Handlungs- und Wahrnehmungskompetenz begründen könnte. Insofern haben Texte wie die vorgestellten wichtige, bezogen auf die Adressatengruppe wohl unersetzbare Funktionen, da gerade solche den kindlichen Verstehensmöglichkeiten angepaßte, literarisch gelungene fiktionale Texte eine Vermittlung schaffen, die ansonsten nur in spätere Jahre verschoben werden könnte — die damit für viele Jugendliche überhaupt nicht stattfände. Es gibt viele literarische Modelle, die in einer "jugendfixierten, hybriden Welt"[23] Gegengewichte sein können, Denken, Fühlen und Handeln herausfordern, doch es gibt nur wenige Texte, die dies auch schon für Kinder oder Jugendliche leisten. Damit bliebe eine wichtige Chance der Identitätsentwicklung und -förderung ungenutzt, zu der Literatur dieses Themas beitragen kann. Denn sie hat im Rahmen unterschiedlicher "Entwicklungsaufgaben"[24] Bedeutung. So kann sie die Bildung eines Selbstkonzepts und eines Zeitkonzepts, das Verstehen der sozialen Umwelt, das Umgehen mit eigenen Gefühlen und Empathiefähigkeit, schließlich die Entwicklung metaphysischer Konzepte unterstützen.[25]

Daß Bücher diese Funktionen, daß sie überhaupt angebbare Funktionen erfüllen können, Wirkungen haben sollen, wird immer weniger legitimationsbedürftig. Das schlechte Gewissen[26], das inhaltsdidaktische Reflexion oft begleitete, ist kein chronisches mehr. Nicht nur die Defizite pädagogischer Orientierungen, auch die einer nur poetologisch literarästhetischen, sind in der Praxis des Lesens und der Literaturvermittlung offenkundig. Jede dieser Orientierungen ist allein unzureichend, verhindert didaktische Entscheidungen oder verzichtet darauf: Im einen wie im anderen Fall wird die Textauswahl im Grunde beliebig. Didaktische Entscheidungen sind am Einzeltext zu treffen: Bezogen auf Erwartungen, Leseinteressen, kognitive und affektive Lernmöglichkeiten des jungen Lesers spielen dabei die Inhalte eine wesentliche Rolle.

Die vorgestellten Kinderbücher gehören nicht zu denen, die Kinder und Jugendliche aus eigener Motivation lesen, sie sind im in Frage kommenden Lesealter überraschend unbekannt[27], wie überhaupt nur wenige der viel zitierten oder preisgekrönten Jugendbücher zum nichtschulischen Lektürekanon der Jugendlichen gehören[28]. Die Titel um "Oma" und "Opa" rufen bei Jugendlichen spontan Ablehnung oder Abwehr hervor, was die Erfahrungen der Autorin des Jugendsachbuchs 'Was geh'n mich alte Leute an'[29] bestätigt. Demgegenüber stehen die hohe Motivationskraft, die während der Lektüre der Texte entsteht, sowie die vielfältigen positiven Reaktionen von Kindern auf diese Bücher. Die Texte bedürfen also der Vermittlung, und sie sind wegen ihrer Relevanz in einem identitätsfördernden Unterricht vermittelnswert. Es kann den drei Autoren gelingen, ein wichtiges, aber Kindern fernes Thema in deren Erfahrungshorizont zu rücken und in ihr Bewußtsein einzuschließen. Diese Erfahrungserweiterung geschieht an literarischen Modellen, deshalb ist es zwar tautologisch, aber nicht unwichtig, darauf hinzuweisen, daß und wodurch literarische Kompetenz gefördert wird. So weisen die Texte etwa für Kinderliteratur atypische Merkmale auf, wie den Perspektivenwechsel und die inneren Monologe in 'Oma' oder die Aufsplitterung der erzählten Zeit, die Aufgabe des linear-chronologischen Handlungsverlaufs in 'Erzähl mir von Oma'. Die spezifischen Textappelle sind an die jeweiligen Strukturen gebunden. Dies ist im Rahmen von Kinderliteratur ein ebenso anspruchsvolles wie schwieriges Unterfangen, soll es Rezeptionsprozesse junger Leser nicht nur nicht behindern, sondern fördern[30]. Sicher ist im Einzelfall die tatsächliche Wirkung von Texten schwierig zu ermitteln, in jedem Fall ist sie komplexer und auch diffuser als alles Ermittelbare. Auch darf die Wirkung von einzelnen literarischen Modellen prinzipiell nicht überschätzt werden. Doch ist festzuhalten, daß Lern- und Erfahrungsmöglichkeiten im Literaturunterricht sich durch literarische Reihen[31], in denen ein Einzeltext steht, vergrößern — und die genannten Texte eignen sich für eine thematische Reihe. In diesem Rahmen könnten die Texte beides leisten: "Erziehung zur und durch Literatur"[32]. Sie sind nicht unverzichtbar, wohl aber aufgrund ihrer Funktionen, ihrer inhaltlichen und literarästhetischen Eigenart nicht leicht ersetzbar, vielleicht unersetzbar. Das bedeutet ihre didaktische Relevanz.

Anmerkungen

1) Vgl. Elfie Donnelly 'Tine durch zwei geht nicht' (1982)
2) Vgl. Tormod Haugen 'Die Nachtvögel' (1978)
3) Vgl. Paul Zindel 'Das haben wir nicht gewollt' (1973)
4) Die Seitenangaben in Klammern beziehen sich jeweils auf folgende Ausgaben: Härtling (1979), Donnelly (1984), Kuijer (1981)
5) Die Seitenangaben in Klammern beziehen sich auf Härtling (1981). Auch Donnelly hat ein zweites Buch zu diesem Thema veröffentlicht:'Der rote Strumpf'(1979)
6) Schins-Machleidt spricht von einem "Boom", vgl. (1982), 2465
7) Vgl. Gelberg (1979), 68f.
8) Vgl. Schins-Machleidt (1982), 2467
9) Karst (1978), 138
10) Alle Kapitelüberschriften nennen Oma, die des letzten Kapitels hat nur Kalle als Subjekt.
11) Vgl. das Kapitel "Oma besucht mit Kalle eine Freundin im Altersheim"
12) Vgl. dazu Piaget (1973)
13) Vgl. E. u. K.H. Spinner (1984), 372
14) Gelberg (1979), 70
15) von Hentig (1976), 97, vgl. 128
16) Zit. nach Schaller, Vorwort, (1976), 25
17) Vgl. z.B. thematisch relevante Märchen. Vgl. Otfried Preußler 'Krabat' (1971), Astrid Lindgren 'Die Brüder Löwenherz' (1973)
18) Vgl. dazu Rabl (1982), 220
19) E. u. K.H. Spinner (1984), 371
20) von Marei Obladen, s. Kuijer (1981)
21) Zur Unterscheidung von Leseweisen vgl. Giehrl (3/1977), 36ff.
22) Das Kind und das Buch (1981), 160
23) Weber (1976), 124
24) Zur Aufnahme dieser entwicklungspsychologischen Theorie in die Literaturdidaktik vgl. Kaiser (1976) und (1985), 5ff.
25) Vgl. die Textgruppierung und Kapitelthemen im Grundschullesebuch 'Lies mit', hrsg. von M. Kaiser (Hannover:Schroedel 1985); vgl. dazu Kaiser (1985)
26) Vgl. Krejci (1984), 59; vgl. auch E. u. K.H. Spinner (1984), 366
27) Private Umfragen bei Gymnasialschülern und -klassen in Eichstätt
28) Zu Leseinteressen und Rezeptionsweisen von Schülern vgl. etwa Kirsch (2/1979)
29) Vgl. Katja Aschke 'Was geh'n mich alte Leute an' (1984), Vorwort
30) Vgl. dazu K.H. Spinner (1980)
31) Zu literaturdidaktischen Reihungstypen vgl. Seifert (1982), 46ff.
32) Weber (4/1973)

Literatur

Baurmann, Jürgen/Otfried Hoppe (Hrsg.): Handbuch für den Deutschlehrer. Stuttgart/Berlin/Köln/Mainz: Kohlhammer 1984
Donnelly, Elfie: Servus Opa, sagte ich leise. Hamburg: Dressler 1977; München: Deutscher Taschenbuchverlag 1984
Gelberg, Hans-Joachim: Peter Härtling als Kinderbuchautor. Ein Werkstattbericht. In: Peter Härtling. Materialienbuch, hrsg. v. Elisabeth und Rolf Hackenbracht. Darmstadt/Neuwied: Luchterhand 1979, S. 64-73
Giehrl, Hans: Der junge Leser. Einführung in die Grundfragen der Jungleserkunde und der literarischen Erziehung. Donauwörth: Auer, 3. überarb. Aufl. 1977
Härtling, Peter: Oma. Weinheim/Basel: Beltz 1975; München: Deutscher Taschenbuchverlag 1979; Weinheim/Basel: Beltz 1983, Broschur Sonderausgabe
— Alter John. Weinheim/Basel: Beltz 1981. Broschur Sonderausgabe 1983
— Das Kind und das Buch. In: Leser im 2.-4. Schuljahr, hrsg. v. Gertrud Ritz-Fröhlich. Bad Heilbrunn: Klinkhardt 1981, S. 155-172
Hentig, Hartmut von: Eine Schule für heutige Menschen-Kinder. In: Hentig von: Was ist eine humane Schule? Drei Vorträge. München/Wien: Hanser 1976, S. 95-129
Kaiser, Michael: Zur Frage der Leserentwicklung. In: Westermanns Pädagogische Beiträge 28 (1976), S. 633-642
— (Hrsg.): Lies mit. Ein Lesebuch für die Grundschule. 2. Schuljahr. Kommentarband. Unter Mitarbeit von U. Brandes/H. Gatti/H. Ossowski/M. Willerich-Tocha. Hannover: Schroedel 1985
Karst, Theodor: 'Oma' — ein realistisches Kinderbuch im Unterricht der Primarstufe. In: Kinder- und Jugendlektüre im Unterricht. Bd. 1: Primarstufe, hrsg. von Th. Karst. Bad Heilbrunn: Klinkhardt 1978, S. 131-142
Kirsch, Dieter: Literaturbarrieren bei jugendlichen Lesern. Eine empirische Untersuchung über den Dissens zwischen schulischer und außerschulischer Lektüre bei Schülern der Stadt Ludwigshafen. Frankfurt a.M.: Haag & Herchen 2/1979
Krejci, Michael: Deutschunterricht und außerschulische Wirklichkeit. In: Baurmann/Hoppe (Hrsg.) 1984, S. 53-63
Kuijer, Guus: Erzähl mir von Oma. Deutsch von Hans Georg Lenzen. Hamburg: Oetinger 1981; auch als Hörspiel von Marei Obladen. Mit Horst Bollmann, Tina Engel, Dana Gimpel. Deutsche Grammophon Gesellschaft 1983
Piaget, Jean: Das moralische Urteil beim Kinde. Frankfurt a.M.: Suhrkamp 1973
Rabl, Josef: Religion im Kinderbuch. Analyse zeitgenössischer Kinderliteratur unter religionspädagogischem Aspekt. Hardebek: Eulenhof-Verlag Erhardt Heinhold 1982 (Beiheft zum Bulletin Jugend und Literatur Nr. 20)
Schaller, Horst (Hrsg.): Umstrittene Jugendliteratur. Fragen zur Funktion und Wirkung. Bad Heilbrunn: Klinkhardt 1976
Schins-Machleidt, Marie-Therese: Omas und Opas in der Jugendliteratur. Abschied vom Allzuseichten. In: Börsenblatt für den Deutschen Buchhandel. Frankfurter Ausgabe 38 (1982) 90, S. 2463-2466
Seifert, Walter: Theorie und Didaktik der Erzählprosa. Analyse und Transfer auf semiotischer Grundlage. Köln/Wien: Böhlau 1982
Spinner, Elisabeth und Kaspar H.: Kinder- und Jugendliteratur. In: Baurmann/Hoppe (Hrsg.) 1984, S. 362-371
Spinner, Kaspar H.: Entwicklungsspezifische Unterschiede im Textverstehen. In: Identität und Deutschunterricht, hrsg. von K.H. Spinner. Göttingen: Vandenhoeck & Ruprecht 1980, S. 33-50
Weber, Albrecht: Erziehung zur und durch Literatur. In: Wozu Literatur in der Schule? Beiträge zum literarischen Unterricht, hrsg. von A.C. Baumgärtner und M. Dahrendorf. Braunschweig: Westermann 4/1973, S. 105-119
— Das Gebell. In: Interpretationen zu Ingeborg Bachmann. Beiträge eines Arbeitskreises. (Interpretationen zum Deutschunterricht, hrsg. von R. Hirschenauer und A. Weber). München: Oldenbourg 1976, S. 110-124

DIDAKTISCHE ANALYSE EINES JUGENDBUCHS: KURT LÜTGENS 'KEIN WINTER FÜR WÖLFE'

von Ulrich Eisenbeiß

K. Lütgens 'Kein Winter für Wölfe' erschien 1955 und wurde 1956 — als erstes Jugendbuch überhaupt — mit dem Deutschen Jugendbuchpreis ausgezeichnet.[1] Der Roman soll zunächst einmal interpretiert werden — im Hinblick auf seine Figurenkonstellation, seine Komposition, seinen Darstellungsstil, sein Distributions- und Rezeptions-'Schicksal' —, bevor wir über seine Eignung als Unterrichtsgegenstand reflektieren können.

I. Interpretation

Vergegenwärtigen wir uns zunächst kurz das Gerüst der in Alaska spielenden Handlung:

Da in Point Barrow — heute Nordkap der USA — 1893 wegen des unerwartet frühen Wintereinbruchs 7 Walfangschiffe mit 275 Seeleuten an Bord vom Eis eingeschlossen werden, soll auf Geheiß des amerikanischen Präsidenten Cleveland ein Regierungsschiff den in Not Geratenen Hilfe bringen. Als die vereiste Beringsee jedoch jenseits der Aleuten unbefahrbar wird, faßt der Steuermann Jarvis, unterstützt von dem Arzt MacAllen, den wagemutigen Plan, mit Hilfe einer Vollmacht des Präsidenten eine Herde von Rentieren zu sammeln und über den vereisten, teilweise gebirgigen Landweg nach Point Barrow zu treiben, um die Eingeschlossenen vor dem Hungertod zu retten — ein Unternehmen, das schließlich nach der Überwindung mannigfacher Hindernisse gelingt. Entsprechend dem Schema des Abenteuerromans folgt so der Auflösung der jeweiligen Episodenspannungen die Lösung der Grundspannung.[2]

Durch seine Zentralgestalt Jarvis weist sich unser Roman als ein neueres Werk der Abenteuerliteratur aus und zeigt deutlich die "Verschiebung des Schwerpunktes vom Abenteuer auf den Abenteurer, vom stofflichen Vordergrund auf den seelischen Hintergrund"[3]: Der Steuermann ist ein alternder, gebrochener 'Held'; er ist kein farbloser, schemenhafter Typus, sondern eine höchst individuelle Gestalt, in der sich Licht- und Schattenseiten mischen und die, wie die Gespräche mit MacAllen und die retrospektiven Erzählungen vom Eskimo-Joe und von Lord Eckersleys Expedition zeigen, eine Entwicklung durchläuft (Einfluß des Entwicklungsromans): In den vermessenen Wünschen des Kindes (Motiv der Himmelsleiter, S. 137)[4] ist bereits der spätere Abenteurer präfiguriert, für den das Abenteuer immer wieder eine Möglichkeit darstellt, sich den Verpflichtungen des Alltagslebens zu entziehen (z.B. der Verantwortung gegenüber seiner Mutter und seiner Braut), der schließlich an der Nicht-Erfüllung seiner hochgespannten Erwartungen und vor allem an der Schuld der Vergangenheit leidet (Stufe des für MacAllen — und den Leser — rätselhaften, äußerlich verwahrlosten, depressiven Trinkers) und der nun durch den mutigen Entschluß zu einer humanitären Tat und durch die Treue zu diesem Vorsatz zu einer dem Ethos der Nächstenliebe und der Solidarität verpflichteten Persönlichkeit heranreift. Daß Schwarz-Weiß-Malerei — ein Merkmal vieler massenhaft verbreiteter Abenteuerbücher[5] — nicht K. Lütgens Angelegenheit ist, zeigt sich auch an den differenziert gezeichneten Gestalten MacAllens, der über die reine, distanzierte Forscher-Existenz hinauswächst und sich zum verantwortlich denkenden, zur misericordia fähigen Mit-Menschen wandelt, und Lord Eckersleys, der egozentrisch-narzißtischen Hazardeur-Natur, die dem Abenteuer wie einer Sucht verfallen ist.[6]

Nicht nur in der Personenkonstellation offenbart sich die Kompositionskunst Lütgens. Unser Autor bekennt, er bewege sich im Spannungsfeld zwischen Intuition bzw. Imagination und ordnendem Verstand, ja, er gewährt Einblick in die Entstehungsgeschichte seines Romans: Einer ersten, nur an der durch Quellenstudium ausgelösten "Imagination" orientierten Bearbeitungsphase, in der der Autor wieder (wie in seinem Buch 'Der große Kapitän') auf die ihm bereits vertraute Form des Chronikberichts zurückgegriffen hatte, folgte eine Stufe intensiver kompositorischer Anstrengungen, die zu einer neuen "Gestalt" führte.[7] In den teilweise chronologisch — mit unterschiedlicher Raffungsintensität — berichteten, teilweise (besonders an herausragenden Gelenkpunkten der äußeren Handlung oder des inneren Geschehens) szenisch gestalteten Haupterzählstrang sind zwei retrospektive Erzählungen, zwei "Rückblicke"[8] eingefügt. Sie sind ins Gesamtwerk integriert, insofern sie den Charakter, die Handlungsmotive der Zentralgestalt erhellen (konsekutive Verknüpfungsform) und die Kernschicht des Buchs, die grundsätzliche Auseinandersetzung um das richtige Abenteuer, tangieren.

Der gleiche Kompositionswille, der die in der Tradition der Abenteuerliteratur liegende offene Bauform[9] durch eine geschlossenere ersetzt, waltet auch in dem den ganzen Roman durchziehenden Bildernetz. Zum einen wird der Hauptgegenspieler der beiden Schicksalsgefährten Jarvis und MacAllen mit Hilfe der rhetorischen 'personificatio' ins Monumentale stilisiert. Er erscheint schon zu Beginn des Romans als einziehender Herrscher ("kam zu früh"), als General, der zum "Angriff" bläst, seine Truppen aufmarschieren läßt, nämlich "endlose Geschwader dunkler Wolken", "Ströme von Eis" und "immer dichtere Flotten schwerer Eisschollen". (S. 9 und 16) Die Kampfmetaphorik (im Verein mit aktiven Tätigkeitsverben) findet sich im ganzen Text und veranschaulicht so die "causa movens"[10] im Leben des Steuermanns Jarvis.[11]

Als zweites Beispiel sei die die Kernschicht des Romans tangierende christliche Bildlichkeit angeführt, hinter der Anklänge an die altägyptische (Phoenix-Vergleich bei Jarvis' Wandlung, S. 20) und altgriechische Mythologie ("titanische Stürme", S. 77) und Bilder aus dem Kulturkreis der Alaska-Eskimo bzw. -Indianer (" ein Stück Winter aufessen", S. 49) zurücktreten. Auf die Bilder des Feuers, des Lichts und des Wassers, deren christlicher Sinn durch eine Fülle von Bibelzitaten erhellt werden könnte, soll hier nicht näher eingegangen werden. Es soll aber darauf hingewiesen werden, daß sich in metaphorischen Prägungen wie "Treibeishölle" (S. 17), "Höllentanz in Schnee und Eis"(S. 96), "Hölle dieser zwei Tage" und "von Engelsflügeln getragen"(S. 99) hinter der Vordergrundhandlung eine metaphysische Dimension eröffnet; aus dieser Perspektive spiegeln die irdischen Kämpfe unseres Romans letztlich Auseinandersetzungen zwischen himmlischen und höllischen Mächten wider. In diesem Zusammenhang muß ein geschickt ins Werkganze eingewebtes, textstrukturierend wirkendes Bibelzitat besonders herausgehoben werden: Die Anspielung auf die Speisung der Fünftausend[12], vom Kapitän des Regierungsschiffs zu Beginn des Romans in spöttisch-ironischer Absicht verwendet (S. 21), wird zum Schluß, als das 'Wunder' Wirklichkeit geworden ist, wiederaufgenommen, wobei sich der Erzähler Zurückhaltung auferlegt und hinter der Perspektive des Schiffskochs der geretteten Walfangflotte zurücktritt:

" ' Du lieber Gott .. Das ist ja beinahe wie bei der Speisung der Fünftausend: Und alle wurden satt ... Lieber Gott ...' " (S. 212)

Die Analyse des Bildernetzes läßt e i n e zentrale Botschaft unseres Romantextes deutlich erkennen: Der abstrakte, ideale Leser, das dem abstrakten Autor, dem Autorbewußtsein adäquate Leserbewußtsein muß außer der spannenden Handlung (Intention des delectare) und der informativen Werkdimension (Intention des docere) vor allem auch die aus den Bildketten und Bibelzitaten gewobene ideelle Oberstimme rezipieren, es muß den Roman auch lesen können als ein nie unmittelbar gepredigtes, sondern immer perspektiviertes oder in Symbole verschlüsseltes Bekenntnis zum Sinn des Vertrauens in eine höhere Führung[13], eines Vertrauens jedoch, das den bedingungslosen persönlichen Einsatz (der gebildete Lord spricht unter Berufung auf den Klassiker Goethe von "schwerer Pflichten tägliche(r) Bewahrung"[14] bzw. von der "Forderung des Tages"[15]) nie überflüssig macht.

Der Begriff der Pflicht — verstanden als Weg zur Erfüllung des altgriechischen Postulats der Selbsterkenntnis ("gnothi s'auton") (S. 167 und 132)[16] — kontrastiert nun in Lütgens Roman, der eine ausgeprägte Reflexionsschicht aufweist (Tradition von D. Defoes 'Robinson Crusoe') und sich das anspruchsvolle Ziel gesteckt hat, den Diskurs über das gute vs. schlechte Abenteuer voranzutreiben, scharf zum negativen Abenteuer: Dieses, inkorporiert in Lord Eckersley, ist das Abenteuer um seiner selbst willen, als Rausch- und Trancezustand, als den Gaumen abstumpfendes "Gewürz"(S. 133), als Selbstflucht, der Eroberung der "Tische des Lebens"(S. 144)[17] dienend, letztlich die Vorstellung von Maskenhaftigkeit, von "Verkleidung"(S. 143) evozierend, worin auch der barocke vanitas-Gedanke anklingt (Tradition von Grimmelshausens 'Simplicissimus'). Das — im Sinne Lütgens — gute Abenteuer dagegen ist gerade nicht 'summum bonum', sondern funktional eingebunden in eine Pyramide der Werte, (untergeordnetes) Element einer sittlichen Tat, die der Sinuskurve der Abenteuerhandlung, der für das Genre konstitutiven Spannung "zwischen dem geordneten, durch Ordnung gesicherten Gefüge der Zivilisation und dem Abbruch"[18] erst Sinn und Bedeutung verleiht.

Einen hohen Rang in dieser Wertehierarchie behauptet die Forderung nach der Anerkennung des Nächsten, auch und vor allem anderer Völker und Rassen. Dieser den Äußerungen der Unduldsamkeit (S. 12 und 28) gegenübergestellte, in den zentralen Gestalten personifizierte Geist der Toleranz vermag letztlich das wölfische Prinzip zu brechen[19], die Verwandlung des Menschen in die Bestie (Beispiel: Lord Eckersley) zu verhindern und alte Schuld (die Ausbeutung, ja, partielle Vernichtung der Eskimo durch die amerikanischen Pelzhändler) zu sühnen. Hier liegt auch die tiefere Bedeutung des Romantitels 'Kein Winter für Wölfe' — wodurch die Erklärung Artisarluks (S. 206) nicht aufgehoben ist. Ein Qualitätsmerkmal unseres Textes ist es, daß dem Leser nirgends Patentrezepte sittlichen Handelns dargeboten werden (sollen), sondern daß er als mündiges Subjekt behandelt wird, das zur Entscheidung aufgerufen ist, z.B. im Falle des Konflikts zwischen Jarvis und MacAllen über die Prioritäten ethischen Verhaltens (S. 112 ff.).

Der Gedanke an den Leser leitet den Autor ebenfalls, wenn er — unter Berufung auf Defoe[20] — ein intensives Quellenstudium betreibt und sich um Authentizität und Glaubwürdigkeit bemüht, so daß die heutigen, durch Film und Fernsehen verwöhnten "Vielerlei-Wisser" dem Buch wesentliche Informationen über die Polarländer Alaska, Grönland und Labrador und die Lebensweise ihrer Bevölkerung entnehmen können. Auch die Haupthandlung und die Retrospektiverzählungen gehen auf Quellenberichte zurück, auf die zwar der Vorspann — recht summarisch — verweist, deren Fundstellen aber der Autor — unter Berufung auf die "sogenannte 'dichterische Freiheit' ", die "Vollmacht des Erzählers"[21] — nicht exakt angeben möchte.

Wenn wir Lütgens eigenen Angaben folgen[22], dann entspricht die "tragende Geschichte" ziemlich genau der Überlieferung, während die individuelle Charakterzeichnung und vor allem der Darstellungsstil auf den Schriftsteller selbst zurückgehen dürften; und die Quelle zu Lord Eckersleys Unternehmung scheint nur den Namen des Hauptakteurs und die Tatsache seiner Labrador-Expedition enthalten zu haben.

Anders stellt sich die Quellenlage bei der Geschichte vom Eskimo-Joe dar: Ch. F. Halls 'Polaris'-Forschungsreise in die Arktis ist ein nachprüfbares historisches Faktum[23], ebenso wie die Existenz von Joe (und seiner Frau Hannah) und der Tod Halls am 8.11.1871[24]; und die Eisdrift bis zur Aufnahme durch den Robbenfänger 'Tigress' am 30.4.1872 (einschließlich der Rolle Joes) ist dokumentarisch belegt in Kapitän Tysons Tagebuch.[25] Aufgrund des Vergleichs von Lütgens Schilderung mit der (vermutlichen?) Quelle läßt sich die Leistung des Autors in etwa abschätzen: Er übernimmt wichtige Ereignisse, allerdings sind die praktische Ausgestaltung exemplarisch herausgegriffener Szenen, die gelegentliche, immer in Maßen bleibende[26], nie bis zur reißerischen Spannung gesteigerte Dramatisierung einzelner Situationen, die Straffungen, Raffungen und Auslassungen, der stilistische Duktus (auch der Einsatz rhetorischer Mittel im Interesse der idealtypischen Stilisierung des ins Zentrum des Geschehens rückenden Eskimo-Joe) und die Integration dieses Erzählblocks Lütgens Werk.

Die gelungene Mischung aus Spannungsliteratur und Sachinformation, die 'Kein Winter für Wölfe' darstellt, mag verantwortlich sein für den erstaunlichen internationalen Erfolg des Buchs beim Lesepublikum: Das Werk erlebte im Westermann-Verlag 14 Auflagen (140 000 Exemplare) und dann im Arena-Verlag fünf weitere Auflagen der gebundenen Fassung (insgesamt ca. 41 000 Exemplare) und sechs Auflagen als Taschenbuch (ca. 80 000 Exemplare).[27] Die ansehnliche Zahl von einer Viertelmillion Exemplaren erreichte die Weltauflage (das Werk wurde in zahlreiche, auch nichteuropäische Sprachen übersetzt) schon 1970.

Auch die Rezensenten vieler deutscher und österreichischer Zeitungen äußerten sich fast ausschließlich lobend über diesen Roman, preisen die spannende Handlung, die "zuchtvolle Mäßigung" im Stil, die "haarscharfe Zeichnung der Figuren" und den ethischen Gehalt ("ein Hoheslied von Mannesmut und Einsatzbereitschaft"[28]): Von einem "Abenteuerbuch großen Stils, das auch Erwachsene mit echter Anteilnahme lesen", ja von einem "der faszinierendsten Bücher der letzten Jahre" spricht die Kasseler Zeitung vom 29.3.1956.

II. Didaktische Analyse

Unsere Interpretation ergab, daß der Roman 'Kein Winter für Wölfe', der in die Tradition der Abenteuerliteratur einzuordnen ist (außer an die genannten Autoren wäre an J. London und F. Gerstäcker zu erinnern) und dessen Thematik in Zusammenhang zu sehen ist mit dem Anliegen vieler Nachkriegsautoren (Gedanke der Völkerverständigung, geboren aus der Bemühung um die Aufarbeitung der Vergangenheit[29]), von seinem Gehalt, seiner Komposition und seinem Darstellungsstil her einen beträchtlichen literarischen Rang beanspruchen darf.[30] Im folgenden soll nun über die (reale und mögliche) Beziehung zwischen Lütgens Werk als einem potentiellen Unterrichtsgegenstand und realen jungen Lesern, ihren Leseinteressen und -bedürfnissen reflektiert werden, wobei Deutschdidaktik verstanden wird im Sinne eines deskriptiv-empirischen und normdiskutierenden Wissenschaftsparadigmas.

Zunächst einmal sei eingeräumt, daß 'Kein Winter für Wölfe' kein typischer Jugendroman ist:

Der Roman bietet (im Gegensatz zu einigen klassischen Abenteuerbüchern wie 'Treasure Island' von R.L. Stevenson und 'The adventures oft Tom Sawyer' bzw. 'The adventures of Huckleberry Finn' von M. Twain) dem Leser keine das "Eintauchen" in die Textstrukturen erleichternden altersgleichen Identifikationsfiguren an.[31]

Sprachlich-stilistisch stellt der Text hohe Ansprüche an den Leser: durch die in guten Jugendbüchern[32] bewährte, Lokalkolorit schaffende Einbeziehung der Eskimo-Sprache und vor allem durch sein Bildernetz und seine komplexe Syntax. Von hier aus ergibt sich einerseits eine — jeweils entsprechend der Anlagekomponente und der spezifischen Sozialisation bzw. Förderung variierende — Differenz vor allem zu aktiven, aber auch zur rezeptiven (literarischen) Kommunikationskompetenz von 13- bis 15-jährigen, andererseits eine Divergenz zur Forderung mancher Leseforscher nach leicht verständlichen Büchern.[33]

Auch die Komposition von Lütgens Roman verlangt vom Leser eine größere Verstehensleistung als ein einsträngiges, chronologisches Erzählen. Der Autor bekennt, sich "unter Zittern und Zagen" für diese kompliziertere, im Jugendbuch zwar keineswegs einmalige, wenn auch seltene Makrostruktur entschieden zu haben; er fürchtete nämlich, der "Durchschnittsleser" werde "dies verzwickt komponierte Gericht als unschmackhaft zurückweisen".[34]

Wenn man aber nun aus diesen Argumenten folgerte, daß das von unserem Text geforderte (abstrakte) Leserbewußtsein und die Verstehenskompetenz realer junger Leser in einer unüberbrückbaren Weise auseinanderklafften, so wäre das m.E. eine einseitige, schiefe conclusio. Denn es kann mit guten Gründen vermutet werden, daß auch und gerade junge Leser einen beträchtlichen Anteil am Rezeptionserfolg des Romans haben.[35] Dafür dürften zwei Gesichtspunkte ausschlaggebend sein:

'Kein Winter für Wölfe' gehört erstens zum großen Bereich der Abenteuer- und Spannungsliteratur, deren Spannungsgrad sich für den mitspielenden Leser "aus dem Wechsel zwischen Erregung und Beschwichtigung der durch Gefahr und Wagnis verursachten vielfältigen Gemütsbewegungen"[36] ergibt. Und die Beliebtheit von Abenteuerbüchern bei (Kindern und) Jugendlichen steht heute außer Frage. Im Zuge der säkularen Entwicklungsakzeleration hat sich der Höhepunkt der Abenteuerbuchlektüre — und zwar bei allen Schichten— vorverlagert auf die Altersspanne von ca. 10 – 12 Jahren.[37] Aber auch die folgenden Jahre stehen noch deutlich unter dem Zeichen der Faszinationskraft des literarisch vermittelten Abenteuers — und zwar bei Jungen (55,3 %) und bei Mädchen (23,5 %).[38]

Der hohe Informationsgehalt von Lütgens Werk kommt zweitens dem ab dem 10. Lebensjahr stetig anwachsenden Interesse von Jungen und — in geringerem Umfang — Mädchen für Sachbücher, insbesondere für Werke über fremde Länder und wissenschaftliche Entdeckungen entgegen: "Vierzehnjährige lesen rund doppelt so viel Sachschrifttum wie Zehnjährige. Vierzehnjährige Knaben lesen sogar annähernd dreimal so viel wie zehnjährige."[39]

Wenn es sinnvoll ist, als ranghöchstes Ziel des Literaturunterrichts Lesemündigkeit zu postulieren, und wenn es richtig ist, daß dieses anspruchsvolle Ziel ohne eine ausreichend entwickelte Lesefertigkeit und ohne den Aufbau lebenslanger Lesemotivationen nicht realisiert werden kann, erscheint es notwendig, die Trennung zwischen Schul- und Privatlektüre aufzuheben. In einem so aufgefaßten Literaturunterricht, der nicht den "aufgeklärten Nichtleser"[40] hervorbringen, sondern "zum Lesen verlocken",[41] Anregungen für die Privatlektüre vermitteln und auch Jugendliteratur in den Unterricht einbeziehen soll, könnte der Roman 'Kein Winter für Wölfe' eine curriculare Gelenkstelle bilden:

Einerseits ist er teilweise Privatlektüre oder kommt doch zumindest zentralen Leseinteressen von Jugendlichen entgegen, andererseits bietet er "Entwicklungsanreiz(e)"[42], d.h. Möglichkeiten, die stilistische (variationsreiche Syntax) und ästhetische Kompetenz (= Fähigkeit zu einer die Form gebührend beachtenden Textrezeption) der Schüler zu entwickeln, ihre Kenntnisse zu mehren (Sachbuchkomponente des Romans) und ihre kognitive — und moralische — Kompetenz durch die Diskussion über die Gestalten, ihre Verhaltensweisen, Handlungsmotive und moralischen Konflikte zu fördern, d.h. Lesen als einen Prozeß zu praktizieren, der wesentlich in einem "Freiwerden zu Erkenntnis und Verantwortungsbewußtsein"[43] besteht.

Außerdem ist der Roman noch in einem anderen Sinn Gelenkstelle, insofern er klassenstufenübergreifende Unterrichtszusammenhänge stiften hilft. Denn es wäre denkbar, unseren Roman mit trivialer Privatlektüre 12—14jähriger Jugendlicher zu koppeln und so die Wertungskompetenz der Schüler behutsam zu entwickeln. Anderseits wäre ein Brückenschlag möglich zu anderen Jugendbüchern mit einem sublimierten Abenteuerbegriff und einem philosophischen Anliegen (z.B. A.C. Baumgärtner: 'Jenseits der Berge', 1983) oder zu Werken der Erwachsenen-"Hochliteratur", z.B. zu Homers 'Odyssee', zum Artusroman 'Erec' von Hartmann von Aue, zu Grimmelshausens pikarischem Roman 'Simplicissimus' und — im 20. Jahrhundert — zu Th. Manns 'Bekenntnisse(n) des Hochstaplers Felix Krull' oder zur 'Blechtrommel' von G. Grass — Werken, die in mehr oder weniger starkem Maße Elemente des Abenteuerlichen amalgamieren, aber als hochstrukturierte Texte in umgreifende künstlerische Gestaltungs- und Aussageabsichten integrieren.[44] In einer solchen klassenstufenübergreifenden, einem spiralcurricularen Konzept verpflichteten Reihe gehörte die Sublimierung des Abenteuerbegriffs zu den zentralen Aufgaben. Abzuraten wäre jedoch von einer ohnehin wirkungslosen Diffamierung des Vergnügens an reiner Spannungsliteratur!

Ein ausgearbeitetes methodisches Konzept für die Unterrichtsgestaltung soll hier nicht skizziert werden. Auf die bisher vorliegenden Anregungen und Erfahrungsberichte sei aber ausdrücklich verwiesen.[45] Als besonders reizvoll könnte ich mir folgende bisher nicht vorgeschlagenen Möglichkeiten vorstellen:

1. Die Schüler vergleichen — im Sinne von H. Roths Konzept des genetischen (und deshalb motivierten) Lernens[46] — exemplarisch ausgewählte

Teile der Geschichte von Eskimo-Joe mit Auszügen aus Tysons Tagebuch, um einen Einblick in die Werkstatt eines Autors zu erhalten.[47]
2. Die Schüler formen den Haupterzählstrang (nicht die eingeschobenen retrospektiven Erzählblöcke) in eine Sequenz von Hörbildern um und nehmen das Ergebnis auf Tonband auf.

Anmerkungen

1) Informationen über den Autor und seine Werke findet man u.a. im 'Lexikon der Kinder- und Jugendliteratur'. Hrsg. von K. Doderer. Bd. 2. Weinheim 1977, S. 406f.; in: 'Jugendschriftsteller deutscher Sprache'. Hrsg. von R. Bamberger. Wien 1980, S. 113ff., und bei M. Dahrendorf: Die Aufgabe des Menschen als Abenteuer. Braunschweig 1967
2) W. Scherf: Strukturanalyse der Kinder- und Jugendliteratur. Bad Heilbrunn 1978, S. 100f.
3) A. Ayrenschmalz: Zum Begriff des Abenteuerromans. Diss. Tübingen 1962, S.253
4) Die Seitenangaben im Text beziehen sich immer auf die 5. Aufl. des Arena-Taschenbuchs. Würzburg 1982
5) Vgl. A.C. Baumgärtner: Die Welt der Abenteuer-Comics. Bochum 1979, S. 19ff.
6) Stärker idealisiert und im Dienst der Idee des Werks zu Vorbildfiguren stilisiert sind der humorvolle, glaubensstarke, hünenhafte Prediger Tom Lopp und der altruistische Eskimo-Joe.
7) K. Lütgen: Gestaltungsprobleme beim Abenteuerbuch aus der Sicht des Autors. In: Zeitschrift für Jugendliteratur 2 (1968), S. 67-86, hier S. 70, 75 und 79ff.
8) E. Lämmert: Bauformen des Erzählens. Stuttgart 6/1976, S. 128ff.
9) Ayrenschmalz 1962 (Anm. 3), S. 155
10) Lütgen 1968 (Anm. 7), S. 81
11) Zum Schluß, als die Arktis bezwungen ist, erscheint die feindliche Natur nur noch in der Vergleichsebene: "wie ein Schloßenhagel", S. 214
12) Vgl. z.B. Johannes 6, 1-15
13) Vgl. die Schlüsse der zentralen Kapitel, S. 95 und 100
14) Hier wird sicher aus dem Gedächtnis zitiert; vgl. J.W. Goethe: Gedenkausgabe der Werke, Briefe und Gespräche. Hrsg. von E. Beutler. Zürich (Artemis) 2/1959, Bd. 3, S. 385 ("Vermächtnis altpersischen Glaubens" im 'West-östlichen Diwan': "Schwerer D i e n s t e . . . ")
15) Goethes Sämtliche Werke. Jubil.-Ausg. Bd. 4. Stuttgart o.J., S. 224 (aus 'Maximen und Reflexionen'). Beide Zitate bei Lütgen 1982 (Anm. 4), S. 167
16) Auch hier steht Goethe Pate: vgl. Anm. 15
17) Hier ist sicher das "carpe diem, quam minimum credula postero" (Carm. Lib. I, 11, v. 8) zu assoziieren; im Hintergrund stehen allerdings auch — im Sinne einer Kontrastentsprechung — zahlreiche Bibelstellen, z.B. Luk. 22,30 u.a.
18) Lütgen 1968 (Anm. 7), S. 67
19) D.h. die Wirksamkeit des "bellum omnium contra omnes" (des "homo homini lupus", kein Orig.-Zit.!), einer Prämisse, aus der Th. Hobbes seine absolutistische Staatstheorie ableitete (im 'Leviathan', 1651)
20) Lütgen 1968 (Anm. 7), S. 71f.
21) Brief des Autors an mich vom 2.2.1985 (in meinem Besitz)
22) Lütgen 1968 (Anm. 7), S. 79. Auf die Quellen stieß der Autor bei Vorstudien zu seinem ebenfalls mit dem Deutschen Jugendbuchpreis (1967) ausgezeichneten Werk 'Das Rätsel Nordwestpassage', 1966. Als historisch lassen sich nachweisen der Sheldon Jackson-Plan und die Gestalt Tom Lopps, vgl. H. Tichy: Alaska. München o.J. (1951), S. 128ff.
23) Vgl. z.B. F. Salentiny: Das Leben der Seefahrer und Entdecker. Tübingen 1974, S. 211
24) Allerdings nicht durch einen Schlittenunfall, sondern durch Arsenvergiftung, vgl. F. Mowat: Im Banne der Arktis (Orig.: The Polar Passion. 1973) Zürich 1975, S. 206
25) Vgl. ebd., S. 139ff.
26) Schon durch die Endvorausdeutung, S. 51
27) Die letzte: 6. Aufl. 1985
28) Vgl. Westermanns Monatshefte XI, 1955; Bildtelegraph, Wien, 19.10.1956; vgl. Bücher-Kommentare, Stuttgart, Nr. 4/1955; diese Rezensionen und viele andere liegen beim Arena-Verlag vor.

29) Vgl. A.C. Baumgärtner/O. Watzke: Wege zum Kinder- und Jugendbuch. Donauwörth 1985, S. 18f.
30) Nur ganz vereinzelt kippt der mittlere Stil ins Pathetische (S. 75) bzw. ins genus sublime um (S. 131). Für größtenteils ungerecht, überzogen und einseitig halte ich die Kritik an Lütgen in: H. Künnemann (Hrsg.): Abenteuer! Abenteuer? Hamburg 1982, S. 158ff. (der Autor sei zu wenig gesellschaftskritisch, arbeite die ökonomischen Triebkräfte nicht heraus). Auch A. Giachi vermag so gut wie keine überzeugenden Argumente für ihre scharfe Kritik vorzubringen: A. Giachi: Das Jugendbuch in der Bundesrepublik Deutschland. In: A.C. Baumgärtner (Hrsg.): Deutsches Jugendbuch heute. Velber 1974, S. 87-101, hier S. 87f.
31) Vgl. H. Willenberg: Zur Psychologie des literarischen Lesens. Paderborn 1978, S. 177
32) Vgl. z.B. H. Kaufmann: Roter Mond und heiße Zeit, 1957 und F. Mühlenweg: Großer Tiger und Christian, 1963 (1950)
33) R. Bamberger: Das Jugendbuch in der Leseerziehung. In: L. Binder (Hrsg.): Jugendliteratur in Aktion. Wien 1979, S. 17-30, hier S. 24
34) Lütgen 1968 (Anm. 7), S. 79
35) Er wird z.B. erwähnt bei: K.-H. Klimmer: Sie lesen immer noch. In: Jugendbuchmagazin 33 (1983), H.3, S. 126-132, hier S. 129 und R. Bamberger u.a.: Zehnjährige als Buchleser. Wien 1977, S. 120
36) J. Hienger: Spannungsliteratur und Spiel. In: Unterhaltungsliteratur. Göttingen 1976, S. 32-54, hier S. 42. Vgl. dazu neuerdings auch die pragmasemiotische Untersuchung von: H.-L. Borringo: Spannung in Text und Film. Düsseldorf 1980
37) Vgl. G. Unholzer: Kommunikationsverhalten und Buch. In: Bertelsmann Briefe 1978, H. 96, S. 3-32, hier S. 25. Vgl. dazu die gründliche, wenn auch heute in vielem überholte Untersuchung von A. Hölder: Das Abenteuerbuch im Spiegel der männlichen Reifezeit. Ratingen 1967, bes. S. 43-49
38) L. Binder u.a.: Vierzehnjährige als Buchleser. Wien 1984, S. 85 und 80ff.
39) Ebd., S. 86. Vgl. auch Unholzer 1978 (Anm. 37), S. 25
40) G. Haas: Lesen. In: WPB 1976, H. 10, S. 585-591, hier S. 590
41) Titel einer Schrift von R. Bamberger. Wien 1967
42) N. Groeben: Leserpsychologie: Textverständnis — Textverständlichkeit. Münster 1982, S. 161
43) A. Weber: Grundlagen der Literaturdidaktik. München 1975, S. 92
44) Reiches Material findet sich bei Ayrenschmalz 1962 (Anm. 3) und O.F. Best: Abenteuer. Frankfurt a.M. 1980
45) Vgl. A. Grömminger/G. Ritz-Fröhlich: Umgang mit Texten in Freizeit, Kindergarten und Schule. Freiburg 1974, S. 143ff.; E. Füldner: Das länderkundlich orientierte Jugendbuch... In: Th. Karst (Hrsg.): Kinder- und Jugendlektüre im Unterricht. Bd. 2. Bad Heilbrunn 1979, S. 51-64 (m.E. wenig angemessen: rein informatives Lesen); K. Landherr: Das Kinder- und Jugendbuch in der Schule. Donauwörth 1984, S. 64-66, 87f., 91f., 106f.; P. Conrady (Hrsg.): Zum Lesen verlocken. Würzburg (Arena) 1985, S. 88-111
46) H. Roth: Pädagogische Psychologie des Lehrens und Lernens. Hannover 14/1973, S. 117
47) Besonders geeignet für den Vergleich ist Joes Robbenjagd: vgl. Lütgen 1982 (Anm. 4), S. 75f. und Mowat 1975 (Anm. 24), S. 163

DIE LESBARKEITSFORSCHUNG
eine Hilfe in der Anpassung der Textschwierigkeit an die Leseleistung

von Richard Bamberger

In Österreich haben sich in Verbindung mit der pädagogischen Arbeit des "Buchklubs der Jugend" zwei Leitsätze herausgebildet, die immer wieder zitiert werden. Sie bestimmen auch in hohem Maße die Methoden der Leseerziehung und der Buchpädagogik.

> "Viele Kinder lesen keine Bücher, weil sie nicht richtig lesen können;
> sie können nicht richtig lesen, weil sie keine Bücher lesen."

Als Reaktion auf diese Einsicht entwickelte sich eine Leseerziehung, die auf die Einbeziehung von Jugendbüchern aufbaute. Der wohl erfolgreichste Weg setzte sich unter dem Motto 'Zum Lesen verlocken' durch.[1]

Der zweite Leitsatz ergab sich aus der praktischen Erfahrung, daß bei manchen Kindern auch der Einsatz von Jugendbüchern in die Leseerziehung nicht zu den gewünschten Resultaten führte. Die Untersuchung der Fälle ergab:

> "Viele Kinder lesen keine Bücher, weil die ersten zwei oder drei Bücher,
> die sie zu lesen versuchten, für sie zu schwierig waren."

Die Mißerfolgserlebnisse führten oft zu einer richtigen Abneigung gegenüber dem Lesen.

Die alte Forderung "Das richtige Buch dem richtigen Kind zur richtigen Zeit" verlangt also mehr als die bisher im Vordergrund stehende Beachtung der Leseinteressen bzw. Leseneigungen.

Etwas wie ein Beweis für die Tatsache, daß die Textschwierigkeit einen großen Einfluß auf die Beliebtheit von Jugendbüchern wie auch von Büchern der Unterhaltungslektüre für Erwachsene hat, sind manche Bestseller, die gar nicht so spannend, aber überaus leicht zu lesen sind, so etwa die Bücher von Enid Blyton oder Konsalik. Übrigens zeigt auch die Auflagenhöhe der Zeitungen eine hohe Korrelation zu ihrer Schwierigkeit.

Die Bemühung, die richtigen Bücher auch im Hinblick auf die Leseleistung der Schüler zu finden, führte zu einem Projekt auf dem Gebiete der Leseforschung, das in dem Buch 'Lesen − Verstehen − Lernen − Schreiben' (1984) von Bamberger/Vanecek ausführlich vorgestellt wird.[2]

Angesichts der Anforderungen, die unsere Zeit an den Pädagogen stellt, mag es wohl erwünscht sein, daß im folgenden eine kurze "Einführung in die Lesbarkeitsforschung" bzw. auch in die Anwendung der "Lesbarkeitsformeln" gegeben wird.

Einführung in die Lesbarkeitsforschung

Die "Lesbarkeitsforschung" (readability research)[3] ist ein Zweig der Sprachwissenschaft, der sich in den USA seit der Mitte der zwanziger Jahre entwickelt hat. Zahlreiche Forscher erbrachten mannigfaltige Ergebnisse (rund 200 "Lesbarkeitsformeln"), die in der praktischen Sprachverwendung in fast allen Gebieten des wirtschaftlichen, politischen und kulturellen Lebens berücksichtigt werden. Die "Lesbarkeitsbewegung", deren Umfang sich aus den mehr als tausend Publikationen ermessen läßt, hat sicherlich auch zu den gesetzlichen Bestimmungen über "plain language" in fast 50 Prozent der amerikanischen Staaten geführt.

Eigenartigerweise fand dieser Forschungszweig in Europa erst gegen Ende der sechziger Jahre in Schweden Beachtung, während er im Raum der deutschen Sprache, die doch im allgemeinen weit schwierigere Texte aufweist als die englische, kaum ein Echo fand.

Die Lesbarkeitsforschung ergab sich aus der Erkenntnis, daß das Verstehen von Texten in hohem Maße mit der sprachlichen Schwierigkeit zusammenhängt und subjektive Beurteilungen der Sprachschwierigkeit stark variierende Ergebnisse bringen. Die Alterseinstufungen von Jugendbüchern — etwa durch zehn Lektoren — weisen oft Unterschiede bis zu vier Jahren auf, während bei Ergebnissen der "Formeln" zur Lesbarkeitsbestimmung mit einer Streuung von nur rund einem Jahr gerechnet werden kann.

Es gibt verschiedene Methoden der Lesbarkeitsbestimmung. Letzten Endes gehen sie aber alle auf das gleiche Grundprinzip zurück, nämlich auf die Auswertung der mathematischen Beziehungen zwischen der festgestellten Textschwierigkeit (Durchschnitt aus zehn Lektorenurteilen und zehn Lesetests) und den verschiedenen Sprachfaktoren, wie die Satz- und Wortlänge, der Prozentsatz der mehrsilbigen Wörter, der Verba, der Abstrakta usw.

Das österreichische Forschungsprojekt zur "Feststellung der Lesbarkeit oder der sprachlichen Schwierigkeit von Texten in deutscher Sprache" baute auf amerikanischen Vorarbeiten und Erfahrungen auf, versuchte aber auch neue Wege zu gehen, indem man objektive, d.h. rechnerische Verfahren mit subjektiven Beurteilungsmöglichkeiten verband.

Ein kurzer Einblick in den üblichen Forschungsweg: Einige hundert Jugendbücher, Sachtexte und Lehrbücher wurden auf Grund von Beurteilungen einer größeren Zahl von Lektoren und durch Lesetests einer bestimmten Schulstufe zugeteilt ("Kriterium"). Eine sprachliche Analyse stellt die Meßwerte der einzelnen Sprachfaktoren fest, die dann mit dem "Kriterium" mit Hilfe einer Regressionsgleichung in Beziehung gebracht werden, so daß sich eine "Lesbarkeitsformel" ergibt.

Die Mittelwerte der Sprachfaktoren wurden bei der österreichischen Forschung in einem sogenannten "Sprachprofil" festgehalten:

Übersicht über die Mittelwerte der Sprachfaktoren nach Schulstufen für "literarische" Texte bzw. für fiktionale Jugendbücher

Schulstufe	SL	WL	ES	MS	sW	IW	Lix (= SL + IW)
1	7	1,43	62	5	10	12	19
2	9	1,51	57	7	11	15	24
3	10	1,55	55	10	14	17	27
4	11	1,58	53	11	17	19	30
5	12	1,61	52	12	19	20	32
6	13	1,65	51	14	20	21	34
7	14	1,67	50	15	22	22	36
8	15	1,70	49	16	23	23	38

Übersicht über die Mittelwerte der Sprachfaktoren von Sachtexten (ab 4. Schulstufe, da für die 1. bis 3. Schulstufe die Tabelle für Jugendbücher gilt)

Schulstufe	SL	WL	ES	MS	sW	IW	Lix (= SL + IW)
4	11	1,62	54	11	17	20	31
5	12	1,68	51	14	19	22	34
6	13	1,72	49	17	24	25	38
7	14	1,80	48	19	26	27	41
8	15	1,88	46	21	28	29	44
9	16	1,91	45	24	29	32	48
10	17	1,99	43	27	33	34	51
11	19	2,08	42	28	35	35	54
12	20	2,11	41	30	35	37	57

Erläuterung des Sprachprofils: Die links angeführten Schulstufen beziehen sich auf die Einstufung von jeweils zwanzig Büchern, die von zehn Lektoren und auch durch Lesetests dieser Altersstufe zugeteilt wurden.
Abkürzungen und Erklärungen der Sprachfaktoren:

SL = Mittelwerte der Satzlängen, gewonnen aus je 10 Sätzen der Stichproben
WL = " der Wortlängen, gemessen in Silben (100 Wörter = 162 Silben = Wortlänge 1,62)
ES = Prozentsatz der einsilbigen Wörter in den 100-Wort-Stichproben
MS = " der Mehrsilber (= der drei- und mehrsilbigen Wörter)
sW = " der seltenen Wörter (= der Wörter, die nicht in der 1000-Wort-Liste sind)
IW = " der Wörter mit mehr als sechs Buchstaben

Aus den hier angeführten Sprachprofilen ist das Phänomen ersichtlich, das zur rechnerischen Bearbeitung der Sprachfaktoren herausfordert: Die Mittelwerte der Sprachfaktoren vergrößern sich geradezu systematisch mit der zunehmenden Schwierigkeit des Textes. Man kann also von einer Textschwierigkeit im Hinblick auf jeden einzelnen dieser Faktoren sprechen. Eine Verbindung der Werte mehrerer Sprachfaktoren ergibt natülich bessere Resultate. Diese Erkenntnis führte zum schwedischen "Lix", auf den später gesondert eingegangen wird.

Die Formeln aus dem österreichischen Forschungsprojekt
Im österreichischen Forschungsprojekt wurden besondere Formeln für "literarische Texte" (Jugendbücher und Unterhaltungsliteratur – die "hohe" Literatur sollte wohl nicht durch Lesbarkeitsbestimmungen untersucht werden; ihre Schwierigkeit liegt ja weniger im Sprachlichen als im Symbolgehalt, der Aussage usw.) und Sachtexte (besonders Schulbücher) entwickelt.
Im erwähnten Forschungsbericht finden sich 13 verschiedene Formeln, die mit Hinweisen auf ihre besondere Verwendung zusammenfassend vorgestellt werden (187f.). Die Korrelation zum Kriterium (r) liegt bei den Formeln zwischen 0,716 und 0,997, die Standardabweichung beträgt in der Regel eine Schulstufe. (Die Abweichungen der subjektiven Beurteilungen erstrecken sich bis auf vier Schulstufen). Im folgenden seien zwei besonders günstige Formeln angeführt; ihre Handhabung ist sehr einfach, und sie eig-

nen sich sowohl für leichte als auch schwierige Texte:
1. WLF (1. Wiener Literaturformel):
   Schulstufe = 1,1488 . SL + 0,3081 . sW - 2,4593   (r = 0,87)
4. WSF (4. Wiener Sachtextformel):
   Schulstufe = 0,2656 . SL + 0,2744 . MS - 1,6939   (r = 0,97)

In der neueren Fachliteratur wird immer wieder darauf verwiesen, daß die Lesbarkeitsbestimmungen mit Hilfe von Computern viel weniger Zeit beanspruchen als eine händische Auswertung. Der Rechenvorgang bedarf zwar nur einiger Minuten (für das Auszählen der seltenen Wörter braucht auch der Computer seine Zeit!), es müssen aber alle Stichproben geschrieben werden, was länger dauert als das Auszählen der Sprachfaktoren und deren Verrechnung mit dem Taschenrechner.

Lix — eine additive Methode der Lesbarkeitsbestimmung
Hier ist es angebracht, auf das vom Schweden Björnsson (1968) erarbeitete Lix-Verfahren einzugehen.

$$\text{Lix (Lesbarkeitsindex)} = SL + IW$$

Die Ergebnisse liegen zwischen 15 und 80, wobei 15 die leichtesten und 80 die schwierigsten Texte bezeichnet. Wir haben diese Schwierigkeitsskala mit Hilfe unseres Sprachprofils auf Schulstufen umgerechnet.

Es ergeben sich:
Lix-Werte in Schulstufen für erzählende Jugendbücher und Texte der Unterhaltungslektüre:

Schulstufen:	I	II	III	IV	V	VI	VII	VIII
Lix-Durchschnitt:	19	24	27	30	32	34	36	38

Lix-Werte in Schulstufen für Sachtexte und Fachliteratur:

Schulstufen:	IV	V	VI	VII	VIII	IX	X	XI	XII	XIII	XIV
Lix-Durchschnitt:	31	34	38	41	44	48	51	54	57	60	64

Bei Sachtexten trifft für die 1. bis 3. Schulstufe die "literarische Einstufung" zu. Bei Sachtexten bringt die 4. WSF bessere Ergebnisse als Lix. Ihre Anwendung mit Taschenrechnern verlangt auch nur um einige Minuten mehr Zeit.

Anleitung zur Anwendung der Lesbarkeitsformeln und von Lix

1. Auswahl einer entsprechenden Anzahl von Stichproben:
Die Stichproben sollen nicht vom Anfang eines Buches oder eines Kapitels genommen werden, weil dieser oft schwieriger als der übrige Text ist.
Der Idealfall: Eine Stichprobe aus jeder 10. Seite.
Sehr kurze Texte (unter 600 Wörtern) sollten zur Gänze analysiert werden.

2. Feststellung der durchschnittlichen Satzlänge in Wörtern aus Stichproben mit je 10 Sätzen. Beim Zählen der Wortzahl macht man bei 100 einen Strich (Verkürzung der späteren Arbeit!)

3. Bestimmung des Prozentsatzes der MS, IW und sW (je nachdem, welche Formel man anwendet) aus Stichproben von je 100 Wörtern. Bei Sachtexten oder Lehrbüchern ist es vorteilhaft, die 4. WSF und Lix zu kombinieren und den Mittelwert als die Schwierigkeitsstufe anzunehmen.

4. Die einfachste Arbeitsweise: Man zählt in jeder Stichprobe von 100 Wörtern zunächst die MS, notiert die Zahl und zählt dann die IW zu, die weniger als drei Silben aufweisen.

5. Die 1. WLF wird mit Hilfe der Liste der 1000 häufigsten Wörter angewendet.
Zeitaufwand: Man kann eine Stichprobe in 5 bis 10 Minuten bearbeiten. Will man auch die Schwierigkeitsschwankungen innerhalb eines Buches feststellen, so wird man bei jeder Stichprobe die Textschwierigkeit bestimmen (mittels Taschenrechner etwa je eine Minute), ansonsten zählt man die Werte der einzelnen Faktoren zusammen und setzt den Mittelwert in die Lesbarkeitsformel ein.

Anweisungen zur Auszählung:
Zusammengesetzte Wörter und Wörter mit Bindestrich werden als ein Wort gezählt. Ziffern, Zeichen (%) und Zahlen gelten als Wörter. 1985 wird als ein Wort gerechnet, 1/4 als zwei Wörter, ebenso 2,26 etc. Abkürzungen werden gezählt, wie sie ausgesprochen werden: usw. = drei Wörter, USA = ein Wort. Wortzusammenziehungen (geht's) gelten als ein Wort. Hat eine Stichprobe von 100 Wörtern z.B. 156 Silben, so ist die WL (Wortlänge) 1,56.

Zur Zählung der Silben:
Probleme ergeben sich hier nur bei Zahlen und Abkürzungen. Dazu einige Beispiele: 12 = einsilbig, 14 = zweisilbig, 24 = viersilbig, CO_2 = dreisilbig; 1980 = neunzehn-hundertachtzig = sechssilbig.

Zur Feststellung der seltenen Wörter mit Hilfe der Liste der 1000 häufigsten Wörter:
— als seltene Wörter werden jene bezeichnet, die sich nicht in der Liste der "1000 häufigsten Wörter" im schriftlichen Sprachgebrauch von zehnjährigen Schülern befinden.
— Nachstehende Wörter gelten ebenfalls nicht als selten, auch wenn sie sich nicht in der Liste befinden:
a) alle Zahlen
b) alle Namen von Personen und Orten
c) bestimmte grammatikalische Ableitungen von Wörtern, deren Grundformen in der Liste sind, wie:
— regelmäßige Mehrzahlbildungen
— Die Fallbildungen von Hauptwörtern (Tisch, Tisches)
— Personalformen des Zeitwortes (gehe, gehst ...)
— Steigerungen von regelmäßigen Eigenschaftswörtern
— die Abwandlungsformen von schwachen Zeitwörtern
d) Zusammengesetzte Wörter, von denen beide Teile in der Liste sind (Haustür)
Wiederholungen von seltenen Wörtern werden nur einmal gezählt.

Das Lesbarkeitsprofil

Obwohl sich die Lesbarkeitsbestimmungen in den USA, in Schweden und Dänemark in der Praxis stark durchgesetzt haben, wurden immer wieder Stimmen laut, die an den Lesbarkeitsverfahren Kritik übten: Sie würden lediglich die sprachliche Schwierigkeit eines Textes bestimmen, während andere wichtige Gesichtspunkte nicht berücksichtigt werden; so die Schwierigkeit des Inhalts, die Leserlichkeit des Druckbildes, die sprachliche Organisation des Stoffes, Interesse, Motivation, Vorwissen, pädagogische Gestaltung u.a.m.

Diese Kritik überging aber geflissentlich, daß solche Feststellungen in fast allen Forschungsprojekten zur Lesbarkeit von allen Anfang an gemacht worden waren. Deshalb hatten sich auch einige Forscher bemüht, neben der sprachlichen Schwierigkeit auch andere Texteigenschaften in den Formeln zu berücksichtigen, so etwa die Faktendichte und den Abstraktheitsgrad. Viel diskutiert — und auch verwendet — wurde eine Formel von Flesch, die dem Gesichtspunkt des Interesses zu entsprechen versuchte. Es zeigte sich aber, daß diese Versuche nur wenig Erfolg hatten.

Im österreichischen Forschungsprojekt (vgl. Bamberger/Vanecek, 1984)

wurde daher ein völlig neuer Weg beschritten, nämlich die Verbindung von objektiver Messung mit subjektiver Beurteilung, die mit Hilfe eines "Lesbarkeitsprofils" in Form einer Kontrolliste vorgenommen wird. Das Lesbarkeitsprofil wurde gesondert für literarische Texte (besonders Jugendbücher) und für Sachtexte (besonders Schulbücher) entwickelt.
(Eine Nebenbemerkung: Unabhängig von den Lesbarkeitsbestimmungen geben die beiden Profile vielleicht auch Anregungen zu neuen Gesichtspunkten bei der Beurteilung von Jugendlektüre und Schulbüchern.)

Beide Lesbarkeitsprofile sind auf den folgenden Seiten als Tab. 1 und Tab. 2 angeführt, doch wird nur etwas allgemein auf beide zugleich eingegangen. Zur Verdeutlichung der Arbeitsweise wurden in die Kontrollisten auch die Ergebnisse aus der Beurteilung eines Jugendbuches von Karl Bruckner und eines Biologie-Buches, das für die 5. Schulstufe bestimmt ist, eingetragen.

Die Arbeit mit dem Lesbarkeitsprofil

Es geht darum, bei jedem der Punkte die Schulstufe — nach subjektiver Schätzung — einzusetzen, der der Text in den angeführten Merkmalen entspricht. Die Mittelwerte der "Unterpunkte" werden bei den fünf bzw. sechs Hauptpunkten eingetragen.

Die Voraussetzung für die Arbeit mit dem Lesbarkeitsprofil ist eine gründliche Sachkenntnis hinsichtlich der einzelnen Merkmale und auch pädagogische Erfahrung (eine ausführliche Erörterung bringen Bamberger/Vanecek, 1984).

Zu den Ergebnissen der Lesbarkeitsbestimmung mit Hilfe des Lesbarkeitsprofils

Wie schon angeführt, sollte mit Hilfe des Lesbarkeitsprofils die rechnerische Bestimmung der Schwierigkeit von Texten korrigiert bzw. verbessert oder bestätigt werden. Die Anwendung des Lesbarkeitsprofils bei einigen hundert Texten brachte aber eine große Überraschung. In mehr als 70 Prozent der Fälle stimmte das Ergebnis des Lesbarkeitsprofils mit den Werten der sprachlichen Schwierigkeit überein. Die Interpretation dieses Tatbestandes führte zur folgenden wichtigen Aussage:

> Die sprachliche Schwierigkeit eines Textes ist nicht nur ein Schwierigkeitsfaktor an sich, sondern auch ein Indikator der Gesamtschwierigkeit eines Textes.

Das Lesbarkeitsprofil hat also das Vertrauen in die Brauchbarkeit und Verläßlichkeit von rechnerischen Lesbarkeitsbestimmungen gefestigt.

Ist es nun überhaupt notwendig, das Lesbarkeitsprofil zu verwenden? Wer nur die durchschnittliche Schwierigkeit eines Buches erfassen will, kann sich mit der rechnerischen Bestimmung der Lesbarkeit begnügen. Wer aber wissen will, wo die Schwierigkeit im besonderen liegt, der bekommt durch das Lesbarkeitsprofil die entsprechende Auskunft. Es ist nämlich nur der Durchschnittswert aus allen Faktoren des Lesbarkeitsprofils der mit jenem der sprachlichen Schwierigkeit mehr oder weniger identisch ist.

Für den Lehrer aber kann es sehr wichtig sein, ob die Schwierigkeit vor allem im Inhalt liegt oder in der absolut nicht einladenden Darstellungsform, ob sich die inhaltliche Schwierigkeit aus dem Begriffsniveau oder der Faktendichte ergibt, ob das Interesse durch den Stoff oder die Gestaltung erzeugt wird usw. Er wird das alles in entsprechenden pädagogischen Maßnahmen zu berücksichtigen haben.

Tab. 1: **Kontrolliste zum Lesbarkeitsprofil für literarische Texte** (besonders Jugendlektüre)

Beurteiler **Bruckner Karl, Sakado will leben, Jugend und Volk, Wien** Datum

(Autor, Titel, Schulstufe etc., Verlag ...)

I. *Die inhaltliche Schwierigkeit:* __9__   Schulstufe
   a) Der Stoff, die Handlung, entsprechen der Schulstufe   9
   b) Faktendichte   9
   c) Thema, Gehalt, Aussage, Ideen   9
   d) Hintergrund (fremdes oder bekanntes Milieu)   9
II. *Faktoren der Leserlichkeit:* __7__
   a) Schriftgröße   7
   b) Zeilendurchschuß   7
   c) Zeilenlänge   7
   d) Satzspiegel   7
III. *Organisation, Aufbau und Komposition:* __7,5__
   a) Beginn (einladend, indifferent, erschwerend)   8
   b) Handlung (linear, Einschübe, Rückblendungen)   8
   c) Berichte oder Beschreibungen bzw. Schilderungen   7
   d) Betrachtendes oder Belehrendes   7
IV. *Stil:* __6,5__
   a) Stil (langatmig, umständlich, erlebnishaft)   6
   b) Künstlerische Schwächen (stereotype Wendungen, abgebrauchte Sprache etc. erleichtern das Lesen, Originalität, persönlicher Wortschatz wirken für schwache Leser erschwerend)   8
   c) Häufiger Gebrauch von Beifügungen, nominaler Stil, wenige Verben erschweren in der Regel   6
   d) Auffällige Satzkompliziertheit (viele Gliedsätze oder Gliedsatze, bei denen Subjekt und Verbum weit auseinanderliegen, wirken erschwerend)   6
V. *Der Leserbezug (Motivation):* __7,2__
   a) Der Stoff entspricht Lesern in der   8
   b) Charaktere (erleichtern oder erschweren die Identifikation)   7
   c) Das Thema entspricht (entspricht nicht) den Interessen   8
   d) Spannungsmomente (sind reichlich gegeben, fehlen)   6
   e) Die Milieudarstellung (steigert bzw. schwächt das Interesse)   7
      Ergebnis des Lesbarkeitsprofils   = 7,1
      + sprachliche Schwierigkeit   = 7,2
                                                     7,2 : 2 = endgültige Einstufung

Allgemeine Bemerkungen (hier sollten auch Gesichtspunkte zur Geltung kommen, die in der Kontrolliste nicht aufscheinen):

Das Buch ist ein typisches Beispiel dafür, daß bei Jugendbüchern häufig die inhaltliche Schwierigkeit durch Spannungsmomente und einen erlebnishaften Stil wettgemacht wird.

Tab. 2: Kontrolliste zum Lesbarkeitsprofil von Sach- und Lehrbüchern

Beurteiler   Datum
Ein Biologiebuch für die 5. Schulstufe
(Autor, Titel, Schulstufe etc., Verlag ...)

I. *Inhalt*	7,5	IV. *Stil:*	6,4
1. Schwierigkeit des Sachstoffes	7	1. Erlebnishaft	7
2. Faktendichte (bes. bei Naturw.)	9	2. abstrakt – konkret	6
3. Ideendichte (bes. bei Geistesw.)	–	3. Fremdwörter	7
4. Abstraktheit bzw. Anschaulichkeit	7	4. Prägnanz	7
5. Grafik und Illustration	6	5. Satzkompliziertheit	5
		V. *Leserbezug:*	6
II. *Leserlichkeit:*	5,6	1. Interessen der Altersst.	6
1. Schriftgröße	7	2. Motivationsmittel	7
2. Zeilendurchschuß	6	3. praktische Beispiele	5
3. Zeilenlänge	5	4. Illustrationen	6
4. Satzspiegel	5		
5. drucktechnisch	5	VI. *Pädagogische Merkmale:*	6,6
		1. Vorwissen, Erfahrung	7
III. *Aufbau, Organisation:*	6,7	2. Querverbindungen	6
1. Gesamteindruck	7	3. Kontrollmöglichkeiten (feedback)	7
2. Aufbau (Einleitung etc.)	6	4. Anregung für weitere Studien	6
3. Inhaltsverzeichnis, Register etc.	7	5. Gruppenarbeit	7
4. Stoffentwicklung (Organisation)	7	6. Arbeitsaufträge	7

Durchschnitt
aus Lesbarkeitsprofil   6,5
Sprachliche Schwierigkeit   7
                            ‾‾‾
                            13,5 : 2 = endgültiges Ergebnis = 6,7
                                  (=gegen Ende der 6.Schulstufe,
                                  das Buch ist zu schwierig.)

Allgemeine Bemerkungen (hier sollten auch Gesichtspunkte zur Geltung kommen, die in der Kontrolliste nicht aufscheinen):
Die Fülle der Fakten und Begriffe (mehr als 600 Namen, mehr als 1000 Fachausdrücke!) bedingen fast alle weiteren Schwächen, so daß das Buch für die 5. Klasse zu schwer ist. Infolge der Faktendichte (und Umfangsbeschränkung aus finanziellen Gründen) "müssen" gerade die interessanten Stellen im Kleindruck gebracht werden, kann nicht an das Vorwissen und an besondere Interessen angeknüpft werden. Auch methodisch ergeben sich dadurch Schwierigkeiten bzw. Einschränkungen.
Bei einer Neuauflage sollte der Stoff um etwa 30 Prozent gekürzt werden.

Anmerkungen

1) Vgl. Bamberger, R.: Zum Lesen verlocken. Wien: Leinmüller 1967. Nach einer Analyse der niedrigen Leseleistung der Durchschnittsschüler werden Methoden zur Führung zu umfangreicher Lektüre aufgezeigt, die allein den notwendigen "Übungseffekt" hervorbringen kann.
2) Bamberger, R./Vanecek, E.: Lesen — Verstehen — Lernen — Schreiben. Jugend und Volk. Diesterweg, Sauerländer 1984. Neben dem Bericht über die "Lesbarkeitsforschung" behandelt das Buch auch Fragen der Leseerziehung, des Lernens etc. und bringt auch die Listen mit den häufigsten 300, 500, 1000 und 2000 Wörter im geschriebenen Sprachgebrauch der Zehnjährigen.
3) Klare, G.: Readability. In: Handbook of Reading research. New York/London: Longman 1984, S. 899ff.: Übersicht über die Lesbarkeitsforschung, Bewertung der Ergebnisse.

PRODUKTION, REPRODUKTION UND REZEPTION IM LITERATURUNTERRICHT

von Jürgen Kreft

Versuch, eine Klärung einzuleiten — mit Rückblicken auf Luserke

Wenn man im Jahre 1961 oder 1968 als Aufgabe für das schriftliche Abitur die Produktion literarischer Texte vorschlug, konnte man zunächst die Ablehnung dieses völlig aus dem Rahmen des Gewohnten fallenden Vorschlags durch den Direktor oder die Direktorin erfahren, dann aber die erfreute Zustimmung und Genehmigung durch den jeweils zuständigen Oberschulrat. So ging es dem Verfasser. Die Herren Dezernenten standen noch in der Tradition der Reformbewegung, und der Name Luserke sagte ihnen noch etwas. Ich meine nicht den Erzähler, sondern den Schulreformer und Schultheaterreformer Luserke.

Meine Erfahrungen zeigen, was in den sechziger Jahren als sehr ungewöhnlich galt und doch möglich war: Kreative Textproduktion sogar als Abituraufgabe. Diese Möglichkeit hat die Reform der Oberstufe und mancher andere Fortschritt wegreformiert. Inzwischen bekam der Literaturunterricht (LU) das 'Kritische Lesen', das ihm auch wieder nicht recht bekam, so daß ihm die Literaturdidaktik schließlich Prduktivität und Subjektivität verschrieb. — Dürfen wir in alledem den dialektischen Gang des Fortschritts feiern, oder gleicht das eher bloßen Pendelausschlägen: rechts, links, rechts, links — und zugleich auf der Stelle geblieben?

Kritisches Lesen z. B., wie fragwürdig vielleicht auch oft oder zumeist praktiziert, hat doch gewiß sein nicht geringes und unverzichtbares Wahrheitsmoment. Oder soll nun nur noch unkritisch gelesen werden? Daß es Subjekte nicht geben kann ohne Intersubjektivität und ohne gesellschaftliche Objektivationen, Institutionen, Sprache, daß es Produktion nicht ohne Rezeption geben kann und umgekehrt, das ist ja eigentlich trivial. Könnten wir uns die immer neuen Einseitigkeiten nicht ein wenig ersparen? Vielleicht auch durch Rückblicke in die Geschichte des Literaturunterrichts und seiner Didaktik. Bei Luserke z. B. kann man erfahren, daß Produktion literarischer Texte keineswegs mit einer Apotheose der Subjektivität einhergehen muß und doch zugleich den Schülern große Chancen zur Entfaltung des Individuellen eröffnen kann.

Das Verhältnis von Produktion, Reproduktion und Rezeption literarischer Texte ist didaktisch noch wenig geklärt. Wir haben viele anregende Unterrichtsbeispiele für ein produktives und kreatives veränderndes Umgehen mit vorgegebenen Texten — und manche eher verunglückte Beispiele für dergleichen — als Beispiele für den Übergang von Rezeption in Produktion. Und wir haben Beispiele für die umgekehrte Methode: Die Produktion geht der Rezeption bestimmter Texte voraus und bereitet sie vor. Es gibt viele Varianten und alle Augenblicke erscheinen neue Vorschläge, was man noch alles machen könnte oder sollte. Die Begründungen für alles das liegen freilich überwiegend entweder auf der konkretistischen Ebene des Beispiels selbst oder auf der allgemeinen Ebene der Leerformeln: Alles das fördere eben die Kreativität und Produktivität.

Was uns fehlt, ist eine didaktische Theorie, die inhaltlich beschreibt, welche grundlegenden Fähigkeiten der Literaturunterricht im komplexen Zusammenhang von Produktion, Reproduktion und Rezeption fördern kann und warum und wie er das in diesem Zusammenhang tun soll und kann. Mit anderen Worten: Es müssen reale Strukturen in den Lernenden beschrieben werden, die sich auf die literarischen Strukturen beziehen, und es muß dabei zugleich das Verhältnis geklärt werden, in dem Produktion, Reproduktion und Rezeption zueinander stehen.

Warum hier nicht nur von Produktion und Rezeption, sondern auch von Reproduktion gesprochen wird, bedarf allerdings einer kurzen Erläuterung. Wir haben es z. B. nicht nur mit dem Lesen von Theaterstücken und, wenn auch selten genug, mit der Produktion eigener Stücke zu tun, sondern mit der Aufführung, also der Reproduktion von (vorgegebenen) Stücken, und das zunehmend. Das Schultheater erlebt ja zur Zeit einen überraschenden Aufschwung. Und nicht auszuschließen ist, daß auch Lyrik wieder zunehmend rezitiert wird und die Methode des "Ersprechens" wiederentdeckt wird, sofern Lehrer heute dergleichen selbst gelernt haben.

Soviel jedenfalls ist leicht einzusehen, daß die Reproduktion auf doppelte Weise zwischen Produktion und Rezeption vermittelt: Einerseits ist jede Rezeption eine Reproduktion des vom Autor Produzierten. Es muß vom Rezipienten re-produziert werden, damit es für ihn überhaupt gegeben ist. Andererseits ist jede Reproduktion als Re-produktion eben eine Weise der Produktion. Schon diese Überlegung zeigt, wie verfehlt es ist, Produktion und Reproduktion gegeneinander auszuspielen. — Reproduktion im engeren Sinne, also die Aufführung eines (vorgegebenen) Theaterstücks, vermittelt zwischen Produktion und Rezeption, insofern sie einerseits eine besonders intensive Rezeption, ein Bemühen um das Verständnis jeder Silbe voraussetzt oder impliziert, andererseits aber als Reproduktion etwas anderes und mehr ist als bloße Reproduktion eines schon Produzierten, Vorhandenen, anderes und mehr ist als bloße Realisierung von Vorgegebenem, nämlich wirkliche kreative Produktion, Realisierung von zuvor noch nicht Realisiertem, wenn auch im Text als mögliche Bedeutung "Enthaltenem".

So wichtig es ist, sich diese prinzipielle "Dialektik" von Produktion, Reproduktion und Rezeption zu vergegenwärtigen, so unzureichend bleibt es, wenn es nicht gelingt, das Verhältnis zu bestimmen, in dem die Rezeptionsfähigkeit und die Produktionsfähigkeit der Schüler zueinander stehen. Handelt es sich im Grunde um eine Fähigkeit? Sind es verschiedene Fähigkeiten mit unterschiedlichen Entwicklungen? Fördern sie sich gegenseitig? Wenn ja, wie? "Automatisch"? — Man kann ja nicht übersehen, daß die Texte, z. B. Gedichte, die gelesen werden, oft oder zumeist ein höheres oder sehr viel höheres Niveau haben als die selbstproduzierten Gedichte. Entsprechendes gilt bei Schultheater von Produktion und Reproduktion. Reproduziert, aufgeführt werden z. B. die 'Antigone' von Sophokles und Anouilh. Lessings 'Minna', Stücke von Brecht, Hofmannsthal, Schiller, Dürrenmatt, deren Niveau durch die eigenen Stücke nicht entfernt erreicht wird.

Daraus scheint hervorzugehen, daß Rezeptions- und Produktionskompetenz zwei verschiedene Dinge sind, und inwiefern sie sich gegenseitig fördern, scheint völlig offen. Offen ist auch, worin mehr Zeit und Energie investiert werden soll: in die "Reproduktion" vorgegebener oder in die Produktion eigener Stücke. Luserke hat seinerzeit sechs Wochen vom Beginn der Produktion des eigenen Stücks bis zur Aufführung gebraucht. Ein Literaturkurs der 12./13. Jahrgangsstufe in Duisburg braucht vom 28.9.1983 bis zum 1.3. 1985, um Anouilhs 'Becket oder die Ehre Gottes' aufzuführen. Möglicherweise ist hier — unter literaturdidaktischen Lernzielaspekten — Zeit vertan worden, wenn wir die 17 Monate mit Luserkes sechs Wochen vergleichen. Möglicherweise war die Zeit von 17 Monaten besser genutzt als die sechs Wochen. Anscheinend haben wir schon auf prinzipieller Ebene keine Bewertungskriterien für Entscheidungen in diesem Bereich.

Es soll hier keineswegs das eine — die Aufführung von Autorenstücken — gegen das andere — die Eigenproduktion — ausgespielt werden. Und gewiß ist es erst einmal nötig, daß Theater gespielt wird und daß es Spaß macht (und der bedarf keiner Legitimation) und nicht, daß zuerst eine perfekte didaktische Theorie des schulischen Theaterspiels erarbeitet wird. Aber auf die Dauer ist eine didaktische Theorie des Schultheaters im Zusammenhang der fundamentalen Problematik von Rezeptions- und Produktionskompetenz und von den Methoden, beide zu fördern, unverzichtbar, und zwar allein schon, um das Schultheater und den Literaturunterricht hinsichtlich ihrer Zeit-Ansprüche in Stunden-Tafeln und im Unterrichtszeit-Budget zu legitimieren und zu sichern. Schließlich aber ist alle Praxis des Unterrichtens und Schulehaltens auf theoretische Legitimation, Abklärung und Wegweisung angewiesen, wenn sie nicht in Betriebsblindheit und Scheinpraxis mit Scheinrechtfertigungen verkommen soll.

Wir müssen uns also um eine theoretische Klärung der Problematik bemühen, die im Verhältnis zwischen den Fähigkeiten zur Rezeption und zur Produktion sichtbar geworden ist. Hierzu stehen der Literaturdidaktik heute das Paradigma der Kompetenztheorie bzw. die diesem Paradigma zugehörigen Theorien und Forschungsrichtungen und ihre Ergebnisse zur Verfügung. Das Kompetenzparadigma ist ja nun gerade dadurch gekennzeichnet, daß es von vornherein Produktion und Rezeption umfaßt und für beide eine einheitliche Kompetenz im Sinne eines Regelsystems unterstellt, das sowohl die Produktion als auch Rezeption von Zeichen oder Handlungen (Akten, z. B. Sprechakten) ermöglicht. Das ursprüngliche Beispiel hierfür ist das Sprechen und Hören (Hörverstehen). Wenn die Produktion und Rezeption durch dasselbe Regelsystem zustande kommt, müßte entweder die faktische Fähigkeit der Produktion und Rezeption gleich weit entwickelt sein oder es müßte zusätzliche Erklärungen — etwa auf der Performanzebene — geben, die die Differenzen erklären.

Schon bei der Sprache, dem ursprünglichen Paradigma der Kompetenz (Chomsky), scheint eine sehr deutliche Differenz zwischen Rezeption und Produktion vorzuliegen. Der "passive" Wortschatz der Kleinkinder, aber auch noch der Kinder und der Erwachsenen ist z. B. viel umfangreicher als der aktive. Ähnliches gilt für den Gebrauch syntaktischer Strukturen. Bei der Sprachkompetenz bleibt also die Produktion hinter der Rezeption ebenso zurück, wie wir es auch schon im Hinblick auf die Literaturkompetenz festgestellt hatten: Die Werke, die rezipiert werden können, liegen auf einem höheren Niveau als die, die produziert werden. Das erweckt den Eindruck, daß die rezipierende und produzierende Beschäftigung mit Literatur irgendwie getrennt laufen, und daß, wenn überhaupt eine Förderung der einen Fähigkeit durch die andere zu erwarten ist, am ehesten die weiterentwickelte

Rezeptionsfähigkeit die weniger entwickelte Produktionsfähigkeit zu fördern vermag.

Bei genauerem Hinschauen liegen die Dinge aber sehr anders. Schon bei der Sprache ist es so, daß zwar der aktive Wortschatz der quantitativ geringere ist, daß aber die auch aktive Verwendung darauf beruht, daß er der besser beherrschte ist. Nur was ich selbst produktiv benutze, beherrsche ich auch wirklich. Entsprechendes gilt für die poetische Kompetenz. Das rezipierende Verstehen bleibt hinter dem produzierenden zurück, insofern es sich eben leichter mit unvollständigem Verständnis begnügen kann. — Um das zu erläutern, kehre ich noch einmal zum Sprachverstehen des Kindes zurück.

Das Kind versteht passiv deshalb mehr Lexeme, als es selbst gebraucht, weil Verstehen im passiven Sinne anders definiert ist als im aktiven. Für die erwachsenen Interaktionspartner hat das Kind das Lexem verstanden, wenn es, über das zu ihm Gesprochene vermittelt, in etwa situationsadäquat mitinteragiert. Hierbei kompensieren die Erwachsenen die Defizite des Kindes (überwiegend unbewußt) und interpretieren ihr Erwachsenenverständnis in die Äußerungen des Kindes hinein. Dem Kind wird also nur recht ungefähres Verstehen als zureichendes zugerechnet. Die These: Das Kind versteht mehr, als es selbst zu äußern vermag! besagt deshalb weithin vor allem: Die Erwachsenen kompensieren die Defizite des kindlichen Verstehens durch Interpretation. Umgekehrt gilt: Was das Kind (der Rezipient) wirklich versteht, zeigt sich erst in dem, was es produziert. Erst was das Kind auch selbst sagen kann, kann als voll verstanden gelten. Das ist auch beim Textverstehen im Literaturunterricht so.

Zu den bedeutsamen Ergebnissen vieler empirischer Arbeiten und Berichte aus der Praxis zur Literaturrezeption im Literaturunterricht gehört, daß die Textrezeption weithin defizitär, verzerrend, entstellend und projizierend verläuft — und daß dies dem Lehrer keineswegs stets oder auch nur überwiegend deutlich wird. Denn der Lehrer rezipiert die Äußerungen der Schüler über den Text auch wieder selektiv und seine Auffassungen in sie hineinprojizierend. Das heißt: Er verfährt analog dem Verhalten der Eltern beim Spracherwerb der Kinder bzw. bei der Kommunikation mit den Kindern. Die Defizite der Kinder oder Schüler werden von der entwickelteren Kompetenz des Lehrers interpretierend kompensiert. Im Hinblick auf das Textverstehen bedeutet das, daß der Lehrer nicht nur oder gar vor allem die Textinterpretationen der Schüler kritisch (und eventuell negativ sanktionierend) an seinem Textverständnis mißt, sondern daß er auch oder eher, vor allem im mündlichen Unterricht, seine Textinterpretation in die Schüleräußerungen (die auf seiner Linie zu liegen scheinen) hineininterpretiert, um am Ende des Unterrichtsgesprächs das vorwegkonzipierte Ergebnis (als Tafelbild!) zu erhalten. Dies alles gilt besonders für die schwierigen und anspruchsvollen Texte.

Zu den problematischen Tendenzen des LU in den letzten zwei Jahrzehnten gehört, daß immer anspruchsvollere Texte immer früher im Unterricht besprochen werden. Nach dem, was ich gerade ausgeführt habe, kann das enorme Maß an Selbsttäuschung nicht überraschen, das mit diesen Verfrühungen sich in bezug auf die (Miß-)Verstehensvorgänge und -ergebnisse im Unterricht ausbreitet. Dabei sind bestimmte systematische Verzerrungen der Rezeption besonders bedeutsam, die durch die entwicklungsbedingten Differenzen zwischen den kognitiv-poetischen Textstrukturen bzw. Kompetenzstrukturen der Schüler und der Lehrer erzeugt werden. Ein Beispiel hierfür bieten die Analogien, die zwischen dem präkonventionellen und dem postkonventionellen Niveau der moralischen und poetischen Entwicklung bestehen. Ich deute das am Beispiel der moralischen Entwicklung an. Auf dem "präkonventionellen" Niveau orientiert sich das Kind z. B. an der unmittelbaren Befriedigung eigener Interessen und der des Interaktionspartners im Sinne von "eine Hand wäscht die andere", ohne daß dabei schon verinnerlichte, normative Bedürfnisinterpretationen, normative Rollen als moralisch verpflichtend berücksichtigt werden. Gerade das aber geschieht auf dem "konventionellen" Niveau, während auf postkonventionellem Niveau diese konventionelle Normativität hinterfragt und — zunächst ziemlich ersatzlos — in ihrer Geltung aufgehoben wird. Damit kehrt das "postkonventionelle" moralische Denken in gewissem Sinne zum "präkonventionellen" zurück, wenn auch auf höherer, nämlich universaler Ebene: z. B. in der weitverbreiteten Ethik des universalen Utilitarismus und Hedonismus. — Entsprechende Analogien gibt es im poetischen Bereich. Dem konventionellen moralischen Niveau entspricht hier ein "quasi-konventionell-realistisches" Niveau. Auf dem ihm vorausgehenden Niveau liegen im allgemeinen die frühen mythisch-märchenhaften Texte und manche Gedichte, denen als quasi-postkonventionelle z. B. moderne "surrealistische" Texte entsprechen.

Im LU zeigt sich nun, daß Lehrer Textstrukturen und Rezeptionsstrukturen von Schülern, die auf (quasi-)präkonventionellem poetischem/moralischem Niveau liegen, als auf (quasi-) postkonventionellem Niveau liegend wahrnehmen, während die Schüler Opfer der entgegengesetzten systematischen Täuschung werden. Das Zusammenwirken beider Täuschungen erweckt dann den illusionären Konsens, den Glauben, Texte, Lehrer und Schüler stimmten überein.

Mit meinen Ausführungen hoffe ich die Auffassung sehr relativiert zu haben, daß das im Vergleich mit den selbstproduzierten Texten so sehr viel höhere Niveau der rezipierten Autorentexte auch ein entsprechend höheres Niveau der Rezeption und Rezeptionsfähigkeit der Schüler und damit eine hohe Überlegenheit beider gegenüber der Produktion und Produktionsfähigkeit bedeutet. Vielmehr gilt auch hier das Umgekehrte: In dem, was der Schüler produziert, zeigt er, was er wirklich kann. Und: "Was er nur rezipierend kann, das kann er noch nicht wirklich", so möchte ich etwas überspitzt hinzufügen.

Wenn wir das Entwicklungsniveau der poetischen Kompetenz bei den Schülern feststellen wollen — unverzichtbar zur Passung von Text und Schülerfähigkeiten und zur Feststellung von Lernfortschritten —, dann müssen wir sie schließlich produzieren lassen. Selbst die schriftliche Interpretationsaufgabe, das weiß jeder aus der Praxis, gestattet uns nicht immer zu entscheiden, ob Defizite des Textverstehens oder der Formulierung dieses Verstehens vorliegen. Wenn aber die Schüler z. B. nach der altbewährten Methode einen an bestimmter Stelle abgebrochenen erzählenden Text zuende erzählen müssen, wird das wirkliche Textverstehen und die wirklich erreichte Kompetenz am ehesten deutlich. Rezeptionskompetenz wird in der Produktionskompetenz erwiesen.

Natürlich ist die schriftliche Interpretation sinnvoll, ja unverzichtbar. Natürlich geben alle verschiedenen bewährten Methoden zusammen das am meisten informative Bild vom Kompetenzstand der Schüler. Es geht nicht darum, eine Methode gegen die andere auszuspielen. Es ging hier vielmehr darum, wie sich Produktion und Rezeption, Produktions- und Rezeptionskompetenz und die Entwicklung der einen und der anderen zueinander verhalten. Ich hoffe, gezeigt zu haben, daß der pauschale Eindruck einer Diskrepanz zwischen weit entwickelter Rezeptions- und geringer entwickelter Produktionskompetenz trügt und daß die Einheit von Produktions- und Rezeptionskompetenz von der Kompetenztheorie grundsätzlich zurecht unterstellt wird. Dennoch bleiben praktisch bedeutsame Differenzen.

Zum einen hebt der übliche, von Chomsky eingeführte Kompetenzbegriff ausschließlich oder doch vorwiegend auf den kognitiven Aspekt, ja sogar einschränkend auf den des (kognitiven) Regelsystems ab und erfaßt weder die Fähigkeit, Regeln auf die konkreten Umstände anzuwenden und dabei mit diesen zu vermitteln (kantisch gesprochen: Urteilskraft), noch Kreativität, Phantasie usw. (Ich lasse hier völlig offen, ob damit Performanzebenen betreten werden oder ob Erweiterungen auf der (einer) Kompetenzebene nötig wären.) Weil an diese Fähigkeiten bei der Produktion besondere Anforderungen gestellt werden, ergibt sich — als Oberflächenphänomen — ihr Zurückbleiben gegenüber der Rezeption. Zum anderen ist es gerade auch wegen dieser Schwierigkeiten bis zu einem gewissen Grade legitim, sich in der Rezeption Werken zuzuwenden, die um einiges höher liegen als das in der Produktion erreichbare Niveau. Hier müssen aber die Grenzen beachtet werden, deren Überschreiten zu den von mir erklärten Illusionen und Phänomenen des Scheinkonsens führt. Als Regel gilt, daß die Texte, die zur Rezeption vorgelegt werden, nicht mehr als eine Entwicklungsstufe oberhalb der — durch die eigenen Produktionen dokumentierten — Stufe der Kompetenzentwicklung der Schüler liegen sollten.

Zur Beschreibung dieser Stufen bzw. ihrer Strukturen und zur Differenzierung dieser allzu globalen Regel muß ich auf die Veröffentlichungen von Kreft, Langebeck, Willenberg hinweisen. Hier kann ich nur so viel sagen, daß wir über Produktion und Rezeption und über ihr Verhältnis zueinander zunehmend genauer auf der Basis der Beschreibung realer Strukturen, nicht nur der Texte, sondern auch der Kompetenzen sprechen können. Damit ist es möglich, die Lernprozesse im Unterricht im Hinblick auf den fundamentalen Lernzielbereich der poetischen Kompetenz zunehmend genauer zu erfassen. (In diese poetische Kompetenz gehen nicht-poetische Kompetenzen ein: physische, soziale und moralische Kognition, sprachliche und sprachpragmatische Kompetenz, transformiert und in poetischer Funktion; vgl. Kreft 1984 und 1985.) In der Praxis selbst kann damit zunehmend die Problematik von Produktion und Rezeption geklärt und in ausweisbaren Lernprozessen fruchtbar gemacht werden.

Zum Schluß möchte ich noch einmal auf Luserke zurückkommen und auf die Bedeutung der Reproduktion im Sinne der Aufführung von Stücken. — Luserke hat vor fünfzig Jahren ein bislang unerreichtes Beispiel für das Selbermachen von Stücken gegeben. Auch wenn an diesem Beispiel vieles für uns heute nicht zur Nachahmung geeignet sein mag, die in diesem Beispiel liegende Herausforderung sollten wir doch annehmen. Ein Ausschließlichkeitsanspruch des Selbermachens ist damit nicht gemeint. Auch das von Schülern produzierte Stück wird von ihnen selbst und oft auch von anderen reproduziert und dabei oft abgewandelt — in fortwährender Produktion. Die Reproduktion von Autorenstücken bleibt daneben unverzichtbar, schon weil ohne sie, ohne ihr Vorbild keine Eigenproduktion denkbar ist. (Luserkes Produktionen sind aus der Aufführung von Stücken Shakespeares hervorgegangen.) Aber auch weil, wie schon erwähnt, die Rezeption in der Erarbeitung von Dramen im Zusammenhang mit ihrer Aufführung eine äußerste Herausforderung erfährt, die sie vielleicht weiterführt als jede andere Weise der Rezeption.

Schultheater wird einerseits legitimiert in seinem Beitrag zur Entwicklung der poetischen Kompetenz, allgemeiner: im Hinblick auf Lernziele. Andererseits wird es durch seinen Beitrag zum Schulleben gerechtfertigt. Beide Rechtfertigungen zusammen können ihm am ehesten einen festen Platz in der Schule sichern, und das umso mehr, wenn es ihm gelingt, die zeitaufwendigen Aufführungen der großen Autorenstücke mit Sechs-Wochen-Aufführungen nach dem Beispiel Luserkes abwechseln zu lassen. Hierzu dürfte allerdings ein Aufführungsstil gehören, der — wie Luserke zu recht fordert — sich nicht am Berufstheater orientiert und — hierin stimmt Luserke mit Brecht überein — dem Schüler keine identifikatorische Verwandlung in den Helden zumutet.

Literatur

Eggert, H./Berg, H.C./Rutschky, M.: Literaturrezeption von Schülern als Problem der Literaturdidaktik. In: Dehn, W.: Ästhetische Erfahrung und literarisches Lernen. Frankfurt 1974
— Schüler im Literaturunterricht. Köln 1975
Habermas, Jürgen: Moralbewußtsein und kommunikatives Handeln. Frankfurt a..M. 1983
Kohlberg, Lawrence: Zur kognitiven Entwicklung des Kindes. Frankfurt a.M. 1974
Kohlberg, Lawrence/Turiel, Elliot: Moralische Entwicklung und Moralerziehung. In: Portele, Gerhard (Hrsg.): Sozialisation und Moral. Weinheim 1978
Kohlberg, L./Levine, C./Hewer, A.: Moral Stages. A Current Formulation and a Response to Critics. Basel 1983
Kreft, Jürgen: Grundprobleme der Literaturdidaktik. Eine Fachdidaktik im Konzept sozialer und individueller Entwicklung und Geschichte. Heidelberg 2/1982
— Der Literaturunterricht und die moralische Entwicklung der Kinder. In: Westermanns Pädagogische Beiträge, H. 12/1978
— Vom möglichen Umschlag sozialwissenschaftlicher Theorie in Praxis und Ontogenese — ein Versuch über Kohlberg. In: Kuhlmann, Wolfgang/Böhler, Dietrich: Kommunikation und Reflexion. Zur Diskussion der Transzendentalpragmatik. Frankfurt a.M. 1982
— Kindheit — Literatur — Kinderliteratur. In: Doppler, Bernhard (Hrsg.): Kindheit — Kinderliteratur. Wien 1984
— Der Textwissenschaftler als der Wahre Mensch und als das Wahre Lernziel. In: Hein, J. a.u. (Hrsg.): Das Ich als Schrift. Baltmannsweiler 1984
— Zur Erforschung der literarischen Rezeption im Unterricht auf der Grundlage einer kognitiv-genetischen Kompetenztheorie. In: Ossner, Jakob/Fingerhut, Karl-Heinz (Hrsg.): Methoden der Literaturdidaktik. Methoden im Literaturunterricht. Ludwigsburger Hochschulschriften 4. Ludwigsburg 1984
— Moralische und ästhetische Entwicklung unter didaktischem Aspekt. In: Oser, Fritz/Althof, Wolfgang/Garz, Detlef (Hrsg.): Entstehung moralischer Identität: Soziogenese, moralisches Handeln und Schuld. München 1985
— Lessing und die Toleranz — Toleranzerziehung und Literaturunterricht. In: Lessing Yearbook/Jahrbuch XVIII, 1986
— Verschiedene Beiträge in: Willenberg, Heiner: Zur Psychologie des Literaturunterrichts. Frankfurt a.M. 1986
Langebeck, Klaus: Moralisches Urteil im Literaturunterricht. Hamburg 1983
Selman, Robert L.: Die Entwicklung des sozialen Verstehens. Frankfurt a.M. 1984
Spinner, Kasper H.: Entwicklungsspezifische Unterschiede im Textverstehen. In: ders.: Identität und Deutschunterricht. Göttingen 1980
— Mehrere Beiträge in: Willenberg, Heiner 1986
Willenberg, Heiner: Zur Psychologie des Literaturunterrichts. Frankfurt a.M. 1986

LITERARISCHES LEBEN IN DER SCHULE: AUTORENLESUNG

von Werner Klose

I. "Literarisches Leben" — was ist das?

Sogar die Herausgeber von Arbeitstexten zum "Literarischen Leben in der Bundesrepublik" verwenden den Begriff eher ironisch und grenzen ihn ein auf das "Problem des Schriftstellers in der Gesellschaft".[1] Die Schüler sollen lernen, den Schriftsteller "realistisch" einzuschätzen als einen, der Literatur produziert für den Markt der Medien, um von dieser Produktion leben zu können. Das setzt wiederum voraus, daß sein Werk ein Publikum erreicht. In der Annahme des Werks durch Leser, Zuhörer oder Zuschauer ist dem Autor, berufstätig unter den Bedingungen der Gesellschaft, erst möglich, auf diese zu wirken.

Die Rezeption von Literatur ist ein komplexer, sehr störanfälliger, weil über die Vielfalt der Massenmedien in der Industriegesellschaft laufender Kommunikationsvorgang. Wirtschaftliche, soziale, politische, ethische und ästhetische Faktoren sind beteiligt. Ein damals neues Lesewerk bot deshalb 1973 ein den anderen Textgruppen vorgeschaltetes Kapitel "Literarisches Leben" an. Es sollte Informationen geben "über die vielfältigen sozialen Bezüge, in denen Literatur steht; sie sollen Einblick geben in die Bedingungen und Verhältnisse, unter denen Texte entstehen, verbreitet werden und wirken".[2] Seither finden sich, auch in Sprachbüchern, solche Informationen über Autoren, Verleger, Buchhändler und Bibliothekare, über journalistische Formen in Presse, Hörfunk und Fernsehen, über Trivialliteratur und Massenmedien, über Werbung für Literaturprodukte und ihre Vermarktung in mehreren Medien und über das Verhalten von Lesern, Zuhörern und Zuschauern. Noch immer wehren sich Deutschlehrer gegen die Zumutung, nicht nur die Literatur selbst, sondern auch die literarische Kommunikation zum Gegenstand des Lernens zu machen. Aber die Literaturdidaktik fordert, "Funktionen des Lesens, Faktoren und Ziele, wie sie durch die Institution Schule gegeben sind", zu bedenken.[3] Auch habe die Schule das Interesse am außerschulischen Lesen zu festigen, ein immer wichtiger werdender Appell der Literaturdidaktik für die "Freizeitpädagogik".[4]

Schließlich ist die Schule selbst ein vielseitiger Dienstleistungsbetrieb im literarischen Leben. Alle Schüler und Lehrer benutzen Lehr- und Fachbücher. Sie werden geliefert von Buchhändlern, die Lehrerbibliothek, Lehrmittelstelle und Freizeitbücherei versorgen. Alle Fachlehrer geben Empfehlungen für die entstehende eigene Bibliothek des Schülers zu Hause. Mitschüler referieren über ihre Lektüre, stellen dabei Bücher, Autoren, Stoffe und Gattungen vor. Bewegt vom Tode Heinrich Bölls, beschließt der Deutschlehrer eine Unterrichtseinheit über Bölls Frühwerk. Die Klasse liest Bölls Kurzgeschichten und hört das Hörspiel "Klopfzeichen", wobei erinnert werden sollte an das nach 1945 für das wirtschaftliche und dabei auch geistige Überleben der Schriftsteller unverzichtbare Mäzenatentum des Rundfunks.[5]

Der Lehrer muß Literatur so lehren, daß er sich bezieht auf das literarische Leben der Schule und der Gesellschaft, in der die Schule wirkt. Der Vorlesewettbewerb des Deutschen Buchhandels, der Aufbau von Literaturausstellungen, etwa aus Anlaß des Kriegsendes, die Besuche bei Druckereien, Verlagen, Redaktionen, Bibliotheken und Autoren in einer Projektwoche zum Thema "Literarisches Leben in der Region" sind Versuche, die Schule in anregender Verbindung mit dem Literaturbetrieb zu halten. Alle Informationen und Erfahrungen helfen den Schülern, aktiv als Leser, Hörer und Zuschauer das Angebot der Kommunikationsindustrie zu nutzen, für die Berufsfindung, die Freizeit und die Lebensorientierung allgemein.

II. In seiner Rede zur Gründung des Verbandes deutscher Schriftsteller forderte Heinrich Böll 1969 für die Autoren das "Ende der Bescheidenheit". Er verwies auf den Jahresumsatz der Buchverleger von 2,5 Milliarden DM: "Dieser stattliche Umsatz ist erschrieben worden, mag der Verfasser nun Helmut Heißenbüttel heißen, oder mag er unter dem Pseudonym Josef K. für irgendeinen obskuren Verlag Schnulzen ausbrüten. Rechnen Sie noch den Anteil an von Schriftstellern Geschriebenem für Film, Funk und Fernsehen hinzu, so wird Ihnen klar, daß wir Mitarbeiter einer Riesenindustrie sind, die uns bisher unsere Honorare einfach diktiert hat."[6] Böll wehrt sich dagegen, daß Schriftstellern im "Freiwildgehege" des Wirtschaftslebens nichts anderes bleiben als "Karnickel, die zufrieden und freundlich in herkömmlicher Bescheidenheit ihr Gräschen fressen".

Diese Rede hilft, auf den Besuch eines Schriftstellers in der Schule vorzubereiten. Denn hier äußert sich ein weltberühmter Autor, gepriesen als "moralische Institution", konkret über das Schreiben als Berufstätigkeit wie andere auch. Diese rückt den Schriftsteller nahe an die Schüler heran, deren Eltern irgendwo anders im "Freiwildgehege" des wirtschaftlichen Wettbewerbs sich behaupten müssen.

Am Schluß der Ausgabe 1984 von 'Kürschners Deutschem Literaturkalender' verzeichnen 21 eng bedruckte Seiten die deutschsprachigen Schriftsteller "nach Orten". Danach leben in Passau acht Autoren, in München rund 500. Trotz literarischer "Ballungszentren" gibt es keine Schule in der Bundesrepublik ohne Schriftsteller in der näheren Nachbarschaft. Dennoch sind sie zu selten bei den vielen tausend Deutschlehrern zu Besuch. Es gibt die Autorenlesung in der Schule, es gibt sie sogar mit erfreulicher Zunahme, aber außer in Regionalzeitungen und Schulchroniken berichtet niemand darüber. Als einziger Literaturdidaktiker verweist im Zusammenhang mit Kinder- und Jugendliteratur M. Dahrendorf auf Organisationsformen der Autorenlesung, die auch von der Literaturwissenschaft sozialgeschichtlich erst entdeckt wird.[7]

Da mag etwas nachwirken, was Friedrich Luft in einem frechen Feuilleton den "Quatsch in schöner Gestalt" nannte, indem er den typischen Redner von 1957 so beschreibt: "Der Redner greift, wie wenn er sich selbst damit zusammenziehen wolle, an die gepflegte Silberkrawatte. Wir kommen zum Schluß. Sieben Seiten abgelesenen Manuskriptes haben wir hinter uns. Unser Redner ("kleiner Stresemann", etwas zu glatter Charakterkopf, helle Hornbrille, leichtes Übergewicht) blickt mit angestrengtem Vorwurf in das Auditorium."[8]

Auch wenn es diesen Typ aus den fünfziger Jahren so nicht oft gibt, ist im Literaturbetrieb die Autorenlesung umstritten, bei den Veranstaltern, bei den Autoren selbst und beim anzusprechenden Publikum. Thomas Mann war auch als Vorleser des eigenen Werks ein Artist, doch bei Gottfried Benn riefen immer Leute aus den hinteren Reihen verärgert: "Lauter!" Er las zu leise, zu gehemmt. Wenn Dürrenmatt mit schwyzerisch verstellter Stimme Dialoge aus seinen Schauspielen vorliest, macht er sich unfreiwillig zum Komiker. Günter Grass, Siegfried Lenz und Wolfdietrich Schnurre sind gute Vorleser. Walter Kempowski hat eine dünne Stimme, aber ihr Singsang trifft eigentümlich die mecklenburgische Ironie seiner aus Zitaten montierten Erzählepisoden. Es gibt große Autoren, die nicht vorlesen können und Verlegenheit oder gar Gelächter provozieren. Und es gibt Wolfram Eicke, zunächst nur den jugendlichen Hörern als Moderator der NDR-Sendung "Der Club" bekannt. Als er am 10. Mai vor den 5. Klassen der Realschule Husum-Süd die Aula betrat, um als Erzähler, Lyriker und Liedermacher — er brachte die Gitarre gleich mit — tätig zu werden, jubelten ihm vor dem Auftritt alle Mädchen und Jungen zu. Ein noch junger, ein überregional wenig bekannter Autor, doch lebendiger als er kann man literarisches Leben in der Schule nicht verkörpern.

Eine mißlingende Veranstaltung mit einem Autor wirkt tief nach: Die Beteiligten sind nicht nur sachlich, sondern unmittelbar persönlich enttäuscht, weil Mängel der Vorbereitung zu Mißverständnissen, Taktlosigkeiten und deshalb psychischen Verletzungen führen können. Die Autorenlesung in der Schule muß didaktisch konzipiert und methodisch besser vorbereitet sein als alltägliche Veranstaltungen des Literaturunterrichts. Sie bringt dem Deutschlehrer nicht weniger, sondern mehr und unübliche Arbeit. Es mag auch daran liegen, daß sich viele Lehrer lieber durch den verplanten Vormittag klingeln lassen.

Literaturdidaktisch leuchtet jedoch ein, was die Lesung bewirken soll. Kinder, aber auch ältere Schüler merken sich selten den Namen eines Autors. Sie kaufen ein Buch vom Titel oder gar vom Umschlagbild her. Irgendwo ist der Name des Autors kleiner gedruckt, und die Kinder wissen nicht, wie sie seine Leistung einschätzen sollen. Manche meinen, es sei nicht schwer, eine Geschichte zu erzählen, andere werden dagegen verlegen, sehen in dem, der "Bücher schreibt", eine ihnen weit entrückte Persönlichkeit, die unsicher macht. Ältere Schüler sind eher konkreter und sachlicher über das Werk auch am "Macher" zu interessieren. Die Lesung verkürzt den literarischen Kommunikationsprozeß überaus wirksam. Der Autor ist sein eigenes Medium im Vortrag, die Schüler sitzen bei ihm, und sie wiederholen eine Ursituation aus den Anfängen der Literatur: Homer auf den Tempelstufen am Rande des Stadions erzählt von Hektor und Achill, Walther von der Vogelweide preist bei Hofe Heimat und Minne.

Der Erzähler, der Sänger und seine Zuhörer begegnen sich in sonst unerreichbarer Unmittelbarkeit, die auch das vorgetragene Werk betrifft, das nicht wie beim Buchlesen subjektiv durch die Leser und die Art der Druckdarbietung verfremdet wird, sondern vom Autor, der das Gedicht schrieb, direkt zum Hörer kommt. Der Deutschlehrer muß dieses besondere Literaturerlebnis vorbereiten, muß während des Vortrags hilfsbereit anwesend sein und die Wirkung auf seine Schüler beobachten. Er wird in der Nachbereitung von dieser Wirkung ausgehen und sie nutzen für andere Vorhaben des Sprach- und Literaturunterrichts.

III. Wen laden wir ein? Wann und wo soll sie/er vortragen? Vor welchen Zuhörern und mit welchem Ziel? Diese Überlegungen müssen vorausgehen, unabhängig von der Art der Veranstaltung, deren Verlauf wiederum von diesen Vorbedingungen abhängig ist.

Autorenlesungen werden außerhalb der Schule häufig veranstaltet. Der Deutschlehrer hat die Möglichkeit, dorthin mit Klasse oder Kurs zu gehen, und das erspart ihm alle organisatorischen Mühen. Aber er bringt seine Schüler auch um den Reiz einer nur ihnen geltenden Zuwendung des Autors. Dann sollte man versuchen, sich an eine Lesung anzuschließen. Siegfried Lenz kam im Sommer, wieder einmal, in das Nordseebad St. Peter-Ording, eingeladen für eine Vortragsreihe von Kurverwaltung, Kirchengemeinden und Buchhändlern. Der Autor ist am Ort, die Reisekosten sind bezahlt. Nun müssen interessierte Deutschlehrer nur anfragen, ob Lenz zu ihren Schülern in die Schule kommen wolle, um vor ihnen zu lesen und mit ihnen zu sprechen. Lenz liest gern vor, und er liest gut. So war es möglich, ihn für die Deutschkurse der Studienstufe zu gewinnen, und er las aus der 'Deutschstunde', die vorher Lektüre aller Kurse gewesen war. Den Schülern war jedoch wichtiger, mit Lenz darüber zu sprechen, wie er diesen Roman geschrieben habe, wie er überhaupt arbeite, wie er zum Schreiben gekommen sei und was er sich noch vorgenommen habe. Da der Besuch des Autors nicht von der Unterrichtsplanung her bestimmt worden war, hatten die Deutschlehrer ihn als Ereignis des literarischen Lebens zwischen andere Vorhaben gelegt oder so umdisponiert, daß Lenz z.B. in einen Kurs, der sich mit Romanformen des 19. und 20. Jahrhunderts beschäftigte, nun vorzüglich hineinpaßte.

Es ist schwer, einen Autor solchen Ranges für eine Lesung vor Schülern so zu gewinnen, daß die Lesung eine Unterrichtseinheit einleitet oder abschließt. Ein weniger bekannter Autor, ein vielleicht sehr junger Schriftsteller, wird zeitlich und regional besser erreichbar sein. Vom Werk, das der Autor "anbietet", hängt ab, welche Altersstufe ihm zuhören sollte. Autoren von Kinder- und Jugendbüchern sind oft auch dankbare Vorleser, die sich gern einladen lassen. Aber man darf nicht davon ausgehen, daß der Autor unbezahlt liest, weil er für seine Bücher wirbt. Siegfried Lenz oder Autoren, die einen anderen Beruf haben, können einmal als "Gäste" kommen, aber grundsätzlich ist davon auszugehen, daß Reisekosten und Honorar zu tragen sind. Schulleitungen sind fiskalisch entmündigt, d.h. an keiner Schule gibt es finanziellen Freiraum für attraktive und nachwirkende Veranstaltungen wie Lesungen, Vorträge, Besuche von Gedenkstätten, Theaterfahrten usw. Wenn nun Deutschlehrer von zwei Grundschulen in einer mittelgroßen Stadt Bayerns in nachbarlicher Zusammenarbeit besonders erfolgreich mit Kinderbüchern von Christine Nöstlinger arbeiten, ist guter Rat teuer, wenn man die ungemein produktive und beliebte Wienerin einladen will. Es beginnt eine umständliche Korrespondenz über den Verlag, und die Frage des Honorars ist allen peinlich.

Dem können die Schulen entgehen, wenn sie den Friedrich-Bödecker-Kreis in Bayern e.V., Aldringenstr. 9, 8000 München 19, einschalten. Zwar steht Christine Nöstlinger nicht im Verzeichnis 'Autoren lesen vor Schülern/Autoren sprechen mit Schülern', aber über diese Kontaktanschrift kann man sich für die geplante Lesung beraten lassen. Das Autorenverzeichnis sollten die einladenden Lehrer immer heranziehen, weil es knapp und konkret alle wichtigen Hinweise für Lesungen und ihre Vor- und Nachbereitung im Literaturunterricht enthält.[9] Deutschlehrer können einzeln oder Schulen kooperativ den Friedrich-Bödecker-Kreis fördern, der dafür mithilft, Autorenlesungen, Ausstellungen und andere Projekte zu organisieren und zu finanzieren. Der Lehrer Friedrich Bödecker hatte 1935 in Hannover eine 'Arbeitsgemeinschaft Buch, Film und Fernsehen' gegründet, die 1954 nach seinem Tode seinen Namen erhielt. Seit 1981 gibt es einen Bundesverband mit Landesverbänden in Baden-Württemberg, Berlin, Bremen, Bayern, Hessen, Niedersachsen, Nordrhein-Westfalen, Rheinland-Pfalz, Saarland und Schleswig-Holstein. Informationsmaterial von dort oder vom Landesverband (vgl. Anm. 9). Der Verband förderte 1982 schon 2500 Lesungen für 130 000 Kinder und Jugendliche.

Siegfried Lenz und die ebenfalls international bekannte, vielfach ausgezeichnete Jugendbuchautorin Christine Nöstlinger sind begehrte Vorleser, weil sie zur "literarischen Prominenz" gehören. Andere Autoren sind zwar regional bekannt, werden aber in der Region von Deutschlehrern oft übersehen: Mundartlyriker, die Autoren des Volkstheaters, die Erzähler heimischer Märchen und Sagen, die Verfasser von Sachbüchern zur Geschichte von Städten, Landschaften und Ländern. Mit ihnen ist für Lesungen ein Zusammenwirken fachumgreifend möglich, etwa der Lehrer für Deutsch, Geschichte, Erdkunde und Biologie.

Für solche Veranstaltungen können die regionalen Schriftstellerverbände herangezogen werden. Im Mai 1985 traf sich der 'Verband Schriftsteller in Schleswig-Holstein' zur Jahrestagung in Husum, der Stadt Theodor Storms, die keineswegs immer die "graue Stadt am Meer" ist. Das Treffen begann mit Schullesungen in den beiden Realschulen. Bewußt entschieden sich die Schriftsteller für diese "mittleren" Schulen, die sich zwar nach dem Zweiten Weltkrieg besonders gut entwickelten, aber publizistisch allgemein wenig beachtet werden. Auch die Literaturdidaktiker bevorzugen z.B. Grundschule oder Gymnasium, von Ausnahmen abgesehen.[10] Die Schüler sind hier wie anderswo die typischen Aufsteigerkinder einer rührigen, bildungswilligen Mittelschicht von Bauern, Handwerkern, Kaufleuten, mittleren Angestellten, Beamten und Facharbeitern. Die Bevölkerung von Nordfriesland hat sich als "Fremdenverkehrsregion", aber auch durch den Zuzug von Vertriebenen stark verändert. Aber noch wird in vielen Familien das vertraute Plattdeutsch gesprochen. Dadurch können manche Schüler im Deutschunterricht Probleme haben, während ihnen die "Realien" der naturwissenschaftlich-technischen Fächer eher angemessen sind. Für die lesenden Autoren sind solche Schüler ein schwer einzuschätzendes Publikum.

Deshalb mußte der Schriftstellerverband bedenken, wer dieser heiklen pädagogischen Aufgabe gewachsen war. Da sich beide Schulleiter gern engagierten, konnte man für Lesungen einen ganzen "Literaturvormittag" freimachen. In intensiven Informationsgesprächen zwischen Verband, Schulleitung und den Fachschaften Deutsch beider Kollegien entschied man sich für Auswahl und Verteilung der lesenden Autoren auf die Schulen. Die Deutschlehrer nahmen dann mit den Autoren unmittelbar Verbindung auf. Der Deutschlehrer sollte sogar den einzuladenden Autor vorher persönlich kennen: durch einen Besuch, noch besser als Zuhörer bei einer anderen Veranstaltung. Nun weiß er am besten, auf wen er seine Klasse "einstimmen" wird. Die Autoren schicken den Deutschlehrern, direkt und über ihre Verleger, Informationsmaterial, Leseexemplare ihrer Bücher, Zeitungsberichte über bisherige Lesungen. Nur so kann der Deutschlehrer auf diese

Veranstaltung vorbereiten, kann mithelfen bei der Auswahl von Texten, kann Textbeispiele vervielfältigen lassen, erste Interpretationsübungen vorschalten. Das nimmt nicht die Spannung weg, sondern steigert die Erwartung: Die Schüler kennen schon Teilwerke; jetzt wollen sie wissen, wer "dahintersteckt".

Die meisten deutschen Schriftsteller können von der Literatur allein nicht leben. Sie haben einen anderen Beruf, der bei dem Rundfunkmoderator Wolfram Eicke oder der Journalistin Doris Runge und den Lehrern Dieter Alpheo Müller und Hinrich Matthiesen auch mit Literatur und Schreiben zu tun haben kann. Aber Peter Kuhlemann ist Vogelkundler und Naturschützer gewesen, und Friedrich Mülder arbeitet als Designer und Innenarchitekt. Auch war zu bedenken, welcher Autor zu welchen Altersgruppen paßte. Der junge Wolfram Eicke begeisterte die Kinder der 5. Klassen als Liedermacher und Fabulierer ebenso wie der alte Peter Kuhlemann, der mit Lotsenmütze, Vollbart und Rollkragenpulli direkt aus seinem Vogelschutzgebiet am Meer zu kommen schien. Zeitkritische und zeitgeschichtliche Erzählprosa lasen Müller, Mülder und Matthiesen vor den mittleren Klassen. Doris Runge und Elisabeth von Ulmann (als Autorin auch E. Meyer-Runge) hatten dagegen die schwerste Aufgabe: Lyrik in der 9./10. Klasse, also vor 14 — 16jährigen Realschülern, vom Alter und vom Typ her für diese Gattung kaum motiviert.

Verfolgen wir deshalb diese Lesungen und Gespräche genauer. Elisabeth von Ulmann (Jahrgang 1929) und Doris Runge (Jahrgang 1943) verkörpern nach Erscheinungsbild, Sensibilität und Intellektualität den Typ der modernen Frau mittleren Alters. Sie müssen Emanzipation nicht fordern, weil sie emanzipiert sind, ohne daraus eine Ideologie zu machen. Deshalb sind sie nach Persönlichkeit und Werk auch positive Leitbilder für die Jungen und Mädchen der 9./10. Klassen, die noch von relativ konservativen Rollenbildern der Eltern ausgehen.

Die Realschule Husum-Süd entschied sich bei D o r i s R u n g e für nur eine 10. Klasse, die im vertrauten Klassenraum mit der Deutschlehrerin auf die Autorin wartete. Die Nähe der Vorlesenden verbürgt den unmittelbaren Zugang der Hörer zum Gedicht. Aber es muß geholfen werden. Doris Runge studierte Kunst und Deutsch, lebte als Journalistin jahrelang an mittelmeerischen Küsten, und diese Bildungserlebnisse waren immer auch Bilderfahrungen, die sie lyrisch verdichtet:

> i k a r u s
> das herz randvoll
> mit himmel
> als die erde
> mein raubvogel
> immer größer und
> dunkler werdend
> mich mitten
> im flüchtigen traum
> schlug.

Die Sage von Daedalus und Ikarus sollte vorher in Erinnerung gebracht werden. Es ist der junge Ikarus, der in den Tod stürzt. Sein jugendlicher Überschwang, "das herz randvoll/mit himmel", steigert höchste Lebenslust vor dem frühen Ende, "mitten/im flüchtigen traum". Der Absturz ist sinnlich empfundene Angst, indem das Bild des Raubvogels in Umkehrung droht: die Erde ist "mein Raubvogel", auf den Fallenden zustürzend. Das Gedicht endet im stumpfen Klang des starken Imperfekts.

Der Leser moderner Lyrik, reim- und strophenlos, nur rhythmisch und nicht metrisch gegliedert, hält das Druckbild oft für Willkür. Eine gute Qualitätsprüfung ist dann die Prosaschreibung, mit allen Satzzeichen. Selbst der "Prosasatz" bewahrt hier noch die rhythmische Struktur, bleibt lyrisch bewegtes Bild. Der gesprochene Vortrag bewahrt diese rhythmische Bewegung, vom Jubel in das Entsetzen zum Todessturz hin, für den Hörer noch eindeutiger.

E l i s a b e t h   v o n   U l m a n n bekannte nach ihrer Lesung, sie hätte lieber "an einem kleinen Tisch im Halbkreis von wenigen Schülern" gesessen; also wie Doris Runge. Aber die Deutschlehrer der Realschule Husum-Süd argumentierten wieder anders: Rufen wir drei 9. Klassen, 120 Schüler, mit allen verfügbaren Lehrern in die Aula, damit möglichst viele die so seltene Gelegenheit haben, eine Autorin zu hören und mit ihr über Werk und Leben zu sprechen.

Sie war Buchhändlerin, war viele Jahre Schauspielerin an niederdeutschen Theatern, hat also oft und wirksam gelesen und steht gelassen vor jedem Publikum. Aber sie weiß auch, daß es schwer ist, diese Vierzehnjährigen "von der Notwendigkeit, genau hinzuhören", zu überzeugen. Deshalb wählte auch sie zur Eröffnung ein Gedicht mit einem allen Mädchen und Jungen vertrauten Stoff, dem Märchen von den Bremer Stadtmusikanten. Sie liest zweimal, fragt, diskutiert, liest noch einmal:

> A l t e   G e s c h i c h t e
> Wie ich als Kind schon
> erfahren konnte,
> sah jeder einzelne der
> Bremer Stadtmusikanten
> sich schon im Aus.
> Verraten,
> vertrieben,
> verjagt, oder
> zum Verbrauchtwerden bestimmt.
>
> Aber dann
> wurde doch noch wieder
> etwas aus ihnen,
> denn sie hatten ja alle
> einen Nebenmann,
> und sogar mehr als einen.

Anders als bei Doris Runge geht Elisabeth von Ulmann vom Bild bevorzugt zum Gedanken, und sie geht diesen Schritt rasch und zielstrebig.[12] Die den Zuhörern vertraute Vierergruppe der Tiere im Märchen wird schlechthin zur Gruppe, die sich solidarisiert und dadurch rettet. Noch stärker in anderen Gedichten und in ihrer Kurzprosa nimmt die Autorin dabei nicht nur die Überraschung des Hörers oder Lesers in Kauf, wenn ironisch vom Bild zum Gedanken kurzgeschlossen wird, sondern sie will diese Ironie, die verblüfft, herausfordert.

Es war ihr wichtig, berichtet sie nachher, nicht wie in einer Schulstunde ständig mit den Schülern zu sprechen, sondern sie wollte "Literatur sozusagen in den Raum stellen und Eigenwirksamkeit entfalten, auch wenn sie nicht in allen Äußerungen verstanden wird. Ahnung vom Dazwischenliegenden muß sich ausbreiten können. Vom noch nicht Gewußten". Sie habe, erklärt sie den Schülern, früher auch nicht alles, was sie gehört oder gelesen habe, verstanden. Es sei deshalb notwendig, "genau hinzuhören auf den anderen um uns herum", oft sei "in an sich unscheinbaren Begebenheiten etwas Verborgenes, das von der Wesensart anderer Menschen spricht". Sie will nicht "Spaß", sie will nicht den Autor als Entertainer, der sich beliebt macht, und es war ihr recht, daß sich die Schüler bisweilen gar "verwundert bis befremdet gefühlt haben".

Hier muß die Nachbereitung der Deutschlehrer einsetzen. Was diese beiden Frauen im Vortrag von Werkproben so unterschiedlich und doch überzeugend erreichten, war in ihrer Selbstdarstellung als Persönlichkeiten und als Lesende die Vermittlung ihres ganz ernsten Bemühens um Sprache. Die Sprache muß alltäglich das Banale transportieren, und sie hat es deshalb so besonders schwer, als Kunstwerk zu überzeugen. Die Autorenlesung ist in der Schule die fruchtbarste Möglichkeit, diesen Ernst kreativer Produktion, vielleicht erstmals, jungen Zuhörern unmittelbar im Auftritt des Autors darzustellen. Denn gerade die gesprochene Sprache bezeugt, daß geformtes Wort immer auch Sprachspiel ist und daß Spiel, weil es so ernst gemeint und gemacht ist, auch unterhält.

Anmerkungen

1) I. D. Arnold-Dielewicz/H.L. Arnold (Hrsg.): Literarisches Leben in der Bundesrepublik. Reclam UB 9509: Stuttgart 1974, S. 4
2) TS: Texte für die Sekundarstufe Bd. 5—10. In: Kommentare und methodische Inszenierungen Bd. 5. Schroedel: Hannover 1973, S. 18
3) O. Schober: "Entdeckung des Lesers" in der Literaturwissenschaft und ihre Bedeutung für die Schulpraxis. In: J. Lehmann/K. Stocker (Hrsg.): Handbuch der Fachdidaktik: Deutsch Bd. 2. Oldenbourg: München 1981, S. 108
4) K. Stocker (Hrsg.): Taschenlexikon der Literatur- und Sprachdidaktik. Scriptor/ Hirschgraben: Kronberg/Frankfurt a.M. 1976, S. 245
5) W. Klose: Didaktik des Hörspiels. Reclam: Stuttgart 1977. Zu Bölls frühen Hörspielen, S. 172ff.
6) Arnold 1974, S. 17
7) M. Dahrendorf: Jugendliteratur im gesellschaftlichen, literarischen und pädagogischen Bezugsfeld. In G. Haas (Hrsg.): Kinder- und Jugendliteratur. Zur Typologie und Funktion einer literarischen Gattung. Reclam: Stuttgart 1974, S. 36ff. — Deutsche Schillergesellschaft Marbach: Dichter lesen — Von Gellert bis Liliencron. Cotta: Stuttgart 1985; ein Folgeband bis zur Gegenwart ist geplant.
8) Text in J. Lehmann/H. Glaser: Zeitgenossen A—Z. Kleines Typenlexikon. Mosaik 10. Diesterweg: Frankfurt a.M. 1957, S. 46ff.
9) Autoren lesen vor Schülern/Autoren sprechen mit Schülern. Autorenverzeichnis des Bundesverbandes der Friedrich-Bödecker-Kreise e.V. Raimundistr. 2, 6500 Mainz. Tel.: 06131/672085
10) K. Franz: Deutschunterricht in der Realschule. Lehmann/Stocker 1981, S. 186ff.
11) Doris Runge veröffentlichte die Lyrikbände "Liedschatten" (1981) und "Der Vogel der morgens singt" (1983). Zahlreiche Arbeiten für Zeitschriften, Rundfunk. "ikarus" in: EUTERPE, Jahrbuch für Literatur 1984, hrsg. von B. Heimann, Kiel
12) Elisabeth Meyer-Runge: In diesem Land. In't Land Schleswig-Holstein. Gedichte. Heide 1980, S. 77. — Der Band enthält hoch- und niederdt. Lyrik. Letzte Buchveröffentlichung unter dem neuen Namen E.von Ulmann: Das Jahr gehört allen. Geschichten und Gedichte. Memmingen 1984

REZEPTION VON KURZFORMEN DER KINDERLITERATUR DURCH FORMEN DES SPIELS
Erfahrungen und Ergebnisse mit einem Fabelmärchen im 3. Schülerjahrgang

von Werner Beer

M. Dahrendorf beklagt 1978 in 'Rezeption von Kinder- und Jugendliteratur durch Kinder und Jugendliche', es gäbe bisher, abgesehen von programmatischen Äußerungen, kaum systematische Untersuchungen zum Rezeptionsverhalten von Kindern und Jugendlichen.[1] Dies hat sich in der Zwischenzeit nicht wesentlich gebessert, auch nicht, was die Rezeption von Kinderliteratur in der Grundschule betrifft. Abgesehen von Einzeluntersuchungen, u.a. von W. Küppers (1980), B. Hurrelmann (1980), J. Baurmann (1980), hat nur M. Sahr (1981) eine breit angelegte Untersuchung mit 295 Probanden 3. und 4. Schülerjahrgänge zum Märchentext 'Der alte Sultan' (KHM 48) durchgeführt.[2] Demgegenüber stellt A.C. Baumgärtner zurecht fest, Literaturpädagogik sei ohne Kenntnis der Möglichkeiten und der Grenzen der Literaturrezeption bei Kindern und Jugendlichen schlechthin undenkbar. Empirisch ermittelte Daten könnten zwar nicht zu Zielvorstellungen des Literaturunterrichts führen, wohl aber ihre Bedingungen und Realisierungschancen aufweisen.[3]

Die hier vorgelegte Pilotstudie zu einem Fabelmärchen im 3. Schülerjahrgang ist Teil eines längerfristig angelegten Forschungsprojekts an der Universität Augsburg. Das Vorhaben richtet sich auf die Rezeption von Kurzformen der Kinderliteratur durch Formen des Spiels, insbesondere auf die dadurch gegebene Wirkung und Förderung für den verbalen und mimischgestischen Ausdruck.

Piaget hat überzeugend nachgewiesen, daß das Spiel entscheidend am Aufbau des kindlichen Weltbildes Anteil hat. Im spielerischen Erproben und Wechsel zwischen Anpassen und Wahrnehmen der erfahrbaren Wirklichkeit (Akkomodation) sowie dem Einbau dieser Erfahrung (Assimilation) in die sich entfaltende Weltsicht gewinnt das Kind die Fähigkeit für künftiges Wahrnehmen und den Umgang mit eben dieser Wirklichkeit.[4] Diese entscheidende Funktion des Spiels darf dann aber auch im Literaturunterricht nicht einfach übersehen werden. Deshalb erscheint es notwendig, mehr als bisher die Leistungsmöglichkeiten des Spiels dabei zu erkennen und gezielt einzusetzen.

Zwar ist Szenisches Spiel im Literaturunterricht als methodisches Mittel seit langem bekannt und wird von engagierten, musisch aufgeschlossenen Lehrern auch angewandt; zwar hat H.E. Renk u.a. vor kurzem 'Spielprozesse und Szenisches Spiel im Deutschunterricht' für alle Schul- und Jahrgangsstufen neu vorgestellt[5], dennoch ersetzt dies nicht die notwendige empirische Weiterforschung, um herauszufinden, was das Spiel beispielsweise für die Rezeption häufiger Formen der Kinderliteratur zusätzlich vermag. Und das eben versucht dieses Projekt.

Der diesem Beitrag auferlegte Rahmen erlaubt nur eine beschränkte Wiedergabe dessen, was Zielsetzung, methodischer Weg und erste Ergebnisse bisher erbracht haben. Das Gesamtergebnis muß einer späteren Dokumentation vorbehalten bleiben.

I. Ziel, Planung und Begründung des Forschungsprojekts

Das Projekt soll in allen Jahrgangsstufen der Grundschule Kurzformen der Kinderliteratur, d.h. Texte aus Bilderbüchern, ebenso Märchen, Fabel, Sage, Legende, Schwank, Anekdote und Parabel in Verbindung mit Formen des Spiels erproben. Dabei soll besonders untersucht werden, inwieweit das Spiel die Rezeption von Inhalt und Form erleichtert und zugleich verbale und mimisch-gestische Ausdrucksformen fördert. Es wurden hierfür bereits mehrere Texte in verschiedenen Jahrgangsstufen verwendet. Wegen des Umfangs wird hier ein Fabelmärchen ausgewählt. Es konnte in zwei 3. Schülerjahrgängen einer schwäbischen Kleinstadt mit ca. 16000 Einwohnern erprobt werden.[6] Die erste der beiden Parallelklassen (I) zählte 26 Schüler, davon 11 Jungen und 15 Mädchen; die zweite (II) bestand aus 28 Schülern mit 13 Jungen und 15 Mädchen. Jede Klasse wurde in zwei etwa leistungsgleiche Gruppen A und B geteilt. Versuchsklasse II diente als Kontrollgruppe.

Die von mir vorgegebene Projektanweisung sollte folgenden Ablauf gewährleisten:

Gruppe A: Hören des unbekannten Textes durch Vorlesen des Versuchsleiters
Gruppe B: Stilles Lesen des unbekannten Textes, der darauf wieder eingesammelt wurde.

Als Einzelschritte waren eingeplant:
1. Malen, was besonders gefallen hat.
   (Materialien und Technik nach Wahl)
2. Nacherzählen
   (Tonbandaufzeichnung jedes einzelnen Schülers durch den Versuchsleiter)
3. Beantwortung eines Fragebogens (s. Anhang)[7]
4. Gemeinsames Erarbeiten des Textes durch szenisches Gestalten
   − Die Schüler versuchen, Charaktereigenschaften der Tiere zu benennen, schriftlich zu sammeln und pantomimisch auszudrücken.
   − Die Schüler suchen, Sprechweisen der Tiere zu finden, die diesen Charaktereigenschaften entsprechen.
   − Freies Darstellen und sprachliches Gestalten der einzelnen Rollen.
   − Zusammensetzen der Rollen zu einzelnen Szenen und Aneinanderreihung zum inhaltgemäßen Handlungsablauf.
   − Auswählen und Entwerfen typischer Masken und Kostüme für die Rollen sowie geeigneter Bilder als Kulissen für die Einzelszenen.
   − Darstellen des Spiels mit wechselnden Spielern und Zuschauern (Videoaufzeichnung zur Dokumentation)
5. Rezeptionskontrolle durch Malen und Nacherzählen.
6. Rezeptionskontrolle durch den Fragebogen (ca. 3 Wochen später)
7. Erhebung von Sozialdaten und Lesegewohnheiten sowie deren Beziehung zum Ergebnis.[8]

Dieser Ablauf ist begründet:

Die Einteilung in zwei etwa leistungsgleiche Gruppen A und B soll mögliche Unterschiede bei einer unbeeinflußten Rezeption durch Lesen (A) oder Hören (B) überprüfen und zugleich eine Vergleichsgrundlage bilden für die Rezeptionsergebnisse durch das Spiel. Malen soll als nichtsprachliche Ausdrucks- und Motivationsform erste Hemmnisse abbauen, sich mit dem Inhalt auseinanderzusetzen und aufzudecken, was nach einer ersten Begegnung mit dem Text interessiert oder mitteilenswert erscheint.

Nacherzählen bietet die Möglichkeit zu zeigen, inwieweit die sprachlichen Mittel ausreichen, bildhaft festgehaltene Inhalte wiederzugeben und zu er-

gänzen. Zugleich gibt es Einblick, welche Inhalte in der einen oder anderen Form gewählt werden, bzw. besser oder schlechter dargestellt werden.
Der Fragebogen enthält Inhalts- und Kausalfragen (2-9), Bewertungs- und Transferfragen (1 und 10-15). Damit soll punktuell festgestellt werden, inwieweit der einzelne Schüler den Text inhaltlich erfaßt und verstanden hat. Evtl. Verständnisschwierigkeiten mit den gestellten Fragen können mit dem Schüler geklärt werden. Der weitere Ablauf soll die inhaltlich-, alters- und entwicklungsbedingte Spielform vorbereiten helfen und schließlich zur Darstellung bringen. Die Rezeptionskontrolle dient dem Rezeptionsvergleich.

II. Inhalt, literarische Form- und Textanalyse

Bei der von den Versuchsleitern getroffenen Textauswahl für das Forschungsprojekt war entscheidend, daß möglichst alle Kinder den Inhalt verstehen und in das anschließende Spiel einbezogen werden können. Deshalb fiel die Wahl auf das Tier- oder Fabelmärchen 'Der dumme Pfau'.[9] Es ist amerikanischen Ursprungs; der Verfasser ist unbekannt. Erzählt wird von einem Pfau, dessen ganzer Stolz sein wunderschöner Pfauenschwanz ist, mit dem er die Aufmerksamkeit auf sich lenken will. Er lehnt es ab, wie alles andere Federvieh nur "Piwi" genannt zu werden und gibt sich statt dessen den langatmigen Namen "Wunderschön-ist-sein-Schwanz-wie-die-Sonne-wenn-sie-im-Morgennebel-über-den-Bergen-erscheint". Jedem, der es wagt, ihn anders zu nennen, will er die Augen auspicken. Dieser Hochmut wird ihm zum Verhängnis. Als der Fuchs kommt und ihn davontragen will, scheitert seine Rettung daran, daß Henne, Katze und Hund mit dem langen Namen nicht zurechtkommen und der Fuchs den Pfau frißt, ehe der Bauer davon erfährt und deshalb zu spät kommt. Allen Beteiligten wird einsichtig, daß Bescheidenheit und Zufriedenheit auch Vorteile hat. Die Henne begnügt sich daher weiterhin mit dem Namen "Piwi", die Katze mit "Puß", der Hund mit "Fleck". Die Lehre kann in dem Sprichwort zusammengefaßt werden: "Hochmut kommt vor dem Fall".
Die literarische Form dieses Tiermärchens zeigt sowohl Merkmale des Märchens als auch der Fabel.[10] Typisch für das Märchen steht die Einleitungsformel: "Es lebte einmal ...". Die Handlung vollzieht sich einsträngig, in einfachster Form als Sequenz dreier Handlungsschritte (Henne läuft zu Katze, Katze zu Hund, Hund zu Bauer). Der formelhafte Erzählstil bedient sich der Wiederholung des Namens und gleicher Worte bei der Aufforderung zur Hilfeleistung, die sich erneut mit der Dreizahl verbindet. Zeit- und Raumdarstellung sind unbestimmt.
Gleichzeitig sind Merkmale der Fabel erkennbar.[11] Hierzu gehört die Form allegorischer Rede, "einer im Bild verschlüsselten Handlung (Information)", wie sie hier durch die Tiere vorgeführt wird und die Ausdeutung "durch Formulierung einer Lehre (Interpretation)", die am Ende durch den Hinweis auf den Vorteil kurzer Namen als Deutung möglich wird. Die Funktion solcher Redeweise ist letztlich, "einen Sinnzusammenhang durch einen anderen zu veranschaulichen, bzw. Ansichten, Wahrheiten, Regeln in der Form des Bildes einprägsam werden zu lassen".[12] Die Kombination Fabel — Märchen als Tiermärchen ist häufig und als eine der Hauptgruppen von Märchen (Tiermärchen, Eigentliches Märchen, Schwänke) ausgewiesen. Gemeinsam ist ihnen das "Wunderbare" (in diesem Fall die sprechenden Tiere). Als Unterscheidung gilt: "Im Märchen konstituiert das Wunderbare die Per-

spektive der Wirklichkeitsdarstellung, in der Fabel dient das Wunderbare nur als Mittel der Demonstration einer 'Idee' ".[13] Hier ist es der Hochmut.

Abgesehen von dem als Einleitung verwendeten etwas überfrachteten Satzgefüge mit vier Nebensätzen, verwendet der Text überwiegend einfache Satzstrukturen. Von den insgesamt 57 Sätzen entfallen acht auf die Wiederholung des Namens, 22 auf nicht erweiterte Aussage-, Aufforderungs- und Fragesätze. Der Rest weist je eine Relativ- oder Inhaltsbeziehung auf.

Die Textschwierigkeit gilt bei 721 Wörtern, von denen 19% als lange Wörter gerechnet werden, nach dem "Lix-Verfahren" als leicht.[14]

III. Ergebnisse der Pilotstudie zum Fabelmärchen 'Der dumme Pfau'

1. Malen, was besonders gefallen hat.

Gruppe A (Leser) und Gruppe B (Hörer) zeigen hierbei keine Unterschiede. Bei den gefertigten Bildern lassen sich indessen drei Gruppierungen erkennen: Eine Gruppe malt nur den Pfau oder ein anderes Einzeltier: eine zweite Gruppe malt eine Szene des Handlungsablaufs, z.B. der Fuchs verschleppt den Pfau; eine dritte Gruppe versucht mehrere Szenen darzustellen. Dies weist auf unterschiedliche Entwicklungsstadien der Schüler, die sich z.T. im Übergang vom magischen Realismus zum Realismus befinden und der Phase des anschaulichen und konkreten Denkens zuzuzählen sind. Die gemalten Bilder nach dem Spiel sind ausschließlich Szenenbilder und verweisen auf einen deutlichen Zugewinn an Inhalt und Ausdruck. Eine weitere Interpretation könnte nur mittels der Bilder erfolgen; darauf muß hier verzichtet werden.

2. Nacherzählen

Das Nacherzählen der Kinder, erstmals nach einmaligem Lesen oder Hören des Fabelmärchens, und beim zweiten Mal, nachdem sie sich den Text im Spiel erarbeitet hatten, beweist als Wirkung des Spiels eine erhebliche quantitative und qualitative Verbesserung der inhaltlichen Wiedergabe. Das zeigt sich besonders bei vordem schwachen und mittelmäßigen Leistungen.

Versuchsklasse I erbrachte bei der ersten und zweiten Nacherzählung drei Leistungsgruppen, die sich zahlenmäßig vor und nach dem Spiel signifikant veränderten.

Verteilung der 26 Schüler bei der Nacherzählung auf die drei Leistungsgruppen:

Nacherzählung	vor dem Spiel	nach dem Spiel	Differenz
schwächste Gruppe	11 Schüler	4 Schüler	7 Schüler
mittlere Gruppe	10 Schüler	16 Schüler	6 Schüler
gute Gruppe	5 Schüler	6 Schüler	1 Schüler

Deutlicher wird dies noch bei einem Leistungsvergleich jedes einzelnen Schülers, wobei der Inhalt des Textes mit allen Einzelheiten durch Punkte gewertet wurde und eigenständige Formulierungen Sonderpunkte erhielten. Alle Schüler konnten sich demnach, mit einer Ausnahme, durch das Spiel verbessern. Die Steigerung bei der inhaltlichen Wiedergabe nach dem Spiel betrug im Durchschnitt 24%, im Höchstfall 34,9%, selbst die geringste Steigerung betrug noch 5,7,%. Nur ein Schüler fiel in seiner Leistung ab (vergl. hierzu Profil 1, Leistungsvergleich jedes einzelnen Schülers zwischen 1. und 2. Nacherzählung; waagrechte Profilleiste = Reihenfolge der Schüler, senkrechte Profilleiste = Anzahl der erreichten Punkte; untere Leistungskurve

6. Rezeptionsformen 177

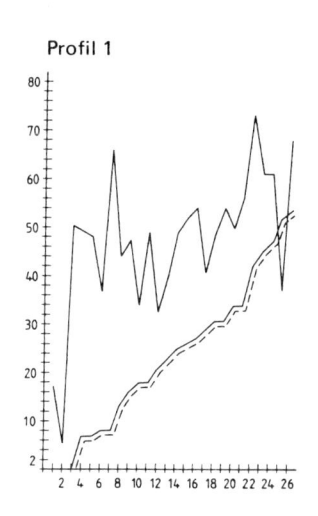

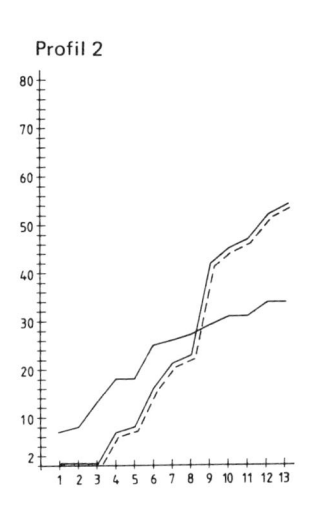

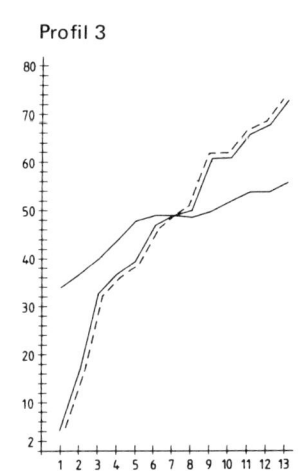

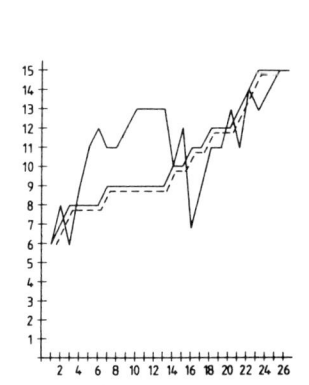

Profil 1

Profil 2

Profil 3

Profil 4

vor dem Spiel, obere Leistungskurve nach dem Spiel).
Ein weiterer Vergleich bezog sich auf Gruppe A (Leser) mit Gruppe B (Hörer). Hier ergab sich beim 1. Nacherzählen vor dem Spiel ein besseres Durchschnittsergebnis zugunsten der Leser, die offensichtlich den Text besser erfassen konnten als die Hörer. Eine Ausnahme bildeten drei Gastarbeiterkinder, die sich nicht äußerten (vgl. hierzu Profil 2, Leistungsvergleich der Gruppe A mit Gruppe B bei der Nacherzählung vor dem Spiel; waagrechte Profilleiste = jeweils 13 Schüler der beiden Gruppen, senkrechte Profilleiste = Anzahl der erreichten Punkte; untere Leistungskurve = Gruppe A, obere Leistungskurve Gruppe B).
Beim 2. Nacherzählen nach dem Spiel minderte sich die Zahl schwacher Nacherzählungen. Gruppe A und B kamen zu einer Angleichung der Leistungen; Gruppe B sichtbar ausgeglichener, was wiederum auf die Wirkung des Spiels verweist (vergl. Profil 3 mit gleicher Lesweise für Gruppe A und B wie bei Profil 2).
Diese Tendenz hat sich in der Versuchsklasse II (Kontrollgruppe) mit nur geringer Verschiebung bestätigt.
Als Beispiele werden die Ergebnisse der Tonbandaufzeichnung eines Gastarbeiterkindes und eines einheimischen Kindes wiedergegeben:

Gastarbeiterkind: Marcus (Gruppe B)
Nacherzählung 1 vor dem Spiel: keine Äußerung
Nacherzählung 2 nach dem Spiel: (Tonbandprotokoll)

Der dumme Pfau
Es war einmal ein Pfau, der stolzierte auf/auf dem Bauernhof sehr, sehr rum. Wenn der/wenn der Bauer "piwi" oder "tschik, tschik, tschik" ruft, tat der Pfau, als hörte er es nicht. Da kam die Ente zum Pfau: "Wa/warum kommst du denn nicht zum Fressen? Wenn der Bauer "piwi" oder "tschik, tschik, tschik" ruft, streut er doch Körner für uns aus." "Piwi ist nicht mein Name". "So, wie heißt du denn dann?" fragte die Ente. Der Pfau/der Pfau sagt: "Wunderschön-ist-sein-Schwanz-wie-die-Sonne-wenn-sie-im-Morgennebel-über-den-Bergen-erscheint". "Oh, das ist aber ein langer Name", sagte die Ente. Der Pfau sagte: "Nenne mich nie anders, sonst werde ich dir die Augen auspicken." Die Ente sprach: "Das werde ich schon machen", und ging wieder zum Fressen. Da kam ein Fuchs aus dem Wald. Er packte/er packte den Pfau und schleifte ihn mit in seinen Bau. Er rief: "Henne, Henne, lauf zur Katze, sie soll mich vom Fuchs befrein". Die Henne rannte zur Katze und rief: "Wunderschön-ist-sein-Schwanz-wie-die-Sonne-wenn-sie-im-Morgennebel-über-den-Bergen-erscheint ist vom Fuchs fortgetragen worden". Die Katze sprach: "Was ist los?" Die Ente sprach noch einmal: "Wunderschön-ist-sein-Schwanz-wie-die-Sonne-wenn-sie-im-Morgennebel-über-den-Bergen-erscheint". "Wer ist denn das?" fragte die Katze. "Der Pfau ist es, nun lauf, lauf!" Die Katze sagte: "Ich bin viel zu klein, um einen Fuchs zu fangen, ich such lieber einen Hund". Als der Hund die Katze sah, sträubte er seine Haare und bellte. Die Katze rief: "Jetzt ist keine Zeit, mich zu streiten" und "Wunderschön-ist-sein-Schwanz-wie-die-Sonne-wenn-sie-im-Morgennebel-über-den-Bergen-erscheint ist vom Fuchs fortgetragen worden." "Was ist los?" meinte/rief der Hund. "Wunderschön-ist-sein-Schwanz-wie-die-Sonne-wenn-sie-im-Morgennebel-über-den-Bergen-erscheint ist vom Fuchs fortgeschleppt worden." "Wer ist denn das?" meinte der Hund. "Der Pfau ist es, nun lauf, lauf!" Der Hund rief: "Ich will mir nicht die Zeit vergeuden, um so einen Vogel zu retten, der so einen langen Namen hat. Ich frage lieber den Bauern". "Herr, Herr", rief der Hund, "Wunderschön-ist-sein-Schwanz-wie-die-Sonne-wenn-sie-im-Morgennebel-über-den-Bergen-erscheint ist vom Fuchs fortgetragen". Der Bauer fragte: "Was ist, was ist, wer ist das?" "Der Pfau ist es", sagte der Hund, "nun lauf und rette ihn!" Der Bauer nahm die Mistgabel und rannte zum Fuchsbau, aber es ist nichts mehr übriggeblieben als ein paar Federn.

6. Rezeptionsformen 179

Einheimisches Kind: Tina (Gruppe B)
Nacherzählung 1 vor dem Spiel: (Tonbandprotokoll)
Der dumme Pfau
  Der Fuchs kam aus dem Wald und erwischte den Pfau und/und er nahm ihn mit zu der Fuchshöhle und fraß ihn auf. Da kam die Katze und der Hund und die Henne, und was sahen sie da? Der Pfau, der war schon weg, und er war im Fuchsmagen und die/die Katze sagt: "Ich heiße Pusch, wenn der Fuchs mich fangt, und ich heiße Pieps, wenn der Fuchs mich fängt, und ich heiße."

Nacherzählung 2 nach dem Spiel: (Tonbandprotokoll)
  Es war einmal ein Bauer, der hatte ein/ein Hund, eine Katze, eine Henne, ein Pfau. Einmal sagte der Bauer: "Tschik, piwi". Da ging die Henne/da geht die Henne hin und dann geht sie zum Pfau und sagte: "He, du, wenn der Bauer 'tschik, tschik' oder 'piwi' ruft, dann streut er doch Körner für uns aus." Da sagte der Pfau: "Piwi ist nicht mein Name." Da fragte die Henne: "Welchen Namen hast du denn?" Da sagte der Pfau: "Wunderschön-ist-sein-Schwanz-wie-die-Sonne-wenn-sie-im-Morgennebel-über-den-Bergen-erscheint." Da sagte die Henne: "Das ist aber ein komischer Name." Da sagte der Pfau: "Du wirst mich nie anders nennen, sonst werd ich dir die Augen auspicken." Da kam der Fuchs aus dem Wald und schnappte den Pfau. Der Pfau sagte: "Hilfe, Hilfe, Henne renn zur Katze und befreie mich." Da flog die Henne zu der Katze und sagte: "Katze, Katze, Wunderschön-ist-sein-Schwanz-wie-die-Sonne-wenn-sie-im-Morgennebel-über-den-Bergen-erscheint ist vom Fuchs fortgeschleppt worden!" Da fragt die Katze: "Wer ist denn in aller Welt Wunderschön-ist-sein-Schwanz-wie-die-Sonne-wenn-sie-im-Morgennebel-über-den-Bergen-erscheint?" "Das ist der Pfau, nun lauf, nun lauf", sagte die Henne. Die Katze sagt: "Ich bin aber viel zu klein, um einen Fuchs zu fangen. Ich suche einen Hund." "Halt! Aber vergiß nicht, du darfst den Pfau nie anderes nennen, sonst wird er dir die Augen auspicken." Die Katze geht zum Hund. Der Hund der bellt und die Katze sagt: "Es ist keine Zeit, mich zu jagen. Wunderschön-ist-sein-Schwanz-wie-die-Sonne-wenn-sie-über-den-Bergen-erscheint ist vom Fuchs fortgeschleppt worden." Da sagte der Hund: "Wer ist vom Fuchs fortgeschleppt worden?" "Wunderschön-ist-sein-Schwanz-wie-die-Sonne-wenn-sie-im-Morgennebel-über-den-Bergen-erscheint. Es ist der Pfau." Da sagte der Hund: "Es/ich will mir nicht die Zeit vergeuden, um einen so großen Vogel, um einen langen Namen zu retten." Da sagte der Hund: "Ich geh zum Bauern." Da sagte der Hund: "Herr, Herr, Wunderschön-ist-sein-Schwanz-wie-die-Sonne-wenn-sie-im-Morgennebel-über-den-Bergen-erscheint ist vom Fuchs fortgeschleppt worden." Da hörte der Bauer nicht so richtig hin und sagte: "Wie bitte?" Da sagte der Hund das gleiche nochmal: "Wunderschön-ist-sein-Schwanz-wie-die-Sonne-wenn-sie-im-Morgennebel-über-den-Bergen-erscheint ist vom Fuchs fortgeschleppt worden. Der Pfau ist es." Da rannte der Bauer zum/zu der Fuchshöhle. Aber was sah er da? Da sah er nur drei Federn. Dann rannte er zum/zur Frau. Da sagte der Mann: "Frau, Frau, schau nur, da sind bloß drei Federn hier. Das hat der/das hat/die Federn sind vom Pfau. Der/der Fuchs hat den Pfau aufgefressen." Das hörte die Henne und sagte: "He, wißt ihr was? Der Pfau/der Pfau/der Fuchs hat den Pfau gefressen." Da sagte die Katze: "Das geschieht ihm grad recht." Die Henne sagte: "Wenn er den langen Namen nicht gegeben sich selbst hätte, dann hätt er noch längst im Hof stolzieren können." Da sagte die Henne: "Wenn mich einmal der Bauer, äh der Fuchs fängt, dann ruft mich nur Tschik." "Mich Puß." "Mich Fleck."

Ähnlich wie Marcus und ebenso umfangreich haben noch zwei weitere Gastarbeiterkinder vor dem Spiel den vollen Inhalt erzählt. Kann bei der ersten Aufforderung zum Nacherzählen noch Scheu oder Hemmung als Grund für das Fehlen jeder Äußerung angenommen werden, so zeigt das Beispiel Tina, daß auch bei einheimischen Kindern ein eindrucksvoller Fortschritt bei der Inhaltswiedergabe nachweisbar ist. Diese Erkenntnis wird verstärkt durch den zeitlichen Abstand, der zwischen 1. und 2. Nacherzählung drei Wochen betrug. Insgesamt ergab sich bei der Gegenüberstellung aller Nacherzählungen, daß die Schüler ausnahmslos nach dem Spiel den Inhalt im wesentlichen wiedergeben konnten.

3. Beantwortung des Fragebogens

Bei der Bearbeitung der Inhalts- und Kausalfragen (2-9) sowie der Bewertungs- und Transferfragen (1 mit 10-15) erreichte die Versuchsklasse I für Gruppe A und B von 104 möglichen Antworten je Fragebogen zu allen Inhalts — Kausalfragen folgendes Ergebnis:

Antworten zu Fragen 2-9	Gruppe A	Gruppe B
richtige Antworten von 104	= 58 = 56 %	50 = 47 %
unvollständige " " "	= 19 = 18 %	24 = 24 %
falsche " " "	= 4 = 4 %	3 = 3 %
keine " " "	= 23 = 22 %	27 = 26 %

Die Bearbeitung der Bewertungs- und Transferfragen (1 mit 10-15) ergab für alle Schüler 91 Antworten mit folgendem Ergebnis der Antwortfähigkeit:

Antworten zu Fragen 1 u. 10-15	Gruppe A	Gruppe B
beantwortet von 91 Antworten	= 68 = 75 %	54 = 59 %
nicht beantwortet "	= 23 = 25 %	37 = 41 %

In beiden Fällen erzielte Gruppe A ein besseres Ergebnis; Versuchsklasse II (Kontrollgruppe) bestätigt dies ebenfalls.

Ein Vergleich der Leistungssteigerung jedes einzelnen Schülers bei der Beantwortung des Fragebogens vor und nach dem Spiel zeigt einen teilweisen Leistungsabfall bei der zweiten Befragung. (vergl. hierzu Profil 4, Leistungsvergleich jedes Schülers nach der ersten und zweiten Bearbeitung des Fragebogens; waagrechte Profilleiste = Anzahl der beantworteten Fragen je Schüler; gestrichelte Kurve vor, durchgezogene Kurve nach dem Spiel).

Daraus ist abzuleiten: Von 26 Schülern haben sich 8 verschlechtert, 5 nicht verbessert, 13 verbessert. Es wurde festgestellt, daß die Schüler für einen zweiten Durchgang des Fragebogens nur z.T. motiviert werden konnten. Das Ergebnis ist deshalb nur bedingt signifikant. Für die Beantwortung der Einzelfragen muß auf Trends bei den entscheidenden Bewertungs- und Transferfragen der Versuchsklasse I verwiesen werden, die mit den Ergebnissen der Versuchsklasse II (Kontrollgruppe) weitgehend übereinstimmen. Von 26 Schülern entschieden sich:

Frage 1: Wie findest Du diese Geschichte?

	Befragung vor dem Spiel	Befragung nach dem Spiel
lustig	13	4
traurig	8	7
lehrreich	13	18
wie ein Märchen	8	7
wie eine Fabel	4	16

Faßt man Märchen und Fabel zusammen, so haben nahezu alle Kinder die literarische Gattung nach dem Spiel richtig eingeordnet. Wichtig erscheint auch, ob die Kinder die Lehre der Fabel wirklich erfaßt haben. Dies bestätigt ihre Antwort auf Frage 7: Enthält diese Geschichte eine Lehre? Die Befragten formulieren überwiegend: "Ja, ich darf nicht angeberisch sein." Oder: "Ja, man soll nicht eingebildet sein." Diese Einsicht wird bei der 2. Befragung noch verstärkt festgestellt.

Schwierigkeiten bereitete der Transfer, wie er in Frage 8 und 9 geleistet werden sollte. Die Kinder nahmen das Verhalten der Tiere noch wörtlich und vermochten es nicht auf das Verhalten der Erwachsenen und Kinder zu übertragen. Ein Hinweis für das noch fehlende Abstraktionsvermögen anstelle der anschaulich-konkreten Denkweise.

4. Gemeinsames Erarbeiten des Textes durch szenisches Gestalten
Dieser Teil als Methode des Projekts kann hier nicht ausgeführt werden, da ihm Bilder und die Videoaufzeichnung zugrunde gelegt werden müßten. Als Spiegelbild der Bemühung und des Erfolges bieten sich die vorgelegten Ergebnisse der Rezeptionskontrolle an. Wie sehr die Kinder sich in die ihnen gestellte Aufgabe szenischen Darstellens hineinversetzten, ergab sich vor allem beim Suchen nach typischen Eigenschaften der Rollenträger, die zuerst pantomimisch vorgeführt wurden und als nonverbaler Ausdruck das Spiel unterstützten sowie bereicherten.

IV. Zusammenfassung und Folgerungen
Wenn hier auch nur Ausschnitte einer Pilotstudie des Projekts 'Rezeption von Kurzformen der Kinderliteratur durch Formen des Spiels' beschrieben werden konnten, so beweisen diese Ergebnisse doch die Richtigkeit der Hypothese, daß Spiel entscheidend bei der Erschließung und Vermittlung literarischer Formen helfen kann und nicht zuletzt verbale und nonverbale Ausdrucksmittel zu fördern vermag. Diese Erfahrung wurde zwischenzeitlich auch mit Texten von Janosch und M. Ende in zweiten Schülerjahrgängen bestätigt, die gleichfalls Teil des Projekts sind.
Wo immer literarische Formen und Inhalte gerade für Grundschüler oft noch schwer zugänglich sind, kann die im Spiel als Ganzheit geforderte Ausdrucksfähigkeit, bei der alle Geistes- und Seelenkräfte, Verstand und Gemüt, Denken und Phantasie einbezogen sind, der Schlüssel sein, mit dem sich diese Formen und Inhalte erschließen. Es scheint an unseren Schulen ein noch nicht genügend genutzter Weg zu sein, Begabung zu wecken und zu entfalten, und zudem den künftigen Leser zu motivieren, Literatur als Leben zu erfahren und zu lieben.

Anmerkungen

1) Dahrendorf, K.: Rezeption von Kinder- und Jugendliteratur durch Kinder und Jugendliche. In: Doderer, K. (Hrsg.): Lexikon der Kinder- und Jugendliteratur. Weinheim/Basel: Beltz Verlag 1984, Bd. 3, S. 171f.
2) Küppers, W.: Psychologie des Deutschunterrichts. Stuttgart: Kohlhammer 1980, S. 52ff.; Hurrelmann, B. (Hrsg.): Kinderliteratur und Rezeption. Baltmannsweiler: Burgbücherei Schneider 1980, S. 329ff.; Baurmann, J. u.a.: Textrezeption und Schule. Stuttgart: Kohlhammer 1980, S. 74ff.; Sahr, M.: Wirkung von Kinderliteratur. Baltmannsweiler: Burgbücherei Schneider 1981, S. 162ff.
3) Baumgärtner, A.C. (Hrsg.): Literaturrezeption bei Kindern und Jugendlichen. Baltmannsweiler: Burgbücherei Schneider 1982, S. 4
4) Piaget, J.: Nachahmung, Spiel und Traum: Die Entwicklung der Symbolfunktion beim Kinde. Stuttgart: Klett 1975, S. 207ff.
5) Renk, H.E. (Hrsg.): Spielprozesse und Szenisches Spiel im Deutschunterricht. In: Praxis Deutsch (1986), H. 76
6) Für die Mitarbeit der Ausbildungslehrerinnen, Frau Fleischer und Frau Schmerder, Gersthofen, sei hier gedankt; desgleichen den Studierenden G. Haas und E. Seelos, die mit ihren Zulassungsarbeiten: Empirische Untersuchung im 3. Schuljahrgang zum Fabelmärchen 'Der dumme Pfau' (GS/LPO I Frühjahr und Herbst 1985) einen wesentlichen Beitrag leisteten.
7) Der Fragebogen ist für die Pilotstudie absichtlich umfangreicher angelegt, um gegebene Antworten abzusichern und die Fähigkeit der Schüler bei der Beantwortung für weitere Versuche zu testen.
8) Dieses Ergebnis wird hier nicht dargestellt, weil sich bisher keine signifikanten Merkmale ergaben. Als Grund dafür wäre die noch zu geringe Zahl der Probanden denkbar oder, daß die Rezeption durch Spiel Sozialdaten und Lesegewohnheiten in ihrer Wirkung übertrifft.
9) Der dumme Pfau. In: Mein großes Märchenbuch. Wien/Heidelberg: Ueberreuter 1982, S. 209ff.
10) Schrader, M.: Epische Kurzformen. Theorie und Didaktik. Königstein/Ts.: Scriptor 1980, S. 61ff.
11) Ebd., S. 118ff.
12) Ebd.
13) Ebd., S. 126
14) Bamberger, R./Vanecek, E.: Lesen – Verstehen – Lernen – Schreiben. Die Schwierigkeitsstufen von Texten in deutscher Sprache. Frankfurt a.M.: Diesterweg 1984, S. 62ff. Vergl. hierzu auch Bambergers Beitrag in dieser Festschrift.

DER DUMME PFAU

Es lebte einmal ein Pfau, der war so stolz auf seinen wunderschönen Schwanz, daß er den ganzen Tag nichts anderes tat als herumstolzieren, indem er sein Federnrad ausbreitete und dazu kreischte, um die Aufmerksamkeit auf sich zu lenken. Wenn der Bauer ihn rief: "Piwi! Piwi!", schaute er weg und tat, als hörte er es nicht.
"Du versäumst allerhand Gutes", sagte die Henne.
"Wenn der Bauer ruft: 'Piwi' oder 'Tschik-tschik-tschik', dann streut er doch Körner für uns aus."
"Piwi ist nicht mein Name", antwortete der Pfau hochmütig. Er breitete sein Federnrad aus, reckte seinen Hals vor und kreischte: "Mein Name ist: Wunderschön-ist-sein-Schwanz-wie-die-Sonne-wenn-sie-im-Morgennebel-über-den-Bergen-erscheint. Verstanden? Von nun an nenne mich nie anders, oder ich werde dir die Augen auspicken."
"Ich werde dich nie anders nennen", versprach die Henne, die sich vor dem scharfen Pfauenschnabel fürchtete. "Nie! Nie!"
Da kam gerade ein Fuchs aus dem Wald: er packte den Pfau und wollte ihn davontragen.
"Hilfe! Hilfe!" kreischte der Pfau. "Lauf zur Katze und sag ihr, daß sie mich vom Fuchs befreien soll!"
Die Henne rannte zur Katze und rief: "Wunderschön-ist-sein-Schwanz-wie-die-Sonne-wenn-sie-im-Morgennebel-über-den-Bergen-erscheint ist vom Fuchs fortgetragen worden. Lauf! Lauf!"
"Wen hat der Fuchs fortgetragen?" fragte die Katze.
"Wer in aller Welt ist denn Wunderschön-ist-sein-Schwanz-wie-die-Sonne-wenn-sie-im-Morgennebel-über-den-Bergen-erscheint?"
"Der Pfau ist es!" rief die Henne. "Das ist ja sein neuer Name, du darfst ihn mit keinem andern mehr rufen. So lauf doch schon, lauf!"
"Was für ein Unsinn!" sagte die Katze und stand auf. "Ich bin doch viel zu klein, um einen Fuchs zu fangen. Ich muß einen Hund suchen."
"Aber denk daran, daß du den Pfau mit seinem neuen Namen nennen mußt", sagte die Henne. "Tust du es nicht, so wird er dir die Augen auspicken."
"Davor fürchte ich mich nicht", erwiderte die Katze und ging, um einen Hund zu suchen. Der Hund schlief in der Sonne; als er die Katze kommen hörte, sprang er auf, und seine Nackenhaare sträubten sich. – "Beruhige dich!" sagte die Katze. "Jetzt ist nicht Zeit mich zu jagen. Wunderschön-ist-sein-Schwanz-wie-die-Sonne-wenn-sie-im-Morgennebel-über-den-Bergen-erscheint ist vom Fuchs fortgeschleppt worden."
"Und wer ist Wunderschön-ist-sein-Schwanz-wie-die-Sonne-wenn-sie-im-Morgennebel-über-den-Bergen-erscheint?" fragte da der Hund. "Ich habe noch nie einen solchen Namen gehört."
"Das ist der neue Name, den der Pfau sich selbst gegeben hat", antwortete die Katze. "Wenn du ihn bei einem andern Namen rufst, wird er dir die Augen auspicken."
"Nun", meinte der Hund, "ich möchte mir ja nicht die Augen auspicken lassen, aber ebensowenig möchte ich meine Zeit vergeuden, um einen Vogel mit so langem Namen zu retten. Ich werden den Bauern suchen gehen." – Der Hund lief zum Bauern, der gerade mit Heuen beschäftigt war. "Herr! Herr!" bellte er. "Wunderschön-ist-sein-Schwanz-wie-die-Sonne-wenn-sie-im-Morgennebel-über-den-Bergen-erscheint ist vom Fuchs fortgeschleppt worden." "Was ist los?" fragte der Bauer, der ein bißchen taub war. "Wer ist vom Fuchs fortgeschleppt worden?" "Wunderschön-ist-sein-Schwanz-wie-die-Sonne-wenn-sie-im-Morgennebel-über-den-Bergen-erscheint", wiederholte der Hund. "Aha", meinte der Bauer und schüttelte den Kopf. "Ich dachte schon, es sei eine ganze Familie, von der du redest. Aber wer ist denn eigentlich Wunderschön-ist-sein-Schwanz-wie-die-Sonne-wenn-sie-im-Morgennebel-über-den-Bergen-erscheint?" "Der Pfau ist es", antwortete der Hund. "Er hat sich selbst diesen neuen Namen zugelegt. Rufe ihn nur nicht bei einem andern Namen, sonst wird er dir die Augen auspicken!"
"Den Hals dreh ich ihm um!" schrie der Bauer und rannte, um den Pfau zu befreien. Als der Bauer die Fuchshöhle erreichte, hatte der Fuchs bereits den Pfau mitsamt den Federn aufgefressen. Als die Henne die Neuigkeit hörte, meinte sie: Wenn er mit seinem Namen Piwi zufrieden gewesen wäre, könnte er jetzt noch im Hof herumstolzieren. Solltet ihr mich einmal vom Fuchs befreien müssen, so ruft mich bloß Tschick!"
"Und mich ruft Puß!" schnurrte die Katze, indem sie die Pfoten einzog, um ein Schläfchen zu halten.
"Mich ruft Fleck!" sagte der Hund und ging fort, um nach seiner Mahlzeit zu schauen.

FRAGEBOGEN:

Name, Vorname:

DER DUMME PFAU

Beantworte folgende Fragen:
1. Wie findest Du diese Geschichte?
   (Kreuze an, alles was Du meinst)

lustig	lehrreich	wie ein Märchen
traurig	verrückt	wie eine Fabel
fröhlich	schlau	wie eine Legende
ernst	phantastisch	wie eine Sage
heiter	wahr	
	falsch	

2. Schreibe die Namen der Tiere, die in dieser Geschichte genannt werden:
3. Welche Namen gaben sich die Tiere selbst?
   (Schreibe z.B. Spatz = Piep-piep)
4. Wer wollte dem Pfau helfen?
5. Warum wollten die Tiere dem Pfau nicht helfen?
   Welche Gründe nannten sie?
6. Warum mußte der Pfau sterben?
7. Enthält diese Geschichte eine Lehre?
   Wenn ja, was kannst Du daraus lernen?
   Wenn nein, warum kannst Du nichts daraus lernen?
8. Denke Dir statt der Tiere in der Geschichte Menschen, z.B. Kinder oder Erwachsene.
   Was würde Dir eine solche Geschichte zeigen oder lehren?
9. Könnten sich auch Kinder oder Erwachsene so verhalten?
   Wenn ja, warum?
   Weil ....
   Wenn nein, warum nicht?
   Weil ...
10. Was hat Dir in dieser Geschichte besonders gefallen?
    Begründe Deine Meinung:
11. Möchtest Du noch mehr solche Geschichten kennenlernen?
    Wenn ja, warum?
    Wenn nein, warum nicht?
12. Wie hat Dir diese Geschichte gefallen?
    Kreuze an!

sehr gut	nicht besonders
gut	gar nicht
mittelmäßig	sie war zu lang
	sie war zu kurz
	sie war genau richtig

13. Welche Art von Geschichten gefällt Dir noch besser?
    Nenne einige! (Name eines Buches oder einer Geschichte)
14. Kannst Du eine oder mehrere Geschichten nennen, die so sind wie die vom dummen Pfau?
    Welche? (Namen der Geschichte oder des Buches)
15. Kennst Du solche Geschichten vom Fernsehen?
    (Namen der Geschichten)

TEXTVERGLEICH
WEGE ZUR TEXTERSCHLIESSUNG

von Oswald Beck

I. Zur Grundlegung

Das Vergleichen von Gegenständen, Untersuchungsbefunden, Sachverhalten usw. zählt zu den grundlegenden Vorgehensweisen wissenschaftlichen Arbeitens. Eigene Disziplinen haben sich in neuerer Zeit daraus entwickelt. Lehr- und Forschungsgebiete wie Vergleichende Erziehungswissenschaft, Vergleichende Sprach- oder Literaturwissenschaft sind Beispiele dafür.[1]

Nicht minder gilt dies für den Umgang mit Texten in Hochschule und Schule. Neben gebräuchlichen Formen einer Texterarbeitung wie Strukturieren und abschnittsweises Besprechen, neben antizipierenden Verfahren, Erschließen durch Leitfragen, szenischem Gestalten oder Sprechgestalten ist das Vergleichen von Texten (einschl. Text-Bild-Vergleich) für deren Sinn- und Formerschließung unentbehrlich geworden[2], ja hat in jüngster Zeit u.E. an Bedeutung noch zugenommen.[3]

Mehrere Gründe dürften dafür sprechen:
— Beim Textvergleich wird i.d.R. ein Thema — der Lichtbrechung in einem Kristall vergleichbar — in verschiedenen Varianten gespiegelt: Sichtweisen mehrerer Autoren, Epochen- und Zeitstil, geschichtliche und gesellschaftliche Hintergründe, verschiedene Textsorten usw. Einer möglichen Verengung der Blickrichtung wird damit vorgebeugt.
— Eine gezielt ausgewählte Zusammen- oder Gegenüberstellung von Texten regt oft von selbst dazu an, nach Gemeinsamkeiten und Unterschieden zu fragen, Inhalt-Form-Entsprechungen nachzuspüren, Schreibintentionen und Wirkfaktoren herauszulösen, auf Distanz zum Text zu gehen oder sich auch bewußt mit der einen oder anderen Aussage zu identifizieren.
— Textvergleichende Betrachtung zwingt in Schule und Hochschule zu genauem Lesen, zu gründlichem Arbeiten zunächst a m Text; sie wirkt ausuferndem Reden ü b e r den Text und verfrühtem Urteilen entgegen, richtet die Aufmerksamkeit auf Substantielles i m Text.
— Im Unterricht kommt hinzu, daß die durch die Hinführung zum Textvergleich bereits ausgelöste Denkimpulse eine künstliche "Hinführung" oder "Einstimmung" verzichtbar macht, ebenso ein fortwährendes Frage- und Antwortspiel bei der "Erarbeitung" des Textes.

Eine textvergleichende Erschließungsmethode birgt aber auch Gefahren in sich. So kann z.B.
— der Eigencharakter eines Textes, seine "Einmaligkeit" verdeckt werden, die Betrachtung mitunter im Partiellen steckenbleiben;[4]
— durch die Einbindung des Textes in eine Textfolge eine bestimmte Interpretationsrichtung geradezu vorprogrammiert werden.

All dies darf jedoch nicht dazu führen, vergleichende Textbetrachtung zu reduzieren oder gar generell auszusparen. Die Vorzüge überwiegen bei weitem mögliche Gefahren. Um letztere zu wissen — und deshalb gehen wir detailliert darauf ein — heißt, ihnen entgegenwirken. Dies kann auf verschiedene Weise geschehen:
— Einem Textvergleich sollte i.d.R. eine Einzelbetrachtung der Texte, zumindest bei einem der Texte, vorausgegangen sein, bei der das (je) "Einmalige" zum Tragen gekommen ist.
— Gelegentlich sollten mehrere Texte (einschl. Bildelemente) angeboten werden, um eine Fixierung auf "Text" und "Gegen-" oder "Analogtext" zu vermeiden.
— Ein Textvergleich darf sich nicht auf eine stereotype Abfolge von Vergleichsaspekten beschränken, sondern muß jeweils textspezifische Elemente auswählen. Der Schlüssel für ein textgerechtes — was immer man auch darunter verstehen mag — und erfolgversprechendes Vorgehen liegt dabei meist schon in der Auswahl, z. T. auch bereits in der Anordnung der Vergleichstexte. Konkret heißt dies z.B.: Der aus der Sicht des Lehrers/Herausgebers "bessere" Text darf nicht regelmäßig am Ende stehen.
— Vergleichen von Texten will früh angebahnt und systematisch aufgebaut werden, bereits in der Grundschule. Zu Beginn sollte der Lehrer Texte auswählen, die nach Umfang, Inhalt und Textstruktur überschaubar sind und Gemeinsamkeiten wie Unterschiede relativ gut erkennen lassen.[5]

Abschließend zur Grundlegung dieses Beitrags einige begrifflich-terminologische Vorklärungen:
— Der Begriff "Text" wird weit gefaßt. Er schließt mündliche, schriftliche und medienvermittelte Texte ein und erstreckt sich auf sog. poetische (fiktionale) wie Sach-, Gebrauchs- und auf gedankliche Texte (expositorische Texte) gleichermaßen. In gewisser Hinsicht können auch Bildelemente als "Text", als "Geflecht" von Sinnelementen, als Gefüge ikonischer (statt sprachlicher) Zeichen verstanden werden, die es zu verstehen, zu deuten gilt.
— Bewußt wird der Terminus "Texterschließung" gebraucht und nicht Text"interpretation". Zu sehr hat in den letzten Jahrzehnten die Diskussion in der Literaturwissenschaft über die "richtige" Form einer interpretatio, einer Auslegung von Texten, dazu geführt, je nach Intention, Verfasser, Werk u. dgl. diese oder jene Interpretationsmethode zu bevorzugen, ja zu verabsolutieren (z.B. werkimmanente oder phänomenologische versus literatursoziologische, positivistische, geistesgeschichtliche oder biographische Methode oder wie immer man eine Einteilung oder Bezeichnung vornimmt).[6] Auch das gegenwärtige Bemühen um eine Methodenintegration zur Vermeidung solcher Einseitigkeiten konnte u.E. bislang den Terminus "Interpretation" von dieser Vorbelastung nicht befreien.
— Noch ein Wort zur Begriffsgruppe "Stoff", "Motiv", "Symbol", Text"gestaltung": Wenn von Textvergleich die Rede ist, denkt man vornehmlich an die Zusammen- oder Gegenüberstellung sog. "motivgleicher Gedichte". Wir haben bewußt den Ausdruck "motivgleich" vermieden. Wenn es nämlich zutrifft, daß dem Autor in seinem Schaffensprozeß zunächst nur der (Roh-) "Stoff" vorgegeben (z.B. Wald, Meer, Hütte), " daß die Eigenexistenz des Stoffes dort aber bereits aufhört, wo die persönliche Formung durch den Dichter beginnt" (Frenzel, 1978, S. 27) und im Moment der Auswahl eines Stoffes und der beginnenden Formung zum "Motiv" wird (z. B. Wald zu "Wald und Flur", Hütte zu "Hütten und Paläste"), weil das subjektiv Wahrgenommene damit bereits eine Abstraktion von Wirklichkeit durch den Autor darstellt, — wenn dies zutrifft, kann es sich nicht um "motivgleiche", sondern im äußersten Fall noch um "motivverwandte" oder "motivähnliche" Texte handeln. Besser wäre es u.E., in solchen Fällen lediglich von "gleichen Stoffen" (vgl. französisch "sujets"), von "gleichen Themen", von "themenverwandten Texten" zu sprechen.[7]

II. Beispiele

1. Vom Stoff über das Motiv zur Gestaltung eines Textes

Wie ein Text, insbesondere wie ein Gedicht entsteht, darüber ist viel nachgedacht, viel geschrieben worden. Der Bogen getroffener Aussagen hierzu spannt sich von Goethes "Der Begriff des Entstehens ist uns versagt" bis zu Gottfried Benns vielzitiertem Wort: "Ein Gedicht entsteht überhaupt sehr selten — ein Gedicht wird gemacht."[8] In neuerer Zeit ist Hans Bender dieser Frage nachgegangen und hat namhafte Lyriker der Gegenwart gebeten, sich zu Absicht, Verlauf, Vorbild, Stil, Form usw. ihres Schaffens zu äußern. Auch hier streuen die Antworten von Günter Eichs Absage einer Mitarbeit, "weil er (Eich) sich seine Gedichte 'nicht durch das Nachdenken über das Wie verderben' will, 'wie sich der Tausendfüßler das Gehen verdarb'", bis hinüber zu Karl Krolows Zusage zur Mitarbeit mit der Begründung, "zur Klärung unstatthafter Vorstellungen von der Arbeit des Lyrikers bei(zu)tragen".[9] Wir selbst teilen die Auffassung Krolows und finden es gerechtfertigt, ja not-wendig, in Schule und Hochschule zumindest hin und wieder diese Frage zu thematisieren. Im folgenden hierzu ein Beispiel für eine solche Thematisierung.[10]

Text 1: Marie Luise Kaschnitz: 'Bericht zu einem Gedicht' (gekürzt)
Text 2: Marie Luise Kaschnitz: 'Als sie den Dichter begraben haben'
(Begräbnisgedicht)

Text 1: Bericht zu einem Gedicht

Man erinnert sich, daß im Jahr 1950 die Dichterin Elisabeth Langgässer gestorben ist. Ich hatte über ihren Tod eine kurze Nachricht in der Zeitung gelesen und diese Nachricht hatte mich erschüttert und erschreckt. Ich kam nicht auf den Gedanken, zur Beerdigung zu fahren, aber ich dachte sehr viel darüber nach, wie dieses unruhige, von einem überwachen Geist und dunkler Triebhaftigkeit bestimmte Leben und Schaffen wohl zuende gegangen war. Sonderbarerweise wußte mir lange niemand darüber Auskunft zu geben. Mehrere der Freunde und Bewunderer der Toten waren an dem Tag der Beerdigung unabkömmlich gewesen, vielleicht hatten sie, wie ich, diesen Tod nicht mehr wahr haben wollen und sich dagegen gesträubt, ihn, mit allem, was dazu gehört, vor Augen geführt zu bekommen. Ein paar Wochen vergingen und während dieser Zeit verdichtete sich in mir die Vorstellung eines unendlich einsamen Sterbens zu der einer Beerdigung dritter Klasse, ohne Kränze, ohne Musik. Als ich endlich einen Augenzeugen fand, bestätigte mir dieser die Traurigkeit des Hergangs, und mit einer gewissen Befriedigung prägte ich mir nun weniger seine Erzählung, als meine eigenen, vorher geschauten Bilder ein. Zugleich aber glaubte ich auch zu wissen, daß die Tote sozusagen nichts daraus gemacht hatte, eine Erhöhung und Befreiung, die mit den Bemühungen der Überlebenden in gar keinem Zusammenhang stand.

Die Ahnung eines solchen doppelten Vorgangs gab mir den Anstoß zu meinem Gedicht. Aber man darf nicht denken, daß ich nun nach Hause ging und mich hinsetzte und schrieb. Das einzige was ich damals aufzeichnete, war der Titel, und einige Worte, die sich auf den Tod im allgemeinen bezogen. Ich schrieb diese Worte in mein kleines schwarzes Heft und dort standen sie eine ganze Weile, überwuchert und fast nicht mehr lesbar, zwischen Aufzeichnungen von völlig anderer Art.

Vielleicht interessiert es den einen oder anderen, daß nahezu alle meine Gedichte auf eine solche Weise entstehen. Ich bin gar nicht imstande dazu, eine Erscheinung oder eine Erfahrung augenblicks in vollendeten Versen Gestalt werden zu lassen. Es gibt bei mir jedesmal zwei schöpferische Momente, den der Auswahl aus dem unendlichen Stoff und den der Gestaltung, und diese beiden Momente liegen oft weit auseinander. Ich packe den Stoff und verstecke ihn dann gewissermaßen vor mir selbst in meinem kleinen Heft. Wenn seine Zeit gekommen ist, bietet er sich mir von selber wieder an. Jetzt mache uns, fordern diese Halbgeburten, und sind inzwischen schon viel reicher und voller geworden, und an der Dringlichkeit ihres Rufes erkenne ich, ob das Erlebnis ein echtes unabweisbares war.

Als ich mich einige Wochen nach meiner ersten Eintragung an die Ausarbeitung meines Begräbnisgedichtes machte, war mir keineswegs nach einer Beschäftigung mit dem Tode zumut. Es war ein besonders schöner Tag und ich wehrte mich gegen den Zwang, der mir auferlegt wurde. Aber es half nichts. Ich schrieb meine Aufzeichnung aus dem kleinen Heft ab, und noch einiges dazu, die Erinnerung an ein Kind, das ich bei einem großen Kirchenfest verstohlen immer denselben kleinen Sprungschritt hatte üben sehen, (...)

Aber ich fühlte doch schon ganz deutlich, wie mir der Einzelfall aus den Händen wuchs, und daß hier etwas dargestellt werden wollte, was das Ende jedes Menschen betraf. Schon war der Boden der Tatsachen verlassen, die Feier, die ich schilderte, hatte es nie gegeben, und so war es denn auch vollkommen gleichgültig, ob ich in bezug auf die Abwesenheit des Bürgermeisters und der Herren der Akademie geschwindelt hatte, ob meine ganze Darstellung der Wirklichkeit entsprach.

Etwas darüber auszusagen, wie solche Gedanken und Vorstellungen sich endlich zu Versen formen, ist mir unmöglich. Der Einfall, das plötzliche Auftauchen eines Unvorhergesehenen, spielt eine wichtige Rolle und wenn man auch manchmal viele Stunden damit zubringen kann, eine einzige Zeile zu formen, so wird doch die Besonderheit eines Gedichts wesentlich von der Eingebung bestimmt. Bei meinem Gedicht waren solche Einfälle zum Beispiel der Feuersalamander, der zu meinem eigenen Erstaunen plötzlich darinsaß, auch die schwarze Wolke, in der ganz ohne Überlegung das Unfaßbare des Vorgangs mir selbst plötzlich zur Erscheinung kam. (...)

Text 2:

Als sie den Dichter begraben haben
War Einer da, der für ein Wochenblatt
Einige Aufnahmen machte. Man sah sie später.
Den steilen Sarg, wie um ein mächtiges Haupt
Gezimmert, und den aufgeworfenen Wall,
Die Schaufel Erde in der Hand des Freundes,
Verwackelt, weil die Hand gezittert hatte,
Es war, alles in Allem, eine klägliche Feier.
Abwesend war das Oberhaupt der Stadt
Abwesend waren die Herren der Akademie.
Die Blumen waren aus Stroh und die Kränze stachlig.
Wer stürbe gerne in der Rosenzeit?
Der Pfarrer sprach sehr lang. Die Kinder übten
Verstohlen still, auf einem Bein zu stehen.
Einige waren gekommen, die niemand erblickte.
Sieben Dryaden, zwei Nymphen, ein Feuersalamander.
Nicht, daß der Dichter sie besungen hätte
Doch sie schienen zu glauben, sie gehörten dazu.
Die Gäste hatten Angst sich zu erkälten
Ein Toter zieht den Anderen ins Grab ...
Sie schlossen ihre Mäntel, starrten gedankenlos
Die Wolke an, die über ihre Köpfe
Dahinfuhr schwarz und herrlich —
Die schöne Wolke, dachte der Photograph
Und machte eine Aufnahme privat.
Ein fünfzigstel Sekunde, Blende zehn.
Doch auf der Platte war dann nichts zu sehen.

(zit. nach Bender, 1961, S. 18-21)

In ihrem 'Bericht' versucht Marie Luise Kaschnitz, der Entstehung ihres eigenen Gedichts nachzuspüren. Zuerst geht sie auf den Stoff ein, erwähnt aber dann, daß es in ihrem Schaffen "jedesmal zwei schöpferische Momente (gebe), den der Auswahl aus dem unendlichen Stoff und den der Gestaltung, und diese beiden Momente liegen oft weit auseinander". Bei einer vergleichenden Betrachtung von 'Bericht' und Begräbnisgedicht dürften die Spuren der Vorlage, des "Stoffes", noch deutlich erkennbar sein. Anderseits nehmen die Zufügungen einen breiten Raum ein. Durch dieses Sich-Lösen vom konkreten Anlaß, durch das Hinausgreifen ins Allgemeine, durch diese "Überhöhung" erhält das Gedicht erst seinen symbolischen Gehalt. Die Schrittfolge vom Stoff über das Motiv zur symbolischen Ausdeutung ist gut nachvollziehbar.

2. Vergleich verschiedener Fassungen eines Gedichts

In dieser Beispielgruppe ist der Schritt vom Stoff zur Konzentration im Motiv bereits vollzogen. In zwei — bei anderen Beispielen mitunter auch in mehreren — Stadien können wir den Werdeprozeß bei der sprachlichen Ausformung des Motivs verfolgen, gleichsam in die "Werkstatt des Dichters" schauen. Fassungsvergleiche sind in besonderer Weise geeignet, zu intensivem Arbeiten am Wortlaut des Textes anzuleiten, Sinnvarianten aufzuspüren, zu einem vertieften Verständnis des Textes zu führen.

a, Josef Weinheber: 'Vorfrühling'
Text 3: Erste Fassung
Text 4: Zweite Fassung

Text 3:

Am Waldrand äst ein Reh.
Auf Rain und Ackerrille
(und wohl ums arme Herze auch)
liegt noch ein wenig Schnee.

Doch drüber träumt ein goldner Hauch,
und in die süße Stille
blüht feierlich ein Schlehdornstrauch.

Text 4:

Die Hänge streift ein goldner Hauch,
und in die süße Stille
blüht feierlich ein Schlehdornstrauch.

Am Waldrand äst ein Reh.
in Spalt und Ackerrille,
und wohl ums arme Herze auch,
liegt noch ein wenig Schnee.

Beide Fassungen unterscheiden sich vornehmlich in der vertauschten Abfolge der zwei Aussageblöcke (Verse 1 - 4, 5 - 7). Darauf beruht die veränderte Wirkung. Ein Vergleich dürfte im Unterricht des 6./7. Schuljahrs bereits ergeben, wie in der Erstfassung Winter und Frühling in jahreszeitlicher Abfolge auftreten, das Gedicht versöhnlich endet ("blüht feierlich ein Schlehdornstrauch"), in der Zweitfassung hingegen "noch ein wenig Schnee" im Schlußvers an Kummer, Leid, Sorge mahnt. Sonstige kleinere Abweichungen im Text unterstützen diese Wirkung. Das "Naturgedicht" der Erstfassung wird in der Zweitfassung verstärkt zur sinnbildlichen Aussage für das Auf und Ab im menschlichen Leben.

b, Georg Britting: 'Am offenen Fenster bei Hagelwetter'
Text 5: Handschriftlicher Entwurf (vgl. folgende Seite)
Text 6: Überarbeitete Fassung

In Brittings Gedicht ist das vergebliche Haschen des Menschen nach dem Einmaligen, Besonderen, die Flüchtigkeit des Augenblicks, das nur Augenblickliche des Schönen und Erhabenen in unserem Leben, letztlich die Vergänglichkeit alles Irdischen gespiegelt. Im Entwurf (Text 5) ist dies bereits zu spüren; in der endgültigen Fassung (Text 6) tragen die Änderungen in Wortwahl und Syntax dazu bei, den Symbolgehalt zu verstärken: Aus "Mir aus der Hand" (Vers 5) wird z.B. das allgemeine 'Weg von der Hand"; aus "Ein Tropfen wie Gold" (Vers 8) wird "Blitzend wie Gold"; die Verb-Folge in der Endfassung "Himmlisches Eis sprang ... schoß ..., schmolz ..., verschwand" zeichnet das sekundenschnelle Ereignis, den raschen Übergang

[handwritten draft with crossings-out]

Himmlisches Eis
Sprang mir auf den Tisch
Rund, ~~kalt und~~ silber ~~weiss.~~
Es ~~sprang~~ schoss ~~wie~~ ein Tisch

weg von
~~Mir aus~~ der Hand
Dies greifen wollt~~e~~ ~~die Ma~~
~~Ein Tropfen~~ schmolz und verschwand.
Blitzend ~~Ein Tropfen~~ wie Gold

Am offnen Fenster bei Hagelwetter

Himmlisches Eis
Sprang mir auf den Tisch,
Rund, silberweiss.
Schoss wie ein Tisch

Weg von der Hand,
Dies greifen wollt,
Schmolz und verschwand.
Blitzend wie Gold

vom Entstehen zum Vergehen eindrucksvoll nach. — Gegen Ende der Sekundarstufe I vermögen Schüler dies in Grundzügen durchaus zu erfassen. An handschriftlichen Texten mit eingezogenen Änderungen wird ihnen zugleich deutlich, wie selbst Meister der Sprache an ihren Gebilden "feilen", nach optimaler Aussagekraft in der Sprache ringen.

III. Text-Bild-Vergleich zu verwandten Themen

Thematisch gebundene Textgruppierungen unter Stichwörtern wie "Stadt", "Frühling", "Bäume", "Freundschaft", "Vergänglichkeit" sind in Anthologien und Lesebüchern weit verbreitet. Seltener hingegen stoßen wir in der Literatur auf Text-Bild-Kombinationen, obgleich diese Form der Aussage dem Kinde in Bilderbüchern, Bildheften und Comics, in Wilhelm-Busch-Texten schon früh begegnet und in zunehmendem Maße über Sachbuch, Werbung, Illustrierte, Bild-Zeitung bis hin zum Fernsehen auf uns alle Einfluß nimmt. Eine systematische Hinführung zu sinnvollem und verantwortbarem Rezeptionsverhalten in diesem Bereich scheint uns heute wichtiger denn je. Hierbei können bildhafte Elemente illustrativen, motivierenden oder informierenden Charakter haben; sie können die sprachliche Aussage ergänzen, vertiefen oder im Kontrast zu ihr stehen; sie können im Kompositionsgefüge einer gedanklichen Einheit auftreten oder auch eigenständige Funktion übernehmen. Der Einbeziehung von Werken aus der Kunst, aus Malerei und Plastik kommt dabei besondere Bedeutung zu. Hier stützen und ergänzen sich Literatur und Kunst, die Fächer Deutsch und Bildnerisches Gestalten. An die Seite einer linear strukturierten Aussage in Schrift oder Rede tritt im Bildelement ein für das Auge bestimmtes, auf Simultanerfassung angelegtes Form-(Farb-)gefüge. Analoges gilt für den akustischen Bereich, für die Verbindung von Sprache und Musik, Text und Bild, für Singspiel, Hörspiel u.a.

Für den Text-Bild-Vergleich wählen wir eine Vorgabe, die bereits gegen Ende der Grundschulzeit, sicher aber im 5. Schuljahr bei den Schülern Freude bereitet und Erfolg verspricht.

Text: Peter Hacks: 'Der Winter'[11]
Bild: HAP Grieshaber: Einsamer Rabe (Holzschnitt aus Wilhelm Boeck: 'HAP Grieshaber. Holzschnitte'. Pfullingen: Verl. G. Neske 1959, S.73)

Peter Hacks: 'Der Winter'

Im Winter geht die Sonn'
Erst mittags auf die Straße
Und friert in höchstem Maße
Und macht sich schnell davon.

Ein Rabe stelzt im Schnee
Mit graugeschneitem Rücken,
In seinen Fußabdrücken
Sieht man jeden Zeh.

Der Winter ist voll Grimm.
Doch wenn die Mutter Geld hat
Und viel Briketts bestellt hat,
Dann ist er nicht so schlimm.

Peter Hacks entwirft in seinem Gedicht drei zunächst scheinbar nur lose gefügte Sprach-Bilder: personifizierte Wintersonne, Rabe in frisch gefallenem Schnee, Vorbereitung des Menschen auf den Winter. Bei näherem Betrachten stellen wir fest, wie sich der Aussagebogen vom Tagesgestirn über die kreatürliche Welt spannt, repräsentiert durch den Raben, hinein in die Geborgenheit des häuslichen Kreises. — Die ersten beiden Szenen finden sich auch bei Grieshabers 'Einsamer Rabe', hier ins "visuelle Bild" gehoben: wolkenverhangener Himmel; schneebedeckte Landschaft, durchzogen von Spuren futtersuchender Tiere; rechts unten einsam der Rabe, vom Winter bedroht, doch zäh und geduldig den Unbilden der Jahreszeit trotzend. Er, der Rabe, spricht die Schüler dieser Altersstufe besonders an. Von ihm aus lassen sich sowohl Bild als auch Gedicht gleichsam sukzessiv aufrollen.[12]

IV. Weitere Beispiele (mit Texthinweisen)

Auf weitere Möglichkeiten sei stichwortartig hingewiesen. Sie erleichtern dem Lehrer eine gezielte Auswahl.

1. Wir vergleichen verschiedene Texte desselben Autors zu einem bestimmten Thema, hier "Schule":
Textbeispiele: Jacques Prevert: a) 'Rechenstunde' 6.-8.Schj.
                     b) 'Der schlechte Schüler'

2. Wir vergleichen die Ausgestaltungen eines bestimmten Themas (hier "Lesen"), einmal in Sprache, zum andern im Bild:
Beispiel 1: Peter Suhrkamp: 'Lesen können'
            Auguste Renoir: 'Die Lesende' (Gemälde) 8./9. Schj.
Beispiel 2: Ernst Barlach: 'Der Lesende' (Bronzefigur)
            Manfred Hausmann: 'Begegnung mit dem Buch' 8./9. Schj.

3. Wir vergleichen Ausgestaltungen eines Themas in verschiedenen Gattungsformen/Textsorten
Beispiel 1: 'Das Gastmahl des Belsazar' (Die Bibel, Buch Daniel 5, 1-30)
            Heinrich Heine: 'Belsazar' (Ballade) 6. Schj.
Beispiel 2: Brüder Grimm: 'Die Kinder zu Hameln' (Sage)
            Hannes Wader (geb. 1937): 'Der Rattenfänger' (Protestsong) 8. Schj.

4. Wir verfolgen den motivgeschichtlichen Wandel eines Stoffes/Themas anhand ausgewählter literarischer und bildlicher (evtl. einschl. musikalischer) Ausprägungen:
Beispiel: 'Nibelungen' 9./10. Schj.
— Auszug aus dem mittelhochdeutschen Text
— Verschiedene Versionen einer Übertragung ins Neuhochdeutsche (z.B. Simrock, 1827; de Boor, 1959; Helmut Brackert, 1970)
— Friedrich Hebbel: 'Die Nibelungen' (Auszüge aus dem Drama, Entsprechungen zu vorgenannten Textstellen)
— Agnes Miegel: 'Die Nibelungen' (Ballade)
— Richard Wagner: 'Der Ring des Nibelungen' (Oper, Auszug)

5. Wir vergleichen Text und Gegentext:
Beispiel 1: Brüder Grimm: 'Die Sterntaler' (Märchen) 8.-10. Schj.
            Georg Büchner: ' Das Sterntalermärchen' (Gegenmärchen)
Beispiel 2: Eduard Mörike: 'Er ist's ' (Frühlingsgedicht)
            Manfred Hausin: 'Lied vom Gifttod' (1971) (Mörike-Parodie)

Abschließend sei versucht, diese und weitere Möglichkeiten textvergleichenden Vorgehens in einem Schaubild zusammenzufassen:

6. Rezeptionsformen

TEXTVERGLEICHE (Systematische Übersicht)

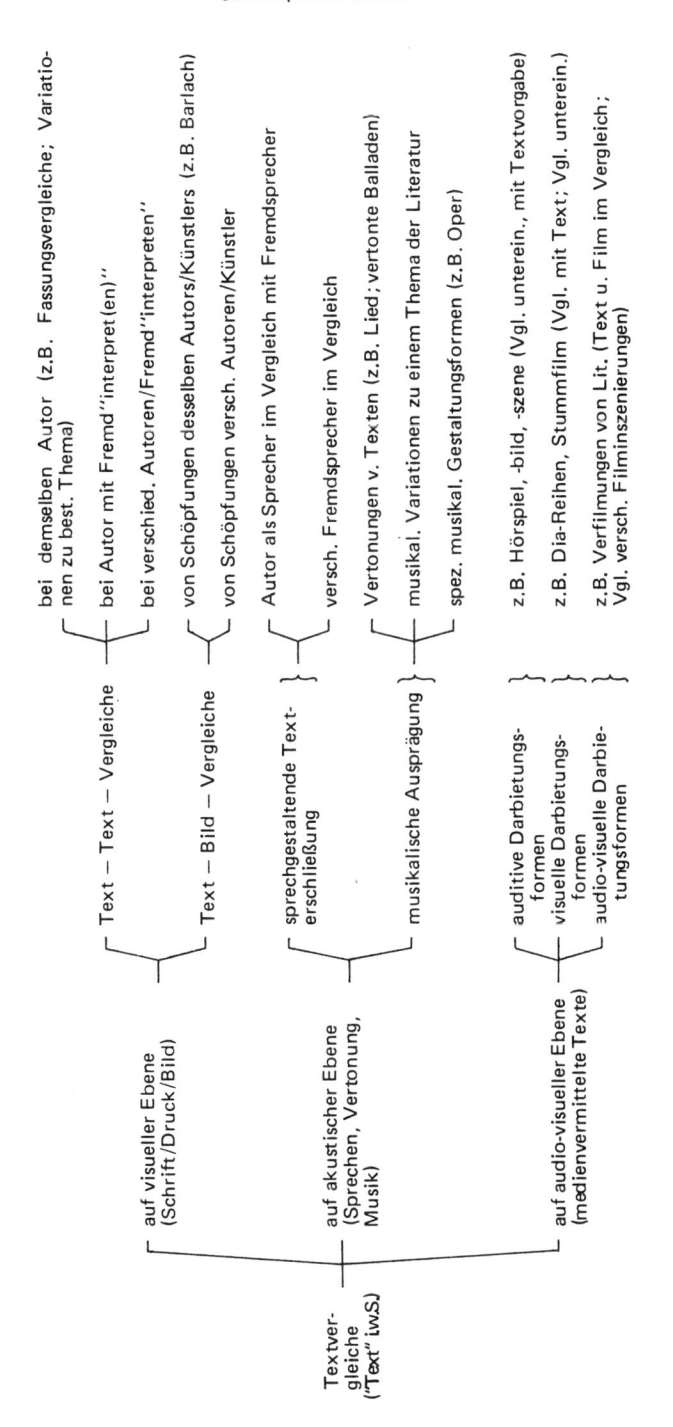

- **Textvergleiche ("Text" iwS.)**
  - **auf visueller Ebene (Schrift/Druck/Bild)**
    - **Text – Text – Vergleiche**
      - bei demselben Autor (z.B. Fassungsvergleiche; Variationen zu einem best. Thema)
      - bei Autor mit Fremd"interpret(en)"
      - bei verschied. Autoren/Fremd"interpreten"
    - **Text – Bild – Vergleiche**
      - von Schöpfungen desselben Autors/Künstlers (z.B. Barlach)
      - von Schöpfungen versch. Autoren/Künstler
  - **auf akustischer Ebene (Sprechen, Vertonung, Musik)**
    - **sprechgestaltende Texterschließung**
      - Autor als Sprecher im Vergleich mit Fremdsprecher
      - versch. Fremdsprecher im Vergleich
    - **musikalische Ausprägung**
      - Vertonungen v. Texten (z.B. Lied; vertonte Balladen)
      - musikal. Variationen zu einem Thema der Literatur
      - spez. musikal. Gestaltungsformen (z.B. Oper)
  - **auf audio-visueller Ebene (medienvermittelte Texte)**
    - **auditive Darbietungsformen** – z.B. Hörspiel, -bild, -szene (Vgl. unterein., mit Textvorgabe)
    - **visuelle Darbietungsformen** – z.B. Dia-Reihen, Stummfilm (Vgl. mit Text; Vgl. unterein.)
    - **audio-visuelle Darbietungsformen** – z.B. Verfilmungen von Lit. (Text u. Film im Vergleich; Vgl. versch. Filminszenierungen)

Anmerkungen

1) Erste Ansätze zu einer vergleichenden Methode in der Literaturwissenschaft finden wir bereits bei Lessing. Bis heute ist sie "das Rückgrat der Stoff- und Motivforschung" geblieben (Frenzel 1978, S. 3ff. und 46ff.).
2) Zur Geschichte des Textvergleichs s. Beinlich, Bd. 2, 5/1970, S. 1406ff.
3) Anzeichen hierfür sind Neuerscheinungen von Anthologien mit motivverwandten Texten wie z.B. 'Deutsche Großstadtlyrik vom Naturalismus bis zur Gegenwart' (Reclam 1973); Insel-Taschenbücher 'Das Herbstbuch' (it 657, 1982), 'Das Winterbuch' (it 728, 1983), 'Hermann Hesse. Bäume' (it 455, 1984), ferner eine Vielzahl von Lesewerken mit entsprechenden Textsequenzen sowie Lesereihen mit Sammlungen von Vergleichsreihen.
4) Diese Schwierigkeit hat bereits Wolfgang Kayser (8/1962, S. 64ff.) in einem Exkurs über "Das Motiv der Nacht in vier Gedichten" aufgezeigt.
5) Wie dies erfolgen kann, wird in dem vom Verf. mit herausgegebenen Lesewerk "Leserunde" (Freiburg i.Br., Herder 1980ff.) aufgezeigt.
6) Vgl. Krywalski 1974, S. 196-200
7) Dazu Frenzel: "Der Stoff kann zum Motiv konzentriert, das Motiv zum Symbol überhöht werden". (1978, S. 24)
9) Gottfried Benn 1951 in seinem Vortrag "Probleme der Lyrik" an der Universität Marburg. Zit. nach Bender 1961, S. 15 bzw. 9
8) Vgl. Hans Bender: Mein Gedicht ist mein Messer. Lyriker zu ihren Gedichten. München 1961, S. 11
10) Die Anregung zu diesem Beitrag geht zurück auf ein Semi unter dem Thema "Motiv und Gestaltung" an der Erziehungswissenschaftlichen Hochschule Rheinland-Pfalz, Abt. Landau, im Wintersemester 1984/85.
11) Aus: Peter Hacks: Der Flohmarkt. Gedichte für Kinder. Köln: Benziger 1973,S.16
12) In Alltagssprache, Literatur und Malerei nimmt der Rabe eine besondere Stellung ein, was in einem 8./9. Schuljahr beispielsweise Anlaß für weitere Arbeiten sein könnte. Erwähnt seien Redewendungen wie "Rabenvater", "Rabenmutter", "Rabeneltern", der Rabe als Fabeltier ("Fuchs und Rabe"), andererseits aber der Rabe als Sinnbild der Weisheit, Klugheit, im zeitgenössischen Gedicht auch als Symbol der Ruhelosigkeit, der Reise- und Abenteuerlust (z.B. in Crhistoph Mekkels "Mein Rabe").

Literatur

Beinlich, Alexander (Hrsg.): Handbuch des Deutschunterrichts im ersten bis zehnten Schuljahr. Bd.2. Emsdetten: Lechte 5/1970, bes. S. 1406ff.
Bender, Hans (Hrsg.): Mein Gedicht ist mein Messer. Lyriker zu ihren Gedichten. München: List 1961 (List Bücher 187)
— Das Herbstbuch. Frankfurt a.M.: Insel 1982. 2/1983 (it 657)
Bender, Hans/Schwark, Hans Georg (Hrsg.): Das Winterbuch. Gedichte und Prosa. Frankfurt a.M.: Insel 1983, 3/1984 (it 728)
Deutsche Gedichte in Handschriften. Leipzig: Insel 1935
Frenzel, Elisabeth: Stoff-, Motiv- und Symbolforschung. Stuttgart: Metzler 4/1978 (Slg. Metzler M 28)
Hesse, Hermann: Bäume. Betrachtungen und Gedichte mit Fotografien von Imme Techentin. Frankfurt a.M.: Insel 1984, 4/1985 (it 455)
Hippe, Robert: Interpretationen zu 60 ausgewählten motivgleichen Gedichten. Hollfeld/Obfr.: Bange 1968
Kayser, Wolfgang: Das sprachliche Kunstwerk. Eine Einführung in die Literaturwissenschaft. Bern/München: Francke 1948, 8/1964
Krywalski, Dieter (Hrsg.): Handlexikon zur Literaturwissenschaft. München: Ehrenwirth 1974
Neis, Edgar: Interpretationen motivgleicher Werke der Weltliteratur von Aeschylos bis Anouilh, von Shakespeare bis Brecht. Hollfeld/Obfr.: Bange 1967
Schildt, Hilke: Aus der poetischen Werkstatt. Gedichte in verschiedenen Fassungen. Dortmund: Crüwell-Konkordia 1972, 5/1980 (Sprachhorizonte 8)

METHODISCHE PROBLEME
LITERARISCHER WERTUNG IM UNTERRICHT

von Monika Schrader

Wie kann literarische Wertung Gegenstand des Unterrichts werden?
Diese um 1912 von Benjamin in seinem Aufsatz 'Unterricht und Wertung'[1] aufgeworfene Frage ist trotz der inzwischen breit angelegten Debatte um Probleme der Wertungsdidaktik offener denn je. Zwar besteht innerhalb der literatur- und wertungsdidaktischen Diskussion gegenwärtig kaum mehr Zweifel daran, daß literarische Wertung ein unverzichtbarer Bestandteil von Theorie und Praxis des Literaturunterrichts ist: Fragen der Auswahl, der Kanonbildung, der Methodologie literarischer Urteilsbildung, der Lernzielbestimmung sind ohne wertungsdidaktische Reflexion kaum zureichend zu beantworten. Angesichts der weitverzweigten Theorie- und Wertungsdiskussion ergibt sich für die Wertungsdidaktik jedoch die Schwierigkeit, klären zu müssen, welche Wertungskonzeptionen aus der Fülle gegebener Theorien dem Unterricht zugrundezulegen sind und welche Gesichtspunkte für eine ästhetisch und pädagogisch angemessene Auswahl von Kriterien und Verfahren literarischer Wertung im Unterricht formuliert werden können.

Antworten auf diese Frage finden sich bisher erst vereinzelt. Es fehlen — wie Henze[2] bereits 1963 feststellt — noch immer explizite Überlegungen zum Zusammenhang von pädagogischen und ästhetischen Aspekten der Literatur- und Wertungsdidaktik.

Seit den Wandlungen des Wissenschafts-, Bildungs- und Literaturbegriffs in den sechziger Jahren sind zudem veränderte Bedingungen für die Reflexion auf den Bildungswert von Literatur gegeben. Solange der Literatur- und Wertbegriff durch die legitimatorische Kraft der Tradition geregelt waren, lag den Kriterien und Verfahren literarischer Wertbestimmung ein relativer Konsens über das, was als Literatur zu gelten hatte und was nicht, zugrunde. Die Entwicklung der Literatur- und Wertungsdiskussion seit den sechziger Jahren, die grundsätzliche Kritik an einem einseitig ästhetisch bestimmten Literaturbegriff, hat in der Wertungsdidaktik jedoch ihren unmittelbaren Niederschlag gefunden. Mit der Erweiterung des Literaturbegriffs zum Textbegriff und der Nivellierung der Unterschiede zwischen literarischen und nicht-literarischen Texten erscheinen zugleich Ziele, Inhalte und Methoden des Literaturunterrichts gewandelt: Die kulturelle Bedeutung des literarischen Erbes wurde offen in Frage gestellt und die Begrenzung des Lektürekanons auf sog. ästhetisch hochwertige Literatur aufgegeben; Gebrauchs- und Trivialliteratur gelten seitdem als gleichberechtigter Unterrichtsgegenstand des Literaturunterrichts; Methoden ästhetischer Erziehung und literarischer Bildung wurden durch kritische, kommunikative, handlungsbezogene und sprachanalytische Verfahren des Umgangs mit Literatur ergänzt. Angesichts der Erweiterung des Lektürebestandes und des Methodenrepertoires erscheint die Frage nach der Funktion von Literatur für Prozesse der Bildung schwieriger als zuvor. Denn es ergibt sich die Aufgabe, je nach Textart unterschiedliche Kriterien des Bildungswerts anzugeben und die Angemessenheit der jeweiligen Wertungsmethoden für die Beurteilung von Literatur zu reflektieren. So kann wohl kaum ein Zweifel daran bestehen, daß Goethe, Kafka, Hofmannsthal einen anderen Bildungswert haben und mit anderen Wertungsverfahren zu bewerten sind als z. B. Comics, Trivial- und Gebrauchsliteratur.

So nahe diese Frage liegt, sie wurde innerhalb der Wertungsdidaktik bisher kaum explizit reflektiert. Zwar fordern Baumgärtner[3], Weber[4] u.a., Werterziehung an der Vielfalt der literarischen Formen auszurichten und ein differenziertes methodisches Instrumentarium für die Bewertung von Literatur in den Unterricht einzubeziehen. Dennoch gibt es bisher erst vereinzelte Ansätze einer je nach Textart zu variierenden Wertungsdidaktik und -methodik. Im Überblick über die wertungsdidaktische Diskussion fällt vielmehr auf, daß die Wertungskonzepte weniger von den einzelnen literarischen Formen her, sondern im Rekurs auf pädagogische Zielkonzepte bzw. auf einzelwissenschaftliche Methodologie gerechtfertigt werden; Kommunikationstheorie, Literatursoziologie, Handlungstheorie, Rezeptionstheorien usw. erscheinen als Grundlage der Wertungsdidaktik und -methodik. Die Folgen dieser Wertungsdidaktik für die Theorie und Praxis des Literaturunterrichts sind inzwischen allzu deutlich geworden: Es besteht die Gefahr, daß Literatur zum "Neutrum" wird, zum "verfügbaren Bestand an wissenschaftlich ausgelegten Strukturen und Themen"[5] und als Gegenstand unmittelbarer ästhetischer Werterfahrung und -erkenntnis gar nicht mehr in den Blick kommt. Zudem sind die Wertunterschiede zwischen den einzelnen literarischen Formen, zwischen 'Don Carlos', 'Woyzeck', dem 'Zauberberg', moderner Lyrik und Comics, Werbung und Collageliteratur kaum mehr thematisierbar, da die verschiedenen — kritischen, sprachbezogenen, rezeptionsorientierten — Methoden literarischer Wertung prinzipiell in gleicher Weise auf alle Texte angewandt werden. Wie Baumgärtner[6] mit Recht feststellt, sind die bisherigen wertungdidaktischen Konzeptionen durch Überlegungen zu ergänzen, mit denen der jeweilige Eigenwert von Literatur Maßstab der Auswahl von Wertungsverfahren und -kriterien werden kann. Es gilt zu klären, in welcher Weise gesetzte pädagogische Erfordernisse von den jeweiligen Möglichkeiten der Literatur her erfüllt und konkretisiert werden.

Zwar kann an dieser Stelle kein Überblick über Kriterien literarischer Wertbestimmungen gegeben werden; dennoch ist die wertungsdidaktische Reflexion notwendig auf literatur- und werttheoretische Diskussionszusammenhänge verwiesen, da erst im Rückgang auf die literaturwissenschaftliche Wertungsdiskussion Hinweise auf eine differenziert zu begründende Wertungsdidaktik abzuleiten sind. So fällt z. B. im Vergleich der literaturwissenschaftlichen Wertungskonzeptionen auf, daß die einzelnen Wertungstheorien jeweils in Anlehnung an unterschiedliche Textarten legitimiert werden.[7] Es werden andere Wertungskriterien und -verfahren entworfen, wenn Gebrauchs-, Trivial- oder Collageliteratur Ausgangspunkt der Theoriebildung sind, andere wiederum, wenn die Wertungstheorien an sog. Hochliteratur orientiert sind. Ferner ergeben sich andere Wertbestimmungen, je nachdem ob Literatur als Zeichen, soziale Praxis bzw. als kommunikatives symbolisches Handeln gedeutet wird (Russische Formalisten, Prager Strukturalisten, semiotische Theorien, amerikanische Pragmatisten) oder ob Literatur von ihrem Wirklichkeitsbezug als Darstellung universaler Sinn- und Seinszusammenhänge begriffen ist (phänomenologische, darstellungsästhetische, marxistische Wertungstheorien). Eine an der Vielfalt literarischer Formen auszurichtende Wertungsdidaktik und -methodik erfordert es, diese Zusammenhänge zwischen dem Literatur- und Wertbegriff zu vergegenwärtigen, um damit zugleich Maßstäbe zur Einstufung des jeweiligen Bildungswerts von Literatur gewinnen zu können. Ohne diese Beziehungen zwischen ästhetischen und pädagogischen Aspekten der Wertungstheorien in diesem Zusammenhang ausführen zu können, sollen an einigen Beispielen Möglichkeiten einer je nach Textart variierenden Wertungsmethodik aufgewiesen und Beziehungen zwischen der Textstruktur und den literarischen Wertbestimmungen verdeutlicht werden.

1. Beispiel:
E. Jandl
(um 1960)

> der baum ist kunstvoll
> und alles in der luft
> zugleich. von weitem
> erhebt natur den schatten.
> luftig in der hand schwindet
> die schwarze tiefe. noch unvertrieben
> kommt die erwähnte
> kurze kurze zeit.
> schnee und reif
> sind eng genug dazu.
> hoch! die kirschen
> enthüllt er gelassen. [8]

Jenseits von Möglichkeiten der Bewertung dieses Textes von außertextuellen Perspektiven her (z. B. vom sozialen, individuellen, ästhetischen Erwartungshorizont des Lesers) provoziert die Textstruktur selbst bestimmte Wertungsverfahren und -kriterien und schließt andere aus. Unsinnig wäre es bei diesem Text, die Art der Darstellung von Wirklichem, d.h. die Frage nach dem Objekt- bzw. Sinnbezug zum Maßstab der Wertung zu machen. Wie bei moderner experimenteller Kunst und konkreter Poesie überhaupt, erweist sich vielmehr die Störung/Unterbrechung der Beziehung zwischen Bedeutung und Bedeutetem, zwischen Sprache und Wirklichkeit als entscheidendes Stilmittel der Vertextung. Durch die Auflösung der narrativen syntaktischen Fügungen, durch die Koordination inkongruenter Wörter — "baum ist kunstvoll ... schnee und reif ... eng genug" — und die rein experimentelle, widersinnige Bildfolge erscheint das Prinzip der Normabweichung von überlieferten ästhetischen Kategorien des Inhalts und der Form als Kriterium von Literatur. "Die Opposition ist aggressiv. Sie reduziert den Inhalt und löst die Form in ihren traditionellen Erscheinungsweisen auf"[9]. In Abwehr der traditionellen poetischen Kategorien von Darstellung, Handlung, Ausdruck, Repräsentation wird das Experiment mit der Sprache, mit Wortverwendungen, deformierten Sprachteilen, syntaktischen Reihungen usw. zum Konstitutionselement der Poesie. Reduziert auf die Sprachlichkeit werden Destruktion, Innovation, Experiment zu Wertkriterien dieser Poesie. In Abkehr von mimetischer Kunst ist der vorliegende Text — wie konkrete Poesie überhaupt — darauf gerichtet, Funktionen der Sprache zu "materialisieren" und Prozesse syntaktischer und semantischer Bedeutungskonstitution spielerisch zu erproben.

Ausgehend von der Textstruktur experimenteller Kunst wurden innerhalb der Wertungsdidaktik — in Anlehnung an die literaturwissenschaftliche Wertungsdiskussion — Wertungsmethoden entwickelt, die auf den Innovations- und Experimentcharakter von Literatur zielen. Als Verfahren literarischer Wertung werden in diesem Zusammenhang z.B. vorgeschlagen: Sprachspiele, Wortfeldarbeit, Umstell-, Ersatz- und Weglaßproben, syntaktische Sprachübungen, Experimente mit Wort-, Satz- und Bedeutungskonstellationen, Sprachbetrachtungen, Übungen zur optischen Umsetzung von Sprache usw. Alle genannten Methoden sind darauf gerichtet, jene durch die poetische Sprachverwendung vollzogenen Umwertungen von Sprache zu analysieren und Literatur als eigenständiges Medium der Sprachsensibilisierung und Wahrnehmungsdifferenzierung erfahrbar werden zu lassen. Als Kriterien literarischer Wertung gelten dabei einerseits die Kategorien der Normabweichung und Innovation; andererseits sind jene von J. Lotmann[10] genannten Maßstäbe zur Unterscheidung von guter und schlechter Poesie zugrundezulegen, um zugleich den jeweiligen Bildungswert der literarischen Formen einstufen zu können.

Nach Lotmann gehört es zur Voraussetzung guter Kunst, daß sie gleichzeitig "richtig" und "unrichtig" ist[11], d.h. daß sie ein vorgegebenes Normenrepertoire durchbricht und erfüllt. Schlechte Kunst ist in diesem Sinn jene Kunst, die nur Bekanntes (triviale Kunst) wiederholt bzw. nur Unbekanntes (unsinnige Kunst) enthält. Als Kriterium des literarischen Werts meint der Wertmaßstab der Innovation daher nicht nur die Erfindung von Neuem, sondern den Aufweis der Differenz zwischen normalsprachlicher und poetischer Rede. Von diesen Überlegungen her wäre das vorliegende Textbeispiel abzuwerten, weil es nur chaotisch ist und keinerlei Informationsgehalt hat.

Als Beispiel für experimentelle Literatur, die überliefertes ästhetisches Normenrepertoire durchbricht und zugleich neue Möglichkeiten der Bedeutungskonstitution eröffnet, sei folgender Text von E. Gomringer zitiert:

das schwarze geheimnis
ist   hier
hier   ist
das schwarze geheimnis

Die verschiedenen Stilmittel der Umwertung des konventionellen Sprachrepertoires — die Visualisierung von Inhalten, die unterschiedlichen Formen der räumlichen Anordnung (Häufung, Verteilung, Analyse, Synthese), die Reduktion der Elemente des Gedichtaufbaus usw. — eröffnen in vorliegendem Textbeispiel zwar neue Möglichkeiten der Bedeutungskonstitution, bleiben jedoch zugleich an den konventionalisierten Sprachgebrauch gebunden. — In Übereinstimmung mit handlungsbezogener und sprachorientierter Wertungsdidaktik ist der Bildungswert experimenteller Literatur vor allem darin zu sehen, daß Sprachbewußtsein erzeugt, der Handlungsbezug von Sprache aktiviert und der Experimentcharakter von Literatur verdeutlicht wird.

Außer den genannten, auf die Sprachverwendung abzielenden Wertungsverfahren können auch andere Aspekte experimenteller Kunst Ausgangspunkt variierender Wertungsmethoden werden. Als weitere Wertungsverfahren wären z.B. zu nennen: soziologische Analysen, in denen der Zusammenhang zwischen der Sprachform und gesellschaftlichen Entwicklungen (Informations-, Kommunikationsgesellschaft) Gegenstand der Bewertung wird; rezeptionsbezogene Wertungsmethoden, in denen der Handlungsbezug von Texten Kriterium literarischer Wertung ist, wobei Texte unter dem Aspekt bewertet werden, inwieweit sie kreative Prozesse auslösen; kritische Wertungsverfahren, in denen die soziale und individuelle Relevanz experimenteller Kunst zum Maßstab der Wertung wird usw.[12]

2. Beispiel:
Liegt der Bildungswert experimenteller Literatur vor allem in den innovativen Formen der Sprach- und Bedeutungskonstitution begründet, so ergeben sich andere Wertbestimmungen, wenn z.B. Trivialliteratur Gegenstand literarischer Wertung ist. Als Textsorte, die durch textexterne, soziale und individuelle Bedürfnisse konstituiert wird, erfordert Trivialliteratur vorwiegend Wertungsverfahren, die auf diesen Zusammenhang von Textstruktur und Produktions- bzw. Rezeptionsbedingungen zielen.
Am Textbeispiel sollen einige Möglichkeiten der Wertung von Trivialliteratur aufgezeigt werden.

L. Ganghofer, Gewitter im Mai (1904)

> "Wie schön das war: dieses stille Rasten, fern von aller Unruh da draußen, nach langen Jahren wieder in der Heimat, an solchem Morgen, in der linden Maisonne! Ohne sich zu regen, die gebräunten Hände im Schoß, an die weißglänzende Mauer gelehnt, und wunschlos träumenden Glanz in den blauen Jünglingsaugen, saß er zwischen Tür und Fenster auf der Hausbank und trank mit tiefen, ruhigen Atemzügen alle Schönheit in sich, die der Mai seiner Heimat um ihn herschüttete ..."[13]

Innerhalb der traditionellen Wertungsdidaktik galt die werkimmanente Interpretation als Grundlage der Wertung trivialliterarischer Texte. Ausgehend vom Prinzip der Dichotomie von Kunst und Kitsch waren die Verfahren literarischer Wertung darauf gerichtet, die literarischen Strategien des Aufbaus, der Wortwahl, der Stilmittel, der Motivwahl, des Zusammenhangs von Teil und Ganzem usw. unter der Perspektive zu bewerten, inwiefern sie gegen die ästhetischen Normen der Hochliteratur — Stimmigkeit, Echtheit, Spannungsfülle, Gefügtheit, Einheit von Teil und Ganzem usw. — verstießen.[14] Unter ästhetischem Aspekt wurden die literarischen Merkmale von Trivialliteratur dabei als Normverstöße bzw. als minderwertig eingestuft; ästhetisch minderwertige Stilmerkmale in diesem Sinn sind im vorliegenden Textbeispiel z.B.: die klischeehafte Verwendung der Adjektive (stille Rasten, linde Maiensonne, gebräunte Hände, weißglänzende Mauer), die Kumulation von Adjektiven zum Zweck der Reizsteigerung, die Aneinanderreihung schemenhafter stereotyper Bilder (Heimat, Maiensonne, Hausbank), der ungenaue und z.T. falsche Wortgebrauch zum Zweck der Reizkumulation ("er trank ... alle Schönheit ..., die der Mai ... herschüttete"), die lyrisierende Auflösung des Erzählten in effektsteigernde Stimmungsbilder ("und wunschlos träumenden Glanz in den blauen Jünglingsaugen"), das Prinzip der Kompilation als Handlungs- und Aufbauprinzip des Erzählten usw.

Mit der in den sechziger Jahren verstärkt einsetzenden Trivialliteraturforschung entsteht zugleich ein verändertes Paradigma literarischer Wertungskonzeption. Ausgehend von der Deutung dieser Textsorte als einer wesentlich durch Produktions- und Rezeptionsbedingungen bestimmten Literaturgattung, ist Trivialliteratur nicht mehr in erster Linie unter ästhetischer Perspektive Gegenstand der Wertung; sie erscheint vielmehr als Modell für eine an Funktion, Produktion, Rezeption und Distribution zu orientierende Wertungsdidaktik.[15] Diese funktionale Wertungskonzeption schließt die Abkehr vom Begriff der Wertung als poetologischer Werkanalyse zugunsten von soziologisch und ökonomisch orientierten Wertungsverfahren ein. Das veränderte Wertungsmodell gründet in einem spezifischen Begriff literarischer Wertung: Wertung ist nach Waldmann, Schemme u.a. nicht mehr als Prozeß der Bewertung von Literatur zu verstehen, sondern als Analyse faktischen Wertens, indem sich die Wertungsverfahren auf die durch Literatur und Leser transportierten Wertvorstellungen beziehen.

Mit dieser Umdeutung der Wertung von einem normästhetischen zu einem analytischen Verfahren ist eine Erweiterung des Methodenrepertoires literarischer Wertung verknüpft. Traditionelle Methoden der Werkinterpretation, des Vergleichs, der Stilanalysen werden durch "sozialpsychologische und rezeptionsanalytische Experimente zur Beobachtung von Bewertungsprozessen"[16] abgelöst. Insofern Literatur und Wert als Ergebnis von Sozialisationsprozessen verstanden werden, werden linguistische, historische, ideologiekritische Untersuchungen zu Sprache, Inhalt, Wirkung, Funktion, Produktion und Rezeption von Texten als Verfahren der Wertungsdidaktik vorgeschlagen. So wird Wertung verstanden a) als linguistische Analyse der durch die sprachlichen Strukturen vermittelten sozialen Normen; durch Wertung sollen Zusammenhänge zwischen den Texten bzw. den literarischen Strategien und bestimmten sozio-kulturell bedingten Norm- und Wertvorstellungen verdeutlicht werden, wobei die individuelle und soziale Relevanz eines Textes Maßstab für seinen ästhetischen Wert ist. Wertung zielt b) darauf, gesellschaftliche Funktions- und Wirkabsichten aufzudecken (Manipulation, Anpassung, Aufklärung, Widerstand usw.), und c), die Normen von Rezeptions- und Tradierungsprozessen offen zu legen. Neben Sprachanalysen, Bedürfnis- und Leserforschung, Marktanalysen und literatursoziologischen Untersuchungen gelten ferner semiotische Analysen zum Zeichen- und Rollenrepertoire trivialliterarischer Texte als geeignete Wertungsmethoden, da der Vergleich unterschiedlicher Rollenmuster von Text und Leser im Sinn Waldmanns[17] Wertungs- und Sozialkompetenz ermögliche. Die Kriterien literarischer Wertung ergeben sich bei den genannten Verfahren nicht aus dem Kunstwert, sondern bezeichnen die instrumentelle Bedeutung von Literatur für individuelle und soziale Verwendungszusammenhänge. Als Kriterien werden z.B. genannt: Aufklärung, Mündigkeit, Herrschaftsfreiheit, Unterhaltung, Bedürfnisbefriedigung, Sozial- und Ichkompetenz, Kritikfähigkeit usw.

Insgesamt sind die am Beispiel der Trivialliteratur entwickelten Wertungsmethoden auf die Analyse des Gebrauchs- und Kommunikationswertes von Literatur gerichtet. Literarische Wertung wird dabei nicht im Rahmen ästhetischer Erziehung legitimiert; der Bildungswert von Trivialliteratur besteht nach Schemme, Waldmann u.a. vielmehr darin, daß der Umgang mit Literatur Erkenntnisse über die kommunikativen Bedingtheiten von Texten freisetzen könne und somit als Ausbildung sozialer Handlungsfähigkeit, als Individuations- und Sozialisationstraining zu verwirklichen sei.[18]

So legitim diese am Gebrauchswert von Literatur orientierten Wertungsverfahren bei Trivialliteratur, Gebrauchstexten, Werbeliteratur usw. sein mögen, so problematisch ist es, Trivialliteraturdidaktik als Modellfall für Wertungsdidaktik überhaupt zu bezeichnen. Zwar ist es durchaus möglich, auch ästhetisch hochwertige Literatur unter dem Aspekt ihres Kommunikations-, Gebrauchs- und Funktionswertes zu bewerten. Dennoch bleibt der Kunstwert von Literatur in funktionalen Wertungsverfahren außer Betracht, eine Unterscheidung der literarischen Formen nach ihrem jeweiligen Eigenwert kann auf diese Weise nicht gelingen; unter der Perspektive des Gebrauchswertes sind Goethe, Schiller, Werbetexte und Comics prinzipiell gleichwertig und austauschbar.

3. Beispiel

Seit der grundsätzlichen Kritik an traditionellen poetologischen Wertungsverfahren gibt es innerhalb der gegenwärtigen Wertungsdidaktik gegenüber den vielfältigen am Gebrauchswert orientierten Wertungsmethoden kaum Vorschläge zur Bewertung des Kunstwerts von Literatur. Am Beispiel sollen einige Möglichkeiten zur Wertung des Kunstcharakters verdeutlicht werden:

Dornburg, September 1828   J.W.v.Goethe

> Früh, wenn Tal, Gebirg und Garten
> Nebelschleiern sich enthüllen,
> Und dem sehnlichsten Erwarten
> Blumenkelche bunt sich füllen,
>
> Wenn der Äther, Wolken tragend,
> Mit dem klaren Tage streitet,
> Und ein Ostwind, sie verjagend,
> Blaue Sonnenbahn bereitet,
>
> Dankst du dann, am Blick dich weidend,
> Reiner Brust der Großen, Holden,
> Wird die Sonne, rötlich scheidend,
> Rings den Horizont vergolden.

Es ist unbestreitbar, daß sich der künstlerische Wert dieses Gedichts weder allein durch Sprachanalysen, noch im Rekurs auf die soziale bzw. individuelle Funktion des Textes erschließen läßt. Es ist vielmehr der durch das Gedicht entworfene Bild- und Bedeutungszusammenhang (die symbolische Naturdarstellung: Tagesablauf = Lebenslauf), der den literarischen Wert des Gedichts begründet. Verfahren literarischer Wertung sind deshalb in erster Linie auf den Nachvollzug dieses im Gedicht gegebenen Bedeutungsaufbaus zu richten.

Nach Ingarden[19] wird der literarische Text durch unterschiedliche Werttypen bestimmt: durch den künstlerischen Wert, der den technischen Aufbau der einzelnen Bedeutungsträger — Reim, Rhythmus, Versmaß, Strophenabfolge, Wortwahl, Bildgebrauch, Syntax usw. — und ihre funktionalen Beziehungen betrifft, und durch den ästhetischen Wert, der als Ergebnis der durch Kunst geleisteten Verwandlung von realen Gegebenheiten in sinnstiftende Bildzusammenhänge erscheint. In der Tradition literarischer Wertdiskussion[20] wurde die auf die Erkenntnis des Kunstcharakters gerichtete Wertung in diesem Sinn als höchst komplexer Vorgang beschrieben, der unterschiedliche Verfahren umgreift: 1) erlebnisbezogene Formen des Umgangs mit Literatur (Lesen, Vorlesen, Vortrag usw.); 2) Verfahren zur technischen Erschließung der künstlerischen Darstellungsmittel, die stilkundliche, sprachliche, literarhistorische, motivgeschichtliche und gattungsgeschichtliche Übungen einbeziehen, und 3) Verfahren zur Sinn- und Bedeutungskonstitution, in denen die einzelnen Bedeutungsträger des literarischen Werks zur Einheit eines "Sinnbezirks" gefügt und die im literarischen Werk geleistete Deutung des Wirklichen zum Gegenstand literarischer Wertung wird. Als Kriterien der künstlerischen Wertung gelten dabei die Maßstäbe der Komplexität, Spannungsfülle, Echtheit, Gefügtheit, Einheit von Teil und Ganzem usw.; die Kriterien ästhetischer Wertung zielen auf die Bewertung der durch Literatur geleisteten Verwandlung faktischer Realität in übergeordnete Sinnzusammenhänge: das Wahre, Öffentliche, Menschliche, Ganze, Allgemeine, Typische, Repräsentative werden als Kriterien genannt.[21]

Ohne in diesem Zusammenhang die unterschiedlichen Wertungsverfahren am Textbeispiel im einzelnen verdeutlichen zu können, sollen einige Hinweise genügen. Wie oben ausgeführt, erscheint die Interpretation als Voraussetzung literarischer Wertung. Aspekte der Interpretation sind dabei z.B. der Titel, der Textaufbau, die Bildfolge, die phonematische, semantische und syntaktische Fügung, die zu analysieren und mit den gen. Kriterien zu bewerten sind. — Auffällig ist zunächst die Spannung zwischen dem Titel und dem Gedicht: Der Titel —'Dornburg, September 1828' — läßt vermuten, daß es sich um konkrete historische Begebenheiten handelt; im Gedicht ist jedoch ein allgemeines Bild der Natur vom Morgen zum Abend entworfen. Die Abfolge der Strophen ist in typisierender Darstellung durch eine wechselnde Bildfolge der Tageszeiten von der Früh (1. Strophe) zum klaren Tag (2. Strophe) zum Abend (3. Strophe) gekennzeichnet, wobei die einzelnen Tageszeiten chiffrenartig durch einzelne Bilder der Natur (Tal, Gebirg und Garten, Nebelschleier, Äther, klarer Tag, Sonne) charakterisiert sind. Dieser entkonkretisierende Stil wird z.B. auch in der syntaktischen Fügung deutlich; durch die Reihung von Bedingungssätzen jeweils am Beginn der ersten und zweiten Strophe wird der Realbezug des Dargestellten in eine hypothetische Bewegung zurückgenommen, durch die das zeitliche Nacheinander von Morgen, Mittag und Abend in eine hypothetische Gleichzeitigkeit aufgelöst erscheint: "wenn Tal, Gebirg und Garten Nebelschleiern sich enthüllen ... wenn der Äther ... blaue Sonnenbahn bereitet ... dankst du dann ... wird die Sonne rings den Horizont vergolden." Dieses Ineinander von realer und poetischer Naturdeutung ist ferner in der typisierenden Beschreibung der Tageszeiten durch die Farbbezeichnungen — bunt, blau, rötlich, golden — erkennbar, Farbgebungen, die — gemäß Goethes Farbenlehre — zugleich symbolischen Wert haben. Weiterhin fällt der gehobene Sprachstil auf, der die Wortwahl durchgängig bestimmt: er wird deutlich im Stilelement der Personifizierung und dem Bildgebrauch — "Tal, Gebirge ... Nebelschleiern sich enthüllen, ... Äther, Wolken tragend ..., Ostwind ... blaue Sonnenbahn bereitet". An diesen und anderen Stilmerkmalen zeigt sich ein bewußter Stilwille, der den künstlerischen Wert des Gedichts begründet; die einzelnen Bedeutungsträger - Wort, Satz, Rhythmus, Strophe usw. — verweisen in wechselseitigen Funktionszusammenhängen auf einen im Gedicht gestalteten Bedeutungszusammenhang, wobei die Kriterien der Komplexität, Spannungsfülle, Stimmigkeit, Einheit von Gehalt und Gestalt ohne Zweifel zutreffen. Allerdings erschließt sich der künstlerische Wert vollends erst durch die ästhetische Wertung, in der der im Gedicht geleistete Bedeutungsaufbau danach bewertet wird, inwiefern in den einzelnen Bildzusammenhängen ein Allgemeines, Wahres, Typisches, Öffentliches, Repräsentatives zur Darstellung kommt. Dieser repräsentative Charakter des Gedichts ist bereits offenkundig: Wie der Titel und die Abfolge der Bilder andeuten, geht es einerseits um die reale Darstellung eines Septembertages vom Morgen zum Abend. Nach Goethe ist "die höchste Lyrik ... entschieden historisch"[22]; der Realbezug gehört zum Wertkriterium der Poesie. In den Dornburger Tagebüchern finden sich zahlreiche Stellen, die den Natureindruck der Spätsommertage in ganz ähnlicher Weise beschreiben wie das Gedicht. Gleichzeitig aber entstehen in den Bildern des Gedichts vielfältige Bezüge, die über das Reale hinausweisen. Neben den bereits erwähnten Stilmitteln wird die poetische Umdeutung des Konkreten vor allem durch die Verschmelzung von Naturdarstellung und menschlichem Erleben erreicht.

Durch die hypothetische Satzreihung in der ersten und zweiten Strophe und die direkte Hörer-/Leseranrede in der dritten Strophe — "dankst du dann" — erscheint die Bildabfolge unmittelbar auf den Leser/Hörer hingeordnet. Der Anbruch des Tages ist aus dem Erlebnisbereich des Du geschildert ("und dem sehnlichsten Erwarten Blumenkelche bunt sich füllen"). Deutlicher noch wird der Leserbezug in der dritten Strophe; das Verhalten des Du, der Dank an die Sonne, wird zur Bedingung dafür, daß der Tag sich seinem Ende zuneigen kann: "Dankst du dann ... reiner Brust der Großen, Holden, wird die Sonne, rötlich scheidend, rings den Horizont vergolden." Im Bild des Gedichtschlusses sind Tageszeit und Lebenszeit verschmolzen: Der Dank des Menschen ist es, der die Vollendung des Tages ermöglicht.

Es ist diese im Gedicht geleistete symbolische Verwandlung des Wirklichen auf allgemeine Sinnzusammenhänge hin, die die repräsentative Bedeutung des Textes begründet und seinen ästhetischen Wert ausmacht. "Indem der historische Augenblick in seinem unendlichen Wert erkannt wird, deutet er ... über seine Zeitlichkeit hinaus. Er wird dichterischer Augenblick und bringt uns Gewinn".[23] Als Wertkriterium der Poesie bestimmt das Symbolische — die Verwandlung der Erscheinung in Idee (Goethe)[24] — zugleich den Bildungswert des Gedichts, insofern Möglichkeiten der Erkenntnis von Wirklichem eröffnet und Gesetze des Lebens verdeutlicht werden.

Über diese werkbezogenen Verfahren literarischer Wertung hinaus kann das vorliegende Textbeispiel auch unter anderen Aspekten Gegenstand literarischer Wertung werden: z.B. unter literarhistorischer Perspektive, indem die Sprach- und Stilmöglichkeiten des Gedichts im Zusammenhang der literarischen Tradition bewertet werden; ferner können durch kontextuelle, biographische, entstehungsgeschichtliche, sozialgeschichtliche Analysen die im Kunstwerk vollzogenen Umwertungen außertextueller Normsysteme Bezugsaspekt literarischer Wertung werden, oder es wird das Verhältnis von Text und Rezeption in vergleichenden Analysen auf unterschiedliche Wertsysteme hin untersucht usw. Allerdings kann kaum ein Zweifel daran bestehen, daß sich der Kunstwert des Gedichts vor allem durch die werkbezogene Interpretation erschließt.

Die Textbeispiele für unterschiedliche Wertbestimmungen und -verfahren ließen sich mehren. Angesichts der vielfältigen literarischen Formen und Gattungen erweist sich eine differenzierte Wertungsdidaktik als unerläßlich, da jeweils andere Wertungsmethoden gefordert sind, je nachdem ob sog. Hochliteratur oder Gebrauchs- bzw. Trivialliteratur Gegenstand literarischer Wertung werden. Es ergeben sich andere Wertbestimmungen und -verfahren, wenn Literatur unter der Perspektive ihres Gebrauchswertes oder ihrer Kommunikationsfunktion oder ihres Kunstwertes bewertet wird.

Im Vergleich der unterschiedlichen literarischen Formen und Wertbestimmungen ist jedoch deutlich, daß der unverwechselbare Bildungswert von Literatur und Literaturunterricht sich erst im Rekurs auf den Kunstwert der Literatur legitimieren läßt. Denn nur durch die Bestimmung des Kunstwertes kann Literatur als eigenständige Form der Erkenntnis von Wirklichem und als spezifische Tätigkeit des Geistes im Lebenszusammenhang des Menschen begriffen werden.

Anmerkungen

1) Vgl. W. Benjamin: Unterricht und Wertung. In: W. Benjamin: Gesammelte Schriften, hrsg. von R. Tiedemann und H. Schweppenhäuser. Frankfurt 1977, Bd. II, 1: Frühe Arbeiten zur Bildungs- und Kulturkritik, S. 35-39
2) W. Henze: Poetik und Didaktik. In: D.C. Kochan (Hrsg.): Allgemeine Didaktik, Fachdidaktik, Fachwissenschaft. Darmstadt 1972, S. 254-284
3) A.C. Baumgärtner: Ansätze zu einem integrativen Literaturunterricht. Ziele — Gegenstände — Methoden. In: F.J. Payrhuber/A. Weber (Hrsg.): Literaturunterricht heute — warum und wie? Freiburg 1978, S. 88-103; ders.: Streitpunkte. In: A.C. Baumgärtner/M. Dahrendorf (Hrsg.): Zurück zum Literaturunterricht? Braunschweig 2/1979, S. 8-23
4) A. Weber: Literaturdidaktische Analyse —— Grundzüge und Gesichtspunkte. In: A. Weber/W. Seifert (Hrsg.): Literaturdidaktische Analysen. Freiburg 1980, S. 15ff.
5) H. Kügler: Die doppelte Lektüre. In: H. Mainusch (Hrsg.): Literatur im Unterricht. München 1979, S. 184
6) A.C. Baumgärtner: Streitpunkte 2/1979
7) Vgl. u.a. J. Schulte-Sasse: Literarische Wertung. Stuttgart 2/1976; B. Lenz/B. Schulte-Middelich (Hrsg.): Beschreiben, Interpretieren, Werten. München 1982; M. Schrader: Literarität und Funktionalität. Habil.-Schrift
8) E. Jandl: Sprechblasen. Neuwied 1968; vgl. auch ders.: Voraussetzungen, Beispiele und Ziele einer poetischen Arbeitsweise. In: Th. Kopfermann (Hrsg.): Theoretische Positionen zur Konkreten Poesie. Tübingen 1974, S. 41ff.
9) H. Heißenbüttel: Über Literatur. Freiburg 1966, S. 11
10) J. Lotmann: Die Analyse des poetischen Textes. Kronberg/Ts. 1975
11) Vgl. J. Lotmann 1975, S. 187
12) Vgl. Anm. 7 sowie G. Waldmann: Theorie und Didaktik der Trivialliteratur. München 1973, 2/1977; W. Schemme: Trivialliteratur und literarische Wertung. Stuttgart 1975
13) L. Ganghofer: Gewitter im Mai (1904). In: Gesammelte Schriften Bd. 4, S. 7. Leipzig o.J.
14) Vgl. u.a. J. Schulte-Sasse: Literarische Wertung 2/1976
15) Vgl. Anm. 12
16) N. Mecklenburg (Hrsg.): Zur Didaktik der literarischen Wertung. Frankfurt a.M. 1975, S. 9
17) Vgl. G. Waldmann 1973, 2/1977
18) W. Schemme 1975; G. Waldmann 2/1977
19) Vgl. R. Ingarden: Das literarische Kunstwerk. Tübingen 1960; ders.: Erlebnis, Kunstwerk und Wert. Tübingen 1969
20) Vgl. Anm. 21 sowie H.E. Hass: Das Problem der literarischen Wertung. Darmstadt 2/1970, z.B. S. 2, 36, 93; W. Dilthey: Gesammelte Schriften, Bd. IV, Stuttgart 4/1964, S. 127ff., S. 157ff., S. 211ff., S. 270
21) Vgl. u.a. W. Müller-Seidel: Probleme der literarischen Wertung. Stuttgart 2/1969
22) J.W. von Goethe: Werke 42. Weimar 1887ff., S. 173
23) W. Killy: Wandlungen des lyrischen Bildes. Göttingen 1956, S. 13
24) J.W. von Goethe: Werke, Kommentare und Register. Bd. 12, hrsg. von E. Trunz, München 1973: Maximen und Reflexionen 749, S. 470

ZUM PROBLEM DER VERTONUNG VON GEDICHTEN

von Rudolf Schäfer

Der Verfasser dieser Zeilen sieht sich außerstande, eine Jugenderfahrung zu überspringen. Sie besteht darin, daß er nicht in Elternhaus und Schule, sondern in Konservatorium und Konzertsaal erstmals von lyrischen Gebilden nachhaltigeren Eindruck empfangen hat. Nicht durch Lesen, sondern durch Hören hat sich ihm ein wesentliches literarisches Gebiet erschlossen, wenn auch zunächst mit Hilfe der Musik. Später hat er die Gefahr sehen gelernt, die darin besteht, sich immer schon auf dem Boden der Interpretation und nicht auf dem des literarischen Werkes selbst zu bewegen — und die Vertonung eines Gedichts bedeutet Interpretation. Er hat eingesehen, daß die Beurteilung eines Gedichts nicht von dessen Vortrag abhängig gemacht, das Wesen nicht mit seiner Erscheinung verwechselt werden darf. Gleichwohl bedauert er eine wissenschaftliche Einstellung, die allzu scharf die beiden Komponenten voneinander trennt. Da Hegel zufolge das Wesen der Kunstwerke im sinnlichen Scheinen der Idee besteht, aus der Spannung zwischen Geistigem und Sinnlichem, so lebt das lyrische Werk genauso wie das musikalische aus der Spannung zwischen Bedeutung und sinnlich erfahrbarem Klang. Diese Spannung sollte nicht nur theoretisch eingesehen und begrifflich gefaßt, sondern auch praktisch ausgetragen und erlebt werden: im Vortrag. Der Verfasser hat deshalb solche reproduzierenden Künstler, die sich außer durch Können auch nachweislich durch Reflexion des eigenen Tuns auszeichnen wie beispielsweise Will Quadflieg, der Rezitator, und Dietrich Fischer-Dieskau, der Sänger, als notwendige komplementäre Erscheinungen zu seiner wissenschaftlichen Tätigkeit angesehen.

Nun gibt es puristische Auffassungen, die zwar den Rezitator beifällig akzeptieren, nicht aber den Sänger. Wer, wie Friedrich Sieburg, sich ausschließlich auf die Seite des Wortes stellt und keinerlei Beziehungen zur Musik zu entwickeln vermag, dem muß die Vertonung eines Gedichts suspekt erscheinen. Sieburg beklagt denn auch im Hinblick auf Eduard Mörike und Hugo Wolf, daß durch die Vertonung eines von autonomer Sprachgewalt zeugenden Gedichts die Musik dessen Form zerstöre, dem Wort seine Unverwechselbarkeit nehme, das auch in einem Gedicht nicht zu entbehrende Begriffliche aufweiche, bis es verschwinde, alle Anschaulichkeit wie Nebel verwehe und nur noch 'Stimmung' zurückbleibe, die kein Gesetz habe.

"Das Wunder der Leibwerdung im Wort wird durch die Musik annulliert. So, wie sie mit der Macht ihrer Klänge dem Menschen abrät, seine Gefühle durch die Schicht des Bewußtseins zum Gedanken oder zur Tat zu erheben, so nimmt sie dem künstlerisch bewältigten Wort seinen Triumph über das Chaos."[1]

Die in dieser Kritik enthaltenen Wahrheitsmomente müssen zunächst festgehalten werden. Man braucht sich beispielsweise nur die Vertonung von Goethes 'Wanderers Nachtlied (II)' durch Franz Liszt anzuhören, um Sieburgs Ausfall begreiflich zu finden. Im Gegensatz zu Franz Schubert, der ungleich naiver und deshalb vielleicht angemessener an den Text herangeht, hat Liszt sein Lied mit einem fast orchestral anmutenden Klaviersatz mit einer gekünstelt wirkenden Führung der Singstimme und schließlich mit endlosen Wiederholungen der Schlußzeilen "Warte nur, balde . . . " versehen. Als Dokument musikalischer Rezeption Goethescher Lyrik im 19. Jahrhundert mag das Opus hingehen, aber insgeheim verwünscht man doch das Bedürfnis des Komponisten, seine Bildungsbeflissenheit durch die Wahl gerade dieses Textes zu beweisen. Die Kürze und Prägnanz des sprachlichen Ausdrucks, die staunenswerte Einfachheit der sprachlichen Bilder, der unaufdringliche Sprachrhythmus mit seinen delikaten Übergängen von einer Gedichtzeile zur anderen — alle diese Qualitätsmerkmale ertrinken in einem musikalisch-rhetorischen Pathos, das sozusagen ständig mit Ausrufezeichen und Gedankenstrichen arbeitet[2] und das nicht überzeugt, weil es dem Text nicht entspricht.

Und dennoch kann selbst hier nicht behauptet werden, alle Anschaulichkeit verwehe wie Nebel und übrig bleibe nur Stimmung. Gerade die stellt sich wegen der Diskrepanz zwischen Wort und Ton nicht her. Man könnte — um Sieburg auch wiederum entgegenzukommen — hinzufügen, daß eine überzeugend gelungene Vertonung des Goethe-Gedichts vielleicht viel "gefährlicher" wäre. Das enthielte natürlich den Vorwurf an die Komponisten, sie hätten besser daran getan, ihre Finger von Texten mit "autonomer Sprachgewalt" zu lassen und mit mittelmäßigen vorliebzunehmen. Tatsächlich haben sich Musiker des 19. Jahrhunderts in ihrer Kompositionspraxis oft genug an die "poètes mineurs" und ihre Texte minderer Qualität gehalten. Das zaghaft tadelnde "Ihre Texte sind teilweise gar nicht schön" in einem Brief der Frau Klaus Groths an Johannes Brahms[3] gilt nicht nur für diesen Adressaten, gilt manchmal selbst für Schumann, der doch gefordert hatte:

"Weshalb also nach mittelmäßigen Gedichten greifen, was sich immer an der Musik rächen muß? Einen Kranz von Musik um ein wahres Dichterhaupt schlingen — nichts Schöneres; aber ihn an ein Alltagsgesicht verschwenden, wozu die Mühe?"[4]

Es entbehrt nicht der Ironie, wenn Vokabular und Tenor der Argumentation, die Sieburg benutzt, um Literatur vor den Umarmungen der Musik zu retten, einst Literaten dazu gedient hat, Literatur gerade unter den Primat der Musik zu stellen. Ignoriert wird der Traum des Novalis von der Entgegenständlichung der Poesie, von einer reinen Poesie, die wie die Musik nur noch sich selbst zum Gegenstand hat:

"Es müßte Gedichte geben können, bloß wohlklingend und voll schöner Worte — aber ohne allen Sinn und Zusammenhang — höchstens einzelne Strophen verständlich — sie müssen wie lauter Bruchstücke aus den verschiedenartigsten Dingen sein. Höchstens kann wahre Poesie einen allegorischen Sinn im Großen haben und eine indirekte Wirkung, wie Musik usw., tun."[5]

Verdrängt wird die Erinnerung daran, daß

"alle romantische Ästhetik in entscheidenden Stücken am Modell der Musik gebildet ward . . . Nicht umsonst hat die Schopenhauersche Ästhetik . . . die Musik als die höchste der Künste verherrlicht; nicht umsonst ist das Programm der Frühromantik, seit Tieck, der auf Wackenroder zurückging, musikhaft, Jean Paul ohne Musikideal undenkbar. Die romantische Konzeption des unmittelbaren, durch nichts Dinghaftes, Gegenständliches gehemmten Laut Werdens von Subjektivität war an der musikalischen Erfahrung der Generation um 1800 gewonnen; ihr verschwistert ist die des Transzendierenden, an keiner Einzelbestimmung starr Haftenden, Schwebenden . . ."[6]

Sieburg, ein später Aufklärer, der streng darauf achtet, daß jede einzelne Kunst in ihren Grenzen bleibt, benutzt und verengt solche Gedankengänge, die er vermutlich für die Literatur ablehnt, indem er die Vorstellung des Novalis von der Poesie als einer "Gemütserregungskunst"[7] allein auf die Musik richtet, sie unter die Auspizien einer puren Gefühlsästhetik stellt, als könnten in einem Gedicht nicht auch Gefühls- und Stimmungsmäßiges als Momente unter anderen Momenten auftreten. Demzufolge behält er vor allem die Subjektivität des Hörers und nicht die Objektivität des musikalischen Kunstwerks im Auge. Der Musikhörer wird als Erleidender gedacht, der ohnmächtig der Macht der Klänge ausgeliefert ist. Daß der Akt des Hörens ebenso wie der des Sprechens und Lesens ein Aktivum sein kann, jedenfalls sein sollte, kommt erst gar nicht ins Blickfeld.

Andere Auffassungen von Musik wären hier angemessener, wie etwa diejenige, welche Musik als "tönend bewegte Form" begreift[8], und die spezielle Problematik der Gedichtvertonung müßte eher im Sinne der ästhetischen Anschauungen Goethes, in denen das aktive Element betont wird, und seiner Auffassung der menschlichen Gattungsnatur, deren Hauptmerkmal das produktive Verhalten ist, angegangen werden. Das Vertonen eines Gedichts ist aber eine der Möglichkeiten, produktiv mit einem vorgefundenen literarischen Gegenstand umzugehen.

Die Vertonung eines Gedichts wird möglich, weil Sprachkunst und Tonkunst sich beide in der Dimension der Zeit entfalten. Wenn sie auch nicht miteinander identisch sind, so schlägt doch der Rhythmus eine Brücke von der Sprache hinüber zur Musik. Deutsche Dichtung aber ist akzentuierende Dichtung. Die den germanischen Sprachen eigentümliche Stammsilbenbetonung, die als gegebenes und subjektiver Willkür entzogenes Faktum erfahren wird, bewirkt das Zusammenfallen des Wortakzents mit dem Versakzent. An dieser Tatsache kommt kein Komponist, der ein deutsches Gedicht vertonen will, vorbei.

Zur Veranschaulichung rhythmischer Verhältnisse, wie sie durch Vertonung eines Textes entstehen, soll die 1. Strophe des Suleika-Gedichts (von Marianne v. Willemer) herangezogen werden:[9]

"Was bedeutet die Bewegung?
Bringt der Ost mir frohe Kunde?
Seiner Schwingen frische Regung
Kühlt des Herzens tiefe Wunde."

Die Zeilen sind gleich lang: Jede besteht aus acht Silben. Hebungen und Senkungen alternieren regelmäßig. In Franz Schuberts Vertonung (Deutsch-Verz. 720, aus dem Jahre 1821) ändert sich das Bild des Rhythmus:

Schubert stellt Verben (be-deutet/bringt) und bedeutungsschwere Substantive heraus (Kunde/Herzens/Wunde). Durch Dehnung der beiden mittleren Zeilen entstehen unterschiedliche Ausmaße: 2 Takte — 3 Takte — 3 Takte — 2 Takte. Obwohl jede Zeile eine andere rhythmische Gestaltung erfährt, wird das Bemühen um Symmetrie, um "Gleichgewicht" deutlich.

Der musikalische Rhythmus ist nicht identisch mit dem sprachlichen, auch nicht mit dem Versschema. Es ist denkbar, daß er auch anders als im vorliegenden Falle gestaltet werden könnte. Indem er aber abweicht, beleuchtet er den sprachlichen Sinnzusammenhang auf eine ihm eigentümliche Weise: Er legt aus, präzisiert, interpretiert. Das vermag er, weil er in einem Punkte mit dem sprachlichen Rhythmus übereinstimmt und übereinstimmen muß: in der Betonung. Veränderlich ist das Verhältnis der Dauer der einzelnen Silben, nicht aber die Stelle der Betonung. So selbstherrlich der muskalische Rhythmus auch auftreten mag, er bleibt vom sprachlichen abhängig, wird durch ihn bedingt. Von nebelhafter Verflüchtigung kann deshalb keine Rede sein. Im Gegenteil: die musikalisch-rhythmische Gestaltung Schuberts ist durchaus imstande, auch etwas von der rhythmischen Struktur unserer Sprache ins Bewußtsein zu heben. Indem Schubert weitgehend syllabisch verfährt (je Silbe ein Ton) und Melismatisches je einmal in der 2. und 4. Zeile nur streift (je Silbe mehrere Töne in den Stammsilben von 'Kunde' und 'Wunde'), versucht er sorgfältig die Textdeutlichkeit zu wahren. Während ein Sprecher die beiden ersten Zeilen des Gedichts ziemlich gleich gestalten dürfte, läßt Schubert die 1. Zeile mit einem Anlauf beginnen (Auftakt), die 2. dagegen explosiv einsetzen (Abtakt). Auf diese Weise wird in jener über ungewichtige Silben hinweg auf die bedeutungstragende Silbe in 'Be-wé-gung' gezielt, diese dagegen gleich in der ersten Silbe 'bringt' verankert. Zwei musikalisch-rhythmische Strukturen stehen sich gegenüber: Der Sinngehalt der 1. Zeile wird musikalisch als ein Werden gefaßt: er stellt sich erst her. In der 2. Zeile ist er plötzlich da, wie aus dem Nichts geboren. Auf rhythmischem Gebiet also treffen sich Wort und Ton, und wenn wie bei Schubert dieses Aufeinandertreffen ausgewogen gestaltet wird, tastet Musik nicht Wert und Ehre der Sprache an, nimmt sie dem Wort nicht seine Würde, tritt an die Stelle des Bewältigten keineswegs das Chaos.

Im geistigen Klima jener romantisch-programmatischen Vorstellungen, von denen kurz die Rede war, aber auch kraft gegebener materieller Voraussetzungen und gesellschaftlicher Bedingungen (verbesserter Klavierbau, sein Aufstieg zur Weltindustrie, Ende der Napoleonischen Wirren, Verwiesensein des aufstrebenden Bürgertums auf die kulturelle Sphäre durch Ausschluß von der politischen) wurde im frühen 19. Jahrhundert eine Entwicklung der Klaviermusik begünstigt, die bald vom Sonatenwesen Abschied nahm und zunehmend zum lyrischen Klavierstück, zum Genre- und Charakterstück tendierte. Dabei traten immer deutlicher literarische Assoziationen hervor: Symptomatisch für diese Vorgänge ist das Kuriosum, daß sich der späte Beethoven als "Tondichter" begriff und zeitweise daran dachte, seinen Kompositionen nachträglich sprechende Überschriften zu geben, um sie der Idee nach verständlicher zu machen[10]. Alle diese Bagatellen, Impromptus, Moments musicaux, Romanzen, Balladen, Nocturnes, Berceuses, Etüden, Préludes, Intermezzi, Rhapsodien, Phantasien etc., die nun entstanden, waren im Grunde das, wofür Felix Mendelssohn-Bartholdy den treffenden Namen fand: Lieder ohne Worte.

Die Poetisierung und Lyrisierung der Musik antwortete damit auf die früher schon von den romantischen Wortführern proklamierte und von einzelnen Dichtern wie etwa Brentano mit den manieristischen "Klangspielen" in seiner Lyrik[11] auch praktizierte Musikalisierung der Literatur.[12]
Eng verschwistert mit dieser Entwicklung war diejenige des deutschen Klavierliedes, das man gemeinhin das "romantische" zu nennen pflegt und das zwischen Beethoven/Schubert und Wolf/Mahler/Strauss seine geschichtliche Stunde gehabt hat.[13] Der verwandelte, von erstarrten Konventionen befreite neue Ton in der Lyrik, wie er beim jungen Goethe am deutlichsten hervorgetreten war und von dort weitergewirkt hatte, bildete eine zusätzliche Voraussetzung: Um 1800 empfand man Lyrik allgemein als sangbar.[14]
Da es sich beim Klavierlied nicht mehr bloß um von der Musik ausgelöste unverbindliche literarische Assoziationen, sondern um das konkrete Zusammenwirken von Wort und Ton handelt, wäre es wünschenswert, Näheres über das Literaturverständnis der Liedkomponisten zu erfahren. In Musiker-Biographien sind viele diesbezügliche Einzelheiten zusammengetragen worden, die manches, indes nicht alles erklären. Fischer-Dieskau meint denn auch vorsichtig, das auslösende Moment für die Vertonung eines Gedichts sei das meist unbewußte Gefühl eines Komponisten für das Zusammenstimmen eigener Gestaltungsmöglichkeiten mit der persönlichen Eigenart des Dichters.[15] Die Motive, die zu einer Gedichtvertonung führen, werden durchschaubarer, wenn der Vorgang weniger durch biographische Umstände, dafür mehr aus der Sache selbst erklärt wird: aus der Eigenart des Gedichts (und nicht des Dichters), das der Musiker als etwas bereits Gestaltetes vorfindet und das ihn zunächst einmal vor kompositionstechnische Probleme stellt. Dies zu erläutern ist das Ziel der folgenden Erörterungen.
Erinnert sei an die einfache, regelmäßige sprachrhythmische Struktur der Suleika-Strophe und an ihre Metamorphose durch Schuberts Vertonung, ehe das folgende ganz anders geartete Textbeispiel hierhergesetzt wird. In Hölderlins 'Der Archipelagus' finden sich die Zeilen:[16]

"Und entbrannter beginnts; wie Paare ringender Männer
Fassen die Schiffe sich an, in die Woge taumelt das Steuer,
Unter den Streitern bricht der Boden, und Schiffer und Schiff sinkt."

In der letzten Zeile kehrt nicht eine der metrischen Wendungen wieder:

− 0 0 − 0	Unter den Streitern	(= 5 Silben)
− 0 − 0	bricht der Boden,	(= 4 Silben)
0 − 0	und Schiffer	(= 3 Silben)
0 −	und Schiff	(= 2 Silben)
−	sinkt.	(= 1 Silbe)

Durch quasi-musikalische Kalkulation des sprachrhythmischen Elements wird das Schwanken des Bodens versinnbildlicht: Der Rhythmus "taumelt" zwischen Ab- und Auftakten, mit jedem neuen Glied "bricht" eine Silbe ab, bis auch die letzte Silbe "sinkt".

Auch wenn Hölderlins Dichtungen im öffentlichen Bewußtsein des 19. Jahrhunderts deutlicher präsent gewesen wären — mit den kompositorischen Mitteln der romantisch-traditionellen Musik war ein solches Sprachgefüge kaum zu vertonen. Die sprachrhythmische Struktur ist so ausgeprägt und der Sprachzusammenhang so dicht gestaltet, daß sie oft den Charakter des Dunklen, Schweren und Inkommunikativen[17] annehmen, der neben sich eine sinnvolle musikalische Deklamation nicht zulassen will, besonders nicht im Sinne eines "Melodie"-Liedes. Im Gegensatz zur "fließenden" Lyrik Goethes verweigert sich diejenige Hölderlins dem musikalischen Medium, aber nicht, weil sie von sich aus musikfeindlich wäre, sondern weil sie in sich selbst "Musik" genug enthält. Erst die kompositorischen Möglichkeiten unserer Zeit haben den Zugang zur Hölderlin-Lyrik geöffnet, wobei freilich nicht mehr Stimmung oder Einheit des Gedichts musikalisch realisiert, sondern die Sprachstrukturen selbst mimetisch herausgearbeitet werden.

Von diesem Extrembeispiel her ist ohne weiteres einzusehen, warum im Grunde die schlichten, gemütvollen Vierzeiler romantischer Lyrik mit ihrem dem Volkslied angeähnelten Ton den Komponisten so willkommen waren, ebenso auch, warum die Vertonungen Heinescher Gedichte sich auf diejenigen des 'Buches der Lieder' einschränkten:[18] Das vorstrukturierte Sprachmaterial bot der Vertonung kaum Widerstand und war elastisch genug, auch bei freierer Behandlung nicht zu zerbrechen.

Gleichwohl gab es Probleme genug. Ein Enjambement war beispielsweise geeignet, den musikalischen Liedaufbau in seiner Tendenz zu symmetrischer Gestaltung empfindlich zu stören. Eichendorffs Achtzeiler 'In der Fremde'[19], in welchem vierhebige Zeilen mit dreihebigen regelmäßig wechseln, enthält eine reizvolle rhythmische Unregelmäßigkeit: Alle Zeilen enden in einer männlichen Kadenz, die 6. Zeile ausgenommen: Sie endet weiblich, wodurch das ungestörte Weiterfließen des syntaktischen Sinnzusammenhangs in die nachfolgende Zeile garantiert wird. Robert Schumann, der mit diesem Gedicht seinen 'Liederkreis' op. 39 eröffnet, bringt die ersten vier Zeilen in zweimal vier Takten mühelos unter. Dann aber heißt es bei Eichendorff:

> "Wie bald, wie bald kommt die stille Zeit,
> Da ruhe ich auch, und über mir
> Rauscht die schöne Waldeinsamkeit."

Für diese drei Zeilen benötigt Schumann 12 Takte (6 + 6). Er dehnt also, wodurch Textstellen wie ". . . ruhe ich auch" und ". . . schöne Waldeinsamkeit" unvergleichlich zart hervorgehoben werden, freilich ebenso dadurch, daß er die zitierten Stellen wiederholt:

> "Wie bald, ach wie bald kommt die stille Zeit,
> Da ruhe ich auch, da ruhe ich auch."

Die Wiederholung füllt die Zeile, verschiebt und "neutralisiert" das Enjambement, gibt Zeit, die folgende syntaktische Einheit in einem Atem zu bewältigen.

> "Und über mir rauscht die schöne Waldeinsamkeit,
> Die schöne Waldeinsamkeit."

Die achte Zeile, schon bei Eichendorff isoliert, wiederholt Schumann vollständig und nähert sie melodisch dem zweiten Viertakter des Anfangs an:

> "Und keiner kennt mich mehr hier,
> Und keiner kennt mich mehr hier."

Festgehalten sei, daß die erste Hälfte des Gedichts acht, die zweite aber durch Schumanns Wiederholungen und Dehnungen sechzehn Takte umfaßt. Dies entspricht durchaus dem inneren Spannungsbogen des Gedichts: Das lyrische Ich stellt, wenn auch im Tone der Trauer, in der ersten Hälfte gegenwärtige Verhältnisse fest, in der zweiten Hälfte aber erhebt es sich reflektierend über jene Ebene des Signifikanten, mit zunehmender Expression in die Zukunft blickend. Schumanns Gliederung sieht wie folgt aus (Klavier-

Vor- und -Nachspiel in Klammern):

(1) + 4 + 4 + 6 + 6 + 4 + (3) Takte

Der junge Brahms hat — wohl in Unkenntnis der Schumann-Vertonung — dasselbe Gedicht in Musik gesetzt (op. 3 Nr. 5). Er wiederholt nur die vierte und die achte Zeile und läßt dabei die unbetonte Auftakt-Silbe fort:

"Es kennt mich dort keiner mehr,
kennt mich dort keiner mehr"

und

"und keiner kennt mich mehr hier,
keiner kennt mich mehr hier."

Die musikalisch-rhythmische Deklamation aber, die Brahms der sprachrhythmisch heiklen Stelle mit dem Enjambement gibt, zeugt denn doch von erheblichen Schwierigkeiten:

(Notenbeispiel: und ü- - ber mir rauscht die schö- ne Wald- ein- sam- keit)

Hugo Wolf bewies Mut, als er sich an ein Gedicht mit ausgesprochen komplizierter formaler Gestaltung wie Mörikes "Fußreise" heranwagte[20]. Die drei Strophen sind verschieden lang, die Reimschemata jedesmal anders, die Binnenstrukturen ungewöhnlich reich an Abwandlungen; fast überall stehen die syntaktischen Einheiten in reizvoller Spannung zur metrischen Organisation der Verszeilen. Die erste Strophe beherbergt einen einzigen syntaktischen Großzusammenhang, der in sich mannigfaltig, aber nicht ganz regelmäßig gegliedert ist, nämlich in 4 + 5 + 5 Zeilen, wobei die letzte Fünfzeilengruppe zwei Silben weniger enthält als die vorangehende. Die sprachlichen Höhepunkte ("... in der ersten Morgensonne" und "... Erstlings-Paradieseswonne") liegen jeweils in den Endzeilen der Fünfergruppen.

Wolf bewältigt die Vierergruppe in "normalen" acht Takten, jede Fünfergruppe in zehn; er muß dehnen und das musikalische Material aus der Vierergruppe, das er weiterverwendet, "verlängern", wobei er die zitierten sprachlichen Höhepunkte großartig musikalisch herausarbeitet: Mit ihnen erreicht die Singstimme ihren melodischen Spitzenton, wirksam unterstützt durch eine Modulation von D- nach A-dur. Indem er aber für jede Zeilengruppe das gleiche musikalische Material mit leichten Abwandlungen verwendet, entsteht der Eindruck eines variierten Strophenliedes, der sich noch dadurch verstärkt, daß er zwischen die drei Zeilengruppen noch viertaktige Klavier-Zwischenspiele einschiebt. Wolf macht also, grob gesprochen, aus der vierzehnzeiligen Mörike-Strophe drei selbständige Strophen und zerreißt so den schon bei Mörike bis zum äußersten angespannten Sinnzusammenhang der syntaktischen Großeinheit. So gerät trotz korrekter Deklamation, trotz souveräner Gestaltung der Höhepunkte, trotz der lebendigen Frische, die dem ganzen Lied eignet, die musikalische Konzeption in Widerspruch zur sprachlichen.

Bildeten formale Eigentümlichkeiten wie das Enjambement oft Hindernisse, die bewältigt werden wollten, so kamen andere Formelemente auch wiederum den Komponisten entgegen. Für Claude David begann zwar nach 1850 "die große Sonnenfinsternis" in der Lyrik, weil die fade und blutleere Schönheit, wie sie beispielsweise die Dichter des Münchener Kreises unter Berufung auf das Vorbild Platens formstreng besangen, einen Substanzverlust bedeutete[21]. Aber gerade die Strenge, wie sie besonders in Anlehnung an romanische Gedichtformen oder direkt durch Übersetzung gewonnen wurde, reizte zur Vertonung, weil die klare und bündige Durchgliederung eines poetischen Inhalts oft mit den Erfordernissen musikalischer Formgestaltung übereinkam. So etwa im Falle des von Heyse aus dem Spanischen übersetzten ritornellartigen Gedichts, das der junge Brahms unter dem Titel 'Spanisches Lied' (op. 6, Nr. 1, 1852) vertont hat. Goethe, der an serbischen Volksliedern erotischen Inhalts die Mannigfaltigkeit der Motive und Wendungen nicht genug zu rühmen wußte[22], hätte seine Freude an der in diesem spanischen Gedicht entfalteten Situation gehabt. Der Text sei druckgraphisch so dargestellt, wie der Komponist ihn gegliedert hat[23]:

In dem Schatten meiner Locken		a-moll
Schlief mir mein Geliebter ein.	Teil	↓
Weck ich ihn nun auf? — Ach nein!	A(1)	A-dur
Sorglich strählt ich meine krausen		E-dur
Locken täglich in der Frühe,	Teil	
Doch umsonst ist meine Mühe,	B(1)	
Weil die Winde sie zerzausen.		↓
Lockenschatten, Windessausen		a-moll
Schläferten den Liebsten ein.	Teil	↓
Weck ich ihn nun auf? — Ach nein!	A(2)	A-dur
Hören muß ich, wie ihn gräme,		E-dur
Daß er schmachtet schon so lange,	Teil	
Daß ihm Leben geb und nehme	B(2)	
Diese meine braune Wange.		↓
Und er nennt mich eine Schlange,		a-moll
Und doch schlief er bei mir ein.	Teil	↓
Weck ich ihn nun auf? — Ach nein!	A(3)	A-dur

Die klare Gliederung wird auch musikalisch beibehalten. Dabei versteht es sich von selbst, daß im Wiederholungsfall die Teile A und B variiert werden, aber so leicht, daß ihre Identität nicht darunter leidet. Zum Übereinstimmen von sprachlicher und musikalischer Konzeption trägt der einfache, aber konsequent durchgehaltene Tonartenplan bei. Er hilft, die Spannung zwischen dem Ton des Unmuts und dem seiner Besänftigung, durch die sich die Liebe des Mädchens indirekt kundgibt, plastisch hervorzuheben: den Unmutston in den E-dur-Abschnitten, den seiner Besänftigung in den a-moll-Teilen, sein Verschwinden im A-dur-Schluß der Ritornellstrophen. Zusammengehalten wird das Ganze durch eine tanzrhythmische Figur

die — gleichsam wie auf dem Tamburin geschlagen — in Klavier- und Singstimme das Lied durchzieht und ihm einen Hauch mädchenhaft-schnippischer Schelmenhaftigkeit verleiht.

Nur einen musikalisch wohl notwendigen Eingriff erlaubt sich Brahms: Die Antwort auf die selbstgestellte Frage ist für eine kontinuierliche Melodieführung reichlich lakonisch, und so wiederholt der Komponist das "Ach nein!" in jeder Ritornellstrophe zweimal, dergestalt, daß zuerst von der unbetonten Silbe melodisch um eine Quinte nach oben zur betonten Silbe gesprungen wird; von dort schweben die wiederholten Einsilbler sanft zur unteren Oktave herab.

Angesichts dieses überzeugenden kompositorischen Verfahrens muß die Lässigkeit befremden, mit der der spätere Brahms manchmal an seine Liedtexte herangeht. Sein op. 32, Nr. 9 stellt, rein musikalisch betrachtet, gewiß eines seiner schönsten Lieder dar. Wie im 'Spanischen Lied' der poetische Inhalt auf eine bestimmte Wortwendung hinsteuert, so zielen in dem Text von Georg Friedrich Daumer (1800-1875) die syntaktischen Einheiten auf das Wort "wonnevoll" an verschiedenen Versenden: "Wie bist du, meine Königin,/Durch sanfte Güte wonnevoll!/Du lächle nur, Lenzdüfte wehn/ Durch mein Gemüte wonnevoll!". Im 3/8-Takt der Vertonung widerspricht die musikalische Deklamation bedenklich der sprachlichen:

{Notenbeispiel: Wie bist du, mei- ne Kö- ni- gin / durch sanf- te Gü- te won- ne- voll}

Auch die Melodieführung trägt dazu bei, die auf die betonten Taktteile fallenden Silben (wie/-gin/-voll) ungebührlich hervorzuheben. Otto Schumann versucht zwar das Brahmssche Verfahren zu retten: das Klavier deklamiere musikalisch, die Singstimme sinnvoll (?!), deshalb komme es zu einem Doppelrhythmus, der ein zauberisches Träumen entstehen lasse; aber auch er muß zugeben, daß das Gedicht rhythmisch eigentlich eine andere Vertonung verlange[24].

Etwas ganz anderes ist es, wenn ein Dichter wie Mörike mutwillig einmal Wort- und Versakzent nicht zusammenfallen läßt: "Auf ihrem Leibrößlein,/ So weiß wie der Schnee,/Die schönste Prinzessin/Reit't durch die Allee"[25]. Die Keckheit, mit der in der ersten Zeile durch das Kompositum gegen das metrische Schema verstoßen wird, gehört gewissermaßen als glanzlichtartiges Tüpfelchen mit zu dem Bild, das sich der Gärtner von der anmutigen Reiterin macht. Hugo Wolf hat denn auch in seiner Vertonung die erste Silbe des Kompositums umstandslos als Auftakt — also unbetont — genommen und damit die leise Komik der Stelle unterstrichen.

In Eichendorffs 'Waldgespräch', seiner Loreley-Ballade,[26] werden die vier Strophen gleichmäßig an die beiden Dialogpartner verteilt; Hebungen und Senkungen alternieren regelmäßig; die syntaktischen Glieder überschreiten bis auf ein Enjambement in der letzten Strophe nirgends die Zeilengrenze. Trotz des einfachen und schmiegsamen Tons besitzt die Ballade eine strenge formale Sprachgestaltung, die dem Komponisten einen durchdachten Aufbau seiner Vertonung ermöglicht, wie Schumanns Komposition denn auch beweist (op. 39, Nr. 3), und ihm inhaltlich die reizvolle Aufgabe stellt, zwei verschiedene "Charaktere" musikalisch auszudeuten. Schumann beginnt in E-dur, 3/4-Takt, "ziemlich rasch". Damit zeichnet er in der ersten Strophe einen Dialogpartner voll jugendlichen Überschwangs. Die Singstimme wird schrittweise, der syntaktischen Feingliederung folgend, nach oben geführt, bis sie die Oktave über dem Ausgangston erreicht hat. Die zweite Strophe beginnt in C-dur. Diese Tonart wird nicht durch eine umständliche Modulation gewonnen, sondern durch trugschlußartiges Weiterführen des Dominantseptimenakkords der Haupttonart nach C-dur, welches Verfahren beinahe einer einfachen Rückung (von H nach C) gleichkommt. Auf diese Weise schlägt mit dem Eintritt in die neue Tonart die "Stimmung" ohne jede Vorbereitung um, zumal im Gegensatz zum hochgemuten Ton der ersten Strophe die zweite ganz im Piano gesungen wird. Hier wird zwar die Singstimme zwei Gedichtzeilen lang nach oben, dann aber für den Rest der Strophe allmählich abwärts geführt, eindrucksvoll unterstützt durch Modulationen, die schrittweise aus dem C-dur heraus und zurück zum E-dur führen. Durchweg hält die Singstimme ein Niveau, das um eine kleine Terz höher liegt als in der ersten Strophe; aber mehr noch als das charakterisiert der wesentlich ruhigere Tonfall das Element des Weiblichen und des Unheimlichen: Die der Loreley zugeteilten Strophen werden bei Schumann denn auch erheblich länger als die Jünglingsstrophen, wozu einige Wortwiederholungen mit beitragen, die bei Eichendorff fehlen. Die dritte Strophe, wieder in E-dur, variiert die erste, die vierte die zweite, aber mit einer entscheidenden Abweichung: Die vierte Strophe bleibt in der Haupttonart des Liedes, in E-dur. Der Tonartenplan reizt beinahe zu symbolischer Ausdeutung: Das C-dur der zweiten Strophe steht für die noch fremde, in ihrer wahren Identität nicht erkannte "schöne Frau"; erst wenn sie als "Hexe Loreley" durchschaut ist, steht sie mit dem Jüngling auf einer Ebene, daher das E-dur der vierten Strophe, das der Tonart der Jünglingsstrophen entspricht. Es ist, als habe Schumann das Liedganze aus der Perspektive des jungen Mannes gestaltet.

In der Deklamation erlaubt sich Schumann einige wenige Freiheiten, so beispielsweise an folgender Stelle:

[Notenbeispiel: wohl irrt das Wald- horn]

Der unbetonte Einsilbler "wohl" steht hier auf dem betonten Taktteil; aber vielleicht ist es wegen Tempo und Schwung des Liedes erlaubt, den ersten Takt des Beispiels mit dem Passus " . . . wohl irrt das . . . " geschlossen als Auftakt zu nehmen, zumal das Kompositum "Waldhorn" durch die rhythmische Organisation der ganzen Stelle stark akzentuiert wird. Das Nachspiel des Klaviers greift auf das schwungvolle Vorspiel zurück, gibt dem Motiv aber den Charakter des sich Verflüchtigenden: Der Jüngling verliert sich in der Unendlichkeit des Waldes.

Von ähnlichem Typus der Gestaltung wie Eichendorffs 'Waldgespräch' ist das von Josef Wenzig aus der wendischen Volkspoesie übertragene Gedicht 'Von ewiger Liebe'[27]: Ein junger Mann begleitet sein Mädchen nach Hause und spricht unsicher von der ungewissen Zukunft ihrer Liebe, worauf ihm das Mädchen ihre Liebesgewißheit entgegenhält. Brahms mit seiner auffallenden Vorliebe für Volksliedertexte hat die beiden "Charaktere" musikalisch durch Tonartenwechsel unvergleichlich schön herausgearbeitet und so die Möglichkeiten, die ihm das Gedicht inhaltlich und formal darbot, voll genutzt (op. 43 a.d. Jahre 1868).

Von Goethes "Warte nur, balde ruhest du auch" über Eichendorffs "Kommst nimmermehr aus diesem Wald", Mörikes "Erstlings-Paradieseswonne" und "Nimm tausend für eine, nimm alle dafür!", Heyses "Weck ich ihn nun auf? — Ach nein!", Daumers "Wundervoll", Wenzigs "Eisen und Stahl, sie können zergehn, unsere Liebe muß ewig bestehn!" bis hin zum "Habe Dank!" in Hermann von Gilms 'Zueignung' (Richard Strauss, op. 10, 1) erweisen sich für eine Vertonung diejenigen lyrischen Gestaltungen als besonders wirkungsvoll, die an Strophen- oder Gedichtenden ein Schlüsselwort, eine bedeutsame Formulierung, eine betonte Schlußwendung besitzen. Das entspricht der Ökonomie musikalischen Aufbaus und musikalischer Dynamik, die im Lied so gut wie in anderen Musikformen einen oder einige wenige überlegt plazierte Höhepunkte verlangt. Von daher ist zu verstehen, warum Franz Schubert ein so biedermeierlich-harmloses Gedicht wie 'Die Taubenpost' seines Freundes Johann Gabriel Seidl (1804-1875) vertont hat, denn es gehört in die angesprochene Kategorie.[28] Sieben

Strophen hindurch werden Treue, Diensteifer und Zuverlässigkeit einer Brieftaube gepriesen, bis in der letzten Strophe sich herausstellt, daß diese Taube ein Bild für etwas ganz anderes sein soll: "Sie heißt — die Sehnsucht!/ kennt ihr sie? — /die Botin treuen Sinns?". Schubert hat das Gedicht in G-dur vertont und trottet treuherzig, wenn auch unaufhaltsam durch die Strophen. Durch harmonische Nuancierungen im Klavierpart versucht er, der drohenden Monotonie zu entgehen, bis er endlich das elektrisierende Schlüsselwort "Sehnsucht" erreicht, den etwas eintönig dahinfließenden Melodiestrom ins Stocken bringen und die zitierten Schlußzeilen mehrfach wiederholen und damit unterstreichen kann. Dies realisiert er dadurch, daß er nicht nur auf melodischem, sondern vor allem auf harmonischem Gebiet mit allen Finessen arbeitet, die ihm zu Gebote stehen.

Richard Strauss, dessen Lieder sich durch korrekte und wohl durchdachte Deklamation der Texte auszeichnen,[29] versucht dagegen in seinem ersten Lied mit offizieller Opuszahl (op. 10, 1) die pointierten Strophenschlüsse melodisch zu bewältigen. Hermann von Gilms (1812-1864) 'Zueignung' vertont er als Strophenlied, und allein den strophenabschließenden Zuruf "Habe Dank!" variiert er nach dem Prinzip der Steigerung. Zweimal springt an diesen Stellen die Singstimme um eine kleine Terz, beim drittenmal um eine große Sexte. Der ausführende Sänger — Strauss selbst bezeichnete die Liedgruppe op. 10 als "ausgesprochene Tenorstücke"[30] — kann gar nicht anders, als den Sextensprung hinauszuschmettern und dem Wort "Dank" einen übermäßigen Nachdruck zu verleihen: Die Musik des Achtzehnjährigen weiß noch nichts von der Anmut des Dankens, wie sie Goethe, sich des reizenden Doppelsinns des italienischen "Grazie" erinnernd, gefordert hat.[31] So wird das flüssig vertonte Lied zum 'Schlager'[32], vorzüglich geeignet, als Zugabe einen Liederabend wirkungsvoll abzuschließen. Nach dem gleichen Steigerungsprinzip durch stufenweise Höherführung der Singstimme an pointierten Strophenenden ist das Lied 'Cäcilie' (op. 27, 2) auf ein dreistrophiges Gedicht von Heinrich Hart (1855-1906) gearbeitet.[33] Hier überzeugt deshalb das Verfahren, weil der Text die Ausdruckssteigerung vorgibt: "Wenn du es wüßtest, Du neigtest dein Herz!" heißt es am Ende der ersten Strophe, "Wenn du es wußtest, Du kämest zu mir" in der zweiten, "Wenn du es wüßtest, Du lebtest mit mir!" in der letzten.

Zurückblickend auf die eher zufällig und weniger systematisch ausgesuchten Beispiele und auf die musikalische Gattung, der sie angehören, darf darum gebeten werden, die mehr angedeuteten als vollständig ausgeführten Analysen als einen Versuch anzusehen, über bestimmte unangemessene Einstellungen hinauszugelangen. Weder die Genugtuung darüber, daß vielfach bedeutende lyrische Texte vertont worden sind, von denen andere sagen, sie hätten auch ohne Musik überlebt, noch das Bedauern darüber, daß vielfach Autoren und Texte in der Geschichte des deutschen Klavierliedes überwintern, die keine Literaturgeschichte heutzutage mehr anführen mag und von denen andere meinen, sie wären zur Vertonung gut genug gewesen, werden der Bedeutsamkeit und der historischen Einmaligkeit der Phänomene gerecht. Neben den Versuchen zu sachgerechter Beurteilung aber bleibt immer auch Mörikes Einsicht gültig:

"Nur wenn der treffliche Meister uns legt auf die Lippen des Mädchens,
Leben wir Lieder erst auf, uns selber zum Wunder und andern."[34]

Anmerkungen

1) F. Sieburg: Die Lust am Untergang. Reinbek 1961, S. 184
2) Vgl. W. Georgii: Klaviermusik, in: Das Atlantisbuch der Musik, ed. Hamel/Hürlimann. Zürich 6/1946, S. 436
3) Volquart Pauls (Hrsg.): Briefe der Freundschaft/Johannes Brahms — Klaus Groth. Heide in Holstein 1956, S. 65, Brief vom 2.4.1872
4) R. Schumann: Schriften über Musik und Musiker. Leipzig 1888, III, S. 32
5) Novalis: Fragment 2064 nach der Ausgabe von Ernst Kamnitzer. Dresden 1929
6) Th. W. Adorno: Klassik, Romantik, Neue Musik, in: Ders.: Klangfiguren/Musikalische Schriften I. Berlin/Frankfurt 1959, S. 195
7) Novalis: Fragment 1882
8) E. Hanslick: Vom Musikalisch-Schönen/Ein Beitrag zur Revision der Ästhetik der Tonkunst. Leipzig 1/1854, reprografischer Nachdruck Darmstadt 1965
9) J. W. Goethe: West-östlicher Divan. Zürich (Manesse) 1963, S. 91; Musikbeispiel und Argumentation frei nach Thrasybulos G. Georgiades: Kleine Schriften (Sprache als Rhythmus). Tutzing 1977, S. 81ff.
10) Vgl. B. W. Wessling: Beethoven. München 4/1982, S. 188f.
11) Zu Brentanos "Klangspielen" vgl. Marianne Thalmann: Romantik und Manierismus. Stuttgart 1963, S. 20
12) Vgl. G. Schünemann: Die Musikinstrumente; ebenso W. Georgii: Klaviermusik, beide in: Das Atlantisbuch der Musik. Anm. 2, S. 416 u. 461
13) Zur Problematik des Begriffs "Romantik" vgl. den Aufsatz Adornos, Anm. 6
14) Vgl. G. Schulz: Die deutsche Literatur zwischen Französischer Revolution und Restauration, 1. Teil 1789-1806 (= de Boor/Newald: Gesch.d.dt.Lit. VII/1). München 1983, S. 573f.
15) D. Fischer-Dieskau: Texte deutscher Lieder. München 1968, S. 11
16) F. Hölderlin: Werke und Briefe, ed. Beißner, Bd. 1. Frankfurt 1969, S. 126; das Hölderlin-Beispiel bei M. Friederich: Text und Ton/Wechselbeziehungen zwischen Dichtung und Musik. Hohengehren 1973, S. 120f., unter Berufung auf Thrasybulos G. Georgiades: Sprache und Musik. Berlin 1954, S. 56f.
17) Vgl. W. Schadewaldt: Antike und Gegenwart/Über die Tragödie. München 1966, S. 117, dort allerdings auf Hölderlins Übersetzung aus dem Griechischen bezogen.
18) Von den zahlreichen Heine-Vertonungen Schumanns ist nur op. 64, "Tragödie", nicht dem 'Buch der Lieder' entnommen. Vgl. Fischer-Dieskau: Robert Schumann/Das Vokalwerk. München/Kassel/Basel/London 1985, S. 173f. u. S. 135
19) J. von Eichendorff: Werke in einem Band, ed. Rasch. München 1955, S. 233
20) E. Mörike: Sämtliche Werke, Bd. 1. Stuttgart 2/1961, S. 44
21) Claude David: Von Richard Wagner zu Bertolt Brecht. Frankfurt/Hamburg 1964, S. 26f.
22) J.W. Goethe: Serbische Lieder, in: Ders.: Sämtliche Werke, Bd. 14. Zürich/München (Artemis/dtv) 1977, S. 540
23) Bei D. Fischer-Dieskau: Texte deutscher Lieder. München 1968, S. 378 eine etwas andere Druckanordnung.
24) O. Schumann: Großer klassischer Chor- und Liedführer. Hersching 1984, S. 356f.
25) E. Mörike: Sämtliche Werke, Bd. 1. Stuttgart 1961, S. 59, 'Der Gärtner'
26) J. von Eichendorff: Werke in einem Band. München 1955, S. 304f.
27) Wenzigs Nachdichtung in D. Fischer-Dieskau: Texte deutscher Lieder. München 1968, S. 415f.
28) Deutsch-Verzeichnis 957, entstanden im Todesjahr 1828, durch Verlegerwillkür dem Zyklus 'Schwanengesang' zugeschlagen. Text bei D. Fischer-Dieskau 1968, S. 356
29) Vgl. die ausgezeichneten Analysen in R. Tenschert: 3 mal 7 Variationen über das Thema Richard Strauss. Wien 1944, S. 127ff.
30) Vgl. den Revisionsbericht in: R. Strauss/Lieder/Gesamtausgabe, ed. Trenner, Bd. 1, S. 345
31) Vgl. J. W. Goethe: 'Faust', II. Teil, Vers 5304
32) Vgl. E. Krause: Richard Strauss. München 1979, S. 36
33) Text bei D. Fischer-Dieskau: Texte deutscher Lieder. München 1968, S. 80
34) E. Mörike: Sämtliche Werke. Stuttgart 1961, Bd. 1, S. 325

DIE GEFÄHRDUNG NEUER EINSICHTEN DURCH DIE MACHT DES GEWOHNTEN
Jean Pauls Rektor Fälbel und sein beharrendes Fehlhandeln

von Ortwin Beisbart

Erziehung — Schule — Unterricht: betroffen davon ist jeder, erzählen können alle davon. Mancher hat auch im Rückblick Erinnerungen dazu aufgeschrieben. Darüber hinaus haben einzelne Schriftsteller — zumal seit Dichtung Thema des Unterrichts ist — literaturdidaktische Konzepte und Unterrichtsvorschläge in Briefen und theoretischen Schriften reflektiert. Umfangreicher noch ist die Zahl literarischer Texte — besonders glänzende und unbestechliche Spiegel —, in denen Schulwirklichkeit eingefangen und verarbeitet wurde. Aus Dichtungen zum Thema "Schule in der Literatur" ließe sich — abgehoben von einer Schulgeschichte, einer Geschichte des Deutschunterrichts oder einer Geschichte didaktischer Konzeptionen — ein besonders eindrückliches Bild vom Erfahrungsraum Schule zeichnen, könnten Lehrer und Lehrerstudenten Anstöße zum Nachdenken über ihr Arbeitsfeld bekommen.

Aber noch ein Blickpunkt ist wichtig. Wer sich, wie der Jubilar, ein Forscherleben lang mit dem Problem der Verbesserung von Unterricht beschäftigt, dazu eine staunenswerte Fülle von Publikationen vorgelegt hat, weiß nur zu gut, was aus dem werden kann, was literarische und didaktische Analyse ans Licht gebracht, was man an Zielen und methodischen Vorstellungen zum Gebrauche dem lehrenden Leser gut tranchiert oder gar schon mundgerecht vorgelegt hat.

Jean Paul, als Schulautor so gut wie unbekannt, zumindest ungenutzt[1], wirft mit seiner satirischen Erzählung 'Des Rektors Fälbels Reise nach dem Fichtelberg'[2] einige kritische Schlaglichter auf eine Situation, die wohl bekannt und doch allzu oft im Dunkel liegt: das Handeln des Lehrers mit seinen Schülern angesichts neuer pädagogischer und didaktischer Programme, Überzeugungen und Vorschläge.

Als Jean Paul den kleinen Text skizzierte, 1790, siebenundzwanzigjährig, stand er an einer Wende seines Lebens. Beruflich hatte er schon zum zweiten Male für einige Jahre (bis 1794) Gelegenheit, die pädagogischen Ideen seiner Zeit, die der große Leser in sich aufgenommen hatte — Rousseau, Basedow, Campe, Ch. F. Weiße, Salzmann u.a.[3] — in die Tat umzusetzen, als er in Schwarzenbach/Saale die erzieherische und didaktische Betreuung einer Gruppe von sieben Kindern im Alter zwischen 7 und 15 Jahren übernahm. Schriftstellerisch fand er in dieser Zeit den Übergang von einer satirisch-moralisierend-theoretischen Schreibweise zur Form seines freilich vielfach perspektivierenden Erzählens, in dem sich Erkenntnis und Erfahrung anders, Objekt und Subjekt angemessener fassen lassen — wenn uns auch heute die behauptete Zäsur zwischen Schriftsteller und Dichter (so zeitbedingt und ideologiebeladen Max Kommerell 1933) künstlich, ja angesichts von Jean Pauls theoretischen Werken und Spätschriften unangemessen erscheint. Entscheidender als solche biographischen Anmerkungen[4] sind Inhalt und Form des kleinen Textes selbst, den Jean Paul schließlich der Idylle 'Leben des Quintus Fixlein' (erschienen 1796) angehängt hat, als 4. "Jus de tablette", als Brühwürfel also, der mit dem rechten Wasser des Verständnisses und der Phantasie zubereitet, auch heutigen Lesern einige kräftigende Einsichten verabreichen kann. Allerdings will die hier "aufgekochte Suppe" dem Leser die eigene Beschäftigung mit dem Jean-Paulschen Brühwürfel nicht abnehmen. Hintergrund ist schon allein die Tatsache, daß ihm im Text selbst sozusagen zwei recht verschiedene Köche begegnen, so daß er sich sein Leserezept doch am besten selber macht.

Kern des Textes ist ein "Programm" des Rektors Fälbel, genauer ein Reisebericht in der Form eines Schulprogrammes, wie sie höhere Schulen — teils freiwillig, teils von der Schulaufsicht erzwungen — als Nachweis ihres und der Lehrer Qualitätsstandards regelmäßig herausgegeben haben.[5] Rektor Fälbel, der klassisch gebildete Philologe, verweist nun nicht zufällig zu Beginn seines deutsch geschriebenen Elaborates auf sein ein halbes Jahr vorher veröffentlichtes lateinisches Programm, das die notwendigen Autoritäten aufbiete, "die den Schulmann decken, der mit seinen Untergebenen kurze Ausflüge in deutsche Kreise tut." (228)

So erweist sich Fälbels pädagogisch modern anmutendes Tun, während einer mehrtägigen Reise zu unterrichten und zu lehren sowie einen Reisebericht darüber zu schreiben, im Bewußtsein seines Autors in mehrfacher Hinsicht als so fragwürdig, daß er Rechtfertigungen sucht, die für ihn weder allein aus der modernen pädagogischen Literatur zu leisten sind noch aus innerer, erfahrungsgesättigter Überzeugung. Antik-klassische Autoren müssen herangezogen werden, die — genannt werden u.a. ausgerechnet Feldherrn wie Xenophon und Caesar — das ganze Unternehmen in ein eigenartiges Licht rücken. Mit den "deutschen Kreisen" ist zum einen das Reiseziel gemeint, das gegenüber den antiken Gegenden nicht nur ganz unbedeutend, sondern auch unglücklicherweise in den alten Quellen gar nicht erwähnt ist:

"Der Rektor (so Fälbel über sich) würde von Herzen gern von den meisten Dörfern neben der neueren Geographie auch die mittlere und alte mitgenommen haben: wären beide letztere Geographien von ihnen zu haben gewesen; aber leider zeigen nur wenige europäische Länder, wie etwa die Türkei, Ortschaften mit doppelten Namen auf." (230f.)

Zum anderen aber ist auch die Veröffentlichung in deutscher Sprache bemerkenswert, wozu wiederum der Herausgeber in seiner Einleitung schreibt, er habe den ursprünglichen Plan, das Programm aus dem Deutschen ins Deutsche zu "vertieren", aufgegeben, um nicht die ohnehin gefährdete Schulgelehrsamkeit, die somit an die Sprachform gebunden scheint, zusätzlich zu schädigen (226). Damit ist die Figur Fälbels zunächst einmal hinreichend gekennzeichnet. Fraglich bleibt allerdings, ob diese mühsam aufgebaute Absicherung seines Vorhabens nach den verschiedensten Seiten hin den Rektor wirklich von allen Skrupeln befreien konnte.

Der "Herausgeber" — der zweite Koch also — ist freilich weder in seiner Rolle noch in seiner Position so eindeutig bestimmbar: Er verhilft dem Reisebericht zur Veröffentlichung — war der also doch nicht wert, für den Ruhm der Schule einzustehen? — und kann dafür sogar ein Honorar bezahlen, das wiederum Fälbels Reiseschulden deckt. Hat Fälbel innerhalb der Schule für seine Schrift keinen Fürsprecher, so daß er seinen wenig Reputation unter Fachkollegen verheißenden Reisebericht anderswo unterbringen

7. Literaturdidaktische Konzepte

muß? Und wie ernst gemeint sind schließlich des Herausgebers vorausgeschickte Lobsprüche, das Programm könne zum "Muster" für andere Schulreisen genommen werden, wenn er an einigen Stellen den Bericht unterbricht und mit eigenen kritischen Kommentaren versieht, "weil mir sonst das Abschreiben des Programms zu langweilig ist und weil auch der Programmenmacher eines und das andere sagt, das ich besser weiß" (228) — wo doch nicht nur Fälbel sich selbst als unübertreffliche Autorität aufbaut! Bezeichnend sicher auch, daß sich der Herausgeber auf einen der mitreisenden Schüler, die er vorher als "Säuglinge und Fechser" für der Schulleute Seele (226) bezeichnet hatte, beruft: "Ein armer Teufel, den ich studieren lasse und der mitlief, ist meine Quelle." (228) Distanz für den Leser wird so aufgebaut, die sich speist aus einer Perspektive, die ganz und gar außerhalb des Denkhorizontes eines Rektors vom Schlage Fälbels liegt: die eines Schülers, der vertrackterweise nun selbst Fechser heißt.

Der Herausgeber begegnet schließlich der Reisegesellschaft selbst, taucht demnach auch im Reisebericht auf — und wird aufgrund seiner Kenntnisse mit zur Ursache für den Abbruch der Reise: Denn, so stellt sich nun heraus, nicht eigentlich die Reise selbst und die Möglichkeiten, während ihres Verlaufes zu lernen — und vor allem zu schreiben — waren offenbar das Ziel, sondern der nach Kenntnis Fälbels bis dato noch nicht beschriebene Fichtelberg bzw. das Fichtelgebirge. Der Herausgeber weiß, daß dieses Vorhaben Fälbels durch einen wirklichen Fachmann, nämlich den Hofer "Konrektor" Helfrecht, längst gelöst ist.[6] Das eigentliche, geheime Motiv Fälbels, seine Absicht, sich durch eine "fachwissenschaftliche Arbeit" über seine geringer geachtete pädagogische Tätigkeit hinaus als Gelehrter zu erweisen, ist damit hinfällig geworden. Mit brutaler Härte zerbricht die Realität den ehrgeizigen Plan Fälbels ebenso wie seine unausgegorenen pädagogischen Träume. So hängt schließlich der Reisebericht als ganzer in der Luft: Zwar ist die Route der Reisegesellschaft auf der Landkarte nachvollziehbar.[7] Aber ebensowenig wie sie ihr gesetztes Ziel — das der Titel des Textes trotzdem nennt! — erreicht, so wenig wird der Ausgangspunkt genannt: Fälbel zeigt einen sinnlosen Aktivismus, angeregt durch moderne Ideen, denen er sich offenbar nicht entziehen zu können glaubt.
Soviel zum Ganzen der Erzählung.

Aus der jeanpaulischen Fülle von Themen und Anspielungen auf den gut 36 (modernen) Druckseiten kann hier nur auf Ausgewähltes aufmerksam gemacht werden. Zentral ist der Zwang zur Tätigkeit sprachlicher Registrierung und Verarbeitung des Erfahrenen. Schon der Herausgeber macht ausdrücklich darauf aufmerksam:

"Vom Rektor sag' ich nichts: sein Programm selber sagt es, wie er lehrte, lernte und schrieb: im Wirtshaus resorbierte er mit den lymphatischen Milchgefäßen des Papiers allen gelehrten Milchsaft, die eine Reise kocht, und unterweges hielt er seine Schreibtafel den wichtigsten Exkrementen des Zufalls und Bleistifts unter und fing auf, was kam. Aber das sei mir erlaubt, die zwölf Musensöhne zu betrachten, die ebenfalls zwölf pergamentene Rezipienten und Behälter alles Merkwürdigen hinhalten und alles nicht sowohl wie Hogarth auf den Daumen-Nagel skizzieren als mit solchem ; ists denn zu übertreiben, wenn ich denke: in zwölf solchen ausgespannten Prell- und Zuggarnen mußte sich wahrlich ja alles, was nur gelehrten Zungen und Gaumen vorzulegen ist, bis auf jede Spitzmaus und jeden Hotel-Floh verfangen, und es verblieb, wars auch durch eilf Garne hindurch, doch im zwölften seßhaft?" (227)

Und der Rektor selbst schreibt, er habe seine Feder "wie eine Leimrute" aufgesteckt, "an die sich, was sehenswürdig war, leicht ansetzte. Ebenso schoß der Salpeter des Merkwürdigen an den zwölf Salpeterwänden meiner Schüler an, wenn ich die zwölf protokollierenden Schreibtafeln so nennen darf, womit sie ausgerüstet waren ...!" (229) Er hat gelernt, welche Bedeutung die zeitgenössische Diskussion der Benennung und sprachlich-begrifflichen Fassung beimißt[8], übersieht aber, daß allein mit der Benutzung der Muttersprache statt des Latein dann wenig gewonnen ist, wenn sie nur als etikettierendes Instrument zu einer Weltbetrachtung benutzt wird, die den Beobachter, sei er Schüler oder Wissenschaftler, zum bloßen Dokumentator verkürzt, der auch nur dort eine Aufgabe hat, wo die Versprachlichung noch nicht geleistet ist: Was die Schüler aufschreiben, ist entweder schon in Büchern verzeichnet, somit eigentlich wertlos, dient höchstens der fünfzehn Tage dauernden Überbrückung der Wartezeit in Thiersheim (251), oder es ist so unwichtig wie ein Floh oder es trägt zur wissenschaftlichen Reputation des Lehrers bei — aber dazu kommt es ja nicht. Der Weg zum Fichtelberg lohnt nicht mehr, wenn ihn schon ein anderer — objektiv und sprachlich-sachlich adäquat — beschrieben hat. Was nicht interessiert, ja nicht interessieren darf, sind spontane und nun wirklich den Erfahrungen folgende Reaktionen: Literarisch-sprachliche Bildung, die auf das Gebot der eigenen Beobachtung, der eigenen sprachlichen Verarbeitung trifft, äußert sich darin, daß das Geschriebene zum absoluten Maßstab erhoben bleibt:

"Den zwanzigsten Juli brach der Rektor (der Verfasser dieses) mit seinen Nomaden auf, nachdem er ihnen vorher eine leichte Rede vorgelesen, worin er ihnen die Anmut des Reisens überhaupt dartat und von den Schulreisen insbesondere forderte, daß sie sich vom Lukubrieren in nichts unterschieden als im Sitzen."(229 f.)

Die Schüler werden eingestellt auf das, was sie zu denken und zu fühlen haben, gehend oder sitzend arbeiten — die Gemeinsamkeit liegt in der Abblendung und Im-Dunkeln-belassen alles Störenden. Sie und ihr Lehrer haken ab, was sie schon kennen:

"Als wir in Marktleuthen eintrafen, wußt' ich im Finstern, daß die Brücke, worüber wir gingen, auf sechs Bogen liegen mußte — nach Büsching; es freuet aber ungemein, gedruckte Sachen nachher als wirkliche vor sich zu sehen." (247 f.)

Und selbst wenn der Vergleich zwischen Literatur und Realität nicht immer glückt, sei es, daß die Landkarten nicht die beste Abbildungsqualität haben (231), sei es, daß bei Regen weder ein Text über die Sonne, noch wegen des Straßenlärms einer über den Regen vorgelesen werden kann (vgl. 234), selbst wenn ein Buch im Dauerregen völlig zerweicht (244), Fälbel ist sicher, daß er als Bürger jedem Edelmann überlegen ist, der nur zum Vergnügen und ohne Reflexion und sprachliche Repetition durch Europa fährt (vgl. 229), ebenso aber auch dem einfachen Bauern:

" Ein solcher Idiot hilft sich nur durch einen Idiotismus, den er Gelehrten zinset, wieder ein wenig aus seiner Verächtlichkeit auf." (252)

Die Schüler dürfen Übungen im Briefeschreiben machen und sogar das Kartenspiel erlernen — allerdings theoretisch, denn (Regel-)Wissen allein hat die Qualität höherer Bildung:

"Abends reichten bei mir einige fleißige Primaner die Bittschrift um Dispensation zum Kartenspielen ein; ich erteilte sie ... Solche, die gar keine Karten kannten, würdigte ich mehr und mahnte sie zum Beharren an; ja um sie gleichsam zu belohnen, setzte ich mich mit ihnen an einen Tisch und gab ihnen — weil ihnen theoretische Kenntnis ebenso ersprießlich ist, als praktische Übung verderblich — in den gewöhnlichsten Spielarten Unterricht, im Färbeln, im Kauflabeten, Sticheln, im Saufaus und Kuhschwanz." (244 f.)

Einen zweiten Gesichtspunkt didaktisch-aufklärerischer Erkenntnis versucht Fälbel ebenfalls durchzuhalten: Konzentration auf eine Sache; soll doch damit leerer Formalismus vermieden werden. Zum einen bedeutet dies Unterricht, der sich auf einzelne "Fächer" konzentriert: "Fälbels Methode auf lehrreichen Schulreisen ist, jeden Tag eine andere Wissenschaft kursorisch vorzunehmen ..." (234), sei dies Naturbetrachtung, natürliche Theologie, Redeübung, Anstandsunterricht oder das Kartenspiel, geometrisches Messen oder Erhebungen über mundartliche Eigenheiten oder statistische Angaben zur Wohnbevölkerung — wobei gerade die selbstherrliche Benutzung auch der Menschen als Material zu grotesker Flucht der Gruppe führt. Zum anderen ist dies ein Unterricht, der auf Zerlegung des Komplexen angelegt ist. Besonders deutlich wird dies beim Unterricht im gesellschaftlichen Verbeugen und Lächeln:

"Der eitle Gallier trauet uns nicht zu, daß wir Generalverbeugungen an ein ganzes Zimmer leicht und zierlich zutage fördern; ich aber schwenkte wenigstens eine allgemeine Verbeugung als Paradigma flüchtig vor und war schon beruhigt, daß meine Leute nur die Spezial-Verbeugung an jeden dasigen Sessel, die faßlicher ist, leidlich nachbrachten." (242)

Aber es ist ja noch nicht das Ende aller pädagogischen Bemühungen gekommen:

"Fremde Menschen sind gleichsam das Pedal und Manual, welches gelenk zu bearbeiten ohne eine Bachische Finger- und Fußsetzung nicht möglich ist." (240).

Zum dritten versucht solcher Unterricht das zerlegte Thema durch Systematik wieder zusammenzusetzen: Als lateinischer Dialog auf dem Stundenplan steht, geht Fälbel, wiederum scheinbar modern, folgendermaßen vor:

"Es ist aber wenig durch bloße Kollegien für den Humanisten erbeutet, wenn man nicht wie ich die Materien der Diskurse eigensinnig aushebt und absondert, wie die Grammatiken neurer Sprachen wirklich tun. Ein Lehrer muß, wenn er das Fruchthorn sachdienlicher Phrasebücher bis an die Spitze ausschütten, heute z.B. bloß über die Verehrung der Gottheit oder Gottheiten — morgen bloß über Kleider — übermorgen über Haustiere in der herrlichen Staats- und Hofsprache der Alten reden ... Nach diesem Normal hatten wir heute .. lateinisch das Fluchen und Schwören vorzunehmen und abzutun, womit ich noch das Schimpfen verband. Mr. Fechser tat schöne Flüche ..." (246).

Fälbel weiß aber als aufgeklärter Wissenschaftler auch, welche Bedeutung die Spezialisierung für den Fortschritt hat. So schlägt er vor:

"Sollte nicht jede Schuldienerschaft sich in die Äste der Spezialgeschichte teilen? Könnte nicht der Rektor die Spitzbuben bearbeiten und liefern, die Dekollierten, die Gehenkten? Könnte nicht jeder Unterlehrer seine besondere Landplage nehmen? Der Konrektor die Pestilenzen oder bloßen Epidemien — der Tertius die Viehseuchen — der Kantor die Wassers- — der Quartus die Hungersnöten — der Quintus die Feuersbrünste?" (254f.)

Alles wird zum Objekt, sei es Natur, Verhalten von Kindern, ein Posträuber oder ein Deserteur, der zur Hinrichtung geführt wird.

Spaß und spontane Lust wird durch systematisiertes Wissen ersetzt oder zum befohlenen Gegenstand auf dem Stundenplan: Wurde den protokollierenden Schülern, so fragt Fälbel allzu siegessicher "nicht einige Aphäresis, Synkope und Apokope der Lust reichlich genug durch wahre Prothesis, Epenthesis und Paragoge des Wissens erstattet?" (229)

"Der Rektor, welcher gerne glaubt, ein Schulherr müsse seine Scholaren auf Reisen zu belustigen trachten, wie sogar der Neger-Handelsherr die Sklaven zu tanzen, zu singen, zu lachen nötigt, dieser gab ihnen Befehle zum Lachen, setzte sie um sich herum und scherzte ihnen an einem ovalen Tische nach Vermögen vor." (233)

Mitleid, das einen Menschen nicht zum bloßen Objekt macht, sondern ihm zumindest Gerechtigkeit zukommen ließe, wird systematisch zerstreut: Ein desertierter Ungar, dessen Hinrichtung die Gesellschaft beiwohnte, verdiente nach Fälbel schon allein deshalb das Arkebusieren, weil sein Latein, mit dem er sich verständlich machte, nicht regelrecht war.

Aber selbst der Herausgeber, betroffen von der Vorstellung letzter Lebensminuten, des Ganges in den Tod, von der Vision kalter Einsamkeit, findet schließlich nur zu der Bemerkung: Es wäre besser, der Soldat hätte sich "seine Brust und sein Kranium einer feindlichen und ehrenvollen Kugel" aufgehoben, "die ihn ins Bette der Ehren herabschießet." (249) Und: "Es ist ein Glück, daß die Zeit die Gräberhaufen der Erde abträgt und die Kirchhöfe der Schlachtfelder eindrückt und unter Blumen versenkt; weil wir sonst alle von unsern Spaziergängen mit einer Brust voll Seufzer zurückkämen." (250)

Wegschieben, verdrängen, zerlegen, zerstören — alles im Namen einer vernünftigen und legitimierten Objektivität und Ordnung. Ist es zu billig, die Folgen solchen Denkens bis in spätere Zeit auszuziehen?[9]

Saul Rappaport, Figur in S. Lems Roman 'Die Stimme des Herrn', Verfechter der rationellen Zucht von Wissenschaftlern, erzählt von einer Massenexekution aus dem Jahre 1942, die er miterlebt hat. Einer aus der Gruppe der Offiziere, die in einiger Entfernung vom Exekutionsplatz standen, faszinierte ihn besonders:

"Es war ein junger vollkommener Kriegsgott", "der die ganze Operation so vollendet dirigierte, ohne sich vom Fleck zu rühren, ohne zu brüllen, ohne in jenen halbtrunkenen Trancezustand des Schlagens und Tretens zu verfallen, in welchem seine Untergebenen arbeiteten ..." Sie hatten es nötig, sich durch brutale Handlungen in einen Haß hineinzusteigern. "Doch der junge Gott in der grau und silbern verbrämten Uniform war auf derlei Praktiken nicht angewiesen, um tadellos zu funktionieren. Er stand an einem leicht erhöhten Platz und drückte das weiße Taschentuch mit einer Gebärde an die Nase, in der zugleich etwas Salonhaftes und Einsames lag — der gute Gastgeber und der Führer in einer Person." Die grausame Szene wird unterbrochen. Der Offizier verlangte, daß ein Freiwilliger sich noch zu melden habe, ansonsten alle getötet würden, und wartete die Meldung mit dem Rücken zu den Opfern ab.

Rappaport habe erst später begriffen, warum jener so gehandelt habe:

"Obwohl er zu uns sprach, waren wir keine Menschen. Er wußte, daß wir grundsätzlich die menschliche Sprache verstanden, aber dennoch keine Menschen waren, und er wußte es genau. Selbst wenn er gewollt hätte, hätte er uns also nicht aufklären können. Er konnte mit uns tun und lassen, was er wollte, aber er konnte nicht mit uns verhandeln, denn wer verhandelt, braucht einen Partner, der ihm wenigstens in einem Punkte ebenbürtig ist, und auf diesem Hof gab es nur ihn und seine Leute."[10]

Noch einmal zurück zu Fälbel, der pädagogischen Autoritätsperson, der mit einem Reisediener in Streit über die Bewertung der französischen Revolution gerät und nicht nur voller Stolz vermerkt, er habe nach genauer Erforschung festgestellt, daß noch kein Lehrer seines Gymnasiums gegen seinen Landesherrn rebelliert habe, sondern auch eine Reihe von Argumenten für die Bedeutung von Autorität aufführt: sie fördere Individuen, nicht die Gattung, sei natürlich, d.h. auch im Tierreich zu finden, sei klassisch-antik fundiert, fördere Treue und Geduld gerade bei fürstlicher Willkür (239). Was

7. Literaturdidaktische Konzepte

uns in Fälbel entgegentritt, ist nicht einfach ein Kauz, der mit Schmunzeln zu goutieren wäre, auch nicht eine Figur, die "einer tieferen psychologischen Notwendigkeit" entsprungen ist, weil sich der noch nicht fertige Dichter durch solches satirisches Sprachspiel vor der Selbstzerstörung bewahrt hätte[11], auch nicht eine Figur, die nur mit einem einzigen Zuge ausgestattet ist, nämlich dem der Pedanterie, obgleich durchaus richtig ist:

> "In konkreten Gegenständen und in Sachgehalten läßt Ordnung und System, wie sie dem Pedanten als Lebenszweck am Herzen liegen, am ehesten sich niederlegen und bewahren. Nicht dem Naturerlebnis, sondern der Gegenstandswelt gilt deshalb die Reise Fälbels."[12]

Aber es genügt nicht, Fälbel zum pedantischen Individuum zu machen, mit dem Schüler eben zurechtkommen müssen in der Hoffnung, auch wieder einen anderen Lehrer zu bekommen, es genügt auch nicht, ihn zum "Produkt seiner Epoche" zu machen[13], der man dann die Ideen einer besseren gegenüberstellt, personifiziert im Autor Jean Paul, mit Bedacht nicht mehr identifiziert mit dem Herausgeber des Programms. Eine Stelle jedoch gibt es in einem der Kommentare des Herausgebers, aus der man gerne den Schwarzenbacher Hauslehrer Friedrich Richter, vor allem aber den Dichter Jean Paul heraushören möchte: Fälbel hatte sich über spielerisches Brezelreißen zweier Wirtskinder mokiert und für seine Primaner Schreiben verordnet: "Wo habt ihr euere Schreib- oder Schmierbücher? Setzt euch und schreibt euer Pensum!"
Darauf die kommentierende Unterbrechung:

> "Der ewig sparende Mensch, der jedes spätere Vergnügen für ein größeres und weiseres hält, der im Frühling nur wie im Vorzimmer des Sommers lauert und dem an der Gegenwart nichts gefället als die Nachbarschaft der Zukunft, dieser verrenkt den Kopf des springenden Kindes, das, ob es gleich weder vor- noch rückwärts blicken kann, doch bloß vor- und rückwärts genießen soll." (242)

Es geht um eine pädagogische Erfahrung, für die Jean Paul viel Gespür bewies, daß eine Didaktik, die sich ihrer Instrumente allzu sicher ist, ob sie damit Reisebeobachtungen seziert oder Dichtung, nicht nur die Schüler zu Marionetten, nicht nur den Lehrer zum Gefangenen seiner geistigen Zwänge macht, sondern alles Lernen und Gebildetwerden, alles Lehren und Bilden, alle Erfahrung unter den Zwang einer inhumanen und weltunverantwortlichen Praxis bringt.

Anmerkungen

1) Preiswerte Ausgaben wären greifbar.
   Im übrigen gilt H. Wittenbergs Satz unverändert: "Hin und wieder verirrt sich in die Schule der Name Jean Paul" ('Rede des toten Christus vom Weltgebäude herab, daß kein Gott sei'. Ein Weg zu Jean Paul. In: DU 16 (1964), H.5, S. 50-56 (hier S. 50)). Eine "Unterrichtsreihe" (S. 56) wird aber dort nur angekündigt. — "Schulautor" ist sicher nicht immer ein Ehrentitel, doch ist die Kehrseite eine nahezu völlige Unkenntnis über Autor und Werk auch bei Germanistikstudenten selbst höherer Semester.
2) Ich zitiere nach der Ausgabe der Werke im Hanser-Verlag, hrsg. von N. Miller. München 1962, Bd. IV, S. 226-257.
3) Genauere Belege finden sich zum Teil in den Anmerkungen der Werkausgabe (vgl. Anm. 2), in der Literatur leider nur verstreut und vor allem für die Frühzeit unvollständig. Hingewiesen sei mit Vorbehalt auf W. Köpke: Erfolglosigkeit. Zum Frühwerk Jean Pauls, München: Fink 1977; kommentierte Ausgabe der Levana, hrsg. von K.G. Fischer. Paderborn: Schöningh 1963. Die hier geschilderte Reisegesellschaft wird von Fälbel einmal als "reisendes Schnepfenthal" (238) bezeichnet, in Anlehnung an die Salzmannsche Erziehungsanstalt Schnepfenthal/Thüringen, geführt im Sinne philanthropischer Bildungsideale.
4) Es sollte auf den nach Jean Pauls Zeugnis wichtigsten Tag seines Lebens, den 15. November 1790, hingewiesen werden, an dem er "den Gedanken des Todes" empfand (vgl. Jean-Paul-Chronik, hrsg. von U. Schweikert, München 1975, S. 29); denn dies könnte auch Anlaß sein, darüber nachzudenken, welche Folgen Vergänglichkeitsvisionen von Lehrern für deren Schüler haben können — doch führte das vom gesetzten Thema ab.
5) In Preußen wurde am 23.8.1824 das Pflichtprogramm mit organisiertem Tauschverkehr eingeführt. Vgl. Erler: Stichwort 'Programm'. In: Enzyklopädie des gesamten Erziehungs- und Unterrichtswesens, hrsg. von K.A. Schmid, Bd. 6. Gotha: Besser 1867, S. 417-422. Heutige Jahresberichte sind nur ein bescheidener Abglanz des beanspruchten oder des erreichten Niveaus früherer Zeiten.
6) Der Rektor (!) des Hofer Gymnasiums J.Th.B. Helfrecht gab 1799f. eine lange vorher angekündigte Beschreibung des Fichtelgebirges in zwei Bänden heraus.
7) Irgendwo im Plauener Vogtland beginnend führt sie in sieben Tagen über Töpen, Zedwitz, Hof, Schwarzenbach/Saale (Orte, die in Jean Pauls Jugend- und Erziehungsbiographie eine wichtige Rolle spielen), Kirchenlamitz, Marktleuthen nach Thiersheim, wo die Reisegesellschaft 15 Tage wegen des schlechten Wetters ausharrt. Der eilige Rückmarsch wird nur mehr mit einem Satz abgetan (257).
8) Der Pädagoge E.Ch. Trapp formuliert programmatisch: "Sobald ein Kind schreiben kann . . . muß es B e s c h r e i b u n g e n , erst von den simpelsten Dingen, als Schemel, Schere . . . Tisch usw. machen und nach und nach zu einer mehr zusammengesetzten in den Reichen der Natur und Kunst fortgehen . . . " (Versuch einer Pädagogik, Berlin: Nicolai 1780, S. 415) A.H. Niemeyer faßt zusammen: "Erst muß der S t o f f gefunden seyn, ehe man an die A u s b i l d u n g dieses Stoffs denken kann." (Grundsätze der Erziehung und des Unterrichts. Halle 1796, Reprint Paderborn: Schöningh 1970, S. 251 und 253) Beide sprechen von der Arbeit mit Kindern, Fälbel reist mit Primanern!
9) Auf den Vergleich Fälbels mit der pervertierten Lehrergestalt des Professors Unrat hat schon L. Fertig: Zeitgeist und Erziehungskunst. Darmstadt: Wiss. Buchges. 1984, S. 300f. hingewiesen, ebenso R.-R. Wuthenow: Deformation im Schuldienst: Florian Fälbels programmatische Reise ins Fichtelgebirge. In: Piechotta, H.J. (Hrsg.): Reise und Utopie. Zur Literatur der Spätaufklärung. Frankfurt a.M.: Suhrkamp 1976 (es 766), S. 151-169
10) S. Lem: Die Stimme des Herrn. Frankfurt a.M.: Insel 1981, S. 95-98
11) G. Voigt: Die humoristische Figur bei Jean Paul. In: Jahrbuch der Jean-Paul-Gesellschaft, 4 (1969), S. 27 über Jean Pauls Frühzeit. Er behauptet aber auch für später die Voraussetzung des Schreibens "in der Psychologie des Dichters" (S. 440).
12) So Voigt 1969 (Anm. 11), S. 46f. Auch Fertig 1984 (Anm. 9), S. 301 baut den Gegensatz "hehre Ideale" — "Schulpedant" auf.
13) So Wuthenow 1976 (Anm. 9), S. 163, der durch seinen Titel "Deformation i m Schuldienst" eine weitere unrichtige Verengung signalisiert.

GEGEN DAS TRAURIGE UNWESEN
MIT FRAGENBUCH UND KINDERBIBEL ALS LESEBÜCHERN
Fachdidaktische Ansätze bei Jeremias Gotthelf

von Hans Göttler

Von Jeremias Gotthelf (Albert Bitzius, 1797–1854), dem streitbaren Pfarrerdichter aus dem Emmental im Kanton Bern, ist bekannt, daß er sich sein Leben lang beruflich wie schriftstellerisch für Schule und Unterricht interessiert und eingesetzt hat. Der Pfarrer von Lützelflüh war als Schulkommissar jahrelang unmittelbarer Vorgesetzter der Primar- und Sekundarschullehrer seines Bezirks; in amtlichen und dichterischen Texten hat er sich eingehend mit schulischen Fragen, besonders der Schulreform, auseinandergesetzt und dabei oftmals erbitterten Widerspruch von Erziehungsdepartement und Lehrern hervorgerufen; er hat auch selbst gerne unterrichtet und sich darüber hinaus mit großem Eifer in den Dienst der Lehrerausbildung und Lehrerfortbildung gestellt, u.a. als Lehrer für Schweizer Geschichte bei den sog. Normalkursen in Burgdorf. Albert Bitzius hat sich also immer auch als Lehrer gefühlt, und das schriftstellerische Werk des Jeremias Gotthelf hatte, mit wenigen Ausnahmen, stets volkserzieherische Zielsetzungen, so daß man ihn mit gutem Recht einen "didaktischen Epiker"[1] nennen kann.

Bei so viel Interesse für Schule und Erziehung, ja für die Didaktik im weitesten, auch poetologischen Sinne — hier wäre zu verweisen auf seinen Lobspruch auf die Rolle der Didaktik in der modernen Poesie in seiner Preisarbeit für die Berner Akademie 'Ist sich das Wesen der Poesie der Alten und Neueren gleich? ...'(EB 12, 51)[2] —, bei solchem didaktischen Denken also scheint die Frage nach fachdidaktischen Ansätzen wohl angebracht. Ein Zitat aus dem zweiten Teil seines Romans 'Leiden und Freuden eines Schulmeisters' kann dies belegen, in dem es heißt:

"... ists nicht bedauerlich, daß noch in sehr vielen Schulen Fragenbuch und Kinderbibel die einzigen eigentlichen Lesebücher sind, und daß nichts Ernstliches geschieht, um diesem traurigen Unwesen ein Ende zu machen, daß gar nichts geschieht für die armen kleinen Kinder und die Benutzung ihrer ersten, so kostbaren Jahre?" (3, 345)

Hier fragt also einer, dem es nicht allein um eine äußere Reform des Schulwesens, z.B. um Schulhausneubau und Lehrerbesoldung, oder um allgemeinpädagogische Fragen geht, hier macht sich der Verfasser bereits Gedanken über die innere Struktur eines Unterrichtsfaches, über die Auswahl von Texten, über anthropogene Voraussetzungen bei den Adressaten, deren Lernfähigkeit u.ä. Daß dieser Verfasser ein Berner Pfarrer ist, der in dieser Frage wohl näher bei Rochow und dessen Forderung anzusiedeln ist, statt der Bibel in der Schule "ein zweckmäßigeres Lesebuch"[3] einzuführen, als bei dem von ihm sonst hochverehrten Pestalozzi, der "künstliche Hülfsmittel ... als Bildungsmittel"[4] ablehnt, macht das Aufsuchen von Gotthelfs fachdidaktischem Denken besonders reizvoll.

I. Fach- und Sachorientierung als Grundvoraussetzung des Unterrichts

Einen ersten Schwerpunkt in Gotthelfs fachdidaktischem Denken bilden seine Überlegungen zum Verhältnis des Lehrers gegenüber dem Unterrichtsgegenstand, also zum Lehrer-Sach-Verständnis. Ein hoher Bekanntheits- bzw. Vertrautheitsgrad mit dem Unterrichtsgegenstand ist dabei für Gotthelf Grundvoraussetzung des Unterrichtens. Die Mißstände in der Volksschule der damaligen Zeit boten Anlaß genug für diese Forderung. Das Studium bzw. die Fortbildung müssen nach Gotthelf aber derart angelegt sein, "daß dieser Stoff so behandelt werde, daß darob der eigene Geist, das eigene Nachdenken erwacht. Der erwachte Geist kann sich dann jedes Stoffes bemächtigen und wird es tun auf eigene Weise und umso fruchtbarer auf andere wirken, weil, was er vorträgt, nicht tot ist, sondern lebendig." (Brief an das Erziehungsdepartement, 22.9.1834; EB 4, 172f.) In didaktischer Terminologie ausgedrückt heißt das: Ausgangspunkt der Lehrerausbildung ist die Sachorientierung. Alle Maßnahmen der Lehreraus- und Lehrerfortbildung dienen nicht primär der Vermittlung einer Unterrichtsrezeptologie, sondern dem Aufbau eines umfassenden Analyseinstrumentariums beim Unterrichtenden, mit dessen Hilfe jeder Stoff in adäquate unterrichtliche Prozesse umgesetzt werden kann. Gotthelf will also den fachlich solide ausgebildeten Schulmeister, der zu selbständigem Denken und Handeln befähigt ist und dadurch "vor Versauren und Versumpfen" (ebd.) bewahrt, "vor einem leblosen Mechanismus" (ebd.) behütet wird. Fachliches Können wird somit die Voraussetzung lebendigen Unterrichts.

Zehn Jahre später kritisiert Gotthelf in seinem zunächst anonym im Ausland erschienenen Aufsatz 'Zur Geschichte des Primarschulwesens im regenerierten Kanton Bern' die immer noch fehlende Bereitschaft der Lehrer zur fachlichen Fortbildung, was zu einer äußerlichen Bildung geführt habe. Der Aufsatz, der später wegen seiner Angriffe sogar zur Entlassung von Albert Bitzius als Schulkommissar geführt hat, ist nicht bloß eine Abrechnung mit dem Lehrerstand, sondern auch und vor allem eine Attacke auf die vom Erziehungsdepartement, dem "Kultusministerium" des Kantons, propagierte Lehrerausbildung. Lehrer, so heißt es am Schluß dieses Artikels, "müssen nicht bloß genial angeblasen, sondern gründlich unterrichtet sein, nicht in allem Möglichen, sondern im Notwendigen." (ebd. 302f.) Hinter dieser Forderung steht auch ganz deutlich die Vorstellung von der Erlernbarkeit des Lehrberufes. Auch die nicht "genial angeblasenen" Schulmeister sind in der Lage, erfolgreich zu unterrichten, wenn sie selbst gründlich fachlich ausgebildet sind.

Noch 1849, als so manche von Gotthelfs früheren liberal-reformerischen Ansichten der Vergangenheit angehören, ist eine der wesentlichen Voraussetzungen für gute Schulen seiner Ansicht nach die "Sicherheit des Lehrers in den zu lehrenden Fächern." (Eingabe der Gemeinde Lützelflüh an den Großen Rat in Bern, 7.11.1849; EB 18, 102) Allerdings geht auch Gotthelf bereits davon aus, daß dieses Fachwissen des Lehrers in einem zweiten notwendigen Schritt der fachdidaktischen Analyse auf seine Umsetzbarkeit in unterrichtliche Prozesse hin zu überprüfen sei. (EB 11, 315)

II. Berücksichtigung der Lernvoraussetzungen und -bedingungen beim Schüler

Großen Raum nimmt bei Gotthelf die didaktische Analyse ein, wobei er sich vor allem Gedanken über die erreichbaren Qualifikationen und die anthropogenen Voraussetzungen des Schülers macht. Schon dem jungen Vikar Albert Bitzius fällt in seinem 'Bericht über die Gemeinde Utzenstorf (1824)' auf, daß "die bei den meisten Kindern rege Neugierde oder Wißbegierde keine Nahrung findet." (EB 11, 17) Kognitive Fähigkeiten werden in dieser Schule so gut wie keine aufgebaut, ebensowenig Qualifikationen personaler und sozialer Kompetenz. Im 'Schulmeister'-Roman wird daher kritisch angemerkt: "Da in einer Schule fast nichts getrieben wurde als unverstandene Dinge auswendig lernen, so war mit ihrem Vergessen die ganze, langjährige Arbeit verflogen." (2, 72) Für den Leseunterricht zeigt Gotthelf im zweiten Teil des Romans ganz deutlich die Folgen auf, wenn unterrichtliche Prozesse ohne didaktische Analyse aufgebaut werden:

"Diese gräßliche Einförmigkeit töte alles Leben im Kinde, daher lernten Kinder, die zu Hause nicht getrüllet würden, in der Schule auf höchst langsame Weise lesen, und eben deswegen erleide ihnen das Lernen so furchtbar." (3, 330)

Für Gotthelf sind vor allem die benützten Lehrmittel dafür verantwortlich, daß die Schulzeit zur "verschleuderten Zeit" (2, 72) wird, weil die Voraussetzungen und Bedingungen beim Lernenden — Erfahrungs-, Motivations- und Fragehorizont; Verständnis, Denkfähigkeit, Erlebnis- und Gestaltungsfähigkeit[5] — zuvor zu wenig oder überhaupt nicht analysiert werden. Im Primarunterricht wurden noch zu Gotthelfs Zeiten, wie aus seinen Werken und Briefen hervorgeht, folgende Lehrmittel für das Fach 'Kenntnis und Gebrauch der Muttersprache zum Lesen und Verstehen und zum richtigen mündlichen und schriftlichen Ausdruck der Gedanken' verwendet:

An erster Stelle stand das sog. 'Namen-Büchlein, zur Unterweisung der jungen Kinder, samt dem Vater Unser, Glauben und den heiligen zehen Geboten, nebst etlichen schönen Gebetern', das als Buchstabier- und Lesebuch eingesetzt wurde. Danach kam das Fragenbuch an die Reihe, der Im Jahre 1563 zum erstenmal von den Heidelberger Professoren Olevianus und Ursinus herausgegebene Katechismus, kurz auch der 'Heidelberger' genannt. Er enthielt in Fragen und Antworten die Glaubenslehren der reformierten Kirche und wurde sowohl als obligatorisches Lehrmittel der kirchlichen Unterweisung wie als Lesebuch in der Schule benützt. Des weiteren fand im muttersprachlichen Unterricht das sog. 'Siegfriedli' Einsatz, ein im Jahre 1755 von dem Pfarrer Isaak Siegfried herausgegebenes Buch mit dem Titel 'Anfänge der christlichen Lehre als eine Anleitung zum größeren Katechismus', das neben dem 'Heidelberger' gebraucht wurde. Sehr gerne gelesen wurde auch in der 'Hübnerschen Kinderbibel', die ausgewählte Erzählungen aus dem Alten und Neuen Testament enthielt.

Gegen alle diese Lehrmittel und deren einseitige und unreflektierte Verwendung im Unterricht zieht Gotthelf zu Felde. Schon als Student in Göttingen schlägt er seiner Schwester in einem Brief vor, alle Mädchen sollten "statt des Fragenbuchs, das doch keines mehr lernt," (Brief an Marie Bitzius, 2.1.1822; EB 4,59) den Roman 'Gabriele' von Johanna Schopenhauer lesen, womit er sich bereits eindeutig für das Lesen von Literatur im Unterricht ausspricht. Die unterste Klasse sieht er "an den meisten Orten die ganze

Schulzeit zum Namenbuch verdammt" (Brief an das Erziehungsdepartement, 23.12.1835; EB 4, 201), woraus sich die Notwendigkeit eines eigenständigen Lesebuchs für den muttersprachlichen Unterricht ergibt. Dies wird in einem weiteren amtlichen Schreiben aus jenen Jahren noch deutlicher, wenn er dort moniert:

"In allen diesen Schulen ... ist der größte Jammer über den Mangel eines Lesebuches. Die allgemeinsten Lesebücher sind noch immer Fragenbuch und Kinderbibel. Beide können die Kinder bald halb auswendig, können halb schlafend in diesen lesen, aber in keinem anderen. Wenn dann endlich der Religionsunterricht aus diesen Büchern soll gegeben werden, so haben die Kinder so lange ohne Verstand über diesen Büchern gesessen, daß für sie keiner mehr hineinzubringen ist." (Brief an das Erziehungsdepartement, 14.12.1837; EB 4, 249)

Gerade der letzte Satz zeigt auf, daß er auch in bezug auf den Religionsunterricht fachdidaktisch denkt und eigene Lehrmittel für die einzelnen Unterrichtsfächer für notwendig hält. Seine kritischen Anmerkungen über das Fehlen eines geeigneten Lesebuchs kehren auch in den vierziger Jahren immer wieder, da das Erziehungsdepartement seiner Ansicht nach zu wenig Unternehmungsgeist in dieser Frage zeigte. (EB 11, 276)

Welche Gegenmaßnahmen schlägt Gotthelf vor? In einem von ihm aufgestellten Schulplan fordert er für die Schüler vom 8. bis zum 12. Lebensjahr: "Vor allem werden ihnen nun andere Bücher zum Lesen gegeben, denn die Abwechslung mit den Lesebüchern ist eine Hauptsache, um Fertigkeit ins Lesen zu bringen." (Bericht über die Gemeinde Utzenstorf, 1824; EB 11, 34) Mit dieser Haltung geht Gotthelf auch über Comenius hinaus, der in seiner 'Muttersprachschule' keinen Umgang mit Poesie erwähnt.[6]

Der zweite Pfarrer von Gytiwyl aus dem 'Schulmeister'-Roman, hinter dem sich der Pfarrer Albert Bitzius verbirgt[7], schlägt für den Leseunterricht u.a. auch die sog. 'Straßburgertabellen' vor, vom Erziehungsdepartement empfohlene und an die Schulen ausgegebene Tabellen mit Sätzen und Lesestücken, die aber in der Schweizer Schulwirklichkeit der damaligen Jahre ohnehin meistens fehlten (Brief an das Erziehungsdepartement, 23.12.1835; EB 4, 201). Um das außerschulische Lesen zu fördern, empfiehlt Bitzius auch für die Dörfer "eine Sammlung von Büchern oder eine Leseanstalt" (EB 11, 21), um im nachhinein eine im Unterricht nicht aufgebaute Qualifikation ("wenn die Kinder einmal aus der Schule seien, so rührten sie kein Buch mehr an." 2, 72) aufzubauen.

Da die Klagen über das Fehlen eines echten Lesebuches für den muttersprachlichen Unterricht in allen Lebensphasen des Dichters wiederkehren, ist die Frage wohl berechtigt, wie ein solches Lesebuch nach Gotthelfs Ansicht hätte aussehen sollen. An seiner Haltung gegenüber dem von Christian Heinrich Hugendubel 1834 erstmals herausgegebenen 'Lesebuch für die reifere Schuljugend des Kantons Bern', das in den armen Landschulen unentgeltlich, aber in viel zu geringer Anzahl verteilt wurde, wird seine Lesebuchkonzeption deutlich. Das Buch enthält u.a. vom Herausgeber auf Schweizer Verhältnisse hin bearbeitete Auszüge aus dem Lesebuch 'Der Deutsche Kinderfreund' des Berliner Pädagogen, Jugendschriftstellers und Geistlichen Friedrich Philipp Wilmsen und dem Lehr- und Lesebuch für Volksschulen 'Der Denkfreund' von Johann Ferdinand Schlez, aber auch echte literarische Texte, z.B. mehrere Erzählungen Johann Peter Hebels.

Es ist nun auffallend, daß sich Gotthelf im 'Berner Volksfreund' (März/April 1838; EB 13, 90 - 95) über sachliche Fehler und Irrtümer des Herausgebers im historisch-landeskundlichen Teil des Lesebuchs recht kritisch äußert, ja daß er von dem Buch als einem "zusammengestoppelten" (ebd. 94) spricht, womit er sich gegen die bearbeiteten Auszüge Wilmsens und Schlezens wendet, daß er die echten und in sich abgeschlossenen dichterischen Texte, z.B. Hebel, aber nicht in seine Kritik miteinbezieht. Für seine Haltung gegenüber dem Lesebuch und der Rolle der Literatur im muttersprachlichen Unterricht heißt das: Gotthelf lehnt den rationalistischen Geist und die recht trockenen Inhalte der "Freund"-Lesebücher, die mit dem Rochowschen 'Kinderfreund' nur noch den Titel gemeinsam hatten, ab, anerkennt aber den Einsatz von "unbearbeiteter" Literatur im Deutschunterricht. Pestalozzi ist auch hierin, wie schon angedeutet, anderer Meinung, wenn er auf eine Frage von Herbart hin den "Gebrauch" von Fabeln, Märchen und Erzählungen im Unterricht ablehnt, weil seine Methode keine Unterrichtsform duldet, "die Oberflächlichkeit, Genügsamkeit im Halbverstehen, Anmaßung einzusehen, was man nicht einsieht, im Kind habituel machen und zu überwiegender Liebhaberey im träumerischen Bücher- und Mährchenleben führen könnte."[8]

Gotthelf erweitert seine literaturdidaktischen Ansichten in seiner Vorrede zum ersten Jahrgang der Berner 'Kinderzeitung' von Karl Gutmann (eigtl. Karl Gutknecht). Die 'Kinderzeitung — eine unterhaltsame und belehrende Monatsschrift' ist nur zwei Jahre lang, 1841 und 1842, erschienen. In der Vorrede Gotthelfs (EB 10, 312f.) wird auch seine Einstellung zur damaligen Kinderliteratur sehr deutlich. Er geht davon aus, daß ein belehrendes Buch auch "anziehend" sein muß und dafür eine "natürliche" Schreibweise notwendig sei. Kinderschriften werden nach Gotthelf oft deswegen "läppisch" und unnatürlich, weil die Verfasser "eine andere Denkweise versuchen", die ihnen eigentlich fremd ist. Seine Forderung lautet daher, das eigenständige Urteil des Kindes gegenüber der Literatur ernst zu nehmen: "Wenn aber auch die Kinder nicht selbst schreiben ... , so haben sie doch ein Urteil; was ihnen entspricht, das fesselt sie, zieht sie an." Der Erwachsene habe nur die Aufgabe, aus dem Stoff Unchristliches und Unsittliches auszuscheiden.

Schon mit seiner Anerkennung einer beim Kind vorhandenen eigenständigen Urteilsfähigkeit in Sachen Literatur leistet Gotthelf einen wertvollen Beitrag in bezug auf Voraussetzungen und Bedingungen beim Lernenden im Rahmen der Didaktischen Analyse. Mit seiner Ansicht zu "Auswahl und Abstufung" der Kinder- und Jugendliteratur setzt er sich darüber hinaus deutlich von Campe ab und nimmt in Ansätzen Forderungen Wolgasts vorweg. Der streitbare Gotthelf wendet sich gegen aufklärerische Kinder- und Jugendliteratur im Sinne Campes und gegen schulmeisterliche Moralschriften vom Anfang des 19. Jahrhunderts, wenn er die "fünfzigjährige pädagogische Barbarei mit den Kindern" geißelt, "indem man ihnen das heilloseste Gebräu verrückter Köpfe einstopfen wollte." Campe wird sogar namentlich erwähnt, denn laut Gotthelf "baten viele Kinder beim Erscheinen der 'Kinderzeitung' dringlich um Vergünstigung, sich vom campischen Robinson zu ihr zurückwenden zu dürfen." (s. dazu auch den Vorschlag von Gotthelfs Berliner Verleger Julius Springer an den Dichter, "einen besseren Robinson" zu schreiben; EB 5, 355). Gotthelf lobt an der 'Kinderzeitung' auch deren "reiche Abwechslung ... in Stoff und Form", woraus noch einmal abgeleitet werden kann, daß es in "seinem" Leseunterricht keine Bevorzugung nur einer Gattung geben darf. Er selbst hat zum Gattungsreichtum der Zeitung im zweiten Jahrgang einen Beitrag geliefert, nämlich das Märchen

'Geraldine, die gebesserte Tochter', von dem allerdings nur die erste Hälfte aus seiner Feder stammt. Mit der Wahl dieser Gattung und ihrer Präsentation als Kinderliteratur geht er aber wiederum über Pestalozzi hinaus. Auf das Märchen wie auch auf Gotthelfs einzige spezielle Jugendschrift, die historische Erzählung 'Der Knabe des Tell', kann aus Platzgründen nicht näher eingegangen werden. Soviel aber sei gesagt: Gotthelf hält auch diese Schrift für einen Versuch, "die Kinder vom Nieritzischen Brei zu erlösen und an kräftigere Kost zu setzen" (Brief an Karl Rudolf Hagenbach, 21.12.1845; EB 6, 224), und erinnert mit solchen Feststellungen an spätere Einschätzungen der Kinder- und Jugendliteratur im 19. Jahrhundert, z.B. Carl Kühner[9] oder Heinrich Wolgast[10]. Dadurch daß auch Gotthelf die Auseinandersetzung des Kindes mit der im Buch enthaltenen Wirklichkeit will, setzt er bei den Voraussetzungen des Kindes an und schätzt deren Niveau keineswegs als gering ein.

III. Anpassung der Methodik an Unterrichtsgegenstand und Voraussetzungen der Klasse

Schon in seiner Vikariatszeit macht sich Gotthelf auch Gedanken über Fragen der Methode und unterrichtlichen Vermittlung und vervollständigt damit seine fachdidaktischen Überlegungen. Dabei sind wiederum die praktischen Erfahrungen mit unfähigen Schulmeistern Ausgangspunkt seiner kritischen Reflexion: " ... ehe die Kinder lesen und tüchtig buchstabieren können, müssen sie über Hals und Kopf auswendig lernen, ob welchem sie nie recht lesen lernen." (Brief an Georg Samuel Lauterburg, 1.5.1825; EB 18, 37) Gegen maßvolles Auswendiglernen hat Gotthelf zwar auch später nichts einzuwenden, da es der Gedächtnis- und Konzentrationsübung dienen könne (3, 348), bei eigenen Lehrversuchen legt er aber besonderen Wert auf die Lehrererzählung, um so das Interesse der Schüler zu gewinnen: "Mit was ich mir die Buben vorzüglich gewann, war das Erzählen." (Brief an Rudolf Fetscherin, 1.2.1819; EB 4, 18) Als einen besonderen Vorteil dieser Methode sieht es Gotthelf an, daß der Lehrer dabei immer wieder zum "Erklären" gezwungen wird. Diesen Gedanken nimmt der schon erwähnte zweite Pfarrer von Gytiwyl im 'Schulmeister'-Roman auf, als er beim sog."Konstruieren", dem recht mechanisch ablaufenden Grammatikunterricht, persönlich eingreift und die Kinder durch Fragen zu Worterklärungen nötigt. (3, 30f.; ebd. 252) Dieser Pfarrer ist auch nicht von vornherein wie so viele andere Personen im Roman gegen den sog. gegenseitigen Unterricht eingestellt, eine Einrichtung der Volksschulen, nach welcher die vorgerückteren Schüler die schwächeren unter Aufsicht des Lehrers unterrichten. Diese Lehrweise, entwickelt von Andrew Bell und Joseph Lancaster, in der Schweiz gefördert vor allem durch den freiburgischen Pädagogen Pater Girard und durch Fellenberg, war damals besonders aktuell und in Mode. Der Pfarrer lehnt aber die überstürzte und gänzlich unreflektierte Einführung dieser Methode kategorisch ab und beweist damit, daß ihm fachdidaktisches Denken, gerade auch in bezug auf die Methode, nicht fremd ist. Die Methode muß dem Gegenstand und den Schülern angepaßt sein, sonst würde "ein gar arg Pfuschwerk" (3, 327) daraus. Im Gespräch dieses Pfarrers mit dem staunenden Schulmeister, das Gotthelf als didaktischen Prozeß aufbaut und in dem der Schulmeister die Rolle des Schülers übernimmt, entsteht somit ein Konzept, das über das rein Methodische hinausweist. Ausgangspunkt ist dabei neben der Klasseneinteilung, daß sich der Schulmeister "des Stufenganges in jedem Fach" (3, 328) bewußt sei und die Unterrichtsprinzipien der Regelmäßigkeit, der Planmäßigkeit und der Verständlichkeit befolge. Auf den Zusammenhang zwischen diesen Prinzipien und der Methode wird dabei größter Wert gelegt. Die Methode dürfe nicht zu einem förmlichen Abrichten führen, weil sonst nur das "Nachahmungsvermögen, welches den Affen bezeichnet" (ebd.) geübt werde. Wenn die falsche Methode vom Lehrer angewendet wird, bzw. wenn er sich dieser Methode nicht sicher ist, dann lautet Gotthelfs Urteil: "Da war ... der Knopf ... zwischen dem Fach und der Schule nicht gemacht, ..." (3, 366) Seine Skepsis gegenüber einer bloßen Methodenorientierung bleibt aber deutlich erkennbar, wenn er später in einem Brief schreibt, es müsse "aller Firlefanz vermieden werden", denn die "Methodejägerei tötet alle Tüchtigkeit in der Schule." (Brief an Irenäus Gersdorf, 8.1.1846; EB 6, 247)

Eine Methode, die für ihn zum Firlefanz zählt, ist der Anschauungsunterricht, denn "er versteinert jetzt Pestalozzis Anschauungslehre zum schauderhaftesten Lirum Larum." (Wort zur Pestalozzifeier, 1846; EB 11, 312) "Zu einem erregenden, bildenden Anschauungsunterricht ist die Mehrzahl der Lehrer ... zu ungebildet, zu gedankenarm. Aus geistigem Tod wird nicht geistiges Leben erzeugt." (ebd. 297) Gotthelf bekennt von sich selbst, kein "unbedingter Verteidiger von Pestalozzis Methode zu sein, er hat vor allem Pestalozzis Geist und Ziel im Auge." (ebd. 309)

Im schon erwähnten Vorwort zur 'Kinderzeitung' zeigt Gotthelf schließlich noch einmal deutlich seine kritische Haltung gegenüber dem Prinzip der Veranschaulichung, hier speziell gegenüber der Bebilderung von Büchern und sonstigen Druckerzeugnissen. Er verwirft die Bilder, sofern sie eine "müßige, gedankenlose Zugabe" (EB 10, 313) zum literarischen Text bedeuten und den Zugang zu diesem verstellen oder die gedankliche Auseinandersetzung mit ihm als nicht mehr notwendig erscheinen lassen. Akzeptiert werden dagegen Bilder, wenn sie "wirklich sinnig und bildend" (ebd.) sind.

Versucht man abschließend, Gotthelfs Position zu charakterisieren, so ist festzuhalten, daß er selbst sicher kein in sich geschlossenes fachdidaktisches Modell anstrebt — z.B fehlen bei ihm auch genauere Überlegungen zu Lernzielen —, daß er aber doch in Ansätzen fachdidaktisch denkt. Es ist sicher richtig, daß Gotthelf "zunächst kein Mann der Wissenschaft, kein Philosoph, kein logischer Denker"[11] ist. Seine verschiedenen theoretischen und dichterischen Reflexionen über Fragen der Fachdidaktik weisen aber doch Eigenständigkeit auf, da sie sich durchaus kritisch mit der Reform der Elementarschule seiner Zeit im Sinne Pestalozzis auseinandersetzen und Ansätze enthalten, die auf fachdidaktische Erkenntnisse der folgenden Jahrzehnte verweisen.

Anmerkungen

1) Sengle, Friedrich: Biedermeierzeit. Deutsche Literatur im Spannungsfeld zwischen Restauration und Revolution 1815-1848. Bd. III: Die Dichter. Stuttgart: Metzler 1980, S. 926
2) Zitiert wird nach folgender Ausgabe: Jeremias Gotthelf (Albert Bitzius): Sämtliche Werke in 24 Bänden und 18 Ergänzungsbänden. In Verbindung mit der Familie Bitzius, hrsg. von Rudolf Hunziker und Hans Bloesch, seit 1958 hrsg. von Kurt Guggisberg und Werner Juker. Erlenbach bei Zürich: Rentsch 1911-1977. — Die Zitate im Text werden durch Band- und Seitenzahl nachgewiesen; dabei steht die erste Zahl für den jeweiligen Band, die zweite für die Seite. Ergänzungsbände werden durch die Abkürzung EB vor der ersten Zahl gekennzeichnet.
3) Frank, Horst Joachim: Geschichte des Deutschunterrichts. Von den Anfängen bis 1945. München: Hanser 1973, S. 127
4) Pestalozzi, Johann Heinrich: Sämtliche Werke. Kritische Ausgabe. Begründet von Artur Buchenau, Eduard Spranger u. Hans Stettbacher. Bd. 13. Berlin/Leipzig: de Gruyter 1932, S. 7; s. auch seine Einwände gegen Friedrich Gedickes Lesebuch, ebd., S. 25f.
5) Vgl. Melzer, Helmut/Seifert, Walter: Theorie des Deutschunterrichts. München: Ehrenwirth 1976, S. 153
6) Comenius, Johann Amos: Große Didaktik. Hrsg. von Adreas Flitner. 5. unveränderte Auflage. Stuttgart: Klett-Cotta 1982, S. 195
7) Göttler, Hans: Der Pfarrer im Werk Jeremias Gotthelfs. Ein Beitrag zur Stellung des Geistlichen in der Literatur der Biedermeierzeit. Bern: Lang 1979, S. 70ff.
8) Pestalozzi, vgl. Anm. 4, hier: Bd. 15, Berlin/Leipzig: de Gruyter 1958, S. 430f.
9) Abc und Abenteuer. Texte und Dokumente zur Geschichte des deutschen Kinder- und Jugendbuches. Hrsg. von Alfred Clemens Baumgärtner und Heinrich Pleticha. Bd. 2. München: Deutscher Taschenbuch-Verlag 1985, S. 108
10) Ebd., S. 245
11) Küffer, Urs: Jeremias Gotthelf. Grundzüge seiner Pädagogik. Untersuchung über die Fehlformen der Erziehung. Bern/Stuttgart: Haupt 1982, S. 11

WIDER
"DIE TRIVIALSCHULE DES VERSTANDES"
Eichendorffs literaturdidaktisches Konzept

von Ernst Josef Krzywon

I. Die — vor allem in den letzten zwei Jahrzehnten vollzogene — Ausweitung, aber auch wissenschaftliche Präzisierung des Literaturbegriffs von literarischen Kunstwerken zu literarischen Kommunikaten und zum Handlungsbereich bzw. System Literatur konnte nicht folgenlos bleiben für das Selbst- und Fremdverständnis der Literaturdidaktik. In Abwandlung der schon 1927 von W. Seidemann erhobenen Forderung einer "Erziehung zur Sprache" entwarf 1970 A. Weber das Konzept der "Dialektik einer Erziehung zur und durch Literatur": "Denkt sie vom Rezipienten, dem Schüler, her, bereitet sie E r z i e h u n g d u r c h L i t e r a t u r, denkt sie von der Literatur her, leistet sie E r z i e h u n g z u r L i t e r a t u r."[1]
Seit diesem dialektisch-bipolaren Postulat, das den literaturdidaktischen Prozeß allerdings noch auf den Schüler und die Institution Schule fixiert hatte, wurde der institutionell festgelegte Rahmen schulischer und universitärer Literaturdidaktik permanent ausgeweitet: Öffentlichkeit, mit all ihren massenmedialen Möglichkeiten, und Schule sind heute gleichermaßen und gleichwertige literaturdidaktische Handlungsräume, weil schulpraktische und bildungspolitische Zielsetzungen und deren kritische Überprüfung miteinander aufs engste verflochten sind. Literaturdidaktik "macht die Literatur aufgrund von Auswahl, Zielsetzung und Behandlung erst zu einem für Schule und Öffentlichkeit unmittelbaren Problem"[2], nämlich zu einem Problem der Vermittlung und der individuell wie gesellschaftlich produktiven Teilnahme. Denn die Funktionen des Systems Literatur "liegen zugleich im kognitiv-reflexiven, moralisch-sozialen und hedonistisch-individuellen Handlungs- und Erlebnisbereich".[3] Kompetente Teilnahme am Literatursystem ist somit Soll- und Erziehungsziel der Literaturdidaktik in öffentlichen und schulischen Handlungsräumen, Literaturdidaktik selbst ist demnach eine "konstitutiv anwendungsbezogene Disziplin"[4] mit Besonderheiten eines interdisziplinären Status, also eine Integrationswissenschaft, die keinesfalls auf didaktische Konzepte schulischer Literatursozialisation beschränkt ist.
Sie war es offensichtlich ebensowenig in der Vergangenheit, wenn z.B. W. Gössmann Schillers Schrift 'Über die ästhetische Erziehung des Menschen' zu den "wichtigsten literaturdidaktischen Konzeptionen der deutschen Geistesgeschichte"[5] zählt oder "Heine als Promotor einer modernen Literaturdidaktik"[6] einzuordnen und ein "für Heine spezifisches literaturdidaktisches Modell"[7] zu rekonstruieren vermag, ausgehend von der These, jeder Autor verfüge in seinem literarischen Werk über immanente didaktische Strukturen, die man herausarbeiten müsse und eventuell sogar in einem didaktischen Modell zusammenfassen könne. W. Gössmanns These reizt zur Probe aufs Exempel an einem Autor wie Joseph von Eichendorff, der sowohl Heines Zeitgenosse als auch dessen Antipode war. Gibt es demnach

auch ein für Eichendorff spezifisches literaturdidaktisches Modell? Lassen sich literaturdidaktische Kategorien — im Sinne von Schreib- und Lesesteuerungen — direkt aus Eichendorffs Werk ableiten? Gibt es auch bei Eichendorff das Phänomen der "Literarisierung", d.h. "die didaktische Umsetzung von Literatur in die Zusammenhänge des privaten wie öffentlichen Lebens, also die mögliche wie tatsächliche Wirkung von Literatur"?[8]

II. M. Naumann hat bereits 1979 die didaktischen Dimensionen der Prosa Eichendorffs freigelegt und ansatzweise auch das Didaktische in Eichendorffs Gesamtwerk aufzudecken versucht mit dem Ergebnis, "daß die Poesie für Eichendorff instrumentellen Charakter hatte"[9] und "daß mit dem Alter die Betonung der didaktischen Dimension im gesamten Schaffen stärker wurde".[10] Vor allem in den Schriften zur Literatur — sie stehen im Zentrum meines Beitrags, — komme sozusagen der Didaktiker Eichendorff "ganz zu sich selbst"[11]; denn "diese letzte Schaffensphase bringt eine höchste Steigerung des didaktischen Bemühens und bildet damit einen konsequenten Abschluß der Arbeit Eichendorffs".[12] Seine am 1. Juli 1844 erfolgte Pensionierung als preußischer Geheimer Regierungsrat war eine nicht unwesentliche entstehungsgeschichtliche Vorbedingung seiner Schriften zur Literatur, die bereits 1846 — erst anonym, später mit Namen — zu erscheinen begannen. Ihnen liegt das literaturtheoretische Konzept einer "Poesie des Unsichtbaren" (III, 418)[13], einer "Poesie des Unendlichen" (III, 558) zugrunde, die letztlich eine christliche Poesie sei; gehe doch "alle Poesie auf nichts Geringeres als auf das Ewige, das Unvergängliche und absolut Schöne, das wir hienieden beständig ersehen und nirgends erblicken" (III, 418). Ein solches Sujet könne nur symbolisch-allegorisch, "sinnbildlich, das ist in irdischer Verhüllung und durch diese gleichsam hindurchschimmernd, zur Erscheinung gebracht werden" (III, 418) und sei daher in ganz besonderer Weise auf die künstlerische Vermittlung angewiesen, nämlich darauf, "daß das Ewige, nicht als metaphysisches Abstraktum, das verhüllende Irdische nicht als bloße tote Formel dafür erscheine, sondern daß beide einander innig durchdringen und also die Allegorie lebendig wird, die poetischen Gestalten nicht bloß b e d e u t e n , sondern wirkliche, individuelle, leibhaftige Personen sind" (III, 418). In diesem Sinne müsse "das Göttliche menschlich, das Irdische aber, die ganze Natur, gottestrunken in Stern und Baum und Blumen mitredend, zum Symbol des Übersinnlichen" (III, 418) werden, so daß "Diesseits und Jenseits wunderbar ineinanderklingen und Zeit und Raum und alle Gegensätze in dem Geheimnis der ewigen Liebe verschwinden" (III, 418). So hat auch für Eichendorff die Poesie — wie einst die Poesie des Mittelalters — "ihren lebendigen Mittelpunkt und Zusammenhang in der Religion", ja sie ist "vielmehr selbst die versuchte harmonische Verschmelzung von Menschlichem und Göttlichem" (III, 513). Dies erst sei die — vom wahren Dichter, den Gesinnung und Talent kennzeichnen, hervorgebrachte — "Poesie der Wahrheit" (III, 108), die rechte Poesie, gekennzeichnet "einzig durch die stille, schlichte, allmächtige Gewalt der Wahrheit und unbefleckten Schönheit, durch jene religiös begeisterte Anschauung und Beobachtung der Welt und der menschlichen Dinge, wo aller Zwiespalt verschwindet und Moral, Schönheit, Tugend und Poesie eins werden" (III, 50), eine Poesie der Liebe, die Eichendorff in Stifters 'Studien' (1844) heraufziehen sieht. Einem solchen ganzheitlichen, auf das Absolute ausgerichteten Literatur- bzw. Poesiekonzept entsprach auch Eichendorffs — gegen Rousseau und die vor allem philanthropine Aufklärungspädagogik, aber auch gegen den Sturm und Drang sowie die Klassik gewandtes — gleichermaßen ganzheitliches, auf das Absolute ausgerichtetes Bildungskonzept. Es richtete sich gegen "eine Bildung ohne positive Religion, eine Selbsterziehung des menschlichen Geistes, der allein sich selbst Gesetz sein sollte", gegen "eben diese spezifisch-moderne Bildung" (III, 471f.), die in Goethes 'Iphigenie' ihre reinste Ausprägung fand: "ein antik eingerahmter Spiegel von unnachahmlicher Klarheit, in welchem die moderne Bildung sich selbst beschaut" (III, 474). Auch in Jean Pauls Poesie sah Eichendorff "eine abstrakte Religion der Humanität" (III, 34), wie sehr er auch dessen Werk, insbesondere den in der "Unsichtbaren Loge" entworfenen Erziehungs- und Bildungsplan, als "eine Poesie der Zukunft, der Erwartung und der Veredelung des Menschengeschlechts durch den wiedererwachten Glauben an eine höhere, unsichtbare Welt" (III, 33) zu würdigen wußte. Eichendorffs Bildungskonzept hingegen war auf ein Menschenbild gegründet, das in der Einheit von Glaube, Verstand und Poesie fundiert war und das er bei dem Volksschriftsteller und Theologen Alban Stolz ausgeprägt fand: "Der gesunde innerlich proportionierte Mensch ist ein lebendiger Spiegel; darum spiegelt sich in seinem Geiste Spiel und Ernst; Erdhaftes und Himmlisches nach- und nebeneinander." (III, 490) Dieser innerlich proportionierte Mensch — in Unterscheidung vom kranken, defekten und innerlich verstümmelten Menschen "der einseitigen Aufklärung des überfütterten Verstandes" (III, 146) — war für Eichendorff letztlich der ganze Mensch, in dem die drei menschlichen Grundkräfte des Gefühls, der Phantasie und des Verstandes harmonisch zusammenwirken, wie ja auch seiner Ansicht nach Goethes Harfe "in ihren drei Hauptakkorden: des Gefühls, der Phantasie und des Verstandes, durchaus harmonisch gestimmt" (III, 239) sei, z.B. in dessen 'Wahlverwandtschaften'. Eichendorffs ganzheitliches Menschenbild und Bildungskonzept sowie sein ebenso ganzheitliches Literatur- bzw. Poesiekonzept sind demnach kompatibel und homolog. Kraft dieser Homologie sind sie zugleich das Fundament für eine allgemeinmenschliche, ganzheitliche und anthropologisch begründete Literaturtheorie und Literaturdidaktik von universeller Bedeutung, die jede religiöse, theologische, christliche und katholische Begrenztheit und Partialität überschreitet:

"Auch das hat die Poesie mit der Religion gemein, daß sie wie diese den g a n z e n Menschen, Gefühl, Phantasie und Verstand gleichmäßig in Anspruch nimmt. Denn das Gefühl ist hier nur die Wünschelrute, die wunderbar verschärfte Empfindung für die lebendigen Quellen, welche die geheimnisvolle Tiefe durchranken; die Phantasie ist die Zauberformel, um die erkannten Elementargeister heraufzubeschwören, während der vermittelnde und ordnende Verstand sie erst in die Formen der wirklichen Erscheinung festzubannen vermag. Ein so harmonisches Zusammenwirken finden wir bei allen großen Dichtern, bei Dante, Calderon, Shakespeare und Goethe, wie sehr auch sonst ihre Wege auseinandergehen. Der Unterschied besteht nur in dem Mehr oder Minder jener drei Grundkräfte. Wo aber dieser Dreiklang gestört und eine dieser Kräfte alleinherrschend wird, entsteht die Dissonanz, die Krankheit, die Karikatur. So entsteht die sentimentale, die phantastische und die Verstandespoesie, die eben bloß Symptome der Krankheit sind." (III, 544)

Literatur bzw. Poesie schlechthin — und das war seiner Ansicht nach die neue, moderne, wahre Romantik — ist also der produktions-, werk- sowie rezeptions- und wirkungsästhetisch realisierte Dreiklang von Gefühl, Phantasie und Verstand, den "produktiven Seelenkräften eines Volkes" (III, 560). Eine solche Literatur und Poesie ist deshalb als Theorie wie als Praxis von universeller, weltliterarischer Bedeutung. Sie wurde vor allem durch Goethe verwirklicht; dessen "Idee der Humanität" (III, 744) zielte nicht nur auf "Erziehung des Schönheitsgefühls durch die Kunst", sondern auch "die harmonische Ausbildung a l l e r menschlichen Kräfte und Anlagen durch das Leben selbst" (III, 744f.). Doch diese "humanistische Selbsterziehung" (III, 746), die "dem Abiturienten zuletzt nur ausstattungsweise noch mitgegeben" werde, habe auch ihre Grenzen; denn

"die Zöglinge machen dieser Allerweltschule keine sonderliche Ehre; sie führt den Werther zum Selbstmord, den Wilhelm Meister zur ökonomischen Philisterei und die Helden der 'Wahlverwandtschaften' zum geistigen Ehebruch. So ist Goethe der eigentliche Führer der modernen Kultur. Dafür hat er aber auch alle Höhen und alle Schauer und Abgründe dieser Bildung tief erkannt und in seinem 'Faust' unsterblich gemacht. Faust ist ohne Zweifel nicht nur das größte Gedicht unserer Literatur, sondern zugleich die wahrhafte Tragödie der neuen Zeit." (III, 747)

Die skizzierte Homologie von Eichendorffs ganzheitlichem Menschenbild und Bildungskonzept sowie ganzheitlichem Literatur- bzw. Poesiekonzept gab ihm nicht nur ein entscheidendes Kriterium zur Beurteilung der National- und Weltliteratur, sie bedeutete für Eichendorff zugleich ein wichtiges literaturdidaktisches Kriterium von aktueller Relevanz. Eichendorffs religiöse, theologische, christliche, katholische Literaturdidaktik, die seinen literaturkritischen Schriften letztlich zugrunde liegt, wird in der pluralistischen Gesellschaft seiner wie auch unserer und künftiger Zeiten notwendigerweise auf Grenzen stoßen und letztlich unannehmbar bleiben; seine anthropologisch und literaturtheoretisch ganzheitlich fundierte Literaturdidaktik hingegen, die den ganzen Menschen im Blick hat, also Gefühl, Phantasie und Verstand, dürfte auch für die pluralistische Gesellschaft der Gegenwart wie der Zukunft akzeptabel, ja unerläßlich sein, zumal in einer Zeit, da der Vorwurf der "Verkopfung" insbesondere den Literaturunterricht trifft. Im erstrebten Zusammenklang der drei Grundkräfte des Menschen jedoch kann eine Vermittlung der anthropologischen sowie der christlich fundierten Literaturdidaktik gelingen.

Ein weiterer aktueller Relevanzaspekt von Eichendorffs ganzheitlicher Literaturdidaktik besteht darin, daß letztlich auch der curricularen Lernzieltheorie — trotz aller notwendigen Detailkritik — ein Modell zugrunde liegt, das den ganzheitlichen Menschen im Blick hat, nämlich die Schülerpersönlichkeit in ihrer kognitiven, affektiv-emotionalen und psychomotorischen Dimensionierung.[14] Diese entspricht in lernpsychologischer sowie in literaturdidaktischer Sicht jenen drei Grundkräften des ganzen Menschen als Individuum, die als Gefühl, Phantasie und Verstand Eichendorff für seine anthropologisch fundierte Literaturtheorie postulierte und in seiner Literaturpraxis produktiv wie rezeptiv realisierte. Vielleicht liegt hierin einer der entscheidenden Gründe für die universelle Wirkung seiner Poesie und Literatur über alle nationalen und Altersgrenzen hinaus. Vermutlich gilt dieser Erklärungsgrund ebenso für die Wirkung der Werke von Michael Ende, der — durchaus im Sinne des Eichendorffschen ganzheitlichen Drei-Grundkräfte-Prinzips — mit Blick auf die Kriterien des guten Kinderbuches einmal bemerkte:

"Was künstlerisch wirklich gut ist, kommt auch immer aus einer Ganzheit des Menschen, aus Kopf, Herz und Sinnen, und es spricht auch gleichermaßen zur Ganzheit."[15]

7. Literaturdidaktische Konzepte 237

Das Eichendorffsche Drei-Grundkräfte-Prinzip scheint als curricularer Faktor auch für das Kanon-Modell von heuristischem Wert zu sein. So wäre einerseits zu überprüfen, ob der aus seinem literaturkritischen Gesamtwerk rekonstruierbare — und leider noch nicht rekonstruierte — Kanon nicht nur seinem religiösen, theologischen und christlichen Prinzip, sondern vor allem auch seinem Drei-Grundkräfte-Prinzip entspricht; andererseits wäre es ebenso sinnvoll, nach diesem Drei-Grundkräfte-Prinzip einen Literaturkanon zu entwerfen, dessen entwicklungs- und jahrgangsspezifische Passung möglich wäre. Eichendorffs literaturkritische Schriften, die sowohl chronologisch als auch gattungspoetisch angelegt sind, gestatten darüber hinaus die Rekonstruktion gattungsspezifischer wie literaturgeschichtlich orientierter Kanonmodelle, deren literaturdidaktische Passung ebenfalls zu überprüfen wäre.

III. Eichendorffs — im skizzierten Sinne ganzheitlich orientierte — Literaturdidaktik umfaßt gleichermaßen den Produzenten und Rezipienten wie auch die "Universalität und individuelle Mannigfaltigkeit unserer Literatur" (III, 531), so daß sein literaturdidaktisches Gesamtkonzept sich in eine Vielzahl von partiellen Didaktiken ausdifferenzieren und näher beschreiben ließe, was hier jedoch lediglich angedeutet werden kann:
1. Dem chronologischen Längsschnitt seiner großangelegten Schriften zur Literatur folgend, der jedoch durch einen — alle Schriften erfassenden — Querschnitt zu ergänzen ist, lassen sich Ansätze zu einer Gattungsdidaktik erschließen, die sowohl literarische Groß- und Kleinformen als auch zentrale Grundkategorien der Literaturdidaktik umfaßt:
1.1 "Das seiner Natur nach demagogische Drama" (III, 523), das "den jedesmaligen Bildungsstand seiner Zeit am treuesten abspiegelt" (III, 517), und das Schauspiel als "Volksschule und Katheder der Tugendlehre" (III, 459), "da es alle Zauberformeln nicht nur der Poesie, sondern auch aller andern Künste für sich verbraucht und auf Herz, Ohr und Auge gleichmäßig eindringt" (III, 524), werden in eins mit dem Theater — "eine hohe Volksschule" (III, 479) — zu einer im besten Sinne des Wortes elitären, optimalen und ganzheitlichen Dramen- und Theaterdidaktik ausgestaltet in der festen — mit Schiller übereinstimmenden — Überzeugung, daß neben der Kirche das Theater, "diese moderne Volksschule" (III, 524), "das populärste aller ästhetischen Bildungsmittel" (ebd.) sei.
1.2 Eichendorffs ganzheitliche Romandidaktik wurzelt in der Ansicht, der Roman sei "der einzig zuverlässige poetische Ausdruck der geistigen Zustände" (III, 174) und sei eine wahre "Musterkarte aller Gesinnungen und Narrheiten, Abgründe und Untiefen seiner Zeit" (ebd.). Und da sich in der Geschichte des Romans zugleich "die Geschichte der sittlichen und religiösen Verwandlungen Deutschlands" (ebd.) spiegle, sollte er ein vorzüglicher Gegenstand der Literaturdidaktik sein.
1.3 Unter epischen Kleinformen mißt Eichendorff dem Märchen und der Sage die höchste literaturdidaktische Relevanz bei: "Alle Poesie nimmt ihren Ursprung aus der Sage. In der Sage aber sind die produktiven Seelenkräfte eines Volkes, Verstand, Phantasie und Gefühl, alle Blüte künftiger Bildung, wie ein Märchen, noch ungetrennt in einer gemeinsamen Knospe, wunderbar verhüllt und abgeschlossen." (III, 560) Didaktisierung der Sage wäre demnach ein wesentlicher Beitrag zur ganzheitlichen literarischen

Bildung. Gleiches gilt für das Märchen, dessen Didaktik Eichendorff an Brentanos Volksmärchen verdeutlicht, weil in ihnen der dichotomische Gegensatz von vornehmer und Volksliteratur, von Naturpoesie und Kunstpoesie überwunden wird, wie z.B. im Märchen vom Murmeltier.

1.4 Eichendorffs Lyrodidaktik schließlich ist aufs engste verknüpft mit seinem ganzheitlichen Konzept der — in seinem Sinne — wahren romantischen Poesie, die ausschließlich weder sentimentale noch phantastische, noch Verstandespoesie sei, sondern "die schöpferische Wärme des Gefühls" (III, 727) und "jene wunderbare Zauberei der Phantasie" (ebd.) zu einem lebendigen, die Gegensätze versöhnenden, Ganzen verschmelze und so den g a n z e n Menschen in Anspruch nehme, weil letztlich auch im idealen Gedicht die Wünschelrute des Gefühls, die Zauberformel der Phantasie und der vermittelnd-ordnende Verstand harmonisch zusammenwirken und zur Gestalt- und Wirkungseinheit zusammenfinden. Der Verfall des Volksliedes rühre daher, daß es "in die Trivialschule des Verstandes genommen" (III, 650) wurde; denn "der Verstand kann ordnen, aber nicht dichten" (III, 652).

2. Die skizzierten Ansätze zu gattungsspezifischen Didaktiken sind zu ergänzen durch die Rekonstruktion einer Didaktik der Literaturgeschichte und der Literaturkritik, insbesondere durch eine Didaktik der romantischen Literatur, die in Eichendorffs Schriften zur Literatur ihren wohl genuinsten Ausdruck gefunden haben dürfte.

3. Darüber hinaus bietet Eichendorffs literaturdidaktisches Konzept ein vielfältiges Spektrum von grundlegenden literaturtheoretischen und -praktischen Kategorien, die noch — oder heute wieder — aktuell wie relevant sind und insgesamt die Bauelemente für die Didaktik der Literaturtheorie darstellen. Grundlegend ist dabei seine Dreiteilung der Poesie in eine philosophische, in eine philologische und in eine pädagogische bzw. "psychologische Experimentalpoesie" (III, 540). Jede von ihnen zerfällt in weitere Spielarten: die philosophische in die "dialektische Verstandespoesie" (III, 535), in die "Poesie der Sinnlichkeit" (ebd.) und in "die moderne Poesie des Hochmuts und des Hasses" (III, 537); die philologische in die "lächerliche gelehrte Hofpoesie" (III, 538) und in "die sogenannte Poesie der Grazien, eine salonduftende Lebensweisheit und liederliche Leichtfertigkeit" (ebd.); die pädagogische schließlich in die "mathematische Zopfpoesie, die das ganze Leben als eine feierliche Menuett mit geometrisch abgemeßnen Touren und symmetrischen Bücklingen auffaßte" (III, 539), und in "die neuste politische Poesie, die grade die Unreifsten beschäftigt und begeistert hat und im Grunde auch nur eine versifizierte Turnübung war" (III, 539f.).

Das antithetische Prinzip ist dabei die regulative Idee seiner Didaktik der Literaturtypen: "vornehme Literatur" (III, 102) gegen "ordinäre Unterhaltungsliteratur" (III, 102) bzw. "Unterhaltungslektüre" (III, 109), "Schmierliteratur" (ebd.) und "platte Karikaturliteratur" (III, 146); altkluge, pure "Tendenzpoesie" (III, 125) gegen "Salon-Poesie" (III, 87), "Frauenpoesie" (III, 103) und "Damenliteratur" (III, 91); "geistliche" (III, 135ff.) und "christliche Poesie" (III, 558) gegen "antichristliche" (III, 134) und "nihilistische Poesie" (III, 151); "Poesie der Wahrheit"

(III, 108) gegen "Poesie der Lüge" (ebd.).

Eine Typologie der "Schreiber" (III, 119) ist ebenso vorhanden wie die der Volksschriftsteller und Volksliteratur, der Eichendorffs besonderes Interesse gilt. Unter Volk versteht er "die immense Majorität der Nation, jene niedere Schichte der Gesellschaft (...), die um das tägliche Brot arbeiten" (III, 152), und von der "unsere Dichter von jeher wenig oder gar keine Notiz" (ebd.) genommen haben, denn sie waren Professoren und keine Volksschriftsteller. Umrisse einer Didaktik der Volksliteratur werden so sichtbar, die freilich von einer Didaktik des produktiven und kreativen Lesens nicht zu trennen sei:

"Kein Dichter gibt einen fertigen Himmel; er stellt nur die Himmelsleiter auf von der schönen Erde. Wer, zu träge und unlustig, nicht den Mut verspürt, die goldenen, losen Sprossen zu besteigen, dem bleibt der geheimnisvolle Buchstabe doch ewig tot, und ein Leser, der nicht selber mit und über dem Buche nachzudichten vermag, täte besser, an ein löbliches Handwerk zu gehen, als so mit müßigem Lesen seine Zeit zu verderben." (III, 36)

Anmerkungen
1) Albrecht Weber: Grundlagen der Literaturdidaktik. München 1975, S. 143
2) Wilhelm Gössmann; Heine als Promotor der Literaturdidaktik. In: Text + Kritik 18/19 (1982), S. 129-158, hier S. 131
3) Siegfried J. Schmidt: Grundriß der Empirischen Literaturwissenschaft. Teilband 1: Der gesellschaftliche Handlungsbereich Literatur. Braunschweig/Wiesbaden 1980, S. IX
4) Ebd., Grundriß der Empirischen Literaturwissenschaft. Teilband 2: Zur Rekonstruktion literaturwissenschaftlicher Fragestellungen in einer Empirischen Theorie der Literatur. Braunschweig/Wiesbaden 1982, S. 185
5) W. Gössmann 1982, S. 158, Anm. 46
6) Ebd., S. 133
7) Ebd., S. 137
8) Ebd., S. 153f.
9) Meino Naumann: Fabula docet. Studien zur didaktischen Dimension der Prosa Eichendorffs. Würzburg 1979, S. 137 (Aurora-Buchreihe 3). Vgl. Christoph Lüth: Arbeit und Bildung in der Bildungstheorie Wilhelm von Humboldts und Eichendorffs. Zur Auseinandersetzung Humboldts und Eichendorffs mit dem Erziehungsbegriff der Aufklärung. In: Hans-Georg Pott (Hrsg.): Eichendorff und die Spätromantik. Paderborn 1985, S. 181-201
10) Ebd., S. 137
11) Ebd., S. 143
12) Ebd., S. 145
13) Joseph von Eichendorff: Werke. Band III: Schriften zur Literatur. Nach den Ausgaben letzter Hand bzw. den Erstdrucken. Verantwortlich für die Textredaktion: Marlies Korfsmeyer. Mit Anmerkungen von Klaus-Dieter Krabiel. München 1976 (Winkler Dünndruckausgabe) (zitiert: III mit arabischer Seitenzahl)
14) Ein solches ganzheitliches Konzept vertritt offenkundig auch die Empirische Theorie der Literatur: "Die Funktionen des Systems LITERATUR liegen zugleich im kognitiv-reflexiven, moralisch-sozialen und hedonistisch-individuellen Handlungs- und Erlebnisbereich." (S.J. Schmidt 1980, S. IX) (vgl. Anm. 3). Franz Hebel (Spielraum und Festlegung. Innovatorisches und Institutionelles in Sprache und Literatur. Königstein/Ts. 1979, S. 168) versteht "Lesen als Spiel zwischen Distanz und Identifikation", in dem "die Einheit kritischer, utopischer und hedonistischer Leseerfahrungen begründet" liegt, nämlich die Einheit von Verstand, Phantasie und Gemüt.
15) Michael Ende: Poesie verbindet alle. In: Süddeutsche Zeitung vom 27./28. Dezember 1980

DAS FILMBUCH

als ökonomisches und kulturelles Buchmarktphänomen

von Inge Degenhardt

Der Buchmarkt benutzt seit langem mit unhinterfragter Selbstverständlichkeit den Begriff "Filmbuch" als Buchtitel (Syberbergs Filmbuch), als Reihenbezeichnung (Citadel-Filmbücher), als Genrezuweisung (Untertitel Filmbuch). F i l m b u c h , das ist zunächst kein Terminus wissenschaftlicher Begrifflichkeit, sondern ein Ausdruck der Texthändler und Bücherverkäufer. Der Begriff ist ebensowenig genau wie der durch ihn bezeichnete Gegenstand faßbar ist: Ein weiter strapazierfähiger Terminus wird auf jegliche Literatur angewendet, die mit dem Film in Beziehung gesetzt werden kann: auf Belletristik und Sachliteratur, auf wissenschaftliche Arbeitsbücher und Schauspieler-Memoiren. Er umfaßt Präfilmisches und Postfilmisches, Filmbegleitendes und Filmersetzendes. Die Palette reicht von Werken renommierter Autoren bis zu anonymen Auftragsarbeiten für den kulturellen Verwertungsapparat, vom sprachlichen Kunsthandwerk bis zur schnellfabrizierten filmbegleitenden Druckschrift für die Kinokasse. Manche Publikation läßt sich als Buch nur mit formaljuristischer Pragmatik rechtfertigen (Buch ist alles, was mindestens 49 Seiten hat, drei Bogen plus Titel). Filmbuch — dazu wird auch der literarische Stofflieferant, den absatzfreudige Sortimenter eilfertig als "Buch zum Film" herausstaffieren: Zum Filmbuch werden auf diese Weise der 'Faust' und die Wilhelm Busch-Geschichten, 'Das Kapital' und die Bibel.

In einem engeren Sinne bezeichnet der Begriff jedoch einen Typus von Buch, der gleichsam als intentionales Objekt des Denkens einem konkreten Film als ästhetischem Objekt zugeordnet ist.[1] Seit der Frühgeschichte des Films tauchen Formulierungen auf wie "gedrucktes Kino", "Lesefilm", "Buchfilm", "Kino auf Papier" und signalisieren weitergehende Ansprüche, die auf eine spezifische Rezeptionsweise bzw. andere Kommunikationsform von Film als Leseform hinauslaufen. Schon 1913 forderte Kurt Pinthus im Vorwort zu seinem 'Kinobuch', daß sich das Kino seiner unendlichen Möglichkeiten besinnen solle. Als eine dieser Möglichkeiten galt ein "Kino zum Lesen".

Im folgenden soll an ausgewählten Beispielen das Eindringen des Films in die Buchkultur beschrieben werden. Daß das Kino zu den Autoren und diese über die Verleger und Buchhändler zum Leser fanden, hat vielerlei Ursachen. "Bücher wachsen nicht auf Bäumen, aber sie sind die Früchte fantasievoller Zusammenarbeit", meinte der Amerikaner Howard Greenfeld, und, so müßte man hinzufügen, sie sind ein Geschäft. Ehe das Filmbuch als kulturelles Phänomen gelten kann, war es erst einmal ein ökonomisches.

I. Das Filmbuch als Ware

Sieht man einmal von der publikatorischen Hyperaktivität im Nationalsozialismus ab, so lassen sich zwei kommerzielle Schwerpunkte festmachen:

zum einen in den zehner und frühen zwanziger Jahren, zum anderen in den siebziger und frühen achtziger Jahren, in der übrigen Zeit blieb das Filmbuch Randerscheinung. In den Quellen zur Verlags- und Buchhandelsgeschichte zeigt sich schon früh nicht nur ein Verdrängungswettbewerb, sondern auch eine Geschäftsehe zwischen Film und Buch. Das kalkulierte Aufspüren von Marktlücken wurde unterstützt von dem kinoreformerischen Wunsch, das Jahrmarktsvergnügen Kino an die Buchkultur zu binden und damit zu adeln.

1. Das Buch zum Film

Als der Film sich zu literarisieren begann, gab es zwar heftige Diskussionen um die Abwehr freibeuterischer Filmspekulanten, aber der Buchmarkt stellte sich auch rasch um: Durch einfache Werbebanderolen oder neue Schutzumschläge (in der Regel mit Filmfoto oder Porträt der Hauptdarstellerin), aber auch durch billige Neuauflagen wird ein Lagerhüter oder schwerverkäuflicher Klassiker eilig als "Buch zum Film" umfrisiert. Als um 1920 ein schwedischer Verlag mit einer Übersetzung von Grillparzers ' Das Kloster von Sendomir' nur durch Beigabe von Filmbildern reißenden Absatz erzielte, entwickelte sich eine euphorische Betriebsamkeit. Bei Verlag und Sortiment entstanden neue Vertriebsideen, die selbst heute noch ungeheuer progressiv wirken: Neben Sonder- und Staffelrabatten, Preisausschreiben und Schaufensterwettbewerben, Aktivierung von Bahnhofsbuchhändlern und Leihbüchereien wurde schon um 1920 der Bücherkiosk im Kino und die Zusammenarbeit von Filmgesellschaft und Buchverlag lebhaft diskutiert. Selbst renommierte Autoren konnten sich der kommerziellen Verführung nicht entziehen: 1928 interessierte sich z.B. Arthur Schnitzler für ein Projekt des Szolnay Verlags mit der Poetic-Film: Anläßlich der Verfilmung von 'Fräulein Else' sollte eine billige Sonderausgabe des Buches im Kinoverkauf angeboten werden. Schnitzler selbst bemühte sich um ein verkaufsförderndes Filmfoto der von ihm bewunderten Hauptdarstellerin Elisabeth Bergner[2].

2. Die lesegerechte Darbietung des Films

Die Literarisierung des Films bedingte bald den neuen Berufsstand des Filmautors. Er förderte nicht nur die Nachfrage nach einschlägigen Produktionshandbüchern[3], sondern führte auch zum gewerkschaftlichen Zusammenschluß der Filmschriftsteller im Jahre 1919. Diejenigen mit literarischen Ambitionen begnügten sich nicht mehr damit, nur als anonyme Stichwortgeber für den Film tätig zu sein. Von Verlag und Sortiment ermuntert, drängten sie auch auf den literarischen Markt. Bereits 1916 wurde eine Kooperative von Verfasser, Verleger und Filmfabrikant gefordert. Ein "Verbund von Romanfilm und Filmroman" sollte originäre literarische Entwürfe hervorbringen, die ihre Verfilmung und Buchveröffentlichung in gleicher Weise einkalkulierten:

"Würden alsdann nach Fertigstellung des Manuskripts Herstellung des Films und Drucklegung des Buchs gleichzeitig in Angriff genommen, so hätte man das nötige Bildmaterial in reicher Auswahl, ohne daß Extrakosten entstehen würden.
Das Erscheinen der beiden müßte dann ebenfalls gleichzeitig erfolgen, was noch den Vorteil hätte, daß Buch und Film sich gegenseitig unterstützten, daß der Romanfilm für den Filmroman werben würde und umgekehrt."[4]

1920 forderte man eine Verlagsspezialisierung "zur lesegerechten Darbietung des Films". Mit dieser griffigen Formel suchte der Buchmarkt ein neues Genre zu fördern, den Filmroman als eine Art Erinnerungsbuch zum Film. Voraussetzungen waren eine rasche Feder des Drehbuchautors, um den Stoff filmparallel erzählerisch umzusetzen, und ein schnellentschlossener Verleger, um das Buch rechtzeitig zur Filmpremiere auf den Markt zu werfen. So schrieb beispielsweise 1926 Thea von Harbou, die wohl fleißigste Filmautorin der Zwischenkriegszeit, während ihr Drehbuch durch Ehemann Fritz Lang verfilmt wurde, an der Romanfassung von 'Metropolis'. Im Januar 1927, zur Uraufführung des 5-Millionen-Kinofilms, der die Ufa fast an den Rand des Ruins brachte, lagen rechtzeitig die gebundene Leinenausgabe und die gekürzte billige Volksausgabe vor, beide natürlich reich mit Filmfotos illustriert. Und als mehr als ein halbes Jahrhundert später der Disco-Komponist Giorgio Moroder den Filmklassiker der zwanziger Jahre, neu geschnitten und mit einer Rock-Musik garniert, dem jungen Kinopublikum der achtziger Jahre vorlegte, hatte auch der Ullstein Verlag Thea von Harbous Bestseller wieder als Remake auf den Taschenbuchmarkt gebracht.

3. Das Buch nach dem Film

Neben der filmparallel entstandenen Romanfassung des Drehbuchautors gab es jedoch auch die Nachtextung von Filmen durch fremde Autoren. Die "Verromanung", eine sprachliche Neuschöpfung der zwanziger Jahre, die das Gegenteil von "Verfilmung" auf den Begriff bringen will, wurde begreiflicherweise von Buchhändlern gefördert, die die Rekonstruktion eines Films mittels Sprache zum Derivat des Stummfilms erheben:

"Der umgekehrte Weg, nämlich nach einem guten dramatischen Film ein Buch oder Drama zu schreiben, ist eine lohnende Aufgabe für den Schriftsteller und zweifellos auch ein Geschäft für den Verleger. Ein Schriftsteller wird durch einen Film angeregt, nach diesem ein Buch zu schreiben, er nimmt gewissermaßen den Inhalt des Films als Vorwurf zu seinem Werke und schmückt die Handlung dichterisch aus. Die beste Vorreklame für das Buch und dessen Absatz hat der Film schon gemacht."[5]

Sogenannte "verromante Filme" segelten meist im Kielwasser großer Kinoerfolge (z.B. Hanns Steiners 'Madame Dubarry' oder Karl Ilgdors 'Herrin der Welt'). Friedrich Freksas Pantomime 'Sumurun' wurde nicht nur von Max Reinhardt mehrfach auf dem Theater inszeniert und von Lubitsch als Stummfilm herausgebracht, sondern fand auf diesem Umweg im Roman von Friedrich Rieß zum Wort. Sogar Paul Wegener begnügte sich nicht mit seinem filmkünstlerischen Ruhm als Schauspieler und Regisseur, sondern wandte sich nach seinem Stummfilmerfolg mit 'Der Golem wie er auf die Welt kam' 1921 mit einem gleichnamigen Buch an die Leser.

Bald schossen Filmromanreihen wie Pilze aus dem Boden. Sie verstanden sich als "Filmtextbücher", die auch vor der Rückübersetzung großer Literatur nicht haltmachten, um den angeblichen "Heißhunger des Publikums nach Filmstoffen" zu stillen: 'Lady Hamilton' nicht nach Alexandre Dumas, 'Madame Bovary' nicht nach Flaubert, 'Die Gebrüder Karamasoff' und 'Raskolnikow' nicht nach Dostojewski, sondern frei nach dem Film von irgendeinem literarischen Lohnarbeiter, dessen Namen heute keiner mehr kennt. Von den Buchhändlern wurden trotz gewisser Qualitätsvorbehalte solche trivialen Reliterarisierungen goutiert:

"Man verlange nicht sittenstreng 'literarisches Niveau' von solchen Filmromanen. Man durchkoste mitfühlend die zauber- und wundererfüllte Märchenfreude eines Halbwüchsigen, der glückverträumt, alltagsfremd aus dem Kino taumelt und sehnsüchtig nach einem Buche — einem Filmroman — greift, der ihm schönere, zaubervolle, kühnere Streifzüge noch verheißt in dem Wunderland, das da heißt: Kino."[6]

Zur Filmfabrik gesellte sich also eine Romanfabrik, die nach eingeführtem Schema Serienproduktionen anfertigte. Der moderne amerikanische Streit zwischen der New York Times und dem Nachrichtenmagazin Newsweek[7], ob der älteste Filmroman aus dem Jahre 1924 oder 1926 stamme, wird müßig angesichts der florierenden deutschen Filmbuchkonfektion seit 1919, die sich ihrerseits schon auf amerikanische Vorbilder berief[8].

Der erste Filmbuchboom war eine Scheinblüte, die auf die kurze Wiederbelebung des Buchmarktes um 1920 zurückging. Der Stafettenlauf zwischen Filmvorlage, Kinofilm und Filmbuch wurde schnell wieder unterbrochen in den wirtschaftlichen Krisenjahren oder ganz in den subliterarischen Bereich der Heftliteratur abgedrängt. Wer sich die Eintrittskarte absparte, um im Kino "Ersatz für die Träume" zu suchen, hatte meist nicht mehr die Mittel, um diese Ersatzbefriedigung auch noch mit Hilfe des Filmbuchs weiterzutreiben. Der Wunsch, über den Film die illiteraten Massen zum Buch zu bringen, war ein naiver, aber kommerziell und bildungsreformerisch aus dem Denken der Zeit verständlich. Nicht von ungefähr war der August Scherl Verlag Berlin mit einer breiten Angebotsskala im Filmbuchgeschäft führend, ein Verlag, der schon vor dem 1. Weltkrieg einmal eine "Emporlesebibliothek" geplant hatte, in der Band für Band das Anspruchsniveau gesteigert werden sollte.

Eine zweite kommerzielle Filmbuchblüte fällt in die siebziger Jahre. Deutsche Verleger schielten nach den großen Erfolgen auf dem amerikanischen Buchmarkt. Dort erzielte man mit einer gutgehenden Filmbuchmanufaktur, den sogenannten Tie-ins oder Novelizations, schwindelerregende Auflagenziffern. Die schnell aufgeblasenen Romane eines hochspezialisierten 'braintrusts', die als Mass-Market-Paperbacks den Start von Kino- und TV-Filmen begleiteten, sorgten für eine konzertierte Verwertung von Film und Buch. Das Filmbuchgeschäft in Deutschland erhielt nach den amerikanischen Vorbildern von Seltzers 'Omen' oder Lucas' 'Star Wars' (Auflage 10 Millionen!) einen neuen Schub. Vor allem der Taschenbuchmarkt expandierte — zuerst mit amerikanischen Lizenzen, dann aber auch mit auf den deutschen Markt zugeschnittenen Titeln — eingedenk der Tatsache, daß die Adressaten, die jugendlichen Kinofans, in der Regel eine kapitalschwache Käuferschicht sind. Viele Taschenbuchverlage gründeten filmorientierte Subreihen[9], häufig ohne klares Profil. Teilweise gab es Überschneidungen mit einem ganz anderen Typus von Filmbuch, das den Film einholen wollte in die gesellschaftskritische Reflexion und den intellektuellen Diskurs einer Neuen Deutschen Filmkultur. Fast jeder Verlag hatte um diese Zeit in irgendeiner Weise sogenannte Filmbücher im Programm, als exklusives Kultbuch (z.B. 'Marilyn Monroe' für 398,-- DM) oder nostalgisches Sammlerobjekt (z.B. Ausgaben alter Kinoprogramme), als gelehrte Monographie oder literarisches Szenarium. Besonders die literarischen Verlage reagierten um 1970 auf die belletristischen Verkümmerungsprognosen und waren dem Filmbuch gegenüber aufgeschlossen, wenn es galt, drohende Verluste marktstrategisch abzufangen.

II. Filmbuch als kulturelles Phänomen

1. Das Filmlesebuch

Der zweite quantitative Sprung in der Filmbuchentwicklung hatte aber nicht nur ökonomische Ursachen. Er wurde darüber hinaus durch den politisch-künstlerischen Aufbruch um 1968 ausgelöst. Die tradierten Modelle literarischer Sinnproduktion wurden mit gesellschaftskritischem Anspruch unter die Lupe genommen und wegen ihres mangelnden Einflusses auf soziale Befindlichkeiten als kulturelle Verständigungsformen in Zweifel gezogen. In der Phase der sogenannten Selbstbesinnung geriet die schöne Literatur nicht nur unter das Verdikt der geschichtsphilosophisch rettungslosen Unzeitgemäßheit, sondern man verlangte theoretisierend nach neuen Formen als Antithese zum Bestehenden. Auf der Suche nach unverbrauchten Energien fiel dem Film eine wichtige impulsgebende Rolle zu.

Vorausgegangen war allerdings ein Jahrzehnt deutscher Filmgeschichte, das eine entscheidende Umstrukturierung des harmonisch-biederen Familienkinos der fünfziger Jahre zur politisch gärenden Kunstfilmkultur eines auch im Ausland viel beachteten Neuen Deutschen Films gebracht hatte. Viele der jungen Autorenfilmer suchten den – zunächst noch zögernden – Kontakt mit den Schriftstellern. Als sich 1962 die Autoren der Gruppe 47 mit der Oberhausener Filmgruppe trafen, offenbarte die Begegnung mehr Dissense als Berührungspunkte. Doch Walter Höllerers experimentierfreudiges Literarisches Colloquium gliederte bereits ein Jahr nach der Gründung eine Filmabteilung an, die sich zum Ort der Begegnung zwischen Literaten und Filmemachern entwickeln sollte.

Es war also ganz im Sinne eines neuen Literatur- und Filmbegriffs, wenn im Jahre 1961 in der bisher nur durch die Edition moderner Theaterstücke bekannten Spectaculum-Reihe des Suhrkamp Verlags ein Band 'Texte moderner Filme' erschien. Mit der rhetorischen Frage "Kann man Filme lesen?" leitete Enno Patalas sein knappes, aber bemerkenswertes Nachwort ein. Die Filmleseausgabe wird mit dem Wandel der Filmgeschichte gerechtfertigt. Die Suche nach medialer Spezifik sei abgeschlossen, die modernen Regisseure

"brauchen keine optischen Gestaltungsformen neu zu erfinden, ein großes Repertoire steht ihnen zur Verfügung. Viele der neuen Regisseure verstehen sich auch ebensogut in Romanen und Bühnenstücken auszudrücken. Ja: sie sehen zwischen Schreiben, Filmen und für die Bühne Inszenieren keinen qualitativen Unterschied."[10]

Patalas konnte sich auf einen Vorläufer berufen, auf den Filmbuchklassiker von 1913, jene legendäre Kinoanthologie, die der junge Theaterkritiker Pinthus im Kurt Wolff Verlag seinerzeit veröffentlicht hatte, in der Absicht, "irgendeine literarische Form zu finden, die dem Kino irgendwie adäquat ist."[11] Mag auch der Anspruch "kinomäßiger Literatur" ungerechtfertigt sein, schon zeitgenössische Rezensenten sprachen von einem Kulturdokument, denn das "Kinobuch" war nicht nur an die Regisseure adressiert, sondern auch an die L e s e r , die aufgefordert wurden, in ihrer "Phantasie diese kleinen Bouillonwürfel zu schmackhaften Suppen aufzulösen, diese Ereigniskonglomerate in erregende, bunte Träume" zu verwandeln. Noch 50 Jahre später, als Pinthus das 'Kinobuch' noch einmal in der Schweiz herausbringt (als Fischer Taschenbuch 1983 abermals erschienen), beschwört er das historische Gedächtnis für das seinerzeit Einmalige, daß mehr als ein Dutzend junger Autoren "ohne Rücksicht auf literarische

Reputation und ohne Absicht filmischer Verwertung dennoch Stücke ganz bewußt für das Kino, für die ihnen neue rein visuelle Technik, für den Film der Zukunft geschrieben haben"[12].

2. Die imaginierten Filme

Für den "Film der Zukunft" schrieben allerdings die Autoren insgeheim unentwegt. Die filmimaginierenden — meist unverfilmten — Entwürfe, das ideale "Kopfkino" der Dichter, sind ein Kapitel für sich. Der frühe Wunsch, "irgendeine literarische Form zu finden, die in etwa aufgezeichnetes Kino ist", galt damals wie heute. Die Liebe der Dichter zum Kino war zunächst eine zwiespältige, verschämte, mehr oder weniger schuldbewußte. Seit Hofmannsthal und Thomas Mann, Gerhart Hauptmann, Döblin und Schnitzler machten die meisten in der Regel negative Erfahrungen. Selbst Brechts vielbeschworene Liebe zum Film war bekanntlich glücklos. Stellvertretend für viele sei hier Georg K a i s e r genannt, dessen Sprache bereits von Zeitgenossen mit der "Bilderhetze eines hastenden Films" verglichen wurde. Obwohl Kaiser sich gelegentlich sehr abfällig über den Film äußerte ("Kinoismus" nennt er die Zeiterscheinung, die das "künstlerische Bedürfnis nach Unterhaltung glatt deckt"), suchte er vergeblich mit der Ufa Kontakte zu knüpfen, bewunderte den französischen Film und träumte in seinem Schweizer Exil von Hollywood. Nach seinem Tode fand man 33 Titel zu Filmplänen, -skizzen und Exposés, ohne daß je einer dieser Entwürfe realisiert wurde[13].

Erst recht der Tonfilm und später — nach einer Zeit der Verweigerung und schriftstellerischen Selbstzensur — auch das Fernsehen reizten zu Formen multimedialen Schreibens[14]. Ein neues Selbstverständnis entwickelte sich nicht nur bei Autoren, die professionelle Erfahrung mit dem neuen Medium verbinden (z.B. Ulrich Plenzdorf, Martin Stade, Helga Schütz, Thomas Brasch), sondern auch bei denjenigen, die sich zuerst recht reserviert verhalten hatten, wie z.B. Alfred Andersch, der aber 1977 auf den Frankfurter Römerberggesprächen verkündete, "für mich sind Bücher schreiben und Filme machen ein und dieselbe Sache". Horst Bienek äußerte anläßlich seines Films 'Die Zelle' in ähnlicher Weise:

"Ich habe immer die künstlerischen Ausdrucksmöglichkeiten komplex gesehen, niemals nur auf ein Genre, auf ein Medium beschränkt. Der Film ist nur eine Erweiterung auch innerhalb des literarischen Genres, und ich wundere mich eher, daß so wenige Autoren davon Gebrauch machen."[15]

Das änderte sich allerdings bald, nicht nur bei ausgesprochen synästhetischen Begabungen, wie z.B. Kluge oder Achternbusch, dem nachgesagt wird, daß seine Filme "aus der Literatur herausplatzen"[16], sondern auch bei den literarischen Einzelgängern und Schreibbesessenen wie Handke und Thomas B e r n h a r d :

Zu den Annäherungen Bernhards an das außerliterarische Medium liegen zwei schmale Bändchen vor: 'Der Italiener' und 'Der Kulterer'. Beide Male wurden frühe Prosatexte vom Autor umgearbeitet, mit seiner Unterstützung verfilmt und in einer vom Film abgelösten Textform erneut veröffentlicht[17]. 1974 entstand als Koproduktion von ORF und ZDF der Fernsehfilm 'Der Kulterer', dem Bernhards erste Prosaerzählung 'Der Briefträger' zugrunde lag (später umgearbeitet als 'Der Kulterer'). Elf Jahre nach der Erstfassung folgt die zweiteilige Filmgeschichte: In Umkehrung der Chronologie wird der Filmversion Priorität eingeräumt, steht an erster Stelle in

Großdruck der Film, folgt an zweiter, graphisch bescheidener, der literarische Ursprungstext. Trotz mehrfacher Umgestaltung bleibt auch in der medialen Verschiebung das für Bernhard so charakteristische Grundthema konstant. Es geht um die Erfahrung der sozialen Beziehungslosigkeit, die unaufhebbare Vereinzelung des Menschen. Die Haupt- und Titelfigur kann im Gefängnis überleben, als sie hier die Innenwelt ihrer Gedanken entdeckt und sie aufzuschreiben beginnt.

Die Kommunikationsstörung ist gebunden an die Metapher des Schreibens — kein Filmstoff also, sollte man meinen. Schreiben ist hier eine Art des Monologisierens. Es ist für denjenigen, der die Fähigkeit zum Gespräch verloren hat, Widerstand gegen die Isolation. Wie einst Hofmannsthal mißtraut auch Bernhard der Sprache, wie dieser kann aber auch er an der Grenze des Schweigens nicht verstummen. Diese Erfahrung der Paradoxie zwischen Sprachabhängigkeit und Sprachungenügen teilt Bernhard mit vielen Zeitgenossen. Bei einigen führt diese Erfahrung zur Flucht in die Metasprache des Films, ohne daß sie jedoch auch hier das Verlangen nach Schreiben unterdrücken können. So ist Schreiben besonders für die Filmfiguren von Wim Wenders ein Mittel der Selbstvergewisserung. In seinem mit Handke 1969 für den Hessischen Rundfunk geschriebenen Kurzfilm '3 amerikanische LP's' erzählt der Held Hans bezeichnenderweise die Kulterergeschichte und beneidet den einfachen Mann in der Haft "um das Glück, jede Nacht schreiben" zu können. Die Dialektik von Schreiben und Filmen ist also modernen künstlerischen Erfahrungen zuzuordnen.

Susan Sontag nannte den Film nicht nur eine visuelle Form, sondern auch eine literarische Gattung. In diesem Sinne wird das literarische Filmbuch, das einen Film schreibend imaginiert, zu einer Mischung aus filmnahem und literaturnahem Experiment. Auf die vielfältigen Drehbuchveröffentlichungen kann hier nicht näher eingegangen werden. Als anspruchsvollstes Unternehmen mag die Fellini-Werkausgabe des Diogenes Verlages gelten. Bereits Eisenstein hatte die literarische Vorform des Films, die Filmnovelle, gegenüber dem nummerierten Drehbuch enthusiastisch verteidigt "als ihrem Wesen nach die vorweggenommene begeisterte Erzählung eines zukünftigen Zuschauers von dem, was ihn im Film gepackt hat."[18] Für ihn, der sich auf Joyce als literarisches Vorbild berief, erfüllt ein Szenarium seinen Zweck um so mehr, "je spezifischer literarisch" es ist. Den literarischen Eigenwert des Drehbuchs verteidigt auch Edgar Reitz. In der von ihm und Peter Steinbach veröffentlichten Buchfassung zur Fernsehserie 'Heimat' heißt es:
"Wer den Film gesehen hat, wird dieses Drehbuch mit den vom Film her bekannten Gesichtern, Gesten und Orten bevölkern. Er wird das auch mit Szenen tun können, die im Film ganz anders oder gar nicht vorkommen.
Wer den fertigen Film nicht kennt, wird dagegen eine Erzählung kennenlernen, die unser Jahrhundert mit literarischen Bildern und Figuren durchmißt."[19]

3. Die Spiegelungen der Filmemacher

Die Symbiose von Schreiben und Filmen zeigt sich aber auch in den Formen, mit denen sich die Regisseure direkt an ihr Publikum wenden. Besonders die Autorenfilmer versuchen, über die Vorführung eines jeweiligen Filmes hinaus, durch das Filmbuch mit dem Publikum den Dialog aufrechtzuerhalten. Sie beschwören je nach Temperament und Begabung den Film noch einmal als Erzählung (z.B. Herzog: 'Fitzcarraldo'), als Arbeitsjournal (z.B. Faßbinder: 'Berlin Alexanderplatz') oder Werkstattbericht, als Reflexionsform und kulturkritische Standortbestimmung (z.B. Kluge), kurz als literarische Nach-Lese im wörtlichen Sinne.

Als ein eklatantes Beispiel kann Hans Jürgen S y b e r b e r g angesehen werden. Wie viele Außenseiter, ging der exzentrische und querdenkerische Filmemacher dazu über, sich zum eigenen Interpreten zu stilisieren und durch buchmäßige Quantifizierung, zwischen den Verlagen pendelnd (Nymphenburger Verlagsanstalt, Fischer, Rowohlt, Hanser/Ullstein, Heyne, Diogenes), sein "Gesamtkunstwerk" Film schreibend, darstellend, erklärend zu begleiten.[20] So wird z.B. Syberbergs 'Parsifal' flankiert von einem 300seitigen Filmessay in Taschenbuchformat, eine sperrige Mischung aus Arbeits- und Ideenbuch, Filmkommentar und Materialdokumentation, intelligentem Werkstattbericht und Selbstdarstellung[21].

4. Das Filmbuch als wissenschaftliches Arbeitsbuch

Der oben erwähnte erste 'Spectaculum'-Filmtextband, dem bald ein zweiter folgte, gab der Filmbuchentwicklung in Deutschland eine neue Richtung. Der Ausgangsfrage "Kann man Filme lesen?" gesellte sich eine weitere hinzu: "Wie soll man Filme als Texte publizieren? Welche Form des Textes vertritt den Film optimal?" Enno Patalas plädierte für die Vielfalt der — am Wesen des einzelnen Films orientierten — Möglichkeiten: Schriftlich fixierten Vorformen, Texten mit fragmentarischem Charakter im Vorbereitungsstadium (Exposé, Treatment, Drehbuch) stellte er verbindliche Texte (Protokoll, Szenario nach dem Film) an die Seite. Als auch der Hamburger Marion von Schröder-Verlag eine Reihe 'Cinemathek — Ausgewählte Filmtexte' herauszugeben begann, die es gestatten soll, "einen gesehenen Film Einstellung für Einstellung zu rekonstruieren, sich Rechenschaft zu geben über die Machart von Details, Klarheit zu gewinnen über Erscheinungen, die bei der Besichtigung auf der Leinwand unklar geblieben sind", entwickelte sich auch in Deutschland die Bemühung um die Transkription des Films, die im Ausland längst erfolgreiche Tradition hatte (z.B. Lorrimers 'Classic and Modern Film Scripts', 'L' Avant-Scène du Cinéma' etc.).

Es beginnt eine Diskussion um die Möglichkeit filmischer Beschreibungsliteratur, die teilweise auch Grundfragen historisch kritischer Textedition berührte und die sowohl von cineastischem Enthusiasmus als auch von wissenschaftlichen Gebrauchswertansprüchen gestützt wird. Obwohl bisher alle Versuche, solche Filmtexte auf dem Buchmarkt zu stabilisieren, mehr oder weniger ohne Fortune verliefen und die immer wieder gegründeten Reihen, die ein filmlesendes Stammpublikum heranziehen wollen, in der Regel bald wieder eingingen, revitalisieren sich diese Versuche unentwegt. Wo die großen Verlage wegen der geringen Gewinne oder aus Rentabilitätserwägungen auch zum mäzenatischen Kompensationsgeschäft (marktgängige Programmtitel subventionieren wichtige, aber schwer verkäufliche Bücher) immer seltener bereit sind, nehmen sich cinephile Kleinunternehmen des Filmbuchs an (z.B. Schriftenreihe 'papmaks' des Münsteraner Arbeitskreises für Semiotik, Reihe 'Truffaut' der Münchener Filmlandpresse etc.). Der Markt ist klein, aber nicht gesättigt, wie die Nachfrage beweist: Zwar konstatierte die 'Zeit', die 1974 den Filmbuchboom ausgerufen hatte, 1985 mit dem Motto "Nichts geht mehr" sein Ende, doch Wissenschaftler, Studenten, Literaten halten die Nachfrage auch in Zeiten des sog. Kinosterbens aufrecht und beweisen, daß das Kino nicht ohne Buchladen auskommt.

Der bisher ehrgeizigste Versuch war die von Faulstich und Ludwig im

Tübinger Gunter Narr Verlag begründete dreiteilige 'Medienbibliothek' (Serie A: Texte, B: Studien, C: Unterrichtsmodelle). Der hohe Anspruch, "dem ärgerlichen Tatbestand ein Ende zu machen, daß an verschiedenen Universitäten und Seminaren immer wieder neue Transkripte von ein und demselben Werk angefertigt werden müssen", konnte nicht eingelöst werden. Die Herausgeber, die vor allem die Textausgaben formal rigide standardisieren wollten, übersahen, daß die Diskussion um Editions- und Transkriptionspraktiken noch längst nicht abgeschlossen ist, wie die Projekte zu allgemein verbindlichen Notationsschemata und Rekonstruktionsmodellen verschiedener Hochschulen beweisen.[22] Das Problem des Filmtextes zeigt sich u.a. an der Frage der Kombination von Wort und Bild. Wenn in älteren Editionen das Foto mehr oder weniger nur dekorative Bedeutung hat und sich nach vorhandenem Archivmaterial richtet, bekommt es neuerdings zunehmend durch eigens aus der Kopie hergestellte Bilder als optisches Zitat höheren Stellenwert. Hin und wieder wird auch versucht, dem Problem einer intersubjektiv akzeptablen, angemessenen Kodierung der materiellen Elemente des Films durch die Wortsprache auszuweichen und das Transkript durch ein Transpict zu ersetzen, das heißt, durch die Reihung von Fotogrammen. So wird z.B. eine amerikanische Dokumentation zu Hitchcocks 'Psycho'[23] angekündigt:

" 'The Film Classic Library' presents the most accurate and complete reconstruction of a film in book form: over 1.300 frame blow-up photos shown sequentially and coupled with the complete dialogue from the original soundtrack, allow you to recapture the film classic in its entirety . . . at your leisure."

Wie sehr sich die Diskussion um solche Verständigungsformen weiterentwickelt und auch durch den jeweiligen Film mitgeprägt ist, beweisen die 'Focus'-Film-Texte der Verlagsgemeinschaft Fischer-Wiedlerroither. In dem letzten der drei ganz unterschiedlichen bisher veröffentlichten Bände stellt Helmut Diederichs zum Stummfilm 'Der Student von Prag' auf engstem Raum eine Fülle von wissenschaftlichem Grundlagenmaterial bereit, von der Einführung in den zeit- und kulturgeschichtlichen Kontext bis in die filmische Produktions- und Rezeptionsgeschichte, von der Rekonstruktion eines "Filmtextes" (Sprache und Bild) und Veröffentlichung des Original-Exposés bis zur formästhetischen Analyse. Bleibt zu hoffen, daß diese Ansätze weitergeführt werden, denn die euphorische Prophezeiung von Enno Patalas vor einem Vierteljahrhundert ist nach wie vor Wunschtraum:

"Das Lesen von Filmen wird möglicherweise bald ebenso zur Übung des gebildeten Zeitgenossen gehören wie das Lesen von Dramen . . . Die Lektüre des schriftlich fixierten modernen Films ersetzt das Ansehen so viel und so wenig wie die Lektüre eines Dramas den Theaterbesuch, der Zuschauer aber, der zugleich ein Leser ist, sieht mehr, sieht genauer und tiefer."[24]

Ein Überblick über ein Dreivierteljahrhundert Filmbuchgeschichte zeigt das Bemühen, Formen, Verfahren und Techniken zu entwickeln, die die Annäherung zwischen Buch und Film fördern und geeignet sind, neue Formen von Schreiben und Lesen als gleichsam parafilmische Vorgänge zu evozieren. Der Produktionsvielfalt der Filmbücher (der trockenen und der kulinarischen, der entwerfenden und der beschreibenden, der wortgewandten und der bilderreichen, der unterhaltsamen und der anspruchsvollen, der aufrührerischen und der nostalgischen) entspricht nicht die quantitativ gleiche Vielfalt an Rezeptionsbedürfnissen. Aber die jeweiligen Formen sagen eine Menge aus über die kulturellen Befindlichkeiten der Gesellschaft, die sie hervorbringt und annimmt (oder verweigert). Mit dem Filmbuch rückt der Film nicht nur in einen bestimmten Traditionszusammenhang, es charakterisiert auch gewisse Gesellschafts-, Wissenschafts- und Wirtschaftsentwicklungen und nicht zuletzt auch mediale Verschiebungen in unserer Kultur. Die hier kurz vorgestellten Publikationstypen, die konfektionierte Marktware und die unterhaltsamen Filmbegleitbücher, das literarische Simulacrum und das wissenschaftliche Arbeitsbuch verweisen auf intermediale Prozesse und kulturelle Wandlungen und demonstrieren das Aufbrechen von Monokulturen. Die Künstler, die schreibend und filmend ihre Identität definieren, stellen aber auch den Bruch des Kinos mit individualistischen Kunstvorstellungen wieder in Frage. Das Kino als sozialer Ort und Hort der kollektiven Erwartungen wird mit dem Filmbuch wieder eingeholt in die individuellen Räume, in die Dachstuben der Poeten und in die Nischen der Leser.

Das Filmbuch als transitorische Gattung, die von der Aura eines anderen Mediums lebt, bleibt Legitimationsdebatten ausgesetzt. Es wird von den ingeniösen Künsten noch immer als literarischer Bastard einer bildersüchtigen Kultur abgetan und von der wissenschaftlichen Forschung als apokryphes Medium kaum beachtet. Marktpolitisch ist es in höchstem Maße störanfällig.[25] Bücher, die von der subsidiären Potenz des Films leben, altern schneller. Gehorchen sie nicht den Gesetzen der Leistungsgesellschaft, kommen sie rasch in den Ausverkaufsramsch oder — vornehmer ausgedrückt — ins Moderne Antiquariat. Filmbücher entwickeln aber auch Widerstände gegen das Altern ihrer Objekte: Selbst verramschte Bücher sind noch leichter zugänglich als archivierte Filme. Auch die fortschreitenden Technologien haben das Filmbuch nicht ersetzen können. Im Gegenteil, das Bedürfnis nach wissenschaftlicher Verständigung bindet den Film immer stärker an das Leitmedium Buch. Filmbuch in diesem Sinn beansprucht, den kulturbedrohenden Wettlauf zwischen Buch und Film zu konterkarieren und aus den konkurrierenden Medien konvergierende, ja komplementäre zu machen. Der geschriebene Film zwischen den Buchdeckeln versteht sich somit als eine Art Analogon zum gespielten auf der Leinwand. Er ist ein Interpretationsfall von Literatur, die endlich ernstgenommen zu werden verdient.

8. Filmbuch und Literaturverfilmung

Anmerkungen

1) Der Begriff wird hier also verengt, d.h. nicht auf allgemeine filmtheoretische Texte, Lexika, Schauspieler- und Regisseurbiographien, Einführung in die Filmgenres etc. angewendet. Die geläufigsten Verfahren, einen konkreten Film schriftlich zu fixieren, sind Szenarium, Drehbuch und Protokoll, aber auch die mehr oder weniger erzählerische Umsetzung. Eine 1984 an der Universität Frankfurt entstandene Magisterarbeit von H. Gehr (Gedrucktes Kino — Grundlagen einer Phänomenologie des Filmbuchs) erfaßt nahezu 500 deutschsprachige Titel dieser Art. Die Weiterführung dieser verdienstvollen Untersuchung ist geplant.
2) Vgl. Brief Schnitzlers an E. Bergner vom 17.1.1929, zitiert nach M. Kammer: Das Verhältnis Arthur Schnitzlers zum Film. Diss. Aachen 1983, S. 199
3) Gefragt sind Titel 'Wie schreibe ich einen Film und wie mache ich ihn zu Geld? Mit 8 Musterfilmen und einem Kinoadreßbuch' (1914); 'Film-Ideen. Wie man sie schreibt und erfolgreich verwertet! Ein Hilfsbuch für Film-Schriftsteller und die, die es werden wollen' (1919)
4) J. Rieder: Filmroman und Romanfilm. In: Börsenbl. d. deutschen Buchhandels, Nr. 267, 16.12.1916
5) Börsenbl. d. deutschen Buchhandels, 3.2.1920
6) Berliner Börsen Zeitung, 12.9.1920
7) Vgl. dazu Neue Zürcher Zeitung, 1.9.1977
8) Es stimmt darum auch nicht, wenn G. Zwerenz im Nachwort zu seinem Roman 'Die Ehe der Maria Braun', 1979 geschrieben nach dem gleichnamigen Roman von R.W. Faßbinder, selbstmythologisierend über das angeblich neue Genre der Film-Nach-Erzählung meditiert: "Dieser Gang der Dinge ist unüblich . . ."
9) Z.B. 1979: Heynes Filmbibliothek, Reihe Fischer Cinema, Goldmanns großformatige Citadel Filmbücher
10) E. Patalas: Spectaculum. Texte moderner Filme. Frankfurt 1961, S. 444
11) K. Pinthus: Vorwort zum Kinobuch von 1913. Zitiert nach Reprint. Frankfurt 1983, S. 27
12) Vorwort zur Neuausgabe 1963, zitiert nach Reprint 1983, S. 16
13) Vgl. G. Kaiser: Werke, Bd. 4, hrsg. von W. Huder. Frankfurt/Berlin/Wien 1971. Dort 8 Beispiele, die eine Vorstellung von Kaisers "Kino zur Entlarvung des Untragischen" erkennen lassen.
14) K. Prümm zeigt am Beispiel von T. Dorst, daß die medialen Grenzen zwischen Film und Fernsehspiel, Hörspiel und Theaterstück fließend geworden sind: "Jede mediale Variante weist über die für sie spezifischen Prinzipien hinaus, impliziert andere Textformen, die medialen Erzählformen werden strenggenommen ihres Eigencharakters beraubt, sind beinahe untrennbar aneinandergerückt." Im Falle von Dorst, aber auch von Kipphardt seien die traditionellen Abläufe des multimedialen Schreibens vollkommen umgekehrt. "Fernsehspiele sind hier nicht die sekundäre Verwertung ästhetisch komplexerer und höherwertiger Vorlagen, sondern selbst produktiver Teil, Initiatoren schöpferischer Prozesse. Die notwendige Bezugnahme der Buchfassung auf die vorangegangene optische Lösung erweitert das Spektrum der epischen Möglichkeiten, führt zu Innovationen, die beim herkömmlichen Muster der Verfilmung ausgeschlossen bleiben." Vgl. Prümm: Vom Buch zum Fernsehfilm (und umgekehrt). Varianten der Literaturverfilmung. In: Kreuzer/Prümm (Hrsg.): Fernsehsendungen und ihre Formen. Stuttgart 1979, S. 109
15) Zit. nach Zurbuch, in: Universitas 27 (1972)
16) Vgl. W. Schütte, in: H. Achternbusch. Hanser Reihe Film 32, München 1984, S.12
17) 'Der Italiener' erschien zuerst als Prosafragment 1967. 1970 wurde der Text von F. Radax im Auftrag des WDR verfilmt. Für das Drehbuch erhielt Bernhard den Adolf Grimme-Preis; 1971 erschien, zuerst im Residenz-Verlag, dann 1973 als dtv-Taschenbuch, die schnellvergriffene Textkombination von Filmtext (im Bernhardschen Sinne) und Prosafragment. — 'Der Briefträger', Bernhards erste Prosaerzählung, erschien in: Neunzehn deutsche Erzählungen. München 1963. Als 'Kulterer' überarbeitet in: An der Baumgrenze. Erzählungen. Salzburg 1969. 1973/77 entstand der Fernsehfilm. Danach die Veröffentlichung 'Der Kulterer'. Eine Filmgeschichte. Salzburg 1974
18) Vgl. Eisenstein: Über die Form des Szenariums: Drehbuch? Nein: Film-Novelle. In: Das Alte und das Neue (Die Generallinie). Eisenstein: Schriften, Bd. 4, hrsg. von H.J. Schlegel. München/Wien 1984, S. 31ff.

19) Heimat. Eine deutsche Chronik. Nördlingen 1985, S. 8
20) Schon seine erste Publikation mit dem allgemeinverbindlichen Titel 'Syberbergs Filmbuch' entwickelt nicht nur das radikal-ästhetische Programm des Autors (Film ist nicht Spiegel des Lebens, sondern Fortsetzung des Lebens mit anderen Mitteln), sondern betreibt auch Kahlschlagpolemik gegen die deutsche Filmkritik. Nach Ludwig II. und Karl May wendet sich Syberberg Hitler und Richard Wagner zu, eine Reihenfolge, die von ihm nicht als Fortsetzung, sondern als Antwort verstanden wird: "Hitler bekämpft man nicht mit Statistiken aus Auschwitz, sondern mit Richard Wagner". Syberberg verfilmt Wagners 'Parsifal' als 'Mythos der Erinnerung', indem er sich bemüht, eine Fülle von subjektiven Bezügen zur europäischen Kultur und deutschen Geschichte durch Arrangement und filmische Montage herzustellen: "Das Eigene liegt in der Kombinationsfähigkeit von Vorgefundenem zu etwas Drittem".
21) Bemerkenswert ist vor allem auch die clevere Strategie, mit der das Opus vermarktet wird. Syberberg, der es bevorzugt, seine Filme als 'Special events' in Sondervorstellungen zu zeigen (Dokumenta Kassel, Vorveranstaltungen zu den Bayreuther Festspielen usw.), bietet Taschenbuch und Videokassette als Paket an (für DM 500,--!). Im Zeitalter der Multimediakonzerne, wo sich immer mehr Buchverlage, Filmkonzerne und TV-Firmen zusammenschließen, lägen hier noch ungeahnte Möglichkeiten für ein Filmbuch der Zukunft.
22) Vor allem an den Universitäten München und Kiel werden solche Fragen einer Filmphilologie diskutiert. Vgl. z.B. Kanzog: Die Literarizität des Drehbuchs und des Filmprotokolls. Über die Aufgaben einer zukünftigen Filmphilologie. In: Akten des 6. Internat. Germanistenkongresses. Basel 1980, Bd. 3, S. 259-264; P.G. Buchloh: Literatur in filmischer Darstellung. Methodische Möglichkeiten zur philologischen Erschließung verfilmter Literatur. In: Wissenschaft und Unterricht XIII, 1 (1980), S. 47-75; Buchloh/Schröder (Hrsg.): Filmphilologie. Studien zur englischsprachigen Literatur in Buch und Film. Kiel 1982
23) New York 1974
24) Nachwort zu Spectaculum, Texte mod. Filme 1, S. 447
25) Nach Fertigstellung des Manuskripts erschien in der Zeitschrift epd Film (H. 3, 1986) eine Untersuchung zum Thema Filmliteratur. Hier werden auch Ergebnisse einer Befragung von Verlagen und Buchhandlungen zusammengestellt. — Vgl. auch G. Ramseger: Literatur zum Film ein ungeliebtes Kind. In: Börsenbl. d. deutschen Buchhandels, 16.5.1986

FILME ALS TEXTE LESEN
Am Beispiel von John Ford's 'Stagecoach'

von Herta-Elisabeth Renk

I. Semiologische Grundlagen der Filmanalyse

Neil Postman hat dem feingebildeten Deutschen aus der Tiefe seiner Seele oder zumindest seiner kulturellen Abschließungsängste gesprochen: Scheint es doch fast, als würden uns Film und Fernsehen, jedenfalls das Denken in Bildern, zu einem postliterarischen Analphabetismus verdammen.[1] Wer denkt angesichts der vielbeklagten Visualisierung unseres Lebens daran, daß es die Deutschen waren, die fast als erste eine veritable Filmkunst entwickelt haben; wer fragt danach, ob unsere Jugendlichen eigentlich in der Lage sind, meisterhafte filmische Sprache ebenso zu lesen, wie wir hoffen, es ihnen für literarische Meisterwerke zeigen zu können?

Die Themenfrage einer Staatsexamensklausur nach den Möglichkeiten, die Kenntnis filmischer Phänomene zur Förderung literarischen und formalästhetischen Verständnisses heranzuziehen, beantwortete eine überwältigende Mehrheit mit einer nahezu totalen (eigenen) Unkenntnis der Filmgeschichte und filmischer Kunst, doch in der tiefen Überzeugung, daß Film und Fernsehen die Hauptschuld am Desinteresse der Schüler an Sprache und Literatur trügen.

Tatsächlich haben Film und Literatur, soweit sie mit künstlerischen Intentionen auftreten, das gleiche Ziel: Sie zeigen und deuten unsere Welt in einer symbolischen Weise, die nicht zu verwechseln ist mit einer imitativen Abbildung. Das gilt für einen Roman wie 'Die Buddenbrooks' genau so wie für den Film 'Stagecoach'. Beide sind mehr als ein historischer Bilderbogen aus dem deutschen Bürgerleben oder dem amerikanischen Südwesten von 1875. Hinter den Bildern von Roman und Film muß nicht nur eine Welt, sondern auch eine Interpretation dieser Welt und ihrer Konflikte erkennbar werden.

Zweifellos muß man für solche Vergleiche auf elementare ästhetische Wirkungsgesetze zurückgehen. Das scheint mir allerdings auch durchaus wünschenswert angesichts einer weitverbreiteten Tendenz in Schulen und Öffentlichkeit, über Literatur und Film fast nur noch auf der Basis inhaltlichverbaler Zitate zu reden. Doch weder im Film noch in der Literatur sind die Inhalte identisch mit den Aussagen, die sie symbolisch-metaphorisch transportieren.

Diese Fähigkeit, eine Bildersprache symbolisch zu lesen, ist von der ästhetischen Theorie genauer untersucht worden. Jauß hat dafür auf Goethe verwiesen, der schon 1797 in 'Wahrheit und Wahrscheinlichkeit der Kunstwerke' erklärte, nur "dem ganz ungebildeten Betrachter könne ein Kunstwerk als ein Werk der Natur erscheinen; der wahre Liebhaber sehe nicht nur die Wahrheit des Nachgeahmten, sondern auch die Vorzüge des Ausgewählten, das Geistreiche der Zusammenstellung, das Überirdische der kleinen Kunstwelt."[2] Für Kenneth Burke war Dichtung eine symbolische Handlung, die eine reale ersetze, und für J. Lotman ist "die Sprache des künstlerischen Textes ... ihrem Wesen nach ein bestimmtes künstlerisches Modell von Welt und gehört in diesem Sinne durch ihre ganze Struktur zum Inhalt — sie trägt Information ... modelliert das Universum in seinen allgemeinsten Kategorien, die, da sie den Inhalt der Welt bilden, die Form der Existenz für die konkreten Dinge und Erscheinungen darstellen."[3]

Es hätte nicht der semiologischen Analysen der letzten Jahrzehnte bedurft, um uns zu überzeugen, daß auch der Film eine — filmische — Sprache benutzt, daß "ein Film ... schwer zu erklären (ist), weil er leicht zu verstehen ist", da Signifikant und Signifikat im Film — im Gegensatz zur Sprache — fast identisch sind und es schwerer ist, die Aufmerksamkeit des Zuschauers darauf zu lenken, daß man mit Bildern Aussagen macht, daß man eine gefilmte Rose nicht einfach für eine Rose halten dürfe, sondern für das Zeichen einer Rose.

Im Prinzip, so erläutert Monaco,[4] gibt es dafür nur zwei Möglichkeiten: Entweder kann man im Vergleich mit vorausgehenden oder nachfolgenden Aufnahmen deutlich machen, welche spezifischen Aspekte einer Rose man im Auge hatte, oder man kann beim Beschauer den Vergleich mit anderen, möglichen Aufnahmen einer Rose in Gang setzen. Diese beiden Achsen des Verstehens, die syntagmatische und die paradigmatische, nutzt ein Schriftsteller ebenso wie ein Filmautor. Der wesentliche Unterschied bleibt, daß sich der Filmautor damit weit schwerer tut. Dies gilt umso mehr, wenn die Aussage eines Films mehr sein will als die private Weltsicht eines Filmautors.

John Ford wird von seinen Landsleuten, aber auch von der europäischen Kritik als einer der filmischen Väter des amerikanischen Mythos angesehen:

" 'Klassisch' ist John Fords Film also nicht nur, weil er die klassische Einheit von Ort, Zeit und Raum auf beispielhafte Weise wahrt, und nicht nur, weil er selbst zum Vorbild für viele andere Filme des Genres geworden ist, sondern auch deshalb, weil er so perfekt den Mythos des Westens wiedergibt, als hätte er ihn selbst konstituiert. Wie diese Gesellschaft zusammenwächst, ihre inneren Widersprüche zurückdrängt, zugleich aber auch die Achtung für jedes partizipierende Individuum erringt, das gemeinsame Ziel möglicherweise mehr und mehr als Medium begreifend für ein großes Gefühl der freien Gemeinschaft, dem gegenüber das ganz eigene Schicksal zweitrangig wird, dies alles ist sicher auch mythopoetisches Bild für die Entstehung der amerikanischen Gesellschaft aus der gemeinsamen Bewährung der Individualisten."[5]

Die Frage ist also, wie es Ford gelingt, seiner Filmsprache eine Aussage abzuzwingen, die nicht nur überhaupt als Aussage erkennbar ist, sondern sogar darüber hinaus (nach der Definition des Mythos durch Lévi-Strauss) nicht nur zu einem bestimmten Zeitpunkt gilt, sondern gleichzeitig eine Dauerstruktur bildet. "Diese bezieht sich gleichzeitig auf Vergangenheit, Gegenwart und Zukunft."[6]

II. Die literarische Vorlage

In welche Richtung Ford geht, das läßt sich schon aus seiner und Dudley Nichols' Bearbeitung der literarischen Vorlage ablesen. Sie benutzten Ernest Haycox' Erzählung 'Stage to Lordsburg', die 1937 in Collier's Magazine erschienen war und in der englischen Edition des Drehbuchs (Classic Film Scripts, London 1971) abgedruckt ist. Ford erinnerte an die thematische Nähe zu Maupassants 'Boule de suif', die jedoch eher unwesentlich erscheint.

Beeindruckend ist zunächst einmal Fords Verdichtung des thematischen Materials.

"Stagecoach is perhaps Mr. Ford's tightest film. . . . Certainly a masterpiece of organization. He never produced another film as technically brilliant. Take away any one of the component parts of Stagecoach and it looses something vital, a living member."[7]

Ford verwandelt die eher zufälligen Figuren der Vorlage in das Typenarsenal des Western, das es damals ja noch nicht so gab — wenn Ulrich von Thüna 1963 anmerkt, "daß Typenarsenal wie Handlungsaufbau nichts weniger als revolutionär sind"[8], so unterschlägt dieser Rückblick, daß Ford 1939 eben für manches den Anfang setzte. Er erweiterte dieses Arsenal so, daß es bei einer grundsätzlichen Homogenität doch extreme Gegensätze aufnehmen und so die Weite einer Welt umspannen konnte. "Nichols tended to make each person a symbol for one force or another. Each has behind him a literary tradition built either into a name or in a type."[9] Ford und Nichols betonen, daß es sich um lauter interessante aber unmoralische Figuren handelte: "They all turned out to be infamous characters. There isn't a likable charakter in the crowd, but they are interesting."[10]

Das heißt, Ford provoziert die Moralmaßstäbe seiner Zuschauer, um sie mit einer anderen Aussage zu unterlaufen, und auf der gleichen paradigmatischen Ebene liegt auch die Tatsache, daß er Typen variiert, die das Publikum kennt: Ringo ähnelt Owen Wisters 'The Virginian' und Johnny Ringo aus 'Gunfight at the OK Corral'. Boone trägt Züge von Doc Holiday aus Stuart H. Lake's 'Fortier Marshal' und erinnert, wie Dallas und Hatfield, an Bret Hartes 'The Outcasts of Poker Flat'. Die Beschränkung auf bestimmte Themen und Personen und die Ausweitung in Gegensätzliches, also Verdichtung und oppositionelle Struktur, charakterisieren nicht nur die Bearbeitung der Geschichte, sondern auch die Sprache des Drehbuchs. Zahllose Anekdoten berichten, daß Ford beim Drehen Passagen strich und kürzte. 1939 empfand man das Drehbuch, gerade im Gegensatz zu den Pferdeopern der Tom-Mix-Filme, als ein Wunder an Kargheit und Lebendigkeit. Charakteristisch für die Westerner ist ihre unaggressive Freundlichkeit, ihr weicher, mundfauler Sound, die Lethargie, aus der sie katzenhaft schnell zur Tat, nicht unbedingt zum Wort, aufwachen. Ganz im Gegensatz dazu steht die formelle Diktion der Easterner, aber auch die (für Ford typische irische) Mischung aus Suff und poetischer Rhetorik, die Doc Boone umgibt. Dem werden die beiden deutschen Synchronfassungen, die indiskutable von 1951 ('Höllenfahrt nach Santa Fe'), die den Film auch inhaltlich verfälscht, und die uninspiriert-solide von 1963 ('Ringo/Stagecoach') nicht gerecht, so daß hier nur die englische Fassung zugrundegelegt wird. Niemand käme angesichts der deutschen Synchronfassungen auf die Idee, daß sich Orson Welles 'Stagecoach' immer wieder vorspielen ließ, als er ein Muster eines kunstvoll-knappen Drehbuches für 'Citizen Kane' suchte.

III. Die Geschichte: universaler Topos und oppositioneller Aufbau

"Die Substanz des Mythos liegt weder im Stil, noch in der Erzählweise oder der Syntax, sondern in der Geschichte, die darin erzählt wird."[11]

Was hier erzählt wird, ist ein alter Topos der Weltliteratur: Der Zufall führt Individuen zusammen, prüft sie auf Leben und Tod, führt sie durch die "Hölle", schweißt sie zur Gemeinschaft und läutert, erlöst oder straft jeden einzelnen, bis sie ihr Ziel Lordsburg, die Stadt des Herrn, erreichen.

Die Reise verläuft zwischen gegensätzlichen Welten und zwingt ebenso verschiedene Menschen in der Enge einer Kutsche zusammen. Am Morgen verläßt man das Westernstädtchen Tonto, was soviel bedeutet wie "beschränkt", und erreicht in der übernächsten Nacht Lordsburg. Dazwischen liegt das archaische Monument Valley, die Welt der feindlichen Indianer und die Verwandlung einer Gruppe voneinander irritierter, ja abgestoßener Menschen zur Gemeinschaft. Draußen vor der Stadt steigen die Kriminellen zu: der Bankier, der mit unterschlagenen Lohngeldern in der Tasche penetrant den ehrbaren Bürger hervorkehrt, und der flüchtige Sträfling Ringo, dessen tatsächliche Unschuld nur der Sheriff insgeheim kennt. Man erreicht Dry Fork zu Mittag, wo man noch in strikter sozialer Trennung die gleiche Bohnensuppe löffelt, und erreicht Apache Wells am Abend, wo Lucys Baby geboren wird und Ringo mit einem ersten Heiratsantrag bei Dallas abblitzt, wo Doc Boone sich als Arzt rehabilitiert und das Baby von einer nunmehr schon weitgehend klassenlosen Reisegemeinschaft "adoptiert" wird. Am nächsten Morgen beginnt die Fahrt durch das Gebiet der Apachen, die unter Geronimo für ihre Freiheit kämpfen, sich ebensowenig domestizieren lassen, wie das grandiose Monument Valley, aus dem sie herauszuwachsen scheinen wie Buttes und Mesas. Beim zerstörten Fährhaus überquert man den Fluß, und als die Apachen angreifen, stirbt Hatfield, ehe er Lucy den Gnadenschuß geben kann; Peacock wird verwundet, Ringo und Curly kämpfen, bis bei der letzten Kugel die Kavallerie eingreift und sie nach Lordsburg geleitet. Dort büßen die Brüder Plummer im nächtlichen Shootout für ihren Mord an Ringos Familie, dort erhört Dallas Ringos Werbung, und als beide mit dem Pferdewagen und dem Segen des Sheriffs der Morgensonne und Ringos Farm hinter der Grenze entgegenfahren, da wandert Gatewood, der betrügerische Bankier, ins Gefängnis. Der Vertreibung des Paares aus Tonto folgt die Vertreibung ins utopische Paradies, weg vom Sündenfall der Zivilisation: "that's saved them the blessings of civilization."

Selbst in dieser Zusammenfassung wird erkennbar, wie Ford universale Themen in Gegensatzpaaren arrangiert: Tod und Geburt, Ausgestoßenheit und Glück im familiären Winkel, Rache und Verzeihung, Arroganz und Demut, soziale Anpassung und individuelle Freiheit, Haß und Liebe, Zivilisation und anarchische Natur werden im Ablauf der Geschichte (syntagmatisch) gegeneinandergestellt, wie die Personen der Handlung (paradigmatisch) gegensätzliche Standpunkte vertreten. Entsprechend ist auch die Handlung in gegensätzliche Blöcke gegliedert, die sich ablösen. Sie umspannt 48 Stunden, 2 Tage und 2 Nächte. Sie wechselt viermal zwischen Charaktersequenzen (Tonto, Dry Fork, Apache Wells, Lordsburg) und Action-Szenen (Kavallerie und Telegraph, erste und zweite Reiseetappe, Angriff der Indianer und Gegenattacke der Kavallerie). Sie wandert zwischen engen Räumen und der noch engeren Kutsche und der grandios-bedrohlichen Weite, die sie umgibt. Tagsüber enthüllen sich die Charaktere in hautnahen Reibungen, nachts weitet sich der Raum in verschwimmendes Dunkel, und die Menschen erleben ihre individuellen Krisen, ihre Mysterien der Liebe, der Geburt und zuletzt des Todes, der Vergeltung oder Erlösung.

IV. Verdichtung und oppositioneller Aufbau: Repertoire und Personal

Ford geht mit seinem Zeicheninventar um, wie es eine Sprache mit ihren Mitteln tut. Er begrenzt das Inventar seiner Zeichen, konsequenterweise auch seiner Hauptthemen, so wie auch eine Sprache ihr Phoneminventar begrenzt, und gliedert sie in Oppositionspaare. In der Spannung zwischen den Gegensätzen und den mannigfachen Kombinationsmöglichkeiten der Einzelelemente liegt eine unerschöpfliche Vielfalt des Ausdrucks, die er voll zu nutzen weiß. Dabei kommt es eigentlich nur auf zwei Dinge an:

den zentralen Konflikt einer Geschichte zu erkennen und alle Gegensätze daran zu orientieren; und das begrenzte Repertoire von Räumen, Dingen und Charakteren so auszuwählen, daß sich die Wucht und Eindringlichkeit der gewählten Bilder auch den Inhalten mitteilt.

"But it takes something more to rise above the mechanics of direction. And that is the power of visualizing. Only by a trained or gifted imagination can a director extract from a story and give to his direction the utmost power it contains. . . . The director must be able to take printed words and transmute them into images."[12]
— "The essence of all story telling is struggle. You must know where your conflict lies. Then you try to develop it."[13]

1. Die Räume

Räume und Gegenstände dieses Films sind die der amerikanischen frontier. Die Stadt mit Saloon, Bar, Poststation, Hotel, Sheriffbüro und Gefängnis, Bürgerhäusern und Kirche, Bank und Schule, Army-Fort und der staubigen Main-Street, mit ihrer Mischung aus städtisch gekleideten Damen und Herren, und "Westerners" mit ihren Pferden. Die gesellschaftlichen Kräfte dieser Zivilisation sind die Armee, das Gesetz, das Kapital, die Kirche oder jedenfalls die öffentliche Moral. Umgeben ist sie von archaischer Landschaft, von Indianern, die wie diese Landschaft ihr freies Leben gegen das Gesetz der Zivilisation setzen.

2. Das Personal

Der Konflikt zwischen Easterner und Westerner wird vor allem im Gegensatz der beiden Paare ausgetragen: Ringo Kid und Dallas sowie Hatfield und Lucy Mallory.

Das Gesetz des Ostens hat Ringo, knapp 17jährig, auf die Aussage der Mörder seiner Familie ins Gefängnis gebracht, aus dem er flieht, um sie zu stellen. Diese Verpflichtung ist ihm heilig, das will er nicht dem Sheriff überlassen. Sheriff Curly liebt ihn wie sein Vater (mit dem er befreundet war), kennt seine Unschuld, nutzt aber das Gesetz, um ihn vor dem aussichtslosen Kampf gegen die Revolverhelden zu bewahren. Dallas hat auch als Kind bei einem Massaker ihre Familie verloren und mußte sich in einer Gesellschaft durchschlagen, die ihre Liebesfähigkeit nur als Sexualität ausnutzen konnte. Für Ringo ist die Liebe zu seiner Familie das Gesetz, für Dallas heißt Moral, Leben zu schützen und zu lieben. Über dem Baby, das sie mit der Fürsorge einer Mutter im Arm hält und später vor den Indianerpfeilen schützt, treffen sie Ringos hingerissene Blicke, die sie offen und herzlich erwidert. Darauf gründet sich sein Glaube an sie: "I know all I want to know. You're . . . the kind of girl a man wants to marry." Beider Freude an den kleinen Dingen, einem Schluck Wasser oder "a cabin, halfbuilt", ihr Humor, ihre Toleranz und Hilfsbereitschaft, ihre Demut, die eine Zurückweisung immer auf die eigene Person, nie die des Partners bezieht, ihre gelöste Anmut und die Sicherheit, mit der sie nach eigenen Maßstäben leben, charakterisieren den Westerner.

Und eben dies trennt sie vom städtisch-aristokratischen Paar Hatfield und Lucy. Eher sinister als lebensfroh beweisen sie ihre Liebe in der Bereitschaft zum Tod, Hatfield, der Revolverheld, spart die letzte Kugel für Lucy, und Lucy reist ihrem Ehemann an die Front nach. Ihr Stolz, ja ihre Arroganz basiert auf der Unterwerfung unter soziale Normen, für die

Hatfield sogar seine gesellschaftliche Ächtung in Kauf nimmt. Einen Weg aus dieser Erstarrung findet Hatfield nur im Tod, Lucy aber, die in der Todesgefahr ein Kind zur Welt bringt, ändert durch dieses Erlebnis ihre Einstellung, auch zu Dallas, grundlegend.

Bei allen Gegensätzen verbindet die beiden Paare aber auch sehr viel. Alle vier besitzen gleichen Mut, gleiche Opferbereitschaft, Ringo und Hatfield das gleiche todesverachtende Draufgängertum. Nicht zufällig imitiert Ringo in seinem Flirt mit Dallas sofort Hatfields Kavaliersmanieren im Umgang mit Lucy.

Einen anderen Gegensatz verkörpern Doc Boone und Gatewood. Boone, ein gebildeter Mann des Ostens, der seinen Shakespeare zu zitieren weiß, und ein guter Arzt, hat sich vor der Intoleranz der Zivilisation, die er haßt wie nur irgendein Westerner, in den Alkohol geflüchtet. Volltrunken erklärt er, er sei glücklich, nicht betrunken. Es ist eine Flucht vor dem Egoismus der anderen, nicht in den eigenen: Wenn ihn die Kranke braucht, zwingt er sich unter Qualen zur Nüchternheit. Gatewood dagegen ist stets nüchtern auf seinen Vorteil aus, seine Sprache ist vulgär, und er bleibt der einzige, der Schimpfnamen gebraucht. Wenn er trinkt, dann nur aus Schrecken über den vermeintlichen Verlust des gestohlenen Geldes.

Ford spielt solche Gegensätze mit minimalen Mitteln aus. Hier zwei Beispiele in ihrer syntagmatischen Aufeinanderfolge. Am Fährhaus opfert Ringo seinen Sattel für die Überfahrt, Hatfield seinen Mantel für eine halb entblößte Tote; der eine tut es, um eine Rettung zu ermöglichen, der andere, um der Toten seine Reverenz zu erweisen: ein winziges Detail, das wie so oft, Ringo dem Leben, Hatfield dem Tod zuordnet. Boones therapeutischer Morgenwhiskey wird ihm vergällt, als Gatewood, der seine Geldtasche wiederhat, ihm seinerseits zuprostet: Angeekelt schüttet er den Rest ins Kaminfeuer. Whiskey ist für ihn ein Schutz vor der Gemeinheit der Welt, kein Mittel, sich mit ihr zu verbrüdern. Gatewood aber wird erst "sozial", wenn ihm seine kriminellen Pläne zu gelingen scheinen. Der übliche Wertegegensatz von 'sozial — antisozial' wird hier unter der Hand umgewertet.

Es ist unmöglich, dem Reichtum der Verweisungen, dem Geflecht von Parallelen und Gegensätzen, die sinnstiftend den Film durchziehen, auch nur annähernd gerecht zu werden; doch soll wenigstens ein ausführlicheres Beispiel die nicht minder zahlreichen paradigmatischen Bezüge des Films vertreten.

3. Ein Beispiel für paradigmatische Charakterisierung
   der Personen — Hüte —

Alle Figuren des Films tragen Hüte, die ihre Gesichter rahmen, die sie in Großaufnahmen charakterisieren, wie das nur im Film oder der Malerei möglich ist. Diese Hüte kann man alle nach vier Gegensatzpaaren unterscheiden:
hell-dunkel; weich-steif; groß-klein/anliegend; ländliche Formen oder Materialien — städtische Formen oder Materialien.

Ringo	— hell, weicher Filz (eine Art Stetson), breitkrempig mit hohem Kopf, Hut des Westerners mit Schlangenband.
Hatfield	— hell, fast weiß, sehr steif, mit messerscharfer Krempe und hohem, zylindrischem Kopf, "Bolerohut", spanische Kavaliersmode der amerikanischen Südstaaten.

Doc Boone	—	schwarz, steif, inzwischen aber eher verknautscht, hoher Kopf und eher schmalkrempig, "Melone" als Berufskleidung des Stadtarztes, aber leicht verschlampt.
Gatewood	—	schwarz, steif, relativ breitkrempig und relativ hoher Kopf, Stadthut eines Geschäftsmannes.
Curly, Buck	—	schwarz/weiß, weiche knautschige Cowboyhüte.
Peacock	—	exzentrischer Deerstalker in schwarz-weißem Hahnentritt, klein und anliegend, der Landhut des englischen gentleman.
Lucy	—	dunkel, steifes (Uniform)-Käppchen mit exaktem Federtuff in der Gesichtsmitte, erinnert ebenso an eine Uniform wie an eine Madonna.
Dallas	—	dunkel, die steife Form verschwindet unter weißen Rüschen, einem Blütengesteck und hervorquellenden Locken, ländliches Stroh mit Spitzen, Samtband und Blüten.

Dieses Beispiel zeigt wieder, wie ähnlich sich Ringo und Hatfield oder Gatewood und Boone sind, um dann doch in charakterisierenden Details voneinander abzuweichen. Ohne die Spannung zwischen polaren Gegensätzen wäre eine derart differenzierte Aussage mit so knappen Mitteln nie möglich. Ford benutzt diese Hüte wie Signaturen, zweimal tauchen Hatfield und Ringo sehr langsam und dramatisch hinter ihnen auf. Man sieht zunächst nichts als einen großen weißen Hut, der die Leinwand füllt, bis sich das Gesicht aufrichtet: Hatfields El-Greco-Züge aus dem grellweißen, messerscharfen Oval und Ringo, lachend im Blick auf Dallas, aus einem weichen, lässigbequemen Deckel.

V. Filmische Mittel der Opposition

Die symbolische Aufladung von Fords Bilderwelt innerhalb seiner polar strukturierten Welt ist auch abhängig von ihrer filmischen Qualität, ohne die sie nicht die Wucht eines veritablen amerikanischen Mythos annähmen; wobei es für die Wirkung unerheblich bleibt, ob das dem Zuschauer bewußt ist oder nicht.

1. Der Schwarz-Weiß-Gegensatz

Im gleichen Jahr wie 'Stagecoach' drehte Ford seinen ersten Farbfilm ('Drums along the Mohawk'), und im Interview mit Peter Bogdanovich erklärte er seine Vorliebe für den Schwarz-Weiß-Film:

"Black and white is pretty tough — you've got to know your job and be very careful to lay your shadows properly and get the perspective right. ... For a good dramatic story, though, I much prefer to work in black and white; you'll probably say I am old-fashioned, but black and white is real photography."[14]

Sein Kameramann, Bert Glennon, brachte die expressionistische Brillanz von Licht und Schatten ein, die er als Assistent von Lubitsch, von Sternberg und Stiller in den letzten zehn Jahren gelernt hatte. Fords Vorliebe für kontrollierte Lichtquellen hielt einerseits die Beleuchtung natürlicher, realistischer (im Sinne amerikanischer Kritiker) und expressiver (im Stil der deutschen Filmkunst der 20er Jahre) und verlieh ihr andererseits jene malerische Dramatik, für die man auch Fords eigene Malerei verantwortlich gemacht hat. Jedenfalls hat er Licht und Dunkel als dynamische Pole verstanden, in deren Spannungsfeld Räume, Dinge und Menschen zu leben beginnen. Mit großer Geste fallen Lichtkegel ein, gliedern oder durchschneiden Räume in ihrer Tiefe oder Breite, heben Gesichter oder Objekte heraus und verweisen anderes ins Dunkel. Lichtbahnen aus Fenstern und Türen weiten einen Raum ins Freie. Andererseits drängt das Dunkel aus den Ecken, vom Boden und der Decke her einen Raum zusammen. Licht verleiht Körpern Plastizität und verändert ihre Textur. Es fällt von hinten, von oben oder von der Seite auf eine Gestalt, läßt Umrisse aufleuchten, schneidet hart eine Kontur oder legt sich in weichen Schatten um eine Gestalt. Es hat im Freien eine andere Qualität als im Raum. Sonne und Mond werfen ein unsichtbares elektrisches Feld, aus dem die Körper in kristalliner Preziosität aufleuchten, das Bäume transparent macht, Wasser in Lichtwolken aufschäumen läßt, aus Staub- oder Rauchfahnen, aus Tropfen oder der Lamellierung eines Zauns einen unirdischen Glanz zaubert. Dieses Licht scheint in der Luft zu liegen und aufzuflammen, wo es auf Zäune, Menschen, Gegenstände trifft, ihren Konturen entlang zu zündeln und zu verlöschen (Abb. 1-3).[15] Ganz anders im Innenraum: Lampen können immer nur Lichtinseln in den allgegenwärtigen Dämmer tragen, Haare, Haut und Stoffe dämpfen sie noch einmal. Die erotisch-verführerischen Lichthüllen, mit denen von Sternberg helles Haar, zarte Haut und schleirige Stoffe umgibt, trägt Ford lieber ins Freie, sei es bei Tag oder Nacht. Wieviel diese Semantisierung von Hell und Dunkel zur Aussage des Films beiträgt, ist wohl kaum abzuschätzen.

2. Das Bildformat -- die Rahmung des Einzelbildes

Das rechteckige Format des Einzelbildes läßt sich zweifach nutzen: Man kann es unterstreichen oder sprengen. Ford tut das erste in Szenen städtischer Zivilisation und das zweite dort, wo er den Charakter von Natur und freiem Leben unterstreichen will.
Im ersten Fall vervielfacht er die Senkrechten oder Waagrechten des Rechtecks durch eine Bretterwand (Abb.4), einen Türrahmen[16], eine parallele Binnengliederung mit Sprossenfenstern und geometrische Portieren (Abb.6), durch die parallele Verengung des Bildausschnitts auf eine Tür oder ein Fenster.[17] Er benutzt Häuserfronten, Porticos, Holzstreben, Tore, Zäune, um ein Bild zu cadrieren. Diese Gliederung bleibt nicht Selbstzweck, sondern zwängt Menschen in Rahmen und immer kleinere Ausschnitte. Doc Boone wird im dunklen Eingang der Bar getrennt von der hellen Straße und den zänkischen Moralistinnen, vor denen er seine Flucht in den Alkohol antritt (Abb. 7). Lucys Gespräch mit zwei Frauen wird zur frühitalienischen sacra conversazione, die Säulen eines Porticos trennen die Madonna Lucy von ihren Flügelheiligen (Abb. 9). Die Mehrzahl der Innenaufnahmen in der Kutsche gliedert das rechteckige Bild durch zwei oder drei Personen: der dicke Gatewood in der Mitte, der seine Nachbarn an den Bildrand drängt, oder Peacock, der fast hinter Boone und seiner Whiskeytasche verschwindet, etc.
Bei Innenaufnahmen nutzt Ford das Querformat für die Devise: "rooms were shot with the ceilings on." Die Zimmerdecken, häufig auch die Böden, erscheinen im Bild, drücken die Zimmer zusammen. Zusätzlich werden die Räume durch Tische, Bilder, Fenster, Tresen oder Lichtbahnen horizontal gegliedert, und die Menschen scheinen ihre Räume nach oben zu sprengen. Immer stecken diese Menschen in ihren Behausungen, wie der Sheriff, der hinter dem Schattengitter seiner eigenen Flinten eingesperrt scheint (Abb. 8). Andere Menschen können die Räume sprengen oder verschwinden lassen, wie der Apache oder Ringo (Abb. 10).
Ganz anders erscheint die Wildnis im Bildrechteck. Wege und Straßen laufen aus dem Bild heraus, verlieren sich in seiner Tiefe, Horizonte zerschneiden das Rechteck, Felsen durchstoßen es, Berge, Kuppen, Bäume wandern

8. Filmbuch und Literaturverfilmung

Abb. 1

Abb. 2

Abb. 3

Abb. 4

Abb. 5

Abb. 6

Abb. 7

Abb. 8

Abb. 9

Abb. 10

Abb. 11

nach Belieben über den Bildrand (Abb. 11). Im Freien verläßt die Kamera oft die Augenhöhe, steigt in die Vogelperspektive oder rutscht in die Untersicht, als müßte sie sich anstrengen, die Fülle zu fassen. Die Kutsche verschwindet in dieser Landschaft -- aber nicht alle Menschen: Geronimo und Ringo stehen vor den Felsen auf gleicher Höhe. Die erste Einstellung von Ringo zeigt ihn mit der Flinte, die um sein Handgelenk wirbelt wie eine Pistole, die Kamera fährt unscharf auf ihn zu und bleibt auf seinem Kopf stehen, eingerahmt von Felsen und Mesas (Abb. 10). Wie genau solche Bilder komponiert sind und wie stark dabei der Einfluß der großen europäischen und amerikanischen Malerei auf Ford, der selber Maler werden wollte, gewesen ist, läßt nur die Analyse von Einzelbildern erkennen.

Lucys Gespräch mit zwei Frauen (Abb. 9), eine streng in drei Teile gegliederte "sacra conversazione", führt die Trennung zwischen den Personen selbst noch in ihrer Blickrichtung fort. Fords Vorliebe für Schultertücher verwandelt die Frauen in zylindrische Matronen, statuarisch körperlos und unbewegt unter ihrem madonnenhaft gerahmten Gesichtsoval. Verschnürt in ihre Kleiderpanzer, Figurinen für Sitte und Ordnung des Easterners, blicken sie melancholisch oder aggressiv ins Leere. Aus dieser Mischung von persönlicher Panzerung, religiöser Anspielung und sozialer Stilisierung entsteht ein Altarbild der "heiligen amerikanischen Frau", charakteristisch für Fords sentimentale Nostalgie und Zivilisationsskepsis zugleich.

Die andere Welt der Natur zeigt die nächtliche Begegnung von Dallas und Ringo in Apache Wells (Abb. 1 und 2). Hier, unterm Mondhimmel, erkennen sie ihre Gefühle, aber auch was sie trennt. Das Licht umfließt sie, verbindet sie, modelliert sie aus dem Dunkel; Mauern und Balken trennen sie, schließen sie ein. Im körperlosen Licht leuchten ihre Körper und Gesichter auf, es hüllt sie in Geheimnisse: Dallas' Gesicht strahlt nur für Ringo, nicht für den Zuschauer, Ringos verschattete Gestalt, rätselhaft für uns, spricht nur zu Dallas.

3. Schnitt/Überblendung — Bildkomposition

Wie bewußt Ford Welten gegeneinandersetzt, zeigt auch seine Vorliebe für die sonst eher seltene Überblendung: Immer wieder schiebt sich eine Stube in die Weite der Landschaft[18], oder im Schnitt erwächst aus der Landschaft ein Mensch oder verschwindet, übergroß, in ihr (Abb. 10). Der Schnitt kontrastiert subtil: Dem betrunken gestikulierenden Doc Boone folgt die harte, eckige Vermieterin (Abb. 5). Dabei sind diese Bilder auch ein gutes Beispiel für die innere Montage durch Bildkomposition: Boones exzentrische Gestik steht vor geometrisch schraffiertem Hintergrund, die eckige seiner Wirtin vor der barocken Fassade des Oriental Saloon.

Beim Lesen dieser Filmbilder haben wir ein Verfahren variiert, das in der strukturalistischen Filmanalyse größte Verbreitung gefunden hat, das wir auch aus der Interpretation von Dichtung, von Mythen und Märchen[19] kennen. Es erlaubt die Analyse unterschiedlicher Zeichensysteme, wie sie im Film zu einer künstlerischen Aussage verbunden werden, und erfaßt auch dort, wo es weniger auf originelles, künstlerisches Material ankommt, die beziehungsvolle Struktur bekannter Elemente. Gewohnt an den individuellen Einfall und an die verbale Beglaubigung eines künstlerischen Anspruchs, neigen wir dazu, im Genrehaften das Banale mit großer, volkstümlicher Kunst zu verwechseln; selbst wenn sie sich zum Mythos verdichtet, in dem eine Nation ihre Geschichte wiederfindet, wie hier. Natürlich nutzt Ford die Konventionen des Genres, um rasch und unaufwendig seine Geschichte zu erzählen, vor allem aber für seine zwiespältig-melancholische Sicht auf die Zivilisation des Westens. Man darf vordergründig eine zügig dargebotene Handlung genießen; wer sich aber auf die raffinierte Bildersprache Fords einläßt, auf seine vielfältig verflochtenen Bild- und Erzählkürzel, der wird rasch in einen Strudel komplexer Paradoxien, tiefsinniger Skepsis und aufblitzender Vitalität gezogen, die das Thema vom amerikanischen Traum variieren. Wie immer bei Ford ist seine Liebe zur anarchischen Freiheit, zur paradiesischen Natürlichkeit des Westens und seiner Menschen überschattet von der Gewißheit, daß gesellschaftliche Normierung und Domestizierung unvermeidlich sind. Mit der Freiheit endet doch auch die Brutalität der Gesetzlosen, mit der Humanität beginnt leider auch der soziale Mief. Fords Botschaft ist keine Lösung eines unaufhebbaren Widerspruchs, nur seine Darstellung beinahe wort- und kommentarlos, in unvergeßlichen Bildern, in Widersprüchen und Überschneidungen, bis ins Schwarz-Weiß des Filmmaterials hinein.

In Mythen und Epen prägten die Sänger Asiens und Europas ein frühes Bild von der Welt, ihren Göttern und Menschen. Die feudalen und bürgerlichen Romanciers schrieben die Bildungsromane von Völkern und Individuen. Filmemacher wie Ford, oder vor ihm Griffith, haben den amerikanischen Mythos in Bildern eingefangen, das Selbstgefühl einer Nation in den Konventionen eines volkstümlichen Genres verborgen. Die robusten Geschichtenerzähler Hollywoods bevorzugten stets eine unterhaltsame Identitätsfindung, wie das ihre elisabethanischen Kollegen für die Bühne getan haben. Die Medien der künstlerischen Aussage unterliegen dem geschichtlichen Wandel: vom Sänger zum Schauspieler, vom Romancier zum Filmteam eines B-Picture. Dem tragen wir Rechnung, wenn wir das Lesen von Bildern nicht geringer schätzen als das Lesen von Worten. Schon Claire Trevor, die Dallas von Stagecoach, hat vor der Unterschätzung des scheinbar selbstverständlich Einfachen gewarnt:

"Yes, the critics liked it and so did the public, but I don't think the public ever dug the film for its true value."[20]

Anmerkungen

1) Neil Postman in: Wir amüsieren uns zu Tode. Frankfurt a.M.: Fischer 1985
2) Hans Robert Jauß: Ästhetische Erfahrung und literarische Hermeneutik. München: Fink 1977, S. 95
3) Lotmann, Jurij M.: Die Struktur des künstlerischen Textes. Frankfurt a.M.: edition suhrkamp 1973, S. 35f.
4) James Monaco: Film verstehen. Reinbek: Rowohlt 1980, S. 145ff.
5) Georg Seeßlen/Claudius Weil: Western-Kino. Geschichte und Mythologie des Western-Films. Reinbek: Rowohlt 1979, S. 78
6) Claude Lévi-Strauss: Strukturale Anthropologie. Frankfurt a.M.: Suhrkamp TB 1967, S. 229
7) Nancy D. Warfield: The Structure of John Ford's Stagecoach. In: The Little Film Gazette of N.D.W., vol. V, Nr. 1, April 1974, S. 12
8) Ulrich von Thüna: Die Würde des Western. In: Film. Zeitschrift für Film und Fernsehen, Okt./Nov. 1963, S. 44
9) Nancy D. Warfield 1974, S. 19
10) Ebd., S. 16

11) Claude Lévi-Strauss 1967, S. 231
12) John Ford in: Los Angeles Times vom 3. Oktober 1932
13) Dudley Nichols in: Nancy D. Warfield 1974, S. 17
14) Peter Bogdanovich: John Ford. London: Studio vista 1967, S. 74
15) Die Abbildungen (1 bis 11) werden zitiert nach: Richard J. Anobile (Hrsg.): Stagecoach. Pictures and dialogues from the feature motion picture Stagecoach. Darien House 1975, S. 129, 170, 171, 25, 24, 18, 28, 19, 37, 54, 86
16) Ebd., S. 21
17) Ebd., S. 37
18) Ebd., S. 10
19) Zur Semiologie, gerade auch des Western, vgl. Peter Wollen: Signs and Meaning in the Cinema. 2. Aufl. London: Secker & Warburg 1972, sowie beispielsweise Roland Barthes: Mythen des Alltags. Frankfurt a.M.: edition suhrkamp 1964; Vladimir Propp: Morphologie des Märchens. München 1972; vgl. auch die Literaturangaben in Günter Schiwy: Strukturalismus und Zeichensysteme. München: Beck 1973.
20) William R. Meyer: The making of the great Westerns. New York u.a.: Arlington House 1979, S. 55

Literatur zu 'STAGECOACH' von John Ford

Anobile, Richard J.: John Ford's Stagecoach. New York: Darien House 1975

Baxter, John: The Cinema of John Ford. London: A. Zwemmer 1971. (= The International Film Guide Series)

Becker, Wolfgang/Schöll, Norbert: Methoden und Praxis der Filmanalyse. Opladen: Leske und Budrich 1983

McBride, Joseph/Wilmington, Michael: John Ford. London: Secker & Warburg 1974 (= Cinema Two)

Bogdanovich, Peter: John Ford. London: Studio vista 1967. (= Movie Paperbacks)

Bühler, Wolf-Eckart: John Ford's Stock Company. In: Filmkritik, 16. Jg., 1972, H. 1 (181. Heft der Gesamtfolge). (Über John Ford S. 2-5)

Burke, Kenneth: Dichtung als symbolische Handlung. Eine Theorie der Literatur. Frankfurt a.M.: edition suhrkamp 1966

Chatman, Seymour: Story and Discourse. Narrative Structure in Fiction and Film. Ithaca und London: Cornell Univ. Press 1978

Comolli, Jean-Louis: Ford et les autres. In: Cahiers du cinéma, Nr. 183, octobre 1966, S. 55

The Company Remembers Stagecoach. In: Directors in "Action", S. 158-168

Delahaye, Michel: De John Ford à Sean O'Freeney. In: Cahiers du cinéma, Nr. 183, octobre 1966, S. 55-59

Directors in "Action". Selections from "Action. The Official Magazine of the Directors Guild of America". Ed. by Bob Thomas. Indianapolis/ New York: The Bobbs Merrill Comp. Inc. 1973

Everson, William K.: Forgotten Ford. In: Focus on Film, Nr. 6, spring 1971, S. 13-19

Ford, Charles: Histoire du Western. Paris: Pierre Horay 1964

Ford, Dan: Pappy. The Life of John Ford. Englewood Cliffs, N.J.: Prentice Hall 1979

Ford, John/Nichols, Dudley: Stagecoach. Classic Film Scripts. London: Lorrimer 1971

Haggard, Mark: Ford in Person. In: Focus on Film, Nr. 6, spring 1971, S. 31-37

Jauß, Hans-Robert: Ästhetische Erfahrung und literarische Hermeneutik. München: Fink 1977

John Ford on Stagecoach. In: Directors in "Action", S. 144-147

Kennedy Burt Interviews John Ford. In: Directors in "Action", S. 133-137

Killanin, Michael: En travaillant avec John Ford. In: Cahiers du cinéma, Nr. 86, aout 1958, S. 38-40

Knight, Arthur: Stagecoach Revisited. In: Directors in "Action", S. 139-143

Lévi-Strauss, Claude: Strukturale Anthropologie. Frankfurt a.M.: Suhrkamp TB 1967

Lotman, Jurij M.: Die Struktur des künstlerischen Textes. Frankfurt a.M.: edition suhrkamp 1973

Madsen, Axel: Cavalier seul. Entretien avec John Ford. In: Cahiers du cinéma, Nr. 183, octobre 1966, S. 38-52

Marcorelles, Louis: Ford of the Movies. In: Cahiers du cinéma, Nr. 86, aout 1958, S. 32-37

Meyer, William R.: The making of the great Westerns. New York u.a.: Arlington House 1979

Mitry, Jean: John Ford. Tome I, II. Paris: Editions Universitaires 1954 (= Classiques du cinema)

Mitry, Jean: Rencontre avec John Ford. In: Cahiers du cinéma, Nr. 45, mars 1955, S. 3-9

Monaco, James: Film verstehen. Reinbek: Rowohlt 1980

Place, J.A.: The Western Films of John Ford. Secaucus, N.J.: The Citadel Press 1974

Postman, Neil: Wir amüsieren uns zu Tode. Frankfurt a.M.: Fischer 1985

Reif, Monika: Film und Text. Zum Problem von Wahrnehmung und Vorstellung in Film und Literatur. Tübingen: G. Narr 1984

Richards, Jeffrey: Ford's Lost World. In: Focus on Film, Nr. 6, spring 1971, S. 20-30

Rieupeyrout, Jean-Louis: Le grande aventure du Western. Du Far West à Hollywood (1894-1963), Paris: Les Editions du Cerf 1964 ("7eeArt"), S. 236-250

Ringo/Stagecoach. Das vollständige Drehbuch. Film. Zeitschrift f. Film und Fernsehen, Oktober/November 1963, S. 21-36

Sarris, Andrew: Stagecoach in 1939 and in Retrospect. In: Directors in "Action", S. 169-173

Sarris, Andrew: The John Ford Movie Mystery. London: Secker & Warburg 1976

Seeßlen, Georg/Weil, Claudius: Western-Kino. Geschichte und Mythologie des Western-Films. Reinbek: Rowohlt 1979

Silbermann, Alphons/Schaff, Michael/Adam, Gerhard: Filmanalyse. Grundlagen – Methoden – Didaktik. München: Oldenbourg 1980

Sinclair, Andrew: John Ford. New York: The Dial Press/James Wade 1979

Thüna von, Ulrich: Die Würde des Western. Film. Zeitschrift für Film und Fernsehen, Oktober/November 1963

Warfield, Nancy D.: The Structure of John Ford's Stagecoach. In: The Little Film Gazette of N.D.W., voll, V, Nr. 1, April 1974

DIE VERNICHTUNG EINER SPUR
Zur Verfilmung der Erzählung 'Der geteilte Himmel' von Christa Wolf [1]

von Heide Tarnowski-Seidel

> "Die unhörbaren Stimmen sehr naher Gefahren,
> die alle tödlich sind in dieser Zeit."

Die im Jahre 1964 erfolgte Verfilmung der gleichnamigen Erzählung 'Der geteilte Himmel' von Christa Wolf ist zwar selten, aber doch von Zeit zu Zeit in manchem bundesrepublikanischen Kino zu sehen. Wir — die Leser und Zuschauer von mittlerweile 1985 — hatten inzwischen die Möglichkeit, die sich an die 1962 veröffentlichte Erzählung anschließende literarische Entwicklung Christa Wolfs mitzuvollziehen, wie auch ihre Selbstverständigung als Autorin in unserer Zeit durch ihre Essays zur Kenntnis zu nehmen. Diese beiden Entwicklungslinien fanden ihren bisher letzten Ausdruck in der Erzählung 'Kassandra' und den Frankfurter Vorlesungen 'Voraussetzungen einer Erzählung: Kassandra', beides erschien 1983. Die Botschaft, die mit 'Kassandra' nicht nur die literarisch interessierten Kreise der Öffentlichkeit erreichte, sondern darüber hinaus zu einem nicht unwichtigen Bestandteil der Friedensbewegung wurde, steht unserem Bewußtsein ebenso nahe wie die Überlegungen, die Christa Wolf zu der Notwendigkeit eines sogenannten "weiblichen" Schreibens für unsere historische Lage in den "Voraussetzungen" anstellt. Diese schließen konsequent an die Gedanken an, die sie in kontinuierlicher, sorgfältiger und verantwortlicher Selbstvergewisserung über die Aufgabe und Möglichkeiten, bzw. Unmöglichkeiten des Schriftstellers unter den heutigen Bedingungen geäußert, d.h. veröffentlicht hat und welche eine immer deutlicher werdende Position beschreiben, die hier zunächst einmal schwerpunktmäßig mit "Subjektivierung" und "Authentizität" beschrieben werden soll und die Artikulation der jeweiligen subjektiven Erfahrung unserer Wirklichkeit als unverzichtbar betont.

Im Bewußtsein dieser Entwicklung befremdet es den heutigen Zuschauer besonders, daß in dem Film 'Der geteilte Himmel' Gedanken, die zu dieser Position geführt haben könnten, nicht einmal in Ansätzen zu finden sind. Es stellt sich die Frage: Waren diese Ansätze bei Christa Wolf 1961 noch nicht vorhanden, oder bietet der Film eine einseitige Interpretation des Textes, indem er tendenziell Auslassungen bzw. Verstärkungen vornimmt? [2]
Bei einem Vergleich des Films mit der Erzählung gewinnt auf der Textebene eine Vermutung immer deutlichere Gestalt und verdichtet sich zu der Behauptung: daß nämlich gerade die Ansätze zu einer Subjektivierung, welche in der Erzählung 'Der geteilte Himmel' im Unterschied zu der vorangegangenen 'Moskauer Novelle' bereits sichtbar sind, nicht in den Film übernommen wurden. Der Film löscht eine Linie, die zu den wesentlichen Merkmalen der weiteren Entwicklung des Schreibens von Christa Wolf führt, die der Subjektivität, aus, er vernichtet diese Spur. Diese Behauptung soll nun durch Untersuchung des Materials belegt werden, indem zunächst Film- und Buchtext in vergleichbaren Passagen einander gegenübergestellt werden und danach der Film einer Kritik aus der heutigen Perspektive der Autorin unter-

zogen wird, wobei spätere Forderungen Christa Wolfs bezüglich der Aufgabe des Schriftstellers an den Film angelegt werden.

Da der Film oft ganze Passagen des Buches fast wörtlich übernimmt, scheint es nicht unbedeutend, gerade die Veränderungen, die das "fast" ausmachen, zu untersuchen und besonders auf Weglassungen zu achten, die notwendig das Gewicht des in die Darstellung Übernommenen erhöhen.
 Sowohl Film wie auch Erzählung beginnen mit einem Kommentar des Erzählers[3] bzw. einer Sprecherin. Diese Position wird in beiden Texten an den entsprechenden Punkten des Handlungsverlaufs analog durchgehalten. Dabei finden sich im Text des Films geringe, aber nicht geringfügige Modifikationen. Eine Gegenüberstellung des eröffnenden und abschließenden Kommentars soll hier eine Absicht herausfinden.
 Die Sprecherin im Film beginnt: "Die Stadt atmete in jenem Monat heftiger als sonst." Dabei faßt "in jenem Monat" die konkrete Schilderung: "kurz vor Herbst noch in Glut getaucht nach dem kühlen Regensommer dieses Jahres" zu einer abstrakten Angabe eines Zeitraumes zusammen. Der erste Teil des nächsten Satzes ist wörtlich übernommen: "Ihr Atem fuhr als geballter Rauch aus hundert Fabrikschornsteinen in den reinen Himmel", der zweite Teil jedoch ist weggelassen: "aber dann verließ ihn die Kraft weiterzuziehen." "Die Leute, seit langem an diesen verschleierten Himmel gewöhnt" heißt es weiter in der Erzählung; im Film hören wir stattdessen nur: "Wir" — und dann aber wieder dem Erzähltext entnommen: "finden diesen Himmel auf einmal ungewöhnlich und schwer zu ertragen". Weggelassen wird dann: "wie sie überhaupt ihre plötzliche Unrast zuerst an den entlegensten Dingen ausließen." Und weiter: "Die Luft legte sich schwer auf sie (Film: uns), und das Wasser, — dieses verfluchte Wasser, das nach Chemie stank (stinkt), seit sie (wir) denken konnten (können), schmeckte ihnen (uns) bitter. Aber die Erde trug sie (uns) noch und würde sie (uns) tragen, solange es sie gab. Also kehrten wir zu unserer alltäglichen Arbeit zurück, die wir für Augenblicke (einen Augenblick) unterbrochen hatten". Die nun folgende ausführlichere Erläuterung erscheint nicht im Film:

"... der nüchternen Stimme des Radiosprechers lauschend und mehr noch den unhörbaren Stimmen sehr naher Gefahren, die alle tödlich sind in dieser Zeit. Für diesmal waren sie abgewendet. Ein Schatten war über die Stadt gefallen, nun war sie wieder heiß und lebendig, sie gebar und begrub, sie gab Leben und forderte Leben, täglich. Also nehmen wir unsere Gespräche wieder auf: Über die Hochzeit, ob sie schon zu Weihnachten sein soll oder erst im Frühjahr, über die neuen Kindermäntel zum Winter; über die Krankheit der Frau und den neuen Vorgesetzten im Betrieb."

Mit dem folgenden Satz schließt der Film wieder an den Text an: "Wer hätte gedacht, daß einem das alles so wichtig ist?", übergeht den folgenden: "Wir gewöhnen uns wieder, ruhig zu schlafen.", und übernimmt den Schlußsatz der Eröffnung wörtlich: "Wir leben aus dem vollen, als gäbe es übergenug von diesem seltsamen Stoff Leben, als könnte er nie zu Ende gehen."

Drei Befunde sind festzuhalten:
— Die aus Distanz betrachtete Gemeinschaft der "Leute" wird von Anfang an zu einem auch die Sprecherin einschließenden Kollektiv.
— Mit diesem "Wir" werden im Imperfekt ausgedrückte allgemeine Sinneswahrnehmungen in die Gegenwart geholt.
— Dabei werden die konkreten Erfahrungen, die auch die im Film ausgesprochenen Folgerungen erst mitvollziehbar machen, stark reduziert

und die auf eine individuelle Perspektive deutenden weggelassen. Zusammenfassend haben diese Änderungen die Wirkung eines verringerten Ausdrucks persönlicher und eine Verstärkung kollektiver Erfahrung, indem sofort das "Wir" das Identifikationsmuster bestimmt.
Wie verhält sich nun der Schlußkommentar in beiden Texten zu diesem vorläufigen Befund? Der Film greift an dieser Stelle auf eine Passage aus dem vorangegangenen letzten Kapitel der Erzählung zurück. Dort stellt die Autorin Überlegungen an, indem sie unmittelbar von der Erfahrung und dem Lernprozeß der Protagonistin Rita ausgeht: "Sie hat schlimme Tage durchgemacht, das ist nicht zuviel gesagt. Sie ist gesund. Sie weiß nicht — wie viele von uns es nicht wissen — welche seelische Kühnheit sie nötig hatte, diesem Leben Tag für Tag neu ins Gesicht zu sehen, ohne sich zu täuschen oder täuschen zu lassen."[4] Hier erst setzt der Kommentar des Films ein: "Vielleicht wird man später (Film: jetzt) begreifen, daß von dieser seelischen Kühnheit (Kraft) ungezählter gewöhnlicher Menschen das Schicksal der Nachgeborenen abhing (abhängt) — für einen langen, schweren, drohenden und hoffnungsvollen geschichtlichen Augenblick." Dagegen heißt es knapp und präzis im Film: "für jeden einzelnen Augenblick." Mit der Ablösung von dem individuellen Erfahrungsbezug wird das schwebend-offen angedeutete Gefühl von Hoffnung zugunsten einer programmatischen Entschiedenheit aufgegeben, die Vielschichtigkeit der Realität der Eindeutigkeit einer dogmatischen Soll-Bestimmung geopfert.
In die gleiche Richtung wirkt die Veränderung des Schlußkommentars selbst. Im Film taucht kein Hinweis mehr auf, daß es sich um Gedanken handelt, die unmittelbar aus Ritas Perspektive entwickelt sind, da gerade ihr Blick auf ihre Umwelt in der Erzählung beschrieben wird: "Rita macht einen großen Umweg durch die Straßen und blickt in viele Fenster. Sie sieht, wie jeden Abend eine unendliche Menge an Freundlichkeit, die tagsüber verbraucht wurde, immer neu hervorgebracht wird. "Sie hat keine Angst, daß sie leer ausgehen könnte, beim Verteilen der Freundlichkeit. Sie weiß, daß sie manchmal müde sein wird, manchmal zornig und böse. Aber sie hat keine Angst."[5] Im Film taucht hier überhaupt nicht mehr auf, auch hier wird aus dem "sie" ein "wir": "Wir werden manchmal müde sein, manchmal zornig und böse. Aber wir haben keine Angst." Damit ist der fließende Übergang vom Persönlichen ins Allgemeine und damit auch der Prozeß der Integration völlig aufgegeben, welcher im Erzähltext jetzt erst vollzogen wird: "Das wiegt alles auf: Daß wir uns gewöhnen, ruhig zu schlafen. Daß wir aus dem Vollen leben, als gäbe es übergenug von diesem seltsamen Stoff Leben. Als könnte er nie zu Ende gehen."
Die Gleichheit dieser letzten Sätze in beiden Texten kann über den Eindruck, den die Veränderungen hinterlassen haben, nicht mehr hinwegtäuschen. Diese laufen essentiell auf eine Reduktion subjektiven Ausdrucks ebenso subjektiver Erfahrung zugunsten objektiver Feststellungen, wenn nicht sogar Forderungen, hinaus. Differenziertheit, Unsicherheit und Vorsicht der Einzelerfahrung wird gewissermaßen positiv zum Objektiven gewendet in Form einer fraglos gesichert scheinenden kollektiven Subjektivität.

Eine weitere Entdeckung unterstützt diese Feststellungen und läßt die eingangs geäußerte Vermutung zur Gewißheit werden. Der Film zeigt zwar immer wieder die nachdenkende Protagonistin und spielt auch die Inhalte ihres Rückblickens in ausgebauten Szenen durch, eines jedoch unterschlägt er konsequent: die Ebene der auch verbal artikulierten Reflexion rückschauender Selbstdeutung, welche sich wie ein roter Faden durch die Erzählung zieht. Das rückblickende Ich, das uns zwar optisch nahegebracht wird, hat im Film keine Stimme. Indem der Film diese Ebene eliminiert, verzichtet er auf die Vermittlung eines Prozesses von Ich-Konstitution. Diesen zeichnet Christa Wolf durch die Artikulation des Bewußtseins der Protagonisten als zaghafte und immer von neuem gefährdete Bewegung, indem sie die Übergänge der Perspektiven von außen nach innen, vom "sie" der dritten Person zum "Ich" ausspricht. Diese Bewegung ist bereits zu Beginn der Erzählung zu finden: "Jener Punkt auf den Schienen, wo ich umkippte. Also hat irgendeiner die beiden Waggons noch angehalten, die da von rechts und links auf mich zukamen. Die zielten genau auf mich. Das war das Letzte. (...) Und wo sie sich treffen werden, da liegt sie. Da liege ich."[6] Diese Bewegung ist keine lineare, sondern von Verschlingungen und Widerrufen geprägt: "Das soll ich damals schon gedacht haben? Nicht doch."[7], denkt Rita und erinnert sich deutlich an ihre Verwirrung, da sie noch mitten im Erleben steckte. In dem Prozeß des Sich-selbst-bewußt-Werdens erhält auch ein Traum als Vorgriff auf noch-nicht-existierende Wirklichkeit entscheidendes Gewicht:

"Da erwachte sie und fing schon an, den Traum zu vergessen; vielmehr zog er sich wie ein Hauch von ihren greifenden Gedanken zurück. Die Verwunderung bleibt. Sie läßt sich nur mit dem Staunen des Kindes vergleichen, das zum erstenmal denkt: I c h . Rita ist ganz erfüllt vom Staunen des Erwachsenen. Es hat keinen Sinn mehr, krank zu sein, und es ist auch nicht mehr nötig. (...) Sie zahlt, da es nicht anders geht, dieses neue Selbstgefühl mit Verlust."[8]

Dennoch ist das Ich Mittelpunkt seiner Erfahrung und seiner Überlegungen. Zu Beginn der Anamnese schreibt Christa Wolf: "Ihre Geschichte ist banal, denkt sie, in manchem auch beschämend. Übrigens liegt sie hinter ihr. Was noch zu bewältigen wäre, ist dieses aufdringliche Gefühl: Die zielen genau auf mich."[9] Der Film scheint in dem vorletzten Kommentar der Sprecherin unterschiedliche Selbstreflexionspunkte zusammenzufassen, und wir hören: "So endet die Geschichte. Eine banale Geschichte, wenn man will. Wenn es das nur einmal im Leben gibt, so liegt es hinter ihr. So, wie es war, wird es nie wieder werden."

Hier hat die Faktizität gesiegt. Mit dem Entzug der authentischen Stimme für das Ich, das von sich selber spricht, ist der im Erzähltext angedeutete Ort von Veränderungen ausgelöscht. Im Film hat die Objektivität vorsichtige Ansätze zur Subjektivierung nicht aufkommen lassen, und damit Unsicherheit und Bewegung für ein eindeutiges Ziel verringert. Das Ergebnis bekommt mehr Bedeutung als der Prozeß der Entwicklung, die dahin geführt hat.

Zu fragen wäre nun, wie diese Tendenz der Verfilmung als Interpretation der Erzählung im Zusammenhang der vorangegangenen und nachfolgenden Arbeit Christa Wolfs steht und ob sie nicht gerade der weiteren Entwicklung widerspricht, indem sie zurückliegenden Positionen entspricht. Wie sieht es also aus mit der Spur der Subjektivität vor und nach dem 'Geteilten Himmel'.

Christa Wolf läßt uns mit dieser Frage nicht allein: Sie hat ihre literarische Produktion mit kontinuierlichen und engagierten Reflexionen bezüglich ihrer Auffassung ästhetischer Funktionen von Literatur begleitet. Und beide Linien, die des literarischen Schreibens, wie auch der theoretischen Überlegungen führen zu einer Schnittstelle, welche unmittelbar hinter der Fertigstellung dieser frühen Erzählung liegen muß und sich vermutlich schon in der Arbeit daran vorbereitet hatte, mit Sicherheit jedoch vor der Konzeption von 'Nachdenken über Christa T.' (1968) eingetreten sein muß. Um schließlich den Stellenwert des Filmes angeben zu können, wird es nötig sein, das Selbstverständnis Christa Wolfs als Schriftstellerin genauer zu beschreiben, das bei allen Veränderungen stets im Zeichen einer hohen ästhetischen wie moralischen Verantwortung steht.

Betrachten wir Christa Wolfs Kunstauffassung der fünfziger und frühen sechziger Jahre, so finden wir eine orthodox-sozialistische Position, welche eine strenge Parteilichkeit des Autors fordert und von der Überlegenheit einer Kunstausübung überzeugt ist, die jenseits von Erfahrungsbefangenheit der Theorie die revolutionierende Funktion zuspricht. Konsequent hat Christa Wolf diese Grundsätze in ihrer literaturkritischen Arbeit vertreten.[10] 1959 schreibt sie: "Der große Stoff unserer Zeit (...) ist das Werden des neuen Menschen. (...) Prüfstein für die Literatur aber wird immer mehr die neue Gesellschaft selbst, die sich bei ihrer kulturellen Revolution der sozialistischen Literatur bedient."[11] Dieses Übergewicht theoretischer Anforderungen mußte sich entrealisierend auswirken, und unter diesem Eindruck übt Christa Wolf bereits 1973 Kritik an ihrer frühen Schreibweise, wobei sie sich hauptsächlich auf die 'Moskauer Novelle' von 1961 bezieht. Jetzt spricht sie von einem "Zug zu Geschlossenheit und Perfektion in der formalen Grundstruktur, an der Verquickung der Charaktere mit einem Handlungsablauf, der an das Abschnurren eines aufgezogenen Uhrwerks erinnert, obwohl doch, wie ich ganz gut weiß, die Vorgänge und Gemütsbewegungen, welche Teilen der Erzählung zugrundeliegen, an Heftigkeit der Unübersichtlichkeit nichts zu wünschen übrig ließen."[12] In der Erzählung 'Der geteilte Himmel' wird die Möglichkeit der Selbstverwirklichung des einzelnen unter den realen Bedingungen der DDR positiv gestaltet, die Subjektivität der Protagonistin steht in einem sich dialektisch entwickelnden Verhältnis zu den objektiven Produktionsbedingungen. Diese Sicht bezeichnet nicht nur einen bestimmten Entwicklungsabschnitt Christa Wolfs, sondern der DDR überhaupt.

Etwa seit 1965 jedoch artikuliert Christa Wolf eine grundsätzlich veränderte Position, deren Entwicklung sicher in den vorangegangenen Jahren eingesetzt hat. Im Dezember 1965 nimmt Christa Wolf auf dem 11. Plenum des Zentralkomitees der SED entschieden Partei für eine spezifische künstlerische Subjektivität. Bisher scheinbar sichere Gewißheiten habe einer Nachdenklichkeit und intensiven Selbstbefragung Platz gemacht durch die Überzeugung, daß durch das Sprechen von sich selbst auch die Gegenstände an Deutlichkeit gewinnen.[13] Auch die Unantastbarkeit des Autors, der sich hinter die Scheinobjektivität einer Erzählerfigur zurückzieht, ist nun kein möglicher Weg mehr. Dieser Prozeß der Subjektivierung hat seinen ersten literarischen Ausdruck in der Erzählung 'Juninachmittag' (1965) gefunden und auch bei der Arbeit an 'Nachdenken über Christa T.' die Schreiberfahrung strukturiert: "Ich stand auf einmal mir selbst gegenüber, das hatte ich nicht vorgesehen."[14] Dabei bleibt der Erfahrungsrahmen der sozialistischen Gesellschaft erhalten, die Gewichtung von Theorie und Erfahrung hat sich jedoch verschoben: "Es ist ein großer Gedanke, daß der Mensch nicht zur Ruhe kommt, ehe er zu sich selbst gefunden hat. Die tiefe Wurzel zwischen echter Literatur und sozialistischer Gesellschaft sehe ich darin: Beide haben das Ziel, dem Menschen zu seiner Selbstverwirklichung zu verhelfen."[15] Den Grund der Veränderung ihrer Einstellung sieht Christa Wolf in der Erfahrung, daß gerade junge Leute innerlich inaktiv und gelähmt in einer Position des Beobachtens und Abwartens verharren. Sie führt dies darauf zurück, daß man sich "jahrelang in unserer Literatur mit guten Absichten begnügt"[16] habe. Erst der "Mut zur Subjektivität" jedoch mache "Annäherung und Veränderung von Wirklichkeit möglich."[17] Unter dem Anspruch, Schreiben als Versuch eingreifender Veränderung zu verstehen, spricht Christa Wolf 1968 von folgender Beobachtung:

"Das Bedürfnis, auf eine neue Art zu schreiben, folgt, wenn auch mit Abstand, einer neuen Art, in der Welt zu sein. In Zeitabständen, die sich zu verkürzen scheinen, hört, sieht, schmeckt man anders als noch vor kurzem. Ein Wechsel der Weltempfindung ist vor sich gegangen, der sogar die unantastbare Erinnerung antastet; wieder einmal sehen wir 'die Welt' — aber was heißt: die Welt? — in einer anderen Beleuchtung; auch Lebensgefühle scheinen heutzutage weniger dauerhaft als in früheren Zeiten: die Unruhe ist beträchtlich".[18]

Christa Wolfs Forderung an diese neue Schreibweise ist eine "vierte Dimension", die der Tiefe nämlich, d.h. der Subjektivität des Erzählers. Dabei räumt sie der Prosa weit mehr Möglichkeiten ein als dem Film, was sie bis zu einem Diktum von deren Nicht-Verfilmbarkeit steigert: "Prosa sollte danach streben, nicht verfilmbar zu sein."[19]

Da Realität nicht mehr selbstverständlich ist, besteht die Notwendigkeit, die Welt schreibend neu zu erfinden, die Grenzen des Wissens und Sagens hinauszuschieben. Hier entsteht ein Anspruch unbedingter Authentizität, denn eine "Manipulation mit der eigenen Erfahrung zerstörte unverzüglich den Kontakt zu den lebenden Quellen der Inspiration. (...) Mißgeburten" und "Gespenster" müßten auf diese Weise entstehen. Wolf fordert von dem Autor deshalb eine "Radikalität der Fragestellung", ein "produktives Verhältnis zu seiner Zeit" (...) "Intensität der Lebenslust" und ein radikal persönliches Interesse.[20] Eine in dieser Weise eingreifende Schreibweise sei durchaus nicht subjektivistisch, bei gesteigerter Schwierigkeit werde es zugleich unerläßlich, "ich" zu sagen. Dabei ist eine subjektive Authentizität gefordert, die sich produktiv mit der objektiven Realität auseinandersetzt, indem der sich als Moralist verstehende sozialistische Autor Verantwortung für den Inhalt seiner Erfahrung hat.[21]

1973 spricht Wolf bereits davon, daß "neue Arten von Nachrichten neue Entschlüsse und Techniken" erforderten, "sich wirksam einzumischen."[22] Diese Überlegungen finden wir zehn Jahre später in den 'Voraussetzungen' konsequent weitergedacht. Dabei wird nun die spezifische Position einer weiblichen Autorin reflektiert, die unter der durch die technische Entwicklung mittlerweile tödlichen Bedrohung unserer Zeit in bestimmten in der patriarchalischen Gesellschaft nicht zugelassenen Qualitäten den vielleicht einzigen Ausweg sieht, da eine Rettung nur noch von dem bisher Ungesagten und Ungelebten zu erhoffen zu sein scheint. Der bisherige Weg abendländischen Denkens, "der Sonderung, Analyse, des Verzichts auf die Mannigfaltigkeit der Erscheinungen zugunsten des Dualismus, des Monismus, zugunsten der Geschlossenheit von Weltbildern und Systemen, des Verzichts auf Subjektivität zugunsten gesicherter Objektivität"[23], scheint an ein Ende zu kommen. Aus der Erfahrung, "daß im Grunde, vom Grunde her alles mit allem zusammenhängt", folgert sie, "daß das strikt einwegbesessene Vorgehn, das Herauspräparieren eines 'Stranges' zu Erzähl- und Untersuchungszwecken das ganze Gewebe und auch diesen 'Strang' beschädigt."[24] Eine Veränderung von Lebens- und Denkmustern hat auch eine Umstrukturierung von Schreibmustern zur Folge, welche sich mit der Vorstellung eines diskontinuierlichen Erzählens und assoziativen Denkens beschreiben läßt. Offenheit, Fragmentcharakter, Vielfalt, Netzwerk, Subjektivität und Sinnlichkeit werden zu bestimmenden Qualitäten, womit eine Trennung von Autor und Werk aufgehoben, die Anwesenheit des Autors im literarischen Text gefordert wäre.[25]

"Das Herauspräparieren eines Stranges zu Erzählzwecken" scheint nun gerade die Technik zu sein, die die Verfilmung bei der Erzählung 'Der geteilte Himmel' angewandt hat. Vielleicht erst von heute aus wäre auch eine andere Vorgehensweise denkbar und möglich, wenn man bedenkt, daß Christa Wolf bereits 1960 eine Erzählung veröffentlicht hat, die den Titel 'Dienstag, der 27. September'[26] trägt und eine Tagebuchnotiz vom 27.9.1960 zum Gegenstand hat. Hier finden wir eine Vorform der Struktur der 'Voraussetzungen' in ihrem Bezug zu 'Kassandra': indem auch hier bereits der erfahrene Zusammenhang des konkreten individuellen wie politischen Alltags dargestellt wird, in welchem schon alle tragenden Elemente enthalten sind: der Tag als "Hausfrau und Mutter" mit entsprechenden Notwendigkeiten, die Schilderung der Vorgänge im Betrieb, in welchem Christa Wolf zu jener Zeit arbeitet, die zum Teil wörtlich in der Erzählung wiedererscheinen, die Gespräche mit dem Ehemann "G." (Gerhard Wolf) über die Rolle der Erfahrung beim Schreiben, wobei die Gefahr der "Reportage" von "G." kritisch angesprochen wird, und schließlich das Leiden an der "Langwierigkeit des Vorgangs, den man Schreiben nennt"[27] und der – in jener Zeit auch für Christa Wolf noch – in die Suche nach einer "Überidee" mündet, von der aus die ganze Vorarbeit ebenso notwendig wie vergeblich erscheint.

Unübersehbar ist das Ineinanderwirken von Politik und Schreiben in der Tatsache, daß Christa Wolf das notwendige Scheitern der Liebe in 'Der geteilte Himmel' erst nach den Ereignissen des 13. August 1961 mit der Teilung Berlins verknüpft haben kann.

Von allen diesen Prozessen finden wir in dem fertigen Film keine Spur. So kann es gar nicht anders sein, als daß gerade jener Satz verschwiegen wird, der von den "unhörbaren Stimmen sehr naher Gefahren" spricht, "die alle tödlich sind in dieser Zeit."[28]

Anmerkungen

1) Ausgangspunkt dieser Überlegungen war die Arbeit in einem Hauptseminar, welches Professor A. Weber zu: 'Christa Wolf: Der geteilte Himmel. Roman und Film.' im Wintersemester 1981/82 an der Universität Augsburg durchführte. Beim Protokollieren des Filmtextes durch die Verfasserin wurden die Unterschiede greifbar, die hier aus der Perspektive von 1985 ausgewertet werden.
2) Die Frage, wie weit Christa Wolf, die an der Herstellung des Drehbuches mitgearbeitet hat, an den Änderungen beteiligt war, muß hier unberücksichtigt bleiben, da sie erstens nicht zu klären und zweitens für die hier gestellte Frage von untergeordneter Bedeutung ist in Anbetracht ihres Werkes der letzten 20 Jahre.
Auf die Diskussion der Erzählung wie auch des Films, die in der DDR sehr heftig verlief, soll hier nicht eingegangen werden. Der aktuellste und umfassendste Überblick über Literatur zu dieser Frage, wie auch zum Werk Christa Wolfs überhaupt, befindet sich in: Text und Kritik: Christa Wolf. Heft 46, 3/1985
3) Die Zitate beziehen sich auf die Taschenbuchausgabe: Christa Wolf: Der geteilte Himmel. München 1973, S. 7
4) Ebd., S. 189
5) Ebd., S. 199
6) Ebd., S. 9f.
7) Ebd., S. 109
8) Ebd., S. 98f.
Auffällig ist die Ähnlichkeit dieser Erfahrung mit jener, die Christa Wolf in 'Kindheitsmuster' verstärkt formuliert, wenn es um das Ausprobieren des neuen Wortes "ICHICHICHICH" geht. S. Christa Wolf: Kindheitsmuster. Darmstadt/Neuwied 1979, S. 11
9) S. Anm. 3, S. 11
10) S. dazu: Heinrich Mohr: Die zeitgemäße Autorin. In: Wolfram Mauser (Hrsg.): Erinnerte Zukunft. 11 Studien zum Werk Christa Wolfs. Würzburg 1985
11) S. dazu: Klaus Sauer: Der lange Weg zu sich selbst. Christa Wolfs Frühwerk. In: Christa Wolf. Materialienbuch. Darmstadt/Neuwied 2/1985
12) Christa Wolf: Über Sinn und Unsinn von Naivität. In: Materialienbuch, s. Anm. 11
13) S. Anm. 11, S. 95f.
14) Gerti Tetzner — Christa Wolf. Ein Briefwechsel. In: Materialienbuch, s. Anm. 11, S. 51
15) Ebd., S. 52
16) Ebd., S. 42
17) Ebd., S. 45
18) Christa Wolf: Lesen und Schreiben. Neue Sammlung. Essays, Aufsätze, Reden. Darmstadt/Neuwied 3/1982, S. 9
19) Ebd., S. 27
20) Ebd., S. 44
21) Ebd., S. 45ff. Der Inhalt dieses Kapitels 'Erinnerte Zukunft' hat dem in Anm. 10 bereits erwähnten Band den Titel gegeben, in welchem eine Reihe von Aufsätzen versammelt ist, die eine eindrucksvolle Perspektive auf den neuesten Stand der Wolf-Forschung werfen.
22) S. Anm. 12, S. 38
23) Christa Wolf: Voraussetzungen einer Erzählung: Kassandra. Frankfurter Poetik-Vorlesungen. Darmstadt/Neuwied 1983, S. 139
24) Ebd., S. 139
25) S. dazu: Sibylle Cramer: Eine unendliche Geschichte des Widerstands. In: Materialienbuch, Anm. 11, S. 134
26) Christa Wolf: Gesammelte Erzählungen. Darmstadt/Neuwied 1981, S. 20
27) Ebd., S. 32
28) Anm. 3

VERFILMTE LITERATUR IM FERNSEHEN:
Fontanes 'Schach von Wuthenow' als DDR-Fernsehspiel

von Wolfgang Gast

I. Medienpädagogische Vorbemerkung

Die Befürchtung, durch Einbeziehung von Filmen und Fernsehspielen in den Deutschunterricht würden alle verzweifelten Versuche von Deutschlehrern, die Schüler zu einem kompetenten und lustbetonten Umgang mit Büchern, mit Literatur zu erziehen, zunichte gemacht — diese Befürchtung ist sehr ernstzunehmen, auch wenn sie auf falschen Prämissen basiert. Es ist die tiefsitzende Befürchtung einer Lehrergeneration, deren internalisierte mediale Wertehierarchie so selbstverständlich durch die Buchkultur und das Theater bestimmt ist, daß jeder Versuch, etwa Literatur in das neue Massenmedium zu transponieren, als a priori zum Scheitern verurteilt eingeschätzt wird. Als einzig möglicher Zugriff erscheint von dieser Position her die kontrastive Analyse, deren zentrale Frage dann lautet: Wo liegen die Unterschiede von literarischem Werk und Verfilmung? Dabei bleibt die Diskussion in aller Regel auf der inhaltlichen Ebene. Die negative Bilanz ist durch Vorurteil und Methode bereits vorprogrammiert.

Die hierbei herangezogene Prämisse, der Rezeptionsvorgang sei durch Passivität und Gedankenlosigkeit (im wörtlichen Sinne), der Lesevorgang dagegen durch Aktivität, Phantasietätigkeit und Abstraktion gekennzeichnet, ist durch empirische Untersuchungen des Textverarbeitungsprozesses längst widerlegt.[1]

Beim Zuschauen laufen andere produktive Vorgänge ab als beim Lesen. Die Textstimuli für die Phantasietätigkeit sind aufgrund der medialen Unterschiede anderer Art: Nicht die inkomplette Personenzeichnung im Roman zum Beispiel, die der Leser im Kopf selbst ergänzen und komplettieren muß, sondern die Montage zweier Einstellungen, die Komposition von Sequenzen werden vom Zuschauer mit Sinn versehen, in ihrer Bedeutung 'entschlüsselt'. Natürlich hängt es entscheidend vom Programm ab, ob der Zuschauer zu gedanklicher Aktivität stimuliert wird oder nicht — das gilt jedoch auch für Buch und Lesen: Fontane regt erheblich an, Courths-Mahler weniger.

Längst ist auch nachgewiesen, daß Fernsehen das Lesen nicht einfach substituiert. Hier gilt die alte empirisch gesicherte Faustregel: 'the more the more': Wer viel liest, nutzt in der Regel auch die elektronischen Medien intensiv, rezipiert dabei aber anderes und anders als der Nichtleser oder Wenig-Leser. Wer zum Beispiel Gegenwartsliteratur im Fernsehen — als Original oder als eine die Buchvorlage interpretierende Adaption — differenziert rezipiert, wird sich für Gegenwartsliteratur auch in anderen Medien interessieren. Er muß jedoch — genau wie für literarische Buchformen — Kenntnisse der Fernsehästhetik, der Dramaturgie erwerben und Fähigkeiten entwickeln, diese gerade auch bei der unterhaltenden Rezeption von Fernsehliteratur in die Aufnahme einzubringen.[2]

Kehren wir noch einmal zurück zur verständlichen Skepsis vieler Deutschlehrer gegenüber Literaturverfilmungen im Fernsehen und besonders gegenüber Literaturverfilmungen im Deutschunterricht. Um aus dem durch die Skepsis in Gang gesetzten Regelkreis herauszukommen ('kontrastive Analyse mit vorprogrammierter Abqualifikation des Films'), könnte in einem ersten Schritt eine andere Prämisse das pädagogische Handeln leiten: Die filmische Adaption ist eine — besondere — Interpretation des Werkes unter anderen. Die vergleichende Analyse würde auf dieser Basis nicht gleich und vor allem nicht zwangsläufig in die wertende Einbahnstraße einmünden: Erst einmal wären die filmischen Mittel der Interpretation genauer zu beschreiben und dann in ihrer interpretativen Leistung einzuschätzen.

Noch eine andere Prämisse, von der Rezeptionswirklichkeit der Zuschauer ausgehend, könnte pädagogisch fruchtbar gemacht werden: Literaturverfilmungen erst einmal als eigenständige Filme zu behandeln, deren ästhetische Qualität durch detaillierte Analyse zu bestimmen ist. Sie wirken gesellschaftlich — orientierend, unterhaltend, regenerierend — beim Rezipienten nicht als "Verfilmung von ...", sondern als Fernsehspiel bzw. Kinofilm. Insbesondere bei stärker als 'Stoffübernahme' bestimmten Literaturverfilmungen wäre ein solches Verfahren eine Möglichkeit, die spezifischen Qualitäten des Films überhaupt in den Blick zu bekommen: So hat der 'Blaue Engel' mit Heinrich Manns 'Professor Unrat' wenig Ähnlichkeit, würde bei einer kontrastiven Analyse sicherlich sehr schlecht wegkommen — und ist doch ein ästhetisch bemerkenswerter Text.

II. 'Schach von Wuthenow' als Fernsehspiel

Nach diesen Vorbemerkungen soll hier eine Literaturverfilmung vorgestellt werden, welche einen jener kleinen Romane Fontanes adaptiert, der vom Umfang und Niveau her für den Deutschunterricht in der gymnasialen Oberstufe als Werk des literarischen Realismus im 19. Jahrhundert besonders geeignet ist: 'Schach von Wuthenow'. Hier handelt es sich um eine bewußte filmische Interpretation der Vorlage, dazu -- und das ist bei der Analyse auch besonders zu beachten — um die filmische Aneignung des bürgerlichen Erbes durch einen DDR-Regisseur für ein DDR-Publikum Ende der 70er Jahre. Der Film[3], in der Bundesrepublik bisher nur in den Dritten Programmen zu sehen, ist also unter zwei Aspekten für uns interessant: als filmische Fontane-Adaption und zugleich als neuerer Beitrag der DDR zur Popularisierung des akzeptierten bürgerlichen Erbes über das Massenmedium Fernsehen.

Es gibt wohl kaum einen zweiten deutschen Autor, dessen Werke so häufig filmisch adaptiert wurden wie die Theodor Fontanes. Nicht nur, daß jedes wichtigere epische Werk des märkischen Dichters als Film- oder Fernsehfilm (oder als beides: in Form der heute üblichen Co-Produktion) bearbeitet wurde (lediglich die 'Wanderungen durch die Mark Brandenburg' stehen noch aus, sind aber schon in Arbeit!) — es gab den einzigartigen Fall 'Effi Briest': Der Roman wurde bis heute vier Mal verfilmt[4]; eine für Literatur-Medienwissenschaftler provozierende Wirkungsgeschichte des Romans, zumal die Verfilmungen aus ganz unterschiedlichen Epochen und Gesellschaftssystemen stammen, von denen man ja vermuten darf, daß sie explizit oder implizit in diese Verfilmungen eingegangen sind.

Es ist daher auch kein Wunder, daß auf der Landkarte der Filmanalysen

Fontane-Verfilmungen lange Zeit unangefochten an der Spitze standen. Eine Arbeit über 'Effi Briest' generierte eine zweite und dritte, eine Apologie der 'NDR-STECHLIN-Adaption'[5] rief zwei Verrisse auf den Plan, usw.

Auch die DDR bereitet in den letzten Jahren verstärkt ihr bürgerliches Erbe für Film und Fernsehen und damit für ihr sozialistisches Breitenpublikum auf. Es gab vor der 'Schach'-Adaption schon andere Fontane-Verfilmungen: 'Stine' etwa von 1978, Regie: Thomas Langhoff; am bekanntesten aber wohl 'Effi Briest' von 1968, Regie: Wolfgang Luderer. An diesem letzten Beispiel läßt sich zeigen, wie stark sich der jeweilige Stand der sozialistischen Realismus-Diskussion in den filmischen Adaptionen der DEFA und des DDR-TVs niederschlägt. Von der formalistischen Filmästhetik Konrad Wolfs, seinen artistischen Assoziationsmontagen in 'Der geteilte Himmel' (1964 nach Christa Wolfs gleichnamigen Roman) ist in Luderers Zugriff nicht mehr viel zu spüren: Mit sehr sparsamen Montageeffekten, einer streckenweise auf Alltagsrealismus ausgerichteten Dramaturgie und dann wieder politisch gegründeten satirischen Übertreibungen und Verzerrungen wird bei Luderer vor allem die Karikatur eines verfaulenden preußischen Staats inszeniert. Die Präsentation der Heldin als humane Gegenfigur zu den marionettenhaften Protagonisten des preußischen Adels bleibt konventionell, die vermeintliche Werktreue als Konzept (eine Aporie, wie jeder neue Versuch beweist) führt dann zu jenem spezifischen Fernsehrealismus, der auch bei vielen bundesrepublikanischen Literaturadaptionen die literarischen Vorlagen aus falsch verstandener Publikumsrücksicht trivialisiert. 1976 — das läßt sich im Hanser-Band (RH 238) zum 'FILM in der DDR' auch nachlesen[6] — das Jahr, in dem unser Film 'Schach von Wuthenow' produziert wurde, steht am Beginn einer Phase der Veränderung des DDR-Films. Die Produzenten des Films — Drehbuchautor Christian Collin und Regisseur Richard Engel — sind in den einschlägigen Lexika (und auch im erwähnten Hanser-Bändchen, das immerhin dreißig wichtige Regisseure der DDR vorstellt) n i c h t vertreten. Es ist eine Periode des DDR-Films, die Heinz Kersten so kennzeichnet:

"Seit etwa 1975 ist eine auffallende Dominanz von Verfilmungen historischer und literarischer Stoffe zu verzeichnen. In den besten Fällen reflektieren sie indirekt auch aktuelle Probleme der DDR, wie das bei Egon Günthers Thomas-Mann-Adaption 'Lotte in Weimar' der Fall ist, eine Erscheinung, die von der westlichen Kritik völlig übersehen wurde. (. . .) Seit Mitte der siebziger Jahre sieht sich die DEFA vor allem mit dem Problem konfrontiert, zugleich künstlerisch überzeugende und publikumswirksame Darstellungen der Wirklichkeit der DDR zu realisieren."[6]

III. Die literarische Vorlage

Zur Novelle Fontanes will ich mich hier nur mit einigen Schlaglichtern begnügen: in der Literaturkritik in Ost und West gleichermaßen hochgeschätzt, stammt die wohl einflußreichste und bekannteste Würdigung von Georg Lukács (1951):

" 'Schach von Wuthenow' (1883) ist Fontanes kleines Meisterwerk in dieser Kritik des historischen Preußen, ein noch lange nicht in seiner vollen Bedeutung erkannter einsamer Gipfel der deutschen historischen Erzählkunst. Es ist Fontane hier gelungen, die gesellschaftlich-moralischen Gründe der Vernichtung des friderizianischen Preußen in der Schlacht von Jena durch das Auf und Ab einer Liebesgeschichte in der Berliner 'Gesellschaft' blendend zu beleuchten. Es ist das Preußen, dessen Offiziere, vor allem der 'Held' der Erzählung, überzeugt sind, 'die Welt ruht nicht sicherer auf den Schultern des Atlas als der preußische Staat auf den Schultern der preußischen Armee'."[7]

Peter Demetz, um einen bürgerlichen Kritiker zu zitieren, hat in seiner sehr feinsinnigen, immanenten Untersuchung zu "Formen des Realismus" bei Theodor Fontane (1964) gerade im Vergleich der Novelle zum 1882 erschienenen ersten Berliner Roman Fontanes, 'L' Adultera', gezeigt, wie künstlerisch gelungen Fontane in dieser Erzählung historischen Roman und Gesellschaftsroman zu verbinden weiß:

"Im Schritt von 'L' Adultera' zu 'Schach von Wuthenow' findet sein besonderes Talent die ihm endlich gemäße Möglichkeit; eine artistische Entscheidung erster Ordnung fällt. Der historische Stoff verrät noch die Richtung des vergangenen Weges und drängt dem Roman eine besondere Bürde auf; aber Fontane handhabt, zum ersten Male, die Konventionen des Gesellschaftsromanes mit entschlossener Energie und nerviger Sparsamkeit; alles ist beherrscht, kontrollierte Gestalt, die selbst die Masse des Historischen fast ohne Rest einzuschmelzen vermag. Die Geschichte von dem preußischen Offizier, der dem gesellschaftlichen Gesetz nicht weniger gehorcht als sich selbst, wird vom Erzähler auf die Überzeugungskraft des Charakters hin angelegt: selbst die scheinbar episodischen Kapitel besitzen ihre restlose Funktion und stehen nicht mehr, wie in 'Grete Minde', der fortschreitenden Entfaltung von Ereignis und Figur im Weg."[8]

IV. Der Fernsehfilm 'Schach'

Materialien zu diesem Fernsehfilm sind für uns (noch) nicht leicht zugänglich: Ein Pressespiegel ist nur im Fontane-Archiv der Deutschen Staatsbibliothek Potsdam zu bekommen (mit einigen wenigen Ausnahmen, vgl. Reclam-Erläuterungen!)[9], Statements und Interviews von Produzenten nur indirekt aus vorliegenden Kritiken erschließbar, das Drehbuch nicht verfügbar. In der DDR hatte der Film — nebenbei bemerkt — eine sehr positive Resonanz.

Richard Engel, der Regisseur, hat in einem Interview seine filmische Interpretation erläutert:

"Es kam vor allem darauf an, die psychologischen Beziehungen der drei Hauptpersonen, des preußischen Offiziers, des Mädchens Victoire und der schönen Mutter Josephine, in aller Widersprüchlichkeit darzulegen; in diesen Beziehungen die Frage zu prüfen, inwieweit die tiefsten Regungen eines jeden echt und von Bestand sind. Dabei war es wichtig, die Figur des Preußen Schach ernst zu nehmen, weder in Klischees noch Karikatur zu geraten. Dieser Mann stellt hohe moralische Forderungen an sich. Er zerbricht daran, daß er sie nicht erfüllen kann. Er muß sich selbst als Heuchler erkennen. An dieser, seiner moralischen Niederlage scheitert er. Victoire sagt einmal über ihn: 'Er konnte sich selbst nicht besiegen.' "[9]

Damit wird die Distanz zum Luderer-Konzept deutlich: Wie leicht wäre es gewesen, die Figur Schach als Karikatur zu präsentieren, das Klischee des preußischen Militaristen und höfischen Karrieristen darüberzustülpen. Engels Konzept kommt näher an Fontanes Romanfigur heran — an Fontanes ambivalente Haltung zu Preußen und zum preußischen Adel — und rückt ab von jenem sehr simplifizierten Bild eines Fontane als Prophet vom Aufstieg des 4. Standes, wie es in der DDR unter Verweis auf vornehmlich den einen Brief an den englischen Arzt Morris lange Zeit gepflegt wurde.[10] Lukács hat natürlich auch seinen Anteil daran.

Es ist zu prüfen, ob der Regisseur dieses Konzept einer differenzierten, mehrschichtigen Zeichnung der Hauptfiguren realisiert hat. In einigen Punkten — und das wird von einigen DDR-Kritikern auch moniert — ist die Karikatur jedoch präsent: weniger in der Zeichnung des Königs, dessen abgehackter Redestil allgemein bekannt, ja auch in Fontanes Romantext verzeichnet ist — karikaturesk wird eher das Treiben der Offizierskameraden Schachs vom Regiment Gensdarmes geschildert, insbesondere die Zusammenkunft zum Abreden der "Schlittenfahrt". "Zu kommershaft", heißt es in einer Kritik.[11] In anderen Punkten — etwa in der Gestaltung komischer Nebenfiguren — hat Engel sich sehr zurückgehalten: So hat er die auch bei Fontane "auf einen Zug reduzierte Psychologie" der liebenswürdig-schrulligen Tante Margarite nicht überzeichnet: Sie sagt einem Kritiker nicht einmal deutlich genug "Kürche" statt "Kirche".

Es ist schon früher oft gesagt worden, daß Fernsehspiele eigentlich Kammerspiele seien (da dachte man natürlich vornehmlich in den Kategorien 'elektronischer Film'/MAZ = Fernsehspiel vs. Kamerafilm = Kinofilm).[12] Und man begründete so, daß gerade Fontanes epische Werke mit seinen kammerspielartigen Szenerien (Dîner, Gespräch, auch Landpartie im kleinen Kreis), mit seiner eng begrenzten Zahl an Figuren sich für das Fernsehspiel besonders eignen. Als Kammerspiel wird hier auch 'Schach von Wuthenow' inszeniert: viele NAH-/GROSS-Einstellungen, um Absichten und Wirkungen von Gesprächen und Ereignissen auf den Gesichtern zu spiegeln, eine ruhige Zeigedramaturgie, viel vertrautes Schuß-Gegenschuß-Verfahren, wenig artifizielle Kameraführung, enge Anlehnung an das Wort der Vorlage, usw.

Ein Blick auf die am Schluß stehende Synopse[13] von Filmsequenz und Romankapiteln zeigt es: Nichts Wichtiges aus dem Roman wird handlungsmäßig im Film ausgelassen, nicht viel Neues im Film dazugebracht. Vielleicht läßt sich e i n e Tendenz in der filmischen Adaption schon bei diesem globalen Vergleich feststellen: Das Historisch-Politische wird über das im Roman Verzeichnete hinaus für den Zuschauer betont, der Zusammenhang des Privaten mit dem Öffentlichen stärker als historisch authentisch fundiert (E 37, 40).

Für den Inhalt des 18. Kapitels — und das ist doch signifikant für diese Verfilmung — haben wir im Film keine rechte Entsprechung gefunden: "Fata Morgana". Gemeint sind vor allem jene Einschübe des panoramatischen Erzählers, die über den Bewußtseinsstand der Figuren Aufschluß geben: Der läßt sich nicht immer im Gesicht spiegeln und durch Groß-Einstellungen dem Zuschauer vermitteln; und so differenziert auch Petra Kelling die Victoire von Carayon spielt: Ob der Zuschauer die bei aller gezeigten Freude über die Hochzeit im Hintergrund lauernde Angst der jungen Frau spürt? Im Roman wird das explizit ausgesprochen, per Erzähler-Kommentar (und per Überschrift) herausgehoben, betont:

"Und Victoire jubelte, hingerissen von der Lebhaftigkeit seiner Schilderung. Aber im selben Augenblick überkam es sie bang und düster, und in ihrer Seele rief eine Stimme: Fata Morgana." (S. 128)[14]

Solche Beispiele gibt es mehr; das Reifen von Schachs Entschluß, sich nach der Hochzeit zu erschießen, wird ebenfalls vom Erzähler dem Leser nahe gebracht:

"Die gnädigen Worte beider Majestäten hatten eines Eindrucks auf ihn nicht verfehlt; trotzdem war er nur getroffen, in nichts aber umgestimmt worden. Er wußte, was er dem König schuldig sei: Gehorsam! Aber sein Herz widerstritt, und so galt es denn für ihn, etwas ausfindig zu machen, was Gehorsam und Ungehorsam in sich vereinigte, was dem Befehle seines Königs und dem Befehle seiner eigenen Natur gleichmäßig entsprach. Und dafür gab es nur einen Weg. Ein Gedanke, den er schon in Wuthenow gefaßt hatte, kam ihm jetzt wieder und reifte rasch zum Entschluß, und je fester er ihn

> werden fühlte, desto mehr fand er sich in seine frühere gute Haltung und Ruhe zurück. 'Leben', sprach er vor sich hin. 'Was ist leben? Eine Frage von Minuten, eine Differenz von heut auf morgen.' Und er fühlte sich, nach Tagen schweren Druckes, zum ersten Male wieder leicht und frei." (S. 123)

Der Film tut für die Umsetzung dieser für Fontane so wichtigen inneren Handlungsebene mit filmischen Mitteln, also den Mitteln der Kameraführung, der Montage, etc. wenig. Zu Recht, meine ich, beklagt die Kritik von Eva Rupprecht, daß "die Umsetzung von Literatur in das Medium Fernsehen mit seinen Spezifiken nicht recht gelang."[15]

Festzuhalten bleibt, daß diese Adaption nicht nur im Äußerlichen eines Werktreue-Konzepts[16] steckenbleibt. Natürlich macht es auch die sinnliche Qualität eines solchen Films aus, daß Schauplätze des Geschehens möglichst historisch getreu vermittelt werden: Die Wohnung CARAYON etwa, die gleich in der ersten Sequenz ins Bild gesetzt wird, ist im NICOLAI-Haus am Berliner Spittelmarkt gedreht, für viele Außenaufnahmen sind Potsdamer Straßen gewählt worden. Die musikalische Untermalung stammt, neben einigen düsteren Motiven aus Beethovens Klaviersonate f-Moll, von dem historischen Prinz Louis Ferdinand selbst, der sie im Film im ON auch zum Teil spielt.

Fontanes Dezenz (nicht Prüderie) in der Schilderung von Liebesszenen hat der Regisseur versucht, filmisch beizubehalten: Man erfährt zwar alles eine kleine Spur deutlicher als im Buch, wo die Entwicklung der intimen Begegnung zwischen Schach und Victoire nur knapp andeutend gestaltet wird:

> " 'Ich beschwöre Sie, fassen Sie sich und glauben Sie wieder an Ihr Anrecht auf Leben und Liebe. War ich denn blind? In dem bittren Wort, in dem Sie sich demütigen wollten, in ebendiesem Worte haben Sie 's getroffen, ein für allemal. Alles ist Märchen und Wunder an Ihnen; ja Mirabelle, ja Wunderhold!' Ach, das waren die Worte, nach denen ihr Herz gebangt hatte, während es sich in Trotz zu waffnen suchte.
> Und nun hörte sie sie willenlos und schwieg in einer süßen Betäubung.
> Die Zimmeruhr schlug neun, und die Turmuhr draußen antwortete. Victoire, die den Schlägen gefolgt war, strich das Haar zurück und trat ans Fenster und sah auf die Straße.
> 'Was erregt dich?'
> 'Ich meinte, daß ich den Wagen gehört hätte.' " (S. 70)

Der Film verzichtet jedoch — glücklicherweise — auf alles Voyeuristische (dafür gibts Negativbeispiele genug!). Man sieht, Schach und Victoire küssen sich, aber kein Schnitt, keine Kamerafahrt beendet die andeutende, diskrete Kameraposition.

Überall im Film zeigt sich dasselbe Bild: selten einmal wirklich filmische Mittel der Transformation (im Sinne Irmela Schneiders), dafür aber der deutliche, intensive Versuch, Fontanes Text möglichst nah — nach Buchstaben und Geist — zu adaptieren.

In den DDR-Kritiken wird zu recht die ungewöhnlich sorgfältige, "ausnehmend gute Besetzung" hervorgehoben. Ich meine, daß vor allem die Rolle Schachs selbst mit Michael Gwisdek hervorragend besetzt ist: Er verkörpert ausgezeichnet jenen "mittleren Helden" (Lukács), ohne zur Karikatur zu werden, so daß sich die historisch-politischen Aspekte der Epoche Preußens in ihm besonders klar abbilden. Die hervorragende Leistung Petra Kellings als Victoire wurde schon erwähnt. Ob die mit der polnischen Schauspielerin BEATA TYSKIEWICZ (daher auch die vielen Synchron-Auffälligkeiten, die gelegentlich stören) besetzte Rolle der Frau von Carayon völlig überzeugt, sei dahingestellt.

Zum Schluß dieser analytischen Bemerkungen zum 'Schach'-Film möchte ich auf einen Punkt hinweisen, der noch einmal das Regiekonzept und auch den ästhetischen Standpunkt des DDR-Films Mitte der 70er Jahre zu Vorlagen des bürgerlichen Erbes markiert: Wie kein zweites Werk Fontanes liefert die Novelle ganz explizit verschiedene Interpretationsmöglichkeiten der gestalteten Ereignisse. Ich meine die beiden Briefe am Schluß der Erzählung, wo erst von Bülow das Geschehen auf seine politisch-historische Bedeutung hin analysiert, dann Victoire einer Freundin gegenüber eine mehr subjektiv-private Interpretation gibt. Fontane, so darf man unterstellen, hat die Reihenfolge der Briefe am Schluß wohl kalkuliert.[17] Ein auf das Politische bedachter Regisseur, so könnte ich mir vorstellen, hätte nun sehr wohl die Reihenfolge tauschen können. Doch bei Engels ist der Respekt vor dem literarischen Werk sehr groß. Außerdem entspricht die Reihenfolge der Briefe durchaus dem im Film gezeigten Verständnis für die private, subjektive Dimension des Geschehens und der Figuren.

Aber einige Daten verändert er doch: Zum einen läßt er Bülows Interpretationen als On-Kommentar zur Parade des Regiments Gensdarmes sprechen und stellt damit den Bezug des privaten Schicksals Schachs zum Schicksal Altpreußens unmittelbar und verstärkt her. Zum andern läßt er noch einige Inserts folgen, die den politischen Parabelcharakter der Fabel unterstreichen: "Und der altpreußische Staat brach zusammen". Und endlich, und das ist vielleicht in diesem Zusammenhang am wichtigsten: Er verändert den Stellenwert der Figur Bülows gegenüber der Vorlage. So sehr im Roman Bülow in weiten Partien Sprachrohr der politischen Meinungen Fontanes selbst ist, so sehr ist er — Demetz hat das zu recht herausgestellt[17] — problematische Nebenfigur, zu welcher der Romanerzähler immer wieder auf Distanz geht. Daß Gegenspieler Schach Herrn von Bülow als DON QUIJOTE VON LA MANCHA charakterisiert, will vielleicht noch nicht viel besagen, aber schon die Einführung der Romanfigur von Bülow verdeutlicht den ironischen Abstand des Erzählers:

"Sein Name war von Bülow. Nonchalance gehörte mit zur Genialität, und so focht er denn, beide Füße weit vorgestreckt und die linke Hand in der Hosentasche, mit seiner rechten in der Luft umher, um durch lebhafte Gestikulationen seinem Kathedervortrage Nachdruck zu geben. Er konnte, wie seine Freunde sagten, nur sprechen, um Vortrag zu halten, und — er sprach eigentlich immer." (S. 7)

Bemerkungen dieser Art ziehen sich durch den ganzen Text. Im Film dagegen kann man von dieser ironischen Distanz nicht viel entdecken: Da ist nichts von einem schmuddeligen Aufzug, von Spitzbart und von Don Quijote-ähnlichem Narrentum zu sehen, sondern hier ist von Bülow eine politisch räsonnierende, seriös inszenierte Gegenfigur zu Schach. Insofern verläßt der Regisseur doch das manchmal etwas naiv anmutende Werktreue-Prinzip und interpretiert Fontane aus seiner Interessenlage, indem er von Bülows Interpretation aufwertet.

FONTANE 'Schach von Wuthenow' (Synopse)

Der Film: Sequenzen	Der Roman: Kapitel
1 Vorspann (Straße: Schach, Josephine und Victoire)	Im Salon der Frau von Carayon — 1
2 Salon der Carayons: Victoire, Bülow, Sander, Alvensleben, später Schach	"Die Weihe der Kraft" — 2
3 Nostitz und Alvensleben vor dem Zelt	Bei Sala Tarone — 3
4 Josephine und Victoire; Einladung zur Fahrt	
5 Tante Marguerite, Josephine und Victoire beim Essen	
6 Kutschenfahrt/Off-Ton Bülow und Nostitz	
7 Spaziergang	In Tempelhof — 4
8 In der Kirche	V.v. Carayon an L.v. Perband — 5
9 Bei Prinz Louis im Salon	Bei Prinz Louis — 6
10 Bei Prinz Louis im Garten	Ein neuer Gast — 7
11 Victoire und Schach, Verführung	Schach und Victoire — 8
12 Josephine und Victoire lesen Briefe von Schach ("gänzlich engagiert")	Schach zieht sich zurück — 9
13 Parade	
14 Josephine, Victoire, Marguerite bei Kartenspiel (über "Weihe der Kraft")	
15 Im Theater	
16 Salon der Carayons: Schach, Josephine, Victoire, Alvensleben, Bülow, "Weihe der Kraft"	
17 Wachstube der Gensdarmes (Schach dabei)	Es muß etwas geschehen — 10
18 "Schlittenfahrt"	Die Schlitten — 11
19 Josephine und Schach, "Heirat"	Schach bei Frau von Carayon — 12

8. Filmbuch und Literaturverfilmung 283

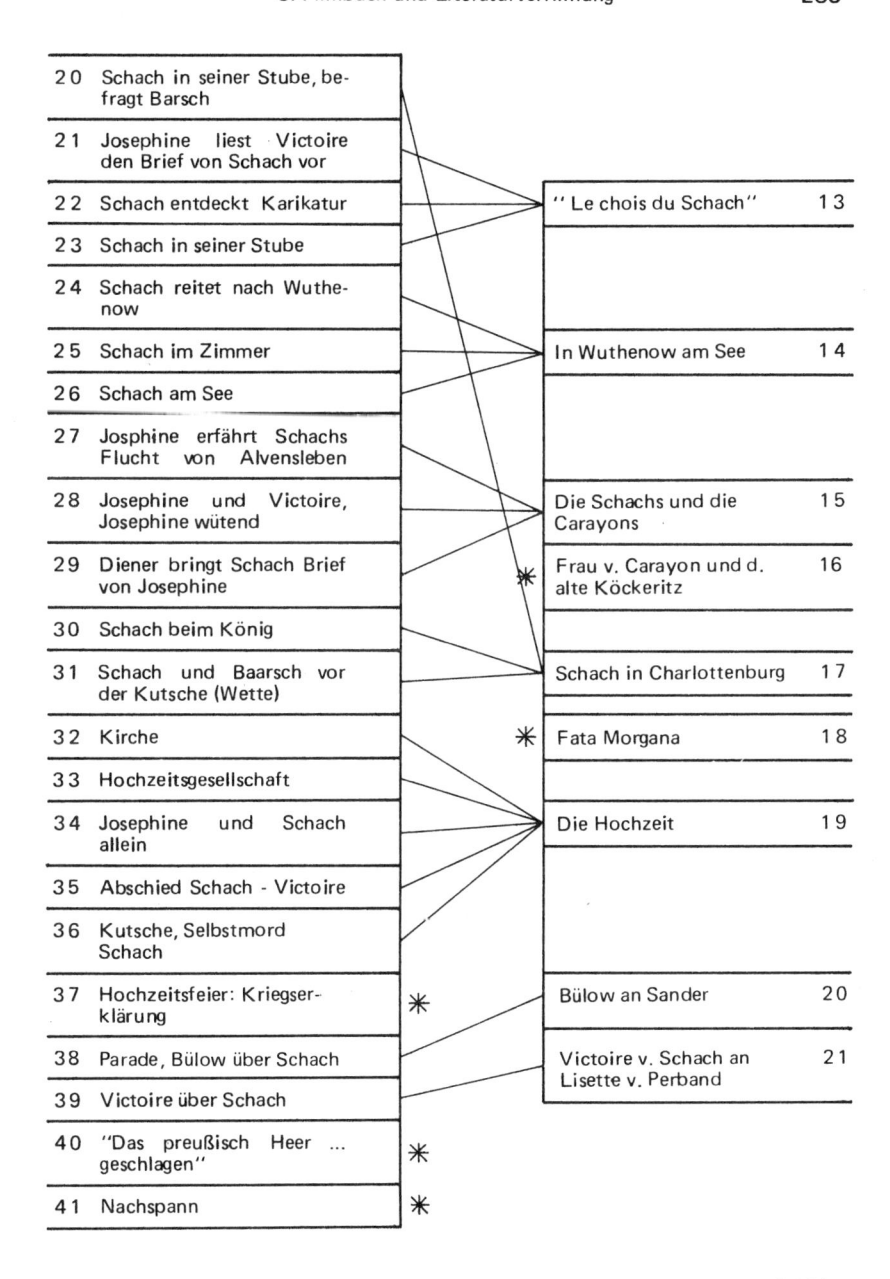

#	Film-Sequenz		Roman-Kapitel	#
20	Schach in seiner Stube, befragt Barsch			
21	Josephine liest Victoire den Brief von Schach vor			
22	Schach entdeckt Karikatur		"Le chois du Schach"	13
23	Schach in seiner Stube			
24	Schach reitet nach Wuthenow			
25	Schach im Zimmer		In Wuthenow am See	14
26	Schach am See			
27	Josphine erfährt Schachs Flucht von Alvensleben			
28	Josephine und Victoire, Josephine wütend		Die Schachs und die Carayons	15
29	Diener bringt Schach Brief von Josephine	✳	Frau v. Carayon und d. alte Köckeritz	16
30	Schach beim König			
31	Schach und Baarsch vor der Kutsche (Wette)		Schach in Charlottenburg	17
32	Kirche	✳	Fata Morgana	18
33	Hochzeitsgesellschaft			
34	Josephine und Schach allein		Die Hochzeit	19
35	Abschied Schach - Victoire			
36	Kutsche, Selbstmord Schach			
37	Hochzeitsfeier: Kriegserklärung	✳	Bülow an Sander	20
38	Parade, Bülow über Schach		Victoire v. Schach an Lisette v. Perband	21
39	Victoire über Schach			
40	"Das preußisch Heer ... geschlagen"	✳		
41	Nachspann	✳		

Legende: Die einzelnen Sequenzen sind selbst bestimmt worden; der Roman wird hier durch die Kapitelüberschriften repräsentiert. Die Striche stehen für inhaltliche Entsprechungen; die mit Sternchen markierten Segmente von Film und Roman signalisieren, daß im anderen Medium kein entsprechendes Segment vorhanden ist.

Anmerkungen

1) Alle neueren Rezeptions- und Wirkungsforschungen gehen von einem mehr oder minder 'aktiven Rezipienten' aus: In dem sog. 'Nutzenansatz' etwa ist die Prämisse von der aktiven Verwendung von Medienangeboten strukturell integriert; der 'medienbiographische Ansatz' (Rogge u.a.) hat die sozialen und gesellschaftlich-ökonomischen 'beeinflussenden Faktoren' noch um lebensgeschichtliche ergänzt; zum neuesten Stand der Wirkungsforschung vgl. W.A. Mahle (Hrsg.): Fortschritte der Medienwirkungsforschung. Berlin 1985
2) Vgl. dazu ausführlicher W. Gast/K. Hickethier/B. Vollmers; Gegenwartsliteratur und Fernsehen. In: Weiterbildung und Medien 4 (1981), bes. S. IV-VI
3) Der Film 'Schach von Wuthenow' wurde unter der Regie von Richard Engel 1976 in der DDR gedreht, am 17. Juli 1977 im DDR-Fernsehen ausgestrahlt; ich folge hier der im 3. Programm des Hessischen Fernsehens am 25.10.1983 ausgestrahlten Fassung, die zu einer Sendereihe des HR von Fontane-Verfilmungen gehört.
4) (a) Der Schritt vom Wege, Regie: G. Gründgens 1939;
   (b) Rosen im Herbst, Regie: R. Jugert, 1955;
   (c) Effi Briest, Regie: W. Luderer, DDR 1968;
   (d) Fontane Effi Briest, Regie: R.W. Faßbinder, 1974.
   Genauere Daten und Bezugsquellen vgl. Praxis Deutsch, Themenheft 'Verfilmte Literatur — Literarischer Film', Nr. 57 (1983), S. I-XVI; Jürgen Wolff: Literaturverfilmungen. Materialien und Dokumentation. Stuttgart 1984 (= Hrsg. von Landesbildstelle Württemberg, Rotenbergstr. 111, 7000 Stuttgart 1)
5) Exemplarisch sei hier auf den Beitrag von W.D. Lützen/W.H. Pott: Stechlin für viele. Zur historisierenden Bearbeitung einer literarischen Vorlage. In: Knilli u.a. (Hrsg.): Literatur in den Massenmedien — Demontage von Dichtung? München 1976, S. 103-130, verwiesen, dem dann eine apologetische, bissige Kritik des Regisseurs folgte (Rolf Hädrich: Verfilmte Literatur. In: ARD-Fernsehspiel, Okt.-Dez. 1977).
6) Heinz Kersten: Entwicklungslinien. In: Film in der DDR. München/Wien 1977 (= Reihe Hanser 238), S. 53f.; Zitat ebd.
7) Georg Lukács: Der alte Fontane. In: G.L., Die Grablegung des alten Deutschland. Reinbeck 1967 (= rde Bd. 276), S. 151
8) Peter Demetz: Formen des Realismus: Theodor Fontane. Kritische Untersuchungen. München 1964, S. 155
9) Vgl. Walter Wagner (Hrsg.): Theodor Fontane, Schach von Wuthenow. Erläuterungen und Dokumente (Reclam UB 8152). Stuttgart 1980, S. 121-127; Zitat S. 122
10) Vgl. etwa die Monographie H.-H. Reuters: Fontane, Bd. II. München (o.J.), bes. Kap. 14, S. 794ff.; hier wird der Stellenwert des Briefes vom 22.2.1896 an den englischen Arzt Morris sehr deutlich.
11) Kritik von H.-J. Geisthardt in Neues Deutschland, 19.7.1977; zit. nach Wagner 1980, S. 125; Zitat ebd.
12) Vgl. dazu den medienhistorischen Überblick bei Knut Hickethier: Das Fernsehspiel der Bundesrepublik. Stuttgart 1980, bes. S. 203ff.
13) Diese Synopse hat vorwiegend Orientierungsfunktion; sie ist bewußt so einfach gestaltet, damit sichtbar wird, daß dieses Hilfsmittel bei der Analyse verschiedener Literaturverfilmungen in der Schule selbst herstellbar ist.
14) Die Seitenzahlen im Text beziehen sich auf die Ausgabe Fontane, Schach von Wuthenow. München 1969 (= Nymphenburger Taschenbuchausgabe, Bd. 5).
15) Eva Rupprecht: Gelungenes Zeitbild. In: Bauernecho vom 21.7.1977; zit. nach: W. Wagner 1980, S. 127
16) Ich folge hier der Terminologie Helmut Kreuzers (Medienwissenschaftliche Überlegungen zur Umsetzung fiktionaler Literatur. In: E. Schaefer (Hrsg.): Medien und Deutschunterricht. Vorträge des Germanistentages 1980. Tübingen 1981, S. 23-46).
17) So auch Peter Demetz 1964, S. 163

DIDAKTISCHE UND METHODISCHE ÜBERLEGUNGEN ZUM THEMA LITERATUR IM FERNSEHEN AUS DER SICHT DES PRAKTIKERS

von Franz Baumer

Sich heute über literaturdidaktische und methodische Intentionen bei der Gestaltung von Fernsehsendungen zu äußern oder gar Richtlinien oder Forderungen zu künftigen Entwicklungen zu formulieren gleicht ein wenig der Situation der Naturwissenschaften im ersten Jahrzent nach der Jahrhundertwende, als der Physiker Arnold Sommerfeld meinte, man solle neugierige Studenten der Universität vor dem Studium der Physik mit dem Hinweis warnen: "Achtung Einsturzgefahr! Wegen radikalen Umbaus vorübergehend geschlossen!"

Dem damaligen "radikalen Umbau" des naturwissenschaftlichen Denkens durch Relativitätstheorie und Atomphysik entspricht gegenwärtig die kaum weniger radikale Entwicklung der Massenkommunikation durch Satellitenfernsehen, Kabel-TV und Videoexplosion zu einer totalen Mediengesellschaft. In ihr wird mehr und mehr unser ganzes Privat- und Gemeinschaftsleben durch das visuelle Instrumentarium erfaßt. Der altehrwürdigen Lesekultur droht der Einsturz sowie das schon 1969 von Marshall McLuhan angekündigte Ende der "Gutenberg-Galaxy".[1]

Einsturzgefahr infolge des Gesamtwandels der Medienstruktur herrscht aber auch im Gefüge des öffentlich-rechtlichen Rundfunksystems, dessen unbestreitbare Vorzüge hinsichtlich der Erfüllung eines gesellschaftsrelevanten und -verantwortlichen Bildungsauftrags durch die Konkurrenz neuer auf den Markt drängender TV-Anbieter und deren wirtschaftliche Interessen planmäßig diskriminiert werden. Ein nach der NS-Diktatur und der Katastrophe des zweiten Weltkriegs dank der Siegermächte installiertes Rundfunk- und Fernsehsystem, dessen Effizienz in allen Bundesländern auf einer Gesetzgebung beruht, um deren journalistische Freiheitsgarantie uns die übrige freie Welt nur beneiden kann, hat sein Monopol verloren. Anstelle didaktischer Konzeptionen tritt im Wettbewerb mit der freien Marktwirtschaft und ihrem absatzorientierten Medienverständnis mehr denn je das Buhlen um die Zuschauergunst. Einschaltquoten werden zum Qualitätsmaßstab, Fernsehsendungen zur Medienware. Minderheitenprogramme — und dazu sind die meisten literarischen Produktionen naturgemäß zu rechnen — haben es infolge zunehmender Wirtschaftszwänge und sich steigernden Konkurrenzdenkens, das den Blick immer gebannter auf die Zuschauerstatistik richtet, heute besonders schwer. Der hohe (auch literaturdidaktisch verstandene) Anspruch des Fernsehens der 60er Jahre ist längst versandet. Damals führten die Erfolge der Dritten Programme bis zu euphorischen Imperativen wie dem von der Bundesrepublik, die via TV zur Bildungsrepublik zu werden habe. Mittlerweile beherrscht die gängige "Ware" das Bild.

Ein Beispiel: der Sport. Um marktgerecht richtig zu liegen, sieht etwa der Chefredakteur des ZDF im Sport "eine immer attraktivere Programmware", die natürlich Sendezeit verschlingt. Mit dieser Meinung steht er bei seinen ARD-Kollegen ebensowenig im Abseits wie bei den Fernsehkonsumenten. So erbrachte z.B. das Sportwochenende vom 3. und 4. August 1985 mit Boris Becker allein am Sonntag eine Sehbeteiligung von 18 Millionen! Nur über Tennis, Motorsport und Leichtathletik sendeten ARD und ZDF vom 2. bis 4. August 19,5 Studen live.[2]

Schon dieses Beispiel zeigt die erdrückende Dominanz der Unterhaltung im weitesten Sinne gegenüber jeder Art von Kulturprogramm. Dabei besagt — um in Bayern zu bleiben — das diesbezügliche Rundfunkgesetz vom 26. September 1973 in Artikel 4 ganz unmißverständlich: "Die Sendungen des Bayerischen Rundfunks dienen der Bildung, Unterrichtung und Unterhaltung." Der weit nach hinten gerückte Stellenwert der Bildung, die hier noch die erste Position einnimmt, ist mittlerweile zur kaum noch diskutierten Selbstverständlichkeit geworden.

Was also bleibt da noch für die Literatur?

Zunächst einmal die schlichte Tatsache, daß sie als unverzichtbarer Bildungswert humaner Erziehung zu persönlicher Selbstfindung und eigenständigem Denken auch künftighin ihren Platz innerhalb der verfassungsmäßig (nicht nur in Bayern) garantierten Kulturprogramme finden wird. Diese Behauptung scheint nur dann als Widerspruch zu der geschilderten Defensiv-Situation der allgemeinen Bildungsprogramme, wenn der soziologische Aspekt unserer durch Supertechnik, Spezialisierung, Automatisierung und Orientierungsverlust gekennzeichneten außengelenkten Industriegesellschaft nicht beachtet wird. Gerade für diese Gesellschaft aber trifft heute in erhöhtem Maße jenes "Unbehagen in der Kultur" zu, das von Sigmund Freud schon 1930 als Ergebnis eben dieser Gesellschaftsform definiert wurde. Für sie gilt, daß der Mensch sich nunmehr als "eine Art Prothesengott" bei all "seiner Gottähnlichkeit nicht glücklich fühlt."[3] Allein der psychische Abwehrmechanismus, dem stets ein Streben nach Vermeidung von Unlustgefühlen innewohnt, wird auf die Dauer nach Mitteln suchen, diese zu verringern. Hierin liegt eine Chance der Literatur als Gegenwelt. Sie muß wahrgenommen werden. Innerhalb einer zunehmend visualisierten Kulturlandschaft haben Mediendidaktiker das Fernsehen auch bereits als zeitgemäßes Transportmittel literaturdidaktischer Programme erkannt, nicht zuletzt infolge des Aschenbrödeldaseins von Literatur im schulischen Unterricht. Fernsehen, stellt Albrecht Weber fest, "ist der mächtigste Bewußtseinsproduzent, auch von Literaturbewußtsein."[4]

Bei der skizzierten Umbruchsituation der Medienlandschaft und deren zunehmender Indifferenz gegenüber dem verfassungsmäßig festgeschriebenen Bildungsauftrag müssen deshalb zunächst einmal die noch verbliebenen Freiräume im Programm umso intensiver genutzt werden. Wichtig wird dabei die Intensität sein, mit der wir Kulturredakteure des Fernsehens Literatur als eine Disziplin inhärenter didaktischer Funktionen sowie bildimmanenter Qualitäten verstehen, um sie — allerdings ohne Vergewaltigung ihrer sprachlichen Eigenheit — als attraktiven Programmbeitrag zu präsentieren. Daß dabei das unterhaltende Element keineswegs negativ zu sein braucht, zeigen zahlreiche Verfilmungen epischer Literatur.[5] Ihre zum Teil beachtlichen Zuschauerzahlen beweisen trotz des Konsumverhaltens einer breiten Masse ein darüber hinaus bestehendes Bedürfnis nach Zugängen in persönlichkeitsstärkende Bereiche, wie Literaturverfilmungen sie durch ihre bildhafte Aufdeckung oder dialogisierte Darstellung innerweltlicher Energien eröffnen, die dem literarischen Kunstwerk als Vorlage zu eigen sind.

Weitergehend zeigen sie aber auch die Möglichkeit der "Verführung" zum Lesen durch filmisch erweckte Neugier auf das Buch. So stieg z.B. der ein Jahrzehnt lang etwa gleichbleibende Buchabsatz von Thomas Manns 'Tod in Venedig' von jährlich durchschnittlich 24.000 Exemplaren nach Viscontis Verfilmung der Novelle auf das mehr als Dreifache, Golo Manns 'Wallenstein' brachte es schon während der Ausstrahlung der Filmfassung zu einer Sonderauflage von 30.000 Exemplaren, und von Grimmelshausens 'Simplicissimus' waren nach der Filmadaption monatelang alle Bücher vergriffen.

Erfolgserlebnisse dieser Art sollten dazu ermuntern, Literaturbewußtsein auch dort zu kultivieren, wo dies nicht durch aufwendige Spielfilmproduktionen geschehen kann, die allein schon durch ihre Starbesetzungen einen auch massenpsychologisch oder modisch bedingten Effekt zeitigen. Freilich ist das nicht so leicht. Literaturdokumentationen, Magazine, Dichterporträts oder musisch akzentuierte Beiträge mit literaturdidaktischen Zielsetzungen haben es viel schwerer, eine vertretbare Sehbeteiligung innerhalb der Kulturprogramme zu erreichen. Um für diese Gattungen zu werben, können jedoch erfolgreiche Spielfilme adaptierter Wortkunstwerke als "Lokomotiven" eingesetzt werden. Sie ziehen dann, bei entsprechender Programmplazierung und -ansage die thematisch korrespondierende, aber auch das Thema ausweitende Literatursendung nach sich. Über derlei programmtaktische Überlegungen hinaus wird es aber vor allem darauf ankommen, den Mut zum Experiment zu stärken. Es müssen immer wieder neue medien- und literaturgerechte Formen entwickelt werden.

Daß dies auch in dem relativ eng gesteckten Rahmen möglich sein sollte, zeigt die Statistik. Sie weist auch heute noch einen Programmanteil von Literatursendungen auf, der immerhin das schulische Angebot bei weitem übertrifft. So strahlten z.B. 1979 (die neueren Zahlen dürften sich nicht wesentlich verändert haben) die ARD 262, das ZDF 243 und der BR regional 233 Stunden literaturvermittelnde Beiträge aus. Hinzu kommen der ORF I mit 128, der ORF II mit 245 und die SRG mit 135 Stunden. Das sind zwar nur 3,5% der Gesamtsendezeiten der genannten Institutionen, wobei der ORF mit einem Anteil von rund 12% und der BR von rund 8% an der Spitze liegen.[6] Vergleicht man damit den in der Bundesrepublik Deutschland im gleichen Zeitraum abgehaltenen Deutschunterricht der Schule von nur rund 120 Stunden à 45 Minuten, so zeigt das nicht nur die vorrangige Stellung des Fernsehens als Medium von Literaturvermittlung, sondern auch den nachgerade revolutionären Wandel von der Wort- zur Bildrezeption. "Der Höherrangigkeit des Lesens als Leistung nach einer physiopsychisch begründeten Theorie der Literaturdidaktik steht die Tatsache gegenüber", so Albrecht Weber, "daß Literatur weit mehr, zehnmal oder hundertmal mehr, gesehen als gelesen wird."[7]

Diese Tatsache darf den Produzenten einschlägiger Sendungen aber nicht dazu verleiten, Literatur bedenkenlos in Bildadaptionen umzusetzen. Seine Überlegungen müssen gerade aus der gegebenen Situation heraus zu einem vertieften Verständnis jener physiopsychischen Gesetzmäßigkeit führen, die heute offensichtlich als Gegenbewegung der Bilderwelt und ihrer magischen Faszination zu der seit dem Gutenberg-Zeitalter bestehenden Lesekultur mit ihrem dem Abstraktionsvermögen und einer linear strukturierten Logik verpflichteten Denken zu interpretieren ist. Medien-, vor allem aber Literaturdidaktik muß sich heute, will sie nicht zu Oberflächlichkeit und Massenmanipulation entarten, auch um die Gefahrenseiten einer unreflektierten Anwendung von Bildsymbolen und deren psychischer Mächtigkeit im Klaren sein. Der Germanist mag sich dabei an Goethes Einsicht erinnern:

> "Dummes Zeug kann man viel reden,
> kann es auch schreiben,
> wird weder Leib noch Seele töten;
> Es wird alles beim alten bleiben.
> Dummes aber, vors Auge gestellt,
> Hat ein magisches Recht.
> Weil es die Sinne gefesselt hält,
> Bleibt der Geist ein Knecht."[8]

In diesem Zusammenhang ist es angebracht, sich des Grundes jenes "magischen Rechts" bewußt zu werden und mit Albrecht Weber einen Abstecher in die Genealogie des menschlichen Organismus zu machen:

"In der Phylogenese, der Entwicklung der Menschheit durch Jahrmillionen bildeten sich zuerst das Stammhirn, dann das Kleinhirn aus, also die vegetativen, die sensorischen Nervenzentren. Das Großhirn, die Logosphäre, wo die Informationsimpulse der Sensorik, Denken und Sprache verarbeitet werden, folgte dann in einem großen Sprung. In der Ontogenese, der Entwicklung des einzelnen Menschen, wiederholt sich dies nun in kürzester Zeit. Zuerst sind die vegetativen, bald die sensorischen Systeme funktionsfähig, besonders Sehen und Hören. Das Großhirn wächst in den beiden ersten Lebensjahren noch um das Dreieinhalbfache weiter, und mit und nach dem zweiten Lebensjahr setzt normalerweise dann auch die Sprache ein. Primär also prägen optische und sensitive Eindrücke den Menschen. Sprechen und sehr viel später dann das Schreiben mittels abstrakter, differenzierter und sekundärer Zeichenvorgänge folgen dem Sehen und Hören. Sie gehen auch zuerst bei Beschädigung des Hirns wieder verloren. Zweifellos ist also die Aufnahme von Welt durch Sehen und Hören der Interpretation von Welt durch Sprache nicht nur vorgängig, sie überragt diese bei weitem und führt in frühere, tiefere emotionale Schichten. Sehen und Hören sind vorgängig dem Wort und der Schrift. Sie sind quantitativ dominant und sie sind unmittelbar wirksam."[9]

Was bedeutet das im Hinblick auf unsere literaturdidaktischen und methodischen Überlegungen? Wir haben daraus die Forderung nach einer erhöhten Sensibilität beim Umgang mit dem Medium abzuleiten. Nicht nur, daß wir uns der unmittelbaren Wirksamkeit des Bildes stets bewußt sein müssen, wobei noch offen bleibt, welche archetypischen Schichten der Psyche dabei möglicherweise in Bewegung gesetzt werden. Bei jeder Bildeinstellung ist auch zu fragen, ob sie vom Zuschauer aller Voraussicht nach so rezipierbar ist, daß die Authentizität des Textes bewahrt bleibt. Nur allzu leicht bemächtigt sich sonst das "magische Recht" des Bildes aller Sinne des Betrachters und vergewaltigt dessen Phantasie. Ganz gleich, ob es sich um Spielfilmadaptionen literarischer Werke oder literaturvermittelnde Dokumentationen welcher Form auch immer handelt: Die literarische Aussage bleibt immer dann auf der Strecke, wenn sie nicht in textadäquate Bilder umgesetzt wird, in Bilder, die das Wort auf die emotionale Ebene transponieren, ohne das Kognitive der literarischen Vorlage zu unterdrücken. Es geht darum, eine Art optischen Resonanzboden zu finden, auf dem sich die Textsequenzen wirkungsvoll abheben können. Das bedeutet keine Schmälerung des Bildes, mit dem der Praktiker des Fernsehens ja immer arbeitet, vielmehr ein noch sorgsameres Eingehen auf die visuelle Qualität. Zu vermeiden ist dabei stets

das bildhafte Abmalen von Texten, d.h. die genaue Darstellung dessen, was das Wort beinhaltet. Ein solches Vorgehen gleicht nicht nur einer sprachlichen Tautologie, es tötet auch die Phantasie des Zuschauers. Das Stilmittel der Verfremdung im weitgefaßten Sinn von Brechts epischem Theater bleibt dagegen, behutsam eingesetzt, in der Regel die angemessene Gestaltungsart.
So wurde, um das wenigstens skizzenhaft zu konkretisieren, z.B. bei der Fernseh-Verfilmung von Adalbert Stifters Novelle 'Der Kondor' (BR 1982) darauf geachtet, daß textlich dramatische Passagen nicht durch gleich dramatische Bildsequenzen aufgehoben werden, sondern umgekehrt eine kontrastierende Bildfolge die dichterische Aussage umso stärker zur Wirkung kommen läßt. Immer dort, wo Stifter etwa das kosmische Geschehen in dramatischer Sprachgewalt beschreibt, wurden ruhige, wenn auch stimmungsvolle Himmelseinstellungen über den Text gelegt, während unter drohend vorüberziehenden Wolkenfetzen nicht auch noch ein Textzitat, sondern nur Beethoven-Musik zu liegen kam. Auf diese Weise entstanden wichtige "Meditationspausen", die den vorausgegangenen epischen Passagen eine vertiefende Wirkung verliehen. Die Gesamtverfilmung des 'Kondor' auf ihre literaturdidaktischen und methodischen Intentionen hin hier zu untersuchen, führte zu weit, zumal das bereits an anderer Stelle geschah.[10]
An einem weiteren Beispiel sei aber noch auf eine Gestaltungsmöglichkeit anderer Art hingewiesen, die es erlaubt, sprachlich ausgesparte Erzählinhalte (um die kaum eine literarische Filmadaption hinwegkommt) allein durch das Bild zu vermitteln. Wieder ist es die Verfilmung einer Erzählung von Stifter, dessen Werke ja nicht gerade zu den problemlosen Vorlagen zählen, weshalb sie hier ausgesucht wurde: 'Kalkstein' (ORF II und BR, 1982). In diesem Film steckt zum Beispiel Josef Meinrad in der Rolle des Armenpfarrers wiederholt die feinen Spitzen seines Hemdes, die zur übrigen Bekleidung des asketischen Mannes kontrastieren, wie verschämt in den Ärmel zurück. Dadurch wird zunächst einmal Stifters Schilderung verbildlicht:

"Bei den Ärmeln gingen, wie er so saß, manchmal ein ganz klein wenig eine Art Handkrausen hervor, die er immer bemüht war, wieder heimlich zurück zu schieben."[11]

Darüber hinaus aber vermittelt diese wiederholt zu beobachtende merkwürdige Geste dem Zuschauer in filmischer Ausdrucksprache aber auch das Gespür für jene wesentliche Bedeutung, welche die feine Linnenwäsche für den armen Steinkarpfarrer als wehmütige Erinnerung an eine unerfüllte Jugendliebe besitzt. Die Geste integriert also Textpassagen der Erzählung, in denen der Dichter dieses Thema verdeutlicht, und sie bereitet zu späteren Erzählinhalte vor. Wäre hier zum Bild auch noch der Stifter'sche Text gekommen, wäre die Funktion des Bildes rein abmalend gewesen. Wort und Bild hätten sich zwar nicht gerade gegenseitig aufgehoben, aber doch um ihre spezifische Wirkung gebracht.
Generell ist festzustellen: "Die Zuordnung von Bild zu Wort und von Wort zu Bild erweist sich als d a s medienspezifische Problem des Fernsehens, als der Schlüssel zu der emotionalen Wirkung auf den Zuschauer."[12] Zuschauerwirkung u n d Werkimmanenz also müssen berücksichtigt werden. Ein Gleichgewicht von Emotion und Kognition ist dabei anzustreben. Jede Diskrepanz führt, wie die moderne Forschung über Mediendramaturgie und Zuschauerverhalten zeigt[13], zu Unlustgefühlen und Ablehnung. Die Harmonisierung von Wort und Bild gehört in die Kategorie der Filmästhetik und ist nicht mit einer "Heile-Welt-Philosophie" zu verwechseln. Im Gegenteil.

Gerade auch bei der Verfilmung von Literatur, die selbst disharmonisch auf die Disharmonien der Welt reagiert, ist sie unverzichtbar.

Bei der entwicklungsgeschichtlich bedingten Dominanz des Bildes über das Wort waren Überlegungen, wie wir sie anstellten, umso notwendiger, als sie den Gestalter literarischer oder literaturvermittelnder Sendungen davor bewahren können, das Wort durch das Bild zu "erdrücken" oder zu "überschwemmen". Die sensible oder meditative, kritische oder revolutionäre Qualität literarischer Botschaften erreicht den Zuschauer über das Medium Fernsehen nur dann, wenn das beschriebene Bild-Wort-Gleichgewicht wenigstens annähernd erreicht wird. Ein Gemeinplatz? Der Regisseur von Sendungen mit literaturdidaktischer Zielsetzung sieht sich jedenfalls ständig mit dieser Forderung konfrontiert. Das Zeitalter elektronischer Massenmedien bedarf darüber hinaus überhaupt des kognitiven Gegengewichts zur ausufernden emotionalen Bilderflut, wenn es nicht in Sprachlosigkeit versinken will. Literatur im Fernsehen könnte dabei eine nachgerade therapeutische Bedeutung zukommen. Nicht zuletzt, weil ihren Darstellungsformen eine Funktion des Ausgleichs innewohnt.

Wort und Bild sind ja keine feindlichen Brüder. Auch das Sprachkunstwerk bedient sich der Metapher, beschwört Bilder in der Phantasie des Lesers, und nicht zuletzt haben unsere Buchstaben ihre Ahnenreihe in der frühen Bilderwelt. Marshall McLuhan[14] leitet von dem später einsetzenden Abstraktionsprozeß, der zum phonetischen Alphabeth und zur Buchdruckerkunst führte, denn auch die gesamte zivilisatorische Entwicklung bis zu unserer hochtechnisierten Lebensweise ab, auf deren Unbehagen erzeugende Auswirkungen wir bereits verwiesen. Entgegen der These des amerikanischen Medienphilosophen vom glückbringenden Zeitalter einer sich herausbildenden visuellen Kultur, die er als Rückkehr in verlorene Paradiese des Natürlich-Kreativen feiert, wird eine Literaturdidaktik der Gegenwart jedoch schon aus innerer Notwendigkeit heraus jenen Ausgleich von Wort- und Bildkultur zu fördern suchen, ohne den Literatur nicht lebensfähig wäre.

Anmerkungen

1) Vgl. Marshall McLuhan: Die magischen Kanäle. Econ-Verlag, Düsseldorf/Wien 1970
2) Der Spiegel, 12..8.1985, S. 133
3) Sigmund Freud: Das Unbehagen in der Kultur, in: Abriß der Psychoanalyse. Fischer-Bücherei 1953, S. 125
4) Albrecht Weber: Literatur: Lesen, Hören oder Sehen? In: Mitteilungen des Deutschen Germanistenverbandes, 28. Jahrgang, März 1981, S. 12
5) Vgl. die Auflistung adaptierter Literatur innerhalb der ARD allein für 1979 bei A. Weber, 1981, S. 11f. Zum Thema Filmadaption allgemein: Franz Baumer: Literatur und neue Medien: Skizzen zum Thema Filmadaptionen epischer Dichtung, in: Vierteljahresschrift des Adalbert-Stifter-Instituts Linz, Folge 1/2, 1983
6) Albrecht Weber 1981, S. 11
7) Ebd.
8) Goethe, Zahme Xenien II
9) Albrecht Weber in seinem Statement zum Film von Franz Baumer und Helmut Kilian: Abschied von Gutenberg, Weg vom Buch—hin zur visuellen Kultur?, BR 1984
10) Franz Baumer 1983, S. 86-92
11) Adalbert Stifter: Kalkstein. Winkler-Ausgabe. München o.J., Bd. I, S. 57
12) Hertha Sturm/Marianne Greve-Partsch: Relevanz der Ergebnisse für die Medienpraxis, in: Fernsehen und Bildung, Internat. Zeitschrift für Medienpsychologie und Medienpraxis, K.G. Saur, München/New York/London/Paris 1982, S. 98
13) Ebd., S. 93ff.
14) Marshall McLuhan 1970

ALSO, ICH GEHE SEHR GERN INS THEATER
Anmerkungen zum schulischen Verhältnis von Drama und Theater

von Franz-Josef Payrhuber

Einer alten, bis heute gültigen Auffassung zufolge ist es Bestimmung der Schule, junge Menschen auf ihre spätere Lebenspraxis vorzubereiten. Es ist daher sicher wohlüberlegt, wenn die Didaktik auch für den Dramenunterricht ein prospektives Konzept entwirft[1] und als wünschenswertes Ergebnis ihres Bemühens den künftigen Erwachsenen propagiert, der eine positive Einstellung zu dramatischen Werken erworben hat und willens ist, diese sowohl über Rundfunk und Fernsehen wie vor allem und zuerst im Theater zu rezipieren.

Zwischen Ziel und tatsächlich Erreichtem besteht allerdings eine große Diskrepanz. Ich gründe diese Aussage nicht nur auf das allseits bekannte Faktum, daß die Theater (von welcher Art und Qualität sie auch immer sein mögen) lediglich von einem sehr kleinen Teil der Bevölkerung besucht werden, sondern auf eigene Befragungen von Schülern in den Sekundarstufen I und II.

Beteiligt waren an einer ersten Umfrage je zwei 9. Klassen einer Haupt- und einer Realschule sowie drei 9. Klassen und je ein Leistungskurs Deutsch der 11. und 12. Klasse der Oberstufe eines Gymnasiums, alle aus einer Stadt mittlerer Größe in Rheinland-Pfalz. Die Stadt besitzt zwar einen Theaterbau, aber kein eigenes Ensemble, es gastieren ausschließlich fremde Bühnen. Auswertbar waren 196 Fragebögen.
An einer zweiten Umfrage waren 9 Klassen bzw. Gruppen der gymnasialen Oberstufe aus vier Städten mittlerer Größe in Rheinland-Pflaz beteiligt; zwei der Städte haben ein eigenes Theater. Auswertbar waren 206 Fragebögen.
Ich erhebe mit den Befragungen nicht den Anspruch, einen repräsentativen Querschnitt erfaßt zu haben. Die Anzahl der Befragten und ihre regionale Streuung erlaubt aber sehr wohl, die Aussagen zu Schülereinstellungen und Schul- bzw. Schülerpraxis zu stützen und abzusichern und nicht auf bloße Vermutungen und Hypothesen zu gründen.

Danach erweist sich als Grundtendenz, daß Haupt- und Realschüler in ihrer überwiegenden Mehrheit die Schule mit einer distanzierten bis negativen Einstellung zu Drama und Theater verlassen; in der Sekundarstufe I unterscheiden sich auch Gymnasiasten darin nicht, erst im Verlaufe der Oberstufe gewinnen sie eine positivere Denkweise. Ob diese über die Schulzeit hinaus trägt, entzieht sich meinen Möglichkeiten der Nachfrage und Überprüfung. Immerhin ist aber bemerkenswert, daß 37 von 40 Schülern der drei befragten Abiturientengruppen die Frage bejahen, sie würden auch nach ihrer Schulzeit noch Dramenaufführungen im Theater besuchen. Ganz gewiß wird in solchen Aussagen keineswegs der Erfolg des Dramenunterrichts zweifelsfrei bestätigt, sie signalisieren aber doch die Chance auf Wirkung, vielleicht sogar auf eine dauerhafte.

Es bleiben freilich Schwierigkeiten und Probleme genug, die eben diese Chance immer wieder gefährden und infrage stellen. Einige davon, die sich auf das Verhältnis von Drama und Theater beziehen, möchte ich im folgenden benennen und, mit Hoffnung auf ansatzweise Klärung, erörtern. Aussparen muß ich hier, was verfehlte Auswahl von Stücken und unzureichende Methode an bleibenden Schäden hinterlassen, gerade auch in der Sekundarstufe I, und was die befragten Schüler hierzu an detaillierter Kritik beitragen.

I. Der Dramenbegriff und seine Auswirkungen auf die Unterrichtspraxis

Für die ältere Didaktik stand fest, daß sich "die Dominanz des Wortes über die mimetischen Elemente (...) seit dem Entstehen des europäischen Kunstdramas in der Antike immer stärker herausgebildet" habe, und sie betrachtet darum das Drama in erster Linie als "Wortkunstwerk"[2]. Diese Auffassung hat Folgen für die Inhalte des Dramenunterrichts wie auch für die Art der Vermittlung bzw. Rezeption: Sie geschieht ausschließlich durch "Lektüre". Daß "M i m i k und S p r a c h e zugleich" vorhanden sein müssen, damit eine "bestimmte Kunstform (...) Drama heißen kann"[3], daß das Drama zu einer Aufführung im Theater bestimmt ist und sich dort die primäre Rezeption vollzieht, diese Sichtweise bleibt der älteren Didaktik weitgehend verschlossen. Aber auch neueren Arbeiten ist sie keineswegs im wünschenswerten Maße vertraut. Noch immer können einschlägige Arbeitsbücher für die Sekundarstufen I und II sich mit der programmatischen Aussage empfehlen, das Drama interessiere sie "nur in seiner Form als 'Lesedrama' ", weil ihr Interesse auf die besondere "Machart", die hohe "Artifizialität" der "Gattung 'Drama' im allgemeinen" gerichtet sei.[4] Außer Kenntnissen über formale Strukturelemente wird hier nichts an Einsichten über das Drama angestrebt, nichts über seine unterschiedlichen Formen, wie sie sich im Laufe der Geschichte herausgebildet haben, nichts über die Inhalte und Themen, derer sich das Drama angenommen hat, und eben auch nichts über sein charakteristisches Merkmal, auf eine Aufführung im Theater hin angelegt zu sein.

Bleiben wir beim letzten Punkt und führen wir uns vor Augen, was Dramatiker selbst dazu ausgeführt haben. In der "Vorrede" zu 'Beiträge zur Historie und Aufnahme des Theaters'(1749) schreibt beispielsweise G.E.Lessing:

"Wer weiß nicht, daß die dramatische Poesie nur durch die Vorstellung in dasjenige Licht gesetzt werde, worinne ihre wahre Schönheit am deutlichsten in die Augen fällt? Sie reizt, wenn man sie lieset, allein sie reizt ungleich mehr, wenn man sie hört und sieht. (...) Wer sieht also nicht, daß die Vorstellung ein notwendiges Teil der dramatischen Poesie sei?"[5]

Als Goethe 1797 seinen Aufsatz 'Über epische und dramatische Dichtung' an Schiller schickt, schreibt dieser ihm in einem Brief vom 26. Dezember:

"Auch die Erfahrung bestätigt es, denn ich wüßte nicht, was einen bei einer dramatischen Ausarbeitung so streng in den Grenzen der Dichtart hielt, und wenn man daraus getreten, so sicher darein zurückführte, als eine möglichst lebhafte Vorstellung der wirklichen Repraesentation, der Bretter, eines angefüllten und buntgemischten Hauses, wodurch die affektvolle unruhige Erwartung, mithin das Gesetz des intensiven und rastlosen Fortschreitens und Bewegens so nahe gebracht wird".[6]

Hugo von Hofmannsthal sieht ganz in diesem Sinne in jedem dramatischen Text etwas noch Unvollständiges. In einem Essay, mit dem er den Freund Max Reinhardt ehrt, schreibt er:

"Der dramatische Text ist etwas Inkomplettes, und zwar um so inkompletter, je größer der dramatische Dichter ist. Schiller, auf der Höhe seines Lebens, schreibt einmal hin: er sehe ein, daß der wahre Dramatiker sehr viel arbeiten, aber immer nur Skizzen verfertigen sollte — aber er traue sich nicht genug Talent zu, um in dieser Weise zu arbeiten. Nichts ist wunderbarer als, mit etwas gereiftem Blick, bei den größten Dramatikern der neueren Welt, bei Shakespeare und bei Calderon, zu erkennen, wie sehr alles, was sie gearbeitet haben, bei aller magischen Komplettheit doch den Charakter der Skizze beibehält, wie sehr sie es verstanden haben, frei zu lassen, das Letzte, ja auch das Vorletzte n i c h t z u g e b e n . Hierin liegt der entschiedenste Unterschied zwischen dem dramatischen und dem epischen Schaffen".[7]

Wenn Hofmannsthal die Größe eines Dramatikers und die Bedeutung eines Dramas durch den Raum des Inkompletten angezeigt sieht, meint er damit, nach der Erläuterung von Walter Beimdick[8], die in der Gattung liegende Notwendigkeit, "die Zuschauer ebenso wie die Schauspieler zu seinem mittätigen Werkzeug zu machen" und die "vibrierende Phantasie des Mitspielers"[9] anzuregen, und das verweise auf die unabdingbare Forderung, daß man ein dramatisches Werk nicht nur lesen, sondern auch aufführen oder aufgeführt anschauen sollte, um dadurch die sonst verborgenen Möglichkeiten des Stückes zu erkennen.

Die Aussagen der Dramatiker belegen übereinstimmend, daß das Drama nicht gedacht werden kann ohne seine Bestimmung, auf einer Bühne vor einem Publikum aufgeführt zu werden. In unserer Zeit macht darum der Literaturwissenschaftler Walter Hinck die Aufführbarkeit folgerichtig zum Kernpunkt seiner Dramendefinition:

"Von der Lyrik und Erzählliteratur ist das Drama grundsätzlich dadurch unterschieden, daß sich bei der Rezeption zwischen den Text und die Adressaten, das Publikum, noch einmal eine Vermittlungsinstanz schiebt: das Theater. Denn erst auf der Bühne findet das dramatische Werk die ihm zugedachte Gestalt. (...) Das Theater ist der Ort, an dem der dramatische Text jener sinnlichen Wahrnehmung zugänglich gemacht wird, auf die hin er entworfen ist. Erst vom Theater her erhält das Drama Sinn und Funktion. (...) So verstehen wir also unter Drama und Dramatik jene sprachlichen Werke (selbst Szenarien oder Exposes zählen zu ihnen), die auf optische und (zumeist) akustische, auf räumliche und leibliche Versinnlichung im Theater bzw. auf der Bühne angelegt sind. Diese Bühne kann sich, wie im mittelalterlichen Drama, im Kirchenraum oder auf dem Rathausplatz befinden, sie kann perfektioniert werden als Verwandlungs-, Guckkasten- oder Drehbühne in den Bauten des institutionalisierten Theaters, sie kann auch ein bloßes Podium oder die Straße sein".[10]

Hincks Begriffsbestimmung ist nicht mehr eingegrenzt auf das Drama als "Wortkunstwerk", auf den (gedruckten) literarischen Text, sie basiert, in der Terminologie von M. Pfister, auf der "plurimedialen Einheit des dramatischen Textes"[11]; zudem ist sie nicht länger normativ oder dogmatisch, vielmehr offen für alle historischen und gegenwärtigen Formen, auch die noch unbekannten. Insofern ist diese Definition gut geeignet, Grundlage didaktischer Reflexion und methodischen Handelns im Dramenunterricht zu sein.

Die Beobachtung der Unterrichtswirklichkeit zeigt jedoch, daß unsere Schlußfolgerung dort nicht als gegeben vorausgesetzt werden kann. Wieder stütze ich mich bei dieser Behauptung auf Auskünfte, die ich bei einer Befragung, diesmal bei Lehrern, erheben konnte.

Die Befragung erfolgte bei überregionalen Kursen des Instituts für Lehrerfort- und -weiterbildung Mainz (ILF) und der Akademie für Lehrerfortbildung in Dillingen/Donau. Auswertbar waren 179 Fragebögen von Haupt-, Realschul- und Gymnasiallehrern aus Rheinland-Pfalz und 46 Fragebögen von Realschullehrern aus Bayern.

Auch hier ist wieder der Hinweis angebracht, daß eine repräsentative Datenerfassung nicht angestrebt war, die zufällige Zusammensetzung der Lehrergruppen (d.i. ihre Streuung) bei den Fortbildungsveranstaltungen aber doch einige Gewähr für die Aussagekraft der Ergebnisse bietet.

Es interessierte dabei der Realisierungsgrad der methodischen Wege, die die Didaktik entwickelt und vorgeschlagen hat: Aufführen des Dramas in der Klasse (d.h. im "normalen" Unterricht und nicht im Rahmen einer gesonderten Arbeitsgemeinschaft "Darstellendes Spiel"), Anspielen, Theaterbesuch — als Alternativen zur bloßen Lektüre.

Zunächst wurde folgende Meinungsäußerung vorgegeben und um ein zustimmendes oder ablehnendes Urteil dazu gebeten: "Der Dramentext hat Eigenwert und Eigencharakter unabhängig von der Aufführung, deshalb kann er auch in der Schule gelesen werden, ohne daß es zu einem Spiel oder einer Aufführung kommt." 84,9 % aller befragten Lehrer (bei den Gymnasiallehrern allein sind es vergleichsweise 93,4 %) bejahen diese Aussage, 7,6 % verneinen sie, der Rest äußert keine Meinung.

Im Unterschied zu diesen Wertungen, die auf einer allgemeinen Einschätzung der Lehrer beruhen, ohne daß ihre eigene Unterrichtspraxis damit in jedem Falle identisch sein müßte (was aber einen hohen Wahrscheinlichkeitswert hat), beziehen sich alle weiteren Fragen unmittelbar auf das eigene Handeln. 17,9 % (bei den Gymnasiallehrern allein sind es 28,6 %, bei den Realschullehrern 21,6 % und bei den Hauptschullehrern 6,8 %) stützen sich danach ausschließlich auf die Lektüre des Textes, wenn sie in ihrem Unterricht Dramen behandeln; 35,6 % lassen einige Szenen oder das ganze Stück "anspielen", 14,2 % behandeln ein Drama nur, wenn sie davon auch eine Aufführung im Theater sehen können.

Wie es zu werten ist, daß 32,3 % die Beantwortung dieser Frage aussparen, muß offenbleiben; der in dieser Höhe sonst nicht mehr erreichte Prozentsatz der "Verweigerer" macht allerdings nachdenklich.

Die recht geringe Korrespondenz zwischen Dramenbehandlung und Einbezug einer Theateraufführung findet ihre Entsprechung bei den Antworten auf die Frage, ob die Lehrer mit ihrer/ihren Deutschklasse(n) Theaterbesuche durchführen. Lediglich 14,2 % geben an, sie gingen "oft" ins Theater, zwei Drittel (66,2 %) dagegen nur "selten", 8 % nie, und 15,6 % haben "kein Theater in der Nähe". Berücksichtigt man, daß die Vorgabe "oft" überwiegend von Lehrern gewählt wird, die in der gymnasialen Oberstufe unterrichten, gewinnt die Deutung noch mehr an Gewicht, daß Theaterbesuche im Zusammenhang mit der Dramenbehandlung in der Sekundarstufe I die Ausnahme bleiben und erst in der Oberstufe häufiger, wenn auch da längst nicht regelmäßig, zu einem integralen Bestandteil des Unterrichts werden.

Wenden wir in dieser Problematik aber auch noch unseren Blick zu den Schülern. Haben sie (auf der Oberstufe) Bekanntschaft mit dem Theater geschlossen, so daß sie Dramenlektüre und Theaterbesuch miteinander vergleichen können, dürfen erwägenswerte Antworten darüber erwartet werden, wie sie ihre unterschiedlichen Erfahrungen bewerten und ihre Meinungen begründen.

Zum Ankreuzen vorgegeben waren die Alternativen "nur Lektüre" und "Theateraufführung sehen (einschl. Lektüre)"; die Begründungen waren frei zu formulieren.

14,2 % der Schülergruppe, auf die die Vorbedingungen der Fragestellung zutrifft, vertreten die Auffassung, Dramen sollten im Unterricht nur gelesen werden, 72,9 % halten es für richtig, daß sie nur gelesen und behandelt werden, wenn dazu auch eine Aufführung im Theater gesehen werden kann, 12,8 % halten beide Wege für gangbar. Die Gründe der Befürworter der bloßen Lektüre reichen von pragmatischen Argumenten, daß man den Lektüreplan nicht nach dem Spielplan der Theater richten könne, daß die Theaterbesuche auch zu teuer seien, über den Hinweis, daß Theateraufführungen im Unterschied zur Lektüre wohl mehr Anschauung vermitteln könnten, aber nicht den "Kern" ausmachten, bis zu der Berufung auf Erfahrungen mit einer als Negativbeispiel erlebten Inszenierung. Bemerkenswert ist aber, daß die Antworten aller Schüler den Schluß zulassen, daß sie ihre Entscheidung für die Lektüre im Sinne der Priorität und nicht der Ausschließlichkeit verstehen, daß sie Theaterbesuche also nicht grundsätzlich ablehnen. Hier treffen sie sich dann mit denen, die den Theaterbesuch zwar als wünschenswert, aber nicht als notwendige Voraussetzung für die unterrichtliche Behandlung ansehen.

Die Position der Vertreter der Mehrheitsmeinung stützt sich auf drei Begründungen, die um die Probleme "Inhalt", "Wirkungsweise" und "Interpretation" kreisen. Es wird gesagt:
— Der Theaterbesuch dient dazu, die Auseinandersetzung mit dem Inhalt bzw. der Problematik des Stückes zu vertiefen.
— Dramen sind nicht da, um gelesen zu werden, sonst hätte der Autor einen Roman geschrieben. Da sie aber für das Theater geschrieben sind, können sie sich auch dort erst richtig entfalten. Beim bloßen Lesen verliert das Drama seine Wirkung. Aufführungen sind eindrucksvoller als die Lektüre.
— Die Aufführung zeigt ein Beispiel für eine mögliche Interpretation. Bei Stücken aus vergangener Zeit kann man erkennen, wie sie durch eine moderne Inszenierung in einen neuen Zusammenhang gebracht werden.

Die Aussagen der Schüler stimmen im Wesentlichen mit den Argumenten überein, die die Didaktik in die Diskussion eingebracht hat, um eine theaterorientierte Konzeption des Dramenunterrichts zu formulieren.[12] Warum sie sich dennoch schwer tut, ihre gut begründeten Einsichten in der Unterrichtspraxis durchzusetzen, bedarf noch weiterer Untersuchungen; denn die Auswirkungen eines falschen Verständnisses vom Drama sind sicher eine sehr wichtige, wenngleich nicht die einzige Ursache. Bei den Therapiemöglichkeiten wäre wohl auch zu prüfen, welche Hilfen die Medien Schallplatte, Rundfunk und Fernsehen bieten könnten; kritisch zu sichten wäre aber auch schon der Bereich der gedruckten Unterrichtsmedien. Außer einem eigenen Versuch[13] sind mir beispielsweise keine Lektürehefte oder Arbeitsbücher bekannt, die in vergleichbarer Weise, durch Szenenfotos, verschiedene Bühnenbilder, Vorschläge für Inszenierungsversuche und zur Gestaltung von Programmheften sowie weitere theaterbezogene Kontexte, den Aspekt der Theatralität des Dramas berücksichtigen. Hierzu könnten übrigens die Theater selbst noch manche Unterstützung geben, über die bereits jetzt bestehenden Initiativen der Zusammenarbeit von Theater und Schule hinaus. In der DDR gibt es beispielsweise "Zur Information für den Deutschlehrer" "Material zum Theater", das vom Verband der Theaterschaffenden herausgegeben worden ist und die "Inszenierungskonzeption der Theater" mittels Text- und Bildbeiträgen zugänglich macht. Könnte dies nicht auch ein Modell für bundesdeutsche Theater und Schulen sein?

II. Erwartungen an den Theaterbesuch

"Menschen gehen ins Theater, weil sie ein bestimmtes Stück sehen wollen. Und warum geht der einzelne Theaterbesucher in ein bestimmtes Stück? Weil er hofft, von diesem Stück angenehm unterhalten zu werden. (. . .) Auch die Wiederbegegnung mit vertrauten Stoffen (...) gehört in diesen Zusammenhang. Der einzelne Theaterbesucher geht in ein bestimmtes Stück, weil er hofft, daß es seine heimlichen Illusionen bestätigt. Wohl jeder Mensch hat den Wunsch, es möge der 'negativen Alltagswelt' eine 'positive Gegenwelt' entsprechen: eine fiktive Welt, eine künstlerische Welt, in der andere Gesetze, andere Vollkommenheiten gelten, als in der Tageswirklichkeit. (...) Der einzelne Theaterbesucher geht in ein bestimmtes Stück, weil er hofft, daß es seine Bedürfnisse nach gesteigerten Emotionen befriedigt. (...) (Er) geht in ein bestimmtes Stück, weil er sich informieren will über den Inhalt des Stücks, über neue ungewöhnliche Stoffe, über neue künstlerische Ausdrucksformen und Ausdrucksmittel".[14]

Dieser Katalog von Aussagen ergab sich, als Hans Joachim Schäfer das Publikum des Staatstheaters Kassel nach seinen Motiven für den Theaterbesuch fragte. Aufs Ganze gesehen dürfte er auch heute noch gültig sein (eine Untersuchung neueren Datums liegt zudem nicht vor) und kann darum als Vergleichsmaßstab für die Antworten der Schüler zum gleichen Problem dienen. Die ihnen gestellte Frage zielte nur nicht auf den Theaterbesuch allgemein, sondern auf die Erwartungen, die sie bei einem Theaterbesuch im Zusammenhang mit der Dramenbehandlung im Unterricht haben. Die Ergebnisse berühren sich in einigen Aspekten mit den Aussagen zum Komplex "Lektüre und Theaterbesuch", etwa wenn ein besseres Verständnis des Dramas oder ein intensiveres Erlebnis als Sinn des Unternehmens formuliert wird. Schwerpunktmäßig aber bekunden die Antworten das Interesse, bei dem Theaterbesuch die eigene bzw. die in der Schule erarbeitete Interpretation mit der der Inszenierung zu vergleichen und zu erleben, mit welchen Darstellungsmitteln und -formen das Stück auf der Bühne gestaltet wird.

Ganz im Sinne dieser Erwartung halten die meisten Schüler es auch für sinnvoll, daß der Theaterbesuch im Unterricht vorbereitet wird: durch Lektüre des Textes, durch Informationen über den Inhalt oder aber — eine viel zu wenig genutzte Möglichkeit — durch eigene Spielversuche. Die Lektüre, hier wieder ins Spiel gekommen, gewinnt in diesem Zusammenhang den ihr zustehenden Stellenwert. Der Theaterbesuch und die Diskussion darüber wird zum Schluß- und Höhepunkt der Unterrichtssequenz.

Die Erwartungshaltungen der Schüler an den Theaterbesuch liegen überwiegend auf der Ebene der Kenntnisvermittlung. Dagegen ist auf den ersten Blick nichts einzuwenden, es darf sogar als Bestätigung der schulischen Arbeit genommen werden. Und doch haben wir zu konstatieren, daß sich bei den Erwartungen der erwachsenen Theaterbesucher die Akzente deutlich verschieben; vor allem das Element der Bedürfnisbefriedigung, das bei den Schülern ganz fehlt, tritt in den Vordergrund. Versuchen wir, diese Diskrepanz zu deuten, stoßen wir als eine wichtige Ursache auf die Tendenz zur Professionalisierung, die die Schule heute in erheblichem Maße erfaßt hat. Zu ihren Wirkungen gehört, daß die Erfahrung, das Drama könne auch um der Unterhaltung und um des Vergnügens willen rezipiert werden, in den privaten Bereich verdrängt wird. Dort und später "im richtigen Leben" mag das seinen Platz haben, aber nicht in der Schule; die Schule reklamiert für sich den Anspruch auf "Ernsthaftigkeit". Eine solche Sichtweise verkennt jedoch, daß "Vergnügungen" keineswegs "ornamentale Nebensachen" sind, vielmehr "notwendiger Bestandteil des seelischen Haushaltes".[15]

Ein Blick, gewissermaßen auf die andere Seite, vermag zudem einsichtig zu machen, daß Ernsthaftigkeit und Vergnügen sich keineswegs ausschließen. Damit nämlich das Drama überhaupt seine Wirkung entfalten kann, bedarf es beider Elemente gleichermaßen. Bei den Alten hat Horaz in seiner berühmten Formel das "delectare" gleichberechtigt mit dem "prodesse" verbunden, und heute stellt etwa Max Frisch das "Vergnügen"[16] ebenso neben das "quod erat demonstrandum"[17] wie seine Vorgänger; beispielsweise Lessing in seinem Brief an Friedrich Nicolai vom November 1756[18]; beispielsweise Schiller in seiner Rede "Was kann eine gute stehende Schaubühne eigentlich wirken?"[19] oder in seiner Abhandlung 'Über den Grund des Vergnügens an tragischen Gegenständen'[20]; beispielsweise Brecht in seinen 'Theater-Schriften', etwa in dem Beitrag 'Vergnügungstheater oder Lehrtheater?'[21]. Brecht konstatiert zwar im modernen Drama und Theater einen Gegensatz zwischen dem Vergnügen und der Unterhaltung einerseits und andererseits dem Nutzen oder der Belehrung[22], um so mehr tritt er selbst aber dafür ein, diesen Gegensatz aufzuheben und die beiden Funktionen Unterhaltung und Belehrung wieder miteinander zu verschmelzen[23]. Kunst, respektive Drama und Theater, sind ihm ohne Vergnügen, ohne "Spaß"[24] nicht vorstellbar.

Wenn aber dieser Satz Geltung beanspruchen darf, betrifft seine Reichweite nicht allein den eng begrenzten Theaterbezirk, sondern auch die Literaturrezeption außerhalb, nicht zuletzt jene in der Schule. Wenn es gelingt, daß dort Kognition und Emotion nicht gegeneinander ausgespielt, sondern miteinander verbunden werden, darf auch das Vergnügen seinen ihm zustehenden Rang beanspruchen.

Am augenfälligsten läßt sich diese Bedingung am Beispiel der Motivation aufweisen. Auch für den Umgang mit Literatur gilt, daß ohne Motivation die Grundlage für alle Lernprozesse fehlt. Da nun aber die Motivation erhebliche Antriebskräfte aus dem Vergnügen bezieht, das der Mensch einer Sache abgewinnen kann, darf im Kehrschluß gefolgert werden, daß ohne Vergnügen der Zugang zum Drama verstellt bleibt. Wenn sich aber auch die Aussicht auf Vergnügen bietet, ist der Schüler bereit, sich auf Neues, ihm noch Fremdes einzulassen. Und wenn dieses Unbekannte oder wenig Bekannte zudem noch, wie beim Drama, an sich selbst den Anspruch stellt, Vergnügen bereiten zu wollen, wenn es sich auf der Bühne präsentiert, wäre mehr als unverständlich, es nicht auch auf diese Weise, in einer Aufführung im Theater, zu rezipieren. Denn nur so ist die Grundlage für einen wirkungsvollen Unterricht zu schaffen.

III. Einige Folgerungen

Der Dramenunterricht verfehlt seine Aufgabe, wenn auch künftig ein großer Teil (der größte?) der ihm anvertrauten jungen Menschen die Schule verläßt, ohne motiviert worden zu sein, weiterhin Dramen zu rezipieren. Es muß sein Ziel sein, Informationen, Impulse, Orientierungshilfen zu geben, Erfahrungen zu vermitteln und Erlebnisse zu schaffen, die geeignet sind, das Interesse an Drama und Theater wachzurufen und zu erhalten. Eine realistische Einschätzung wird zwar in Rechnung stellen, daß dies nicht bei allen Schülern erreichbar sein wird, deshalb ist das Ziel aber noch lange nicht falsch. Daß das Bemühen Chancen auf Erfolg hat, belegt die Äußerung eines der befragten Schüler, die ich zum Titel dieses Beitrags gemacht habe und mit der er das Fazit aus seinen schulischen Erfahrungen zieht:

Also, ich gehe sehr gern ins Theater.

Anmerkungen

1) Vgl. z.B. K. Stocker: Die dramatischen Formen in didaktischer Sicht. Donauwörth: Auer 1972
2) A. Beiss: Einführung in das große Bühnenstück. In: Beinlich, A. (Hrsg.): Handbuch des Deutschunterrichts. 2 Bde. Emsdetten: Lechte 4/1966, S. 1041-1096, hier Bd. 2, S. 1043
3) W. Müller-Seidel: Dramatische Gattung. In: Friedrich, W.H./W. Killy (Hrsg.): Literatur II. Erster Teil. Frankfurt a.M.: Fischer 1965, S. 162-184, hier S. 163
4) H. Nobis: Einführung in die strukturale Dramenanalyse. Ein praxisorientierter Beitrag zum wissenschaftspropädeutischen Deutschunterricht in der Sekundarstufe II. Limburg: Frankonius 1977. Vgl. auch das Heft 'Strukturelemente des Dramas' von Helmut Popp aus der Reihe 'Studientexte für die Kollegstufe' (München: Oldenbourg 1980), das nach theoretischen Texten über den dramatischen Raum, die dramatische Figur, die dramatische Handlung und die dramatische Sprache 29 kurze Dramenausschnitte präsentiert, ohne auch nur ein einziges Mal eine Bemerkung über den Ort der Szene im jeweiligen Drama zu verlieren; die Szenen werden einfach durchnumeriert, der Titel des Stückes wird am Ende des Ausschnittes gerade noch als Fußnote mitgeteilt.
5) G.E. Lessing: Beiträge zur Historie und Aufnahme des Theaters. In: Lessing, G.E.: Werke. Hrsg. von H.G. Göpfert. Band 3: Frühe kritische Schriften. München: Hanser 1972, S. 360
6) Schillers Briefe 1.11.1796-31.10.1798. Schillers Werke. Nationalausgabe. 29. Bd. Hrsg. von N. Oellers und F. Stock. Weimar: Böhlau Nachf. 1977
7) H.v. Hofmannsthal: Aufzeichnungen. Frankfurt a.M.: Fischer 1959, S. 328
8) W. Beimdick: Theater und Schule. Grundzüge einer Theaterpädagogik. München: Ehrenwirth 2/1980, S. 50
9) Hofmannsthal 1959, S. 328f.
10) W. Hinck: Handbuch des deutschen Dramas. Düsseldorf: Bagel 1980, S. 7f.
11) M. Pfister: Das Drama. Theorie und Analyse. München: Fink 1977, S. 19
12) Vgl. z.B. K. Göbel (Hrsg.): Das Drama in der Sekundarstufe. Kronberg/Ts: Scriptor 1977
13) F.-J. Payrhuber: Drama: Lesen, verstehen, inszenieren. München: Oldenbourg 1983
14) H.J. Schäfer: Das Theater und sein Publikum. In: Pulizistik Nr. 4 (1967), S. 207-218, hier S. 216f.
15) K. Eibl: Mythenpflege oder Aufklärung? Zu Funktion und Aufgaben des Literaturunterrichts. In: Mainusch, H. (Hrsg.): Literatur im Unterricht. München: Fink 1979, S. 68-80
16) M. Frisch: Der Autor und das Theater (1964). In: Frisch, M.: Öffentlichkeit als Partner. Frankfurt a.M.: Suhrkamp 1967, S. 79
17) M. Frisch: Noch einmal anfangen können. Ein Gespräch mit Max Frisch. Von D.E. Zimmer. In: Die Zeit vom 22.12.1978
18) Brief an Friedrich Nicolai (Nov. 1756). In: Lessing, G.E./M. Mendelssohn/F. Nicolai: Briefwechsel über das Trauerspiel. Hrsg. und komm. von J. Schulte-Sasse. München: Winkler 1972, S. 52-57, hier S. 55
19) F. Schiller: Was kann eine gute stehende Schaubühne eigentlich wirken? In: Schillers Werke. Nationalausgabe. 20. Bd. Unter Mitwirkung von H. Koopmann hrsg. von B.v. Wiese. Weimar: Böhlau Nachf. 1962, S. 87-100
20) F. Schiller: Über den Grund des Vergnügens an tragischen Gegenständen. In: Schillers Werke 1962, 20. Bd., S. 133-147
21) B. Brecht: Vergnügungstheater oder Lehrtheater? In: Brecht, B.: Gesammelte Werke. Bd. 15: Frankfurt a.M.: Suhrkamp 1967 (= werkausgabe edition suhrkamp), S. 262-272
22) B. Brecht: Über experimentelles Theater. In: Gesammelte Werke 1967, Bd. 15, S. 285-305, hier S. 292
23) Ebd., S. 294
24) B. Brecht: Die Dialektik auf dem Theater. In: Gesammelte Werke 1967, Bd. 16, S. 867-941, hier S. 924

THEATER – UND FILMKRITIK
Zur Bestimmung und Begründung
einer journalistischen Textform als Gegenstand der Vermittlung

von Jürgen Schneider

I. Zielsetzung

Es soll gefragt werden, wie man Theater- und Filmkritik[1] als Gegenstand einer Vermittlung im literarischen Kommunikationsprozeß der Schule begründen kann. Dabei soll die Beantwortung dieser grundsätzlichen, didaktischen Fragestellung exemplarisch erfolgen, d.h. in einer Weise, die es ermöglicht, Begründung für andere, ähnlich gelagerte Vermittlungsgegenstände zu sein, also mit dem Ziel einer Transferierbarkeit grundsatzdidaktischer Überlegungen.

Im einzelnen soll versucht werden, folgende Fragen zu beantworten:

1. Wo liegt der besondere didaktische Wert der TFK, z.B. im 'Umgang mit Texten'?

2. Was ist der Sinn und Gewinn einer Beschäftigung mit TFK, etwa im Prozeß der Literaturvermittlung, um möglicherweise ein differenzierteres und darum tieferes Textverständnis herbeizuführen?

3. Wozu kann und soll der Einsatz von TFK dienen, d.h. was kann mit der TFK besser als mit anderen Gegenständen oder Texten ein-sichtig gemacht werden, was effektiver erreicht oder vielleicht überhaupt erst nur durch sie an Erkenntnissen gewonnen werden, z.B. im Hinblick auf Wirkung und Wertung, also Rezeption von Literatur oder im Hinblick auf Polyfunktionalität bzw. Multivalenz von Literatur?

4. Warum ist TFK geradezu prädestiniert, Kenntnis über die Hauptfaktoren des literarischen Lebens zu gewinnen und Grundlage für eine aktive 'Teilnahme am literarischen Leben' zu bilden, also die Fähigkeit zu entwickeln, "sich am kulturellen Leben aktiv zu beteiligen" (so der Curriculare Lehrplan Grundkurs Deutsch (1976) in Bayern)?

Prinzipiell läßt sich die Beschäftigung mit TFK modellhaft wie folgt begründen:[2]

1. fachwissenschaftlich unter
   a. dem literaturtheoretischen Aspekt des Textbegriffs bzw. eines erweiterten Literaturbegriffs und der Textsortenbestimmung,
   b. dem sprachtheoretischen Aspekt einer kommunikativen und funktionalen Sprachbetrachtungsweise,

2. fachdidaktisch und curricular unter den Aspekten:
   a. Text als Ergon und Gegenstand der Analyse,
   b. Text als Funktion für heuristische und hermeneutische Zwecke, d.h. als Medium für Selbstfindungs- und Verstehensprozesse, Sinnfindung und Sinnstiftung durch Literatur,
   c. Text als Produkt von Kommunikation und Gegenstand von Kommunikationsprozessen in rezeptionsästhetischen Zusammenhängen, in denen es um Wirkung und Wertung von Literatur auf Seiten eines koproduzierenden Lesers geht, d.h. um Bedingungen der Rezeption, warum ein Werk in einer bestimmten Zeit und in einer bestimmten Gesellschaft so und nicht anders beurteilt wird bzw. in spezifischer Weise wirkt.

II. Fachtheoretischer Ansatz

Unter l i t e r a t u r t h e o r e t i s c h e m Aspekt ist die TFK zunächst einmal als T e x t (als abgeschlossenes Werk: 'ergon') anzusehen und damit Gegenstand der Literaturwissenschaft. Geht es um die Frage der Vermittlung des Textes, so ist er Gegenstand der Literaturdidaktik, d.h. wenn es um die Frage nach dem Warum und Wozu einer Beschäftigung mit TFK als einer bestimmten Textform geht. Demnach muß Ausgangspunkt einer jeden Beschäftigung mit TFK die Frage nach ihrer Bestimmung als spezifischer Textsorte sein, unterscheidbar, abgrenzbar von anderen Textsorten oder -gattungen.

Ausgehend von der Tatsache, daß nicht alles bedruckte Papier — "everything in print"[3], nicht jeder Text Literatur (ohne Unterschied) ist (im Extremfall Kursbuch der DB, Telefonbuch der BP), wäre die TFK auf einer 'höheren' Ebene unter Zugrundelegung eines sog. erweiterten Literaturbegriffs[4] ein G e b r a u c h s t e x t, ein pragmatischer oder expositorischer Text, der wie z.B. ein Werbetext literarische Gestaltungs- oder Stilelemente aufnehmen, also ästhetische Strukturen enthalten kann und dann im Sinne gesteigerter Sprachentfaltung, Geformtheit und potenzierter Wirkung Literatur ist.[5] Das Problem, das sich mit der Beschäftigung und Bestimmung der TFK als Gebrauchstext oder Zweckfom stellt, liegt darin, daß es sog. nichtliterarische, pragmatische Texte gibt, die dennoch literarische Stilelemente bzw. ästhetische Strukturmerkmale aufweisen, die über die reine Mitteilung hinaus eingesetzt, die Aussage verstärken, die Wirkung intensivieren und damit eine Verdichtung, Formung und einen erhöhten Wirkungsgrad von Sprache herbeiführen, wie sie 'literarischen' Texten eigen ist: Werbetexten, Reden, Predigten, Biographien, Geschichtsschreibung, etc. ... Demnach sind all diese Texte gesteigerter Sprache und Wirkung, bewußter Geformtheit und Intensivierung der Mitteilung als l i t e r a r i s c h e Texte anzusehen — aber nicht als poetische, fiktionale oder ästhetisch-fiktionale Texte. Diese unterscheiden sich von "anderen Texten" durch die Fähigkeit, Welt in Modelle zu setzen[6], in Wirklichkeiten sui generis, die kraft ästhetischer Kodierung semiotisch-systemhaft gesprochen als 'Superzeichen' unserer realen Welt fungieren und kraft ästhetischer Differenz ästhetische Erkenntnisse zutage fördern können.

Aus all diesen Überlegungen ergibt sich nun, daß die TFK nach einer ersten Ausgrenzung aus dem Bereich 'Text' ein 'literarischer' Text (extensiver Literaturbegriff) ist, der aktuell, rasch erstellt und verkauft sein muß und damit als 'Gebrauchstext' journalistischer Provenienz fungiert, um auf ein kulturelles Ereignis eine unmittelbare informative und zugleich kritisch wertende Antwort zu geben.[7]

Was den Nachweis des Charakters der Literarität dieses Gebrauchstextes anbelangt, so dürfte ein kurzer Blick in die Theaterkritiken, z.B. von Alfred Kerr, genügen, um festzustellen, wie 'literarisch' oder 'literarisiert' diese journalistische Gebrauchs- oder Zweckform ist. Am Beispiel von Kerrs Verriß zu Döblins 'Ehe' aus dem Jahre 1931[8] kann dies verdeutlicht werden:

Die außerordentlich potenzierte Wirkung, die von dieser Kritik ausgeht, ist zurückzuführen auf den massierten, bewußten und gezielten Einsatz expressiver, emotional wertender Stilelemente 1. auf lexikalischer, 2. auf phonetischer und 3. auf grammatischer Ebene. Um nur einige Beispiele aus dem Arsenal der hier exemplifizierten Stilmittel, Klang-, Wort-, Satz-, Gedankenfiguren und Bilder herauszugreifen: Unter semantisch-expressivem Aspekt sind es v.a. die originellen Wortzusammenfügungen (substantivische Komposita), Neubildungen in z. T. attributiv erweiterten Satzgliedern zu Wortspielereien wie:

"Jetzt aber Schluß. Dieser Tiefstand einer Nutzdramatik ist nicht mehr unterbietbar. Champions des Ungeschicks. Schlemihle des Wiederkäuens. Schädlinge der Helferlust. Wohltäter voll Gottgeschlagenseins. Menschenfreunde mit Ödnis und Blödnis —... Nieder damit. ... Sozialverekler, Nachsprecher, Modenethiker, Mitmacher, Ideenschänder, Imperativstümper, Unkönner, Schwachbolde, Wohlfahrtskrüppel, Stieflinge, Mißkünstler: nieder damit. Aus die Geduld. ... Döblin der Letzte."

Auf die phonetischen Stilelemente der Lautwiederholung (Alliteration: Schreckensmänner, Sch-lemihle, Sch-ädlinge; Schlagreim: Ödnis, Bl-ödnis) und der zeitlichen Aufgliederung (Zäsurenhäufung in der rhythmischen Gestaltung) sei nur kurz hingewiesen. Unter syntaktischem Aspekt fallen besonders die elliptischen Sätze, Kurzsätze oder Einwortsätze auf: "Jetzt aber Schluß.", "Aus die Geduld.", "Dann: eine Gärtnerfamilie.", "Wohnungsnot.", "Wirkungsloser Fabriksvorgang: ohne Salz, mit Schmalz." und immer wieder: "Nieder damit. Nieder damit. Nieder damit." Die Satzgliedfolge und die Verknüpfung zwischen den Satzgliedern und Sätzen, die syntaktischen Verhältnisse also verraten eine gezielte Verwendung von Asyndeta, unverbundener parallel gefügter Satzglied- oder Wortreihen aus Substantivgruppen. Diese emphatisch-hyperbolische Sprechweise und dieser Wortreichtum, der sich wie wahre Kaskaden von Schimpfereien ergießt, sind wohl kaum noch zu überbieten. Sogar "ein spezifisch für die Kritik brauchbares zusätzliches Stilmittel außerhalb der Sprache"[9] hat Kerr hier erfunden: "die numerierten Absätze, die wie Blöcke aneinandergereiht werden ... Diese Numerierung ermöglicht eine spezifische Form des Urteilens durch die isolierte — nicht selten brutale — Heraushebung bestimmter Thesen, die dadurch ein besonderes Gewicht erhalten".[10]

Für eine nähere Bestimmung der TFK als Textsorte ist also eine erste Ausgrenzung notwendig gewesen: Sie ist ein 'literarischer' Gebrauchstext.[11]

Zugleich fungiert sie zweitens als 'Zeitungstext' oder journalistische Form, wobei dann alle Kriterien publizistischer, massenmedialer Texte auf die TFK als Textsorte zutreffen. Mit diesem Zeitungstext hat es eine besondere Bewandtnis:

Er ist nicht etwa auf der 'frontpage' zu finden, sondern ganz im Gegenteil im sog. Beiblättchen oder Feuilleton, so daß drittens, aus den journalistischen Formen ausgegrenzt, die TFK ein 'feuilletonistischer Text' ist. W. Haacke[12] versteht unter 'Feuilleton' den 'kulturellen Teil' der Zeitungen, und zwar als "Umschlagplatz für kritische Belehrung und ablenkende oder erbauende Unterhaltung"[13], d.h. es enthält "unter dem Strich": "die traditionelle Mischung von kulturellen Nachrichten, Berichten, Kritiken und schöpferischer Unterhaltung"[14] (das sind unterhaltende "Beiträge, etwa Romane und Kurzgeschichten"[15]).

Die 'Kritik' stellt also eine weitere, vierte Ausgrenzung und damit Bestimmung der TFK als Textsorte dar. Wieder nach W. Haacke ist die Kritik "in erster Linie ein Benachrichtigen"[16], "eine Mitteilung über ein Ereignis".[17] Die Aufgabe der publizistischen Kritik besteht darin, daß sie "jene Menschen, die an einem Ereignis, das auf der Bühne oder auf der Leinwand stattgefunden hat, an dem sie aber nicht teilnehmen konnten, darüber so ins Bild setzen (soll), daß sie nach dem Lesen der Schreibe oder dem Anhören der Rede des Publizisten darüber im Bilde sind, was tatsächlich vorgefallen ist".[18]

Die fünfte und letzte Ausgrenzung aus der Gattung 'Kritik' ist schließlich die 'Theaterkritik' und die 'Filmkritik' (neben 'Buchkritik' oder 'Literaturkritik', 'Fernsehkritik', 'Schallplattenkritik', 'Musikkritik', etc.). Als publizistische Kritik beginnt die TFK "wie die Reportage beim logischen Aufzählen der vorgefundenen Tatsachen. Diese sind gegebenenfalls sogar in der Aneinanderreihung der Geschehnisfolge des Theaterabends, des Filmes oder des Fernsehstückes zu referieren. ... Nur wenn solche Bedingungen bis in alle notwendigen Einzelheiten über Regie, Darsteller, Bühnenbildner, Kameratechnik und dergleichen erfüllt sind, also erst im Anschluß an eine möglichst objektive Aufnahme der Tatsachen, darf der Kritiker seiner subjektiven Laune, seinen stilistischen Einfällen, seinen Witzen und Torheiten das Tor öffnen. — Wie er sein Urteil einkleidet, darüber bestehen außer dem Grundsatz, daß es aus der Sache selbst begründet sein muß, keinerlei Regelungen"[19].

Die Filmkritik insbesondere hat in erster Linie die Aufgabe, "die Filmschöpfung prüfend zu erschließen. Sie muß die Frage stellen, in welcher Weise Drehbuchautor, Regisseur, Kameramann und Cutter es fertiggebracht haben, ein Werk zu schaffen, das den Eigen-Gesetzen der Filmkunst entspricht. Um dem Film gerecht zu werden, um zu helfen, daß er als Kunstform anerkannt werde, muß die Kritik über alle soziologischen Kategorien hinaus filmästhetisch sein. Das bedeutet, sie versucht in ihrem jeweils einzelnen Objekt die stets gültigen filmischen Gestaltungselemente zu entdecken. Erst in zweiter Linie mag sie sich — in Anbetracht der publizistischen Wirkung des Films — von gesellschaftlichen Gesichtspunkten her ihrem Objekt nähern ..."[20].

Unter s p r a c h t h e o r e t i s c h e m Aspekt geht es bei der Bestimmung der TFK um eine Sprachbetrachtungsweise unter kommunikativen, funktionalen Gesichtspunkten, d.h. um die Semantik und Pragmatik eines zugrundeliegenden Redegegenstandes, um Struktur und Intention eines in Rede stehenden sprachlich zu fassenden Sachverhalts.
Vom zugrundeliegenden Redegegenstand (1) und der Redeintention (2) sowie der Relation des Schreibers zu seinem Redegegenstand (3) her gesehen, zeichnet sich die TFK durch eine mehrfache Bezugsrichtung[21] aus: Als Redegegenstand erscheint (a) die epische oder dramatische Vorlage und (b) die Aktualisierung oder Realisation dieser dramatischen, epischen Vorlagen in der Theaterinszenierung oder Filmadaption.[22] Damit zeichnet sich die TFK durch einen doppelten inhaltlichen Sachbezug aus (siehe auch Schaubild A, folgende Seite).
Von der Redeintention her gesehen ist die TFK publikumsbezogen, vom Verhältnis des Kritikers zu seinem Redegegenstand her gesehen ich- und wertungsbezogen, dadurch daß der Kritiker den Redegegenstand, die realisierte, konkretisierte Theaterinszenierung und/oder Filmadaption kritisch wertet (Interpretanzbezug) (siehe auch Schaubild B, folgende Seite):

9. Mediendidaktik

A.

Doppelter Sachbezug der TFK

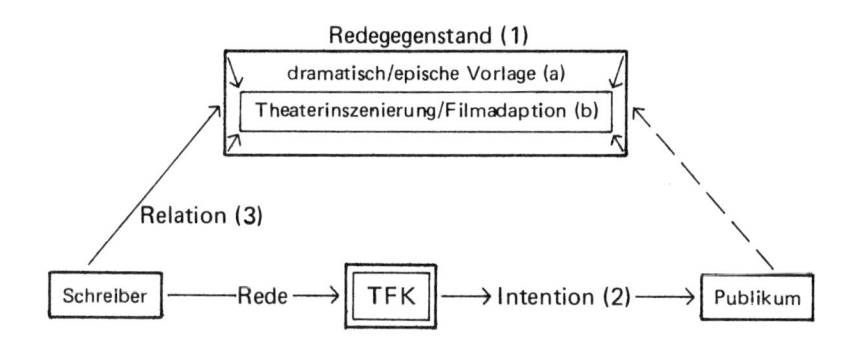

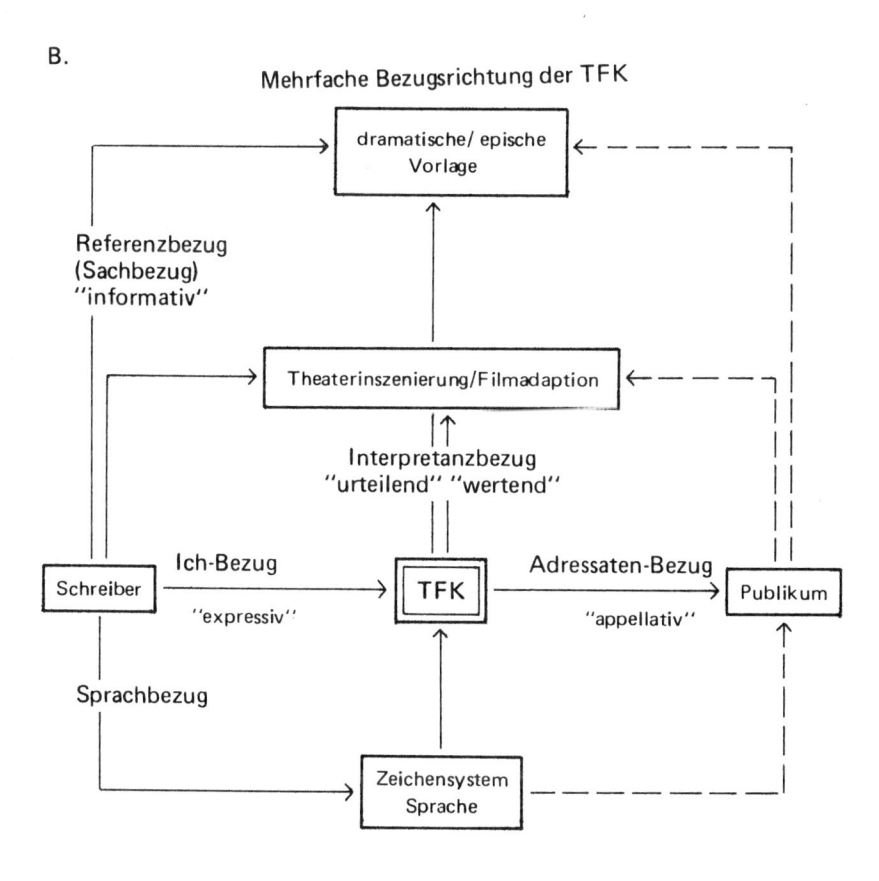

```
                    Redegegenstand (1)
            ┌─────────────────────────────────┐
            │   dramatisch/epische Vorlage (a) │
            │  ┌───────────────────────────┐  │
            │  │ Theaterinszenierung/       │  │
            │  │ Filmadaption (b)           │  │
            │  └───────────────────────────┘  │
            └─────────────────────────────────┘
           ↗                                    ↖ ─ ─ ─
    Relation (3)                                        ─ ─
          │                                                 ─
  ┌──────────┐         ┌─────┐                         ┌──────────┐
  │ Schreiber│──Rede──▶│ TFK │──Intention (2)─────────▶│ Publikum │
  └──────────┘         └─────┘                         └──────────┘
```

B.

Mehrfache Bezugsrichtung der TFK

Referenzbezug
(Sachbezug)
"informativ"

dramatische/ epische Vorlage

Theaterinszenierung/Filmadaption

Interpretanzbezug
"urteilend" "wertend"

Schreiber — Ich-Bezug → TFK — Adressaten-Bezug → Publikum
            "expressiv"   "appellativ"

Sprachbezug

Zeichensystem Sprache

Daraus ergibt sich von der Darstellungsintention und -art her gesehen eine ausgesprochene Mischform, ein Mischtypus aus literarischem Text (beschreibend, unterhaltend, belehrend), Gebrauchstext (kommentierend, wertend, argumentierend, appellierend, meinungsbildend) und Sachtext (berichtend, informierend), bestehend also aus expressiven, subjektiven, appellativen, suggestiven, manipulativen und referentiellen (darstellenden), sachlichen, distanten, emotiven und interpretierenden (wertenden), kritisierenden Anteilen. Ob die TFK generell als primär publikumsbezogen, d.h. primär appellativ anzusehen ist, also der Empfängerbezug vor dem Sachbezug dominiert, und zwar aufgrund textexterner Bedingungsfaktoren[23], ist durchaus fraglich: Wie schon erwähnt stellt die Kritik in Zeitung und Zeitschrift in erster Linie eine Benachrichtigung dar, primär eine Mitteilung über ein Ereignis. Sie soll jene, die an der Aufführung im Theater oder im Kino nicht teilnehmen konnten, so ins Bild setzen, daß sie nach der Lektüre der Kritik im Bilde sind, was sich tatsächlich ereignet hat. Entscheidend ist erstens, daß der Subjektivität des Kritikers Tür und Tor geöffnet sind — allerdings unter der Bedingung einer möglichst objektiven Aufnahme der Tatsachen (s.o.); zweitens, daß es ganz in seinem Belieben steht, wie er sein Urteil präsentiert, und drittens, daß die Kritik (nach Haacke) zu verstehen ist als ausschneidende, ausscheidende, entscheidende, beurteilende, aber auch verurteilende Prüfung des betrachteten, aufzunehmenden und einzuordnenden Gegenstandes: "Damit ist klar, daß Kritik so mannigfaltig angelegt und durchgeformt sein kann, wie es Objekte gibt, die erstens einer Anzeige wert und zweitens einer Bewertung zugänglich sind"[24].

Im Rahmen der 3. Bayerischen Theater-Tage in Augsburg vom 8.-19. Juni 1985 äußerte C.B. Sucher, Kritiker der Süddeutschen Zeitung, in einem Gespräch auf einer Veranstaltung zum Thema 'Theater und Kritik' am 18. Juni 1985, daß der Kritiker weder bewußt noch unbewußt beim Schreiben primär an das Publikum denke; er, der Kritiker, schreibt, weil es ihm Freude macht, über Theater zu schreiben, und daß es dem Publikum Freude bereiten soll, eine Kritik zu lesen; also stehe das literarische, unterhaltende, lukullische Interesse ('delectare') im Vordergrund.

Es kann also keine Rede davon sein, daß die TFK in ihrer Darstellungsart und -intention primär apppellativ ist: Im Vordergrund steht der Sachbezug, die informierend mitteilende Darstellungsintention, der Ich- oder Schreiberbezug, die expressive und unterhaltende Absicht, der begründete subjektive Eindruck (so Sucher).

III. Fachdidaktischer Ansatz

TFK als fachdidaktischer und curricularer Gegenstand zielt auf Text als Ergon, Textanalyse und Textaktualisierungsmöglichkeiten, d.h. 1. auf Textuntersuchung und 2. auf Textverstehen (hermeneutische Reflexion) als Stufen einer Textaneignung, aber auch auf Aspekte des Lernbereichs 'Schriftlicher Sprachgebrauch': Unter dem Gesichtspunkt der Analyse von Gebrauchstexten oder Gebrauchsformen der Sprache geht es generell und prinzipiell um die Berücksichtigung der Textsortenvielfalt und speziell um die "Fähigkeit, die Sprache in Gebrauchstexten zu analysieren"[25], und das heißt, Texte nach Inhalt, Mitteilungsgehalt, Informationsanteil, Form, Darstellungsart und -verfahren (Aufbau, Gliederung, Strukturierung) und Intention (die durch den Text vermittelte Aussage des Autors) zu erfassen.

Hier kommt es darauf an, die kommunikationsorientierten funktional verwendeten Anteile des sprachlichen Zeichengebrauchs zu eruieren: appellative, expressive, referentielle, wertende usw. Elemente in ihrer jeweils unterschiedlichen Gewichtung und in ihrer jeweiligen Funktion für die Ermittlung der Intention des Schreibers zu bestimmen.[26] Von daher gesehen könnten Typologien von TFKen erstellt werden. Man denke an Theaterkritiken von A. Kerr, H. Jhering, A. Polgar, G. Groll, J. Kaiser, G. Hensel usw. oder an Filmkritiken von R. Arnheim, S. Kracauer, H.C. Blumenberg usw.

Mit dieser vorwiegend produktiv-analytischen Sprachverwendung im Lernbereich 'Schriftlicher Sprachgebrauch' ist selbstverständlich die mehr rezeptiv-analytische Sprachverwendung im 'Umgang mit Literatur' verzahnt, die 'Arbeit mit Texten' im Literaturunterricht auf einer ersten Stufe mit abgedeckt, aber hier kann darüber hinaus ein weiteres gezeigt werden, nämlich daß TFK als journalistische Gebrauchsform einen wesentlichen Beitrag für die Interpretation und hermeneutische Reflexion eines literarischen Textes leisten kann, ja daß TFK u.U. besser oder überhaupt erst Einsicht in die Möglichkeiten vielfältiger Produktion und Reflexion eines dramatischen oder epischen Werkes innerhalb literarischer Kommunikationsprozesse ermöglichen kann, als es andere Unterrichtsgegenstände oder Texte je ermöglichen können:

1. grundsätzlich unterschiedliche Interpretations- und Realisierungsmöglichkeiten ein und derselben dramatischen oder epischen Vorlage in der jeweiligen Theaterinszenierung oder Filmadaption unmittelbar vor-Augen-führen, sicht-bar machen und damit verdeutlichen zu können; Möglichkeiten immer neuen Verständnisses eines literarischen Werkes aufzeigbar zu machen im Spiegel ihrer Kritik und Rezeptionsgeschichte sowie

2. darüber hinaus erklären zu können, warum das so ist, woran das liegt: nämlich an der Zeitbedingtheit aller literarischen Produktion, an dem Zusammenhang von Literatur und ihren sozialen, historischen und ästhetischen Bedingungen, d.h. weiter an der jeweiligen gesellschaftlichen Lebenslage von Autor und Publikum, also am 'Sitz im Leben', an der sich ständig verändernden gesellschaftlich-historischen Lage.

Darin liegt der eigentliche Wert und die didaktische Relevanz der TFK als eine im Deutschunterricht zu vermittelnde und vermittelbare Textsorte: diese Deutungs- und Verstehensvielfalt ad hoc und unmittelbar demonstrieren zu können, nämlich daß und wie ein und dasselbe literarische Werk entweder synchron (zum gleichen Zeitpunkt) durchaus kontrovers oder diachron (zu unterschiedlichen Zeiten) durchaus unterschiedlich gesehen, verstanden, aufgefaßt, bewertet werden kann.

Man schaue z.B. nur einmal in die Rezeptionsgeschichte von Schillers 'Kabale und Liebe' seit der Mannheimer Aufführung am 15. April 1784, beginnend mit den bekannten Äußerungen Andreas Streichers bis hin zu Christof Nels Frankfurter Inszenierung aus dem Jahre 1977 und Andrea Breths Freiburger Inszenierung vom 15. Dezember 1984 oder Martin Hellbergs (einzig diskussionswürdiger) Verfilmung aus dem Jahre 1959 in der DDR.

Damit erweist sich die TFK als didaktisch hochwertiger Gegenstand, und für ihren Einsatz im Deutschunterricht ergibt sich die Zielsetzung: den vielschichtigen, aufeinander bezogenen Vermittlungsprozeß von Literatur transparent zu machen und auf die jeweilige Bedeutung der einzelnen Vermittlungsebenen hinzuweisen:

Brechungs- bzw. Vermittlungsebenen des literarischen Stoffes od. Motivs, bedingt durch verschiedene Bearbeitungs- od. Rezeptionsstufen

```
↑ 1. ┬Stoff/Motiv
↑ 2. ⌄dramatische oder epische Vorlage: Drama/Roman
↑ 3. ⌄Inszenierung/Adaption
↑ 4. ⌄Theater-/Filmkritik
┴ 5. ⌄Rezeption durch den Leser
```

Der Leser erfährt z.B. das Motiv "Mord an der Geliebten" in Büchners 'Woyzeck' oder "Scheitern einer Liebe" in Schillers 'Kabale und Liebe' oder in Christa Wolfs 'Geteiltem Himmel' in mehreren Brechungen: Die Umstände, an denen die Liebenden in ihrer Liebe scheitern, erscheinen in immer wieder neu realisierten Begründungszusammenhängen, wie sie 1. vom Autor des Dramas oder Romans, 2. vom Theater- oder Filmregisseur und 3. vom Kritiker wahrgenommen werden. Somit begegnet dem Leser das Motiv Woyzecks für die Mordtat an seiner Geliebten zunächst durch Georg Büchner 1836 in dramatisch konzipierter, dann durch Werner Herzog 1978 in filmisch adaptierter und schließlich durch Hans-Christoph Blumenberg 1979 in filmkritischer Spiegelung.[27]

Sinn und Gewinn bringt der Einsatz der TFK also in der Erhellung rezeptionsästhetischer und -geschichtlicher Zusammenhänge bei der Analyse und dem differenzierten Verstehen von Texten als Gegenständen von Kommunikationsprozessen. Von daher gesehen kommt der TFK ebenso eine eminent heuristische wie hermeneutische Funktion zu.

Abschließend sei auf ein Problem hingewiesen, das sich im Zusammenhang von Rezeption und Rezeptionsbildung unweigerlich einstellt:
Wie steht es mit dem Aussagewert oder -anspruch auf Gültigkeit der einzelnen Kritik für die Rezeption und Wirkungsgeschichte eines literarischen Werkes? Wie hoch ist ihr Anspruch, repräsentativ zu sein? Wie aussagekräftig und verwertbar ist eine Kritik, die prinzipiell seit Alfred Kerr subjektiv-manipulativ, zufällig ist und sein darf, für den Nachweis, welche Wirkung ein Stück gehabt hat, wie es vom Publikum aufgenommen wurde? Wie kann die Kritik trotz ihres subjektiv-einschränkenden Wesens und ihres punktuellen Charakters als Gefühlsprotokoll[28] insgesamt von allgemeinem Aussagewert für den 'Zeitgeist' sein? Im einzelnen gesehen ist die TFK sicher eine punktuelle, zufällige, subjektive (bis hin zur Manipulation) Darstellung, auf einer höheren Ebene, aber — synchron wie diachron — durchaus als rezeptionsstiftend anzusehen: wie sonst, wenn es keine Zuschauerumfragen in Form von Statistiken gibt? Auf was sonst als auf diese punktuellen Reaktionen ist die Rezeptionsgeschichte in Form der TFK angewiesen?
Außerdem ist mit M. Schlappner festzustellen, daß der Kritiker sich selbst als einen Teil des Publikums auffaßt,

"als jenen Teil zwar, der aus eigener Machtvollkommenheit sich als das zum öffentlichen Reden und Urteilen bestellte Publikum betrachtet, also ein durch Berufung und

Funktion vom schweigenden Publikum abgesondertes, bevorrechtetes Publikum ist. Aber immerhin, und das ist entscheidend, als Publikum noch, als eines der im gemeinsamen Anschauen und Anhören eines Kunstwerkes in den Kreis des gemeinsamen Erlebnisses einbezogenen Menschen demzufolge, dessen persönliche Begegnung mit dem erlebten Kunstwerk, Film, erst im Nachhinein, im Vollzug des öffentlich ausgesprochenen Urteils wieder aus dieser Gemeinschaft heraustritt; dieser Gemeinschaft, die durchaus nicht anonym ist, sondern personenhafte Verschlingung gleich- und verschiedenartiger Reaktionen angesichts des einen Films".[29]

Anmerkungen

1) Im folgenden abgekürzt: TFK
2) Vgl. im folgenden: G. Graf: Zur Möglichkeit der Verschränkung der Arbeitsbereiche 'Sprachliche Übungen' — 'Umgang mit Literatur' — 'Reflexion über Sprache', dargestellt am Beispiel einer Theaterkritik-Analyse. Deutsch. Materialien zur Einführung neuer Lehrpläne. Hrsg. von Landesstelle für Erziehung und Unterricht. Stuttgart 1976, S. 1ff.; und A. Weber/W. Seifert (Hrsg.): Literaturdidaktische Analysen. Modelle zur Unterrichtsvorbereitung. Freiburg i. Br. 1980, S. 12ff.
3) R. Wellek/A. Warren: Theory of Literature. 3rd ed., repr. London 1970 (Penguin Books), S. 20; vgl. auch das nach wie vor lesenswerte ganze Kapitel 2: "THE NATURE OF LITERATURE" (p. 20-28)
4) Die Diskussion um den Textbegriff bzw. eines erweiterten Literaturbegriffs und um das Problem der Textsortenbestimmung 'reiner', 'literarisierter' oder 'literarischer' Gebrauchstexte oder -formen ist längst, spätestens seit Beginn der 70er Jahre zum umfassenden Gegenstand fachwissenschaftlicher (und dann fachdidaktischer) Überlegungen und Untersuchungen geworden. Und zuvor schon in den 60er Jahren wurde ausgiebig in der Literaturwissenschaft die Frage erörtert, ob alle schriftsprachlichen Äußerungen Gegenstand der Literaturwissenschaft sind oder ob es nur solche Texte sind, die sprachliche Kunstwerke sind bzw. zu sein scheinen; und was überhaupt einen 'literarischen' Text von anderen schriftlichen Fixierungen unterscheidet (K.O. Conrady: Einführung in die Neuere deutsche Literaturwissenschaft. Reinbek: Rowohlt 1966, S. 28; vgl. aber schon in den 40er Jahren im anglo-amerikanischen Bereich: R. Wellek/A. Warren: Theory of Literature (s.o.), deren Publikation aber erst in den 50er Jahren in Deutschland in Form einer Übersetzung rezipiert wurde: Theorie der Literatur. Bad Homburg 1959). Diese Diskussion wiederum war zu verstehen als Reaktion auf W. Kaysers in den 50er Jahren getroffene programmatische, postulative wie fragwürdige Einengung des Literaturbegriffs auf 'Dichtung': "Dichtung ist die einheitliche Gestaltung einer eigenen Welt mittels Sprache" (W. Kayser: Die Vortragsreise. Bern 1958, S. 58). "So dürfen wir also sagen, daß die Schöne Literatur der eigentliche Gegenstand der Literaturwissenschaft ist und daß dieser Gegenstand von hinreichender Eigenart gegenüber allen anderen Texten ist". (W. Kayser: Das sprachliche Kunstwerk. München 1948, 6/1960, S. 15)
5) Vgl. A. Weber: Grundlagen der Literaturdidaktik. München 1975, S. 34ff.
6) Vgl. ebd., S. 38f.; ferner A. Weber: Das Phänomen Simmel. Freiburg i.Br. 1977, S. 62; und A. Weber: Kritische Überlegungen zur literaturdidaktischen Theoriediskussion. In: F.J. Payrhuber/A. Weber (Hrsg.): Literaturunterricht heute — warum und wie? Eine Zwischenbilanz. Freiburg i.Br. 1978, S. 137ff.
7) G. Graf: Literaturkritik und ihre Didaktik. München 1981, S. 20
8) A. Kerr: Theaterkritiken. Hrsg. von J. Behrens. Stuttgart 1972, S. 142-145
9) Ebd., S. 165
10) Ebd., S. 164f.
11) Eine Trennung zwischen 'literarischer' und 'literarisierter' Gebrauchsform vorzunehmen, wie H. Belke dies tut (Literarische Gebrauchsformen. Grundstudium Literaturwissenschaft. Bd. 9 (Bertelsmann Universitätsverlag). Düsseldorf: Bertelsmann 1973, S. 7ff.), scheint unnötig.
12) W. Haacke: Das Feuilleton in Zeitung und Zeitschrift. In: E. Dovifat (Hrsg.): Handbuch der Publizistik. Bd. 3. Teil 2. Berlin 1969, S. 218-236
13) Ebd., S. 231
14) Ebd., S. 232

15) Ebd., S. 231
16) Ebd., S. 237
17) Ebd., S. 238
18) Ebd., S. 238
19) Ebd., S. 238f.
20) Ebd., S. 244
21) Vgl. hierzu auch W. Seifert: Theaterkritiken als mediendidaktische Informationsgrundlage. In: G. Stötzel (Hrsg.): Germanistik — Forschungsstand und Perspektiven. Vorträge des Deutschen Germanistentages 1984. 1. Teil: Germanistische Sprachwissenschaft, Didaktik der Deutschen Sprache und Literatur. Berlin/New York 1985, S. 604: Seifert sieht die Bezugsrichtungen teilweise anders: "Insofern der Kritiker selbst Presse oder Rundfunk als sein Publikationsmedium benutzt und sich auf das Medium Theater bezieht, spiegeln sich in einer Theaterkritik mehrere Medien mit ihren Strukturen und Intentionen, aber auch mit ihren gegenseitigen Beziehungen ab. Aus diesem Doppel- oder Mehrfachbezug, in dem der Kritiker steht, resultieren seine Wertmaßstäbe und Wertungsmuster, aber auch seine didaktischen Intentionen."
22) Hier und im folgenden sind also nur Filmkritiken zu Literaturverfilmungen gemeint.
23) G. Graf 1981, S. 21
24) W. Haacke 1969, S. 239
25) Curricularer Lehrplan des Landes Bayern für das Fach Deutsch in der Kollegstufe (Grundkurs), in: KMB1 I So.-Nr. 14/1976, S. 463
26) Vgl. im einzelnen hier G. Graf 1981, S. 20ff., wobei jedoch die vorgebrachte Kritik zur Problematik einer generellen Zeichengebrauchsdominanz im appellativen Bereich grundsätzlich zu berücksichtigen gilt.
27) Filmkritik von H.C. Blumenberg in der ZEIT vom 1.6.1979: "Leben im Eis" zu W. Herzogs Woyzeck-Verfilmung.
28) J. Behrens spricht von den Theaterkritiken A. Kerrs als von Gefühlsprotokollen (1972, S. 172)
29) M. Schlappner: Filmkritik als Aufgabe. In: Zs. f. Massenkommunikation und Pädagogik. 3/1969: "Jugend, Film, Fernsehen", S. 132

"WIE MUSS ES DA DEM UNVERSTÄNDIGEN MANNE ZUMUTE GEWESEN SEIN?"

Ein textlinguistischer Versuch zur Textrezeption

von Peter Klotz

Wer im Spätsommer durch Italien fährt, kann beobachten, wie Bauern nach der Ernte die Stoppeln ihrer Felder abbrennen. Abends sieht das sehr schön aus, manchmal sogar gespenstisch. Der Sinn dieser bäuerlichen Tradition liegt darin, die im Restbewuchs der Felder enthaltenen Mineralien sofort wieder verfügbar zu machen und nicht erst auf den Fäulnis- und Gärungsprozeß warten zu müssen; freilich entwickelt sich hierbei der fürs Wachstum nötige Stickstoff nicht.
Macht man sich bewußt, wie ausgetrocknet die Waldgebiete des Südens im Spätsommer sind — überdies ist der Boden mit trockenen Nadeln völlig bedeckt — dann wird einem die große Gefahr bewußt, die durch das Abbrennen der Felder Jahr für Jahr entsteht, und Jahr für Jahr hört man ja auch von katastrophalen Feuersbrünsten.

Um Feuersbrünste soll es im folgenden gehen — und wie man darüber berichten kann.

So findet sich im 'Rheinländischen Hausfreund', seltsamerweise aber nicht mehr im 'Schatzkästlein' Johann Peter Hebels, ein Bericht zu solch einer Brandkatastrophe, der sich von heutigen Zeitungsberichten unterscheidet. An diesen Text (der, soweit ich sehe, in der Sekundärliteratur bisher nicht weiter beachtet wurde) lassen sich Betrachtungen knüpfen, die zum einen das Besondere, das Literarische an Hebels Text aufdecken könnten, die zum anderen einige Merkmale des heutigen Journalismus deutlich werden lassen; und dies nicht durch einen (zu) einfachen Vergleich, sondern indem man solch einen kurzen Text textlinguistisch untersucht und indem man heutige Zeitungsmeldungen dieser Untersuchung gegenüberstellt — es soll der erste Bericht nach der Brandkatastophe im Atomkraftwerk Tschernobyl sein.

Ein einfacher Vergleich verbietet sich schon von den Textfunktionen her: Kalendergeschichten haben seit ihren Anfängen — also seit der Entwicklung der Druckkunst etwa — etwas Moralisches, etwas, das mit dem Sinn des Lebens zu tun hat, und sie bieten praktikable Lösungen für Probleme des Alltagslebens, insbesondere des ländlichen Lebens und Wirtschaftens. Daneben enthalten sie so antirationale Texte wie Wettervorhersagen aufgrund des hundertjährigen Kalenders, Ratschäge über Aussaat und Ernte, die in Bezug zu den Mondphasen gebracht werden, und sie bieten oft astrologische Vorhersagen. Hebel freilich hat seine Kalendergeschichten nicht ganz in diese zum Teil banale Tradition gestellt, weshalb es gerechtfertigt erscheint, einen Text, der auf den ersten Blick heutigen Medientexten zu ähneln scheint, auf seine Literarität hin zu betrachten.

Die meisten heutigen Medientexte haben andere Textfunktionen als die Kalendergeschichten: Sie sollen informieren und aktuell sein, sie sollen als Kommentar z.B. Verständnis für größere Zusammenhänge stiften, und sie sollen etwa als Reportage wohl auch wie die Kalendergeschichten unterhalten. Und daß sich die Astrologie in irgendeiner Form in manchen Zeitungen der Gegenwart noch hält, daran sei hier am Rande erinnert. So kann man sich schließlich doch fragen, ob nicht heutige Medientexte und frühere (und heutige?) Kalendergeschichten ein wenig miteinander gemeinsam haben.

Hebels Texte sind noch heute beliebte (Schul)-Lektüre, freilich auf eine andere Weise, als sie hier beabsichtigt ist. Hier sollen anhand einer Kalendergeschichte Fragen gestellt werden wie: Was ist ein Text, was macht einen Text zum Text, auf welche Fragen antwortet ein Text, und damit, kann man von einer Textbedeutung sprechen? Gleichzeitig soll das Journalistische dieses Textes betrachtet werden, denn das legt der ausgewählte Hebeltext nahe und dies entspricht ja auch durchaus der Funktion von Kalendergeschichten. Für den Gymnasiallehrer Hebel handelte es sich ja um eine Art journalistischer Auftragsarbeit, als er 1807 mit der Herausgabe des 'Rheinländischen Hausfreunds und neuen Kalenders mit lehrreichen Nachrichten und lustigen Erzählungen' betraut und er selbst sein fleißigster Autor wurde.

Im folgenden soll versucht werden, die Mitteilungsleistung eines solchen Textes mit einigen textlinguistischen "Griffen" zu analysieren bzw., mehr als bei einem solchen Bericht üblich, bewußt zu machen. Dabei soll zum ersten dem Fachbegriff der "Textualität" nachgegangen werden, zum zweiten wird der kurze Text von Johann Peter Hebel zu einer Feuersbrunst in Italien auf die Textsorte, auf seine berichtenden und kommentierenden Eigenschaften hin untersucht, zum dritten stellt sich dem Fachdidaktiker die Frage, was lernen wir (zusammen mit den Schülern) aus der Verknüpfung eines neueren pragmatischen Grammatiksatzes mit der Textrezeption bzw. was leistet diese Verknüpfung. Und von hier aus wird schließlich noch ein Blick auf einen heutigen Medien- bzw. Zeitungstext aufschlußreich sein. Doch zunächst zum spätsommerlichen Abbrennen der Felder in Italien; Johann Peter Hebel nimmt folgendes in seine Kalendergeschichten auf:[2]

Große Feuersbrunst.

Satz 1   Aus Italien wird berichtet: Am 5. April 1808 zündete ein Bauer aus dem Dorfe Bevra nahe bei dem Dorf an einer Berghalde das Gesträuch an, damit her-
S. 2   nach das Vieh besser weiden könne. Solches ist da und dort schon oft geschehen
S. 3/4   und hat gutgetan. Aber diesmal wehete ein starker Wind; das Feuer griff
S. 5   schnell und unwiderstehlich um sich. Immer höher prasselte die Flamme, immer heftiger wehete der Wind, und in wenig Stunden brannten in der ganzen Landschaft, in einer Strecke von mehreren Stunden, alle Gesträuche, alle Wäl-
S. 6   der, alle fruchtbare Obstbäume, alle Ställe, alle Wohnungen. Das Flammenspiel an allen Enden und Orten, die entsetzlichen Rauchwolken, die Not- und Jammergeschrei der unglücklichen Menschen war entsetzlich; und so weit man lau-
S. 7   fen und hören konnte, läuteten die Sturmglocken. Zwar eilten die Einwohner
S. 8   aus der ganzen Nachbarschaft und aus weiten Gegenden her zur Hilfe. Aber der immer heftigere Wind und der große Umfang der Feuersbrunst machten
S. 9   alle Mühe und Anstrengung lange zunichte. Erst am 10. vermochte man das
S. 10/11 Feuer zu löschen. Da sah erst alles recht jammervoll aus. Die ganze Gegend
S. 12   war eine schauerliche Verwüstung. Wo vorher fröhliche Herden weideten, sah
S. 13   man jetzt halbverbrannte Leichname. Wo noch vor wenig Tagen muntere Hirten sangen und der emsige Landmann mit Hoffnung seine Arbeit verrichtete, standen jetzt die Unglücklichen trostlos und händeringend auf der Brandstätte ihrer Wohnungen und ihres Eigentums.
S. 14   Wie muß es da dem unverständigen Mann zumute gewesen sein, der durch seine Unvorsicht solches Unglück über sich selbst, seine Mitbürger und Landsleute gebracht hat.   (1809)

An diesem Text beeindruckt das Verständnis, die Einsicht, mit der über das Schreckliche berichtet wird. Es zeigt sich hier eine journalistische Darstellungsweise, wie sie heute kaum mehr möglich zu sein scheint.

Ereignis und Text fordern zu einigen Fragen heraus: Was ist Hauptthema dieses Textes: die Feuersbrunst, der Bauer, die Tage vom 5. bis zum 10. April 1809 in Bevra, etwas allgemein Menschliches, etwas Agrarökonomisches? Der Text beantwortet auf seine eigene Weise einige, aber natürlich nicht alle diese und andere mögliche Fragen. Und gleichzeitig stellt sich die Textsortenfrage, denn Textsorten werden in einer Art gesellschaftlicher Konventionalisierung sowohl unmittelbar mit der Aussageabsicht wie mit dem Inhalt in Verbindung gebracht; Textsorten erzeugen Erwartungshaltungen, welche wiederum auf den Verfasser des Textes zurückwirken: Will er oder muß er den Erwartungen ganz entsprechen, wie das von professionellen Medienautoren aus gutem Grund getan wird, oder will er als Autor mit z.B. literarischem Anspruch die Erwartungen nur teilweise erfüllen, vielleicht um zusätzliche Aspekte aufscheinen lassen zu können? Konventionen sind ja nicht nur im Alltag — auch beim Produzieren und Rezipieren von Texten — Hilfen im gesellschaftlichen Miteinander, sondern sie werden sogar dann wirksam, wenn sie auf überzeugende Weise durchbrochen werden. Dann sind sie als Basis für die Akzentuierung notwendig.

In dieser Situation scheint mir der moderne Leser der Kalendergeschichte von Hebel zu stehen; sie erinnert an eine Nachricht in den Medien am Anfang, und sie endet mit einer Reflexion, wie sie nur manchmal noch in einem Kommentar zu finden ist. Da wir aber von einem Verstehenshorizont ausgehen müssen, wie ihn der heutige Leser hat, etwa im Sinne Gadamers[3], hat die Frage nach der Textsorte heuristischen Wert.

Textsorten lassen sich in diesem Zusammenhang entweder nach journalistischer Konvention z.B. als Nachricht, Reportage und Kommentar unterscheiden, oder sie können pragmalinguistisch als Makro-Sprechakte[4] angesehen werden, wobei sie z.T. mit den journalistischen Textsorten identisch sein können, und sie können kommunikativ etwa unter dem Sprachzeichenmodell K. Bühlers -- mit und ohne die Erweiterung Ecos und anderer um die Interpretanzfunktion[5] -- so betrachtet werden, daß ihre darstellende bzw. ihre appellative bzw. ihre expressive Funktion und in der erwähnten Ergänzung in der interpretativen Funktion gesehen werden.

Gerade an Hebels kurzem Text zeigt sich, wie unvollkommen solche Textsorteneinteilungen greifen, vor allem wenn sie nur naiv verstanden werden. Freilich, die Einteilung der Medien muß notgedrungen einfach sein, damit möglichst viele — vor allem in einer Demokratie — sie verstehen und mitvollziehen können.

Mit Blick auf die Pragmalinguistik und sie Sprechakttheorie läßt sich ein Modell aus dem frühen amerikanischen Behaviorismus gewinnen. Im Behaviorismus geht man davon aus, daß das Verhalten eines Menschen die Reaktion auf einen Reiz, einen "stimulus" sei, wobei recht unterschiedliche Reaktionen möglich sind. (Ich kann eine Beleidigung übergehen, scharf beantworten, zuschlagen usf.). Begreift man nun einen Text als "reactio" auf den "stimulus" Thema, dann wird der Vergleich zur Methode; um einen Text beschreiben und beurteilen zu können, muß ich seine Alternativen mitbedenken. Doch das genügt noch nicht, ein weiterer paralleler Schritt wird notwendig: Das Hauptthema eines Textes kann nicht nur als stimulus angesehen werden, sondern muß gleichzeitig als reactio auf ein Ereignis, das den eigentlichen stimulus darstellt und das verschiedene Themen- bzw. Fragestellungen/Reaktionen eröffnet, angesehen werden. Damit ist ein vorliegender Text e i n e Variante zu mehreren möglichen in bezug auf ein Thema, und dieses Thema ist wiederum nur e i n Thema, ein Sprechakt von mehreren möglichen in bezug auf ein Ereignis (vgl. folgendes Schema).

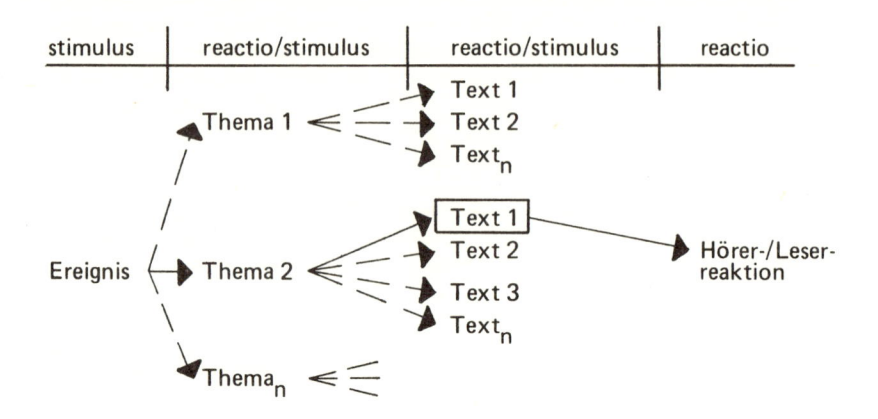

stimulus	reactio/stimulus	reactio/stimulus	reactio
Ereignis	Thema 1	Text 1 Text 2 Text$_n$	
	Thema 2	Text 1 Text 2 Text 3 Text$_n$	Hörer-/Leser-reaktion
	Thema$_n$		

Folglich ist es vor allem jeweils der Autor, der pragmatisch entscheidet, welches Thema er herausgreift und wie er es beantwortet. Stimmt man dem zu, gelangt man zu einer sehr offenen, aber weitere Beschreibungsmöglichkeiten eröffnenden Textdefinition:

> Text ist das, was der Autor zu einem Text macht. Oder: Der Autor bestimmt, was als Text, was als sein Text zu gelten hat.

Diese Definition integriert das Spannungverhältnis von Freiheit und Konvention. Konvention als notwendige Voraussetzung für funktionierende Kommunikation, wobei die "Freiheit" so verstanden wird, daß sie als Variieren oder als bewußtes Durchbrechen der Konvention neuartiges Sagen/ Mitteilen ermöglicht. Damit werden auch alle stilistischen, qualitativen, quantitativen, typisierenden usf. Eigenschaften eines Textes auf den Autor bezogen: Wie hat er den Text "gemacht", gestaltet? ist pragmatisch zu fragen, und: Wie erfährt der Leser diese Eigenschaften? Der Text ist somit Teilobjekt im Gesamtzusammenhang Autor-Text-Leser — was auch für die Medientexte gilt und wohl noch stärker ins allgemeine Bewußtsein gerückt werden sollte.

Von diesem Standpunkt aus können m.E. die beiden textlinguistischen Ansätze, der transphrastische und der pragmatische, miteinander verbunden werden. Makrostrukturell legt sich der Autor auf eine mehr oder weniger konventionalisierte Textsorte fest, die er mikrostrukturell durch verschiedene Sprech- bzw. Schreibakte gestaltet; dabei muß er den syntaktischen, semantischen usw. Bedingungen so folgen, daß daraus nicht nur ein Bündel Sätze wird, sondern sich ein — wiederum nach seinem pragmatischen und stilistischen Willen und nach den kommunikativen Erwartungen der anderen — mehr oder weniger dichter, vielfältiger, differenzierender o.ä. Text — transphrastisch entsprechend organisiert — ergibt.

Wie liest sich nun unter solcher Perspektive Hebels Text?

Als Textsorte wird der — hier journalistische — Bericht gewählt, was sich aus der Übernahme eines entsprechenden italienischen Textes ergeben haben mag; freilich enthält Hebels Text (Satz 3 bis Satz 11) auch Elemente der Reportage, wenn er die Feuersbrunst fast wie ein Augenzeuge anschaulich schildert. Schließlich mündet der Text (ab Satz 12) in eine Betrachtung, bei der zwar immer noch geschildert wird, die aber auch weiteres Nachdenken erfordert. Es bleibt, so scheint mir, dem Leser überlassen, ob er sich mit dem Registrieren eines historischen Ereignisses zufrieden gibt, ob ihn nun Schicksalsgedanken, rechtliche Überlegungen oder Mitgefühl beschäftigen.

Wäre dieser Text also nach heutigem journalistischen Verständnis ein schlechter Text, weil so ganz offensichtlich Textsorten vermischt werden?
— Satz 1 hält sich an die Prinzipien der Nachricht (Wer, was, wann, wo, warum ...). Ab Satz 5 bzw. auch schon 3 spricht die Wortwahl deutlich für die Textsorte Reportage, paraphrasierbar mit einem performativen Ausdruck wie "Hiermit schildere ich anschaulich". Und Satz 14, pragmatisch eine Frage, könnte die Sätze 12 und 13 wie eine Hinführung zu einem Kommentar erscheinen lassen. Eine solche Zergliederung führt an diesem Text vorbei, der noch v o r dem gegenwärtigen Journalismus verfaßt wurde.

Die Sache liegt hier wohl etwas anders: Dies ist die Mitteilung eines verständigen Menschen an andere verständige Menschen. Und so beantwortet der Text die Fragen, die sich natürlich und der Reihe nach stellen:
— Was ist geschehen? Warum geschieht so etwas? (Satz 1 bis 4)
— Und was ist dann passiert? Wie muß man sich dies vorstellten? Konnte man denn gar nichts mehr retten? (Satz 5 bis 9)
— Wie ist es den Überlebenden ergangen? Was mögen sie gefühlt und gedacht haben? (Satz 12 und 13; Satz 10 und 11 stellen einen zusammenfassenden Übergang dar)
— Soll man, kann man bei so viel Unglück noch rechten?
Juristisch würden wir heute von Fahrlässigkeit sprechen, freilich wissend, daß eine juristische Klärung zwar möglich, aber hier kaum sinnvoll wäre.

Wenn ein Text die sich natürlich stellenden Fragen beantwortet, so scheint er mir gut, vor allem dann, wenn er gezielt, aber nicht einengend zum Nachdenken anregt — auch wenn es noch viele Fragen gäbe. Und damit sei auf die offene Textdefinition zurückverwiesen: Der Autor bestimmt, was ein, was sein Text ist.

Nun gilt für Texte, daß sie ein ausgewogenes Verhältnis von Themaprogression und Themakonstanz haben müssen, um eine sinnvolle Eigenständigkeit zu entfalten. Überspitzt formuliert ließe sich sagen: Ständige Themaprogression führt wie bei einem unverbindlichen Gespräch "vom Hundertsten ins Tausendste", und hohe Themakonstanz mag zu einem Thema viele Facetten beisteuern, führt aber schließlich zur Langeweile. Unter "Thema" versteht man in diesem Zusammenhang das Bekannte oder das, was als allgemein bekannt vorausgesetzt werden kann, und unter "Rhema", was als Neues über das Thema ausgesagt wird. Für Hebels Text ergibt die Analyse, daß bis einschließlich Satz 4 Themaprogression herrscht: Das Rhema des Vorsatzes wird zum Thema des Folgesatzes, und so fort. Dann bleibt das Thema konstant: Die Feuersbrunst wird bis einschließlich Satz 9 durch verschiedene Rhemata geschildert, auch wenn sie durch unterschiedliche Proformen immer wieder neu genannt wird. Die kurzen Brechungen der Konstanz haben weiter veranschaulichenden Charakter: In Satz 5 ist die

Erläuterung notwendig, daß gegen den sich verstärkenden Wind nichts auszurichten war, und in Satz 6 findet sich ein interessanter Übergang von der Feuersbrunst zur Not der Betroffenen; das Rhema "... war entsetzlich" führt zu den Hilfsmaßnahmen der benachbarten Dörfer. Satz 8 bringt beide Brechungen der Themakonstanz, Wind und Not, wieder zusammen und gelangt zum Hauptthema Feuersbrunst zurück. Ab Satz 11 wird die betroffene Gegend zum Thema der folgenden Sätze, wobei die Proformen des Themas rückschauende und damit den Kontrast verstärkende lokale Adverbialsätze sind. Die Kontrastierung fällt dem linguistisch geschulten Auge vielleicht deutlicher auf als dem literarisch geschulten, das hier vor allem die rhetorische Reihung bemerken dürfte. Vergegenwärtigt man sich nämlich, daß Sätze Sachverhalte ausdrücken, dann erkennt man, daß eine einfache Proform wie "dort" (o.ä.) die Kombination der Sachverhalte "früher – jetzt" nicht so deutlich gemacht hätte; die betroffenen Menschen mögen ja wirklich an ihr Land gedacht haben, wie es vor wenigen Tagen noch gewesen war. – Solche Versprachlichung nachweisbar zu machen kann eine Funktion des grammatischen Analyseansatzes sein. – Satz 14 greift nun das Thema des ersten Satzes, den Bauern, wieder auf, womit im ästhetischen Sinne ein Rahmen um die Darstellung der Feuersbrunst gesetzt ist. Daß damit dem Leser ermöglicht wird, über das Hauptthema des Textes hinauszugelangen, ist ein weiterer Kunstgriff des Autors.

Ob der Text literarische Qualitäten hat, ist nach der Aufdeckung seiner feinen und sinnvollen Strukturen eine eigentlich überflüssige Frage, weil er über sich hinausweist und weil er nicht auf eine einfache Textfunktion reduziert werden kann.

Ein ganz anders Problem ergäbe sich, wenn man sich fragt, ob man sich solche Texte in der Zeitung wünschen sollte. Was wäre denn, wenn die journalistischen Textsorten von Fall zu Fall vermischt bzw. für eine erweiterte Aussage integriert würden? Wäre dies eine Öffnung für ständige Manipulation, oder änderte sich dann die Erwartungshaltung der Leser dergestalt, daß sie mit weiterreichenden Perspektiven rechneten?

Diese spekulativen Fragen lassen sich umkehren und auf die journalistischen Textsorten selbst anwenden: Sind denn Nachrichten wirklich informativ, oder vermitteln sie nur das Gefühl von Informiertheit? Erweitern denn Kommentare die Sichtweise übers Faktische hinaus, oder gelten sie nur affirmativ für die erwartbare Einstellung des Lesers? Wieviel neue Information und welche andere Meinung verträgt der Leser?

Sieht man sich unter solchen, z.T. rhetorischen Fragen Nachrichten an, wie sie z.B. zur "Feuersbrunst" in Tschernobyl Ende April 1986 in den Medien veröffentlicht wurden, dann ergeben sich beschränkte Informationen, und es ergibt sich im Rückblick vor allem die Enge der Sichtweise.

9. Mediendidaktik 315

Der Unfall in Kernkraftwerk bei Kiew ist die bisher größte Katastrophe
der Nuklearindustrie

Atomreaktor offenbar durchgeschmolzen
Moskau bittet im Ausland um Rat

Sowjetische Regierung spricht von zwei Todesopfern / Evakuierungen eingeleitet
Sicherheitszone von 30 Kilometern um Tschernobyl / Heftige Kritik an Moskaus Informationspolitik

(SZ) Einen Tag nach der Bekanntgabe des schweren Unfalls in einem Atomkraftwerk
in Tschernobyl bei Kiew gab die sowjetische Nachrichtenagentur TASS bekannt, daß
bei dem Unglück zwei Menschen umgekommen sind. Die Evakuierung von vier Ortschaften sei eingeleitet worden, meldete TASS, o h n e z u k o n k r e t i s i e r e n ,
wie viele Menschen davon betroffen sind. Sowjetische Diplomaten ersuchten unterdes-
sen die Regierungen in Bonn und Stockholm um Hilfe, die ihnen auch zugesagt wurde.
Aus der Fragestellung wird geschlossen, daß der Graphit-Moderator des Reaktors seit
Samstag brennt und die Nuklearladung geschmolzen ist. Skandinavische Regierungen,
die mit Alarmmeldungen über erhöhte atmosphärische Radioaktivität am Montag
Moskau nur zu einer kurzen Mitteilung veranlaßten, übten heftige Kritik am Verhalten
der UdSSR.

hü. Moskau (Eigener Bericht)
Das Unglück in dem sowjetischen Kernkraftwerk bei Tschernobyl, 130 Kilometer
nördlich von Kiew, hat bisher zwei Tote gefordert. Die Bewohner der Siedlung des
Kraftwerks und, w i e e s h e i ß t , "der drei nächstgelegenen Ortschaften" sind eva-
kuiert worden. Die sowjetische Regierung teilte am Dienstagabend mit, daß nach der
Beschädigung eines der vier Reaktoren des Kraftwerks "erste Schritte zur Beseitigung
der Folgen des Unglücks" eingeleitet worden seien. Zum ersten Mal g e s t a n d die
sowjetische Regierung e i n , daß bei dem Unglück radioaktive Stoffe entwichen sind.
Moskau nahm a b e r weiter keinen Bezug auf die Welle gesteigerter Radioaktivität.
Der Mitteilung ließ sich a u c h n i c h t entnehmen, wieviele Menschen — Hunderte
oder Tausende — evakuiert worden sind. ...

Was ist hier das Thema, muß man sich insbesondere nach distanzierter Lektüre fragen: Ist es wirklich der Reaktorbrand, oder ist es die sowjetische Informationspolitik, sind es die menschlichen Schicksale, oder sind es die Ost-
West-Gegensätze?

In den Bereichen Inhalt und Wortwahl wird die viel beschworene Objektivität der Nachricht nicht gewahrt. Textlinguistisch lassen sich häufige Kohä-
renzbrüche feststellen, die auf Themawechsel und damit auf zu hoher Themaprogression einerseits beruhen, andererseits kehrt der Text "konstant"
zu seinen beiden Hauptthemen zurück, zum Brand und zu den Schwächen
der Sowjetregierung. Besonders auffällig sind die wertenden Redeeinleitun-
gen bzw. Sprechakte (vgl. Hervorhebungen), die hier das zweite Hauptthema
des Textes akzentuieren, nämlich die sowjetische Informationspolitik. Die
Katastrophe selbst wird sowohl im Lead der Nachricht wie im eigentlichen
Text thematisch inkonsistent behandelt: Zwar wird mit den betroffenen
Menschen begonnen — was immerhin bereits einige Kenntnisse beim Leser
voraussetzt —, dann schiebt sich allmählich eins der Klischees über die
Sowjetunion in den Vordergrund, eben die Informationspolitik, und schließ-
lich kehrt der Text zu den Betroffenen zurück, freilich auch hier vor allem
mit der Tendenz, das zweite Hauptthema noch mehr zu betonen. Und die
Leser fühlen sich informiert ...

Ist es unzulässig, diese Nachrichtenausschnitte einer Hebelschen Kalendergeschichte gegenüberzustellen? Macht man es sich zu einfach, wenn man

den krassen Gegensatz hervorholt, wenn man Hebels Text dagegen so überzeugend findet? Wahrscheinlich ist das so. Und natürlich sind Literaturtext und Alltagstext unterschiedlich. Aber der literarische Text, so scheint mir, hält den kritischen Sinn wach, weist auf die nicht ganz so konventionellen Möglichkeiten des Denkens und Sprechens hin.

Anmerkungen

1) Gut ablesbar z.B. an: K. Franz: Johann Peter Hebel. Kannitverstan. Ein Mißverständnis und seine Folgen. München/Wien 1985
2) Johann Peter Hebels Werke, hrsg. von W. Zentner, 2. Band, S. 130f. Karlsruhe 1939
3) H.G. Gadamer: Wirkungsgeschichte und Applikation. In: Wahrheit und Methode — Grundzüge einer philosophischen Hermeneutik. Tübingen 3/1972, S. 284ff.
4) Zum Beispiel: D. Wunderlich (Hrsg.): Linguistische Pragmatik. Frankfurt a.M. 1972 oder ders.: Studien zur Sprechakttheorie. Frankfurt a.M. 1976
5) K. Bühler: Sprachtheorie. Jena 1939; U. Eco: Einführung in die Semiotik. München 1973; G. Klaus: Semiotik und Erkenntnistheorie. Berlin 1962
6) Süddeutsche Zeitung vom 30.4./1.5.1986, S. 1

SPORTBERICHTERSTATTUNG IN DIDAKTISCHER SICHT

von Walter Seifert

Bei der Begründung der Sportberichterstattung als Unterrichtsgegenstand kann es nicht nur darum gehen, die Sportsprache als isoliertes Phänomen in den Sprachunterricht einzubeziehen. Vielmehr muß der Sport als Teilsystem der Gesellschaft erfaßt werden, das zu anderen Teilsystemen in einem gegenseitigen Abhängigkeits- und Beeinflussungsverhältnis steht. Der Sportberichterstattung kommt es zu, Realitätsstrukturen dieser Teilsysteme in ihre Sprache aufzunehmen und zugleich einen eigenen Realitätsstatus des Sports sprachlich aufzubauen. Es soll gezeigt werden, welche Semantisierungen und Sinngebungen durch die Sportmetaphorik und durch die spezifische Idolatrie im Bereich des Sports vorgenommen werden und mit welchen Zielsetzungen der Literatur- und Sprachunterricht auf diese Beeinflussungs- und Prägungspotentiale eingehen könnte und sollte.

I. Sport als Teilsystem der Gesellschaft

Daß der Sport als Teilsystem der Gesellschaft deren Normen und Strukturen in sich aufnimmt und abbildet, ist vielfach untersucht, belegt und kritisiert worden.[1] Seien es Leistungsnormen, Zweckrationalität, Arbeitsteilung, Disziplin, Durchhaltevermögen, agonale Konstellationen, Bewährung durch Kampf, Triumph des Besseren, Verherrlichung des Siegers und entsprechende Prestigesteigerungen und Verdienstmöglichkeiten, aber auch Wehrertüchtigung, chauvinistische Aggressionen, Randalieren und Rowdytum, alle diese Verhaltens- und Vorstellungsbereiche hat der Sport, vor allem der Leistungs- und Spitzensport, mit anderen Teilbereichen der modernen Gesellschaften, und zwar weitgehend unabhängig vom Gesellschaftssystem, gemeinsam. In der Industrie- und Leistungsgesellschaft entstanden, verkörpert der Sport deren Normen in reiner Form, wie er andererseits auch einen Erholungs- und Kompensationsbereich darstellt. Analog zur Gewinnmaximierung als Prinzip der Marktwirtschaft intendiert der Leistungssport eine Leistungsmaximierung, häufig zwar nur als Selbstzweck oder als Grundlage für Prestigegewinn, für einen Teil der Leistungssportler und für Vereine jedoch auch als Voraussetzung für Gewinnmaximierung. Der Mannschaftssport bezieht seine Effektivität aus der Aufgabenverteilung, Rollenzuweisung, Spezialisierung und Disziplin der einzelnen Sportler. Zweckrationalität und Selbstzweckhaftigkeit stehen eng beieinander:

"Produziert die gegenwärtige Konsumgesellschaft quantitativ mehr, als sie zu ihrer Existenzsicherung benötigt . . . , so produziert der Leistungssport mitunter Rekordleistungen, die der Erhaltung und/oder Verbesserung körperlicher Funktionen kaum noch dienlich sind."[2]

Die Untersuchung der Zusammenhänge zwischen den verschiedenen Teilsystemen der Gesellschaft ist Angelegenheit der Soziologie oder Sozialpsychologie, doch sofern der Sport zum Gegenstand des Deutschunterrichts gemacht wird, lassen sich diese Zusammenhänge auch durch die Analyse der Sportsprache und Sportberichterstattung durchschaubar machen, sofern diese Analyse nicht bei der Sprache stehenbleibt, sondern die Sprach- und Textanalyse bis in soziologische und sozialpsychologische Reflexionen ausdehnt. Abgesehen von den Themen der Reportagen, Sportberichte und Kommentare bilden sich diese Zusammenhänge zwischen den Teilsystemen der Gesellschaft auch und vor allem in der Sportmetaphorik ab. Insofern die Metapher ein sprachliches Instrumentarium bereitstellt, welches die Kombination von Sprachelementen aus verschiedenen Bereichen ermöglicht, falls diese nur auf Grund eines gemeinsamen tertium comparationis zusammenpassen[3], können verschiedene Teilbereiche der Gesellschaft, wie Wirtschaft, Politik usw., Sprachmaterialien bereitstellen, die als Bildspender in die Metaphern Eingang finden können. Allerdings erfolgt der Austausch wechselseitig, indem auch die Sportsprache mit Bildschichten in andere Gesellschaftsbereiche hineinwirkt und die dortige Sprache prägt. Eine Analyse der Bildersprache und Sportmetaphorik vermag also Einsichten in die Zusammenhänge zwischen verschiedenen gesellschaftlichen Teilbereichen zu vermitteln, wobei zu berücksichtigen ist, daß der hohe Grad an Klischeebildung und Stereotypisierung, der in der Sportberichterstattung mit einer pausenlosen Wiederholung derselben Metaphern verbunden ist, auch einen hohen Grad an falschem Bewußtsein der Rezipienten hervorrufen kann.

Die Bildspender der verschiedenen Wirklichkeitsbereiche können im Unterricht leicht durch Auswertungen von Zeitungen in Einzel- oder Gruppenarbeit gesammelt und systematisch geordnet und schließlich sprach- und gesellschaftskritisch reflektiert und diskutiert werden.[4]

Bildspender in der Sportmetaphorik[5]

Bildspender	Beispiele aus der Sportberichterstattung:
Krieg	"Die deutschen Panzer hatten im Schlamm von Avellino Vorfahrt." (SZ 7.2.86, S. 10) 'Er schoß mit einer wahren Granate den Ausgleich.' Abwehrschlacht; Dauer-Kanonade; Kopfballrakete usw.[6]
Wilder Westen	". . . hatte die Nationalelf aus dem Schlamm von Avellino den Skalp des Weltmeisters Italien heimgebracht". (AZ 10.2.86)
Geschichte	"Sicher, die Deutschen sind historisch erfolgreich in den Kämpfen, verlieren aber die Kriege (s. Mexiko, Argentinien und Spanien), aber im Kampf von Avellino haben sie gesiegt." (PNP 7.2.86, S.13)
Natur	"Wie ein Orkan fegen die roten Bayern über die weißen Gladbacher hinweg." (BiSo 27.4.86, S. 115)
Wirtschaft	"Leverkusen spielt in dieser Saison attraktiven Fußball. Die 'Torfabrik' des Chemie-Konzerns Bayer arbeitet im Akkord." (MA 9.12.85, S. 10); 'Tore wie am Fließband'; eine 'Feierschicht' einlegen; 'Ein Aktivposten der Münchner: Beckenbauer'.
Technik	'Werder lief nur auf halber Tourenzahl'. 'F. und S. waren die Schaltstation im Mittelfeld'. 'Nach der Pause stand der Alemannen-Expreß nur noch unter halbem Dampf'. 'Viel wird für die Saarbrücker davon abhängen, ob ihr Mittelfeldmotor G. einsatzfähig ist'.

Bildspender	Beispiele aus der Sportberichterstattung:
Musik	"Doch nicht die Bremer machen die Musik, sondern Stuttgart" (BiSo 27.4.86, S. 114). "Also muß gestückelt werden, so daß Magath . . . nur im Verein mit Matthias Herget den Taktstock führen wird." (AZ 7.2.86, S. 16). 'Das war eine Fußballrhapsodie in Dur und Moll'. X war erneut 'der große Dirigent'. 'Jedesmal fand die Tor-Ouverture auf der rechten Seite statt'. 'Im Duett mit X spielte Y'.
Märchen, Sage	"Köln im Glück" (Ki 23.10.72, S. 3). "Ulis kesse Schwabenstreiche." (Ki 23.10.72, S. 27)

Auffallend ist beim Aufbau der Sportmetaphorik in der Sportberichterstattung, daß die Bildspender häufig zu größeren Bildfeldern ausgebaut werden. Durch diese Ausgestaltung gewinnen die Metaphern einen Teil der Lebendigkeit wieder zurück, die sie durch die Stereotypisierung und häufige Wiederholung verloren haben. Sofern die Bilder aus Kampf und Krieg stammen, wird durch eine solche Ausgestaltung des Bildspenders zu einem Bildfeld für den Leser der Eindruck gesteigert, daß das Sportereignis als Krieg aufgefaßt wird und entsprechende Reaktionen auslösen soll. Ob dadurch jedoch Aggressionen ausgelöst oder kompensiert werden, dürfte aus der Sportberichterstattung selbst nicht mehr erklärbar sein, ließe sich jedoch im Unterricht in der Form einer Selbstbefragung und Selbstreflexion der Schüler diskutieren.

Das Zusammentreffen von Bildspendern aus verschiedenen Wirklichkeitsbereichen führt in Sportberichten häufig zu Metaphernkombinationen bis hin zu Metaphernkumulationen, die gegen die sprachliche Akzeptanz verstoßen, wie das Beispiel aus der Tabelle, wo "die Nationalelf aus dem Schlamm von Avellino den Skalp des Weltmeisters" mitbringt, zeigt. Wenn der Schlamm noch in Verbindung mit der Vorfahrt der Panzer zusammenpaßt und Assoziationen an den Zweiten Weltkrieg auslöst, so fällt die Kombination mit dem Skalp aus dem Bildfeld heraus. Ist für viele Rezipienten der Stil der Sportmetaphorik schon deswegen nicht akzeptabel, weil sie die Bildspender beim Wort nehmen und dadurch komisch finden, so steigert sich dieser Zustand noch bei Metaphernkumulationen, wie sie oft in einem Satz vorkommen. Dazu einige Beispiele:

"Der unerwartete, aber befürchtete Nackenschlag vom Mittwoch aus Engelskirchen reichte bis unter die Gürtellinie der Grünweißen: Das spritzige Tempospiel, mit dem die VfL-Frauen in der ersten Halbserie der einteiligen Bundesliga so unerwartet die Tabellenleiter emporkletterten, blieb in Nürnberg wie Blei in den Beinen stecken." (zit. in Spie 18/1986, S. 278)
"Damit schienen die Fortunen wieder auf der Siegesstraße, ihr Angriffsdruck verstärkte sich und suchte vor allem nach dem Wechsel laufend ein Ventil, um Dampf abzulassen." (SpK 23.10.72, S. III)

Die häufig kritisierte Kriegsmetaphorik ist ernst zu nehmen. Teilweise jedoch wird sie durch Metaphernkombinationen bis an die Grenze der Sprachlogik, Sprachkomik oder Sinnwidrigkeit entfremdet und dadurch in ihrer Wirkung neutralisiert. Verfehlt wird der Realitätsstatus des Sports, wenn die Sprach- und Metaphernanalyse sich auf die Kriegsmetaphorik beschränkt und daraus einseitige Sport- und Gesellschaftskritik ableitet, denn der in der Kriegsmetaphorik repräsentierte Kampfcharakter und das agonale Prinzip der Mannschaftsspiele sind nur ein Aspekt dieses Realitätsbereichs. Metaphernbeispiele mit Bildspendern aus der Musik oder aus dem Märchen zeigen, daß daneben andere Qualitäten wie Harmonie, Eleganz, Kleverneß,

Glück usw. genau so wichtig sind. Die Wirkung des Sports auf Zuschauer und Rezipienten resultiert aus der Härte des Kampfes ebenso wie aus der Ästhetik der Bewegungsabläufe oder der Spielzüge.

Wie die Sportsprache aus anderen Wirklichkeitsbereichen Bildspender aufnimmt und in ihren Metaphern integriert, so gibt sie ihrerseits, wie vor allem Haubrich dokumentiert und untersucht hat[7], Bilder, Metaphern, Katachresen und Fachtermini an den Sprachgebrauch anderer Wirklichkeitsbereiche ab. Sofern es sich dabei um Bildspender handelt, die bereits in der Sportsprache aus anderen Bereichen übernommen wurden, entstehen bei der Übertragung aus der Sportsprache in einen Wirklichkeitsbereich Metaphern zweiten Grades, etwa wenn im marktwirtschaftlichen Konkurrenzkampf von einem Produkt gesagt wird, daß es das 'Schlußlicht' bildet. Da es im Deutschunterricht schwierig ist, derartige verstreute Sprachbilder aus Zeitungen zu sammeln, kann die Publikation von Haubrich als Materialsammlung, auch für Bilddokumente, dienen.

Übertragung von Sportsprache in anderen Sprachgebrauch[8]

Übertragung auf:	Beispiele:
Leben allgemein	'ein Eigentor schießen'; 'sich durchboxen'; 'über die Runden kommen'; 'hart im Nehmen sein'; 'Hilfestellung leisten'; 'in die Ehe starten'. "Ein intellektuelles Hindernisrennen wird abgespult" (51); 'am Ball bleiben'; 'mit harten Bandagen kämpfen" (79); 'sich freischwimmen'. "Trainieren Sie Ihre Nerven" (99).
Politik	'Fünf-Prozent-Hürde'; im 'Wahlrennen' gibt es eine 'letzte Runde', dann ist das 'Rennen gelaufen'; Wahlkämpfer 'gehen in die Startlöcher'; eine Partei 'wirft die besten Pferde ins Rennen', liegt im 'Kopf-an-Kopf-Rennen' vorn, 'geht als Sieger durchs Ziel'; Politiker, Gremien, Gesetze 'nehmen die Hürde'. "Bundestag im Abseits" (62). "Schlußgong für Bonn" (80). "Neues Tauziehen zwischen Bund und Ländern" (87). Ein Diplomat ist 'schwer angeschlagen', 'endgültig k.o.'; 'Marathonkonferenz'. "Versandhandel ist Spitzenreiter" (167).
Wirtschaft	'eine Reklameaktion starten' (25); "Tiefschlag gegen die Marktwirtschaft" (76). "Ring frei für Meisterfriseure" (80). "Come back für Abendkleider" (82). Einen Konkurrenten 'aus dem Rennen werfen'. "Neuer Autobaurekord" (182). "Rekordleistungen im Winterschlußverkauf" (185). "VW muß sich durchboxen" (207). "Fehlstart in den Agrarmarkt" (208).
Kultur	'Startschuß zur neuen Spielzeit' der Theater (29); 'Wettrennen zwischen Freilichttheaterbetrieb und dramatischer Produktion' (36); "Felmys Hochsprung" auf der Bühne "nicht hoch genug und zu kurz" (52). Der deutsche Film muß sich aus seiner Misere "herausboxen" (71). 'Marathonspielzeit' eines Musicals (145). Theater, Filme, Funksendungen 'stellen einen Dauerrekord auf', 'schlagen alle Rekorde' (177).

Dieses nach Haubrich zusammengestellte Schaubild zeigt darüber hinaus, daß es Schülern ohne weiteres möglich ist, nach einem vom Lehrer gelenkten Einstieg selbst aus dem eigenen Sprachwissen Beispiele für den Gebrauch von Sportsprache und Sportmetaphern vor allem in der Übertragung auf Lebenssituationen allgemein, speziell aber auch in der Übertragung auf Vorgänge in Politik, Wirtschaft oder Kultur zu erfinden und auszuprobieren. Um jedoch einer Einübung in diesen Sprachgebrauch entgegenzuwirken und vor allem zu verhindern, daß Schüler die umgangssprachlichen und jargonhaften Ausdrücke in ihre Sprache übernehmen, sollte die Sprachanalyse und Kreativität sich mit Sprachkritik verbinden. In dieser Reflexion sollte auch der von Haubrich beobachtete schichtspezifische Sprachgebrauch von formelhaften Wendungen aus der Sportsprache berücksichtigt werden, denn in den Massenmedien taucht er am häufigsten in den Massenblättern (Bild-Zeitung, Abendpost usw.), "seltener in regionalen Tageszeitungen (Kölner Stadt-Anzeiger, Ruhr-Nachrichten, Westdeutsche Allgemeine Zeitung), am seltensten in überregionalen Zeitungen (Frankfurter Allgemeine Zeitung, Die Welt)" auf. "Je höher das Niveau einer Zeitung liegt, desto seltener verwendet sie Metaphern aus dem Sport. Dennoch läßt sich nicht verkennen..., daß die Sportmetaphern auf der sozialen Sprachleiter aufsteigen."[9] Ein Stilbewußtsein durch rationale Auseinandersetzung mit den Sprachphänomenen aufzubauen ist schon deshalb nötig, weil die Schüler vor Stilbrüchen und Stilgemischen in ihren eigenen Sprachproduktionen geschützt werden müssen.

Das Eindringen der Sportsprache in das Deutsch der Gegenwart bildet strukturelle Gemeinsamkeiten der Wirklichkeitsbereiche ab, bewirkt aber auch, daß bestimmte Wirklichkeitsbereiche perspektivisch gesehen werden. Vor allem wenn Metaphern in Texten zu Bildfeldern ausgebaut werden, wie zahlreiche Beispiele bei Haubrich[10] zeigen, und zwar von der Bibel bis zu Gegenwartstexten, überlagert der Bildspenderbereich den Wirklichkeitsbereich. Übertragungen auf das Leben allgemein führen dazu, dieses als Sportveranstaltung einzuschätzen und nach den Regeln des Sports zu begreifen und zu strukturieren. Übertragungen auf die Politik, Wirtschaft und Kultur führen dazu, diese Bereiche nach dem Vorherrschen von Kampfmetaphern als agonale Situationen mit kämpfenden Parteien oder Gegnern einzuschätzen. Der Sport gibt dadurch über die Sprache an die Gesellschaft zurück, was er an strukturellen Elementen aus dieser empfangen hat, ja er verstärkt dabei sogar die agonale Weltsicht und das Verhalten nach den Regeln, Leistungsvorstellungen und Kampfbedingungen des Leistungssports. Der hohe Grad an Standardisierung, Stereotypisierung und Wiederholung, der mit solchen Übertragungen verbunden ist, bewirkt wie in der Sportsprache selbst eine Erstarrung der Metaphern und dadurch die Möglichkeit, diese erstarrten Bilder wiederum mit neuen Bildspendern zu verknüpfen, was zu Bildvermischungen und Bildbrüchen führen kann, wofür Haubrich anschauliche Beispiele gefunden hat[11]:

"... die Schrittmacher dabei sollten die Organe der Sportführung sein. An ihnen liegt es, die Weichen richtig zu stellen, auf daß der Sport gut fährt."
"Das Ringen um Europa ... So stehen uns bei dem gegenwärtigen Ringen um Europa in nächster Zeit bedeutende Entscheidungen bevor ... Hier wird der Stier an den Hörnern gepackt werden."
"Sein Partner, Herbert Wehner, war nicht stark genug, die Sozialdemokraten über die Hürde zu bringen. Der Wurf ging schief."
"Ein intellektuelles Hindernisrennen wird abgespult."

Die Unangemessenheit dieser Sprachkombinationen löst Komik aus und ist gerade deshalb besonders geeignet, bei Schülern Einsichten in den hohen Grad der Spracherstarrung sowie Distanz gegenüber der realen Macht von toten Metaphern, Sprachfloskeln und Redewendungen aufzubauen.

Zwar hat der Sport, besonders der Leistungssport, die gleichen Strukturen und Normen wie andere Teilsysteme der Gesellschaft, doch daneben stellt er auch einen selbständigen, nach eigenen Gesetzen, Regeln und Schauplätzen konstituierten Teilbereich der Gesellschaft dar. Er besitzt eigene Handlungsstätten (Sportplätze, Stadien, Schwimmanlagen usw.), gesellschaftliche Organisationen (Vereine, Verbände, Sportgerichte usw.) und im Leistungssport auch vollberuflich tätige Sportler. Ein spezielles Regelsystem sorgt für den geregelten Ablauf von Sportereignissen, sanktioniert Verstöße, ermöglicht den Leistungsvergleich auf Grund gleicher Voraussetzungen.

In der Sportberichterstattung bildet sich diese Eigengesetzlichkeit und Eigenständigkeit in der Weise ab, daß in den Medien eigene Ressorts und Sparten oder Sendezeiten für den Sport reserviert werden, ja daß herausragende Sportereignisse — wie in letzter Zeit das in die Programmzeiten des Fernsehens schlecht integrierbare Tennis — andere Programme verdrängen können. Der Anteil und die Verteilung von Sportberichten in den verschiedenen Medien lassen sich im Deutschunterricht von den Schülern ermitteln, auszählen und zu den anderen Sendungen und Sparten in prozentuale Beziehung setzen. Durch Umfragen in der Schulklasse läßt sich auf dieser Grundlage ferner der Anteil der einzelnen Schüler bei der Rezeption der einzelnen Sportanteile der Medien im Verhältnis zu den anderen Teilbereichen wie Politik, Wirtschaft, Feuilleton, Lokales, Darbietungen für Kinder usw. erfragen und ein Klassenprofil der verschiedenen Rezipiententypen herstellen. Während auf der einen Seite Fachzeitschriften die Eigenständigkeit des Sports dokumentieren, heben Boulevard-Zeitungen die Sparteneinteilung auf und signalisieren dadurch Gleichheit und Austauschbarkeit der gesellschaftlichen Teilbereiche.

Lern- und Bildungsziele:
— Einblick in Grundstrukturen, Verhaltensnormen und Prinzipien (z.B. Leistungsprinzip) gesellschaftlicher Teilsysteme der Industriegesellschaft.
— Fähigkeit, den Sport, speziell den Leistungssport, als gesellschaftliches Teilsystem zu beschreiben und dabei die Strukturgleichheiten mit anderen Teilsystemen (wie Politik, Wirtschaft usw.), aber auch seine Besonderheit und Eigenständigkeit nachzuweisen.
— Einsicht in die Abhängigkeit der Sportsprache, besonders der Sportmetaphorik von dieser Interdependenz der gesellschaftlichen Teilsysteme.
— Fähigkeit, Sportmetaphern von einer Metapherntheorie her zu erklären und dabei den Wechsel von Bildspendern aus anderen Gesellschaftsbereichen in die Sportsprache sowie aus der Sportsprache in andere Gesellschaftsbereiche zu durchschauen.
— Kritikfähigkeit gegenüber den hypertrophen Stil- und Bildgemischen der Sportmetaphorik, gegenüber dem großen Gewicht von Jargon und Umgangssprache und gegenüber der Kampf- und Kriegsmetaphorik.
— Überblick über die Präsentation des Sports in selbständigen Sportzeitschriften, über den Anteil des Sports in den Massenmedien (Zeitungen, Funk und Fernsehen) und über die Formen der Vermischung der Sportberichterstattung mit anderen Bereichen in der Boulevard-Presse.

II. Idole als Mittel der Zuschauer- und Rezipientenlenkung

Im Rahmen der Bedeutungsaufladungen und sekundären Semantisierungen der Sportberichterstattung, welche aus Kampfspielen Ersatzkriege oder Schicksalsereignisse, aus Siegen oder Medaillen Zeichen nationaler Größe oder Garanten für die Qualität von Gesellschaftssystemen konstruieren kann und dafür ein spezifisches Sprachrepertoire zur Verfügung hat, stellen Starkult und Idolatrie ein besonders wirksames Mittel der Zuschauer- und Rezipientenlenkung dar, weil es sich dabei um Identifikationsangebote handelt, die einem starken Identifikationsbedürfnis entgegenkommen. Die Sportidole stehen im Bereich der Massenmedien nicht isoliert da, sondern fügen sich in ein geschlossen wirkendes Feld der Film- und Fernsehstars, der Beat- und Pop-Idole und Schlagerstars, der Idole aus dem Bereich des Hochadels in der Boulevard-Presse usw. ein. Was die Sportidole angeht, so ist bei ihnen oft eine zusätzliche Semantisierung im Sinne der oben angeführten Beispiele festzustellen, so daß diese Sportidole bei ihren Auftritten auf internationaler Ebene die Hauptakteure in den Ersatzkriegen spielen, nationale Größe verkörpern und Staaten sowie Gesellschaftssysteme politisch zu vertreten haben. Diese vielfältigen Sinngebungen bedeuten für den Sportler, daß er unter einem starken Erwartungsdruck der Fans, des Vereins, der Nation steht, was ihn beflügeln oder lähmen kann. Je höher der Erwartungsdruck steigt, desto leichter kann die Euphorie ins Gegenteil umschlagen und nackten Haß hervorbringen, der sich gegen einzelne Sportler wie gegen ganze Mannschaften richten kann.

Für Sportler einer bestimmten Sportart stellen deren Stars und Idole Vorbilder dar, an denen sie ihre Leistungen orientieren können, in denen sie das eigene beschränkte Können ins Vollkommene, Superlativische gesteigert sehen können. In diesem Sinne bezeichnete Boris Becker, selbst bereits Idol, das frühere Idol Borg als sein "großes Vorbild" (Spie 28/1985, S. 170). Idole wie Boris Becker geben ihrer Sportart Impulse, interessieren Jugendliche für diese Sportart und bewirken dadurch verstärkten Zulauf, reizen andere zur Leistung an und steigern dadurch das Leistungsniveau dieser Sportart.

Als Massenphänomen werden Idole durch die Medien aufgebaut und mit einem Massenpublikum in Verbindung gebracht, das durch Idole besonders angesprochen und angezogen wird. Wie sich die Massenmedien auf populär gewordene Idole einstellen und einstellen müssen, zeigt die Besetzung von Sendezeiten durch den Tennissport seit dem Wimbledon-Sieg von Boris Becker. Obwohl Tennis wegen der unkalkulierbaren Länge der Sätze nur sehr schwer in das Fernsehprogramm integrierbar ist, erobern sich spektakuläre Spiele wie beim Davis-Cup die Sendezeit, verdrängen zum Ärger vieler Fernsehzuschauer andere Programme und steigern die Einschaltquote.

Am Beispiel von Boris Becker läßt sich zeigen, wie ein Spitzen-Idol mit Attributen ausgestattet und als scharf markiertes Individuum in den Status eines Supermannes, Übermenschen und Heros erhoben wird:

"Ruckartig stößt er die geballte Faust in die Luft, Punkt für ihn. Dann marschiert er schlaksig, bedrohlich schaukelnd zurück wie einst Western Star John Wayne zum Shoot-out." (Spie 28/1985, S. 169)
"Er spielt sich high, ähnlich dem Mount-Everest-Bezwinger Reinhold Messner, den die sauerstoffarme Höhenluft der Achttausender in eine Art Rausch versetzte." (Spie 28/1985, S. 170)
" . . . feierte das einflußreiche US-Magazin 'Sport Illustrated' den Deutschen als 'das Wunderkind' und stellte die Frage, ob Becker womöglich als der Mozart des Tennis anzusehen sei." (Spie 31/1985, S. 140)
"Wie einst Atlas mit der Weltkugel, so trug der 18jährige Wimbledon-Champion die übergroßen Hoffnungen einer Nation im Tennisfieber auf seinen Schultern. Becker ging unter der gewaltigen Last jedoch nicht in die Knie . . ." (Ki 104/1985, S. 45)
"Boris ist wie ein Gott. Wir sehen in ihm den größten Sportler überhaupt." (Bild, 23.12.1985, S. 1)

Das in den Massenmedien aufgebaute Idol bleibt nicht isoliert für sich, sondern es wird in ein Idol-Ensemble hineingestellt, mit anderen Idolen gleichgesetzt, gewissermaßen in den Himmel der Heroen und Götter aufgenommen. Diese Aufwertung des Menschen zum Heros und seine Vergöttlichung löst bei den Zuschauermassen Faszinationen, pseudoreligiöse Verherrlichungen, Ekstasen bis hin zu psychotischen und neurotischen Exzessen aus.

Diese höchste Position in der Idol-Hierarchie ist nur schwer zu halten, wie vor allem das Beispiel Beckenbauer zeigt, der seit seinem Engagement für die Fußball-Nationalmannschaft vor der Gefahr der Demontage steht:

"Der 'Messias des deutschen Fußballs', wie Teamchef Beckenbauer bei seinem Amtsantritt im Sommer 1984 ... gepriesen worden war, hat im vergangenen halben Jahr viel an Charisma eingebüßt ... Doch 'Kaiser Franz' ist der ungeduldige Perfektionist geblieben, der er schon als Bayern-Kapitän war." (Spie 7/1986, S. 188)

In dieser Idol-Hierarchie, die bis in den Status von Halbgöttern und Göttern hinaufreicht, spielen die Feudalstrukturen eine wichtige Rolle. Die Position eines Kaisers wird nur selten besetzt, statt dessen rangieren die Spitzensportler einer Disziplin meist auf der Ebene von Königen. Selbst Boris Becker wird inzwischen tiefer eingestuft, zumal er 1986 die Spitze der Weltrangliste noch nicht erreichen konnte und eine Serie von Niederlagen gegen noch unbekannte Tennisspieler hinnehmen mußte. Nach den Siegen in Chicago gegen den "Oldtimer" Jimmy Connors, der für Becker selbst "so etwas wie ein Idol" ist, und erstmals über Ivan Lendl, wurden die Rangverhältnisse folgendermaßen formuliert:

"Boris Becker ist wieder obenauf! Mit seinem Triumph über den Weltranglistenersten Ivan Lendl (CSSR), den der 18jährige Leimener im Finale des Grand-Prix-Turniers von Chicago mit 7:6, 6:3 im fünften Duell des 'Prinzen' mit dem Tennis-'König' erstmals in die Knie zwang, rehabilitierte sich der Wimbledonsieger für einige zuvor gegen Nobodies erlittene Niederlagen." (AZ 1.4.1986, S. 4)

Diese Einstufung als 'Prinz' gegenüber dem 'König' auf dem ersten Weltranglistenplatz entspricht der üblichen Stufenfolge:

"Traudl Hächer ist ... die neue 'Skikönigin' im deutschen Team" (AZ 10.2.1986, S. 6)
"Skispringer Thomas Klauser ... verlängerte seine 'Regentschaft'." (AZ 10.2.1986,S.6)
"Im Mittelpunkt der Jagd auf neue Höchstmarken stand erneut das imaginäre Fernduell zwischen Weltmeister Sergej Bubka und dem amerikanischen Hallen-'König' Billy Olson. Eröffnet wurde der Weltrekordreigen von Sergej Bubka ... Doch Bubkas Freude währte nicht lange, denn nur wenige Stunden später wurde er ... entthront." (AZ 10.2.1986, S. 8)

Diese Übernahme von Feudalstrukturen für die Präsentation der Idol-Hierarchie in der Sportberichterstattung korrespondiert mit der bedeutenden Rolle, die der europäische Hochadel in den Illustrierten spielt. Die Presse hält dadurch ein latentes Feudalbewußtsein bei ihren Rezipienten am Leben, baut es immer wieder auf und sichert sich dadurch den Absatz. Wenn die 'Sport-Illustrierte' einmal keinen Fußballstar auf der Titelseite brachte, mußte sie "einen Auflagenverlust für diese Ausgabe in Kauf" nehmen, wodurch sie wiederum gezwungen wurde, "Konzessionen an den Massengeschmack" zu machen.[12]

Die Vermarktung von Sportstars erfolgt in verschiedenen Regelkreisen der Marktwirtschaft. Durch seine Leistung zieht der Star Zuschauermassen an und sichert dadurch die Einnahmen bei Sportveranstaltungen. Dadurch steigt auch seine Möglichkeit, Geld zu verdienen und den Lebensstatus zu steigern, gesellschaftlich aufzusteigen und in England sogar geadelt zu werden, was jeweils auch die Wirkung auf die Zuschauer verstärkt. Als Publikumsmagnet gewinnt ein Sportstar auch einen hohen Marktwert im Ein- und

Verkauf von Spielern zwischen den Vereinen. Hat ein Sportler einen hohen Bekanntheits- und Beliebtheitsgrad erreicht, so kann er sich auch in der Werbung und Propaganda vermarkten. Da das oft sehr zeitaufwendig ist, kann die Leistungsbereitschaft und die Leistungsfähigkeit verfallen, was die Gefahr der Idol-Demontage mit sich bringt. Viele Spitzensportler treten deshalb auf dem Höhepunkt ihrer Karriere ab, um als Idol bestehen zu bleiben und ihren Marktwert für Werbung und Propaganda zu erhalten. In der Berichterstattung der Massenmedien setzt sich der vielfältige Regelkreis fort, indem solche Spitzensportler die Auflagen und Einschaltquoten anheben und damit den Absatz der Sendungen und Zeitungen sichern. Die herausgehobene Berichterstattung wiederum steigert die Qualität als Idol. Selbst die Idol-Demontage in den Massenmedien fügt sich in diese Regelkreise ein, insofern sie ihrerseits Aufregung und Neugierde und damit Rezipienteninteresse weckt und schließlich Platz macht für neue Idole.

Wie empfindlich Sportstars angesichts der jederzeit drohenden Demontage reagieren können und wie die Presse diese Reaktionen kommentiert, dabei den Maßstab der Spitzenleistung vertritt und sogleich an der Demontage mitwirkt, soll mit zwei Beispielen belegt werden:

"Peter Angerer reist verärgert ab . . . Der Hauptdarsteller verließ fluchtartig die Bühne und überließ den Komparsen Feld und Preisgeld . . . (Er) ballerte — 'meilenweit' in Führung liegend — bei der letzten Schießeinlage beinahe schon demonstrativ fünfmal daneben und verließ als entthronter Titelverteidiger fluchtartig den Schwarzwald." (AZ 10.2.1986, S. 6)

Über Bernd Schusters Ablehnung, in der Fußball-Nationalmannschaft zu spielen, heißt es: "Der Profi beim FC Barcelona fürchtet, daß ihm bei einer Rückkehr die alten Schauergeschichten vom angeblich schwererziehbaren Jungen der Nation aufgetischt würden und er der ideale Sündenbock wäre bei einer WM-Pleite!"(Spie 7/1986,S.188)

Da Schüler die verschiedenen Idolbereiche aus Zeitschriften, Boulevardblättern und Jugendzeitschriften kennen und selbst an Idolen hängen und sich mit ihnen identifizieren, sollte der Zugang zum Problem der Idolatrie auf breiter Grundlage erfolgen. Dabei kann sich durch Befragungen und Diskussionen herausstellen, daß verschiedene Schülergruppen jeweils andere Idolbereiche bevorzugen und sich entweder auf Filmstars, auf Schlagerstars oder auch auf Sportstars konzentrieren. Da trotz großer Verschiedenheit der Idolbereiche die Idolatrie im Prinzip gleichartig ist, kann aus der Vielfalt an Erfahrungen, Einstellungen und Haltungen die grundsätzlich gleichartige Disposition zur Identifikation, zur Hochschätzung und Verherrlichung von Idolen sowie die Funktion dieser Idolatrie für Selbstwertbewußtsein, Erlebnisintensität oder Sinnerfahrung herausgefiltert werden. Von diesem Einstieg her lassen sich die Idol-Hierarchien, die Vermarktungsformen, die Reaktionsformen von Zuschauern bei Massenveranstaltungen und von Rezipienten der Massenmedien ansteuern und klären.

Ein wichtiger Problembereich sollte im Unterricht das Gefühlsverhalten von Fans gegenüber den Stars sein. "Wo so intensiv Gefühle investiert werden, wie beim (Medien-)Sport, ist die Skala von himmelhoher Freude und haßerfüllter Empörung, von Jubel und nackter Wut groß, und die Mittelwerte dieser Skala sind dünn besetzt." Es entsteht eine "Verteilung zugunsten der Extremwerte und zulasten des Normalen".[13] Nicht nur daß die zum Idol erhobenen Sportler durch dieses Kontrastgefüge von Gut und Böse, Schön und Häßlich, Omnipotenz und Versagen in ihrer menschlichen Substanz bedroht sind, ist dabei das Problem, sondern daß die Jugendlichen als Fans auf extreme Gefühle eingeschworen werden und dadurch wichtige

Gefühlsbereiche der Mittellage verdrängt werden. Die Analyse der Idolatrie im Sport und in den Massenmedien muß deshalb bis zur Selbstbewußtwerdung und Selbsterkenntnis der Schüler fortschreiten.

Lern- und Bildungsziele:
— Kenntnis der Substanz und Wirkung von Idolen sowie der Mittel, mit denen Idole aufgebaut und in Idol-Hierarchien eingeordnet werden
— Einsicht in die Verhaltenssteuerung durch Idole, und zwar für das Verhalten als Sportler, als Zuschauer, als Leser/Rezipient
— Einblick in die Vermarktungsstrategien von Idolen sowie in die Regelkreise der Marktwirtschaft, in denen Idole eine Funktion übernehmen
— Einsicht in die Bedeutung von Idolen für die eigene Ich-Entwicklung, in die eigenen Idol Präferenzen und Werthaltungen und in die mögliche Bedrohtheit durch Idolatrie

Anmerkungen

1) B. Rigauer: Sport und Arbeit. edition suhrkamp SV 348. Frankfurt a.M. 1969; Chr. Graf v. Krockow: Sport und Industriegesellschaft. Serie Piper 25. München 1972; A. Natan (Hrsg.): Sport — kritisch. Bern 1972; K. Cachay: Sportspiel und Sozialisation. Schorndorf 1978; W. Hopf: Kritik der Sportsoziologie. Lollar/Lahn 1979; B. Rigauer: Sportsoziologie. Reinbek 1982; W. Rust: Journalismus für die Masse — Journalismus zweiter Klasse? In: Medien 4 (1982), H. 2, S. 6-14; Z. Krawczyk: Sport, Kultur, Gesellschaft. Sozialphilosophische Beiträge. Schorndorf 1984
2) Rigauer 1969, S. 75
3) Zur Metapher als Unterrichtsgegenstand vgl. W. Seifert: Didaktik rhetorischer Figuren: Metapher als Unterrichtsgegenstand. In: O. Schober (Hrsg.): Sprachbetrachtung und Kommunikationsanalyse. Königstein 1980, S. 129-138; W. Seifert: Theorie und Didaktik der Erzählprosa. Köln 1982, S. 131ff.
4) Eine Fülle von Beispielen findet man bei H. Dankert: Sportsprache und Kommunikation. Untersuchungen zur Struktur der Fußballsprache und zum Stil der Sportberichterstattung. Volksleben Bd. 25. Tübingen 1969
5) Die Abkürzungen im Schaubild und später beziehen sich auf folgende Zeitungen und Zeitschriften: AZ = Augsburger Allgemeine Zeitung; BiSo = Bild am Sonntag; Ki = Kicker; MA = Münchner Abendzeitung; PNP = Passauer Neue Presse; Spie = Der Spiegel; SpK = Sport-Kurier; SZ = Süddeutsche Zeitung
6) Weitere Beispiele bei Dankert 1969, S. 67ff.
7) W. Haubrich: Die Bildsprache des Sports im Deutsch der Gegenwart. Schorndorf bei Stuttgart 1965; ders.: Die Metaphorik des Sports in der deutschen Gegenwartssprache. In: DU 5 (1968), S. 112-133; H. Bausinger: Deutsch für Deutsche. Dialekte, Sprachbarrieren, Sondersprachen. Fischer-Tb. 6145. Frankfurt a.M. 1972, S. 76ff.
8) Die Seitenzahlen im Schaubild beziehen sich auf Haubrich 1965
9) Haubrich 1965, S. 204f.
10) Ebd., S. 55f., 98, 147ff., 217
11) Ebd., S. 201f.
12) A. Rost: Der Sport und die Medien. In: A. Natan 1972, S. 136f.
13) W. Rust 1982, S. 11

FACHDIDAKTISCHE LEHRVERANSTALTUNGEN NICHT OHNE DIDAKTIK

von Karl Stocker

I. Plädoyer für eine zukunftsorientierte Hochschuldidaktik

Hochschuldidaktik ist für die einen Zumutung, für andere eine kreative Herausforderung. Die Skepsis zielt auf eine — immerhin denkbare — daraus resultierende Konsequenz einer "Verschulung" der Hochschulen und Universitäten. Der theoretische Ansatz zur Erklärung des Begriffes verweist auf Grundfragen der Lehre im universitären Bereich, und der praktische Hintergrund ist der einer durchaus erstrebenswerten und von niemandem bestrittenen Notwendigkeit der Effizienz akademischer Lehre.

Mag Hochschuldidaktik für den Fachwissenschaftler demnach eine noch akzeptable oder aber lästige An-Forderung sein: Für den Vertreter einer Fachdidaktik ist sie legitime Aufgabe. Anders ausgedrückt sollte es sich gerade ein Vertreter der Didaktik angelegen sein lassen, hier auf Vorbildwirkung bedacht zu sein.

Man kann generell — "Park"-Studierende sind Ausnahmen — davon ausgehen, daß sich der Studierende für ein Fach seiner Neigung durch die Wahl seines Studiums entschieden hat, hierfür also keiner "besonderen" Motivation bedarf. Dennoch zeigen Klausur-, Seminar- und Prüfungsleistungen immer wieder, daß nicht immer und nicht optimal Wissen "umgesetzt", d.h. vermittelt wurde oder wird; Prüfungs- als vorweggenommene Existenzangst kommt noch blockierend hinzu. Aber auch bloße Sachgemäßheit sowie "stoffliche" Zugzwänge bedürfen mit Sicherheit einer grundständischen didaktischen Aufbereitung. Es ist ein Trugschluß, didaktisches Verständnis mit einer in Kauf zu nehmenden "Niveausenkung" gleichzusetzen.

Daß dies eine Fehleinschätzung und aus der Studien- und Lebenserfahrung, ja aus Fremd- wie aus Eigenbeobachtung widerlegbar ist, zeigt uns die persönliche Erinnerung an wirklich große Hochschul-Lehrer wie etwa an den Historiker Franz Schnabel, an den Religionsphilosophen Romano Guardini, an den Philosophen Aloys Wenzl, an den Anglisten Wolfgang Clemen, an den Germanisten Wentzlaff-Eggebert, an den Kunsthistoriker Hans Sedlmayr — um ihrer in Dankbarkeit zu gedenken, stellvertretend auch für andere.

Jemandem "etwas beibringen": eine Kunst, die jeder Beteiligte schätzt, die nicht alle beherrschen. Man darf davon ausgehen, daß der Dozierende und damit Unterrichtende will, daß sein Angebot, daß seine Darbietungen "ankommen", daß der Lerner, Hörer oder Rezipient weder über- noch unterfordert ist, daß er mit dem mitgeteilten Wissen etwas anzufangen weiß.

Bei der Hochschuldidaktik geht es somit um Rationalisierung akademischer Lehre, Forschung und dem durch Studien- und Prüfungsordnungen justierten Studium. Was der Literaturdidaktiker beispielsweise die Längsschnitt- oder die Querschnitt-Methode nennt (etwa in der Literaturhistorie),

läßt sich durch den Literaturwissenschaftler ausweiten, konzentrieren in diachroner und in synchroner Betrachtungsweise.
Die Aufgaben der Hochschuldidaktik bestehen zunächst
1. in verfügbaren, alternativ zu benutzenden Lehrverfahren und ihrer vernünftigen Dosierung,
2. in unterschiedlichen Lehr- bzw. Unterrichtsformen darstellender, erarbeitender, entwickelnder und entdecken-lassender Art,
3. in der Anwendung wissenschaftlich fundierter Lehrorganisation und -technologie,
4. in Perspektiven, die Hochschulcurricula, Lernziele und Adressaten-Gerechtigkeit zu berücksichtigen wissen; in zunehmendem Maße spielen Berufsbezogenheit und Theorie-Praxis-Belange eine Rolle in Hochschulkonzeptionen.

Die Faktoren der Hochschuldidaktik sind freilich mit-bestimmt durch Organisationsformen der einzelnen, oft recht unterschiedlichen Universitäts- und Hochschul-Strukturen, durch die Objektbereiche des Faches und auch durch die wechselnden gesellschaftlichen und politischen Gegebenheiten und Spannungen, wobei wirtschaftliche und auch konfessionelle Einflüsse nicht unerwähnt bleiben sollten.

Hochschuldidaktik mit ihren denkbaren Arbeitsansätzen (cf. L. Huber, 1970: Unterrichtstechnologie, Sozialpsychologie, Curriculum-Theorie, Wissenschaftstheorie, Berufspraxis und Sozialisation) bleibt mit Sicherheit weit mehr Lehrprinzip als etwa Lehrgegenstand. Dies gilt für alle Hochschulen, seien sie nun "alte" Landesuniverstitäten, oder "moderne" Neugründungen, in der Anlage Pädagogische Hochschulen, Kunst- und Musikhochschulen, Verwaltungs- und Bundeswehr-Universitäten, Fachhochschulen oder Gesamthochschulen.

Bereits angesprochen wurde die Tatsache, daß Vertreter der Didaktik im Regelfall auf eine mehr als nur eindimensionale Erfahrung zurückblicken können, die sich eben nicht nur auf Bibliotheks-, auf Simulations-, auf Seminar- und Archiverfahrung bezieht (wiewohl auf diese auch). Wir reden nicht einem zu postulierenden Mehrzweck-Dozenten das Wort, und vielfach sind Abstriche in der einen oder anderen Richtung nicht nur denkbar, sondern unumgänglich. Supermann gibt es eben nur im Film (und als Fiktion). Wir meinen etwas anderes, was bei Hospitationen mit ausländischen Kollegen aus der Schule auffällt und was DIE ZEIT (Nr. 11 vom 8.3.1985) in einem Beitrag zur "interkulturellen Erziehung" unlängst aufgegriffen hat. Es heißt da, wohlgemerkt für den Bereich der Schule:

"Türkische Lehrer haben einmal auf Zuruf und ohne daß sie sich vorbereitet hätten, ihrem Dozenten an der Tafel eine lange, überquellende Liste diktiert mit Fähigkeiten und Fertigkeiten, die sie als außerschulisch verstanden. Sie zeigten, daß diese Lehrer, die auch als Fabrikarbeiter, Straßenreiniger, Aushilfskellner, Wohnungsrestaurateure, Familienberater, Behördenkundige gearbeitet haben, in bestimmten Bereichen mehr und anderes können als manche Lehrer, die aus dem Marsch durch die pädagogischen Institutionen nie ausbrechen konnten, sondern die Wirklichkeit im wesentlichen als eine didaktisch vermittelte erfahren haben."

Mit der Situation der Didaktik hat das insofern peripher etwas gemein, als sich gerade der Vertreter der Didaktik — mehr als der Fachwissenschaftler und "reine" Philologe — fragen muß (im eigenen und im Interesse der Studierenden, vielleicht auch im Interesse der ins Gedränge gekommenen Bildungsplaner), welche vor-, außer- und nebenuniversitären Erfahrungen er einbringen kann, um Anwendungsmöglichkeiten mit gutem Gewissen (und nicht nur wieder theoretisch) aufzuzeigen. Wiederum ausgehend vom Regelfall seien solche Erfahrungen in fachdidaktisches Selbstverständnis einbezogen, und diese (durchaus auch persönlichen) Erfahrungen sind (in Abwandlungen) durchaus Normalfall. Was läßt sich also z.B. konkret einbringen?

- Erfahrungen in der Zusammenarbeit mit Medieninstituten wie Schulfunk und Schulfernsehen, bei der Begleitung, Konzeption, bei der Moderation oder Kommentierung von Einzelsendungen und Serien
- Schul- als Berufserfahrung, die durch studienbegleitende Praktika, durch Hospitationen und durch Kontakte mit Schulen und Lehrkräften etlicher Schularten vertieft und erweitert wird
- Lehrerfortbildung im In- und Ausland, wobei die Frage der Zielgruppengerechtigkeit genauso wichtig ist wie die stets vorprogrammierte Gratwanderung zwischen Theorie-Anspruch (des Didaktikers) und der Praxisimpuls-Erwartung (des Zuhörers)
- In der Forschungsarbeit Erfahrungen in hermeneutischen wie in empirischen Bereichen (darunter EDV)
- Ergebnisse und Erfahrungen in der Zusammenarbeit mit wissenschaftlichen Verlagen, mit Schulbuchverlagen, mit Fachzeitschriften und -zeitungen, mit Bildungseinrichtungen (etwa bei Lehrplankommentierungen und Gutachten) und bei Schulbuchprojekten (z.B. bei Lesebüchern oder Textsammlungen)
- Gremienarbeit (z.B. Institute wie Jugend, Film, Fernsehen; Gutachterausschuß der staatlichen Landesbildstelle usw.).

II. Anmerkungen zu Formen didaktischer Lehre

Man möge Verständnis dafür haben, daß auf dem hier sehr begrenzt zur Verfügung stehenden Raum eigenen Erfahrungen, Beobachtungen und Versuchen der Vorzug gegeben werden soll vor einer "Wiederaufbereitung" von Sekundärliteratur. Die von uns angesprochenen Möglichkeiten sind sicherlich übertragbar, hängen freilich von den Gegebenheiten vor Ort ab. Sie wollen nicht "präskriptiv" verstanden sein und damit einer Rezeptologie Vorschub leisten, gegen die sich die Fachdidaktik in anderem Zusammenhang immer schon gewandt hat.

Drei Schwerpunktbereiche seien im folgenden herausgegriffen, und zwar (a) für die Durchführung von Seminarveranstaltungen, (b) mit Blick auf (sporadisch und gezielt) einsetzbare Medien (vor allem in der Literaturdidaktik) und schließlich (c) im Bezug auf Outdoor-Programme, die sich wieder regional unterscheiden werden, die aber für den permanenten Kontakt zwischen Hochschule und Öffentlichkeit, zwischen Universität und Gesellschaft unerläßlich sind.

a) Konzept für die Durchführung von Seminar-Einzelveranstaltungen in Hauptseminaren (Literaturdidaktik) — in Erprobung seit Sommersemester 1984

Einleitungsteil:
- Anmerkungen und Einführung (bzw. Hinführung) zum Thema des Referats (oder der Referate und Korreferate)
- Ergänzung durch aktuelle Fragestellungen (Neuerscheinungen; laufende Angebote in Funk, Film, Fernsehen; literarische und kulturelle Ereignisse, die im weiteren oder engeren Sinne didaktisch interessant sind; Aufgreifen von Anregungen aus dem Teilnehmerkreis)

Hauptteil: Kurzreferate:
— Kurzreferat(e) aus dem Teilnehmerkreis (möglichst mit ausgeteilten, knapp zusammenfassenden Thesen-Papieren oder Veranschaulichungshilfen; dosierte Medienverwendung ist erwünscht bzw. zu erwägen; weiterführende Literaturhinweise sollen nicht fehlen)
— Korreferat(e), soweit vorgesehen oder arbeitsteilig eingeplant
— Diskussion zum Referat bzw. zu den Korreferaten im Plenum
— Kurze Zusammenfassung der Sitzungs- bzw. Seminar-Ergebnisse.

Bei verbleibender Zeit:
— Anwendungsmöglichkeiten des Gelernten, Gesehenen, Gelesenen und Interpretierten, des Gehörten oder audio-visuell Aufgenommenen
 a) auf den schulischen Bereich bis hin zur Erwachsenenbildung
 b) auf außerschulische Bereiche (darunter Auslandsarbeit)
— Weiterführende Materialien oder Hinweise; Vorverweise auf das Thema bzw. die Themen der folgenden Seminarstunde.

b) Vorgefundene, erreichbare oder herstellbare Hilfsmittel für Veranstaltungen in Literaturdidaktik:

Lesebücher, Lesewerke: Erleichterung der Textbeschaffung; Kanon als "Seismograph" der Bildungsdiskussion
Anthologien: Sammlungen vor allem von Lyrik, Prosa, Dramenauszügen
Schülerhilfen: Arbeitsblätter; Arbeitshefte — selbstangelegt oder aus Übungsteilen mit Anweisungen bestehend; Arbeitsmappen
Zeitung: Literaturbeilagen, Feuilleton-Teile, Buchmessen-Berichte; auch ausländische Beiträge
Diaprojektor: Verdeutlichung, Veranschaulichung — von Handschriften des Mittelalters über abendländische und asiatische Bühnenformen bis zu Leistungen von Maler-Dichtern; nicht zu vergessen: Beispiele zur visuellen Poesie
Tondiareihe: neuentwickelte Arbeitsmöglichkeiten u.a. mit landeskundlichem Akzent und in Zusammenarbeit mit Medienanstalten und -instituten
Episkop: Projektionsbeispiele zu verschiedenen Epochen, zur Mediävistik, zu Dichter-Biographien
Overheadprojektor: unverzichtbar für vorbereitete Diagramme, für eine gerade auch in der Industrie und in der Erwachsenenbildung bedeutsam gewordene Folien-Didaktik, für Schreibfolien, für Klappfolien (nach dem 'Sandwich'-Prinzip)
Faksimile: Beispiele zur Genese von Gedichten oder von epischen wie dramatischen Texten als Enrichment-Beispiele zu einer "illustrierten" Literaturgeschichte
Schallplatte und Kassette, sonstige Tonträger/Tonband: Beispiele aus Rundfunk und Schulfunk zu Vertonungen, Rezitationsstilen; Dichterlesungen/ Autorenlesungen mit — soweit verfügbar — Aufnahmen aus verschiedenen Jahrzehnten und Stil- bzw. Vortragsrichtungen
Filme, Spiel- und Unterrichtsfilme/Lehrfilme: Einsatz je nach Zielsetzungen wie Information, Motivation, Transfer; Erläuterungen
Fernsehen, Video, Schulfernsehen: Arbeit mit — wie beim Film — Großformen, Sendungen, Übertragungen, Kurzformen, Sequenzen
Unterrichtsmitschau: Dokumente zur Lehrerausbildung und zum Referenda-

riat mit Situationen 'vor Ort', Einführung in Unterrichtsformen, Lehrstile; Diskussionen, Debatten, Planspiele

Videorecorder, Bildplatte: Einsatz unter Beachtung der weiteren Entwicklung und Möglichkeiten bis hin zu Bildschirmtext, Bildschirmzeitung, Teletext usw.

Textabzüge und Ganzschriften: Texte bleiben — um das eindeutig zu formulieren — "Kernmedium" der Text- und Literaturarbeit

Strukturierende Lernhilfen: Übersichten, Überblicke, Flußdiagramme, Literaturhinweise, Kernstellen-Angaben; möglichst Vermeidung von "programmierter Unterweisung" in Bezug auf Literatur; literarische Schauplätze, Entwicklungstendenzen, Strömungen, Trends.

c) Outdoor-Programme — ein Erfahrungs-Rückblick (1981-1986)

Die nachstehend aufgeführten Exkursionsziele (oder Einladungen) sind nicht chronologisch, sondern nach "Sachgruppen" geordnet; sie wurden vorwiegend im Großraum München als Teilprogramme im Rahmen von Oberseminaren organisiert und ausgewertet. Von den Studierenden werden solche Besuche — sie bleiben im weiteren Sinne "germanistisch" bestimmt und von hier aus auch berufsbezogen — sehr begrüßt. Vorbereitung und Auswertung erfolgen jeweils im Seminar, und die mitgebrachten Materialien stellen eine wertvolle Bereicherung der Lehrstuhl-Präsenzbücherei und -Mediothek dar.

Die Besuchsprogramme im einzelnen:

1. Medienbereich: Medienpädagogisches Zentrum (MZ) des Instituts "Jugend, Film, Fernsehen" (Einführung, Sichtung neuer Produktionen) — Staatliche Landesbildstelle Südbayern (Führung, Anleitungen zur Film- und Video-Diskussion) — Institut für Film und Bild in Wissenschaft und Unterricht (FWU: Filmproduktionen und Kontextmaterialien zu Deutsch als Zweitsprache) — Goethe-Institut München ("elektronisches" Klassenzimmer, Sprachlabor, Medieneinsatz im Sprach- und Landeskunde-Unterricht) — Besuch mehrerer VISODATA-Ausstellungen (Demonstrationsprogramm und Führungen) — Besuch des Rundfunks (Einführung und Besichtigung) — Studiobesuche beim Bayerischen Rundfunk (Oberföhring und Freimann) — Video-Referat bei der Universitätsbibliothek München — Kammerspiele und Werkraumtheater München — Internationales Zentralinstitut für Jugend- und Bildungsfernsehen — Institut für Unterrichtsmitschau — Medienzentrum beim Dante-Gymnasium München.

2. Computer und Textverarbeitung: Übersetzungsabteilung der Firma Siemens (Einführung, Diskussion, Programmstudien) — Führung durch das Leibniz-Rechenzentrum München (Aspekte empirischer Forschungsarbeit, Bedeutung der EDV für Sprach- und Literatur- sowie Erziehungswissenschaften) — Textverarbeitung bei Siemens (Sonderausstellung in Bogenhausen) — Vorführungen am Text-Computer (Deutschdidaktik-Lehrstühle) — Projekterläuterungen (interdisziplinäres, empirisch angelegtes DFG-Projekt über 'Literaturinteresse bei Jugendlichen').

3. Bildungspolitische Einrichtungen: Museumspädagogisches Zentrum München (MPZ) — Pädagogische Aktion München — Akademie der Bildenden Künste (Jubiläumsfeiern/Tag der offenen Tür) — Besuch und Diskussion im Feuchtwanger-Gymnasium München (mit Ausstellung zum 100. Geburtstag Lion Feuchtwangers) — Institut für Bildungsforschung und Bildungsplanung (Analyse von Dokumenten der Unterrichtsmitschau) — Institut für Schulpädagogik (ISB: Referat Deutsch) — Handschriftensammlung der Universitätsbibliothek München (Einführung) — Bayerischer Jugendring München (Einführungsvortrag, Materialien) — Leitung der Volkshochschule München (Einführung, Diskussion zur Erwachsenenbildung) — Sonderausstellungen: Gedächtnisausstellung 'Weiße Rose' (Universität München); Lithographien von A. Paul Weber; Ausstellungen zu Maler-Dichtern — Diskussionen nach Kurzreferaten von ausländischen Germanisten, Lehrkräften, Literatur-Übersetzern (bisher u.a. aus: Indien, Volksrepublik China, Jugoslawien, USA, Zentralafrika, Norwegen, Südkorea, Japan) — Kulturzentrum Gasteig — Deutsches Jugendinstitut — Hochschulreferat BLLV — Geschäfts-

stelle BPhV.

4. Schul- und Lehrbuchwesen: Besichtigung der graphischen Großbetriebe (Oldenbourg Verlag München) — Lehrbuch-Lektorate (Vortrag, Diskussion, Führung im Hueber Verlag München-Ismaning) — Diskussion zu Lehrbuchfragen (Diesterweg-Geschäftsstelle München) — Lesebuchkonzeptionen (Cornelsen/Velhagen & Klasing Verlag München, Hirschgraben Verlag Frankfurt/M. und München) — Führung: Archiv des Pädagogischen Instituts (PI) München — Besuch der Internationalen Jugendbibliothek in München-Blutenburg — Ausstellung prämiierter Schulbücher (Staatsbibliothek München) — Führung durch den Schneider Jugendbuchverlag.

3. Fachdidaktische Forschung — ein Projektbeispiel

Die Verantwortung der Didaktik liegt nicht allein in der Lehre, sondern auch in deren Verzahnen mit der Forschung. Von Haus aus ist die Didaktik auf Hermeneutik und gewissermaßen auf Pragmatik (Schulbezug und Schulkontakt, Berufsbezug und Außenkontakte) eingestellt; ein gewisser Zugzwang scheint uns gegeben, solche Ergebnisse (Erfahrungen) in Lehrveranstaltungen, besonders in Seminare, einfließen zu lassen. So weichen wir hier durchaus nicht vom Thema ab, wenn wir zumindest hinweisen auf ein empirisches Projekt, das interdisziplinär angelegt ist, das Deutschdidaktik mit pädagogischer Psychologie verbindet. Literaturdidaktik zumindest "unterrichtet sich" glaubwürdiger, wenn einmal nicht (nur) Hypothesen, Spekulationen, Präskriptionen, Simulationen und Desiderate vorgebracht werden müssen, sondern auf Forschungsergebnisse aufgebaut werden kann — was übrigens auch für die Arbeit in der Lehrerfortbildung gilt.

Das angesprochene Projekt der Deutschen Forschungsgemeinschaft (DFG) wird geleitet von Karl Stocker (Deutschdidaktik) und Hans Schiefele (Pädagogische Psychologie) an der Universität München. Es trägt den Titel 'Interesse an Literatur bei Jugendlichen'. (Projektplan s. nächste Seite)

Ziel des Projekts ist eine deskriptive Erfassung von Literaturinteresse. Im Vordergrund stehen dabei zunächst die folgenden Fragen: (1) Wie und mit welchem Gegenstandsbereich von Literatur setzen sich Schüler auseinander und (2) welche Formen reflexiver und emotionaler Bezüge bauen sie dabei auf? In welchem Verhältnis stehen (3) diese literarischen Interessen der Schüler zu den curricular strukturierten Zielbestimmungen des Literaturunterrichts und (4) welchen Beitrag leistet der Literaturunterricht zum Aufbau von Interessenbezügen?

Auf der Grundlage dieser Ergebnisse — mit den Hauptphasen von Fragebogen, Interview, Tiefeninterview, Lese-Buchführung —, deren auswertbare Bereiche im Leibniz-Rechenzentrum durchgelaufen sind — sollte es möglich sein, literaturdidaktische Modelle zur Entwicklung von Literaturinteresse zu erarbeiten.

4. Notate zu einer literaturdidaktischen Vorlesung

Man erweist dem Auftrag der Fachdidaktik — sie ist immer noch primär auf Lehrerbildung, auf Multiplikatoren-Erziehung justiert — bestimmt keinen Dienst, wenn man ein Fünf- bis Zehnfaches der für die Fachwissenschaft zur Verfügung stehenden Semesterwochenstunden um weitere 4-6 Stunden zu Lasten der Didaktik (als Literaturwissenschaft, Mediävistik, Linguistik) verlängert. Es geht beim inhaltlichen Didaktikangebot nicht um ein Alternativ-, sondern auch einmal um ein Kooperationsmodell zu den Objektbereichen der Fachwissenschaft.

Wir haben beispielsweise die Diskussion um die Exilliteratur, die in der Fachwissenschaft in den letzten Jahren so etwas wie ein Schwerpunkt geworden ist, einmal aufgegriffen, um Umsetzungs- und Weiterführungsarbeit zu leisten, und zwar in dem Sinne, daß diese Literatur des Exils (vor

10. Hochschuldidaktik

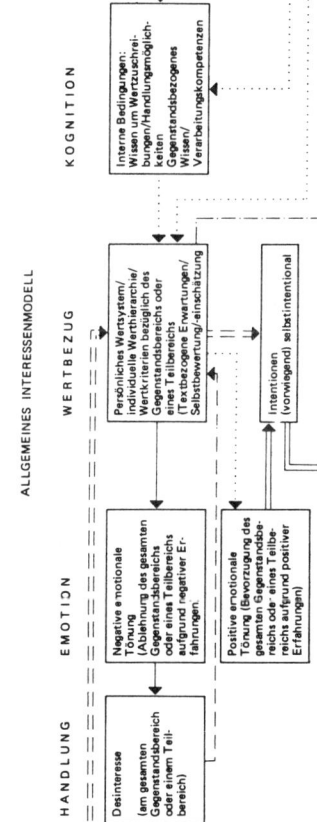

allem von 1933-1945) kein Additum der Kollegstufe an den Gymnasien bleiben muß, sondern zu einem Fundamentum wird. Da die sich häufenden Einführungsveranstaltungen in der Didaktik eher ein "Basiswissen" begünstigen, liegt eine solche Vertiefung sowohl im Interesse des Faches Deutsch als auch der Wissenschaftsdisziplin Didaktik.

Thematischer Umkreis "Exilliteratur" (1933-1945) im Literaturunterricht

(Didaktisch-methodische Möglichkeiten für Kollegstufe, Grundkurse, Leistungskurse, für Arbeitsgemeinschaften, Lehrer- und Schülerreferate)
(Beispiele, Lernziele: Denkanstöße zur Umsetzung)
(Hinweis: Die Auflistung ist für die Auswahl einzelner Themen gedacht)

- Klaus Manns 'Mephisto' — ein Roman und seine kongeniale Verfilmung
- Brechts 'Leben des Galilei': zur Genese der drei Fassungen
- Anspruch und Urteil ('Galilei'): 'Was this century's greatest play written in Santa Monica?' (Los Angeles Reader)
- Das Kommunikationsmodell — einmal sinnvoll angewandt am Beispiel der Exilliteratur (Produktionsbedingungen — Verteilungsmodus und Verbreitung — Rezeptionsbedingungen, intendierte und erreichte Zielgruppen)
- Operative Literaturformen (Auseinandersetzung mit politischen Themen, Tarnschriften, Flugblätter, Rundfunkreden z.B. von Thomas Mann)
- Rezitation: Texte zur Tragik der Entfremdung von natürlicher Kultur und dem eigentlichen Sprachraum (Textcollagen aus Anthologien zum Exil)
- Die Kunst in der Zeit des Exils (z.B. Max Beckmann in New York und in St. Louis/Mo, USA)
- Literatur und ihre mediale Rezeption (Lion Feuchtwangers 'Jud Süß' und die Version Veit Harlans; Thomas Manns 'Doktor Faustus'; Feuchtwangers Spätwerk: 'Goya oder der arge Weg der Erkenntnis' als Film)
- Konzeptionen des historischen Romans im 19. und im 20. Jahrhundert (Beispiele: Lion Feuchtwangers 'Der falsche Nero', 1936; seine 'Josephus'-Trilogie unter Einbeziehung von Aussagen zum Thema (von Alfred Döblin, Georg Lucács)
- Zur "Dreigleisigkeit" von Literaturgeschichte und Literaturunterricht: (1933-1945) mit Werken der äußeren Emigration, Werken der 'inneren' Emigration, Textbeispielen aus dem NS-Schrifttum (das Prädikat 'Literatur' ist hierbei unzutreffend)
- Eine große Trilogie der Exilzeit: Lion Feuchtwangers 'Wartesaal'-Werke (mit 'Erfolg', 'Die Geschwister Oppermann', 'Exil' von 1930-1939)
- Korreferat: Motivliche Entsprechungen über das Dritte Reich in Beispielen der Nachkriegszeit (u.a. W. Kempowski 'Tadellöser & Wolff', Christa Wolf 'Kindheitsmuster', S. Lenz 'Deutschstunde', H.W. Richter 'Die Stunde der falschen Triumphe')
- Korreferat: Texte der verdeckten Wahrheitsfindung, Texte der 'inneren' Emigration (Oberflächenstruktur, Tiefenstruktur; Sprachkritik, Ideologiekritik; Fragen der Kodierung und der Semantik)
- Die Exilthematik bei Brecht ('Flüchtlingsgespräche'; 'Taoteking'-Gedicht; Gedanken über die Dauer des Exils; Svendborger Gedichte bis Hollywood-Elegien)
- Schlüsseltexte und ihre Interpretation — heute. Grundlagen in der Anthologie: E. Loewy (Hrsg.), Stuttgart 1979, mit folgender Einteilung:
  - Allgemeines (Exilforschung, Rezeption, Sozialgeschichte, Bibliographie)
  - Exil und Politik (NS-Literaturpolitik, politische Geschichte des Exils)
  - Exil und Literatur (Literaturgeschichte, Verlage, Organisationen; Gattungs-, Form-, Stilprobleme; Positionsbestimmungen; Verh. zur inneren Emigration)
  - Exilpresse (incl. Reprints)
  - Theater, Film, Rundfunk im Exil
  - Wissenschaft im Exil
- Der Lehrplanbezug: Leistungskurs: LZ 1.1 Literaturbetrachtung, 1.3 Literaturanalyse, 2.1 Literarisches Leben, 1.1-1.3, 1.4 Literaturgeschichte
- Sendereihe 'Deutsche Literatur im Exil: 1933-1945' des Bayer. Schulfernsehens (K. Stocker/Eva Hassencamp), zuletzt ausgestrahlt: April und Mai 1986
- Maßgebliche Aussagen von Exilanten über das Exil (Sprachbarrieren, Broterwerb, Zielgruppen, Förderung oder Behinderung, Dokumente des Abschieds)
- Sendungen des Schulfunks (Brecht, L. Frank, Werfel, Th. Mann, Feuchtwanger)

10. Hochschuldidaktik 335

- Exemplarische Lebensläufe (W. Benjamin, St. Zweig, Karl Wolfskehl)
- Rezeption der Exilliteratur im Fernsehen
- Das Wertungsdilemma bei der Beurteilung von Exilliteratur ('Bonus'-Frage)
- Tagebücher, Briefe, persönliche Aufzeichnungen als Quelle (Th. Mann; A. Mahler-Werfel)
- Deutsche Literatur im Exil in literatursoziologischer Sicht (Einbeziehung von Medien-Programmen, Ausstellungen, Veranstaltungen; Sekundärliteraur; publizist. und wissensch. Diskussion)
- Bekanntwerden mit weniger verbreiteten Büchern aus dem Exilbereich wie z.B. Oskar Maria Graf 'Anton Sittinger', Geschichte eines Postinspektors um 1933; Arnold Zweig 'Das Beil von Wandsbek' (1940), Geschichte des Metzgers Albert Teetjen; Erzählungen und Romane von Ernst Weiß, z.B. 'Der Augenzeuge' (1938), die Icherzählung eines Arztes; 'Krieg im Frieden': John Heartfields Photomontagen der Zeit 1930-1938
- Analyse von Briefen Alfred Polgars 'Lieber Freund! — Lebenszeichen aus der Fremde' (Zsolnay Verlag, Wien 1981) als Beitrag zu einer Psychologie der Emigration
- Berücksichtigung von Beiträgen des Fernsehens zur Frage der "Oral history", also der Zeugen-Dokumentationen und -Aussagen: die jüngste Zeit, Beispiele von Reihen: Zeitgeschichte im Fernsehen; 'Zeugen des Jahrhunderts'; 'Europa unterm Hakenkreuz'; 'Warum sie Hitler wählten'; dazu, ergänzend, 'Abenteuer Bundesrepublik'
- Kern- und Gelenkstelleninterpretation aus Werken, die im weiteren oder im engeren Sinne dem Motiv "Exil" verpflichtet sind (Beispiele: Bruno Frank 'Der Reisepaß' (1937) — Klaus Mann 'Der Vulkan' (1939) — Lion Feuchtwanger 'Exil' (1939) — Franz Werfel 'Jakobowsky und der Oberst' (1946) — Günther Weisenborn 'Memorial' (1948) — Erich Maria Remarque 'Die Nacht von Lissabon' (1946)
- Einbeziehen von Ausstellungen (z.B. ständige Ausstellung zu 'Erfolg' von Lion Feuchtwanger im Feuchtwanger-Gymnasium München) — Literarische Woche (1983) in Bremen mit dem Titel 'Ästhetik des Widerstands', nach der gleichnamigen Romantrilogie von Peter Weiss — Gedächtnisausstellung in der Bremer Kunsthalle 'Peter Weiss als Maler' im Frühjahr 1983 — Ausstellung 'Eros und Todestrieb' in der Münchner Stuckvilla, Februar 1983, eröffnet anläßlich des 50. Jahrestages der NS-Machtergreifung
(Anm.: Diese 'selbst-gesehenen' Beispiele ließen sich vielfach, regional wie überregional, erweitern)
- Widerstandsliteratur aus dem Exil in Relation gesetzt zu engagierter Literatur oder zur Untersuchung von Ulla Hahn: 'Literatur in Aktion. Zur Entwicklung operativer Literaturformen in der Bundesrepublik' (Athenaion Verlag, Wiesbaden 1978)
- Kolloquien über eine Dokumentation wie Kurt-Ingo Flessau 'Schule der Diktatur, Lehrpläne und Schulbücher des Nationalsozialismus' (Ehrenwirth Verlag, München 1977)
- Sammeln, Sichten und Auswerten von Dokumentationen und Darstellungen über das "Leben im Exil" (hilfreich: Reclam-Band 9865)
- Berücksichtigung einzelner Werke (jener Bücher, die im Exil entstanden sind und die zum Besten der modernen — nicht nur deutschsprachigen — Literatur zählen); Beispiele sind: Heinrich Mann 'König Heinrich IV', 1935-1937; Thomas Mann 'Doktor Faustus', 1943-1947; Bertolt Brecht: Exildramen; Svendborger Gedichte, 1933-1945; Hermann Broch 'Der Tod des Vergil', 1945; Robert Musil 'Der Mann ohne Eigenschaften', 1930-1932; Lion Feuchtwanger 'Wartesaal'-Trilogie, 1930-1939; Franz Werfel 'Das Lied von Bernadette', 1941 und 'Stern der Ungeborenen', 1945; Anna Seghers 'Das siebte Kreuz', 1947; Theodor Plievier 'Stalingrad', 1945
- Die Rezeption der Exilliteratur 1933-1945 in der Bundesrepublik und in der DDR (Ansätze, Leistungen, Verzögerungen; internationale Beiträge wie z.B. W.K. Pfeiler: German Literature in Exile. The Concern of the Poets. Nebraska Univ. 1957)
- Einbeziehen der Berliner Ausstellung oder des Katalogs: 'Bücherverbrennung in Deutschland 1933' (Akademie im Tiergarten, 1983)
- Ausgewählte Abschnitte über die Schicksale von 22 Dichtern aus dem Ostblock in Amerika und in Westeuropa nach: Jürgen Serke: 'Die verbannten Dichter. Berichte und Bilder von einer neuen Vertreibung' (Albrecht Knaus Verlag 1982)
- Filme (und Verleih) zu den Themen Nationalsozialismus, Widerstand, Nazismus: Archäologie (EMZ); Aus einem deutschen Leben (BAG), Berichte vom Widerstand (GH Kassel), Die Brücke (BAG), David (LFG), Erscheinungsform Mensch: Adolf Eichmann (LSB), Der Führer schenkt den Juden eine Stadt (LSB), der gewöhnliche

Faschismus (Atlas), Der große Diktator (Atlas), Hier fliegen keine Schmetterlinge (LFD), Holocaust/4 Teile (Atlas), Jetzt — nach so viel Jahren (LFD), Die Kinder aus Nr. 67 (EMZ), Mein Kampf (Atlas), Die Mörder sind unter uns (Film.Arch.), Nacht und Nebel (BAG), Nackt unter Wölfen (LBS), Requiem für 500 000 (LPB), Rom, offene Stadt (Atlas), Rotation (LBS), Sein oder Nichtsein (BAG), Unversöhnliche Erinnerungen (BAG), Von Brüning bis Hitler (KMZ)
- Aspekte des neun-ein-halb-Stunden-Films 'SHOAH' (von Claude Lanzmann) in den 3. Programmen gezeigt (TV) im Frühjahr 1986
- Neuerscheinungen und Dokumentationen über Exil und Exilsituation n a c h 1945 und bis heute
- Reflexion — fächerübergreifend, auch von der Sozialkunde und von der Historie her — Bundesrepublik Deutschland als Exilland: Beobachtungen, Besonderheiten, genutzte Chancen, Erschwernisse, Fallstudien
- Das "Exil im Inland": Inge Deutschkorn 'Ich trug den gelben Stern' (Situation in Berlin); Anne Frank 'Tagebuch' (Amsterdam)
- Trendbeobachtung: Ist der Zenith in der Aufarbeitung der Exilliteratur bereits (wieder) überschritten, und woraus erklären sich die in der Tat (zeitlich) unterschiedlichen "Einstiege" zwischen der DDR und der Bundesrepublik?
- Programmstudien: Das Thema "Exil" und seine eventuelle oder nicht genutzte Relevanz in den Neuen Medien
- Desiderate, allgemein, für eine spätere Lehrplanreform: Frauenliteratur — Bewältigungsliteratur — Exilliteratur?
- Video-Aufgaben zum Thema der inneren wie der äußeren Literatur des Exils in der Zeit von 1933-1945 (für Arbeitsgemeinschaften)
- Anwendung der Idee des "projektorientierten Vorgehens" zu Fragen der Exilliteratur (Oberstufen-Unterricht)
- Verankerung des Themas Exil in Themenbereichen der "Bewahrpädagogik" und/oder einer innovativen Konzeption von Unterricht (etwa nach dem Motto 'versäumter Lektionen' im Unterrichtsbereich)
- Exilsituation und ihr Niederschlag in Werken der Kinder- und Jugendliteratur des In- wie des Auslandes
- Studium von Reden zum 40. Jahrestag der Kapitulation am 8. Mai 1985: Rede von Bundespräsident Richard von Weizsäcker (plus Rezeption: Auswertung von Leserbriefen)
- Aufklärung über die — auch geschichtlichen — Wurzeln des Antisemitismus in Deutschland (cf. Reclams Blaue Reihe)
- Phasen der Auseinandersetzung mit dem Phänomen "Drittes Reich" in der Literatur der Bundesrpublik und der DDR (vgl. Christa Wolfs 'Kindheitsmuster' und die Rezeption in der Bundesrepublik Deutschland wie in der DDR)
- Textsequenzen zum Thema "Schule und Erziehung im Dritten Reich" (mit Auszügen u.a. aus 'Tadellöser und Wolff', G. Grass 'Die Blechtrommel', wobei man die Zielgruppe und ihre Reife einschätzen sollte)
- Dokumentarische Bestandsaufnahme(n) zur Thematik. W. Kempowski, 'Befragungsbücher'
- Exil heute — Exil früher: Heinrich Heine — Rezeption in Deutschland, Auswertung einschlägiger Literaturgeschichten
- Pragmatische Texte der NS-Zeit — und ihre schicksalhafte Wertigkeit und Wirkung (Gesetze, Verordnungen, Erlasse; appellative Texte, Flugblätter; amtliche Verlautbarungen — u.a. von Goebbels — über die Exilanten, in seiner Wortgebung "Kadaver im Urlaub")
- Zeitgenössische Darstellung(en) des NS-Systems: Bertolt Brecht: 'Furcht und Elend des Dritten Reiches'; Lion Feuchtwanger: 'Geschwister Oppermann'.

5. Interesse des Auslands an Fachdidaktik (Deutsch als Zielsprache)

Lehrerfortbildung (als integrativer Bestandteil der Lehrerbildung) und Fortbildung für Multiplikatoren ist seit einem Jahrzehnt erkennbar im Ausland gefragt. Aus einer Reihe von Aufträgen (vor allem auch aus Entwicklungsländern), von Fernost bis Brasilien, möchten wir ein in Japan durchgeführtes Kursprojekt streifen, und zwar schwerpunktmäßig im Spannungsbogen von Ziel- (Lernziel-)Setzung und der adäquaten Weiterführung (Projekt-Zusammenfassung). Dies bietet sich vor allem deshalb an, weil — und ähnlich verfahren die Fudan-Universität in Shanghai (Volksrepublik China) und die Jawaharlal-Nehru-Universität in Delhi/Indien — ein Abschlußbericht in gedruckter Form vorliegt (Language and Culture, 6-2. Bericht: Die kooperative Forschungsarbeit zur Didaktik der deutschen Sprache und Literatur an der Hokkaido Universität. The Institute of Language and Culture Studies, Sapporo 1984, 223 S.).

Wir stellen diesen Bericht über Forschungs-Zusammenarbeit unverändert und unkommentiert an das Ende unseres Beitrags, der sich — dies sei nochmals betont — nur auf Ausschnitte aus einem Spektrum fachdidaktischer Aufgaben beziehen kann und will. Immerhin geht es dabei erneut nicht um postulierte oder simulierte fachdidaktische Arbeit, sondern um konkrete Erfahrungen.

a) Ziele und Lernziele des Kurses in Sapporo/Japan

- Sprache und Literatur der Zielsprache soll in landeskundlichem Kontext gesehen werden
- Die ausgewählten, mitgebrachten und dann vervielfältigten Materialien (Texte, Übersichten, Lernhilfen, Unterrichtsmodelle) können den Studierenden sehr viel Zeit ersparen (Einarbeitung, Nacharbeit)
- Wir unternehmen den Versuch, die Sekundärmotivationen des Sprach-Erlernens (Prüfungs- oder Zielleistungen, Diplom, Abschluß) zu Primärmotivationen zu machen
- Die Arbeit an den Texten, im Brainstorming-Verfahren, soll einer vor-gelesenen Interpretation vorgezogen werden
- Ergebnisse eines Forschungsprojekts der DFG (Deutsche Forschungsgemeinschaft) über "Interesse an Literatur bei Jugendlichen/Gymnasiasten"
- Der Kurs soll einer Kompetenz- und Performanzerweiterung auf den Gebieten der Fachwissenschaft Germanistik, der germanistischen Didaktik und der Pädagogik dienen, besonders im Hinblick auf Wortschatz und Fachsprache
- Der Vergleich von Interpretationsansätzen und unterrichtsmethodischen Verfahrensweisen dürfte für beide Seiten von Interesse sein
- Der Deutschunterricht (auch als Fremdsprachenunterricht) in Japan hat eine sowohl pragmatische (Wirtschaftsbeziehungen, Politik, Technik) als auch eine ästhetische Dimension (Literatur, Kultur, Kunst)
- Eine Berücksichtigung der Sprache und Literatur im Kontext von Geschichte und Landeskunde sowie der Gegenwartskultur dient dem besseren gegenseitigen Verstehen
- Die Idee der Partnerschaft zwischen den Städten Sapporo und München und ihren Universitäten soll vertieft und gefestigt werden (Olympiade 1972 in München und Sapporo; IGA/Welt-Gartenausstellung in München 1983)
- Wichtig ist bei allen Kurs-Themen (a) ein Lernen durch Einsicht, (b) ein praxisbezogenes Vorgehen, (c) die landeskundliche Vertiefung, (d) das Anregen zum Vergleichen im gegenseitigen Meinungsaustausch, (e) der Transfer: also Hinweise auf Anwendungs- und Verwendungsmöglichkeiten von Gelerntem und Erfahrenem im "Inland"
- Der erste Teil der Referate ist jeweils bestimmt für die Information, der zweite dient der Vertiefung und Anschauung (Medien, Schulfunk, Schulfernsehen), der dritte der Diskussion, Aussprache und Text- bzw. Medienarbeit
- Zweites Hauptziel des Intensivkurses ist neben der Information die Motivation
- Wichtig erscheint ein Exkurs über die Lehrplan- und Lernziel-Diskussion (mit Beispielen zur Muttersprache und zur Zielsprache Deutsch sowie zur Fremdsprache Englisch)
- Vorbereitung, Durchführung (mit Demonstration und Diskussionsergebnissen) des Kurses sollen einen Beitrag liefern für das japanische Forschungsprojekt "Cooperative researches on the teaching methodology of the German language and literature as a foreign language and literature".

b) Fortsetzung des Projekts

Die Korrespondenz hat ergeben — um bei diesem Beispiel Japan zu bleiben —, daß mehrere Arbeitskreise eingesetzt wurden, um Sprach- und Literaturdidaktik einschließlich Fragen der Lehrplanentwicklung aufzuarbeiten und weiter zu entwickeln. Es ist längst nicht mehr so, daß sich fachdidaktische Arbeit nur auf den deutschsprachigen Raum beschränken muß. Zweieinhalb Jahrzehnte der Kooperation mit dem Goethe-Institut und seit den 80er Jahren mit dem DAAD bedeuten einen Erfahrungszuwachs, der der inländischen Lehrer- und Dozentenfortbildung zugutekommt — wechselseitig.

Es handelte sich jeweils um (gutgemeinte) Anregungen, mit dem Ziel, eine gemeinsam durchgeführte und von uns allen mit Sorgfalt und Erwartung vorbereitete Arbeit weiterzuführen, so daß die Initiative für die Reform eines Sprach-, Literatur- und Landeskunde-Unterrichts in didaktischer Grundstruktur von der Hokkaido-University in Sapporo/Japan ausgeht.

Linguistische Ziele

(a) Erhöhung der Effizienz durch verbesserte Motivation

(b) Erhöhung der Leistungen in der sprachlichen Performanz

(c) Steigerung der linguistischen, der schriftlichen wie der rezeptiven Kompetenz

(d) Möglichkeit der gezielten Vergabe von Dissertationen sowie Publikationen

(e) Mitverantwortung eines Gastreferenten für die Vorbereitung, Durchführung, Nacharbeit

(f) Auswertung und Weiterführung der mitgebrachten, vorausgesandten, zusätzlich erstellten und vor allem der von japanischer Seite beigesteuerten Referate und Materialien, wobei sowohl Einzelarbeit wie Teamarbeit in Frage kommen.

Schlußbemerkung

In einem Antrag des Bayerischen Landtags (10/5992) vom Februar 1985 wird die Staatsregierung ersucht, es solle "für alle Vertreter in der Fachdidaktik Berufsvoraussetzung sein, daß sie die Befähigung für ein Lehramt besitzen, sich in mehrjähriger Schulpraxis bewährt und mit (von uns 'unterstrichen') der Hochschuldidaktik vertraut gemacht haben".

Was für andere Wissenschaftsdisziplinen Desiderat ist, ist für die Fachdidaktik L e h r p r i n z i p und F o r s c h u n g s g e b i e t zugleich. Unser Diskussionsbeitrag in Form eines Erfahrungsberichts will diese — berechtigte — Forderung unterstützen: daß dies nicht erst jetzt geschieht, mag aus einer Reihe von Veröffentlichungen aus früheren Jahren hervorgehen.

SPRACHUNTERSUCHUNG UND TEXTVERSTEHEN
Versuche im Seminar Linguistik/Didaktik (Fachbereich 08) der Universität Marburg

von Erika Essen

Das Universitätsseminar gibt Raum dafür, daß die Studenten durch eigene Untersuchungen zu Erkenntnissen, aber auch zu eigenen Fragestellungen vordringen können. Der Austausch von Erkenntnissen und Fragen im Arbeitsgespräch des Seminars öffnet die Aussicht auf eine Vielfalt möglicher Ansätze, Blickrichtungen und Sehweisen. Ich möchte noch einen — für die Studenten oft neuen — Erfahrungsbereich hinzufügen: Versuche des freien, experimentierenden Entwerfens und Gestaltens von Texten in Korrespondenz mit Sprachuntersuchung und Textanalyse.

Der Text wird bei dieser Arbeitsweise begriffen als Sprachwerk, d.h. als Ergebnis sprachlichen Handelns. Zur Texterschließung sind zwei methodische Verfahren aufeinander bezogen: die Untersuchung der Sprachgestalt — das versuchende entwerfende Sprachhandeln.

Ich möchte dies an drei Beispielen aus meiner Arbeit mit Studenten der Linguistik im Hauptseminar der Universität Marburg erläutern: Dabei berichte ich über drei Grundtypen der Arbeitsweise:

1. die exakte Sprachuntersuchung als Grundlage und Sicherung des Verstehens;
2. die experimentierende Sprachuntersuchung als Verstehensprozeß;
3. der Gestaltungsversuch als Hinführung zu Sprach- und Textverstehen.

BEISPIEL I:

Texterschließung auf dem Weg der Sprachuntersuchung
Text: aus Kant: 'Kritik der reinen Vernunft' § 8, Z.A. 22-36

Der Textausschnitt wird ohne Zeichensetzung vorgestellt:

'Wir haben also sagen wollen daß alle unsere Anschauung nichts als die Vorstellung von Erscheinung sei daß die Dinge die wir anschauen nicht das an sich selbst sind wofür wir sie anschauen noch ihre Verhältnisse so an sich selbst beschaffen sind als sie uns erscheinen und daß wenn wir unser Subjekt oder auch nur die subjektive Beschaffenheit der Sinne überhaupt aufheben alle die Beschaffenheit alle Verhältnisse der Objekte in Raum und Zeit ja selbst Raum und Zeit verschwinden würden und als Erscheinungen nicht an sich selbst sondern nur in uns existieren können was es für eine Bewandtnis mit den Gegenständen an sich und abgesondert von aller dieser Rezeptivität unserer Sinnlichkeit haben möge bleibt uns gänzlich unbekannt"

Ein Student wird gebeten, den Text unvorbereitet vom Blatt vorzulesen. Zum Erstaunen des Seminars liest er mit klarer Sinngliederung. Damit wiederholt sich eine Erfahrung, die ich in vielen Unterrichtsversuchen auf allen Stufen gemacht habe: Im Normalfall werden Texte ohne Satzzeichen spontan in sinngerechter Gliederung vom Blatt gelesen. Die Frage, wie sich das erkläre, löst im Seminar die erste reflektierende Diskussion aus, in der das bisher weitgehend selbstverständliche Phänomen des Satzes interessant wird. So ist die folgende syntaktische Untersuchung des Textes vorbereitet.

Erster Untersuchungsansatz: Frage nach Anzahl und Struktur der Sätze. Ergebnisse:
Der Text baut sich auf in nur zwei Satzgefügen: ein reich gegliedertes mit dem Gliederungselement "daß — ", getragen von dem übergeordneten Satz "Wir haben also sagen wollen — "; ein zweites, das in Spannfigur das Ergebnis heraushebt: " — bleibt uns gänzlich unbekannt".

Die beiden Sätze verkörpern zwei Grundtypen des Satzgefüges.
Gefüge 1: Der übergeordnete (Haupt-)Satz steht als Träger für das folgende untergeordnete (Neben-)Satzgefüge.
Gefüge 2: Der übergeordnete Satz steht als Lösung und Abschluß der durch den vorausgehenden untergeordneten Satz entwickelten Spannung.
Es liegt nahe, über die beiden Gefüge-Charaktere und ihre Funktion in diesem Text nachzudenken.

Die Erarbeitung der syntaktischen Struktur und der Versuch ihrer Darstellung ergibt folgende Textgestalt, in der die Stufen des gedanklichen Fortschreitens sowie der gedankliche Schluß klar überschaubar werden:

Wir haben also sagen wollen:
daß alle unsere Anschauung nichts als die Vorstellung von Erscheinung sei:
daß die Dinge, die wir anschauen, nicht das an sich selbst sind, wofür wir sie anschauen, noch ihre Verhältnisse so an sich selbst beschaffen sind, als sie uns erscheinen,
und daß, wenn wir unser Subjekt oder auch nur die subjektive Beschaffenheit der Sinne überhaupt aufheben,
alle die Beschaffenheit, alle Verhältnisse der Objekte in Raum und Zeit, ja selbst Raum und Zeit verschwinden würden und als Erscheinungen nicht an sich selbst, sondern nur in uns existieren können.
Was es also für eine Bewandtnis mit den Gegenständen an sich und abgesondert von aller dieser Rezeptivität unserer Sinnlichkeit haben möge,
bleibt uns gänzlich unbekannt.

Zweiter Untersuchungsansatz: Frage nach der Satz — übergreifenden Sinnstruktur.
Ergebnisse:
Als sinntragende Subjekte erscheinen in Gegenüberstellung:

wir	die Dinge
unsere Anschauung	ihre Verhältnisse
	alle die Beschaffenheit
unser Subjekt	alle Verhältnisse der Objekte

Zwei korrespondierende Verben:

"anschauen":	die Handlung des Subjekts "wir", gerichtet auf das Objekt "die Dinge";
"erscheinen":	die Beziehung des Subjekts "die Dinge" — "ihre Verhältnisse" zur Bezugsgröße "uns".
Die beiden Aussagen:	wir schauen die Dinge an die Dinge/ihre Verhältnisse erscheinen uns
stehen im Zeichen der Negation:	die Dinge sind nicht das, wofür wir sie anschauen; ihre Verhältnisse sind nicht so beschaffen, als sie uns erscheinen.

Damit wird die Begründung klar für die — herabsetzende — Gleichsetzung: " — daß alle unsere Anschauung nichts als die Vorstellung von Erscheinung sei — "

Bei näherer Untersuchung stellt sich heraus, daß das scheinbare Subjekt-Objekt-Verhältnis zwischen "wir" und "die Dinge" durchaus fragwürdig, eben nur scheinbar gelten mag. Die Objekt-Position erkennen wir im Pronomen "die" an untergeordneter syntaktischer Stelle, dieser übergeordnet stehen "die Dinge" in eigener Subjekt-Position, in solcher herausgehoben durch die Präpositionalbestimmung "an sich selbst". Dieser Ausdruck wiederholt sich im ersten Satzgefüge noch zweimal: "ihre Verhältnisse . . . an sich selbst" – "als Erscheinungen nicht an sich selbst . . . ".

So wird denn auch im zweiten Teil des Gefüges die eigentliche strukturelle Gestalt zwischen „wir" und "die Dinge" in einer veränderten sprachlichen Struktur offenbar. Das Subjekt "wir" setzt sich selbst als Objekt seines Handelns: " – wenn wir unser Subjekt . . . aufheben – ". Das Gegensubjekt "die Dinge" bleibt verborgen, seine Subjekt-Position wird vertretend eingenommen von "alle die Beschaffenheit, alle Verhältnisse der Objekte – ". Dem auf "wir" bezogenen Prädikat "aufheben" entspricht hier das Prädikat "verschwinden", konjunktivisch gesetzt – es ist ein gedanklicher Entwurf. Eine neue Situierung erweitert die Aussage "alle Verhältnisse der Objekte in Raum und Zeit – ". An dieser Stelle wird nochmals umstrukturiert: Die situierenden Größen des Präpositionalausdrucks werden abgelöst zu selbständigen Subjekten "ja selbst Raum und Zeit – " jetzt gleichfalls unter der Aussage "verschwinden – ".

Mit der Aufhebung unseres Subjekts also würden nicht nur Beschaffenheit und Verhältnisse der "Objekte", sondern auch deren Ortungssystem "Raum und Zeit" "verschwinden". Und jetzt erfolgt die entscheidende Gegenüberstellung im Zeichen des Ausschließens: Dem Sein der Dinge "an sich selbst" wird die Existenz der "Erscheinungen" entgegengestellt. Deren Bestand aber gilt nicht "an sich selbst", "sondern nur in uns".

Das zweite Satzgefüge hat kein persönliches oder dingliches Subjekt. Die Subjektposition nimmt der gesamte untergeordnete Satz ein, mit dem sich die in der Struktur des ersten Gefüges enthaltene Kernfrage herauskristallisiert, konjunktivisch ins Unbestimmbare gerückt: "Was es also für eine Bewandtnis . . . haben möge – ". Das "An-sich-selbst-sein" der "Gegenstände" wird nun in absolut negativer Beziehung zu dem anschauenden Subjekt definiert: "den Gegenständen an sich und abgesondert von aller dieser Rezeptivität unserer Sinnlichkeit – ". Die Kernfrage steht als Eröffnung einer syntaktischen Spannfigur. Als deren Lösung und Antwort stellt die syntaktisch übergeordnete Aussage das Ergebnis fest: " – bleibt uns gänzlich unbekannt". Das entscheidende Denkergebnis steht in End- und Spitzenstellung: "unbekannt". Damit wird endgültig festgestellt: daß "wir" den "Dingen" gegenüber nur die "Vorstellung von Erscheinung" haben – daß die "Dinge" als "Erscheinung" "nur in uns existieren können" – daß ihr Sein "an sich selbst" außerhalb unserer Erkenntnis ist.

Ziel unserer Sprachuntersuchung war es, Sinnstruktur sowie Sinnkern des Textes überprüfbar zu erschließen. Das Arbeitsgespräch, das auf dieser Grundlage einsetzen kann, erlaubt nun den Austausch persönlicher Fragen, Überlegungen, Stellungnahmen und Standpunkte zum Text. Jetzt können und sollten auch semantische Probleme zur Sprache kommen: Was verstehen wir unter "Anschauung" – "Vorstellung" – "Erscheinung"? Wie ist "an sich selbst" – "in uns" – zu denken?

Es ist vor allem das Nachdenken über die Bedeutung der Begriffe, das Anlaß wird, vom Verstehen dieses Textes ausgehend, nach dem Kontext zu fragen. Unser Text steht am Anfang des Abschnitts "Allgemeine Anmerkungen zur transzendentalen Ästhetik". Vielleicht entsteht der Wunsch, sich von unserem Text aus Einblick zu verschaffen in den ganzen Abschnitt — möglicherweise von da aus noch weiter suchend, wobei man dann wohl auf die Abschnitte "Von dem Raume" (§ 2), "Von der Zeit" (§ 4) stoßen mag. Anregung und Herausforderung zu selbständiger Weiterarbeit liegen durchaus in der Absicht unserer Versuche.

BEISPIEL II:

Experimentierende Sprachuntersuchung als Verstehensprozeß
Text: Jürgen Becker: 'Ränder' 2, Abschnitt 1

"das war das und dies wird was anderes im Selbsterklären weiter auf Spuren verwiesen von verwischten Vorkommnissen und blaß und blasser schimmernden Bildern angeblinkt von Augenblicken jetzt und lenkbar von Radiogeräuschen Nordwind mit Schnellzuggeräuschen in den Nachmittagschlaf bis in die violette Dämmerung wird tastbar die Watte der Träume dämpft die halben Tage verwischen mit passierten Dingen und Blindheit hingenommen als Zustand vor dem Selbsterklären das die Dinge miteinschließt und ändert zur Unkenntlichkeit entfernt das Rauschen wie einst wie wiederkommt was nicht wiederholbar und verbleibt in den Wörtern gesammelt zum Verschwinden gebracht und wiedergefunden im Veränderten undeutlich blaß und manchmal eine blinkende Spur"

Beim ersten Überblick wird sofort klar, daß das Fehlen jeder Zeichensetzung hier nicht — wie beim Kant-Text — methodisches Mittel, sondern Eigenschaft des Textes ist, der sich offenbar einer Strukturierung durch Satzzeichen entzieht.

Noch deutlicher wird dies bei dem Versuch, auch diesen Text unvorbereitet vom Blatt vorzulesen: Wir beobachten, wie der vorlesende Student spontan nach Gliederung sucht; er faßt Wortfolgen wie Satzglieder zusammen, stockt, da er sich unversehens in einer folgenden Wortgruppe findet; versucht noch mehrfach mit anderen Gliederungsansätzen und erklärt schließlich, dies könne man nicht lesen.

Es gäbe hier also keinen Anhalt, wenn wir von der Frage nach Sätzen ausgehen wollten. Mit dieser Einsicht aber sind wir bereits bei der Sprachuntersuchung. Die versuchsweise gestellte Frage, ob denn dieser Text in seinem anscheinend unaufhaltbaren Ablauf etwa sinnlos oder unsinnig sei, wird nach nochmaligem, gründlicherem Überblick zögernd verneint: Es scheinen doch Beziehungen da zu sein — Worte wiederholen sich —. Man kann vielleicht Richtungen und Gegenrichtungen erkennen, vielleicht auch Gegensetzungen —. Immerhin am Anfang steht ein Satz, eigentlich zwei Sätze; könnte damit ein Thema angeschlagen werden? Eine Studentin stellt eine Grundfrage: Ist es überhaupt ein Ziel, diesen Text im üblichen Sinne zu "verstehen"? Ich meine, hier müßte "Verständnis" als Finden von Interpretationsmöglichkeiten interpretiert werden, nicht aber als das Finden der einen Aussage.

Wir verstehen, daß die Untersuchung dieses Textes das experimentierende Versuchen und Verbinden verschiedener Ansätze erfordert. Die Vorschläge der Studenten und die jeweiligen Ergebnisansätze werden im folgenden skizziert. Wir entschließen uns sofort zum Arbeitsgespräch, das wir von vornherein für verschiedene Ansichten offen halten. Wir versuchen, im Textablauf Möglichkeiten oder Anzeichen von Gliederung zu finden und probieren aus: welche Wortverbindungen fester erscheinen als andere — wo und in welcher Weise man abgrenzen könnte —.

Wir können feststellen: Es ist nicht möglich, eine systematisch genaue Ordnung von Sinngliedern, etwa durch Zeichensetzung, durchzuführen. Wir erkennen Sinnbindungen im Umkreis von Sinnkernen, doch nicht so, daß sie gegeneinander abgrenzbar wären. Sie verschieben sich vielmehr, scheinbare Grenzen werden fließend und verwischen sich gleitend von einem scheinbaren Zusammenhang in den anderen, über den ganzen Text hin:

"dies wird was anderes im Selbsterklären — im Selbsterklären weiter auf Spuren verwiesen — auf Spuren verwiesen von verwischten Vorkommnissen — von verwischten Vorkommnissen und blaß und blasser schimmernden Bildern angeblinkt — "

Es gibt weder Haltepunkte noch Pausen. Dennoch erscheint das Trennen oder Zusammengreifen von Wortgruppen nicht beliebig: Worte oder Wortverbindungen lassen syntaktische Positionen oder syntagmatische Bindungen erkennen. Das gilt besonders für die häufigen Präpositionalglieder (11 mit Dativ-, 3 mit Akkusativ-Präpositionen). Der Text ist also, wenn auch nicht syntaktisch gebaut, doch auf Syntax bezogen.

Wir probieren aus, welche Wirkungen etwa zu beobachten sind, wenn man versucht, an irgendeiner Stelle des Textes zu verweilen. Welche Stelle wir auch wählen, wir erleben immer die ähnliche Wirkung: ein gleichzeitiges Bezogensein nach vorwärts wie nach rückwärts in einer gleitenden Gegenwärtigkeit. Wir erleben dies ähnlich wie unsere Befindlichkeit in der zwischen Vergangenheit und Zukunft nicht festzuhaltenden Gegenwart. Wir erkennen, daß dieser Text eigentlich keine V e r l a u f s s t r u k t u r im Sinne des Fortschreitens hat, daß er vielmehr im Ablauf an jeder Stelle vorwärts und rückwärts verweist. Dann stellen wir auch fest, daß solche Verweise in kleineren oder größeren Spannweiten den Text übergreifen. Sollten wir statt nach der Verlaufsstruktur lieber nach der B e z i e - h u n g s s t r u k t u r fragen?

An keiner Stelle findet sich ein personales Subjekt. Doch gibt es im Textanfang in eindeutiger Subjektposition die unbestimmten Pronomen "das" — "dies" — "was anderes". Es konnte ein offener thematischer Rahmen sein, bestimmt durch "war" und "wird", der die Inhalte des Textes umgreift. Sehen wir uns um nach Verbformen, so könnten wir zwei Reihen aufstellen, dem Text folgend; die Reihe der Perfektpartizipien: verwiesen — angeblinkt — hingenommen — gesammelt — zum Verschwinden gebracht — wiedergefunden; die Reihe der Präsensformen: dämpft — verwischen — miteinschließt — ändert — wiederkommt — verbleibt. Die beiden Reihen stehen zueinander in der Spannung zwischen dem aus Vergangenheit abgeschlossenen Zustand und dem Geschehen in Präsens. Beide Reihen führen im Auf und Ab zu ähnlichen Gipfeln: wiedergefunden — verbleibt. Haben wir hier vielleicht etwas wie ein Gerüst für Verweise und Beziehungen im Text gefunden?

Nun versuchen wir, im Text Beziehungen zu erkennen oder herzustellen. Wir erkennen die Text-übergreifende Zeitfigur: jetzt — einst — manchmal. "angeblinkt von Augenblicken jetzt" — das ist Gegenwärtigkeit, knapp aufleuchtend. "das Rauschen wie einst wie wiederkommt" — ist "einst" Vergangenheit (einst war —) oder Zukunft (einst wird sein —)? Die Bedeutung des Wortes hält sich schwebend zwischen rückwärts und vorwärts — wir sehen die Beziehung zu "das war — " " — wird was anderes".

"angeblinkt von Augenblicken — "; "manchmal eine blinkende Spur". Das Perfektpartizip läßt aufblitzen, das Präsenspartizip stellt Dauer vor, die "manchmal" sichtbar wird.

"Spur" steht am Ende des Abschnitts, aber auch nahe beim Anfang: "auf Spuren verwiesen". Wir suchen die Zusammenhänge: "im Selbsterklären weiter auf Spuren verwiesen" — "wiedergefunden im Veränderten undeutlich blaß und manchmal eine blinkende Spur". "im Veränderten" — zu diesem Motiv finden wir eine Beziehungsfigur, die den ganzen Text überspannt: was anderes — verwischten — blasser schimmernden — ändert zur Unkenntlichkeit — nicht wiederholbar — zum Verschwinden gebracht — wiedergefunden im Veränderten. Die Figur verweist auf eine andere, entgegenstehende: das war — wie eines wie wiederkommt — verbleibt in den Wörtern gesammelt — wiedergefunden. Die Figuren "verändern" — "verbleiben" sind aufeinander bezogen, durchdringen einander, vereinigen sich: "wiedergefunden im Veränderten". Das ist die "blinkende Spur", auf die "verwiesen" wird.

Eine Beziehung besteht wohl auch zwischen "Dingen" und "Wörtern", die den Dingen die Veränderung, den Wörtern das Verbleiben zuzuschreiben scheint: "verwischen mit passierten Dingen" — "die Dinge miteinschließt und ändert" —; "verbleibt in den Wörtern gesammelt" —: eine ungewohnte Gegenüberstellung von Wörtern und Dingen, allerdings auch sie fließend, im Blick auf den Kontext.

Zunehmend erscheint uns im Text die Enthüllung eines Gestaltungsprinzips: ein gleichzeitiges Miteinander wie Gegeneinander von Zuständen — Geschehen; Bestand — Veränderung; Vergangenheit — Zukunft; zum Verschwinden gebracht — wiedergefunden. Die Gleichzeitigkeit von Mit- und Gegeneinander ist ein fließender Zwischenzustand von Gegenwart, "auf Spuren verwiesen" — "angeblinkt vom Augenblick jetzt" — "manchmal eine blinkende Spur". Sollte dies Ganze die Grundfigur sein, das Erkennen der "Spuren", worauf das "Selbsterklären" gerichtet ist? Und bleibt das Erkennen — noch — aus, in der "Blindheit hingenommen als Zustand vor dem Selbsterklären"? Die Frage bleibt hier und jetzt offen, weil sie über diesen Textabschnitt hinaus auf den Gesamttext zu verweisen scheint. Ebenso offen bleibt vorläufig die Frage nach Beziehungen und Bedeutungen der situativen Vorstellungen, die in dieser Textgestalt transparent zu werden scheinen:

"von Radiogeräuschen Nordwind mit Schnellzuggeräuschen in den Nachmittagschlaf bis in die violette Dämmerung wird tastbar die Watte der Träume dämpft die halben Tage verwischen — "

Hier werden Bilder sichtbar, Geräusche hörbar — könnte es der Ansatz eines im Gesamttext entfalteten Motivzusammenhangs sein?

Wir erkennen, daß wir jetzt nicht weiterkommen, ohne uns — so weit möglich — in den Gesamttext einzuarbeiten. Die Äußerung einer Studentin: "Ich fühle mich jetzt fast gezwungen, mich auf den Text einzulassen und die 'Blindheit' abzulegen, aufblinkenden 'Spuren' nachzugehen." In häuslicher Arbeit untersuchen die Studenten den Gesamttext 'Ränder' 2 (19 Abschnitte) auf seine wesentlichen Motive und Beziehungsfiguren. — Nur die herausragenden Ergebnisse können hier noch kurz skizziert werden.

Durchgehend und in vielen Variationen erscheinen die Gegenfiguren "Veränderung" — "verbleiben". Die letztere wird bis zum Extrem geführt:

"immer dasselbe Wort" (16), "versteinerte Spur" (17).
Deutlicher verdichten sich beide Figuren zu Bildern des Wegfahrens und Ankommens, des Da-seins und Unterwegs-seins im Durchgleiten von Räumen und Zeitsituationen: Mittelmeer − Zeitlosigkeit am Strand (3); September − Kriegserklärung − Erinnern an die Kinderzeit − Vollalarm-Sirenen − Evakuierung (6); Rhein-Mainflughafen und Forum Romanum (10); Garten voller Tomaten (11). Übergreifend in Wiederholung und Variation die Bezugsfigur: verwischen − verschwinden − wiederfinden − erkennen −; verdichtet im Bild: "wie eine Mühle dreht" (13). Im Abschnitt (8) wird die Bewegung zum Bild des Fliegens über Orten und Räumen, die blitzartig aufblinken und zurückbleiben im Dunkeln: versteinertes Meer − roter Wüstenbereich − glitzerndes Dorf − Biscaya − was einst die Stadt Venedig war − "glänzt auf in plötzlicher Sonne das unbewohnte Afrika geht unter und vergessen sind die friesischen Inseln im Riesenreich der Wolken fern vom kalten Stern der Erde fliegend". Die hier vollzogene äußerste Distanz erscheint in anderem Bezug in der folgenden Variation: "entfernt von allem was in nächster Nähe mit Ansprüchen und Rede Antwort will was wortlos macht" − "wäre ein Schweigen von unbestimmter Dauer die einzig mögliche Aktion" (9).

Im Abschnitt (17) erscheint das Thema des Gesamtwerkes: "aber nur eine Randerscheinung wie all das was an den Rändern übrigbleibt".

Im letzten Abschnitt werden wie bei musikalischen Variationen Motive und Figuren des Werkes zusammengegriffen, ohne jedoch zu einem Ziel zu kommen, in dem sich alles beschlösse:

"da wo es ist dieser fortschreitende Augenblick die Passage zwischen Vergangenheit und Zeit der Zukunft ist der fließende Moment zwischen den Dingen wo man lebt hier leicht vergißt und erinnert allein das Nächste aus der näher gerückten Umgebung verschwindet wieder Vertrautes bleibt wiederzufinden woanders zum Zurechtfinden im Wechsel seit verwischten Jahren fort und vielleicht die Kölner Bucht vor Augen wieder verändert in lauter Ungewisses zurück wenn zurück die Route offen bleibt der augenblickliche Zustand womöglich verzweifelt zu nennen wenn mans nur wüßte im augenblicklichen Zustand bleibt es aus was ein günstiges Zeichen blinkt im Wechsel der Gegebenheiten unverändert im Inneren greift die Veränderung über all diese Tage kann nicht mehr zu sagen sein als übrig bleibt später anderswo erinnerbar wird ein Moment im Verwischten ändert wie es war"

Der Text von Jürgen Becker gehört zu den Versuchen unserer Zeit, sprachliche Aussage abzuheben von gewohnten und abgebrauchten Mustern, ihr Formen zu geben, die ungewohntes, befremdendes Licht auf das scheinbar zum Überdruß Bekannte werfen. Das bewies in unserem Fall die wachsende Faszination der Studenten sowohl für den Text als auch für die Arbeitsweise.

Es war Absicht und Sinn unseres Versuches − der hier nur fragmentarisch berichtet werden kann − erfahrbar zu machen, wie man einen zunächst fremdartigen Text, der sich dem Verstehen zu entziehen scheint, durch experimentierende Versuche mindestens so weit zu erschließen vermag, daß die Bereitschaft entsteht, sich immer weiter suchend eindringlich mit ihm einzulassen.

BEISPIEL III:

Gestaltungsversuch als Hinführung zu Sprach- und Textverstehen

Unser drittes Beispiel gilt dem poetischen Text. Wir setzen hier nicht mit der Textuntersuchung ein, sondern mit dem Versuch eigener Textentwürfe. Diese sind angelegt auf erste einfache Erfahrungen von Sprache als poetischer Gestalt.

Zwei Grundphänomene poetischer Sprachschöpfung sollen im eigenen Versuch erlebt werden:

die Befreiung des Wortes aus den alltäglich konventionellen Bindungen zur freien Kraft der Bedeutung, die nicht nur dies eine Bestimmte meint, sondern einen Horizont von Aspekten, Varianten, Assoziationen eröffnet. Das Wort wirkt als Anruf an die Vorstellungskraft des Empfängers: als EVOKATION;

die Befreiung der Wortgruppe, des Satzes aus gewohnten, meist vorhersehbaren Textzusammenhängen und -abläufen zu freier Selbständigkeit in offenen Räumen und Zwischenräumen. Die Vorstellung des Empfängers bewegt sich ohne Führung, schafft Verbindungen, erkennt Beziehungen, Figuren, begreift den Text als poetische KONSTELLATION.

An zwei einfachen Beispielen sollen Ansätze und Aufgabenstellungen zu versuchendem Gestalten und erste Ergebnisse vorgestellt werden.

Aufgabe: Versuchen Sie, einen Eindruck in Sprache zu fassen;
Gestaltungsform: vier einfache Sätze.

Entwürfe (2 Beispiele):

> Mein Koffer ist schwer.
> Kalter Wind zieht über den Bahnsteig.
> Der Uhrzeiger scheint nicht weiter zu gehen.
> Ich warte schon lange.

> Die roten Dächer werden grau.
> Scharfe Konturen verschwimmen.
> Hier und dort leuchten Lichter auf.
> Das Brausen über der Stadt nimmt zu.

Die Sammlung des vorgestellten Eindrucks in wenige, genau vier Sätze verlangt ein hohes Maß von Konzentration: auf die Eindrucksinhalte selbst; vor allem aber auf das verfügbare Instrumentarium von Sprache. Die Äußerung eines Studenten: "Ich weiß genau, wie es werden müßte, aber ich komme nicht hin — ". Solche Erfahrung kann eine Vorbereitung sein für den Zugang zu poetischer Sprachgestaltung.

Aufgabe: Versuchen Sie, mit der offenen Zusammenstellung einzelner Worte eine Stimmung auszudrücken.

Entwürfe (2 Beispiele):

> Flöte — Narzissen — gelb — Morgenwind — Freude
>
> See — Uferpfad — Entenflug — Nebel — Weiden — lichtgrau

Auch hier geht es um Konzentration: auf die vorgestellte Stimmung; dann aber auf mögliche Sprachzeichen, deren Bedeutungsbereiche auf gerade diese Stimmung verweisen könnten.

Im weiteren werden die Aufgaben abgewandelt, miteinander verbunden in den Anforderungen gesteigert. Wir experimentieren mit Gestaltungen aus syntaktischen Gefügestrukturen in verschiedenen Verbindungen, mit Konstellationen unterschiedlicher Art, mit Sprachklängen und -rhythmen und deren Wirkungen — schließlich auch mit thematischen Aufgaben oder Strukturvorstellungen (z.B. "Kreuzungen — Parallelen").

Zum Abschluß soll die aus solchen Versuchen hervorgehende Betrachtung eines poetischen Textes in wenigen Hauptzügen skizziert werden.

Johannes Bobrowski: Heimweg

> Blau.
> Die Lüfte.
> Der hohe Baum,
> den der Reiher umfliegt.
> Und das Haus,
> einst, wo nun der Wald
> herabkommt,
> klein und weiß
> das Haus, und der grüne Schimmer,
> ein Weidenblatt.
>
> Wind. Er hat mich geführt.
> Vor der Schwelle lag ich.
> Er hat mich bedeckt. Wohin
> sollt ich ihm folgen? Ich hab
> Flügel nicht. Meine Mütze
> abends
> warf ich den Vögeln zu.
>
> Dämmrung. Die Fledermäuse
> fahren ums Haupt mir. Das Ruder
> zerbrochen, so werd ich nicht sinken, ich gehe
> über den Strom.

Jede Strophe steht im Bedeutungshorizont und in der evokativen Kraft eines frei gesetzten Wortes: "Blau". "Wind". "Dämmrung".
Im assoziationsreichen Horizont "Blau" erscheint eine Konstellation aus Elementen der erinnernden Vorstellung. Die beiden Verbformen (umfliegt — herabkommt) geben dem Erinnerten Gegenwärtigkeit. Mit der einfachen Gegenüberstellung von "einst" und "nun" entsteht Spannung zwischen dem in Erinnerung Lebendigen und der tatsächlichen äußeren Wirklichkeit: "wo nun der Wald herabkommt". Der ausgeformte Nebensatz schiebt sich in die offene Konstellation, in Gegenstellung zur ganzen Strophe. So bleiben die Erinnerungsbilder trotzdem bestehen: Im Horizont "Blau" leuchtet es "weiß" (das Haus) und "grün" ("der grüne Schimmer, ein Weidenblatt"), steht "der hohe Baum, den der Reiher umfliegt".
"Wind" — eine Bewegung hebt an, von Satz zu Satz wechselnd zwischen Zustand (Perfekt) und Geschehen (Präteritum): "Er hat mich geführt" — "Er hat mich bedeckt" — "lag ich" — "sollt ich ihm folgen". In den Situierungen erscheint Ungewißheit: "vor der Schwelle" — "wohin" —. Dem Ablauf steht die Präsensaussage entgegen: "Ich hab Flügel nicht." Und schließlich im letzten Satz der Ausdruck einer befreienden

Handlung im eigenen Bezug: "Meine Mütze — warf ich den Vögeln zu". "abends" — die Bewegungen sammeln sich wie in Abschluß und Frieden. Könnte man sagen: Der Wind legt sich — die Vögel fliegen im Freien?
"Dämmrung": der Horizont des Ankommens. Das Erinnerungsbild des Umfliegens aus dem lichten Horizont der ersten Strophe (Baum — Reiher) wird hier schattenhaft gespiegelt: "Die Fledermäuse fahren ums Haupt mir". Zwischen Vergangenem und Zukünftigem vollzieht sich die Heimkehr. Das Vergangene scheint als endgültiges Hindernis entgegenzustehen: "Das Ruder zerbrochen — "; ins Zukünftige führt die befreiende Erkenntnis: "so werd ich nicht sinken — "; den "Heimweg" beschließend steht die Entscheidung zu Sicherheit und Gegenwärtigkeit des freien Handelns, das das Unmögliche überwindet: "ich gehe über den Strom".

Literatur

Becker, Jürgen: Ränder. edition suhrkamp 351, 1968

Bobrowski, Johannes: Schattenland Ströme. Stuttgart: Dt. Verl. Anst. 1962

Kant, Immanuel: Kritik der reinen Vernunft. Hamburg: Verlag Felix Meiner 1956

"FÜR MICH SELBST IST ES VERBLÜFFEND"
ÜBER AUTHENTISCHES SCHREIBEN AN DER HOCHSCHULE

von Karlheinz Daniels

Die Zahl der Befürworter "freien", "kreativen" usw. Schreibens ist in den letzten Jahren sprunghaft angewachsen, und zwar weit über den schulischen Bereich hinaus, so daß sich inzwischen eine von breiten, sehr unterschiedlichen Schichten getragene Schreibbewegung vielfältig und unüberhörbar artikuliert.[1] Es spricht f ü r den motivierenden Impetus dieser Arbeit, daß im Zuge der Entwicklung bisher zahlreiche Texte — gleichsam als dokumentiertes Ergebnis des eigenen Tuns — vorgelegt worden sind. Die früher geübte verschämte Zurückhaltung gegenüber Eigenproduktionen scheint einem neuen Selbstgefühl schreibender — sich frei-schreibender — Individuen gewichen zu sein. Doch abgesehen von der sehr unterschiedlichen Qualität des veröffentlichten Materials vermißt man bisher insbesondere übergreifende konzeptionelle Vorstellungen über die Sinnhaftigkeit und letztliche Bewertung dieser Bemühungen. Dies gilt für die meist nur hypothetischen Begründungsversuche ebenso wie für die mangelnde Herausarbeitung objektiver Beurteilungskriterien, die etwa bei der unerläßlichen Besprechung und Analyse der Texte anzulegen wären.[2] Es fehlt zwar nicht an subjektiven Bekundungen eigener Erfahrungen, wohl aber an einer theoretischen Fundierung und Strukturierung der heterogenen Ansätze.[3] Einige neuere Ergebnisse wichtiger Bezugsdisziplinen könnten dabei mit Gewinn herangezogen werden.

So hat z.B. Marlen Bartels in einer experimentalpsychologischen Studie[4] erstmals empirisch nachgewiesen, daß ich-betonte Textformen eine wesentlich höhere Wirksamkeit im Hinblick auf Verständlichkeit, Behalten, Überzeugungskraft und Evokation von Gefühlen haben können als inhaltsgleiche unpersönliche Texte. Was hier für die Rezeption nachgewiesen wurde, kann in noch höherem Maße für die Produktion von Texten gelten. Ein entsprechender empirischer Beweis steht noch aus.

Wie ein linguistischer Kommentar zu den Ergebnissen Bartels liest sich, was Peter von Polenz zur theoretischen Begründung seiner neukonzipierten "Deutschen Satzsemantik" folgendermaßen vorbringt:

"Die Schwerverständlichkeit und Vagheit von Fachtexten und öffentlichen Texten beruht — neben den Schwierigkeiten mit Wörtern — vielfach darauf, daß die Satzinhaltsstrukturen an der Oberfläche des Satzausdrucks kaum noch erkennbar sind. Gegen diese Entwicklungstendenz der deutschen Sprache brauchen wir als Ergänzung der grammatikalischen Syntax/Satzlehre eine neue Satzsemantik/Satzinhaltslehre, die Grundbegriffe und Methoden des Umformulierens und des Zwischen-den-Zeilen-Lesens bereitstellt."[5]

Es ist sicher kein Zufall, daß die von v. Polenz in diesem Zusammenhang entwickelte "Exemplarische Textanalyse" sich inzwischen als methodische Hilfe auch bei der Beurteilung und Bearbeitung selbstverfaßter Texte erwiesen hat: Könnte man freies Schreiben doch als praxisbezogenes Verfahren mit der gleichen Zielsetzung charakterisieren, der Verunsicherung durch veröffentlichte Sprache ein selbstreflexives Korrektiv entgegenzusetzen und so Ich-Identität gegenüber der Fremdbestimmung zu entwickeln. Damit ist ein dritter wichtiger Bereich angesprochen, der für die neuere Schreibbewegung von Bedeutung ist: sozialisationstheoretische Konzeptionen, insbesondere die Adaption des sozialpsychologischen resp. systemtheoretischen Identitäts-Begriffs durch die Deutsch-Didaktik.[6]

Von hier aus ergibt sich ein direkter Bezug zu dem Zweig "freien" Schreibens, der weniger an literarisch ambitionierten Produktionen, sondern am "personalen", "autobiographischen" oder "authentischen" Ausdruck des Schreibers selbst interessiert ist.[7]

Erfahrungen haben jedoch gezeigt, daß das unvorbereitete Schreiben über sich selbst — im Sinne direkter autobiographischer Authentizität — trotz bester Vorsätze mit großen Schwierigkeiten verbunden ist: An der Universität Bremen wich man schließlich in Stilübungen und Trivialroman aus; an der Universität Hamburg führte der mit Psychologiestudenten durchgeführte Versuch "Schreiben als Selbsterfahrung" zu unerwarteten Reaktionen und Frustrationen, so daß die ursprünglich gesetzten Lernziele nicht verwirklicht werden konnten.[8]

Für die Arbeit mit Deutsch-Studenten sollte jedoch, und das sei mit aller Verbindlichkeit gesagt, der Schwerpunkt eindeutig auf dem sprachgestaltenden Aspekt liegen. So standen die von uns an der Pädagogischen Hochschule (jetzt: Universität) Bonn mit künftigen Deutschlehrern durchgeführten Versuche von Anfang an unter dem Anspruch der "Gestaltung", d.h. einer sich vom bloß naiven Hinschreiben abhebenden inhaltlich/formal/sprachlichen Formgebung. Daß dies nicht auf Kosten der "Authentizität" gehen muß, wenn man dem Begriff Authentizität die Diffizilität zugesteht, die ihm zukommt, habe ich bereits an anderer Stelle ausführlicher dargelegt[9] und dort u.a. auf die aufarbeitende Besprechung der Texte hingewiesen, bei der vieles "zur Sprache" kommt, was dem Schreiber selbst nicht in dem Maße bewußt war. Es versteht sich von selbst, daß dabei auch die Erfahrungen beim Schreibvorgang selbst mit einzubeziehen sind.

Weitere, auf Authentizität weisende Indizien ergeben sich, wenn eine Schreibgruppe länger beisammen ist (was im üblichen Lehrbetrieb ja eher die Ausnahme darstellt) und die einzelnen autorspezifischen Schreibweisen auch bei wechselnden Inhalten und Formen immer deutlicher hervortreten. So ließen sich beim anonymen Vorlesen von Texten zum selben Thema nicht nur die Verfasser unschwer identifizieren, sondern die nachträgliche vergleichende Analyse anhand der Zeiherschen Kriterien ergab, daß trotz des weitgesteckten Themenrahmens in allen Texten "interpretatorische Distanz" anzutreffen war, die im engen Zusammenhang mit autobiographischen Eigenheiten der Verfasser stand, und jeder Text mehr oder weniger explizit ein zentrales Thema des Autors enthielt.

Bei einem anderen Versuch beschäftigten sich die Verfasser eines Textes nach einer längeren zeitlichen Distanz noch einmal in Form einer mit wissenschaftlichen Methoden durchgeführten Analyse mit ihrer Produktion, so als sei es ein "Fremdtext". Dieses zunächst völlig offene Experiment führte zu bemerkenswerten Ergebnissen, von denen im folgenden berichtet wird.

Beispiel 1:

Pfingstmontag

Dieser Tag: er springt mich nicht an, daß ich mich vor ihm fürchte, erschrocken an bettwarmen Träumen festkralle; er lockt mich nicht, daß ich die Laken von mir stoße, mich in ihn fressen möchte.
Er schleicht sich heimlich an mich, in mich, daß ich erst spät merke: seichtwarm, verhangen.
Ich quäle mich, derweil er — Parasit — mir grau, lähmend im Nacken sitzt, die Schultern drückt, den Blick gen Boden zwängt.
Ein Tag also wie viele Tage, wie alle Tage — Alltag, scheint's. Und doch kein All-Tag, denn:
Straßen, Häuser und Menschen tragen Festtagsputz, frisch angelegt, aber abgetragen, angestaubt. (Die Natur kann ihre Alltagskluft leider nicht ablegen — schmutzig grün vegetiert sie zwischen sauberen Betonfassaden, stört den Gesamteindruck. Man müßte sie entfernen lassen.)

Skurrile Vision in einem Straßencafé sitzend: die Szenerie dieses trägen, schwül sich ergießenden Mittags wirkt wie durch eine Milchglasscheibe abgefilmt. Man müßte sie zersprengen können.

Eine müde, angegraute Muße, zähe Unhast, das mattfarbige Abziehbild des vorangegangenen Feiertags, wie ein dünner, wiederholter Aufguß durch denselben Filter; dieser Tag hat eine schleichende Kraft, die gefangen macht: ich — Fliege im Netz einer Spinne; ich — Flieger im Netz, Sinne im Absterben begriffen.
An einem Tag wie diesem darf alles geschehen, nichts macht Angst, nichts kann verwundern.

Eine bittere Melancholie hält mich, ist Polster in diesem seichten, lastenden Tag. Seit Stunden sitze ich im gleichen Straßencafé, zu träge, zu satt. Gedanken in mir ziehen Fäden wie die Wolken am Himmel, die sich vor die Sonne werfen, ihr gnädig den Blick nehmen auf das immer gleiche, nichtswürdige Gebären.
Die Menschen langweilen mich.
Ich müßte die Augen schließen, und sie wären vor mir verschwunden, auf immer.

Es hat zu regnen begonnen. Dieser Tag ist einfühlsamer, als ich dachte: er paßt sich meiner Stimmung an.
Mit einem Male nun doch Bewegung, als etliche Passanten in Hauseingänge flüchten. Ich beobachte, wie Regentropfen auf dem Pflaster zerspringen. Mit ihnen platzt meine Bitterkeit auf. Mir wird kühl, da ist auch der verwässerte Kaffee machtlos.

Es ist dunkel geworden.
Der Tag wäscht sich leise, zart aus mir heraus, versickert in den Rinnsteinen und Gullies.
Ein kalter Wind bläst mich heimwärts — es sollte Frühling sein.
Daheim, an meinem Fenster stehend, sehe ich zu, wie er ertrinkt. Dieser Frühling ist ein Herbst.

Dieser Text von W. K. entstand aufgrund einer gemeinsamen Absprache der Seminarteilnehmer vor den Pfingstferien, für die erste Sitzung nach den Ferien eine Vorlage zum Thema "Mein Pfingstmontag" zu erarbeiten. Dieser Termin lag bei Beginn der theoretischen Analyse durch denselben Autor ein Jahr zurück.
In einleitenden grundsätzlichen Überlegungen setzt sich K. mit der Ungewohntheit des Unternehmens auseinander und hegt Zweifel, ob die Arbeit zu einem positiven Ende gebracht werden kann: "Ist es mir also möglich, Distanz zu wahren einem Text gegenüber, den ich bestens kenne, von dessen Entstehungsgeschichte ich weiß, den ich bewußt geformt habe?" Verhindert Selbstbefangenheit nicht überhaupt die zu fordernde Objektivität wissenschaftlicher Texterschließung? Dann entdeckt der Autor aber auch den Vorsprung, den er gegenüber fremden Lesern hat, nämlich Kenntnis der Intention, der Entstehungsgeschichte, des Lebenszusammenhangs.

Aber — so ein weiteres Bedenken — ist überhaupt nachprüfbar, ob die angenommenen Intentionen auch tatsächlich adäquat im Text umgesetzt sind? Und muß der Verfasser nicht gar, um seinen Text zu verstehen, erst sich selbst analysieren? Schließlich formuliert er als eigentliche Aufgabe: "Ich werde anhand des Textes zeigen müssen, ob meine Intention in ihm verwirklicht wurde."

Um seine "Voreingenommenheit" so gering wie möglich zu halten, beschließt K., den Text erst wieder zu lesen, wenn die Bereitstellung des methodischen Inventariums abgeschlossen ist. Die Analysearbeit beginnt mit dem nach Jahresfrist erneuten Lesen: "Nach einmaligem Lesen kommt mir der Text zunächst fremd vor. . . Nach mehrmaligem Lesen ist er mir zumindest vertrauter, ich gewinne langsam Zugang. Interessanterweise empfinde ich nicht, daß ich den Text selbst geschrieben habe." Die folgenden Vorüberlegungen zu Inhalt und Form und deren Verhältnis zueinander zeigen bereits, daß K. eine distanzierte Haltung eingenommen hat. Er verstärkt dieses Moment, indem er künftig die Ich-Form vermeidet und unpersönlich von "dem Autor" spricht.

Es folgen dann detaillierte linguistische Untersuchungen zu Satzbau, Wortwahl, stilistischen und rhetorischen Mitteln, Komposition und Verknüpfung, die in dieser Weise auch an jedem Fremdtext durchgeführt werden könnten. Dann lenkt K. den Blick wieder auf den realen Entstehungskontext und die beim Schreiben verfolgten Intentionen (lt. Zeiher: das "Mitteilungskonzept") und setzt dies in Beziehung zu den Ergebnissen seiner interpretatorischen Arbeit:

"Mit Erstaunen stellte ich fest, daß der Text um ein vielfaches schlüssiger und logischer aufgebaut ist, als ich es zuvor gedacht hatte. Schließlich hatte ich ihn ja i n t u i t i v verfaßt und keinen Gedanken daran verschwendet, einen Aufbau zu konstruieren.
Auch die Intention war nicht als solche völlig durchdacht, mußte aber notgedrungen im Text Niederschlag finden, da sie so intensiv und dicht an jenem Tag erfahrbar war.
Ich hätte nie vermutet, daß die hermeneutische Vorgehensweise, die Analyse des komplexen, verwobenen Textes auf syntaktische und semantische Glieder hin wieder zu einer schlüssigen Ganzheit erfolgen würde. Verblüffenderweise hat mir dabei die Segmentierung der Sätze, Glieder und Konstruktionen geholfen, meinen eigenen Text besser zu verstehen."

Abschließende Bemerkungen zur Dialektik von Distanz und Annäherung münden in der immer wieder auch bei der Interpretation von Fremdtexten anzutreffenden Feststellung, daß die theoretische Beschäftigung zunächst einen objektivierenden und distanzierenden Effekt bewirkt, schließlich sich aber ein vertieftes Verständnis einstellt, was sich in unserem Falle nicht auf den Text beschränkt: "Ich habe — als Autor — sehr viel mehr über meinen eigenen Schreibstil erfahren, den ich bisher allenfalls gefühlsmäßig, nie aber fundiert reflektiert hatte." In der Abfolge: Pfingstmontag — Stimmungslage — Reflexion darüber — Gestaltungsabsicht — Text — theoretische Analyse — Bestätigung schließt sich ein Kreis, wobei sich die Frage nach der Authentizität gar nicht explizit stellt, weil sie vom Verfasser als selbstverständlich vorausgesetzt wird. Ohne diese Annahme würde sich das ganze hier geschilderte Verfahren als sinnlos erweisen.

Bei einem Thema wie "Mein Pfingstmontag" ist Authentizität in der Tat zumindest potentiell angelegt, wenn sie sich allerdings auch in vielerlei Ausprägungen zeigen wird. Wie stellt sich aber der Fall bei unpersönlicheren

Aufgabenstellungen dar, möglicherweise gar bei rein formalen Vorgaben? Dieser Frage soll an einem weiteren Beispiel nachgegangen werden.

Beispiel 2:

An der Strippe

Ort: linker Teil der Bühne: eine Art Zirkuskuppel mit einem Trapez, auf dem L. sitzt mit Kopfhörern auf, rechter Teil der Bühne: Telefonzelle in irgendeiner Straße, von wo aus K. telefoniert.

K.: (wählt, Klingeln ist zu hören):
Hör bitte mit dem Schaukeln auf!!
L.: Warum?
(sitzt auf Trapez, schaukelt mit leicht zurückgebogenem Oberkörper u. hält sich mit den Händen am Seil fest):
Es gefällt mir doch so gut. Es ist so leicht!
K.: Es kommt nicht darauf an, was einem gefällt, sondern daß jeder seinen Platz im Leben ausfüllt.
L.: (nimmt weiter Schwung u. fliegt durch die Zirkuskuppel):
Warum kann dieser Platz denn keine Schaukel sein?
K.: (spricht lauter):
Weil . . . weil das eben einfach nicht geht!
L.: (mit trotziger Stimme, schaukelt stärker):
Warum geht das denn nicht?
K.: (zunächst etwas zögernd, hilflos):
Na ja, das ist eben so! — Ein Mädchen wie du gehört einfach nicht in den Zirkus! (K.'s Stimme wird immer bestimmter):
Das haben Vater und ich dir immer gesagt. So oft! — Du wirst schon sehen . . .!!
Sich gegen sein Schicksal auflehnen, das war noch nie gut.
L.: (hört abrupt auf zu schaukeln):
Was heißt denn eigentlich Schicksal? — Laß mich doch endlich in Ruhe! — Ich fühle mich hier doch sehr wohl. Warum telefonierst du meinem angeblichen Schicksal immer wieder hinterher?
K.: (verzweifelt, greift mit beiden Händen um den Telefonhörer, schreit fast):
Weil dein Schicksal doch auch mein Schicksal ist!
L.: (ruft): Nein, das ist es nicht!!
K.: (sehr laut):
Aber du bist doch mein Kind! — Du kannst doch nicht . . .
L.: (fällt ihr ins Wort):
Ich kann jetzt allein schaukeln!
(schaukelt jetzt durch die Zirkuskuppel, wobei sie sich mit den Händen vom Seil löst, sich nur mit den Beinen ans Trapez klammert u. mit dem Kopf nach unten weiterschaukelt):
Auch ohne mich am Seil festzuhalten. — Siehst du!

Die Aufgabe, die zur Entstehung dieses Textes führte, lautete, einen szenischen Dialog zu schreiben und dabei verfremdende Elemente einzuarbeiten. Eine inhaltliche Festlegung bestand in diesem Falle nicht. Als die Verfasserin V. B. an die theoretische Analyse herangeht, sind drei Jahre seit der Entstehung vergangen. Ist es diese zeitliche Distanz, oder im Gegenteil persönliche Nähe, die ihr den Beginn erschwert?: "Ich spüre Widerstände in mir, wenn ich mir den Text vergegenwärtige. Seit Tagen umkreise ich meinen Text auf dem Schreibtisch, bin unsicher, was ich analysieren soll, bzw. wie es möglich ist, ihn zu objektivieren.", zumal, wie auch sie betont, sie ihren Dialog "spontan, intuitiv und ohne lange nachzudenken" schrieb und sich an eine ganz bewußte Gestaltung nicht erinnern kann. Die Beschäftigung mit wissenschaftlicher Literatur vermittelt ihr jedoch dann Impulse, die ein relativ objektives Bindeglied bilden könnten. Dann jedoch taucht die Frage auf, ob sie sich nach so langer Zeit noch mit ihrem Text identifizieren könne. Die Feststellung, daß sie möglicherweise auf Befremdendes, aber auch auf Aufschlußreiches stoßen könnte, gibt schließlich den letzten Anstoß zu ihrer Arbeit: "Ich hoffe, damit Zusammenhänge, Strukturen im Text zu entdecken, die mir beim Schreiben nicht bewußt waren und die gleichzeitig als Belege für meine versteckten Intentionen gelten können." Es geht ihr dabei jedoch nicht nur um den Aufweis des Szenenaufbaus und der Dialogstrukturen, sondern um deren "Bezüge zu sozialen, familiären und psychologischen Determinanten", die zur Zeit der Abfassung für sie wichtig waren.

Es folgen dann sehr dezidierte strukturanalytische und semantische Aufschlüsselungen, z.B. eine aufschlußreiche Bestimmung der Sprechakte: sich in Imperativen und Allgemeinplätzen manifestierender Absolutheitsanspruch auf der einen Seite, in-Frage-stellende Auflehnung auf der anderen. Zentralbegriffe wie "Schicksal", "verantwortlich" und die vereinnahmende Wirkung der Personalpronomen "mein" und "dein" werden ebenso herausgearbeitet wie die symbolische Bedeutung der räumlichen Konstellation mit ihren surrealen Elementen. Indem B. dies alles auf ihre damalige Situation bezieht, erkennt sie in ihrem Dialog ein höchst persönliches Dokument, das den damaligen Abnabelungsprozeß von der Mutter thematisiert. Sie hat überraschenderweise Distanz zu ihrem Text gewonnen und zugleich ein tieferes Verständnis: "Mit den einzelnen Untersuchungsaspekten haben sich Zusammenhänge ergeben, die ich zu Beginn nicht sehen konnte und unbeachtet ließ, deren Ergebnisse sich jedoch wie Mosaiksteinchen zur Aussageintention des Autors zusammenfügten." Und auf sich selbst als Verfasserin gewendet, resümiert sie das Ergebnis ihrer theoretischen Beschäftigung im Hinblick auf den eigenen Erkenntnisgewinn:

"Für mich selbst ist es verblüffend, daß ich erst jetzt durch die Analyse des Textes auf mein drei Jahre altes Mitteilungskonzept gestoßen bin, das mir in dieser Deutlichkeit nie bewußt gewesen ist ...

Das Ergebnis meiner Analyse berührt mich um so mehr, da ich feststellen muß, wie authentisch Schreiben sein kann, daß sich selbst Probleme und Schwierigkeiten, die das Bewußtsein wegdrängen und deren Lösungstendenz nicht zulassen will, sich mit Hilfe unbewußter Persönlichkeitsstrukturen über die Intuition in den Schreibprozeß einschleichen. Erst eine Analyse bietet Anhaltspunkte, die untergründige Aussageabsicht zu erkennen und am Text zu benennen.

Neben einem besseren Verständnis meines eigenen Textes hat mir die Analyse auch Anhaltspunkte über mich selbst gegeben: ich habe über meine ganz spezielle persönliche Problematik zum damaligen Zeitpunkt geschrieben, doch um meine persönliche Betroffenheit zu kaschieren, habe ich die Szene wohl in einen leicht verfremdeten, allgemein-anonymen Kontext gestellt. Der Dialog ist mein unbewußtes, situatives Protokoll von einem Moment in meinem Abnabelungsprozeß!"

Quod erat demonstrandum. Authentisches Schreiben muß nicht auf die Produktion von Tagebüchern und Erlebniserzählungen beschränkt bleiben, sondern kann sich vieler Formen, Rollen und Inhalte bedienen. Sprachlich (ich vermeide das Wort "literarisch") geformte Texte eignen sich hierzu in besonderer Weise, da die ins Fiktionale transponierte Aussage die Identifikation erleichtert. Die dabei geforderte, wenn auch oft — und gerade bei geübten Schreibern — vermeintlich nur "intuitiv" geleistete Gestaltungsarbeit und ihre innere Sinnhaftigkeit erschließen sich dem Autor selbst oft erst über eine ausführliche Besprechung oder Eigenanalyse. Im Idealfall, und davon war hier die Rede, erweisen sich in der Tat alle Elemente als stimmig und folgerichtig auf das Mitteilungskonzept hin angelegt. Wo dieses Ziel noch nicht erreicht ist, bedarf es didaktischer Bemühungen, um den Text so gut und das heißt so "authentisch" wie möglich zu machen.

Anmerkungen

1) Neuere zusammenfassende Überblicke bei: D. Boueke/F. Schülein: 'Personales Schreiben', in: D.Boueke/N. Hopster (Hrsg.): Schreiben — Schreiben lernen. Rolf Sanner zum 65. Geburtstag. Tübingen 1985, S. 277-301, hier S. 277ff.; K. Daniels/I. Mehn: Konzepte emotionalen Lernens in der Deutsch-Didaktik. Bonn/Bad Godesberg 1985, S. 149ff.
2) Am weitesten reichend: H.H. Koch/W. Pielow: Schreiben und Alltagskultur. Baltmannsweiler 1984, jedoch mehr unter literarisch-gesellschaftlichem als unter didaktischem Aspekt. Das "Analyseinstrumentarium" bei H. Zeiher: Beurteilung von Schülertexten (Bd. 1 von H.Zeiher et al.: Textschreiben als produktives und kommunikatives Handeln, 3 Bde.). Stuttgart 1979, erweist sich als in Teilbereichen brauchbar, wurde aber an vorliegenden Texten nachträglich entwickelt und kann deshalb Entstehungs- und Wirkungsfragen nicht adäquat erfassen.
3) Boueke/Schülein 1985, S. 295, betonen die Heterogenität der Ansätze und versuchen zusammenfassend Gemeinsamkeiten herauszustellen.
4) M. Bartels: Verständlichkeit von Informationstexten und ihr Zusammenhang mit personenzentrierten Qualitäten. Diss. Hamburg 1985, S. 103ff.
5) P. von Polenz: Deutsche Satzsemantik. Grundbegriffe des Zwischen-den-Zeilen-Lesens. Berlin/New York 1985, S. 4; das zusammenfassende Modell einer "Exemplarischen Textanalyse" ebd., S. 328ff.
6) Hierzu vor allem K.H. Spinner (Hrsg.): Identität und Deutschunterricht. Göttingen 1980; und J. Fritzsche: Aufsatzdidaktik. Kritische und systematische Untersuchungen zu den Funktionen schriftlicher Texte von Schülern. Stuttgart 1980. Zur Problematik des Identitäts-Konzepts vgl. Boueke/Schülein 1985, S. 295f.
7) Mit Recht weist Sabine Reh: Autobiographisches Schreiben, in: J. Fritzsche (Hrsg.): Segeberger Briefe, Nr. 34 (1985), S. 67, darauf hin, daß der autobiographische Gehalt eines Textes in keiner zwingenden Relation zu dessen literarischer Qualität steht.
8) H. Boehncke/J. Humburg: Schreiben kann jeder. Handbuch zur Schreibpraxis für Vorschule, Schule, Universität, Beruf und Freizeit. Reinbek 1980, S. 214; C. Ueckert: Schreiben und Selbsterfahrung, in: J. Fritzsche (Hrsg.): 'Kreatives Schreiben' in Schule, Universität, Volkshochschule und in anderen Gruppen. Berlin 1983, S. 37-51; hier: S. 25ff. Ausführlicher hierzu bei Daniels/Mehn 1985, S. 155ff.; ebd., S. 195 zu schuldidaktischen Vorbehalten gegen allzu eindimensional-ichbezogene Themen im Deutschunterricht (W. Boettcher: Schreiben im Deutschunterricht der Sekundarstufe I — Bilanz, Neuansätze, in: Mitteilungen des Deutschen Germanistenverbandes, Heft 1 (1982), S. 4-17; K. Hickethier: "Moritz, lieber Moritz." Erfahrungen, Phantasien und Reflexionen in der Pubertät, in: Praxis Deutsch, Heft 57 (1983), S. 59-63; K.H. Spinner (1980)
9) Daniels/Mehn 1985, S. 169-171